〔清〕勞格　趙鉞　著
徐敏霞　王桂珍　點校

唐尚書省郎官石柱題名考

中華書局

圖書在版編目(CIP)數據

唐尚書省郎官石柱題名考/(清)勞格,(清)趙鉞著;徐敏霞,王桂珍點校. -北京:中華書局,1992.4(2010.11重印)
ISBN 978-7-101-00580-6

Ⅰ.唐… Ⅱ.①勞…②趙…③徐…④王… Ⅲ.尚書省-人名録-考證-唐代 Ⅳ.D691.42

中國版本圖書館 CIP 數據核字(2010)第130556號

責任編輯:柳 憲

唐尚書省郎官石柱題名考
〔清〕勞 格 趙 鉞 著
徐敏霞 王桂珍 點校
*
中 華 書 局 出 版 發 行
(北京市豐臺區太平橋西里38號 100073)
http://www.zhbc.com.cn
E-mail:zhbc@zhbc.com.cn
北京瑞古冠中印刷廠印刷
*
850×1168 毫米 1/32 · 39½印張 · 722 千字
1992年4月第1版 2010年11月北京第2次印刷
印數:2001-4000冊 定價:96.00元

ISBN 978-7-101-00580-6

點校説明

一

唐郎官石柱題名考二十六卷，清勞格、趙鉞撰。

唐尚書省所屬除六部尚書、侍郎外，設有郎中、員外郎之職，統稱郎官。在唐代，郎官的地位，很有些特殊性。從品階上説，郎中是從五品，員外郎是從六品。按照唐代官制的規定，五品以上官員的任命，由尚書省擬名上中書門下，報皇帝制授，六品以下則卽由吏部決定。但員外郎雖然是從六品，却與御史、拾遺、補闕一樣，都須上報，由皇帝親自任命。中唐時人劉餗説：「隋制，員外郎、監察御史亦吏部注誥詞，卽尚書侍郎爲與之。自貞觀已後，員外郎盡制授。」（大唐新語卷十釐革）宋末元初著名史學家胡三省也説：「員外郎、起居、遺、補，皆臺省要官，由人主親除，不由尚書奏擬。」（通鑑唐紀開元四年十二月註）又譬如，唐朝外州刺史的品階，上州是從三品，中州是正四品上，下州是正四品下。但尚書各部的郎中、員外郎有由州刺史遷授的，如白居易衢州刺史鄭羣可庫部郎中齊州刺史張士階可祠部郎中同制：「今之正郎，班望頗重，中外要職，多由是遷；故其所選，不得不慎，必循名實，而後命之。羣與士階，久典名郡，謹身化下，有循吏之風，會課陟明，宜當是選。」（白居易集卷五十一）從這道制文中，可見州刺史經考核有成績的，才能授尚書省郎中之職。其他如中唐著名詩人韋應物由滁州刺史召入爲左司郎中，杜兼于元和初自濠州刺史入爲刑部郎中。這幾個地方的州刺史品階都要比郎中爲高。這種情況固然與唐朝官場中重京官、輕外任有關，但由此仍可看出郎官在唐朝官員除授中的特殊地位。

在唐朝人的言論中，郎官往往被稱爲「清資」、「清選」、「清流」。如南部新書丁卷：「省中諸郎，不自員外拜者，謂之土山頭果毅，言其不歷清資，便拜高品，似長征兵士，便授邊遠果毅也。」這裏稱員外郎爲「清資」。又有具體地對禮部員外郎評論的，如白居易張元夫可禮部員外郎制：「官有秩清而選妙者，其儀曹（即禮部）員外郎之謂乎？」（白居易集卷四十九）又如薛廷珪授徐彥樞禮部員外郎制：「文昌列曹，代稱清署，宗伯之重，時難厥官，其在外郎，選擢尤重，率多虛位，以待當才。」（全唐文卷八三七）員外郎是如此，郎中當然更爲人所稱譽，因此唐會要卷五十八載開元五年四月九日勅，稱「尚書郎皆是妙選」。晚唐人崔嘏且將郎官與翰林學士並提，說「臺郎望美，詞苑地高」（文苑英華卷三八四授裴諗司封郎中依前充職制），前句指郎官，後句指翰學。唐人對於郎官的重視，還可從以下兩個事例中看出：

李林甫開元初爲中允，時源乾曜爲侍中，是中表之戚，託其子求司門郎中。乾曜曰：「郎官須有素行才望高者，哥奴豈是郎官耶？」（南部新書乙卷）

鹽鐵判官姚勗知河陰院，嘗雪冤獄，鹽鐵使崔珙奏加酬獎，乃令權知職方員外郎。制出，令勗上省，温執奏曰：「國朝已來，郎官最爲清選，不可以賞能吏。」上令中使宣諭，言勗能官，且放入省。温堅執不奉詔，乃改勗檢校禮部郎中。（舊唐書卷一六八韋温傳）

李林甫於開元初任太子中允，太子中允爲正五品，但却求做從五品的司門郎中，而侍中源乾曜並不答應他的請求，理由是「郎官須有素行才望高者」。同樣，姚勗雖爲能吏，也不允許任員外郎之職，按照韋温的説法，「國朝已來，郎官最爲清選」；後來楊嗣復與皇帝議論此事，也説「韋温志在銓擇清流」。以上兩事，一在唐前期，一在唐後期，可見唐人對郎官的推重是前後一貫的。

尚書省六部的正副長官是尚書與侍郎，其下一級爲郎中與員外郎。中唐時人獨孤及在吏部郎中廳壁記一文中，曾舉吏部爲例，説吏部掌內外官員的選拔考覈，「凡廢置之柄，官府之序，歲終令天下郡縣會計致事」。可以想見，事情一定是很繁雜的。這當然不可能由吏部尚書和吏部侍郎躬預其事。於是而由「郎官起草立議，操而成之，然後尚書受成於郎中」（全唐文卷三八九）。這就是說，各部的重要事宜，大抵都由郎官「起草立議」，以決定行止，尚書只不過「受成」而已。郎官下面當然還有屬官，他們更是做些具體雜事，而郎官正好起承上啓下的作用。正因如此，朝廷的一些大官，也大多從郎官中揀擇，如權德與所説的：「蓋宗公貴仕，多由此塗出，所以儲明才、練官業，必於是焉」（司門員外郎壁記，權載之文集卷三十一）。唐代郎官之所以受到特別的稱譽，原因大概就在這裏。因此司馬光説「若郎中、員外郎則是清要官」（通鑑唐紀開元元年「姚元之嘗奏請序進郎吏」條考異）。而據宋人趙昇的解釋，所謂清要官，則是：「職慢位顯謂之清，職緊位顯謂之要，兼此二者謂之清要。」（朝野類要卷二）尚書省本爲全國最高行政機構，負責政令的施行，尚書六部，吏、禮、兵、户、刑、工，分掌全國官吏、選舉、軍政、財政、司法、土木等政務，其職務本身就十分重要，再加上郎中、員外郎在各部中的特殊地位，因此郎官之受到特別的重視，也是不難理解的了。

由于地位的緊要，郎官就成爲一般官員們爭奪競取的目標，而郎官本身也往往互結朋黨，聯結成一股勢力，如舊唐書李藩傳説德宗時，「王仲舒、韋成季、吕洞輩爲郎官，朋黨輝赫，日會聚歌酒」（又可參舊唐書韋執誼傳）。這種情況在唐代前期就有，據通鑑開元三年十二月載，尚書左丞韋玢曾奏「郎官多不舉職」，他建議加以沙汰，改授他官。結果却是，郎官雖然汰除了一些，韋玢本人竟出爲外州刺史，宰相本擬授以冀州，皇帝批下來却要改爲小州。於是姚崇奏道：「臺郎寬怠及不稱職，玢請沙汰，乃是奉公。臺郎甫改官，玢即貶黜於外，議者皆謂郎官謗傷；臣恐後來左右丞指以爲戒，則省事何從而舉矣！」韋玢建議汰除郎官，他本人却受到貶黜，就是因爲受到郎官們聯合一致的誣陷，由此也可見出唐代郎官在中央朝廷所能形成的力量與作用。

當然，尚書省六部中，地位的輕重也是不相同的。吏部因爲掌官員的舉選考核，最爲重要，正如開元時孫逖在吏部尚書廳壁記中所說：「綜九流之要，爲六官之長，位置任重，實在於茲。自武德已來，多以宰相兼領。」（文苑英華卷七九八）吏部尚書居六部之首，而且在唐前期多以宰相兼領，不言而喻，吏部的郎官也比其他部爲顯要，如白居易授盧元輔吏部郎中制說：「六官之屬，升降隨時，獨吏部郎班秩加諸曹之右，歷代迄今，未嘗改也。」（白居易集外集卷下）因此，唐人往往稱吏部郎中、員外郎爲「首曹」（如崔嘏授盧懿吏部郎中制：「是用徵還首曹，榮以題柱」，見文苑英華卷三八九；又白居易集卷五十五除李建吏部員外郎制：「六官之屬，選部郎首之」），又稱爲「南宮眉目」（如劉賓客文集卷二故吏部侍郎奚公神道碑：「轉吏部外郎，是曹在南宮爲眉目」）。本書卷三吏中、卷四吏外，所載人數與篇幅最多。也與此有關。唐人對六部郎官，往往有前行、後行之分，據韋述兩京新記，吏、兵部爲前行，最爲要劇，司門、都門、屯田、虞、水、膳部、主客，都在後行，閑簡無事，因此當時人有「司門、水郎，入省不數」的俗語。據太平廣記卷二五〇引：「角觝之戲，有假作吏部令史與水部令史相逢，忽然俱倒，良久起曰：『冷熱相激，遂成此疾！』」又據南部新書載：「先天中，王主敬爲侍御史，自以才望華妙，當入省臺前行，忽除膳部員外，微有惋悵。吏部郎中張敬忠詠曰：『有意嫌兵部，專心望考功；誰知脚蹭蹬，却落省牆東。』蓋膳部在省最東北隅也。」（丁卷）這兩則記述官署的閑劇與士人的躁進，婉而多諷，非常恢諧。舊唐書畢諴傳也載：「宣帝時，自户部員外郎歷駕部員外郎、倉部郎中。故事，勢門子弟鄙倉、駕二曹，居之者不悦。惟諴受命，恬然恭遜。」倉、駕二曹，當也屬於後行，因此受到勢門子弟的鄙視。關於唐代尚書省六部的前行後行，可參看錢大昕十駕齋養新録卷十前行中行後行條。

二

按照唐代尚書省的建置，尚書都堂居中，東有吏部、户部、禮部，每部四司，由左司統之；西有兵部、刑部、工部，每部四司，右司統之。共二十六司，即吏部下屬吏部、司封、司勳、考功；户部下屬户部、度支、金部、倉部；禮部下屬禮部、祠部、膳部、主客；兵部下屬兵部、職方、駕部、庫部；刑部下屬刑部、都官、比部、司門；工部下屬工部、屯田、虞部、水部，再加上左右二司。唐朝有題寫廳壁記的習俗，上至中央機構，下至州縣官署，有各式各樣的廳壁記，現在還有不少文字保存下來，文苑英華特地設置壁記一類，可以參看。以上尚書各司都有壁記，韋述兩京新記謂：「郎官盛寫壁記，以紀當廳前後遷除出入，寖以成俗。」（唐語林卷八引）韋述之書成於開元中，可見在此之前，壁記之風已盛。但在這之前，壁記所寫的升降年名，難免没有訛誤，於是左司郎中楊慎餘創議，改爲石刻，建於都省之南，這就是郎官石柱題名的來由。現在還保留有右司員外郎陳九言的一篇尚書省郎官石記序，作於開元二十九年，詳記其事。

陳九言的序中説「斷自開元二十九年，咸列名於次；且往者不可及，來者不可遺，非貴自我，蓋取隨時」。據前人研究，從開元二十九年起，任郎官者即題名刻石於柱上，而唐初至開元的題名，則是貞元再刻時所補。陳九言的序文由著名書法家張旭書寫，張旭以寫草書得名，但這篇序文却用的是正楷，備受後世人的推頌，如北宋古文名家曾鞏説：「張顛草書見於世者，其縱放可怪，近世未有，而此序獨楷字，精勁嚴重，出於自然，如動容周旋中禮，非强爲者。」（元豐類稿卷五十金石録跋尾）南北宋之間的著名書畫收藏家董逌也説張旭書寫的這篇序文，「備盡楷法，隱約深嚴，筋脈結密，毫髮不失，乃知楷法之嚴如此」（廣川書跋卷七）。據前人記載，此後尚有貞元中再刻，許孟容撰後序，劉寬夫隸書，三刻於大中十二年。但再刻、三刻的記序已不可得見，因此初刻的陳九言序與張旭書，已成爲史學與書法藝術的極可寶貴的資料。

前面說過，尚書六部，吏、户、禮部由左司統之，兵、刑、工部由右司統之，石柱題名也東西各一。但後來只存左司所統的石柱，另一石柱不知於何年失去。朱彝尊曝書亭集卷四十九曾有跋，說他見到石柱時已移於西安府儒學孔子廟内，並說：「竊思六部既分左右，則當時立石必東西各一，今右司暨兵、刑、工三部所屬郎官題名無一人者，是左存而右已失也。」朱彝尊此跋寫於康熙時，則右柱最晚於清初已失。後來葉奕苞撰金石録補，也說「愚意右丞所屬必別有右柱，今不可得矣。此柱在西安府文廟内」（卷二十一）。則右柱一直未能得見，這不得不說是極大的損失。

這僅存的由左司所統，包括吏户禮三部十二司郎官題名的石柱，由於年深月久，也遭到很大的破壞。一是石柱約於清代之前曾經斷裂，清人所見是斷而復接的。石柱原分七面（也有說分八面的），每面分上下截，如吏中、吏外、封中、封外同屬一面，勳中、勳外、考中、考外又另屬一面，前兩者爲上截，後兩者爲下截，等等。斷石復接的人缺少歷史知識，以致續接時各面錯相配合，於是産生誤併和次序顛倒的錯亂。另一種情況是字迹漫漶，不易辨認。朱彝尊說他曾獲得拓本三紙，「字已漫漶，眼昏莫辨」，經仔細審辨，可識察的約三千一百餘人。後來乾隆時錢塘人趙魏，親自到西安摹寫，所録人數與朱彝尊跋中所記不相上下(趙魏所録見讀畫齋叢書己集)。此後王昶在金石萃編中記録爲三千一百九十二人，同時人趙鉞、勞格又經比勘、考證，著録三千二百餘人。唐史學家岑仲勉先生對郎官石柱題名的考證，用功很深，著有郎官石柱題名新著録(原載歷史語言研究所集刊第八本第一分册，今收録於上海古籍出版社出版的金石論叢内)，及郎官石柱題名新考訂(上海古籍出版社出版)。經岑先生辨察，可考出三千四百三十九人，多出清人著録約二百人。但原柱題名總數有四千六百餘人，現在所考出的還不足原數的四分之三，有四分之一多的人名已不再能够辨出；另外，禮部、膳部兩司幾乎全部殘缺(禮中僅存初刻數人)，這些損失也是不可彌補的。

清人關於郎官石柱的研究，成績最大的就要算是趙鉞、勞格撰的這部唐郎官石柱題名考了。趙鉞字星甫，浙江仁和(在今杭州)人。乾隆四十三年(一七七八)生，嘉慶十六年(一八一一)進士，選翰林院庶吉士，後任湖北咸寧、江蘇溧水知縣，又升泰州知州，道光二十九年(一八四九)卒。他對題名於石柱的郎官事跡曾作過一些考索，屬稿未半，年老衰邁，自度未能畢功，因將稿本託付於同郡人勞格。勞格字季言，生於嘉慶二十五年(一八二〇)，諸生。他是一個貧寒的讀書人，長於考證、校讎之學，其所校如元和姓纂、北堂書鈔、蔡中郎集、文苑英華及唐宋人文集，當時人許爲「引證博而且精」，「尤熟於唐代典故，錢少詹（大昕）以後一人而已」（光緒時丁寶書讀書雜識序）。他在接受了趙鉞的稿本以後，查閱了大量的唐人史料，「悉力考核用功，雖寒暑無間」，終因世亂時艱，貧病交加，於同治三年（一八六四）去世，年僅四十五歲（見其兄勞檢所作亡弟季言司訓事略）。他的遺稿，如讀書雜識十二卷，唐御史臺精舍題名考三卷，及這部郎官題名考二十六卷，都是其友人丁寶書爲之整理，彙編爲月河精舍叢書，光緒六年（一八八〇）刻印問世。

岑仲勉先生認爲勞格的這部題名考，有三個長處，就是：一，「闡明石柱上下各面應如何相接」；二，「發見石柱有三刻不同」；三，「詳考郎官諸人事跡，爲極好利用之工具書」（見金石論叢所收郎官石柱題名新著録一文）。前兩點是就題名考訂的詳確而言，後一點是就郎官事跡搜輯的廣博而言。這後一點，對於我們今天查閱唐人的傳記資料，更有參考價值。

勞格採用的史料，除了經常引用的基本史籍如兩唐書與通鑑外，據我們這次整理時的粗略統計，有一百二十餘種之多，其中不少是卷帙浩繁的政書、類書和總集，如通典、通志、通考、太平御覽、文苑英華、唐文粹、樂府詩集、唐大詔令集、道藏等。其他還遍及雜史筆記、輿地方志、金石著録，以及衆多的唐朝人文集。這無疑對我們查考唐人的事跡，提供了豐富而有用的線索。

勞格著録了現存石柱郎左司、吏、户、禮部十三司郎官共三千二百餘人，另外補遺六百三十四人，大多數都考訂了事跡。其例言中說：「石刻所列郎官姓名，凡有專傳可考，而歷官與石刻合者，則僅列其里居、姓氏，由某官遷轉某官，生平事跡概不詳載；惟有涉及本司者，始有甄録。或本傳不載是官，而別見於他傳及諸書者，則列於本傳之後。間有軼事爲本傳所失載者，並附存之。其無傳者，始詳考其生平所歷之官職、事跡，人品之善惡，按其先後，略爲編次」；又說：「郎官姓名或有與他官同姓名者，則必考其世系，核其時代，以決其是非，即有不可考者，亦兩存之以待考。其有同官郎署而姓名相同者，又有同在一曹而郡望互異者，有同姓名而或以字行者，有同姓名而時代不合者，皆詳考其本末以註於下。」由此可見，勞格在搜輯和考訂上，作了大量的工作，可以看出他在史部和集部上的很深的功夫。應當指出的是，在史料的引用上，他並不限於廣搜博討，有時還能訂正所引史料的錯誤。如卷二左司員外郎盧告條，引舊唐書宣宗紀大中八年三月，文宗實録修成，「修史官右補闕盧吉等頒賜銀器、錦綵有差」。勞格指出「吉」字誤，唐會要作「告」，舊唐書魏謩傳也作「告」；在考功郎中處又引杜牧盧告除左拾遺制（樊川文集卷十七），稱直史館，又引新唐書藝文志「文宗實録四十卷，盧告等撰」，可證作「告」爲是。這種論證是令人信服的，可是新點校本的舊唐書宣宗紀却未有校正。又如卷一左司郎中吕頌條，引及文苑英華卷六〇六吕頌爲張侍郎乞入覲表，英華原有註云「德宗時任黔府觀察使」。勞格乃引呂頌有黔州刺史謝上表，又引權載之文集祭故呂給事文，及舊唐書德宗紀，考出貞元時呂頌曾任黔府，而無張侍郎其人，因此說：「疑任黔府觀察者卽呂頌，『張侍郎』三字當是衍文。英華於表類多誤，不可盡據。」勞格在文苑英華的校勘上用過功夫，因此觸類旁通，能在史籍勘正上收到碩果，這也是清代漢學家在文史古籍考訂上的優良學風之一。

三

岑仲勉先生在郎官石柱題名新著錄中曾說：「所可惜者，勞氏生喪亂之餘，避地鄉僻，圖書散失，家室飄零，憂鬱以終，遺編未經自身勘定，故不無遺憾之處。」岑先生曾指出勞格的疏失之處，如「度中內仍保留祠中各姓名」、「往往屈碑刻以從書本」，等等，這些都就其姓名的著録而言。岑仲勉先生在趙魏、王昶、趙鉞、勞格的基礎上，再進行核查，增考了人名，訂正了前人的缺少，寫成新著録一文，這是迄今爲止著録郎官石柱題名最爲詳確的一種。因有岑先生的這一著作刊行，我們對勞格所訂定的一般卽不予改動，讀者可以比看。

我們這次整理時，主要做了核查文字的工作。勞格生前來不及最後校訂全稿，再加上版刻差錯，因此在所引用的文字上有不少錯誤。

考著勞格大量援引了兩唐書，但這方面的舛誤也最多。我們這次作了全面的覆核，發現有人名錯的，如卷二左外張倚條，引「新苗晉傳」，「晉」下漏了「卿」字，舊唐書卷一四〇有苗晉卿傳；卷十三度中李諒條，引「新王播傳」，「播」應作「璠」；卷三吏中崔植條，引新表「植字公新」，「新」應作「脩」；卷八勳外梁涉條，引新讓皇帝憲傳「子汝陽王璉」，「璉」應作「璡」，等。有地名官名錯的，如卷三吏中溫彥博條，引舊傳「授雍中治中」，「雍中」應作「雍州」；同卷李石條，引舊傳「令狐楚請爲工部節度副使」，「工部節度」不辭，「工部」係「太原」之誤，新傳即作「河東副使」；卷二左外柳渙條，引新表「冀州刺史（柳）誡言子渙」，「刺史」應作「司馬」。有記時錯誤的，如卷一左中崔瑑條，引舊宣宗紀「大宗元年三月丁酉朔，禮部侍郎魏扶奏」，「大宗」應作「大中」，「三月」應作「二月」；同卷陽伯成條，引舊崔沔傳「開元二十三年，制令禮官議加籩豆之數」，「二十三」應作「二十四」。有初稿未填寫而刻板時未及補正的，如卷三吏中補遺王定條，引新書藝文志「王定畫□□訓誡圖」，空格爲「本草」兩字。有一條引文有好幾處錯誤的，如卷八勳外李承嘉條，引舊書尹思貞傳「承嘉希（武）三思指，記以他事，不許思貞入朝廷」，「承嘉大怒，遂敕奏思貞」，此處「指」應作「旨」，「記」應作「託」，「敕」應作「劾」。其他板刻之誤，如卷四吏外李續條，引舊書柳公綽傳「大開幕府，得人尤盛」，「大」應作「六」；卷二左外崔瑨條，引舊傳「釋謁諸侯府」，「謁」應作「褐」；又如卷十考中孫處約條，引舊傳「避中宗諱改名茂道」，按孫處約爲高宗時人，卒於高宗顯慶年間，未至中宗時，何得避諱，查舊傳原文，「中宗」係「中宮」之誤。我們這次是用中華書局點校本新舊唐書核對的，但發現點校本有以不誤爲誤，因而改錯的地方，因此我們也參考了清人沈炳震兩唐書合鈔、岑建功舊唐書校勘記，不盡據點校本改。

另外，勞格引用了不少唐人文集，我們這次作了部分核查，也發現了一些錯誤，如卷十四度外元寬條，引元稹夏陽縣令陸翰妻河南元氏墓誌銘「皇考府君，當乾元、至德之間，郡國無事」，至德在乾元前，元稹行文決不至於顛倒，經查原文，「至德」應作「廣德」。又如卷十八倉外張仲方條，引白居易唐故銀青光禄大夫秘書監曲江縣開國伯贈禮部尚書范陽張公墓誌銘「鄜芳節度使辟爲判官」，「芳」應作「坊」；同卷唐慶條，引元稹唐慶授萬年縣令制「布露飴散於羅落之間」，「飴」應作「飭」。卷四吏外李欵條，引杜牧樊川文集上宰相求湖州第一啓「近者澶王傳李疑爲鹽鐵使」，「疑」應作「凝」。卷一左中補遺楊凝條，引柳宗元唐故兵部郎中楊君墓碣「然卒中於辭」，「辭」上漏「詖」字。有概括文意、節引文句，却又割裂漏字的，如卷二十禮外衛中行條，引元稹授衛中行陝州觀察使制「始以詞賦有名甲乙符逮其書命出補近郡」，不可句讀，查原文爲：「始以詞賦深美，軒然有名。甲乙符昇，遂拾青紫。逮其書命，文鋒益銛。能搴菁華，以集麗則。出補近郡，號爲廉能。」據此，則於「符」下補「昇」

字，點讀爲：「始以詞賦有名，甲乙符昇，逮其書命，出補近郡。」其他如引文苑英華卷二八一趙嘏送盧緘歸揚州詩（卷二左外盧緘條），「詩」誤爲「諱」；引全唐文卷七九一王密明州刺史河東裴公紀德碣銘「田疇闢」（卷四吏外裴儆條），「闢」誤爲「關」，這當都是板刻之誤。其他尚有引唐會要致誤的，如卷二左外李直方條，引唐會要卷六十「遣監察御史李直方按黔州覆按」，上一「按」字乃「往」之誤；有引太平廣記致誤的，如卷三吏中蕭璿條，引太平廣記卷二二二「神龍初，在縈洗滌」，「在」爲「方」之誤。還有引方志（如嚴州重修圖經）、筆記（如因話録）等等而有誤字的，這裏就不一一舉例。這次點校時，凡引新舊唐書、新舊五代史及通鑑的，都加覆核，其他則在有疑問時加以核查。凡須訂補的，即逕在文中改正，不作校記。凡改正之處，用六角括號〔　〕標明改正的字，圓括弧（　）小一號標明原來的誤字。另外，卷三吏部郎中韋少遊名下，勞格引殷亮顏魯公行狀，實際爲王延昌的材料，王的名字在韋之後，當是原書的刊刻之誤，今將此條引文移入王延昌名下，因字數較多，就不加括號，特在此說明。

岑仲勉先生於一九六一年曾作有郎官石柱題名新考訂，對勞格未考的加以補考，對勞格考未妥的作了補正，是研究郎官題名和唐人事跡的必備參考書籍，現已由上海古籍出版社出版，本書就不再收入。爲便於讀者核對參考，我們這次補輯了趙魏與王昶所輯録的唐郎官石柱題名，附於勞考之後，以省翻檢之勞。

爲便於查檢，特請張忱石同志編製較爲詳細的人名索引，列於書末。本書點校中不當之處，謹請讀者指正。

徐敏霞

一九八四年十二月

丁序

仁和趙星甫太史撰尚書省郎官石柱題名攷，甫屬稿，自度未及成書，卽付託勞季言先生續補成之。季言熟於唐代典故，廣搜事實，詳加攷證，以視王氏金石萃編增多十數倍，無考者百九十餘人，各部補遺得六百卌四人，補輯禮、膳兩部共得二百十一人，採摭繁富，蔚爲巨觀。其見於舊、新兩書者，足以校史傳之異同；其不見於新、舊兩書者，足以羽翼史傳之未備。羣書所引姓氏筆畫小異間有之，未敢遽遷就改異，今存其原文，以備參攷。季言初創此稿，隨得隨録，以蠅頭細字書于殘册，其兄青子先生以爲非予莫能辨也。予乃窮數年之力繕寫清本，編爲廿六卷；刊成，與御史精舍臺題名考相輔而行，予於故人之誼無遺憾矣。惜乎勞氏所見天下郡縣志未徧，唐人碑版又日出不窮，萬一有遺漏，是所望于後人採取補正焉。光緒十年甲申七月，歸安丁寶書序。歸安包虎臣書

尚書省郎官石記序

朝散大夫行右司員外郎陳九言撰

吴郡張　旭書

夫上天垂象北極，著於文昌；先王建邦南宮，列爲會府。六官既辯，四方是則，大總其綱，小持其要，禮樂刑政於是乎達，而王道備矣。聖上至德光被，睿謀廣運，提大象以祐生人，躬無爲以風天下。三台淳曜，百辟承寧；動必有成，舉無遺策；年和俗厚，千載一時。而猶搜擇茂異，網羅俊逸，野罄蘭芳，林殫松秀，盡在於周行矣。夫尚書郎廿四司，凡六十一人，上應星緯，中比神仙，咸擅國華，以成臺妙。修詞致天一之議，伏奏爲朝廷之容，信杞梓之藪澤，衣冠之領袖。頃朝榮初拜，或省美中遷，昇降年名，各書廳壁，訛誤多矣，總載闕如，非所以傳故實、示不朽者矣。今諸公六聯同事，三署並時，排金門，轔華轂，鸞蹌鳳跱，肩隨武接，而不因僉謀補其闕典，其於義也，無乃太簡乎？左司郎中楊公慎餘於是合清論，創新規，徵追琢之良工，伐□藍之美石，刊刻爲記，建於都省之南。榮斷自開元廿九年，咸列名于次。且往者不可及，來者不可遺，非貴自我，蓋取隨時。班位以序，昭其度也；豐約從宜，昭其儉也。俾夫金石長固，英華靡絶，不編班固□□，自然成表，未識馬卿之賦，已辯同時，不其偉歟！開元廿九年歲次辛巳十月戊寅朔二日己卯建。

古人稱長史得草聖不傳之妙，豈知真書在唐爲一代精絶，所謂能行而後善走者也。魯公書學，氣侔造化，真楷得法，多自公始。郎官帖精絶爲至，舊刻在京兆，今亡，或云崙瘞廳事址下。近從□□李衡得墨本全文，蓋丞相壽國高公故家□□□□□□□置者累旬，真希代寶也。十有三年　龕王惲秋澗集跋郎官石柱記後

尚書省郎官石記序，陳九言撰，張顛書。記自開元二十九年郎官石名氏爲此序。張顛草書見於世者，其縱放奇怪，近世未有，而此序獨楷字，精勁嚴重，出於自然，如動容周旋中禮，非强爲者。書一藝耳，至於極者，迺能如此。其楷字蓋罕見於世，則此序尤爲可貴也。古今法書苑。

長史郎官壁記，世無別本，惟王奉常敬美有之，陳仲醇摹以寄予，知學草必自真入也。董其昌跋。

唐尚書省郎官石柱題名考卷首例言

唐尚書省左右司郎中、員外郎，及六部二十四司郎中、員外郎，皆有廳壁記，以記其遷任罷斥之年月，又刻其姓名於二石柱。今壁記已佚，石柱又闕其一，僅存左司郎官及左三行十二司郎官而已，又多漫漶磨滅，王、趙二家所載亦多誤謬。今細審石本，詳爲訂正。案柱凡八面，第一面上截僅存末行「大中十二年十一月十二日書石柱記左司郎中唐技」一行，細審又有「光被」諸字隱隱可辨。考陳九言序有「至德光被」一語，則上截當是陳序，王氏以爲序、記別勒于碑，誤也。下截左司郎中、左司員外郎題名。第二面，吏部郎中、吏部員外郎、司封郎中、司封員外郎題名。第三面，司勳郎中、司勳員外郎、考功郎中、考功員外郎題名。第四面，户部郎中、户部員外郎、度支郎中、度支員外郎題名。第五面，金部郎中、金部員外郎、倉部郎中、倉部員外郎題名。第六面，上截已闕，當是禮部郎中、禮部員外郎；下截祠部郎中、祠部員外郎題名。第七面，上截亦闕，當是膳部郎中、膳部員外郎；下截主客郎中、主客員外郎題名。王、趙二本，次序淆亂，說詳下。今悉依舊、新書職官志訂正，以復其朔云。

一、石柱，唐時凡三刻石：初刻於開元廿九年，陳九言撰序，張旭書；再刻於貞元中，許孟容撰後序，劉寬夫隸書；三刻於大中十二年，當亦有記序，惜已殘闕，不可得見。案，初刻左旋，陳序云「斷自開元廿九年」，蓋石柱立於是年，故郎官題名亦以是年爲斷。王氏以爲斷自開元廿九年始，説殊舛誤。重刻始改右旋，而磨改之處尚隱隱可辨。細驗左司，初刻、重刻俱同是一面，尚存左外韋成季、趙匡等七人姓名。吏部、司封一面，係初刻膳部、主客二司，末行尚存膳部郎中諸字。司勳、考功一面，係初刻禮部、祠部二司，尚存禮部郎中何敬之、薛縚等姓名。户部、度支一面，係初刻金部、倉部二司。金部、倉部一面，係初刻户部、度支二司。禮部、祠部一面，係初刻司勳、考功二司。膳部、主客一面，係初刻吏部、司封二司，尚存封外□嶠、朱前疑等六人姓名。每行比重刻者高寸許，字形亦較重刻者稍大。王、趙未知石凡三刻，以致重出羼亂。此非細驗石刻，不能辨也。」

一、題名石已中斷，未審於何年重立。重立時誤移上二面，故上下二截曹司各别，王、趙二書不爲審正，因誤以考中、考外蒙上作左中，倉中蒙上作考中，祠中蒙上作度中，主中蒙上作倉中，致與諸書所載牴牾不合，今細案闕紋，爲之訂正。

一、石刻題名雖依壁記爲次，然所載姓名次序亦不甚合。又石刻立于大中十一年，而每司題名，約其時代，當在僖宗乾符時，蓋令史續書，字跡亦比前較劣。至廣明以迄天祐，郎官原未刊石，非闕佚也。

一、左司及十二司郎官，惟左外、吏外、勳中、户外、金中、金外、祠外、主外諸司尚爲完好，餘如左中、倉中、祠中、主中則闕上截，考中、考外、度中、度外、倉外則下截已多殘闕，吏中、封中中有數行亦已磨滅不可辨識，禮、膳二司全行殘闕。禮中僅存初刻數人，説已見前。又吏部一司字畫比每諸司差小，亦以員數稍多故耳。

一、石刻所列郎官姓名，凡有專傳可考，而歷官與石刻合者，則僅列其里居、姓氏，由某官遷，後轉某官，生平事迹概不詳載；惟有涉及本司者，始爲甄録。或本傳不載是官，而别見於他傳及諸書者，則列於本傳之後。間有軼事爲本傳所失載者，并附存之。其無傳者，始詳考其生平所歷之官識、事迹，人品之善惡，按其先後，略爲編次，俾尚論者有可稽考，亦補傳之體也。

一、郎官姓名凡石刻殘闕以及未補刻者，參考本傳及諸書廣爲引證，按其時代彙爲補遺，列於每司之後。或有云嘗歷某司而實舛誤者，則詳引以糾其謬，列之附存，附之補遺之後。

一、唐代官職有職事官，有散官。貞觀令凡散官高者稱行，職事官高者稱(寺)〔守〕見職官志。而又有稱檢校者，石抱忠檢校天官郎中，石刻嵩陽觀紀聖德感應頌，徐浩結銜稱朝議大夫、檢校尚書金部員外郎是也。有稱判者。石刻西京千福寺多福佛塔感應碑文，顏真卿結銜稱朝議郎、判尚書武部員外郎是也。唐志云員外判試檢校自則天、中宗後始有之，皆不佩魚，蓋雖以階級未至，故稱此以別之，未實授而實辦本職，故金外有徐浩名。中葉以後，藩鎮從事往往檢校郎官，而實未嘗至省，故傳中每以還朝二字別之，則與前所稱檢校者名雖同而實異。考舊書陳少遊傳充使檢校郎官，自少遊始也。新傳同。談賓録所載亦同，太平廣記二百三十九引。云：「寶應元年入爲金部員外郎，尋授侍御史、迴紇糧料使，改檢校職方員外郎。」則檢校銜始於代宗朝。今自代宗以後所稱檢校郎官，悉不載入。又唐自肅宗以前，凡除郎官而未到省者，亦列其名，如張巡傳巡由貞源令授主客郎中、兼御史中丞，實未涖職，而石刻尚載巡名，是其證也。此前人所未及考者，今皆參互考證而詳列之。

一、唐初所置行臺尚書省，六部諸司雖不備置，而實有郎官職事，然究是外任，故石刻不列其名。如杜如晦爲行臺司勳郎中，見舊書太宗紀；房玄齡、于志寧爲記室考功郎中，見太宗置文館學士教；王子貞爲行臺倉部郎中，見新書宰相世系表，今石無四人名可證。或據舊書外戚傳、地理志皆稱陝東道行臺金部郎中長孫操，而石刻首列操名爲疑。案新書操傳，云高祖辟署金曹參軍。考高祖開大丞相府時所辟諸曹參軍，悉擬隋朝省官，受禪以後，即以爲本司郎官。陳子良爲王季卿與王仁壽書云「宋國公子懷廓今任光禄大夫、相府禮曹參軍」，而元和姓纂則稱禮部郎中，則操亦由金曹參軍爲金部郎中，又出爲陝東道行臺金部郎中爾。宰相世系表止稱金部郎中，不云行臺，亦其一證。故行臺郎官，補遺悉不登載。

一、郎官姓名或有與他官同姓名者，則必考其世系，核其時代，以決其是非，卽有不可考者，亦兩存之以待考。其有同官郎署而姓名相同者，如吏中補之李元素，與吏外、勳外、户中、左中之李元素；左中、吏中、考中、户中之崔瑨，與主中之崔瑨，别是一人。又有同在一曹而郡望互異者，如左中、户中之李巽，趙郡人；左中補之李巽，係宗室，隴西人。有同姓名而或以字行者，如左中有李誠，而考中補之李誠以字元成行。有同姓名而時代不合者，如勳外有韓瞻，無考；而唐末又有韓瞻。皆詳考其本末，以注於下。如此之類，率非一端，略舉一二，以志梗概。

一、郎官題名，青浦王少寇昶、仁和趙明經魏俱録有全文。王本刻入金石萃編，趙本刻入讀畫齋叢書。少寇又著考一卷附後，所據僅舊、新兩書及全唐詩傳而止，掛一漏百，誤謬宏多，卽曹司次序先後倒置，至以左司殿主客之後，考中蒙左中之名，又於石刻曼患處不復詳爲審定，以致多所脱佚。蓋萃編定於少寇暮年，是時患目疾，諸碑跋語類出於門下士所爲，援引疏漏，殊難僕數，非獨此考爲然。今不復爲之指摘，於其所闕者僅注云王本闕而已。

唐尚書省郎官石柱題名考目録

唐尚書省郎官石柱題名考卷一

左司郎中

唐六典：吏部尚書，其屬有左司郎中一人，右司郎中一人，並從五品上。龍朔二年，改爲左右承務，咸亨元年復。舊唐書職官志：尚書都省屬左右丞各一員，左右司郎中各一員。左司郎中，副左丞所管諸司事，省署鈔目，勘稽失，知省内宿直之事。若右司郎中闕，則併行之。新書署同。

【石刻】

□□節　薛□　裴方産　段機　劉翁勃

王儼　李守約　李守一　崔行功　崔承福

李思順
房袒
韋玢
李誠
高昇
楊慎餘
蕭晉用
裴謂
盧惎
宇文邈
崔鄘
豆盧署
鄭居中
高少逸
崔璵

侯味虛
趙誼
孔仲思
竇從之
鄭倩之
韋虛舟
楊恂
林琨
吕頌
李元素
劉遵古
獨孤朗
李讓夷
崔琯
薛廷範

張知泰
陸餘慶
馮思邕
張敬輿
韋伯詳
張具瞻
鄭璲
韋寂
李巽
韋成季
韋審規
鄭肅
何耽
韋充
路綰

李守敬
閻晉止
唐紹
夏侯宜
劉彥回
崔譚
裴從
張齊明
奚陟
苗粲
樊宗師
趙元亮
李師稷
鄭亞
韋博

徐有功
夏侯崐
魏奉古
韋叔昂
韋見素
陳澍
姚喬栁
蔣將明
陸淳
吕元膺
殷台
高元裕
崔復本
崔駢
柳喜

裴寅　盧耽　韋退之　李蠙　鄭彥弘
孟穆　薛廷望　李緘　崔琢　張鐸
李琨　李晦　李繪　李瞻　李嶽
崔寓　孫徽　王鐐　李燭　張旡逸
夏侯潭　□應物　唐技

【補遺】

杜超　崔義玄　李公淹　封道弘　邱懷道
鄭植　鄭世斌　裴思義　王本立　李懋道
温翁念　喬知之　崔齊之　王旭　蘇詵
韋拯　裴寬　陽伯成　馬光淑　杜損
李審　李喬年　鄭令璡　鄭成家　魏少遊
李巽　盧振　蕭定　丘鴻漸　庾何
獨孤愐　嚴說　盧羣　楊凝　趙需
武元衡　鄭敬　崔清　辛祕　陸則

韋弘景　庾敬休　李肇　温造　楊虞卿

張又新　孫簡　姚勗　楊發　豆盧籍

崔原　鄭縈　楊贊禹　陸愿　孫濟

劉植　劉居簡　樊慶德

【附存】

裴珣

□□節　鉞案：疑是宇文節，節見吏中、吏外、勳中。

薛□　鉞案：疑是薛述，見吏中、勳中。

裴方產　新書宰相世系表中（脊）〔眷〕裴氏祥曾孫方產，右司郎中。

段機　元和姓纂：段孝機，中書舍人。格案：時代正合，疑即是人。

劉翁勃　又户外。　元和姓纂十八尤：劉通國生翁彥、見金中勃。勃不詳歷官。案，時代正合，疑即是人。

王儼　又吏中、勳中、勳外、考外。　新表京兆王氏：隋柱國、龍門莊公述孫儼，工部侍郎。

李守約無考。

李守一又度中。 新表隴西李氏武陽房：右衛大將軍、武陽懿公大亮子守一，庫部員外郎。 宗室世系表上蔡王房：宗正少卿通元子守一，開封令。案，時代不合。 又蜀王房：眉州刺史義節子守一，冀州別駕。 又趙郡李氏南祖續後：高宗相敬元子守一，成都郫令。舊李紳傳、新敬元傳同。 蘇頲授李守一別駕等制，稱皇三從兄前洛州司馬守一等。文苑英華四百十四。

崔行功又吏中、吏外、户中、主外。 新表博陵大房崔氏：長安令綜子行功，秘書監。 舊文苑傳上：行功，恆州井陘人。高宗時累轉吏部郎中，嘗兼通事舍人、内供奉，坐事貶爲游安令。新文藝傳同。 唐會要二十六：顯慶四年二月二十八日，引諸色目舉人謁見，下詔策問之，凡九百人。李巢、張九齡、秦相如、見吏中。崔行功、郭封五人爲上第，令待詔弘文館，每坐日，令五人隨仗供奉。 又六十三：貞觀二十年閏三月四日，詔更撰晉書，主客員外郎崔行功等分功撰録。

崔承福 新表博陵第二房崔氏：後魏司徒挺後，信都太守仲方孫令子承福，越、廣二州都督。 唐會稽太守題名記：永淳二年二月十六日，淛西刺史，授越州都督。嘉泰志「二年」作「三年」，「淛西」作「□州」。 呂温唐故銀青光禄大夫守工部尚書致仕上柱國中山郡開國公食邑二千户贈陝州大都督博陵崔公世系表名淙行狀：曾祖諱承福，皇朝太中大夫、廣越二府都督。呂衡州文集五。

李思順

新表蔣王房：建寧郡公休道子据，初名思順，中山郡王。舊蔣王傳作「琚」，是，又見趙王福傳。

侯味虛又左外、户中補。

元和姓纂十九侯：夏官郎中侯味虛，原誤「味處」，今改。絳郡人。

舊書良吏上薛季昶傳：萬歲通天元年，夏官郎中侯味虛統兵討契丹，不利，奏言「賊徒熾盛，常有蛇虎導其軍」。則天命季昶按驗其狀，馳至軍，斬味虛以聞。新傳畧同。新書杜景佺傳：秋官員外郎杜景佺與侍郎陸元方按員外郎侯味虛罪，已推，輒釋之。

朝野僉載：户部郎中侯味虛，著百官本草。太平廣記二百五十五。

張知泰

舊書良吏下張知謇傳：見度中。弟知泰，明經擢第，調露後歷臺省，通天中爲洛州司馬，尋爲夏官、地官侍郎。新傳：武后時歷益州長史、中臺左丞、兵部侍郎，封陳留縣公。

李守敬無考。

徐有功又户外。

新表徐氏：王屋令士安子有功，字弘敏，秋官侍郎。新傳：名弘敏，避孝敬皇帝諱，以字行。

舊傳：舉明經，詔封東莞男。載初元年，累遷司刑丞，尋轉秋官員外郎，轉郎中，坐出反囚免官。久之，起爲左臺侍御史。除名爲庶人，尋起爲左司郎中，累遷司刑少卿。新傳：自司刑丞累轉秋官郎中。免官，俄起爲左肅政臺侍御史。免爲民，起拜左司郎中，轉司刑少卿。李嶠授徐有功司刑少卿制：中散大夫、行文昌左司郎中、東(苑)〔莞〕縣開國男徐有功，繩準憲曹，樞機會府，咸歸平恕，雅有聲績。文苑英華三百九十八。

房昶又户外。新表河南房氏：武后相融子、肅宗相琯見主外。弟昶，中書侍郎。新書韋湊傳：觀察使房昶才資州司兵韋湊，表于朝。韋述唐太原節度使韋湊神道碑：延載元年，廉察使房昶上表聞薦。文苑英華九百十四。

趙誼又封中、勳中。新表隴西趙氏：高宗相仁本見吏中。子誼，左司郎中、司僕少卿。舊趙憬傳：祖誼，歷左司郎中。權德輿唐故正議大夫守門下侍郎同中書門下平章事成紀縣開國男賜紫金魚袋贈太子太傅貞憲趙公憬神道碑銘：王父贈趙州都督誼，歷右司郎中、乾封縣令、司僕少卿。權載之文集十三。案「右司」當作「左司」。

陸餘慶新表陸氏太尉枝：陳右軍將軍珣孫餘慶，太子詹事。元和姓纂：尚書左丞、太子詹事。舊傳：則天時，累遷中書舍人，責授左司郎中，累除大理卿。新陸元方傳：從父餘慶，舉制策甲科。武后時擢監察御史，聖曆初遷殿中侍御史、鳳閣舍人。降左司郎中。久之，封廣平郡公、太子右庶子。開元初，爲河南、河北宣撫使，遷大理卿。

閻沓止又御史臺監察題名。元和姓纂二十四鹽：後魏户牖侯閻嵩，居武陽，七代孫沓止，唐左司郎中。

夏侯崐無考。

韋玢「玢」，二本誤「珍」。又封外。新表東眷韋氏閬公房：太府少卿德敏見考中補。子玢，司農卿。又彭城公房：元震子玢。不詳歷官。又鄖公房：武后、中、睿相安石子玢，司農卿。蘇頲授韋玢司農少卿制：正議大夫、行太常少卿、上柱國、薛縣開國男韋玢，可兼司農少卿，散官、勳、封如舊，仍分司東都。文苑英華三百九十八。資治通鑑唐紀二十七：開元三年十二月，尚書左丞韋玢奏：「郎官多不舉職，請沙汰，改授他官。」玢尋出爲刺史，宰相奏擬冀州，勅改小州。姚崇奏言：「臺郎寬怠及不稱職，玢請沙汰；乃是奉公。臺郎甫爾改官，玢卽貶黜於外，議者皆謂郎官謗傷；臣恐後來左右丞指以爲戒，則省事何從而舉矣。伏望聖慈詳察，使當官者無所疑懼。」乃除冀州刺史。

孔仲思又度中。元和姓纂一董：孔構生仲思，給事中，會稽山陰人。唐會要六十六：太極元年二月十八日，加少府少監一員，以孔仲思爲之。

馮思邕　元和姓纂一東：馮思邕，刑部郎中，長樂信都人。

唐紹又度外。新表唐氏：河南府士曹參軍景子紹，字遵業，給事中。舊唐臨傳：孫紹，神龍中太常博士，景龍中遷左臺侍御史，兼太常博士。睿宗卽位，累轉給事中。

新傳：神龍時爲太常博士，遷左臺侍御史、度支員外郎，常兼博士。睿宗即位，再遷給事中。舊書輿服志：太極元年，左司郎中唐紹有論明器禁障車疏。

魏奉古 又左外、户中。又御史臺殿中監察題名。舊書刑法志：開元初，玄宗勅給事中魏奉古等删定格式令，三年三月奏上，名開元格。新書藝文志刑法類同。席豫唐故朝請大夫吏部郎中上柱國高都公楊府君仲宣碑銘：吏部侍郎魏奉古，早以文伯，期於王佐。唐文粹五十八。石刻顏真卿唐故通議大夫行薛王友柱國贈祕書少監國子祭酒太子少保顏君惟貞廟碑銘：以清白五爲訪察使魏奉古等所薦。建中元年陝西西安。大唐新語八：魏奉古制舉推第，授雍丘尉。姚珽莅汴州，召奉古曰：「仕宦四十年，未嘗見此。」終兵部侍郎。寺塔記下：開元初，柳七師分先天菩薩幀本畫樣三卷往上都流行，時魏奉古爲長史，進之。酉陽雜俎續集六。

李誠 又御史殿中監察題名。案，考中補「李誠以字元成行」，與此亦非一人。新表趙郡李氏東祖房：給事中崇德見封中。子誠，大理少卿。又趙郡李氏東祖房：都水丞仁穎子誠，河南府法曹參軍。睿宗遺宣勞使誥：宜以司門郎中李誠爲關内道宣勞使。詳膳中補蕭瑗注。

竇從之 又祠外。新表竇氏三祖房：懷昶子從之，右司郎中。

張敬輿又戶中、戶外。　又御史臺殿中監察題名。　孫逖授張敬輿一本輿等諸州刺史制：門下，太中大夫、使持節鄭州諸軍事、守鄭州刺史、上柱國張敬輿等，克修名操，久踐衣冠；咸適用於當時，各効能於列郡；風謠具舉，歲序皆深。曾是移官，用叶平分之義；或因去職，宜承並命之恩。可依前件。文苑英華四百十。

夏侯宣無考。　又御史臺侍御殿中監察題名。

韋叔昂　新表韋氏龍門公房：會子京兆少尹仲昌見度中補。弟叔昂，左司郎中。

高昇　新表高氏：晉州刺史、渤海縣伯武光子昇，右司郎中。　盧虔御史中丞晉州刺史、高公神道碑：嗣子長曰昇，咸在童齔。文苑英華九百二十三。　舊李晟傳：鳳翔節度使高昇召補列將。　舊郭子儀傳：永泰元年八月，郭子儀自河中至，屯涇陽，雜虜圍之數重。子儀使李國臣、高昇拒其東。新傳畧同。　舊代宗紀：永泰元年三月壬辰朔，詔檢校刑部尚書高昇等十三人，並集賢院待詔。上以勳臣罷節制者，京師無職事，乃合於禁門書院，間以文儒公卿，寵之也。仍特給殖本錢三千貫。　石刻王佑大唐清河郡王李寶臣紀功載政之頌碑陰有「逐要官朝散大夫、試秘書省著作郎、上柱國高昇」。真隸正定，永泰二年。

鄭倩之　孫逖滄州刺史鄭公孝本墓誌銘：嗣子兵部郎中倩之。開元十九年。　文苑英華九百五十一。王士源孟浩然詩集序：華茫明刊本「陰」。太守榮陽鄭倩之與浩然爲忘形之交。校宋本孟浩然詩集。序不署年月，中有「天寶四載徂夏，詔書徵詣京兆府」云云，蓋在玄宗時也。

韋伯詳又考中補，户外「詳」作「祥」。又御史臺題名侍御。新表韋氏龍門公房：會子叔昂見上。弟伯詳，考功郎中。

劉彦回又户中。又御史臺侍御殿中題名。廣異記：唐劉彦回父爲湖州刺史，後十餘年，刺史亡，彦回爲房州司士。太平廣記四百七十二。蘇頲御史大夫贈右丞相程行謀神道碑：凡厥所嗟，上之不隕，直清而美者，則侍御史彭城劉彦回、同郡宋詢。文苑英華八百八十九。嘉定鎮江志十六：劉彦回，開元中自侍御史左遷金壇令。彦回以直貶，終守清節，琴樽自娱，吏民畏愛之。

韋見素新表韋氏南皮公房：彭城文公湊子見素，相玄宗。舊傳：字會微，學科登第。自庫部員外郎，加朝散大夫，歷右司、兵部二員外，左司、兵部二郎中，遷諫議大夫。天寶五載，充江西、山南、黔中、嶺南等處黜(涉)〔陟〕使。新傳：見素及進士第，擢累諫議大夫。餘同舊傳。

楊慎餘又吏中、勳外。新表楊氏：太府卿、户部尚書崇禮子慎餘，吏部郎中、少府少監。舊楊慎矜傳：開元中，父太府卿崇禮致仕。慎餘先爲司農丞，除太子舍人，監京倉。天寶六載十一月，使京兆士曹吉温往東京收少府少監愼餘等雜訊，二十五日，詔賜自盡，監察御史平(列)〔冽〕齎敕至大理寺，聞死，合掌指天而縊。新傳畧同。　石刻陳九言尚書省郎官石記序：左司郎中楊公愼餘，合清論，創新規，徵追琢之良工，代□藍之美石，刊刻爲記，建於都省之南。(滎)開元廿九年。　戲鴻堂帖。　顔真卿崔孝公陋室銘記：公之澄清中外也，以畿縣丞尉楊愼餘等並以清白吏能而薦之。　顔魯公文集十四。

韋虛舟又勳中、户中。　又御史臺左側題名。　新表韋氏南皮公房：右庶子南皮縣公維見户中。子工部尚書虛心見左外補。　弟虛舟，刑部侍郎。　舊韋虛心傳：季弟虛舟，舉孝廉，自御史累至户部、司勳、左司郎中，歷荆州長史，洪、魏州刺史兼採訪使。　新傳：虛舟歷洪、魏二州刺史。　孫逖東都留守韋公神道碑：季弟曰虛舟，事皇帝歷户部、司勳郎中，今移左司。　文苑英華九百十八。　李華荆州南泉大雲寺故蘭若和尚碑：名臣韋刑部虛舟僉契慈緣，而承善誘。天寶十年二月既望，和尚禪定而滅，刑部韋侍郎時臨荆州，躬護喪事。　文苑英華八百六十。

張具瞻無考。　又御史臺監察題名并左側(二見)。

崔譚又勳外、倉外。　又御史臺監察又左側題名(二見)。　石刻竇從直唐故河南府司録盧公夫人崔氏誌銘：王父知愻，祕書丞，贈國子祭酒；伯曰譚，左司郎中。　河南洛陽。

陳澍「澍」，王本缺。　定命録：陳澍爲潁陰太守。屬安禄山反，至東京，補孫縣尉爲潁陰太守，賜緋，并領二十餘人取澍。澍僞作敕書，追入京，令向西兩驛上，差人逆來。夜半敕書至，明早，召集諸官宣勅，便令手刄，就館中誅殺孫，并手刄二十餘人，殺録事參軍、孫尉妻女。令上佐知州事，便發入京。太平廣記二百十七。

蕭晉用　石刻顔真卿東方先生畫贊碑陰記：真卿去歲拜此郡，與長史前洛陽令蕭晉用同茲謁拜。天寶十三載。　山東陵縣。

楊恂又御史臺右側侍御兼殿中題名。　新表楊氏越公房：處相孫一本「曾孫」。恂，左司郎中。又楊氏越公房：試協律郎知權見勳外補。子旬，恂，字莊己，常州刺史。時代不合，非。

鄭璲「璲」，王本缺。　又勳外、金中。　文苑英華五百十四有鄭璲對獻賢能書判。

裴從「從」，王本缺。　又倉中、倉外。　新表洗馬裴氏：荆州按察使觀見户中。子遂，一名從，京兆少尹。

姚喬栵「喬栵」，王本缺。　又左外。　又御史臺陰額監察題名。　新表吴興姚氏：宣州刺史昌潤子喬栵，將作少監。

裴諝又考中補、户中附存。　新表南來吴裴氏：禮部尚書寬見左中補子諝，字士明，東都副留守。　舊傳：舉明經，自侍御史除太子中允，遷考功郎中。代宗時，爲河東道租庸鹽鐵等使。入計，拜左司郎中，出爲虔州刺史，歷饒、廬、亳三州刺史。新傳同。石本裴曙祈雨感應頌：二年，余從兄自左司郎中詔領虔州牧。江西贛縣。

林琨 又封中、膳中補。 元和姓纂二十一侵：定平丞希邱生琨，司駕員外、知制誥，生禮，二字疑衍。膳部、左司郎中，諫議大夫、中都男，贈兵部侍郎、工部尚書。濟南鄒縣人，入關居三源疑「原」。縣。

韋寂 又金外 新表韋氏逍遥公房：原州都督衡子寂，司農、太府少卿。元和姓纂：寂，左司郎、脱「中」字。太府少卿。

張齊明 無考。

蔣將明 又勳外、主外。 新表蔣氏：太子洗馬、弘文館學士（璿）〔瓌〕生將明，國子司業、集賢殿學士、副知院事。古今姓氏書辨證：起居舍人、國子司業。 舊蔣乂見勳外傳：父將明，累遷至左司郎中。餘同世系表。 新蔣乂傳：父將明，歷侍御史，擢左司郎中。餘同表。

盧惎 舊盧惎傳：汪云字書無「惎」字。少以門廕入仕，宰相楊炎遇之頗厚，自金州刺史召拜左司郎中、京兆少尹，遷大尹。

呂頌 呂頌黔州刺史謝上表略云：去年某月日，恩勑授臣使持節都督黔州諸軍事、守黔州刺史、兼御史中丞。一作「大夫」。今年某月日到所部上訖。又云：建中之初，佐戎南海，屬陛下飛天御極，拔異搜能，臣謬居朝謁之中，嘗備對剔之末。臣於延英殿獻大禮賦一首，特奉恩旨，令臣自讀，三蒙睿奬，宣付史館。尋屬賊臣希烈上表，臣奉詔奔馳，因茲淪陷。臣忍死効節，偷生竭忠，分士伍以弱枝，獻土地以强幹。當元凶授首之際，亂兵害帥之時，初則傳臣及禍，後乃知臣僅存。陛下分命宰臣，念形於色，始臨軒而出涕，終省表而再歎。妖氛卽殄，飛詔追臣，就拜銀青，仍加金印，授官華省，列位聖朝。去歲季春，陛下與太子諸王賦詩宴，中書宣付，遍示百寮，凡在臣下，無不奉和，擢居第一，唯臣一人，獨荷殊旌，乃蒙厚錫。又云：臣本書生，謬登清秩，始詳刑政，旋改轄司。陛下不念愚蒙，擢臣非次，草奏之地，忽降旌旄，郎署之間，遂遷方鎮。文苑英華五百八十五。

案據表，則頌當自左中出鎮黔中。又英華六百六有吕頌爲張侍郎乞入覲表，原注云「德宗時任黔府觀察使」，表署云：「貞元五年，於延英殿賜面辭之日，親奉進止。今臣一考卽來，自到黔中，首末三年，更入新正，卽及四載」。又再請入覲表云：「擢居方鎮，首末四年」。又云：「去年十二月已進表陳乞。」此卽指前表也。權載之文集四十九祭故吕給事文，前稱「貞元九年癸酉正月庚子」，署云：「君命佐戎，于彼淮甸，方國多虞，妖氛潛扇。每以明誠，冀其革面，外蒙耻以枉尺，中飛章而告變。白刃臨前，丹心炳然，貞其困而後濟，忘其生而後全。祲沴既平，忠勞亦著。草奏南宫，嘉聲載路。出領符竹，澄清遠部。夕拜黄扉，昭宣王度」云云。雖不著給事名，案其事迹，當卽吕頌，蓋自黔中入拜給事也。其任黔中，舊紀不書。考舊德宗紀：貞元五年三月，以大理卿李速爲黔州刺史、黔中觀察使。又八年五月戊午，以光禄少卿崔穆爲黔州觀察使。考再請入覲表云「近日已來，暢悦、孫成、李速、裴胄，皆在遐裔，相次喪亡」云云，則頌任黔中當在李速之後，崔穆之前，李速後即是吕頌，自貞元五年至八年崔穆拜，正得四年，時正相接，不容又有「張侍郎」其人。疑任黔府觀察者即吕頌，「張侍郎」三字當是衍文。英華於表類多誤，不可盡據。

李巽 又户中，此與左中補之李巽别是一人，詳下。

新表趙郡李氏西祖房：右武衛録事參軍嶷子巽，字令叔，吏部尚書、度支鹽鐵轉運使。唐會要七十六：貞元四年四月，清廉守節政術可稱堪任「任」，緯畧有縣令科李巽及第。緯畧同。舊傳：以明經、拔萃登科，周歷臺省。竇參爲宰相，不悦巽，自左司郎中出爲常州刺史，仍促其行。踰年，召爲給事中。新傳同。權德輿唐故銀青光禄大夫守吏部尚書兼御史大夫充諸道鹽鐵轉運等使上柱國趙郡開國公贈尚書右僕射李公墓志銘：由萬年縣令課最爲户部、左司二郎中，由常州刺史理刑第一徵爲給事中。權載之文集二十二。大唐湖南都團練觀察處置等使朝散大夫檢校左散騎常侍持節都督潭州諸軍事兼潭州刺史御史中丞雲騎尉賜紫金魚袋李公遺愛碑銘：由左司郎中爲常州刺史。又十二。會要七十九：贈右舊書「左」僕射李巽謚曰肅。

奚陟 又吏外、金外補 舊傳：字殷卿，亳州人。碑作「殷衡」。登進士第，又登制舉文詞清麗科。

自太子司議郎，歷金部、吏部員外郎、左司郎中，彌綸省闥。又累奉使，皆稱旨。貞元八年，擢拜中書舍人。新傳：其先自譙亳西徙，故爲京兆人。自太子司議郎，歷金部、吏部員外郎。會左右丞缺，轉左司郎中。貞元八年，遷中書舍人。褚藏言故國子祭酒致仕贈太子少保府君竇常詩序：府君大曆十四年舉進士，與故吏部侍郎奚（涉）〔陟〕同年上第。竇氏聯珠集。劉禹錫唐故朝議郎守尚書吏部侍郎上柱國賜紫金魚袋贈司空奚公神道碑：自太子司議郎，從大駕回，入尚書爲司金元士，且參榷筦之務。轉吏部外郎。時文昌缺左右丞，都曹差重，遂轉左司郎中，尋遷中書舍人。劉賓客文集二。

陸淳又倉中。舊書儒學傳：質，吴郡人。本名淳，避憲宗名改之。自陳少遊揚州從事，後薦於朝，拜左拾遺。轉太常博士，累遷左司郎中，坐細故，改國子博士。新傳：字伯沖，自淮南幕府薦授左拾遺，累遷左司郎中。大唐郊祀録十：貞元四年八月，刑部員外郎臣陸淳等六人請依貞觀於磻溪立齊太公祠。會要二十三同，新書禮樂志五同。舊柳冕傳：貞元六年十一月，上親行郊享，倉部郎中陸質等攝禮官，同修郊祀儀注。舊書禮儀志六：貞元十一年七月二十六日，左司郎中陸淳奏祔獻、懿二主於興聖之廟。新書禮樂志三同，新儒學陳京傳略同。

宇文邈 柳宗元先君石表陰先友記：宇文邈，原注：大曆二年進士。河南人，有文，謹愨人也。爲御史中丞，齗齗自守。然以直免官，復爲刺史，卒。河東先生集十二。舊鄭餘慶傳：貞元十三年，詔中丞宇文邈等三司同按鞫元法寺僧法湊。石刻大唐同州澄城縣令鄭公楚相德政碑銘，末署左司郎中宇文邈修功善狀。貞元十四年正月。陝西澄城。李翰河中鸛鵲疑作雀樓集序：上客有前美原尉宇文邈，文行先達，名重當時。文苑英華七百十。新表宇文氏：襲介公庭立子邈。姓纂同。

李元素又吏外、勳外、户中。此當德宗時與吏中補、考中之元素非一人。新表遼東李氏：椿玄孫元素，字大祁，户部尚書。二傳作「大朴」。舊傳：任侍御史，遷給事中。新傳德宗時初爲郎官，再娶王氏，甚禮重；及貴，甚薄，遂出之。

韋成季又左外、封中、祠外。新表韋氏小逍遥公房：虞部員外郎逢子成季，兵部郎中。舊李藩傳：德宗時，王仲舒、韋成季、吕洞輩爲郎官，朋黨輝赫，日會聚歌酒。强致藩，一至，仲舒輩好爲訛語俳戲；後召，堅不去，曰：「吾與仲舒（裴）〔輩〕終日，不曉所與言何也。」後果敗。新傳略同。許孟容祭楊郎中文，稱「貞元十九年四月司封郎中韋成季等」。文苑英華九百八十五。舊韋執誼傳：貞元十九年，補闕張正一見户外因上書言事得召見，王仲舒、見吏外。韋成季、劉伯芻、見考中補。裴茝、見勳外。常仲孺、見吏中。吕洞等以嘗同官相善，以正一得召見，偕往賀之。或告執誼：「正一等上疏論君與王叔文朋黨事」。執誼信然之，因召對，奏：「成季等朋聚覬望。」德宗令金吾伺之，得其相過從飲食數度，盡逐成季等六七人，當時莫測其由。新傳略同。

苗粲 又勳外、倉中。案，「粲」作「粲」，係帖體。 新表苗氏：肅宗、代宗相晉卿子、河南少尹丕見吏中。弟粲，給事中。 新苗晉卿傳：子粲，德宗時官至郎中，陸贄欲進粲官，帝不許，曰：「晉卿往攝政，有不臣之言。又名其子，皆與帝王同，粲等宜與外官。」贄奏：「晉卿起文儒，致位台輔，謙柔敦厚，爲三朝所推，安肯爲族滅計。雖甚狂險，猶不爲之，況老臣乎？」

呂元膺 舊傳：字景夫，鄆州東平人。建中初，策賢良對問第，自侍御史丁繼母憂，服闋，除右司員外郎，出爲蘄州刺史。元和初，徵拜右司疑作「左司」。郎中，兼侍御史知雜事，遷諫議大夫、給事中。新傳略同。

崔鄘 又吏中、吏外。 新表崔氏清河小房：御史中丞陲子、邠傳作「倕」。司農卿酆見戶外。弟鄘，字廣畧，浙西觀察使，謚德。 杜牧唐故銀青光祿大夫檢校禮部尚書御史大夫充浙江西道都團練觀察處置等使上柱國清河郡開國公食邑二千戶贈吏部尚書崔公行狀：貞元十二年中第，十六年平判入等，自吏部員外郎判南曹事，凡二年，遷左司郎中、吏部郎中。樊川文集十四。舊傳：舉進士，平判入等，自刑部員外郎居內憂，釋服，爲吏部員外郎，再遷左司郎中。元和十三年，鄭餘慶爲禮儀詳定使選時有禮學者共事，以郾爲詳定判官、吏部郎中。舊鄭餘慶傳同。

劉遵古又戶中。元和姓纂十八尤：監察御史劉遵古，云東平人。唐科名記：貞元八年，陸贄主司，試明水賦、御溝新柳詩，其第十人劉遵古。洪興祖韓子年譜。舊敬宗紀：寶曆元年九月丁丑，衛尉卿劉遵古役人安再榮告前袁王府長史武昭謀害宰相李逢吉，詔三司鞫之。舊李逢吉傳同。舊裴度傳同，誤「遵吉」。二年正月甲午，以衛尉卿劉遵古爲湖南觀察使。文宗紀：太和三年五月，以左金吾衛大將軍劉遵古爲邠寧節度使。太和四年正月癸巳，以前邠寧節度使劉遵古爲劍南東川節度使。八年六月壬午，大理卿劉遵古卒。舊元稹傳：長慶二年，元稹罷相，京兆尹劉遵古遣坊所由潛邏稹居第，稹奏訴之，上怒，罰遵古。穆宗罰劉遵古俸(科)〔料〕詔：遵古官守尹寺，所寄非輕，奏事之間，先須摭實，闕於詳審，須示薄懲，宜罰一月俸料。大詔令。白居易王公亮可商州刺史制：吾前命劉遵古、張平叔爲商州刺史，繼有善政，今爾代之。白氏文集四十八。宣室志：故刑部尚書沛國劉遵古，大和四年節度東蜀軍。明年夏，涪江大汛，突入壁壘，潰里中廬舍，歷數日水勢始平。寶刻類編五贈尚書左僕射劉遵古碑。許康佐撰，裴諿書。開成元年。京兆。長安志八唐京城二：朱雀街東第四街宣平坊，大理卿劉遵古宅。

韋審規又左外、金中。又御史臺陰額知雜御史題名。新南蠻傳中：穆宗使京兆少尹韋審規持節臨册南詔豐祐。元稹授韋審規等左司戶部郎中等制：守職方郎中、上騎都尉韋審規等，歷踐臺閣，閑達憲章。文苑英華三百八十九。元稹贈韋審規父漸等制，稱守尚書左司郎中韋審規父大理卿漸等。元微之文集五十。案，制有云「朕嗣位之二月五日，在宥天下」云云，蓋元和十五年也。白居易韋審規可西川節度副使御史中丞等制：吾命文昌段文昌爲西川帥，次命審規爲上介。又云：輟三署吏，贊丞相府，假憲官職。白氏文集四十八。

樊宗師又金中。元和姓纂二十二元：檢校右僕射、襄陽節度樊澤見金中。生宗師，南陽湖陽縣人，今止河東。新傳：字紹述，元和三年擢軍謀宏遠科，授著作佐郎，歷金部郎中、綿州刺史，徙絳州。韓愈南陽樊紹述墓誌銘：嘗以金部郎中告哀南方，還，出爲綿州刺史；一年，徵拜左司郎中，又出刺絳州。昌黎先生集三十四。

殷台又左外、吏中、吏外。又御史臺碑額監察，又陰額知雜題名。牛僧孺昭義軍節度使辛公秘神道碑：諸孤既葬，會謀曰陳郡殷台書迹絕妙，且其人吾家之壻。文苑英華九百十五。

豆盧署又戶中、祠外。新表豆盧氏：鸎子署，字正名，河南少尹、中牟縣男。李虞仲授王正雅等兵部郎中制：朝議郎、守尚書戶部郎中、上柱國、賜紫金魚袋豆盧署，可職方郎中。文苑英華三百九十。

獨孤朗又左外，又碑額監察題名。新表獨孤氏：常州刺史及見吏中補。子朗，協律郎。元和姓纂同。舊傳：長慶初，自都官員外郎出爲漳州刺史，入爲左司員外郎，遷諫議大夫。新傳：出爲韶州刺史，召還，再遷諫議大夫。舊穆宗紀亦作韶，「漳」字誤。李翶唐故福建等州都團練觀察處置等使兼御史中丞贈右散騎常侍獨孤公墓誌：入省爲都官員外郎，史館脩撰如前，出刺韶州。復入虞部、左司二員外，得郎中，數月，遷權知諫議大夫。李文公集十四。

鄭肅又吏外。舊傳：肅，滎陽人。元和三年擢進士第，歷佐使府。太和初，入朝爲尚書郎。六年，轉太常少卿。新傳：字乂敬，以儒世家，第進士、書判拔萃，補興平尉，累擢太常少卿。

趙元亮又勳外、戶外。新表隴西趙氏：德宗相憬子元亮。不詳歷官。舊趙憬傳：子元亮，官至左司郎中、侍御史知雜事，卒。舊崔元略傳：敬宗詔刑部郎中趙元亮等充三司覆理，元略誤徵畿甸，經赦免放緡錢。

高元裕又吏外、勳外。新表渤海高氏：太常少尹、兼御史中丞集子。工部尚書少逸見下。弟元裕，字景圭，初名允中，吏部尚書、渤海縣男。舊傳：大和初奏改元裕。舊傳：登進士第。大和初，爲侍御史，累遷左司郎中。李宗閔作相，用爲諫議大夫。石刻蕭鄴大唐銀青光祿大夫守吏部尚書上柱國渤海縣開國男食邑三百户贈尚書右僕射高公神道碑：□侍御史，擢拜司勳員外郎，轉吏部員外郎。未竟南曹事，會與銓長以公事争短長，剛憤不能下，請急□□□去，出關，道除左司郎中，遷諫議大夫。河南洛陽。

鄭居中又左外。

舊獨孤朗傳：寶曆元年，獨孤朗拜御史中丞。憲府故事，三院御史由大夫、中丞自辟，請命於朝。時崔晃、鄭居中不由憲長而除，皆丞相之僚舊也，敕命雖行，朗拒而不納，晃竟改太常博士，居中分司東臺。新傳：故事，選御史皆御史中丞自請。是時，崔晃、鄭居中繇宰相力得監察御史，朗拒不納，晃、居中卒改他官。白居易有開成二年三月三日禊洛濱留守裴令公召前中書舍人鄭居中等一十五人合宴舟中詩。白氏文集三十三。逸史：鄭舍人居中高雅之士，好道術，居襄漢間。除中書舍人，不就。開成二年春往東洛嵩岳，數月而終。太平廣記五十五。

李讓夷

舊傳：字達心，隴西人。元和十四年擢進士第。大和初，入朝爲右拾遺，召充翰林學士，轉左補闕。三年，遷職方員外郎、左司郎中充職。九年，拜諫議大夫。新傳：自右拾遺召拜翰林學士，奪職，累進諫議大夫。

何耽無考。　又左外。

李師稷　新表江夏李氏：北海太守邕見户中。玄孫、漸子師稷。不詳歷官。　新楊嗣復傳：楊於陵在考功，擢浙東觀察使李師稷及第。　唐會稽太守題名記：李師稷，會昌二年二月自楚州團練使兼淮南營田副使授。　會稽掇英總集十八。嘉泰志同。

崔復本無考。　又封外。

高少逸又主中、勳中。　新表渤海高氏：太原少尹集子、允恭見户中。弟少逸，工部尚書。　又見上元逸注。　舊傳：長慶末爲侍御史，坐弟元裕貶官，左授贊善大夫，累遷左司郎中。元裕爲中丞，代爲諫議大夫、侍講學士。　新傳：長慶末爲侍御史，坐失舉劾，貶贊善大夫，累遷諫議大夫、侍講學士。　重修承旨學士壁記：高少逸，開成四年閏正月十一日自左司郎中充侍講學士，其年八月一日遷諫議大夫，五年正月二十七日賜紫，守本官出院。　翰苑羣書上。

崔璠又吏中、户中、倉中，主中有崔璠，當玄宗時，與此別一人。　新表博陵第二房崔氏：同州刺史頲子璵弟。　見下。　珙傳云：璵兄璠，常州刺史。　舊崔珙傳：弟璠，以書判拔萃，開成中累遷至刑部郎中，會昌中歷三郡刺史，位終方鎮。　新(良)〔循〕吏傳：開成中，詔給事中盧弘宣與吏部郎中崔璠賑卹山南、江西。　本傳失載。　拓本漢西嶽華山碑額左題名：銀青光禄大夫、行尚書兵部侍郎李德裕，大和三年八月十六日，□浙西觀察使、檢校禮部尚書、兼御史大夫、拜支使、監察御史崔瑨。瀛州筆談十二。

韋充鉞案：疑「兖」，出平齊公房。 文苑英華有韋充賦八首。

鄭亞又吏中補。 新表滎陽鄭氏：河清令穆子亞，字子佐，循州刺史。 舊鄭畋傳：父亞，元和十五年擢進士第，又應賢良方正直言極諫制科，又以書判拔萃。會昌初，入朝爲監察御史，累遷刑部郎中。中丞李回奏知雜，遷諫議大夫、給事中。新傳略同。 舊書禮儀志六：會昌五年九月，吏部郎中鄭亞等五人有東都太廟神主議。

崔駢又勳外、户中。 新書地理志：坊州，郭無水，東北七里有上善泉，開成二年刺史張怡架水入城，以舒遠汲。四年，刺史崔駢復增修之，民獲其利。後思之爲立祠。 集古録目：唐修秦文公廟記，唐前夏州等節度掌書記李伉撰并書篆額。坊州之南有秦故鄜時祠，秦文公夢龍自天下屬于地，立時以祠之，世久相傳，謂之衙龍神。刺史崔駢改其廟像，以爲文公祠，開成五年立此碑。寶刻叢編十。

崔璵又勳外、考中補、户中、禮外補。 新表博陵第二房崔氏：同州刺史頲子、武宗相珙見主中。弟，字朗士，河中節度使。 舊傳：長慶初進士擢第，又制策登科。開成末，累遷至禮部員外郎。會昌初，以考功郎中知制誥，拜中書舍人。 新崔琯傳：弟璵，河中節度使。 唐會要七十六：太和二年閏三月，賢良方正能直言極諫科崔璵及第。緯略誤大曆，「興」作「璵」，是。文宗委中書門下處分制科及第人詔：賢良方正能直言極諫科舉人第四等崔璵，中書門下即與處分。大詔令。

薛廷範「範」，王本缺。又考中補。新表薛氏西祖房：給事中存誠見勳外。子廷範，字輔國。崔嘏授薛廷範淮南副使制，稱考功郎中薛廷範。文苑英華四百十二。

路綰無考。又户中、户外、祠外。

韋博又勳中、金中、主中。新表韋氏逍遥公房：河南府參軍昊子博，字大業，昭義節度使。新傳：進士第，自河東節度判官進主客郎中，擢右諫議大夫。崔嘏授韋博司勳郎中等制。文苑英華三百八十九。

柳喜「喜」，王本缺。又左外。新表柳氏：尚書右丞範孫、睦州刺史齊物子喜。不詳歷官。時代不合。舊宣宗紀：大中十一年四月，以前邠寧節度使、朝議大夫、檢校工部尚書、邠州刺史、上柱國、賜紫金魚袋柳憙可檢校禮部尚書、河南尹。新書王璠傳：王璠子遐休直弘文館，所善學士柳喜等集其所，皆被神策軍所縛，自解辯得釋。東觀奏記下：大中九年，前進士柳翰，京兆尹柳熹之子。閣本「熹」誤「惠」。

裴寅又封中、封外、勳外。新表中眷裴氏：吏部尚書向見户外。子寅，字子敬，御史大夫。舊裴向傳：子寅，登進士第，累官至御史大夫，卒。新傳同。舊懿宗紀：咸通四年十一月，以户部侍郎裴寅判本司事。

差。舊宣宗紀：大中八年三月，文宗實録修成，修史官給事中盧耽等頒賜銀器錦綵有唐會要同。舊魏謩傳同，又云序進職秩。舊蔣偕傳：咸通中，與同職盧耽、牛叢等受詔修文宗實録。新傳，大中八年。新書藝文志乙部史録起居注類：文宗實録四十卷。原注：盧耽等撰。耽字子嚴，一字子重，歷西川節度，同中書門下平章事。

盧耽 資治通鑑唐紀六十七：咸通九年九月戊戌，以山南東道節度使盧耽爲西川節度使；以有定邊軍之故，不領統押諸蠻安撫等使。四川成都志十一：咸通九年，盧耽以檢校太傅、順義郡公領劍南西川節度使、成都尹，在位二年。通鑑唐紀六十八：咸通十二年秋七月，以兵部尚書盧耽同平章事，充山南東道節度使。北夢瑣言六：崔魏公鉉鎮淮揚，盧丞相耽罷浙西，張郎中鐸罷常州，俱過維揚。

韋退之「韋退」，王本缺。 又户外、金中。新表韋氏逍遥公房：蘇州刺史應物孫、慶復子退之。不詳歷官。杜牧韋退之除户部員外郎等制：朝議郎、行殿中侍御史韋退之，嘗歷憲臺，久居官次，性既安静，事皆達練。樊川文集十七。

李蠙 又度外、倉中、倉外。新表大鄭王房：千鈞子蠙，字懿山。舊懿宗紀：咸通四年三月，以户部侍郎李蠙檢校禮部尚書、潞州大都督府長史，充昭義軍節度觀察處置等使。

唐語林一：李尚書蠙性仁愛，厚於中外親戚，時推爲首。嘗爲一簿，遍記內外宗族姓名及其所居郡縣，置於左右，歷官南曹，牧守及選人相知者赴所任，常閱籍以囑之。玉泉子：韋保衡爲相，李蠙鎮岐下，辟山北舊從事李鉅。　因話録六：大中九年，沈詢舍人知舉，倉部李郎中蠙戲諸進士曰：「蠙與賢座主同年，又蠙座主彬州柳侍郎也。」石刻李蠙祈雪華嶽題名：左諫議大夫賜緋魚袋李蠙，咸通元年十二月廿九日奉恩命祈雪。陝西華陰。　石刻佛頂尊勝陁羅尼經，末署大中十一年十一月十五日樹，婺州刺史李蠙。浙江金華縣南法隆寺。

鄭彥弘又勳中補、户外。　吳興志：鄭彥弘，咸通二年自司勳郎中授，遷右司郎中。

孟穆王本缺。又户中。　東觀奏記：監修國史、門下侍郎兼禮部尚書平章事鄭朗奏請停廢直館，更添置修撰兩員，以户部郎中孟穆充史館修撰。唐會要六十四：大中八年七月。案舊紀，大中十一年二月，鄭朗監修國史。會要誤。　新南蠻列傳中：咸通二年，命左司郎中孟穆持節弔祭南詔，會陷嶲州，穆不行。　資治通鑑考異曰：實録在此年十二月。按補國史，杜邠公再入輔，建議遣使弔祭，令其改名，纔命使臣，已破越嶲城池，（玫）〔攻〕邛崍關鎮，使臣逗留數月不發。然則命穆充使，當在寇嶲州前，實録書於十二月，誤也。

薛廷望又勳外、主外。　新表薛氏西祖房：給事中存誠子庭範見上。弟庭望，字遂之，一作「邃」。

虢州刺史。杜牧有薛廷望除美原尉直弘文館等制。樊川文集十九。唐摭言十四：咸通四年，蕭倣與浙東鄭商綽大夫雪門生薛扶狀：頃年赴廣州日，外生薛廷望薦一李仲將外生薛扶秀才。新藝文志丙部子録類書類：續會要四十卷。薛廷望等撰，崔鉉監修。宣宗紀在大中七年十月，不載廷望名。

李紘 新表趙郡李氏西祖後：吏部尚書巽子紘，字德高。

崔瑑又吏外。新表武威崔氏：檢校司空、平章事、義陽郡王抱真子瑑，少府監。當德宗時，時代不合。舊宣宗紀：大〔中〕元年（三）〔二〕月丁酉朔，禮部侍郎魏扶奏：「臣今年所放進士三十三人。崔瑑等三人，實有詞藝，爲時所稱，皆以父兄見居重位，不得令中選。」詔令翰林學士承旨、户部侍郎韋琮重考覆，敕所試文字並合度程，可放及第，云云。「瑑」原誤「琢」，依文獻通考選舉考二改。又云其月廿三日放及第。大中七年十月，弘文館大學士崔鉉進續會要四十卷，修撰官崔瑑等賜物有差。新書藝文志丙部子録類書類：續會要四十卷。崔瑑等撰。舊崔鉉傳同。

張鐸又主中。新表河間張氏：中書舍人仲素見封中。子字司振。舊書懿宗本紀：咸通十三年五月辛巳，貶給事中張鐸藤州刺史，于琮之親黨也。北夢瑣言六：崔魏公鉉鎮淮揚，張郎中鐸罷常州，過謁。

李琨「琨」，王本缺，趙本「崐」。　新表小鄭王房：文宗相宗閔見吏外。子琨，字希立。又吴王房：吴王恪子琨，淄、衛、宋、鄭、梁、幽六州刺史，贈吴王。與此時代不合。　舊李宗閔傳：子琨，大中朝進士擢第。　新傳同。

李晦又户中。　新表蔡王房：大理評事瑜子，中州録事參軍晦。　舊宗室傳：河間元王孝恭次子晦，乾封中，累除營州都督。　新傳同。　舊僖宗紀：乾符二年四月，以河南尹李晦檢校左散騎常侍、兼福州刺史、福建都團練觀察使。　沈炳震云：「晦」，當從宗室表作「誨」。案，世系表大鄭王房：司農卿謨子誨，福建觀察使。計其年代，當在憲、穆時人，沈説未確。

李繪又左外。　新表隴西李氏姑臧大房：中子僖宗相蔚從弟見考中。繪，字德彰。　舊李蔚傳：從兄繪，累官至刺史。　程匡柔唐補記曰：乾符三年正月，貶蘇州刺史李繪，以王郢亂弃城故也。　資治通鑑唐紀六十八考異。

李瞻又封中補。　新表雍王房：宗正少卿漢子瞻。不詳歷官。　唐語林四：李瞻，漢之子，有文學，氣貌淳古，非其人，雖富貴不交也。累遷司封郎中，歸茅山，徵拜給事中，不就。兩京亂，竟不罹其禍。　金華子雜編上：李瞻、王祝繼牧常州，皆以名重朝廷，於本郡道不修王郡禮。初李給事多不順從廉使，猶剛正於可否，周侍中寶隱忍之。瞻罷秩，退隱茅山，則免黄巢之難。　又永寧劉相國鎮淮南，辟杜晦辭爲節度判官，應召路經常州，李瞻給事方爲郡守。

李嶽又勳外、户外　舊懿宗紀：咸通九年正月，以司勳員外郎李嶽等考宏詞選人。

崔寓又户外。　王、趙二本作「寓」，審定石刻是「寓」字，此與吏中補、吏外之「崔寓」非一人。　劇談録下：咸通、乾符中，興善寺阿闍黎謚普照大師，劉都尉、崔給事寓、張常侍同與中貴多爲弟子，出城之日，皆縞素後隨。

孫徽　新表武邑孫氏：東都留守、太子太保簡子徽，常州刺史。　舊孫逖傳：玄孫徽，登進士第。

王鐐又倉外、主外補。　新表太原王氏：魏郡文懿公起見勳外，子字德耀，汝(舟)〔州〕刺史。　舊僖宗紀：乾符二年六月，以主客員外郎王鐐爲倉部員外郎。　舊王鐸傳：弟鐐，累官至汝州刺史。　王仙芝陷郡城，被害。　新傳：弟鐐，累官汝州刺史。乾符中，王仙芝來攻，城陷，貶韶州司馬，終太子賓客。　舊僖宗紀：乾符三年七月，王仙芝攻汝州，虜刺史王鐐。　舊傳誤。　新王播傳：太常博士炎子鐐。

李燭又户中、禮外補。　舊僖宗紀：乾符二年四月，以殿中侍御史李燭爲禮部員外郎。

張无逸又户中、金外、度中。　姑蘇志二：張无逸，咸通中任蘇州刺史。　見无逸撰弘憲塔銘。

夏侯潭潭，二本缺。　新表夏侯氏：宣宗、懿宗相孜子潭，字虚中，禮部郎中。　舊夏侯孜傳：子潭，登進士第，累官至禮部侍郎。中和三年選士，多至卿相。舊僖宗紀：光啟二年五月，嗣襄王熅僭即皇帝位，令户部侍郎夏侯潭往河北宣諭。

□應物 案，上□字當是「韋」字，當在盧惎後呂頌前。新表韋氏逍遥公房：鑾子應物，蘇州刺史。沈作喆韋刺史傳：應物，京兆長安縣人。自江州刺史居二歲，召至京師。貞元二年，由左司郎中補外，得蘇州刺史。王欽臣韋蘇州集序：自刺江州，追赴闕，改左司郎中，貞元初又歷蘇州。

唐技 又御史臺右側侍御兼殿中題名。新表唐氏：侍御史款子技，字已有，刑部郎中。舊文苑傳下：會昌末，累遷刑部員外郎，轉郎中，累歷刺史，卒。舊宣宗紀：大中九年三月，試宏詞舉人，漏泄題目，爲御史臺所劾，考試官刑部郎中唐技出爲處州刺史。東觀奏記下：大中九年正月十九日制曰：「朝議郎、守尚書刑部郎中、柱國、賜緋魚袋唐技，將仕郎、守尚書職方員外郎裴 庭裕之先父。早以科名，荐由臺閣，聲猷素履，亦有可嘉，昨者吏部以爾秉心精專，請委考覈，而臨事或乖於公當，物議遂至於沸騰，豈可尚列彌綸，是宜並分符竹，善綏凋瘵，以補悔尤。技可虔州刺史，散官、勳封如故；裴可申州刺史，散官如故。」舍人杜德公之詞也。德公言於執政曰：「某兩爲考官，未試宏詞，先鑠考官 缺十三字。文書若自先得，賦題者必佳，糊名考文書佳者考官乃公當，罪上銓爲宜，考官不合坐。」

【補遺】

杜超又金外、倉中。元和姓纂十姥：周夏官上士杜周則生超，左司郎中，京兆人。

崔義玄 新表南祖崔氏：魏尚書琰後，溉子義玄，御史大夫、清丘貞公。舊傳。自隰州都督府長史，貞觀初歷左司郎中，兼韓王府長史，行州府事。新傳同。

李公淹又吏外。新表趙郡李氏西祖房：李建五代孫公淹，右司疑「左」。郎中。李華慶王府司馬徐府君堅碑：夫人趙郡李氏，北州望族，左司郎中公掩彭叔夏曰一作「淹」。之孫。文苑英華九百三。資治通鑑唐紀八：貞觀元年十月乙酉，遣員外散騎侍郎李公掩持節慰諭馮盎。考異曰：魏文貞公故事作「李公淹」，又有「前蒲州刺史韋叔諧偕行。今從實錄。案，「淹」字是也。實録誤。又新馮盎傳止云「遣散騎常侍韋叔諧諭盎」，無公淹名。新書飛頭獠傳：員外散騎常侍韋叔諧、員外散騎侍郎李公淹。新書儒學中柳沖傳：唐興，言譜者李公淹等爲世所稱。

封道弘又度外作「弘道」。新表封氏：君夷子道弘，右疑「左」。司郎中、虢州刺史。唐會要二十六：顯慶二年十一月二十一日，講武於滍水之南，行三驅之禮，上設次于尚書臺以觀之。原注：許州。長史封道弘奏：「尚書臺本因漢南郡太守馬融講尚書于此，因以爲名，今陛下親降此臺，以觀校習，請改爲講武臺。」從之。　襄陽耆舊傳下：龍朔中，襄州刺史封道洪改尹怦閭爲南陔里，張柬之爲之記。

邸懷道　通志氏族畧五：北齊行臺僕射邸珍，中山曲陽人。孫懷道，唐左司郎中。又居洛陽，望出中山。　舊杜淹傳：杜淹嘗薦刑部員外郎邸懷道，太宗問才行何如，淹對曰：「懷道在隋日作吏部主事，甚有清慎之名。又煬帝向江都之日，召百官問去住之計。時行計已決，公卿皆阿旨請去，懷道官位極卑，獨言不可。臣目見此事。」

鄭植又勳中。　新表鄭氏北祖房：霍丘令琇子植，壁州刺史。　石刻馬懷素大理卿崔夫人鄭氏墓誌銘：曾祖子仁，齊通直郎；祖植，□朝司勳、左司二郎中、長安令、將作少匠、檢校太常少卿。常山貞石志七。

鄭世斌　新表鄭氏北祖房：義興令機子世斌，左司郎中。　石刻秦貫滎陽鄭遇夫人崔氏合祔墓誌銘：高祖世斌，皇左司郎中、磁隰二州刺史，新鄭縣開國男，食邑三百户。河南濬縣。

裴思義又吏外、封外、勳中。　新表洗馬裴氏：雍州録事參軍弘泰子思義，河東太守、晉城縣子。　王維故任城縣尉裴府君回墓誌銘：祖思義，皇侍御史、吏部員外、左司郎中、户部吏部侍郎、河東郡太守、晉城縣開國子。全唐文三百二十七。

王本立又考中。

唐會要六十：龍朔元年八月，忻州定襄縣尉王本立爲監察御史，裹行之名始於此。六典又云裹行始於馬周，未知孰是。初皆帶本官，祿俸於本官請，如未即眞，有故停，即以本官赴選。唐書：御史遭長官於途，皆免帽降乘，長官戢轡，辭而上馬。乾封中，王本立爲御史，意氣頗高，途逢長官，端揖而已。自是諸人，或降而立，或足至地，或側鞭弛蹬，輕重無恆。開元以來，但舉鞭聳揖而已。太平御覽職官部二十五。張九齡徐文公堅神道碑銘：補汾州參軍事，部送邊糒，至於定襄，軍使王本立素重公才，署爲管記，書奏謀算，悉以咨之。唐丞相曲江張先生文集十九。御史臺記：唐韓琬與張昌宗、王本立同游太學。太平廣記二百五十九。通典州郡七：河南府河清縣倉，咸亨中考功郎中王本立置。舊劉禕之傳：垂拱三年，則天特令肅州刺史王本立推鞫劉禕之受金私妾事。新武后紀：垂拱四年九月丁卯，夏官侍郎王本立同鳳閣鸞臺平章事。宰相表同，舊紀失載。新表：載初元年三月甲寅，本立守左肅政臺御史大夫。舊紀：永昌元年即載初元年。八月，左肅政御史大夫王本立同鳳閣鸞臺三品。新紀七月戊寅，宰相表同。新書方技傳：中書舍人劉允濟爲酷吏所陷且死，御史嚴善思力訟其冤，得免。户部尚書王本立見之，曰：「祁奚之救叔向，嚴公有之。」後見允濟，語未嘗及之。新紀：載初元年一月戊子，王本立罷。宰相表：二月戊子，罷爲地官尚書。舊紀失載。二月丁卯，殺地官尚書王本立。舊紀失載。資治通鑑唐紀：二月丁卯，地官尚書王本立薨。考異曰：新紀殺王本立，御史臺記本立爲周興所誅，今從實録。舊狄仁傑傳：儀鳳中，左司郎中王本立恃寵用事，仁傑奏請付法寺，本立竟得罪。新傳：左司郎中王本立恃寵自肆，仁傑劾奏其惡，有詔原之，仁傑曰：「朝廷借乏賢，如本立者不尠，陛下惜有罪，虧成法，奈何？臣願先斥，爲羣臣戒。」本立抵罪。

李懋道 新表趙郡李氏南祖房：刑部侍郎叔慎子懋道，左司郎中。

溫翁念 新表温氏：太宗相彦博見吏中。孫、太子舍人振子翁念，太僕少卿。元和姓纂：翁念，左司郎中、太僕少卿。石刻五言同韋子旝神泉詩後署左司郎中温翁念字敬祖。垂拱四年，陝西富平。

喬知之 舊文苑傳中：則天時，累除右補闕，遷左司郎中。武承嗣諷酷吏誅之。新武后紀：載初元年八月壬戌，殺右司當作「左」。郎中喬知之。

崔齊之 新表許州鄢陵崔氏：户部尚書知悌見户外。弟知久子齊之，左司郎中。

王旭又左外。見封中補。又御史臺侍御殿中題名。 新表烏丸王氏：太宗相珪曾孫、主爵員外郎崇基孫、通州刺史齊望子旭，左司郎中。新酷吏傳：珪孫。舊酷吏傳：曾祖珪。新傳誤。舊酷吏傳下：自幷州録事參軍，開元二年，累遷左臺侍御史，五年，遷左司郎中，常帶侍御史。六年，坐贓私累巨萬，貶龍平尉。舊書又附見王珪傳：崇基孫旭，開元初爲左司郎中，兼侍御史，以贓罪黜龍川尉。較酷吏傳頗略。

蘇詵 又吏外、户外。新表蘇氏：中宗、睿宗相瓌見祠中。子詵，給事中、魏縣男。元和姓纂：詵，給事中、徐州刺史。新傳：字廷言。舉賢良方正高第，補汾陰尉，遷祕書詳正學士，累轉給事中，出徐州刺史。舊傳：歷授右司當作「左」。郎中、給事中、徐州刺史。蘇頲謝弟詵除給事中自求改職表：今月二十四日勅，以臣弟左司郎中臣詵爲給事中。文苑英華五百九十一。國秀集上盧僎有送蘇八給事出牧徐州相國請出用一本同芳韻詩。廣異記二：兖州刺史蘇詵爲子萊求婚盧氏，詵唯一子，娶盧次女。天寶末，萊至永寧令，死於禄山之難。二京收復，詔贈懷州刺史。太平廣記三百五十八。蘇萊，世系表失載。

韋拯 又户中。新表韋氏鄖公房：暢子刑部尚書抗弟見吏中。拯，户部郎中。舊韋抗傳：抗爲御史大夫，兼按察京畿。時弟拯爲萬年令，兄弟同領本郡，時人榮之。新傳同。蘇頲刑部尚書韋抗神道碑：公之季左司郎中、萬年令、澤州長史曰某。文苑英華八百九十六。

裴寬 新表南來吴裴氏：令賓後，袁州長史無悔子寬，禮部尚書。舊傳：應拔萃舉，自太常博士再遷爲刑部員外郎。蕭嵩爲河西節度使，奏爲判官；嵩加中書令，寬歷中書舍人、御史中丞、兵部侍郎。新傳略同。張九齡授盧絢見吏中裴寬御史中丞制：朝散大夫、檢校尚書左司郎中、兼侍御史、内供奉、知臺事、護軍裴寬等可檢校御史中丞，散官、勳如故。文苑英華三百九十三。案，文集無此文。

陽伯成又户中、户外。　舊張説傳：開元十八年，太常謚張説，議曰「文貞」。左司郎中陽伯誠駁議，以爲不稱。　舊孝友崔沔傳：開元(三)〔二〕十(三)〔四〕年，制令禮官議加籩豆之數與服制之紀，崔沔建議依舊，户部郎中楊伯成等與沔相符。　舊王晙傳：開元中户部郎中楊伯誠上疏，請王晙等墳特乞增修封域，量加表異，降使饗祭，優其子孫。　新傳作「陽伯成」。　石刻大智禪師碑陰記，河南少尹陽伯成撰。　開元廿九年。　陝西長安。　李憕有和户部楊員外伯成寓直詩。　文苑英華百九十一。

馬光淑又吏外、祠外。　又御史臺殿中監察題名。　元和姓纂三十五馬：唐兵部員外馬頎生光淑，左司郎中、宋州刺史，京兆人。　張九齡加銀青光禄大夫中書令制，末署開元廿二年五月廿八日，左司郎中光淑。　淳熙祕閣續法帖卷第六。　金石録目六第一千一百八十二唐扶溝令馬光淑頌。　崔顥撰，開元二十九年立。

杜損又左外。　新表洹水杜氏：懷州刺史僑子涼州都督咸弟見祠外。　損，大理少卿。　韓愈唐故河南尹杜兼墓誌銘：懷州長史生損，爲左司郎中，卒，贈少大理。　昌黎先生集二十六。考異：少大理或作大理少卿。案，五百家本同或作。

審又左外。　新表趙郡李氏西祖房：中山貞公乂子審，左司郎中。　又蜀王房：惠陵臺令晁子審，潞府士曹參軍。

李喬年倉外有喬聿，疑是喬年之誤。又御史臺侍御、又侍御兼殿中題名。 新表趙郡李氏西祖房：禮部侍郎景伯生彭年、見吏中。喬年，左司郎中。

鄭令璡 新表鄭氏北祖房：豪州刺史慈明子令璡，左司郎中、國子祭酒。

鄭成家 新表鄭氏南祖房：嗣丘子成家，左司郎中。

魏少遊 元和姓纂八未：魏氏東祖後，庫部郎中、秦州都督魏靖生少游，刑部尚書、京兆尹，鉅鹿人。 舊傳：歷職朔方水陸轉運副使。 肅宗至靈武，累遷衛尉卿。 新傳：字少游。 天寶末，累遷朔方水陸轉運副使。 肅宗幸靈武，除左司郎中。 兩京平，封鉅鹿縣侯，遷陜州刺史，擢京兆尹，改衛尉卿。 舊房琯傳：天寶十五載十月，房琯自請將兵收復京都，自選參佐，以右司郎中魏少遊爲判官。新傳同。

李巽此與左中、户中之李巽別一人，説見上。 新表許王房：嗣澤王璆子巽，汝南郡公、兵部郎中。 舊顏真卿傳：至德二載，鑾輿將復宮闕，遣左司郎中李巽先行，陳告宗廟之禮。新傳作「李選」。 舊回紇傳：乾元元年七月，以堂姪左司郎中新傳作「右」巽爲兵部郎中、攝御史中丞、鴻臚卿，册命英武威遠毗伽可汗副使，兼充寧國公主禮會使。

盧振 新表盧氏：尚書右丞、漁陽縣伯奐子振，國子監主簿。 李華盧郎中齋居記：尚書左司郎中、祠漁陽公盧振，字子厚，處于九江南郭荒榛之下。又云：以瑚璉之器爲郎官，以干將之斷宰赤縣。李遐叔文集三。廣德二年。

蕭定 新表蕭氏齊梁房：虢州刺史恕子定，字梅臣，太常卿。舊良吏傳下：自萬年主簿累遷侍御史、考功員外郎、左右司二郎中。爲元載所擠，出爲秘書少監。蕭定袁州文宣王廟記：大曆元祀，自尚書左司郎中試秘書少監，兼此州刺史。文苑英華八百十四。

丘鴻漸 元和姓纂十八尤：左司郎中丘鶴漸，貝州人。石刻張彧無憂王寺大聖真身寶塔碑銘：少尹時則有若檢校司勳員外郎兼侍御史丘公鴻漸。大曆十三年。陝西扶風。

庾何又左外、祠外。 元和姓纂七麌：職□祠部郎中、大理少卿庾光烈生何，左司郎中、彭州刺史。舊忠義傳下：庾敬休父何，當賊泚盜據宮闕，與季弟倬逃竄山谷。何終兵兵部郎中。新傳略同。新陸贄傳：德宗立，遣黜陟使庾何等十一人行天下。舊崔論傳：黜陟使庾何按同州刺史崔論廢免，議者以何舉奏涉於深刻，復用論爲衢州刺史。新傳同。

獨孤愐又勳外。 新表獨孤氏：導江丞道濟子愐，左司郎中。元和姓纂同。新鮑防傳：貞元元年，策賢良方正，時比歲旱，策問陰陽祲診。穆質對漢故事免三公卜式，請烹弘羊，指當時輔政者。右司郎中獨孤愐欲下質，防不許，曰：「使上聞所未聞，不亦善乎？」卒置質高第。 唐會要七十五：興元元年十一月，嶺南選補史、右司郎中獨孤愐奏：「伏奉建中四年九月敕，選補條件所注擬官，便給牒放上，至上都赴吏部團奏，給告身。敕旨，准敕處分。」 獨孤及送弟愐之京序：蒼龍居玄枵之歲，與爾吹塤篪於長安靈臺之下。當時予方青衿，子適紈絝，各志小學，相期大來。其後爾以經術薦，遂觀光於上國，予牢落兩河，爲病所縶，星分雨散，十有二載，中間蹔攜手一笑者，及今而三。毘陵集十四。 石刻唐元次山，朝陽巖銘：攝刺史獨孤愐爲吾翦闢榛莽。 永泰丙午。湖南零陵。案，零陵，唐屬永州，當是攝永州刺史也。

嚴説 元和姓纂二十八嚴：貞元給事中、同州刺史嚴説，吳郡人。 大唐郊祀錄十：貞元四年八月，尚書右司郎中嚴説等會要「説」。二人兼請去追封武臣及王位。會要二十三同。禮樂志五作「左司」。 唐會要五十八：貞元五年正月，左司郎中嚴説有應受事稽違程期奏。新書 釋皎然福願寺律和尚墳塔銘：奉戒弟子前給事中嚴公説。杼山集。

盧羣 又左外。 新表盧氏：炅子羣，字戴初，義成節度使。 舊傳：貞元六年，自襄陽判官入拜侍御史，累轉左司，職方、兵部三員外郎、郎中。新傳畧同。

楊凝 又封外、封中附存、禮中附存。 新表楊氏越公房：成名子、刑部侍郎京兆尹憑見左外。弟凝，字懋功，司封郎中。新傳：由協律郎三遷侍御史，爲司封員外郎，徙吏部，稍遷右司郎中，宣武董晉表爲判官。權德輿唐故尚書兵部郎中楊君文集序：君舉進士甲科，賢公交辟，由校秘書四遷至冠柱後惠文，徵拜左史，歷司封員外、左司郎中。不附離權右，陰爲所中，以介外相師律非君莫可。權載之文集三十三。柳宗元唐故兵部郎中楊君墓碣：以校書郎爲書記，〔于〕漢〔之〕陰，式徙荆州，由協律郎三轉御史，入爲起居郎。又爲尚書司封員外郎，乃參選部。居喪，服除，爲右司郎中，危言直己，以致其誠。然卒中於〔詖〕辭，不得朝請，以檢校吏部郎中爲宣武軍節度判官。河東先生集九。韓愈贈太傅董公行狀：貞元十二年八月，上命楊凝自左司郎中爲檢校吏部郎中、觀察判官。昌黎先生集三十七。舊楊憑傳：弟凝，有時名。

趙需 元和姓纂三十小：主客員外趙脫「廣」字徵見主外。生需，左司郎中，汲郡人。新張薦傳：德宗復用盧杞爲刺史，張薦與陳京、趙需等論杞姦惡傾覆，不當用。柳宗元先君石表陰先友記：趙需，原注：大曆六年進士。天水人，哻哻儒士也。有名，至兵部郎中，卒。河東先生集十二。舊韋渠牟傳：貞元十二年四月，德宗誕日，御麟德殿，召兵部郎中趙需等及道士、沙門講論儒、道、釋三教。新書徐岱傳畧同。

武元衡 新表武氏：考功員外郎甄見〔補〕〔考〕外〔考〕〔補〕。孫，潤州司馬就子元衡，字伯蒼，相憲宗。舊傳：進士登第。德宗時自華原縣令稱病去官，召授比部員外郎。二歲，遷左司郎中，時以詳整稱重。貞元二十年，遷御史中丞。新傳作右司郎中。

鄭敬又户中、金外。唐會要七十六：貞元元年九月，賢良方正能直言極諫科鄭敬及第。緯略同。又七十七：元和四年正月，以左司郎中鄭敬使湖南、宣歙等道，宣撫許敬等，以便宜行事。舊潘孟陽傳：憲宗常發江淮宣慰使，左司郎中鄭敬奉使。新傳同。舊韋貫之傳：元和三年，復策賢良，命貫之與左司郎中鄭敬等同爲考策官。新牛僧孺傳：元和初，以賢良方正對策，條指失(正)〔政〕，其言骾訐，不避宰相。宰相怒，故鄭敬等坐考非其宜，皆調去。

崔清又户中、倉外。新表博陵三房崔氏：挺後，鄧州刺史先意見金外。孫、滎陽郡長史巘子清，户部郎中。舊忠義下高沐傳：李師道時，有崔清等，皆以仗順爲賊所惡，同被囚放。白居易崔清晉州刺史制：左司郎中崔清，以才良行敏，補尚書郎；頗積公勤，宜加奬任。頃嘗爲郡，亦聞有政。平陽舊壤，時謂名藩；得才與能，方可共理。安人訓俗，佇有成績。可晉州刺史。白氏文集五十五。

辛祕又祠外。舊傳，祕，隴西人。貞元中，累登五經、開元禮科。元和中，自河東行軍司馬召拜右司郎中，出爲汝州刺史。牛僧孺昭義軍節度使辛公神道碑：自河東軍司馬就拜爲左司郎中，更京兆、汝州刺史、本州防禦。文苑英華九百十五。

陸則又金外。　新表陸氏侍郎枝：户部郎中漄見户中補。子則，杭州刺史、左司郎中。　舊鄭餘慶傳：元和六年，左司郎中陸則等以不詳覆而給元義方、盧坦立門戟，罰俸。　乾道臨安志三：杭州刺史杜陟見度中、陸則、李幼、崔部見倉外、路異見金外五人，與裴常棣、白居易見主中、盧元輔見左外補、楊憑見左外九人，皆曾造僧慧琳之室，論心要。見慧琳碑。　憲宗罰盧坦元義方立戟違式俸料勑：左司郎中陸則，勾簡之任，發付不精，罰一年俸料。大詔令。會要三十二載此勑，在元和六年十二月。「則」誤「質」。

韋弘景又吏中、吏外、度中補，封外附存。　新表韋氏逍遥公房：興道令堯子弘景，禮部尚書。　舊傳：貞元中始舉進士，元和中，自司門員外郎轉吏部員外郎、左司郎中，改吏部、度支郎中，出爲綿州刺史。新傳略同。

庾敬休又禮中補、禮外補。　元和姓纂九麌：庾何見上生威，威生敬休，左舊傳作「右」。拾遺。舊傳：父何。姓纂與傳不合。案，何在德宗時，敬休當憲宗末年已入翰林，相去僅三十年。　舊忠義傳下：字順之，其先南陽新野人。舉進士、宏詞登科。自起居舍人俄遷禮部員外郎。入爲翰林學士，遷禮部郎中，罷職歸官。又遷兵部郎中、知制誥。丁憂，服闋，改工部侍郎，權知吏部選事。　丁居晦重修承旨學士壁記：庾敬休，元和十五年閏正月十三日自禮部員外郎充，二月一日賜緋，二十一日加左司郎中；長慶元年十月二十一日出守本官。翰苑羣書上。　舊文宗紀：大和九年三月庚午，尚書左丞庾敬休卒，廢朝一日。詔曰：「官至丞郎，朕所親委，不幸云亡者，宜爲之廢朝。自今丞郎宜準諸（書）〔司〕三品官例，罷朝一日。」

李肇又勳外。　新表趙郡李氏東祖房：吏部員外郎華子隲見祠外。弟肇，大理評事。　廬山記二：東林寺經藏院碑，元和七年歲次壬辰九月丙辰朔十五日庚午，朝請郎、試太常寺協律郎李肇撰。文苑英華八百六十五李肇東林寺經藏碑，末稱「故府從事李肇」。　重修承旨學士壁記：李肇，元和十三年七月十六日自監察御史充；十四年四月五日遷右補闕；九月二十四日賜緋；十五年閏正月一日賜紫，二十一日加司勳員外郎；長慶元年正月十三日出守本官。翰苑羣書上。　舊穆宗紀：長慶元年十二月，貶司勳員外郎李肇澧州刺史，坐與諫議大夫李景儉於史館同飲，景儉乘醉見宰相謾罵故也。李景儉傳畧同。　白居易李肇可中散大夫郢州刺史王鎰朗州刺史溫造可朝散大夫三人同制：勑，朝請大夫、使持節澧州諸軍事、澧州刺史、上柱國、賜紫金魚袋李肇等，乃者，李景儉使酒獲戾，而肇等與之會飲，失於（儉）〔檢〕慎，宜有所懲。由是左遷，分爲郡守。今首坐者既復班列，緣累者亦當徵還。但以長吏數易，其弊頗甚。況聞三郡，皆有政能，人方便安，不宜遷換。故吾以采章、階級，並命而就加之。蓋漢制進爵秩，降璽書，慰勞良二千石之旨也。爾當是命，得不勉哉。白氏文集五十。又論左降獨孤朗等狀長慶元年十二月十一日奏：前列詞頭司勳員外郎李肇可澧州刺史。白氏文集六十。嘉定赤城志八：大中七年、八年，李肇爲台州刺史。新書藝文志乙部史録雜史類：李肇國史補三卷。原注：翰林學士，坐薦伯耆，自中書舍人左遷將作少監。又職官類：翰林志一卷。又目録類：經史釋題二卷。南部新書丙：李肇自尚書郎守澧陽，人有藏書者，卒歲翫焉，因著經史目録。唐國史補序，前題唐尚書左司郎中李肇撰。摭言：元和中，中書舍人李肇撰國史補。

温造 新表温氏：太常丞佶子造，字簡輿，河陽節度使、禮部尚書、祁縣子。舊傳：自朗州刺史，居四年，召拜侍御史，遷左司郎中，再加雜事，尋拜御史中丞。新傳同。舊文宗紀：大和元年六月丙申，左司郎中、兼侍御史、知雜温造權知御史中丞。

楊虞卿又吏外、禮外補。新表楊氏越公房：國子祭酒寧見户中。子東川節度使汝士見封外。弟虞卿，字師皐，京兆尹。舊傳：元和五年進士擢第，又應博學宏詞科。穆宗初，自侍御史再轉禮部員外郎、史館修撰。長慶四年八月，改吏部員外郎。大和二年，以檢下無術，停見(在)〔任〕。李宗閔、牛僧孺輔政，起爲左司郎中。五年六月，拜諫議大夫。新傳作右司郎中。

張又新 又祠外、主中。 新傳：又新字孔昭，工部侍郎薦之子。見户外補。 元和中，及進士高第，歷左右補闕，尋轉祠部員外郎。 李逢吉表爲山南東道行軍司馬。舊傳山南東道節度副使，誤。 坐田伾事，貶汀州刺史。 李訓有寵，遷刑部郎中，爲申州刺史。 訓死，復坐貶，終左司郎中。

孫簡 又吏中、勳外 新表武邑孫氏：邕府經略兼御史中丞公器子簡，東都留守、太子太保。 新文藝傳中：字樞中。 元和初登進士第，辟鎮國、荆南幕府，累遷左司、吏部二郎中，繇諫議大夫知制誥。 舊后妃傳下穆宗貞獻皇后蕭氏傳：開成四年，詔刑部侍郎孫簡三司按蕭弘、蕭本僞稱太后弟獄。 舊文苑孫逖傳：曾孫簡、範見金中。 並舉進士。 會昌後兄弟繼居顯秩，歷諸道觀察使、兵部尚書。 舊李固言傳：大中末，以太常卿孫簡代固言爲東都留守、東畿汝都防御史。「大中末」疑是「大中初」。 褚藏言故武昌軍節度副使扶風竇府君詩序：元和二年舉進士，與今東都留守、左僕射孫公簡同年上第。竇氏聯珠序。

姚勗 又吏中補。 新表陝郡姚氏：涇主簿偁子勗，諫議大夫。 新傳：字斯勤。 長慶初擢進士第。 數爲使府表辟，進監察御史，佐鹽鐵使務，累遷諫議大夫，更湖、常二州刺史。 吴興志：姚勗，會昌三年六月二十九日自尚書左司郎中授，後遷吏部郎中。

舊韋温傳：文宗時，鹽鐵判官姚勗知河陰院，嘗雪冤獄，鹽鐵使崔珙奏加酬獎，乃令權知職方員外郎。制出，令勗上省，温執奏曰：「國朝已來，郎官最爲清選，不可以賞能吏。」上令中使宣諭，言勗能官，且放入(官)〔省〕。温堅執不奉詔，乃改檢校禮部郎中。翼日，帝謂楊嗣復曰：「韋温不放姚勗入省，有故事否？」嗣復對曰：「韋温志在銓擇清流，然勗士行無玷，梁公元崇之孫，自殿中判鹽鐵案，陛下獎之，宜也。若人有吏能，不入清流，孰爲陛下當煩劇者？此衰晉之風也。」上素重温，亦不奪其操。

楊發 又勳中、勳外、禮中補。 新表楊氏越公房：濠州録事參軍遺直子發，不詳歷官。 舊傳：字至之。大和四年登進士第，又以書判拔萃，自侍御史累遷至禮部郎中。大中三年，改左司郎中，改授太常少卿。新傳略同。

豆盧籍 新表豆盧氏：萬年令友見祠外。孫籍，左司郎中、兼侍御史、知雜事。 舊豆盧瑑傳：父籍，進士擢第。 舊五代史唐書四十三豆盧革傳：祖籍，同州刺史。 舊令狐滈傳：咸通二年，起居郎張雲上疏言：「大中十年，令狐綯以諫議大夫豆盧籍、刑部郎中李鄴爲夔王已下侍讀，欲立夔王爲東宮，欲亂先朝子弟之序。」新傳同。

崔原 「原」當作「厚」。 又吏外、勳中、勳外、金外。 新表博陵大房崔氏：兖海觀察使戎見吏中。子厚，字致之，司勳郎中。舊懿宗紀：咸通十年八月，貶司勳郎中崔原當作「厚」。柳州司户，崔雍之親黨也。舊僖宗紀：乾符元年十二月，以左司郎中崔原當作「厚」。爲兵部郎中。四年正月，以兵部郎中崔厚爲諫議大夫。舊書禮儀志五：中和元年，左丞崔厚爲太常卿，議立行廟於成都府。唐會要十六同。

鄭綮 舊傳：以進士登第，歷監察、殿中，倉、户二員外郎，金、刑右司三郎中。家貧求郡，出爲廬州刺史。新傳：字蘊武。歷監察御史，擢累左司郎中。困寠甚，丐補廬州刺史。直齋書録解題五：開天傳信記一卷。唐吏部員外郎鄭綮撰，雜記開元、天寶時事。

楊贊禹 新表楊氏越公房：左散騎常侍知退見户中。子贊禹，字昭諫，左司郎中、集賢學士。薛廷珪授長安縣尉直弘文館楊贊禹左拾遺鄠縣尉鄭谷右拾遺制：贊禹挺生公族，雅有令名，連中殊科，首冠羣彦，捨而不顧，去奉良知，五年於兹，澄澹一致。自待之意，何其遠歟。」文苑英華三百八十三。禪月集十一有鄂渚逢楊贊禹詩。

陸愿 新表陸氏太尉枝：昭宗相希聲子愿，左司郎中。

孫濟 又吏外補。又御史臺殿中監察題名。元和姓纂二十三魂：唐處士孫思邈生行，中書舍人。子濟，左司郎中、潤州刺史，華原人。玄宗分遣蔣欽緒等往十道疏決囚徒宣慰百姓制：

其天下見禁囚徒死罪宜降至配流已下罪悉原之。仍令殿中侍御史孫濟往隴右道，並即馳驛發遣，所至之處，疏決囚徒，宣慰百姓。其有窮乏交不存濟，及侍老行人之家有疾苦者，各令州縣量加醫療及賑恤。大詔令。案，舊紀：開元十三年正月戊子，降死罪從流，流已下罪悉原之，分遣御史中丞蔣欽緒等往十道疏決囚徒。國秀集有張謂贈吏部孫員外濟詩。

劉植　吳興志：劉植，乾符元年七月二十七日自左司郎中授，除當道副使。統記云：咸通十五年，自兵部員外郎授，遷兵部郎中。

劉居簡　元和姓纂十八尤：劉廷慶生居簡，左司郎中、太原少尹，彭城人。新表脱「少」字。金石録目録第一千六百三十：唐劉居簡歸鄉拜高廟詩。貞元十二年十月。

樊慶德　元和姓纂二十二元：陳荊州刺史、富川侯樊猛生邃，邃生慶德，唐左司郎中、千牛將軍，南陽湖陽縣人，居淮南。

【附存】

裴珣　新表南來吳裴氏：袁州長史無悔子恂，河内太守。舊裴寬傳：弟珣，爲河内郡太守。安禄山反，以執父喪，將投闕廷，恐累其母，乃詣河東節度訴誠而退。後在母憂，又陷史思明，受其僞官委任，使弟朗密奉表疏至上京。代宗時爲左司郎中、兼侍御史、河東道租庸判官。沈炳震云：珣疑寬子，非弟。蓋寬卒時年七十五，不應有父而弟尚執喪。然世系表亦云寬弟，但「珣」作「恂」，而無朗名。格案：「安禄山反」已下當是寬子諝事，以舊、新書諝傳證之可見，此脱去「子諝」二字耳。諝已見左中，故附存之。

唐尚書省郎官石柱題名考卷二

左司員外郎

唐六典：左司員外郎，從六品上。天后永昌元年置，神龍元年省，二年又置。其職務與郎中分掌。舊書職官志：左右司郎中、員外郎，各掌副十有二司之事，以舉正稽違，省(置)〔署〕符目焉。新書畧同。

【石刻】

顧琮　侯味虛　唐奉一　戴師倩　宇文全志

元紹　鄭從簡　桓彥範　殷祚　楊元叔

韋元旦　李乂　李行言　張思義　元懷景
李顒　魏奉古　裴藏曜　黃守禮　薛晞
柳渙　王旭　柳澤　宋宣遠　張説
韋孚　張均　劉昂　高庭芝　杜損
班景倩　李朝弼　韋洽　韋恒　張倚
姜昂　趙安貞　楊仲昌　李知止　張震
畢炕　李成式　程休　祁順之　崔渙
李審　任瑗　孟匡朝　盧播　趙良弼
韋有方　姚喬栵　盧虛舟　王崟　庾準
成賁　鄭寶　李仲雲　崔寬　蔣鍊
庾何　王蕭　崔造　趙匡　房説
姚南仲　鄭餘慶　張式　盧羣　盧從
薛貢　楊憑　韋成季　李直方　李藩
韋彭壽　裴汶　張正甫　韋纁　李正辭
韋審規　殷台　崔瑄　獨孤朗　李行修

李弘慶　孔敏行　宇文鼎　吴思　李道樞
劉寬夫　鄭居中　何玭　姚康　姚端夫
李欵　裴夷直　趙柷　薛襃　李行方
封敖　蔣伸　鄭泳　柳喜　李當
裴坦　鄭路　崔巖　韋旭　楊知温
李愨　崔璙　皇甫燠　盧緘　鄭礭
盧告　崔芻言　張黯　盧鉟　孫瑝
崔朗　鄭緐　裴瓚　李琨　劉承雍
盧望　李繪　杜真符　鄭綦　杜庭堅
唐嶠　畢紹顏　張裕　裴墠　鄭項
孫緯　狄歸昌

【補遺】

韋虛心　長孫孝紀　崔峻　郭震　崔厦
竇昱　胡証　盧元輔　陸潤　韓鈞

劉行昌

【附存】

杜崇懿　　白敏中

顧琮又吏中。新表顧氏：著作郎、餘杭令允子琮，相武后。舊令狐德棻傳：顧胤子悰新傳琮。長安中爲天官侍郎、同鳳閣鸞臺平章事。新傳同。唐六典一：天后永昌元年，顧琮自侍御史除左司員外郎。唐會要五十八同。韋執誼翰林院故事：永徽中，黄門侍郎顧琮復有麗正之稱。翰苑羣書上。會要七十九：贈越州都督、渭源縣侯顧琮謚靖。

侯味虛見左中、户中補。新杜景佺傳：秋官員外郎杜景佺與侍郎陸元方按員外郎侯味虛罪，已推，輒釋之。

唐奉一又户中。李嶠授唐奉一兵部侍郎制：具官唐奉一，文場得儁，翰苑推工。瑣闈一作「闥」內朝，致延譽之美；珪符出守，樹威恩之績。可夏官侍郎。御史臺記唐奉一，齊州人。善書翰、武后時爲御史，後坐誅翦皇族廢。金石録二十五唐中興聖教序跋尾：案，目録五云中宗撰，唐奉一八分書，神龍三年五月。在濟南長清縣界西禪寺。舊徐有功傳：則天時，道州刺史李仁褒及弟榆次令長沙，爲唐奉一所搆。新武后紀：久視元年三月癸丑，夏官尚書唐奉一爲天兵中軍大總管，以備突厥。舊中宗紀：神龍元年三月，酷吏唐奉一配流。舊酷吏傳載詔曰：唐奉一依前配流。舊玄宗紀：開元十三年三月丙申，御史大夫程行諶〔奏〕：周朝酷吏唐奉一等，殘害宗枝，毒陷良善，情狀尤重，子孫不許仕官。張説爲河内郡王武懿宗平冀州賊契丹等露布，稱行軍長史、朝奉大夫、守給事中、護軍臣唐奉一。又云：長史唐奉一馳使洛魏，據河曹之津，縱羽林之雄，推其侵軼之勢。文苑英華六百四十七。張燕公集十三。陳子昂送著作佐郎崔融等從梁王東征序：歲七月，軍出國門，比部郎中唐奉一等參帷幕之賓，掌書記之任。陳伯玉文集七。案：新書武后本紀：萬歲通天元年七月辛亥，春官尚書武三思爲榆關道安撫大使，納言姚璹爲副，以備契丹。舊武后紀、新外戚傳畧同，即此事也。

戴師倩 又勳中。

宇文全志 新表宇文氏：福及〔子〕〔孫〕全志，左司員外郎。姓纂：福及孫全志，工部員外，濮陽人。新武后本紀：神功元年正月壬戌，殺右司員外郎宇文全志。舊酷吏吉頊傳同。

元紹 元和姓纂二十二元：紇骨匹麟十七代孫紹，右司員外。天授中詔改姓元氏。舊刑法志：永徽初，勑大理丞元紹等共撰定律令格式。新書藝文志同。

鄭從簡又度中。 朝野僉載：周左司員外郎鄭從簡所居廳事常不寧。太平廣記三百二十九。

桓彥範 新表桓氏：少府丞思敏子彥範，相中宗。新傳：字士則。 舊傳：少以門蔭，自監察御史，長安三年，歷遷御史中丞。 新傳畧同。

殷祚 元和姓纂二十一欣：唐吏部尚書殷開山堂姪祚，原有脱字。部尚書，陳郡長平縣人。 元和郡縣圖志三十二：大足元年，巡察使殷祚奏割雅州漢源、飛越、通望三縣，置黎州。寰宇記七十七，長安四年，巡察使殷祚奏置黎州，年月互異。舊志，長安四年，巡察使奏置，後廢；大足元年又置，誤甚。

楊元叔無考。

韋元旦「旦」，二本缺。 又主外。 新表東眷韋氏彭城公房：巨山子元旦，中書舍人。 新文藝中附見李適傳：擢進士第，自左臺監察御史貶感義尉，俄召爲主客員外郎，遷中書舍人。 石刻五言夏日斿神泉序，下署美原縣尉韋元旦字烜。垂拱元夏。陝西富平。

李乂又吏中附存、勳外。 又御史臺殿中題名。 新表趙郡李氏西祖房：新政令大智子乂，字尚真，中山貞公。舊傳：本名尚真。 新傳：長安三年，乂自萬年尉擢監察御史。景龍初，遷中書舍人、修文館學士。 蘇頲唐紫微侍郎贈黃門監李乂神道碑：自監察御史歷殿中侍御。景龍中，加朝散大夫，遷尚書司勳、左司二員外、右司郎中、中書舍人、兼長昭文館學士。文苑英華八百九十三。

李行言　舊儒學郭山惲傳：景龍中，中宗引近臣宴集，給事中李行言唱駕車西河。

張思義又金中。　新表河東張氏：相國府檢校郎將俊興子思義，成紀丞。　嘉定赤城志八：長安二年至神龍元年，台州刺史張思義。　石刻柳賁唐故左金吾將軍范陽張公嘉祐墓誌銘：考思義，贈秦州都督。河南洛陽。

元懷景又吏中。　元和姓纂二十二元：元仁惠生「生」字原脱，今補。懷景，尚書右丞、武陵公，河南洛陽縣人。　張説唐故左庶子贈幽州都督元府君懷景墓誌銘：弱冠以國子進士高第。自太子通事舍人，後歷官至右司員外、太子舍人。全文脱十二字。天授中，以親累除名，向逾一紀。後除直羅、温縣二令。初自太府主簿，累入副鄉河南掾曹，克昇亞尹，握蘭右轄，綱紀南宮，秉茲憲簡，肅彼專席，再侍儲華，卒賤宮相。張燕公集二十二。大唐六典：天后永昌元年，元懷貞以洛州司户遷右司員外郎。唐會要五十八同。「景」「貞」二字互異。鈸案：張燕公集二十三唐故涼州長史元君石柱銘云「有子懷貞，歷官右司員外郎、太子舍人，罹事徙居，復歸舊土」。事迹與墓誌合，名與六典合，疑是懷景初名也。　張九齡故開府儀同三司行尚書左丞相燕國公贈太師張公説墓誌銘：夫人元氏，故尚書右〔丞相〕〔司員外郎〕武陵公懷〔愼〕〔景〕之女也。唐丞相曲江文集十八。　定命錄：燕公説之少也，元懷景知其必貴，嫁女與之。太平廣記百七十。　金石録目六第一千一百六十：唐幽州刺史元懷景碑。皇甫彬撰。開元二十八年二月。　新書藝文志乙部史録正史類元懷景漢書議苑。原注：卷亡。開元右庶子武陵縣男，謚曰文。又丙部子録雜家類元懷景屬文要義十卷。

李顒 又祠外、主中。 新表趙郡李氏東祖房：明堂尉慤子顒，給事中。 舊孝友李知本傳：知本弟知隱孫顒，有文詞，歷給事中、太常少卿。 崔湜故吏部侍郎元公碑序：夫人李氏，今主客郎中顒之從父妹也。文苑英華八百九十八。景隆三年。 李湛然太子少傅竇希瑊神道碑：開元五年十月，鴻臚少卿李顒持節齎璽書弔祭。文苑英華九百一。

魏奉古 見左中，又户中。

裴藏曜 無考。 又吏中，金中「曜」作「耀」。

黃守禮 又御史臺侍御題名。 御史臺記曰：唐殿中内供奉盧廙見金外。嘗於景龍觀監官行香，右臺侍御史黃守禮亦預焉。太平廣記二百四十九。

薛晞 無考。

柳渙 新表柳氏：冀州（刺史）〔司馬〕誠言子渙，中書舍人。 舊柳奭傳：開元初，亨孫渙爲中書舍人。新傳：渙，亨曾孫。 蘇頲授柳渙左司員外郎制：勑朝議郎、行起居舍人、判左司員外郎柳渙，襟情雅正，藝能敏洽。珥筆記言，才光東觀；張燈起草，譽動南宮。宜同滿歲之遷，式副爲郎之舉。可行左司員外郎，散官如故。文苑英華三百九十一。 又授柳渙司門郎中制：勑朝議郎、前行左司員外郎柳涣，色莊心勁，贍學能文，堅守憲章，務從條理。爲時所重，滿歲當遷，宜罷臺轄，更司門鍵。可守尚書司門郎中，散官如故。英華三百九十。會要七十九：平陽郡太守柳涣謚簡。

王旭又見左中補。舊酷吏傳：開元二年，累遷左臺侍御史。五年，遷左司郎中，常帶侍御史。

柳澤又吏外。又御史臺殿中監察題名。新表柳氏：涣見上。弟澤，太子右庶子、華州刺史。舊傳：景雲中，爲右率府鎧曹參軍。魏知古傳作「騎曹」。睿宗擢拜監察御史。開元中，累遷太子右庶子，出爲鄭州刺史。新傳畧同。

宋宣遠又御史臺殿中監察題名。元和姓纂二宋：固安令宋捷生宣遠，樂陵人。舊孝友崔沔傳：監察御史宋宣遠恃盧懷慎之親，頗犯法，御史中丞崔沔舉劾之。新傳畧同。定命錄：明皇在府之日，與絳州刺史宋宣遠兄惲有舊。太平廣記百四十八。

張涚又吏中。又御史臺侍御殿中監察題名。新表魏郡張氏：高宗相大安見户中。子涚，同州刺史。舊張大安傳：子涚，開元中爲國子祭酒。唐會稽太守題名記：張涚，開元二十年自衡州刺史授越州都督，二十一年拜秦州都監。會稽掇英總集十八。嘉泰志同。

韋孚「孚」，二本缺。新表韋氏小逍遥公房：武后、中宗相嗣立子孚，左司員外郎。舊嗣立傳：子孚，累遷至左司員外郎。

張均又封中，又吏外有張鈞。　新表張氏：睿宗、玄宗相説子均，字均，刑部尚書、大理卿，襲燕公。　新傳：自太子通事舍人，累遷主爵郎中、中書舍人。　唐會要八十五：開元九年正月，監察御史宇文融奏太原司録張均等充勸農判官。詳監察宇文融注。

劉昂又考中補、度中。　又御史臺殿中題名。　新表尉氏劉氏：工部員外郎濬子太常卿晃見勳中。弟昂，京兆少尹。　姓纂：考工郎中、京兆少尹。

高庭芝無考。　又御史臺侍御題名。

杜損見左中補。

班景倩又吏中、勳外、户中、户外。　又御史臺侍御殿中監察題名。　元和姓纂二十七删：唐春官員外斑思簡生景倩，吏部侍郎、祕書監，汲郡人。　唐會要八十五：開元九年正月，監察御史宇文融奏大理評事班景倩等充勸農判官。　新宇文融傳：融奏班景倩等廿九人爲勸農判官，假御史，分按州縣，括正丘畝，招徠户口而分業之。　舊班宏傳：父景倩，祕書監。　新班宏傳：父景倩，國子祭酒，以儒名家。　新倪若水傳：開元中，班景倩自揚州採訪使入爲大理少卿。　舊書禮儀志四：天寶十載正月，遣國子祭酒班景倩祭西嶽金天王。大唐郊祀録八同。　陳簡甫宣州開元以來良吏記：開元癸酉歲，國家以天下久平，四海繁富，慮吏之不率，人之不康，乃詔分十道，署康察以督之。　此州統江南之西，包潭、衡十有六州，西班公景倩始受命焉。公清廉以飾躬，苦節以從政，以爲法者國之柄，天下之評，寬則阿，阿則公室之權削矣，急則刻，刻則下民之怨生矣。江右荒服，政紊俗訛，濟之以猛，弛張在我。乃布甲令，舉直繩，恤人之疾苦，除吏之貪暴。踰年，坐賄削免者百有餘輩，澄清之政，於是乎得矣。文苑英華八百三十。

李朝弼無考。又吏中、户中、倉外。

韋洽又考中補。又御史臺殿中監察題名。新表韋氏平齊公房：和州刺史匡素孫洽，考功郎中。唐會要八十五：開元九年正月，監察御史宇文融奏汾州録事參軍韋洽充勸農判官。新宇文融傳：融奏韋洽等二十九人爲勸農判官，假御史，分按州縣，括正丘畝，招徠户口而分業之。

韋恒又度外。又御史臺殿中監察題名，又左稜，又左側。新表韋氏小逍遥公房：嗣立子、孚見上。弟恒，陳留太守。元和姓纂八微：韋氏鄖城公房陝疑「峽」州刺史岳子，生恒，兵部郎中、華州刺史，京陵杜陵人。舊韋嗣立傳：子恒，開元初爲碭山令，擢拜殿中侍御史。歷度支、左司等員外，太常少卿、給事中。舊書刑法志：肅宗收兩京，陷賊官定罪六等，而韋恒乃至腰斬。新志畧同。安録山事迹下：三司讞刑，奏韋恒等罪當大辟。舊傳：開元二十九年，爲隴右道河西黜陟使，出爲陳留太守，未行而卒。案，廣記一百四十七定命録亦云：韋恒代裴敦復爲陳留太守，未到而卒。則陷賊者當別一人。蕭鄴嶺南節度使韋公正貫神道碑：京兆少尹、河北採訪使諱恒，於公爲王父。文苑英華九百十五。權德輿唐尚書度支郎中贈尚書左僕射正平節公裴公倩神道碑銘：夫人京兆韋氏扶風太守恒之女。權載之文集十七。會要七十九：贈右散騎常侍韋常謚曰貞。案，此疑卽韋恒，會要避穆宗諱改。但二書本傳俱不載，當考。

張倚又御史侍御殿中題名（二見）。唐會要八十六：開元二十八年，都畿採訪使、御史中丞張倚請整齊都城，侵街牆宇。舊玄宗紀：開元二十九年九月，命御史中丞張倚往東都及河北賑恤。新苗晉（卿）傳：天寶二載，判入等者凡六十四人，分甲、乙、丙三科，以張奭爲第一，御史中丞倚之子。倚新得幸，晉卿欲附之，奭本無學，議者囂然不平。安錄山因間言之，帝御花萼樓覆實，中裁十一二。奭持紙終日，筆不下，人謂「曳白」。帝大怒，貶（倚）淮陽太守。會要四十一：天寶五載七月二十三日，河南道採訪使張倚奏：「諸州府今後應緣春秋二時私社，望請不得殺，如犯者請科違勅罪」從之。顏真卿正議大夫行國子司業上柱國金鄉縣開國男顏府君允南神道碑銘：尚書張倚皆篤忘年之契。又顏允臧神道碑銘：解褐太康尉，太守張倚器其清嚴，與之均禮。舊房琯傳：天寶十五載六月，玄宗幸蜀，大臣張倚等銜於失恩，不時赴難。杜光庭歷代崇道記：

開元中，東都留守張琦疑「倚」奏汝州魯山縣因修仙居古觀，獲玉瑛。權德輿絳州刺史李公國貞神道碑銘：明皇帝時，御史大夫張倚採訪關中，表爲支使。權載之文集十六。李華御史中丞壁記：天寶中，以尚書左丞張公爲大夫，太府少卿庾公爲中丞。大夫睦中丞也，羽翮得清風之助。文苑英華七百九十八。

姜昂又勳中、金外。

新表姜氏：夏州都督、成紀威公協孫昂，司勳郎中。蘇頲授姜昂右司員外郎制，稱尚書金部員外郎姜昂。文苑英華三百九十一。詳御史臺李常注。

趙安貞又吏中。

舊韋述傳：趙冬曦弟安貞等六人，並詞學登科。新儒學下趙冬曦傳：弟安貞，擢進士第，給事中。

楊仲昌又吏中、吏外、禮外補，又御史臺監察題名。

舊良吏下楊元琰傳：子仲昌，吏部郎中。新書附見桓彥範傳：楊元琰子仲昌，字蔓。通經爲修文生，自監察御史坐累爲孝義令，徙下邽，終吏部郎中。舊孝友崔沔傳：開元二十(三)(四)年，令百官詳議籩豆之數，服制之紀，沔建議依舊，禮部員外郎楊仲昌等議與沔符。孫逖授楊仲昌吏部員外郎制，稱左司員外郎楊仲昌。文苑英華三百九十二。詳吏外。席豫唐故朝請大夫吏部郎中上柱國高都公楊府君碑銘：自河南鞏縣令，尋遷禮部員外郎，歷左司員外郎，轉吏部員外郎，尋遷本司郎中。唐文粹五十八。仲昌碑作「仲宣」，誤。

李知止又封外誤作「知」。正　新表雍王房：博陵公道弼孫、御史中丞知柔見勳中。弟知止，刑部郎中。　孫逖授李知止司封員外郎等制，稱四從叔前京兆府奉天縣令、上柱國知止等。文苑英華三百九十一。詳後。

張震又户中。　新表河間張氏：遂州別駕游藝子震，江西採訪使、洪州刺史。　又吴郡張氏：國子祭酒新野康公後胤子震，左衛靈池府折衝都尉、富陽公。

畢炕又勳外。　新表畢氏：户部尚書構吏外作「搆」。子炕，兵部員外郎、吴郡太守、江南採訪使。　新畢構傳：子炕，天寶末爲廣平太守拒安禄山，城陷，覆其家。贈户部尚書。　舊書禮儀志四：天寶十載正月，遣范陽司馬畢炕祭（醬）〔醫〕無閭山廣寧公。大唐郊祀録同。

李成式又祠外。　新表隴西李氏姑臧大房：給事中亶子成式，淮南道採訪使。　新文藝傳中：盛王爲淮南節度大使，留蜀不遣，副大使李承式玩兵不振。又云：賊圍雍丘，脅泗上，承式遣兵往救，大宴賓客，陳女樂。「承式」疑「成式」之誤。　舊盛王琦傳：天寶十五載六月，玄宗幸蜀，在路除盛王爲廣陵大都督，仍領江南東路及淮南河南等路節度支度採訪等使，以廣陵長史李成式爲副大使、兼御史中丞。琦竟不行。新傳畧同。　舊永王璘傳：天寶十五載十二月，使季廣琛趣廣陵攻採訪李成式，成式使將李承慶拒之。新傳同。　獨孤及唐故給事中贈吏部侍郎蕭公墓誌銘：所從之主，則揚州刺史李成式。昆陵集十一。　賈至授李成式大理卿薛景仙少府監制：守廣陵長史李成式，貞白儉約，履歷清貫，可試大理卿。　文苑英華三百九十七。

程休 又吏中補作「休文」。　封中、封外。　新卓行元德秀傳：門弟子程休，字士美，廣平人。　李華三賢論：廣平程休士美，端重寡言，是慕於元者也。　文苑英華七百四十四。　賈至授程休文文部郎中制，稱司封郎中程休文。　文苑英華三百八十九。「休文」，「文」字疑衍。

祁順之 又御史臺左側題名。　舊文苑中李邕傳：天寶五載，敕刑部員外郎祁順之等馳往就郡决殺。

崔渙 新表博陵大房崔氏：禮部侍郎、襄博陵郡公璩見吏中。子渙，門下侍郎。　又清河(六)〔大〕房崔氏：刑部尚書、忠公隱甫子渙。不詳歷官。　舊傳：累遷尚書司門員外郎。天寶末，楊國忠出不附己者，渙爲劍州刺史。新傳畧同。　穆員相國崔公墓誌銘：天寶中，歷屯田、左司二員外郎，出爲歙州刺史，換綿州，錫金印紫綬。　文苑英華九百三十六。

李審 見左中補。

任瑗 又主外。　新書逆臣上安祿山傳：至德二載，阿史那承慶等十餘人送密款，詔以任瑗爲明州刺史。

孟匡朝 又御史臺陰左稜題名。 李肇翰林志：開元二十六年，別建學士院，有孟匡朝等在舊翰林院，雖有其名，不職其事。 韋執誼翰林院故事：孟匡朝等在舊翰林中，但假其名，而無所職。翰苑羣書上。 會要七十四：天寶元年冬選，六十四人判入等；至來年正月，上於勤政樓下親自重試，惟二十人比類稍優，餘並下第，左拾遺孟匡朝等並貶官。 封氏聞見記八：拾遺孟匡朝貶賀州，作竊蟲賦，比之鬼魅。

盧播 又戶中補。 又御史臺陰左稜題名。 新表盧氏：信都主簿友裕子播，戶部郎中。

趙良弼 元和姓纂三十小：唐監察御史趙君煦曾孫良器、見倉外。良弼，河東人。不詳歷官。 舊肅宗紀：上元元年十月壬申，以廬州刺史趙良弼爲越州刺史，充浙江東道節度使。 唐會稽太守題名記：趙良弼，自廬州刺史授節度使，加御史中丞，改嶺南節度使。會稽掇英總集十八。 嘉泰志同。 石刻邵說唐故同州河西縣丞贈虢州刺史太常卿天水趙公叡沖神道碑：公卽世未五十歲，而子良弼官至陝、華等七州刺史，御史中丞，浙東、嶺南兩道節度使，太子賓客，肅宗朝節制方面。大曆四年。 虞卿。 賈至授趙良弼司庫員外郎制：勑攝河東司馬趙良弼，以敬直方內，義形於色，蘊帷幄之謀略，真士林之忠良。元戎啓行，師出以律。將謀韓厥之職，宜選子方之智。俾登仙署，仍佐中權。可行司庫員外郎，充朔方行軍司馬。文苑英華三百九十二。

韋有方　新表韋氏南皮公房：工部尚書虛心見左外補。子有方，左司員外郎。

姚喬栁見左中。

盧虛舟又吏外。　新表盧氏第二房：義安玄孫虛舟，秘書少監。　賈至授盧虛舟殿中侍御史等制：大理司直盧虛舟，閑邪存誠，遯世頤養，持操有清廉之譽，在公推幹蠱之才。可殿中侍御史。文苑英華三百九十五。　呂溫裴氏海昏集序：裴公與故秘書少監范陽盧公虛舟等爲塵外之交，極心期之賞。呂衡州文集三。　李太白文集十二有廬山謠寄盧侍御虛舟詩。

王崟又吏外二見，户外、度外。　新表烏丸王氏：左千牛將軍仁忠子崟，懷州刺史。文苑英華九百十三李邕贈安州都督王仁忠神道碑：子崟等。不詳歷官。　獨孤及有海上懷華中舊遊寄渭南王少府崟詩，又注云「王任鄭縣日，於城角築小臺。」毘陵集二。　舊王璠傳：祖崟。不詳歷官。新禮同。

庾準又吏中、勳中、主中。　元和姓纂七麌：吏部侍郎、荊州長史、採訪使庾□先見吏外。生準，尚書左丞、江陵尹、荊州節度使。「州」當依舊傳作「南」。　舊傳：常州人，以門蔭入仕，宰相王縉驟引至職方郎中、知制誥，遷中書舍人。　常袞授庾準楊炎知制誥制：中大夫、行尚書吏部郎中、上柱國庾準，可行尚書職方郎中、知制誥，散官、勳如故。文苑英華三百八十二。詳禮中補楊炎注。

成賁 獨孤及送成都成少尹赴蜀序：歲次乙巳，定襄郡王英乂出鎮庸蜀，謀亞尹，僉曰左司郎成公可，詔曰俞往。毘陵集十五。案，乙巳，代宗永泰元年。文苑英華五百三十四有成賁對夷攻蠻假道判。鉞案：錢考功集四有和萬年成少府寓直詩，疑即此人。

鄭寶 獨孤及唐故商州録事參軍鄭府君密墓誌銘：母弟秘書省著作郎寶。毘陵集十二。大曆九年。

李仲雲 新表趙郡李氏西祖房：景昕子仲雲，左司員外郎。廣異記：監察御史李叔霽世系表作「叔雲」。與兄仲雲，俱進士擢第，有名當代。大曆初，叔霽卒，後數年仲雲亦卒。太平廣記三百七十九。

崔寬又考中補。新表博陵大房崔氏：仲哲後玄褘子寬，比部郎中。舊崔寧傳：大曆中，令弟寬留京師，結元載及諸子，驟歷御史知雜事、御史中丞。又云：大曆初，寧入相，留寬守成都。新傳略同。舊楊綰見勳外傳：御史中丞崔寬，劍南四川節度使寧之弟，家（副）〔富〕於財，別墅在皇城南，池館臺榭，當時第一。楊綰拜相，寬即日潛遣毀拆。新傳略同。常衮授崔寬侍御史知雜事制，稱朝散大夫、守尚書考功郎中、長春宮使判官、賜紫金魚袋崔寬。文苑英華三百九十四。詳考中補。

蔣鍊又吏外、户外。又御史臺陰額監察題名。古今姓氏書辨證二十七：尚書左丞蔣洌見封外。生鍊，原誤「諫」。光禄少卿，義興陽羨縣人。舊良吏上高智周傳：蔣洌子鍊，亦進士舉。新傳：鍊有清白名。舊蔣鎮見封外傳：與兄鍊並以文學進。涇師之叛，受賊僞官，斬於東市西北街。

庾何見左中補，又祠外。

王蕭　新表琅邪王氏：承先孫蕭，左司員外郎。

崔造又吏中。　新表博陵第二房崔氏：挺後汾西令昇之子造，字玄宰，相德宗。舊傳：浙西觀察使李栖筠引爲賓僚，累至左司員外郎。劉晏誅，累貶信州長史，爲建州刺史。請舉義兵，德宗詔徵，拜吏部郎中、給事中。新傳略同。　權德輿信州南巖草衣禪師宴坐記：建中二年，予以吏役道于上饒，時左司郎崔公出爲郡佐。權載之文集三十二。又集四十二有崔左司書及答左司崔員外書。又集五十祭崔士曹文稱「先穆公」。考昌黎先生集二十唐故相權公墓碑「權文公娶崔造女」，則造謚穆公，二傳、會要俱失載。太平廣記一百五十一引制誥録：崔造左遷在洪州，州帥曹王將辟爲副史。時德宗在興元，不過，得虔州刺史，堂帖追人。時故人竇參作相，拜兵部郎中，俄遷給事中、平章事。又引嘉話録：「崔造方爲兵部郎中，與前進士姜公輔同在薛邕侍郎坐」云云，與傳不合。案，宰相表，貞元二年正月崔造相，十二月罷。五年二月竇參相，後造二年。又薛邕於建中元年自左丞貶官，時造方貶信州，又不應是時已爲兵部郎中，年月差乖，疑誤。

趙匡 元和姓纂三十小：和州刺史趙珍生匡，洋州刺史，河東人。新儒學下啖助傳：門人趙匡，其高第也，損益助所爲春秋集注總例。匡字伯循，歷洋州刺史，陸質稱爲趙夫子。大曆時，以春秋自名其學。

房説 又祠外。說以其弟、男朝京師，請從順。

房説又祠外。 新表河南房氏：喦子説，右司郎中。舊李納傳：建中中，李納遣判官房説以其弟、男朝京師，請從順。上械説等繫禁中。新傳同。

姚南仲 新表吳興姚氏：右領軍衞將軍發子南仲，右僕射。舊傳：華州下邽人。乾元初，登制科高等。浙江東、西道觀察使韓滉辟爲推官，奏授殿中侍御史、内供奉支使。尋徵還，歷左司、兵部員外郎，轉郎中。權德輿姚公神道碑銘：興元歲，大輅省方，自韓晉公幕徵詣行所。洎清宫旋蹕，拜左司員外郎，紀綱品式，練達明備。轉兵部員外郎，遷本司郎中，拜御史中丞。文集十四。陸贄奉天薦袁高等狀：何士幹、姚南仲、陸淳、沈既濟。陸宣公集十四。詳吏中崔造注。

鄭餘慶 新表鄭氏北祖房：太子舍人慈明子餘慶，相德宗。舊傳：字居業。大曆中舉進士，貞元初歷左司、兵部員外郎、庫部郎中。

張式 柳宗元先君石表陰先友記：張式，原注：大曆七年進士。南陽人，至河南尹。河東先生集十二。　舊張正甫見下傳：兄式，大曆中進士登第。　權德輿祭故呂給事文，稱貞元九年正月二十一日庚子，尚書駕部郎中、知制誥張式等。權載之文集四十九。　舊德宗紀：貞元九年三月己亥，以駕部郎中、知制誥張式爲虢州刺史。呂衡州文集十虢州三堂記：南陽張公輟揮翰之任，受剖符之寄，遊刃而理，此焉坐嘯。　貞元十六年九月，以河南少尹張式爲河南尹、水陸轉運使。　石刻贈太子少師東海徐公浩神道碑銘，朝議郎、守河南少尹、飛騎尉、賜緋魚袋張式撰。貞元十五年。河南偃師。　會要七十九：贈陝州大都督張式謚曰簡。

盧羣見左中補。　舊傳：貞元中，自侍御史累轉左司、職方、兵部三員外郎、郎中。新傳略同。

盧從無考。

薛貢又御史臺碑額監察題名。　新表薛氏西祖房：京兆府户曹參軍幼連子貢，左司員外郎。

楊憑又禮中補。　新表楊氏越公房：成名子憑，字虛受，刑部侍郎、京兆尹。　舊傳：舉進士，累遷起居舍人，左司員外郎，禮部、兵部郎中，太常少卿。

韋成季見左中，又封中、祠外。

李直方又勳中。　新宗室表定州刺史房：崈子直方，大理少卿。　會要七十六：貞元元年九月，賢良方正能直言極諫科李直方及第。緯畧誤「李直言」。　又六十：貞元十一年二月，黜中監察御史疑是「黔中觀察使」。崔穆爲部人告贓二十七萬貫及他犯，遣監察御史李直方（按）〔往〕黔州覆按。近事，雨晦無對見者，是日雨止，上重至延英，召見直方，遣焉。李直方祭權相公文，結銜稱中散大夫、試太常少卿、上柱國李直方，略云：「昔在南宮，擢遷綸閣，提攜推薦，忘其菲薄。顧庸淺而難持，竟鴻飛而終卻。」文苑英華九百八十四。據楊於陵祭文，時在元和十四年。 唐語林一：李直方嘗第果實若貢士者。 國史補：訛語影帶有李直方、獨孤申叔。 憲宗贈高崇文司徒册文：命國子祭酒劉宗經、副使司勳郎中李直方持節册贈。大詔令。元和四年十月。

李藩 又吏中、吏外誤「蕃」、主外。 新表趙郡李氏南祖房：山南東道節度使承見吏中。子（潘）〔藩〕。不言歷官。 舊傳：字叔翰。德宗時除秘書郎，遷主客員外郎，尋換右司，改吏部員外郎。元和初，遷吏部郎中，掌曹事，爲吏所蔽，濫用官闕，黜爲著作郎。轉國子司業。

會要二十三作「左司員外郎李蕃」。「左」字是，「蕃」字誤。

韋彭壽 元和姓纂八微韋氏大雍州房：工部員外向生彭壽，右司員外、明州刺史，三代入省，京兆杜陵人。 唐會要七十六：貞元四年四月，賢良方正能直言極諫科韋彭壽及第。

緯略同。

裴汶 又祠外。 新表南來吴裴氏：令寶後户部郎中騰見户中補。子汶，湖州刺史。 吴興志：裴汶，元和六年自澧州刺史授，八年十一月除常州刺史。

張正甫又封外、戶中、戶外、度中。　舊傳：字踐方，南陽人。　登進士第，自殿中侍御史遷戶部員外郎，轉司封員外郎，遷戶部郎中。　褚藏言故國子司業贈給事中扶風竇府君牟詩序：「貞元二年舉進士，與故工部侍郎張公正甫同年上第。」竇氏聯珠集。

韋纁又吏中補、吏外。　新表逍遥公房：吏部侍郎肇見勳外。　子憲宗相貫之弟見吏外。　纁，吏部郎中。　元和姓纂：纁、吏部員外。「纁」原誤「纏」。　舊憲宗紀：元和三年四月癸丑，中使郭里旻酒醉犯夜，杖殺之，金吾薛伾、巡使韋纁皆貶逐。　舊韋貫之傳：貫之出爲湖南觀察使，弟虢州刺史纁亦貶遠郡。　案，本紀事在元和十一年九月。　新韋綬傳：弟纁有精識，爲士林器許，名重當時。　舊傳略同。　元稹叙奏：元和初，予爲韋纁等訟，所言當行。　元微之文集三十二。

李正辭又主外。　新表趙郡李氏東祖房：常州司功參軍延紀子正辭，六合令。　舊裴垍傳：垍在中書，有獨孤郁、李正辭、嚴休復自拾遺轉補闕，參謝之際，廷語之曰：「獨孤與李二補闕，孜孜獻納，今之遷轉，可謂酬勞無愧矣。　嚴補闕官業，或異於斯，昨者進擬，不無疑緩。」休復悚恧而退。　新李吉甫傳：李正辭晚相失，及與蕭俛同召爲翰林學士，獨用俛而罷正辭，人莫不疑憚。　舊憲宗紀：元和十一年九月辛(巳)〔未〕貶刑部郎中李正辭金州刺史，言與韋貫之朋黨故也。新韋貫之傳：李正辭等坐與貫之厚善，悉貶爲州刺史。正辭清正，以鉤黨去，中外始大惡張宿。新韋顗傳：裴均結黨傾執政，右拾遺李正辭等陳述本末，帝乃解。元稹敍奏：元和初，予爲李正辭等訟，所言當行。元微之文集三十二。

韋審規見左中，又金中。

殷台見左中，又吏中、吏外。

崔琯又吏中、吏外、金外。新表博陵第二房崔氏：同州刺史頲子琯，字從律，山南西道節度使。舊傳：貞元十八年進士擢第，又制策登科，釋(謁)〔褐〕諸侯府，入朝爲尚書郎。大和初，累遷給事中。新傳：累辟諸使府，入朝，稍歷吏部員外郎。李德裕任御史中丞，引知雜事，進給事中。舊敬宗紀：寶曆元年三月，以吏部郎中崔琯等充考制策官。會要七十六：元和元年四月，才識兼茂明於體用科崔綰及第。緯署貞元十年誤「綰」，作「琯」是。新傳「賢良方正」疑誤。憲宗處分及第舉人詔：才識兼茂明於體用科人第四次等崔韶，疑「琯」，中書門下即與處分。唐大詔令。白居易崔琯可職方郎中侍御史知雜制：勑：近歲已來，副相多缺，朝綱國紀，專委中憲。而侍御史一人，得總臺事，以左右之。今御史中丞德裕，以中散大夫、行尚書吏部員外郎、上柱國崔琯守文無害，蒞事惟精，在郎署中，推其才理，奏補是職，請觀其能。因而可之，仍加寵秩。操執舉措，爾無自輕。可行尚書職方郎中、兼侍御史知雜，散官、勳如故。白氏文集四十九。

獨孤朗見左中。

舊傳：長慶初，自漳州刺史入爲左司員外郎，轉諫議大夫。新傳作「韶州」。

李翺獨孤常侍墓誌：出刺韶州，復入虞部、左司二員外，得郎中。李文公集十四。

李行修

眉山孫汝聽昌黎集全解曰：元和四年行修登第。五百家注音辨昌黎先生文集三十三。

唐摭言八：長慶中，殿中侍御史李行修舉前進士費冠卿孝節。韓愈江南西道觀察使贈散騎常侍王公仲舒墓誌銘：次女壻李行修，尚書刑部員外郎。昌黎先生集三十三。

長慶四年。

李弘慶又勳外。

新表趙郡李氏東祖房：靈寶尉徵子弘慶，金州刺史。白居易與楊虞卿書：近者，足下與李弘慶友善。弘慶客長安中，貧甚而病亟，足下爲逆致其母，安慰其心，自損衣食，以續其醫藥甘旨之費，有年歲矣。白氏文集四十四。石刻大慈恩寺大法師基公塔銘，朝散大夫、檢校太子左庶子、使持節金州諸軍事、守金州刺史、兼御史中丞、輕車都尉、賜紫金魚袋李弘慶撰。開成四年。陝西咸寧。

孔敏行又吏中、勳中。

元和姓纂一董：太子賓客孔述睿見勳外。生敏行，會稽山陰人。不詳歷官。

舊隱逸孔述睿傳：子敏行，字至之，舉進士，元和五年擢第。長慶中爲起居郎，改左司員外郎，歷司勳郎中，充集賢殿學士，遷吏部郎中，俄拜諫議大夫。新傳略同。

宇文鼎 新表宇文氏：御史中丞邈見左中。子鼎，字周重。新李珏傳：穆宗即位，荒酒色，期九月九日大宴羣臣，右拾遺李珏、見吏外。宇文鼎、溫畬、韋瓘、見勳中。馮葯見勳外。同進言。舊文宗紀：大和三年十二月癸酉，以吏部郎中宇文鼎爲御史中丞。又四年十月丁卯，御史中丞宇文鼎有請延英進對，於本日卯前進狀奏。又六年五月己未，御史中丞宇文鼎等以上官興殺人亡竄，自首免父之囚，其孝可獎，請免死。舊王彥威傳略同。又太和六年七月，以御史中丞、兼刑部侍郎宇文鼎爲户部侍郎、判度支。新鄭注傳：邠寧孟文亮取鄭注爲司馬，不肯行，御史中丞宇文鼎劾奏，乃上道。新王涯傳：御史中丞宇文鼎以右僕射王涯兼鹽鐵使職，〔耻〕爲之屈。新王璠傳：鄭注姦狀始露，宰相宋申錫、御史中丞宇文鼎密議除之。舊盧弘正傳：大和中，華州刺史宇文鼎、户部員外郎盧允中坐贓，文宗怒，將殺鼎，弘正奏：「鼎歷持綱憲，繩糾之官，今爲近輔刺史，以贓汙聞，死固常典。但取受之首罪在允中，監司之責，鼎當連坐。」文宗釋之，鼎方減等。會要六十：太和三年，華州刺史宇文鼎、户部員外郎盧允中坐贓，文宗怒，將殺之，侍御史盧弘正奏曰：「鼎爲近輔刺史，以贓污聞，死固恒典，但取受之首，罪在允中，監司之責，鼎當連坐。」帝然之，減鼎三等。案，「三」字誤。異聞録：元和六年五月，江淮從事李公佐次漢南，與河南宇文鼎等會於傳舍。太平廣記三百四十三。宇文鼎題山泉詩，末署太和九年正月廿八日。古刻叢鈔。

吴思 又祠外。唐會要七十六：長慶元年十二月，軍謀宏遠材任將帥科吴思及第。大詔令穆宗處分賢良方正等科舉人制：軍謀宏遠堪任將帥第三等人吴思，委中書門下優與處分。冊府元龜六百四十四：長慶元年十二月甲申，以登制科人、前試太常(卿)〔寺〕協律郎吴思爲右拾遺供奉。舊敬宗紀：長慶四年二月，以右拾遺吴思爲殿中侍御(吏)〔史〕充入蕃告哀使。户部侍郎李紳之貶，李逢吉受賀，羣官至中書，思獨不往，逢吉怒，斥爲遠使。舊書龐嚴傳、李紳傳二書略同。

李道樞 舊獨孤朗傳：寶曆二年，侍御史李道樞乘醉謁御史中丞獨孤朗，朗劾之，左授司議郎。新傳同。舊文宗紀：開成四年閏正月，以蘇州刺史李道樞爲浙東觀察使。三月癸卯，浙東觀察使李道樞卒。會稽掇英總集十八唐太守題名記：李道樞，開成四年正月三十日自蘇州刺史拜。嘉泰志同。白居易有開成二年三月三日禊洛濱留守裴令公召河南少尹李道樞等一十五人合宴舟中詩。白氏文集三十三。韓愈唐故河南少尹李公墓誌銘：子其次曰道樞，好學而文。昌黎先生集二十五。白居易會昌二年春題池西小樓詩「蘇李冥濛隨燭滅」注：蘇庶子弘、李中丞道樞，十餘年皆樓中歌酒中伴，或歿獨予在焉。白氏文集三十六。　因話録二：趙郡李公道樞先夫人盧氏，性嚴，事亦類劉敦儒。公名問已光，又在班列，往往賓客至門，值公方受杖責。

劉寬夫又吏外。　新表廣平劉氏：刑部侍郎伯芻見考中補。子寬夫，字盛之，澤潞掌書記祕書省校書郎。　舊傳：登進士第，歷諸府從事。寶曆中，入爲監察御史，轉左補闕。新傳略同。

鄭居中見左中。

何耽見左中。

姚康又户外。　新歸融傳：户部員外郎盧元中、左司員外郎判户部案姚康，受平羅官秦季元絹六千匹，貸乾没錢八千萬，俱貶嶺南尉。　舊歸融傳：上問御史中丞歸融：「韓益所犯，與盧元中、姚康孰甚？」對曰：「元中與康枉破官錢三萬餘貫，益所取受人事，比之殊輕。」新傳略同。　舊宣宗紀：大中五年十一月，太子詹事姚康獻帝王政纂十卷；又撰統史三百卷，上自開闢，下盡隋朝，帝王美政、詔令、制置、銅鹽錢穀損益、用兵利害，下至僧道是非，無不備載，編年爲之。　劉禹錫高陵令劉君仁師遺愛碑：寶曆元年，端士鄭覃爲京兆，九月始具以聞，事下丞相、御史。御史屬察視，還奏，乃俾太常撰日，京兆下其符。司録姚康、士曹掾李紹實成之，縣主簿談孺直實董之。劉賓客文集二。新藝文志乙部史録正史類：姚康復統史三百卷。大中太子詹事會要三十六：大中五年十一月，太子詹事姚思廉撰通史三百卷上之，十二月，又撰帝王政統十卷上之。又雜傳記類：姚康科第録十六卷。字汝諧，南仲孫也，兵部郎中、金吾將軍。

姚端夫又吏外。新表廣平姚氏：寬夫見上。弟端夫，吏部員外郎。唐詩紀事五十二：元和十一年，中書舍人李逢吉下三十三人，所擢多寒素，劉端夫輩皆預選。舊傳：爲太常博士，駮韋綬謚議知名。

李欵又吏外、倉外。舊李中敏傳：李欵與中敏同時爲侍御史。開成中，累官至諫議大夫，出爲蘇州刺史，遷洪州刺史、江西觀察使。新傳：所善李欵字言源，長慶初第進士，爲侍御史。鄭注用事，被斥。注死，繇倉部員外郎累遷江西觀察使，終澶王傅。杜牧上宰相求湖州第一啓：近者澶王傅李疑當作「欵」爲鹽鐵使、江淮留後。樊川文集十六。

裴夷直又吏外補。資治通鑑唐紀六十二：開成五年正月，武宗敕大行以十四日殯，成服。諫議大〔夫〕裴夷直上言期日太遠，不聽。時仇士良等追怨文宗，樂工、内侍得幸者，誅貶相繼。夷直復上言，不聽。又故事，新天子卽位，兩省官同署名，武宗卽位，夷直漏名，十一月，出爲杭州刺史。舊王質見户中傳：大和八年，王質在宣城，辟裴夷直爲從事，皆一代名流。新傳略同。 劉賓客文集三王公神道碑，羔鴈所禮，則河東裴夷直。 舊張茂昭傳：長慶中，左武衛大將軍張克勤請以子五品官迴授外甥，吏部員外郎判廢置裴夷直斷不允。新傳：開成中。 新張茂昭傳：夷直字禮卿，亦婞亮，第進士，歷右拾遺，累進中書舍人。武宗立，夷直視册牒，不肯署，乃出爲杭州刺史，斥驩州司户參軍。宣宗初內徙，復拜江、華等州刺史。終散騎常侍。 舊宣宗紀：大中十年六月，以兵部郎中裴夷直爲蘇州刺史。 十一年十月，以蘇州刺史裴夷直爲華州刺史、潼關防禦、鎮國軍等使。 新李景讓傳：所善蘇滌、裴夷直爲李宗閔、楊嗣復所擢。 因話録三：廣平程子齊昔範，交契至厚，有裴公夷直，士林之望也。 歲時雜詠二十八有裴夷直循州社日留題館壁所居於左詩。萬首唐人絶句作將發循州社日於所居館宴送。 新藝文志丁部集録別集類裴夷直詩一卷。

趙柷又金外。 唐會要七十六：寶曆元年四月，賢良方正能直言極諫科趙柷及第。緯略同，「柷」疑「祝」。 敬宗處分賢良方正等科舉人制：賢良方正能直言極諫科舉人第四等趙柷，中書門下即與處分。大詔令。 李商隱代彭陽公遺表：其節度留務差行軍司馬趙柷訖。文苑英華六百二十六。

薛褒又度中。 新表薛氏西祖房：浙西觀察使苹子褒，字魯志。 吴興志：薛褒，會昌六年八月十日自安州刺史拜，卒官。

李行方又吏中、吏外、户外。　唐詩紀事五十二：元和十一年，中書舍人李逢吉下三十三人，所擢多寒素，李行方輩皆預選。　新王質傳：奏署宣歙幕府者，若隴西李行方等皆一時選云。　劉賓客文集三王公神道碑：羔雁所禮，則隴西李行方。

封敖又祠外。　新表封氏：司封員外郎、杭州刺史亮見封外。子敖，字碩夫，户部尚書、渤海縣男。　舊傳：元和十年登進士第。會昌初，以員外郎知制誥，召入翰林爲學士，拜中書舍人。　新傳：會昌初，以左司員外郎召爲翰林學士，三遷工部侍郎。　重修承旨學士壁記：封敖，會昌二年十二月一日，自左司員外郎兼侍御史知雜事充翰林學士，其月三日改駕部員外郎；三年五月二十五日加知制誥；四年四月十五日遷中書舍人。　翰苑羣書上。

蔣伸　新表蔣氏：祕書監乂見勳外。子伸，字大直，相宣宗、懿宗。　古今姓氏書辨證：中書侍郎、華州刺史。　舊傳：登進士第。大中初入朝，右補闕、史館修撰，轉中書舍人，召入翰林爲學士。自員外郎中至户部侍郎、學士承旨。　新傳略同。

鄭泳　新表鄭氏北祖房：德宗相珣瑜見吏外。子顒見户外。弟泳，不詳歷官。

柳喜見左中。

李當又主外。　新表隴西李氏姑臧大房：祕書少監益子當，刑部尚書。　舊懿宗紀：咸通十二年三月，以吏部侍郎李當等考試宏詞選人。　又十三年五月辛巳，敕貶尚書左(承)〔丞〕李當道州刺史，于琮之親黨也。　石刻華嶽題名：右補闕李當、鄉貢進士崔安潛，會昌五年二月八日同赴。陝西華陰。　北夢瑣言八：唐李當尚書鎮興元。

裴坦又户外。　新表中眷裴氏：福建觀察使乂子坦，字知進，相僖宗。　新傳：及進士第。令狐綯當國，自楚州刺史薦爲職方郎中、知制誥，再進禮部侍郎。

鄭路又吏外、封中。　新表鄭氏北祖房：騊子路。不詳歷官。　舊書禮儀志六：會昌六年三月，太常博士鄭路等奏東都太微宮神主，臣今與學官等詳議訖，云云。

崔巖　新表博陵第二房崔氏：户部尚書、安平肅公倰子巖，字標魯，襄州觀察掌書記。　舊崔倰傳：子巖，登進士第，辟襄陽掌書記、監察御史，方雅有父風。

韋旭　新表韋氏龍門公房：順、憲相執誼見吏中。子旭，字就之。

楊知溫又禮中補。　新表楊氏越公房：刑部尚書汝士見封外。子知溫，字德之，荆南節度使。　舊楊汝士傳：子知溫，登進士第。累官至禮部郎中、知制誥，入爲翰林學士、户部侍郎。　新傳：知溫終荆南節度使。　重修承旨學士壁記：楊知溫，大中十一年九月八日自禮部郎中充，十二月十九日加知制誥；十二年五月十二日三殿召對賜緋，十月十一日拜中書舍人依前充；十三年九月十三日召對賜紫；十四年十月加工部侍郎、知制誥依前充。翰苑羣書上。　舊懿宗紀：咸通十年十二月，以吏部侍郎楊知温等考試宏詞選人。十一年二月，以吏部侍郎楊知温等考試宏詞選人。

李慤　白居易有唐善人墓碑：五男，曰訥、朴、恪、慤、碩。白氏文集四十一。　新高銖傳：大中時，太常卿高銖嘗罰禮生，博士李慤慍見。東觀奏記同。會要六十五在大中九年八月。

崔璙又考中、户外。　新表南祖崔氏：禮部尚書翹見封外。曾孫、庇子璙，字潤中。　舊崔昭緯傳：父璙，鄂州觀察使。　懿宗大赦文：河南府水災之後，仍歲飛蝗，想彼蒸黎，尤多凋瘵，宜別賜鹽鐵。河陰人運米三萬石，委崔璙充諸色用。新紀咸通七年十一月辛亥，崔璙當是河南尹。

皇甫煥　五代會要十八：晉天福六年四月，監修國史趙瑩奏，咸通中，宰臣韋保衡與蔣伸、皇甫煥撰武宗、宣宗兩朝實録。

盧緘又吏外。　文苑英華二百八十一趙嘏送盧緘歸揚州（諱）〔詩〕。集作「盧緘」。

鄭確又户中。　唐才子傳七：賈馳，太和九年鄭確榜進士。

盧告又封中。　新表盧氏：太子少傅弘宣見吏中。子告，字子有，一本「友」。左補闕。　新循吏盧弘宣傳：子告，及進士第，終給事中。　舊宣宗紀：大中八年三月，文宗實録修成，修史官右補闕盧吉等頒賜銀器、錦綵有差。「吉」字誤，會要，「吉」作「告」，舊魏謩傳同，又云序遷職秩。杜牧盧告除左拾遺制，稱「承奉郎、行京兆府長安縣尉、直史館盧告，是吾賢鄉老之令子弟也，以甲科成名，以家行稱著，取自史閣，拔居諫垣」云云。樊川文集十七。新藝文志乙部史録起居注類：文宗實録四十卷。盧告等撰。告字子有，弘宣子也，歷吏部侍郎。

崔芻言又吏中附存，户中、祠外。新表博陵第三房崔氏：虢州刺史元亮見膳外補。子，字詢之，昭義節度判官。白居易唐故虢州刺史贈禮部尚書崔公墓誌銘：次子芻言，舉進士。白氏文集七十。吴興志：崔芻言，咸通三年二月自吏部郎中拜，卒官。統紀云户部。舊五代史唐書四十五崔貽孫傳：父芻言，潞州判官。雲谿友議六：浙東李尚書褒幕下崔副史芻言後爲郎中，止於吴興郡守，自南宫出爲名郡。

張黯姑蘇志五十四：張籍子黯，不詳歷官。籍見主中。又五：會昌六年，侍郎陳商知貢舉，進士張黯。李商隱樊南乙集序：七月，尚書河東公守蜀東川，奏爲記室。十月，得吴郡張黯見代，改判上軍。文苑英華七百七。大中五年。

盧鉟又户外。盧懷新藝文志「瓌」。杼情集：盧常侍鉟牧瀘江。太平廣記二百七十三、南部新書辛作「廬江」。

孫瑝　新表武邑孫氏：睦州刺史公乂子瑝，字子澤，鳳翔少尹。舊懿宗紀：咸通十一年九月，正議大夫、御史中丞、上柱國、賜紫金魚袋孫瑝，汀州刺史，坐劉瞻親善，爲韋保衡所逐也。舊劉瞻傳：御史中丞孫瑝等皆坐瞻親善，貶逐。新劉瞻傳：御史中丞孫瑝等坐與瞻善，分貶嶺南。

崔朗又勳中、户外。　新表博陵大房崔氏：戢子朗，字内明，長安令。舊懿宗紀：咸通十年八月，貶長安縣令崔朗澧州司户，崔雍之親黨也。舊僖宗紀：乾符三年七月，以工部侍郎崔朗爲同州刺史。

鄭緐又金中。又御史臺螭首空處題名。　石刻李景讓等華岳題名，有□□鄭緐。當是「進士」二字。開成四年。陝西華陰。石刻兖公之頌碑側題名：兖海節度推官、試祕書省正字鄭緐，大中八年正月七日題。山東曲阜。

裴瓚　新表南來吴裴氏：令寶後，河南府司録參軍克子、檢校司空璩見户中。弟瓚，字公器，刑部尚書。唐摭言七：裴瓚終禮部尚書。舊僖宗紀：乾符元年七月，以禮部侍郎裴瓚檢校左散騎常侍、潭州刺史、御史大夫、湖南觀察使。

李琨見左中。

劉承雍　舊劉禹錫傳：子承雍，登進士第，亦有才藻。舊僖宗紀：乾符三年七月，以王仙芝攻汝州，下之，刑部侍郎劉承雍在郡，爲賊所害。 資治通鑑唐紀六十八：咸通十四年十月，貶韋保衡所親翰林學士、户部侍郎劉承雍爲涪州司馬。重修承旨學士壁記「司馬」作「司户」，又失載户侍及入充學士年月。

盧望又勳中。 舊五代史晉書十九盧質傳：父望，唐尚書司勳郎中，累贈太子少傅。新傳同。

李繪見左中。

杜真符又倉外、勳外附存。 舊僖宗紀：乾符二年七月，以左司勳員外郎杜貞符爲都官郎中。案，「勳」字衍。 三水小牘云：中和辛丑暮秋月，都監西門季玄遷次于滎陽郡，時太守杜貞符。太平廣記一百二十三。 案，滎陽郡，鄭州。

鄭綦又户外。 舊僖宗紀：廣明元年十二月，賊入京城，將作監鄭綦等義不臣賊，舉家雉經而死。新黃巢傳略同。

杜廷堅又勳中、户中。 新表京兆杜氏：天平節度使勝子庭堅，字輔堯，衞州刺史。 舊杜黃裳傳：（傳）孫庭堅，進士擢第。

唐嶠 新表唐氏：福建團練使扶見勳中。子嶠，字仲伸。 舊僖宗紀：乾符二年三月，以左司員外郎唐嶠爲刑部郎中。沈炳震曰：「刑部」下疑闕「都官」二字。

畢紹顏王本缺。 趙本畢□。 新表畢氏：懿宗相諴見户外。子紹顏，渭南尉，直史館。

舊畢諴傳：子紹顏，登進士第，累歷顯官。　舊僖宗紀：乾符二年三月，以刑部員外郎畢紹顏爲左司員外郎。

張裕又户中。　新安志九：張裕，乾符中歙州刺史。

裴墠　新表中眷裴氏：汾州別駕郜子墠，字右郊，越州觀察判官。　京兆金石録：唐右司郎中裴墠墓誌，姪質撰。咸通十二年。　又唐浙東觀察判官裴墠妻蕭煥墓誌，唐裴墠撰。咸通十二年。　寶刻叢編。

鄭頊王本「頊」誤「珣」。　新表鄭氏南祖房：兵部尚書祗德子頊，廣文館助教。　舊僖宗紀：乾符二年三月，以侍御史鄭頊爲刑部員外郎。　六年三月，試宏詞選人，以刑部郎中鄭頊爲考官。

孫緯又户中。　新表武邑孫氏：監察御史範見金中。子緯，字仲隱，歙州刺史、吏部侍郎。　唐詩紀事六十：孫緯，咸通八年宏詞登科。

狄歸昌　舊昭宗本紀：乾寧四年九月癸酉朔，以御史中丞狄歸昌爲尚書右丞。下文「光化元年九月戊辰朔，以御史中丞狄歸昌爲尚書左丞」，沈炳震云：歸昌乾寧四年九月以中丞拜右丞，若自右轉左，不必復書前銜，疑屬重出衍文。　雲臺編敍事感恩上狄右丞詩，注：頃年庾給事崇出守同州，右丞在幕席，各退飛游謁，始受奬知。

格案：石刻左外與初刻同是一面，尚存元懷景一行，二本有。張説二行，二本有。張倚三行，二本有。□□之崔渙四行，二本缺。王崟五行，二本缺。趙匡六行，二本有。韋成季七行二本缺。八人姓名。

【補遺】

韋虛心又户中、倉外補。又御史臺侍御題名。新表韋氏南皮公房：右庶子維見户中。子虛心，工部尚書。舊傳：舉孝廉，累至大理丞、侍御史，後遷御史中丞。新傳同。孫逖東都留守韋公神道碑：司會之府，允釐庶績，命公作倉部、左司二員外，户部、兵部、右司三郎中，左右丞、兵部侍郎，以至于工部尚書。文苑英華九百十八。蘇頲授王丘主爵郎中等制：朝議郎、守侍御史内供奉、判右司員外郎、上柱國韋虛心，可守右司郎中。英華三百八十九。

長孫孝紀又御史臺侍御殿中題名。新表長孫氏：刑部尚書祥孫孝紀，左司員外郎。姓纂同。

崔峻 新表博陵第二房崔氏：鄧州刺史先意見金外。子峻，左司員外郎。

郭震又御史臺侍御殿中監察題名。元和姓纂十九鐸：濟州刺史郭崇禮生震，左司員外郎，馮翊人。舊韋安石傳：開元二年，姜晦爲御史中丞，以韋安石等作相時，同受中宗遺制，宗楚客、韋温削除相王輔政之辭，安石不能正其事，令侍御史洪子輿舉劾之。子輿、以事經赦令，固稱不可。監察御史郭震希姜皎等意，越次奏之。新傳同。新趙彥昭傳：玄宗時，殿中侍御史郭震劾暴趙彥昭舊惡。舊傳略同。會要六十一在開元二年三月。

崔厦 新表博陵第二房崔氏：藝孫厦，舒州刺史。昆陵集六附左司員外郎崔厦駁郭知運謚議。文苑英華八百四十、文粹四十一同，今本唐會要七十九作「右司員外郎崔厚」。

竇昱 新表竇氏三祖房：中書舍人庭華弟庭芳子昱，給事中。元和姓纂：中書舍人庭華生昱，左司員外。又和蓋令襲神武郡公靈感子昱，延州户曹參軍，襲公。又太僕少卿鋒子昱，隋州刺史。姓纂同。

胡証 又户中補。 舊傳：証字啟中，河東人。父瑱，登進士第。証，貞元中繼登科。元和四年，由侍御史歷左司員外郎、長安縣令、户部郎中。田宏正請除副貳，兼御史中丞，充魏博節度副使，仍兼左庶子。舊楊憑傳：元和四年，復命左司員外郎胡証等同推鞫楊憑贓罪及不法事。集古録目：唐楊公舊隱碣，唐刑部郎中胡証撰，夏縣令黎燗書，縣□李靈省篆額。証其門人也，無所立年月，在夏縣。訪碑録：元和六年立。

盧元輔 又吏中、金中。 新表第三房盧氏：德宗相杞見吏中。子元輔，華州刺史。舊傳：字子望，進士擢第。德宗求盧杞後，特恩拜左拾遺，再遷左司員外郎，歷杭、常、絳三州刺史。以課最高，徵爲吏部郎中。白居易盧元輔杭州刺史制：河南縣令盧元輔，嘗守商都，頗聞有政，再領京縣，益見其才。可杭州刺史。白氏文集五十五。呂溫祭座主故兵部尚書顧公文，稱「貞元脫「二」字。十年歲次甲申月日門生右拾遺盧元輔」。文苑英華九百八十八。集無。

陸潤 新表陸氏：祕書監齊望子潤，左司員外郎。元和姓纂：試祕書少監齊望生潤，祠部員外，嘉興人。案，祠外補、主外有陸澗，此「潤」字疑即「澗」字之譌。

韓鈞 新表韓氏：洋州刺史復子鈞，左司員外郎。

劉行昌 元和姓纂十八尤：吉州刺史劉紹榮孫行昌，左司員外，盧江人。

【附存】

杜崇懿 元和姓纂十姥：南陽襄公杜行敏生崇懿，宮尹丞、判左司員外，京兆人。新表：崇懿，宮尹丞、右司員外郎、麗正殿學士。舊杜佑傳：祖愨，右司員外郎、詳正學士。權載之文集十一岐國公杜公淮南遺愛碑銘：王父諱愨，尚書右司員外郎、麗正殿學士。又二十二杜公墓誌銘：王父愨，皇中散大夫、尚書右司員外郎、詳定學士。錢氏大昕曰：「愨」與「懿」字相似，世系表又多一「崇」字。格案：「左司」疑「右司」之誤。

白敏中見户外，又倉外附存。

新傳：武宗時，自侍御史再轉左司員外郎、知制誥，召入翰林爲學士。舊傳：會昌初，爲殿中侍御史，分司東都，尋除户部員外郎，還京，知制誥，召入翰林充學士。重修承旨學士壁記：白敏中，會昌二年九月十三日自右司員外郎充。考石刻封敫上無缺文，知新傳誤。

唐尚書省郎官石柱題名考卷三

吏部郎中

唐六典：吏部尚書，其屬有郎中二人，從五品上。龍朔二年改吏部郎中爲司（業）〔列〕大夫，咸亨、光宅、神龍並隨（朝）〔曹〕改復。郎中一人掌考天下文吏之班秩品命，一人掌小選。舊書職官志：吏部郎中，二員，從五品上。龍朔爲司列大夫，咸亨、光宅並隨（朝）〔曹〕改也。新書百官志：吏部郎中，正五品上。武德五年改選部曰吏部，龍朔元年改吏部曰司列，光宅元年改吏部曰天官，天寶十一載改吏部曰文部，至德二載復舊。

【石刻】

鄭元敏　牛方裕　劉林甫　李廿規　張鋭

甘神符
薛述
蕭孝覬
王儼
裴皓
李德穎
秦相如
崔文仲
王遺恕
王方慶
李志遠
齊景胄
韋播
李問政
馮顓

温彥博
李孝元
于立政
崔行功
韋憬
張希裴
劉應道
王友方
張行褘
鄭杲
紀先知
盧懷慎
辛廣嗣
崔叔瑜
崔璩

胡演
宇文節
陸敦信
獨孤元愷
魏玄同
陳義方
劉齊禮
宋玄爽
孟允忠
高元思
皇甫知常
岑羲
蕭璿
元懷景
張敬忠

趙弘智
長孫祥
趙仁本
温無隱
穆弘武
王玄壽
元知敬
高光復
董敬元
采懷敬
孫彥高
楊降禮
韋抗
裴藏曜
慕容珣

楊纂
劉祥道
裴明禮
于敏同
鄭玄毅
韋萬石
顏敬仲
路元叡
張詢故
李琯
顧琮
鄭納言
沈□□
李朝隱
趙昇卿

李元紘　鄭齊嬰　蘄恒　楊舀　薛兼金
張袒　褚璆　杜暹　楊範臣　蕭識
員嘉静　袁仁敬　徐玄之　陳希烈　張涚
崔□　鄭少微　崔希逸　皇甫翼　盧絢
元彦沖　張珦　裴敦復　劉日政　李彭年
宋詢　李憕　苗晉卿　班景倩　韋陟
徐惲　李朝弼　孫逖　李昂　韋述
張季明　趙安貞　鄭昉　楊仲昌　王燾
李麟　楊慎餘　李暐　源洧　鄭審
李伉　王維　韋之晉　李廙　崔猗
韋侗　崔灌　李季卿　蔣渙　薛邕
畢弘　閻伯璵　韋霸　蕭直　崔翰
盧允　張重光　賀若察　崔器　庾準
韋少遊　王延昌　韓滉　趙縱　韋元曾
韋諤　裴綜　房宗偃　杜亞　盧杞

李承
劉從一
韋夏卿
楊於陵
鄭利用
李藩
李建
盧逢
于敖
高允□
崔戎
李石
崔瑨
柳仲郢
牛蔚

齊貢
郭雄
柳冕
崔溉
房式
崔芃
盧公憲
韋弘景
陳仲師
殷台
高銖
孫簡
盧弘宣
蔣豐
穆仁裕

李竦
崔造
李玕
常仲儒
杜兼
張惟素
韋乾度
崔植
盧元輔
崔瑄
宇文鼎
盧均
趙真齡
李行方

盧翰
殷亮
趙宗儒
韋執誼
竇羣
皇甫鎛
韋顗
陳諷
嚴公衡
韋詞
岑栯
張諷
崔球
韋宙

趙贊
苗丕
劉執經
李鄘
柳公綽
張賈
盧士玫
崔郾
嚴休復
孔敏行
王袞
薛膺
盧弘止
皇甫鉟

【補遺】

祖孝孫　王續　柳威明　皇甫屏度　韋叔謙
衛知敏　王某　李綰　張深客　馬覬
盧諝　韓大壽　李元素　鄭杲　崔玄暐
楊祇本　劉宅相　崔寓　鄭昂　姚誾
程休文　崔祐甫　郭晤　馬炫　王定
齊珝　李傭　唐次　竇易直　韋纁
楊嗣復　裴潾　王高　陳夷行　崔璪
崔璜　元晦　盧簡求　盧懿　李顥鈞
李從晦　鄭茂林　楊嚴　盧知猷　陸勳
裴質　李磎　楊授　崔胤　楊涉
段安節　蕭頎　李光嗣　夏侯淑　石抱忠
鄭亞　敬昕　李直　劉墀　劉文濟
姚勖　曹鄴

薛能　崔芻言　李乂　蘇勖

【附存】

鄭元敏　通典職官五：武德二年，選部郎中鄭元銑以贓犯處極刑。案，「銑」疑「敏」誤。

牛方裕又金中。　新表安定牛氏：隋吏部尚書（寄）〔奇〕章公弘子方裕，金部郎中、左庶子。　舊太宗紀上：貞觀二年七月戊申，詔：萊州刺史牛方裕等，並於隋代俱蒙任用，乃協契宇文化及構成弒逆，宜依裴虔通，除名配流嶺表。　又下：七年正月戊子，詔曰：牛方裕等大業季年，咸居列職，爰在江都，遂行弒逆，天下之惡，古今同棄，宜置重典，以勵臣節。其子孫並宜禁錮，勿令齒敍。

劉林甫「林甫」，汪本缺，趙本「材□」。　又金中。　新表廣平劉氏：兗州刺史矜孫林甫，中書侍郎、樂平男。　舊劉祥道傳：父林甫，武德初爲内史舍人，擢拜中書侍郎。　新傳：林甫武德時爲内史舍人，歷中書、吏部二侍郎。

李廿規無考。

張鋭　會要七十五：武德七年，高祖謂吏部侍郎張鋭曰：「今年選人之内，豈無才用者，卿可簡試，將來欲縻之好爵。」於是遂以張行成、張知運等數人應命，時以爲知人。新書張行成傳：高祖謂吏部侍郎張銳曰：「今選吏豈無才用特達者？朕將用之。」銳言行成。

甘神符無考。　又吏外。

温彦博　新表温氏：隋泗州司馬君攸子彦博，字大臨，相太宗。　舊傳：高祖時，自中書侍郎爲并州道行軍總管長史，没於虜庭。　太宗卽位，徵還，授雍(中)〔州〕治中，尋檢校吏部侍郎，復拜中書侍郎。　新傳：自中書侍郎以并州道行軍長史被執突厥，太宗立，得還，授雍州治中，尋檢校吏部侍郎，復爲中書侍郎。　會要七十四：貞觀元年，温彦博爲吏部郎中，知選事，意在沙汰，多所擯抑，而退者不伏，嚚訟盈庭。彦博唯騁辭辨，與之相詰，終日喧擾，頗爲識者所嗤。　據舊傳，此檢校侍郎時事。　新傳亦云：檢校吏部侍郎，欲汰擇士類，寡術不能厭衆，頌牒滿廷，時譏其煩碎。

胡演　元和姓纂十一模：刑部侍郎胡演，鄠縣人。　舊長孫順德傳：太宗時，大理少卿胡演。　新傳同。　資治通鑑唐紀二：武德元年八月，薛舉遣其子仁果進圍寧州，刺史胡演擊卻之。

趙弘智又吏外。　唐趙弘智碑云：弘智字處仁。　又云：自太子舍人爲吏部員外郎，遷國子博士、檢校吏部郎中，尋爲越王府長史、兼檢校吏部侍郎，遂轉黃門侍郎。又云：爲國子祭酒，嘗領東宮賓客。金石録二十四。碑，于志寧撰，殷仲容正書，麟德二年。舊孝友傳：武德初，授詹事府主簿，轉太子舍人。貞觀中，累遷黃門侍郎、兼弘文館學士。新傳：武德初，爲詹事府主簿。太宗時，繇太子舍人進黃門侍郎、兼弘文館學士。

楊纂又勳中、考中補。新表楊氏越公房：隋安、温二州刺史安平公文偉子纂，户部尚書、長平公。新傳：字續卿。舊傳：隋大業中，進士舉。義軍渡河，於長春宮謁見。累授侍御史，擢考功郎中。貞觀初，長安令。新傳：遷累侍御史，除考功郎中，貞觀初爲長安令。

薛述又勳中二見。新表薛氏西祖房：隋通州總管彌敏七世孫疑有誤。述，吏部侍郎。

李孝元無考。

宇文節又吏外、勳中。新表宇文氏：九隴令儉子節，字大禮，相高宗。姓纂：節，唐侍中。舊宇文融傳：祖節，貞觀中爲尚書右丞。新傳同。舊書刑法志：永徽初，勑黃門侍郎宇文節等共撰定律令格式。新書藝文志刑法類同。會要三十九同。詳定刑名制：銀青光録大夫、行黃門侍郎、平昌縣開國公宇文節爰（逮）〔建〕朝賢，詳定法律。永徽二年閏九月十四日。文苑英華四百六十四。舊書音樂志一：永徽二年十一月，高宗親祀南郊，黃門侍郎宇文節奏言：「依儀，明日朝羣臣，除樂懸，請奏九部樂。」

長孫祥又吏外。　新表長孫氏：安世子祥，刑部尚書。　舊傳：以文德皇后近屬，累除刑部尚書。顯慶四年，坐與無忌通書見殺。

劉祥道又吏外、勳外。　新表廣平劉氏：林甫見上。子祥道，相高宗。新傳：字同壽。　舊傳：少襲父爵樂平男。永徽初，歷中書舍人、御史中丞、吏部侍郎。新傳：歷御史中丞，顯慶中遷吏部。

蕭孝覬又吏外、封中。　新書地理志三：文水縣西十里有常渠，武德二年，汾州刺史蕭覬引文水南流入汾州。未知即蕭覬否。

于立政又吏外。　新表于氏：太宗、高宗相志寧子立政，字匡時，太僕少卿、虢州刺史。舊志寧傳：子立政，太僕少卿。　石刻令狐德棻大唐故柱國燕國公于君之碑：□□尚書吏部郎中、國子司業、太子率更令、使持節渠虢二州刺史、太僕少卿、上護軍立政。乾封元年，陝西三原。又石刻于辯機唐明堂令于大猷碑，又石刻姚崇兖州都督于知猷碑，稱父立政，結銜與此俱合，此碑缺字亦據二碑增補，惟知(微)〔猷〕碑少勳階耳。

廣古今五行記：顯慶元年夏，虢州刺史于立政。　太平廣記三百九十三。

陸敦信　新表陸氏丹徒枝：秦王府學士元朗子敦信，相高宗。　元和姓纂：敦原誤敬信，兵部、東臺二侍郎，左侍極誤「御」。同三品、檢校右原誤「左」。相、嘉興子。舊儒學上陸德明傳：子敦信，龍朔中官至左侍極，同東西臺三品。新傳：麟德中，繇左侍極檢校右相，累封嘉興縣子，以老疾致仕，終大司成。會要七十九：贈原州都督、嘉興縣子陸敦信諡曰康。舊高宗紀上：麟德二年四月戊辰，左侍極、仍檢校大司成、嘉興縣子陸敦信爲檢校右相，其大司成宜停。新紀略同。五月辛卯，以右相、嘉興縣子陸敦信等爲檢校封禪使。又下：乾封元年七月庚午，左侍極、檢校右相、嘉興縣子陸敦信緣老病乞辭機揆，拜大司成，兼知左侍極。新紀：四月庚戌，陸敦信罷。

趙仁本又吏外。新表隴西趙氏：忻州刺史元極子仁本，相高宗。舊附李義琰傳：仁本，陝州河北人。貞觀中，累轉殿中侍御史，擢吏部員外郎。乾封中，歷遷東臺侍郎，同東西臺三品。

裴明禮　御史臺記：裴明禮，河東人。善於理生，家産巨萬。貞觀中，自右臺主簿拜殿中侍御史，轉兵、吏員外、中書舍人，累遷太常卿。太平廣記二百四十三、舊書禮儀志一：高宗時，有太常卿裴明禮、太常少卿韋萬石相次參掌其事。

王儼見左中，又勳中、勳外、考外。

崔行功見左中，又吏外、户中、主外。舊文苑傳：高宗時，累轉吏部郎中。新文藝傳上同。

獨孤元愷又主中。 新表獨孤氏：虞杭簡三州刺史、洛南郡公義順子元愷，給事中。元和姓纂同。

溫無隱又主外。 新表溫氏：禮部尚書、黎孝公大雅子無隱，工部侍郎。 舊溫大雅傳：子無隱，官至工部侍郎。

于敏同又吏外、主外。 新表于氏：彭州刺史欽明子敏同，中書舍人。

裴皓 新表東眷裴氏道護後：洛州刺史諡定懷節子皓，太僕少卿。

韋慄 新表韋氏逍遥公房：隋内史舍人福嗣子慄，尚書左丞。

魏玄同又吏外、勳外。 新表魏氏東祖後：濮陽令乂子玄同，字和初，相武后。元和姓纂：地官尚書兼納言鉅鹿公玄同。 舊傳：舉進士，累轉司列大夫，坐與上官儀文章屬和，配流嶺外。上元初，拜岐州長史。新傳同。

穆弘武 新表楊氏越公房：隋萬年令、蒼山公岳子、駕部郎中弘文見度中。弟弘武，相高宗。 舊傳：武德初，拜左千牛備身。永徽中，爲吏部郎中。孝敬爲皇太子，以爲中舍人。 新傳：永徽中，累爲吏部郎中、太子中舍人。

鄭玄毅無考。又勳中、户外。

李德穎 歷代名畫記三：貞觀中，褚河南等監掌裝背，並有當時鑒識人押署跋尾官爵姓名。貞觀十一年月日，宣義郎行參軍李德穎數云云，十二年月日題署同。

張希裴王本「希□」，趙本「希乘」，案，俱未確。

陳義方義，王本缺。又封外、祠外。　元和姓纂十七真：陳藝生義方，禮部侍郎、知吏部選，河東桑泉人。

王玄壽又倉中。　孫逖滄州刺史鄭公孝本墓誌銘：公娶於王氏琅耶郡君，公正彭叔夏云二字疑。員郎令思之孫，司刑大夫允壽之女。文苑英華九百五十一。　新表太原第二房王氏：孝幹子玄壽。不詳歷官。

韋萬石又吏外、封中、度外。　新表韋氏逍遥公房：象州刺史挺見封中。子萬石，太常少卿。元和姓纂吏部郎中、太常少卿、知吏部選。　舊傳：上元中，自吏部郎中遷太常少卿。新傳：上元中，遷累太常少卿。

秦相如又勳外。　元和姓纂十七真：唐瓜州刺史秦孝言生相如，吏部郎中，鄜州洛川縣人。　會要二十六：顯慶四年二月二十八日，引諸色目舉人謁見，下詔策問，秦相如等五人爲上第，令待詔弘文館，每坐日，令隨仗供奉。詳左中崔行功注。

劉應道又吏外補、勳中、勳外。　新表廣平劉氏：林甫見上。子、祠部郎中慶道見户外。弟應道，吏部郎中。　舊劉齊賢傳：叔父吏部郎中應道等八人，前後爲吏部郎中、員外。新傳同。

劉齊禮 無考。

元知敬 勳中有元和敬。 元和姓纂二十二元：唐兵部郎中元務整生知敬，吏部郎中，河南洛陽縣人。 嚴州重修圖經：尤知欽，□□□年二月十九日自隨州刺史拜。案，疑卽元知敬。「尤」，「元」誤。「欽」，避宋諱改，在高宗時。

顏敬仲 石刻顏眞卿唐故通議大夫行薛王友柱國贈祕書少監國子祭酒太子少保顏君惟貞廟碑銘：著作郎、修國史、虁府長史、贈虢州刺史勤禮生敬仲，明經，以孝聞。建中元年。陝西西安。 新書儒學中殷踐猷傳：族子晉州長史殷成己母顏，叔父吏部郎中敬仲爲酷吏所陷，率二妹割耳訴冤，敬仲得減死。

崔文仲 新表南祖崔氏，君操子文仲，吏部郎中。

王友方 新表中山王氏：隋大中正、開府儀同三司元季子有方，岷州刺史。舊王晙傳：祖有方，岷州刺史。新傳亦作「有方」。 文苑英華五百五十二有王友方司倉拔薤父老送錢判一道。 金石二跋唐漁陽郡君李龕銘，先題首豫州司功參軍事上騎都尉王有缺，後題折衝第二息前郴州司兵參軍友方修立，顯慶四年六月。

宋玄爽 王本缺，趙本作「梁元奭」。格審定是「宋玄爽」。 元和姓纂二宋：唐秦州長史有脫字。生玄爽，尚書左丞、秋官侍郎，揚洛二州長史，扶風人。舊書姚璹傳：沙門理中擬據巴蜀爲亂，制令姚璹按其獄，又令洛州長史宋玄爽、御史中丞霍獻可等重加詳覆，亦無所發明。新傳略同。詳左外補霍獻可注。新書突厥上默啜傳：聖曆元年，中宗還自房陵，爲皇太子，拜行軍大元帥，以文昌右丞宋玄爽爲長史。李嶠授宋玄爽司膳少卿制：勑：朝請大夫、守司僕少卿宋玄爽，藝能詳洽，局量優深，踐行不虧，歷官著稱，參守僕正，以表功勤。可兼檢校司膳少卿，餘如故。文苑英華三百九十八。

高光復「復」，王本缺。又吏外。新表渤海高氏：吏部侍郎敬言子光復，天官郎中。

路元叡「叡」，二本缺，王考云「當是元叡」。又勳中、户外、度外。新表平陽路氏：平愛泰三州刺史、宣城縣公文昇子元叡，勳吏二郎中、廣州都督。新書武后本紀：光宅元年七月戊午，廣州崑崙殺其都督路元叡。舊王方慶傳：則天時，廣州都督路元睿冒求崑崙貨，崑崙懷刃殺之。新傳略同。

王遺恕又封外、考中、户外。李嶠爲王遺恕讓殿中少監表，略云：臣身積釁咎，偷延苦菓。陛下牽以縶維，精誠無感，遂復肅膺紫綬，權就墨縗。攝職天臺，暫簡要之目；徙秩京輦，乏仁明之政。不謂聖慈曲覽，重延殊奬。云云。文苑英華五百七十七。案，攝職天臺指在吏部時。

張行禕 無考。

孟允忠 又勳外。 元和姓纂四十三映：唐吏部侍郎孟允忠，華陰人。原本誤入四十六徑甯氏注。舊文苑上附崔行功傳：孟利貞兄允忠，垂拱中爲天官侍郎。

董敬元 又户外、倉中。 元和姓纂一董：董感生敬元，倉部郎中，幽〔州〕刺史，弘農人。

張詢故 鉞案：「張詢〔故〕」疑「詢古」之誤。詢古見吏外、封外。

王方慶 又考外。 新表琅邪王氏：魏州刺史弘直子綝，字方慶，相武后。舊傳：起家越王府參軍，永淳中，累遷太僕少卿。則天臨朝，拜廣州都督。新傳：起家越王府參軍，武后時，累遷廣州都督。舊高宗紀：永淳元年三月戊午，立皇孫重照爲皇太孫，欲開府置僚屬，吏部郎中王方慶曰「未有前例」，云云。新懿德太子傳同。 唐摭言一：咸亨五年，七世伯祖鸞臺鳳閣龍石白水公時任考功員外郎。案，「龍」字衍，「白水」當作「泉」。

鄭杲 又考外，見吏中補，當移入。

高元思 新表渤海高氏：沂州刺史元景子元思，吏部郎中。楊烱庭菊賦序：天子幸於東都，皇儲監守於武德之殿，高元思、張師德以至孝託後車。文苑英華一百四十九。

采懷敬 元和姓纂十五海：北平采氏：給事中、刑部侍郎采宣明生懷敬，吏部郎中、宗正少卿。

李琯　新表趙郡李氏東祖房：深州刺史伯思子琯，不詳歷官。

李志遠又吏外，勳中作「至遠」，勳外、倉外。又御史臺左稜題名。　新表趙郡李氏南祖房：鄞令休烈子鵬，字至遠，壁州刺史。新傳：始名鵬。　舊良吏李素立見户外傳：孫至遠，長壽中爲天官郎中，内史李昭德重其才，薦於則天，擢令知流内選事。　新循吏傳：高宗時，擢監察御史裏行。忤貴倖，外遷，久乃歷司勳、吏部員外、郎中。遷天官侍郎，知選事。　唐會要七十四：如意元年九月，天官郎中李至遠權知侍郎事。權事廣記有。　舊李藩傳：曾祖至遠，天后時李昭德薦爲天官侍郎。藩見左外。　舊李承見下傳：吏部侍郎至遠之孫。　案，「志」、「至」，唐人通（人）〔用〕。

紀先知又金外。　新表紀氏：雍州司倉參軍儼子先知，御史中丞。

皇甫知常又吏外、考中。　新表皇甫氏：高陵令文亮見度中。子知常，洛州、揚州長史。　楊炎安州刺史杜公鵬舉神道碑：洛州長史皇甫知常，人之標準，美公志行，嘗與請交文苑英華九百二十三。

孫彥高又户外。　元和姓纂二十三魂：唐尚書左承孫彥高，廣陵人。　舊書則天皇后本紀：聖曆元年八年己丑，突厥默啜攻陷定州，刺史孫彥高死之。新紀作「乙卯」，舊、新突厥傳同。

顧琮見左外。

齊景冑 元和姓纂十二齊：唐黃門侍郎齊瓘見金外。生景冑，左(承)〔丞〕、刑部侍郎，成都人。 唐會要七十八：開元五年二月，齊景冑除劍南節度使、支度、營田兼姚嶲等州處置兵馬使，因此始有節度之號。 四川成都志十一：開元二年，以黃門侍郎齊景冑授劍南節度、(度)支〔度〕、營田、處置兵馬、充風俗宣撫使、益州大都督府長史一年。 李華唐贈太子少師崔公景晊神道碑：歷梓州鹽亭丞、晉州司法參軍，刺史齊景冑洎州長舉公清白中正，差充支使。 畢構代齊，假爲判官。 文苑英華九百。

盧懷慎又吏外。又御史臺侍御題名。 新表盧氏：潭州司户參軍挺吏外有挺。子懷慎，相玄宗。 舊傳：舉進士，歷監察御史、吏部員外郎。 景龍中，遷右御史臺中丞。 新傳：歷監察御史。 神龍中，遷侍御史，遷右御史臺中丞。

岑羲又吏外。 新表岑氏：雍州長史曼倩見勳中。子、國子司業獻弟見封外。羲，字伯華，相中、睿。 案，舊傳長倩子，又云從兄長倩，與表不合，又自相岐誤。 考新傳「伯父長倩」，則舊傳「長倩子」，當脫「從」字；「從兄」當作「從父」。 舊傳：長安中爲廣武令，鳳閣侍郎韋嗣立薦羲，拜天官員外郎。 神龍初，爲中書舍人。 新傳：第進士，武后時自汜水令，韋嗣立薦拜天官員外郎，俄爲中書舍人。

楊降禮鉞案：「降」當作「隆」，避玄宗諱缺末筆。 又吏外、祠外。 新表楊氏：尚衣奉御正道子崇禮，太府卿、户部尚書。舊楊慎矜傳：父隆禮，長安中天官郎中，神龍後，歷洛、梁、滑、汾、懷五州刺史。景雲中，以名犯玄宗上字，改爲崇禮。開元初，擢爲太府少卿。新傳：隆禮改州刺史，開元初爲太府卿。蘇頲授沈佺期太子少詹事等制：正議大夫、行衞尉少卿、柱國楊崇禮，神情凝正，器識沈敏，久聞忠義之風，克樹循良之績。可行太府少卿，散官、勳如故。文苑英華四百三。

鄭納言無考。又户外作「訥」。

韋播　新表韋氏駙馬房：灌子播，吏部郎中、宋國公。又韋氏逍遥公房：式子播。不詳歷官。時代不合。舊玄宗紀上：景龍四年六月庚子，臨淄王遣萬騎往玄武門，殺羽林將軍韋播。舊韋庶人傳同。舊王毛仲傳：景龍四年六月，韋后稱制，令韋播爲羽林將軍，押千騎營。新傳同。

辛廣嗣　新表辛氏：比部郎中玄道子廣嗣，禮部侍郎。元和姓纂同。

蕭璿又勳外。蘇頲授蕭璿京兆尹制：左散騎常侍、上柱國、東都留守蕭璿，三王迭拜，甫嗣家聲，二鮑相承，累光朝奬。文苑英華四百六。張九齡故安南副都護畢公墓誌銘：嶺南按察使、廣州都督兼御史大夫蕭璿，彼孝悌之士也，以錫類之故，有嘉德音，於是拔補按察判官，義行相成，終始如一，尤加欽重，特以表聞。唐丞相曲江張先生文集十八。

定命録：武功馬禄師善相，長安主簿蕭璿與縣尉李嶠、李金昌同詣求决，馬生云：「三人俱貴達，大李少府位極人臣，聲名振耀，南省官無不虛任，三入中書。小李少府亦有清資，得五品以上要官，位終卿監。蕭主簿中年湮沈，晚達亦大富貴，從今後十年，家有大難，兄弟並流，唯公與一弟獲全；又十年之後，方御得官，遇大李少府在朝堂日，當得引用，小李少府入省官時，爲其斷割。」後璿離長安任，作祕書郎。則天既貴，皇后王氏破滅，蕭璿是其外姻，舉家流竄，兄弟六人配向嶺南，唯璿與弟瑷配遼東。無何，有處置流移使出，嶺南者俱死，唯遼東者獲全，兄弟二人因亡命十餘年。至神龍初，（在）〔方〕蒙洗滌。其時李嶠作相，於街中忽逢璿，使人問：「是蕭祕書耶？」因謂之曰：「公豈忘武功馬生之言乎？」於是擢用。時小李少府作刑部員外，判還其家。蕭公竟歷中外清要，位至崇班三品官十餘政。太平廣記二百二十二。廣異記：新鄭蕭公是吏部璿之族，門地亦高。太平廣記四百四十八。

韋抗又吏外補、主外。又御史臺殿中題名。新表韋氏鄖公房：暢子抗，碑云字抗。刑部尚書，謚貞。舊傳：弱冠舉明經，累轉吏部郎中，以清謹著稱。景雲初，爲永昌令。新傳同。蘇頲刑部尚書韋抗神道碑：自左臺殿中侍御史轉尚書主客、吏部二員外、吏部郎中，拜洛陽令。文苑英華八百九十六。

沈□□疑佺期，見考外補。

李問政又勳外。權德輿唐故尚書工部員外郎贈禮部尚書王公端改葬墓誌銘：娶隴西李氏，隋太師申國公穆五代孫吏部郎中問政之孫。權載之文集二十四。張説之文集六有送李問政河北簡兵詩。

崔叔瑜新表鄭州崔氏：普安公士憲曾孫叔瑜，吏部郎中。

元懷景見左外。

裴藏曜無考。見左外，又金中「曜」作「耀」。

李朝隱又吏外，又御史臺侍御監察題名。新傳：字光國，京兆三原人。明法中第。中宗時，自聞喜令遷侍御史、吏部員外郎，遷長安令。舊傳：自聞喜令尋遷侍御史，三遷長安令。

馮顓見封中、考外，時代不合。案，石本似「馬覬」。

崔璩新表博陵大房崔氏：武后、中宗相玄暐見吏中補。子璩，禮部侍郎，襲博陵郡公。舊玄暐傳：子璩，官歷中書舍人、禮部侍郎。新傳：子璩，終禮部侍郎。舊崔渙傳：父璩，位至禮部侍郎。

張敬忠又勳中、勳外。舊張仁愿傳：神龍中，張仁愿在朔方，奏用監察御史張敬忠等分判軍事，皆以文吏著稱，多至大官。會要同，云景雲二年。新傳略同。新張仁愿傳：敬忠自監察御史累遷吏部郎中，開元七年拜平盧節度使。蘇頲命姚崇等北伐制：司勳郎中張敬忠等可行軍判官。開元二年三月二十八日。文苑英華四百五十九。唐會要：開元七年閏七月，張敬忠除平盧軍節度使，自此始有節度之號。又七十八：開元十一年四月，除張敬忠河西節度使兼赤水九姓本道支度營田等使，又加經略使。張九齡益州長史叔置酒宴別序：我叔父前拜小司馬，兼擁旄於五涼，再命左常侍，仍總戎於三蜀，是時屬當春夏之交。唐丞相曲江張先生文集十七。兩京新記：先天中，吏部郎中張敬忠有戲詠膳部員外郎王上客詩。太平廣記二百五十。南部新書丁作「王主敬」。杜光庭歷代崇道記：開元十七年夏四月五日，益州大都督府長史張敬忠。詳監察王大鏷注。

慕容珣 又封中、封外。又御史臺侍御監察題名。元和姓纂十一暮：兵部郎中、汾州刺史慕容知晦生珣，吏部侍郎，昌黎人。舊薛登傳：景雲中，御史大夫薛登與殿中慕容珣奏彈僧惠範恃太平公主權勢，逼奪百姓店肆，反爲公主所搆。新書諸公主列傳：監察御史慕容珣復劾慧範事，帝疑珣離間骨肉，貶密州司馬。蘇頲授慕容珣侍御史制：朝議郎、行密州司馬員外置同正員慕容珣，廷奏姦人，不避當道，醜正作罪，遺賢久一作「攸」。歎。長鯨已戮，宜賁寵章。可朝散大夫、行御史臺侍御史。文苑英華三百九十四。

詳侍御。蘇頲授慕容珣吏部郎中等制：黄門朝請一作散。大夫、檢校尚書主爵郎中慕容珣，在公無撓，守道不回，利用特稱其割斷，清心自表其剛正。正議大夫、行商州刺史、上柱國、中國公高紹，羽儀鵷鷺，符采珪璋，詣理愈見於昭明，屬詞每聞於警拔。九流綜覈，五等封建，式副爲郎之美，宜膺選衆之求。珣可尚書吏部郎中，紹可行尚書主爵郎中，散官、勳封各如故，主者施行。文苑英華三百八十九。蘇頲總目作「賈至」。玄宗贈岐華等州勅：宜令主爵員外郎慕容珣卽馳驛往岐、華、同、豳、隴等州指宣朕意。唐詔令。舊書刑法志：開元六年，玄宗又勑吏部侍郎慕容珣等九人删定律令格式。七年三月奏上，律令式仍〔舊〕名，（各）格曰開元後格。新書藝文志刑法類同。

趙昇卿又户中補。又御史臺殿中監察題名。元和姓纂三十小：尚書左丞、華州刺史趙昇卿，林疑「臨」汝人。蘇頲授趙昇卿駕部員外郎制：朝議郎、前行兵部員外郎、上柱國趙昇卿，爰以詞學，亟兼文吏。可行尚書駕部員外郎，散官、勳如故。文苑英華三百九十二。又授趙昇卿長安縣令制，稱朝議郎、守尚書户部郎中、上柱國趙昇卿。英華四百七。

李元紘又度外補。新表隴西李氏丹陽房：武后相道廣子元紘，字大綱，相玄宗。又隴西李氏丹陽房：武后相昭德子元紘。不詳歷官。舊傳：自雍州司户轉好時令，遷潤州司馬。開元初，三遷萬年縣令，俄擢京兆尹。新傳同，京兆尹作京兆少尹。

鄭齊嬰 又御史臺監察題名。 廣異記：鄭齊嬰，開元中爲吏部侍郎，河南黜陟使，將歸，途次華州，爲表章及身後事，沐浴，服新衣，臥西壁下而卒。太平廣記三百五十八。 金石録目録七第一千三百九十八：唐吏部侍郎鄭嬰齊碑。張楚金撰，永泰元年十一月。 寶刻類編三：在潞。

靳恒 又御史臺侍御題名。 元和姓纂二十四焮：吏部郎中靳恆，館陶人，又居汝南。 張九齡故襄州刺史靳公遺爱銘，公名恆，字子濟。一舉爲拾遺，三入爲御史，尚書理本，郎官選才，亟踐諸曹，克壓羣議。及再典大郡，遂佐益州，攝御史丞，都督西南軍事。開元十二年，以理跡尤異，自是邦稍遷陝州刺史。唐丞相曲江張先生文集十九。 王泠然上相國燕公書：相公必欲舉御史中丞，莫若舉襄州刺史靳□，生臺閣之風，非靳不可。僕非靳親友，但以知其賢明。唐摭言六。

楊舀 疑滔，見吏外。

薛兼金 又勳外。 新表薛氏南祖房：朏子兼金，蒲州刺史。

張昶 又祠外。 又御史臺殿中監察題名。 白居易唐故通議大夫和州刺史吳郡張公無擇神道碑銘：給事中張昶爲江淮安撫使，表公正直，奏置部從事。白氏文集四十一。 廣異記：丹陽商順娶吳郡張昶女，昶爲京兆少尹，卒葬滻水東。太平廣記三百三十八。

褚璆又吏外誤「諸謬」，户中、禮外補。又御史臺侍御監察題名。新表褚氏：郇王友、襄陽翟侯遂賢孫、永州司功參軍兼藝子璆，吏部郎中。會要七十六：神龍二年，才膺管樂科褚璆及第。緯略同。新褚遂良傳：曾孫璆，字伯玉，擢進士第，累拜監察御史裏行。先天中，遷侍御史，拜禮部員外郎。會要五十八：開元五年四月九日，勅吏部員外郎褚璆等案牘稽滯，璆稽四道。詳吏外諸謬注。

杜暹又吏外。又御史臺侍御殿中監察題名。新表濮陽杜氏：天官員外郎承志吏外二見。子暹，相玄宗。舊傳：舉明經，開元四年，自大理評事遷監察御史，累遷給事中。新傳同。韓休授杜暹等侍御史制，稱朝議郎、行殿中侍御史杜暹。文苑英華三百九十四。詳侍御。

楊範臣又吏外。又御史臺侍御殿中監察題名「範」作「軌」。資治通鑑唐紀二十七：開元四年五月，上命監察御史楊範臣與胡人偕往海南，範臣奏罷之。

蕭識或疑卽蕭識，見金中。會要七十六：開元六年，博學通藝科蕭識及第。緯略作「蕭成」。

員嘉静又勳外、考外。又御史臺殿中監察題名。元和姓纂二十文：唐吏部郎中員嘉靖，華陰人。通志作「嘉静」，無「中」字。舊張嘉貞傳：開元八年，張嘉貞爲中書令，考功員外郎員嘉静等皆爲所引，位列清要，常在門下共議朝政，時人語曰：「令公四俊，苗、吕、崔、員。」新傳略同。玄宗優恤張守潔等制：故益州長史張守潔，故桂州都督員嘉静等，並守委藩鎮，克著忠勤，奄隨化往，良深震悼。言念旅櫬，猶在遐方，用加優恤，以慰泉壤。宜官造靈轝，給傳還鄉，所緣葬事，並委有司支給。張守潔見侍御。

袁仁敬 又勳外、金外、倉外。 元和姓纂二十二元：唐尚書左丞袁仁敬，襄陽人。會要七十六：神功元年九月，絕倫科袁仁敬及第。緯略同。新許景先傳：開元十三年，帝自擇刺史，凡十一人，大理少卿袁仁敬爲杭州刺史。治行，詔宰相、諸王、御史以上祖道洛濱，盛具，奏太常樂，帛舫水嬉，命高力士賜詩，帝親書，且（綸）〔給〕紙筆令自賦，賚絹三千遣之。通鑑在開元十三年二月，云命宰相、諸王及諸司長官、臺郎、御史餞於洛濱，供張甚盛，賜以御膳，太常具樂，內坊歌妓，上自書十韻詩賜之。舊張九齡傳：與尚書左丞袁仁敬等結交友善，有才幹，而交道終始不渝。新傳：與袁仁敬等善，世稱其交能終始。通典職官七：開元二十一年七月，大理卿袁仁敬暴卒，繫囚聞之皆慟哭，歌曰：「天不恤冤人兮，何奪我慈親兮！有理無由中兮，痛哉安訴陳兮？」會要六十六同。

徐玄之 又吏外、勳外、考外補，又主中有「立之」。又御史臺殿中監察題名。 元和姓纂九魚：諫議大夫徐玄之，居南昌。吳興志：徐玄之，開元七年自諫議大夫授，改邠王府長史。統記云十五年。權德輿太子少保徐公申墓誌銘：吉州太和丞仁澈生皇吏部郎中、諫議大夫玄之。權載之文集二十四。李翱嶺〔南〕節度使徐公行狀：祖玄之，皇考功員外郎、贈吏部郎中、諫議大夫。李文公集十一。「贈」疑衍。

陳希烈又吏外。又御史臺侍御監察題名。元和姓纂十七真：開元左脱「相」字。太子太師陳希烈，世居均州。舊附張説傳：希烈，宋州人。開元中，累遷至祕書少監。新書姦臣上。附見李林甫傳：累遷中書舍人，開元十九年爲集賢院學士。

張説見左外。

崔□或疑「嘉」，無考。

鄭少微又户外、金外。新表鄭氏北祖房：慈州刺史曾孫許州刺史長裕見考中。子少微，岐州刺史。據曾碑、餘慶傳，則少微是長裕弟，非子也，蓋表誤移下一格耳。石刻梁昇卿唐故慈州刺史光禄卿鄭公碑：次子□□歷□部郎中、中書舍人、鴻臚太常□少卿□□□侍郎。案石刻少微名已殘缺，以世系表證知之，「部」上□字當即「吏」字。舊鄭餘慶傳：祖長裕，弟少微，爲中書舍人、刑部侍郎，兄弟有名於當時。獨孤及唐故朝散大夫潁川郡長史贈祕書監河南獨孤公通理墓表：太極元年，詔舉文可以經邦國者，時對策者數百人，公與滎陽鄭少微特冠科首。案會要、緯略俱失載。唐會要七十六：大足元年，理選使孟詵試拔萃科，鄭少微及第。緯略誤「鄭徵」。開元六年，博學通藝科鄭少微及第。緯略同。定命録：李公林甫拜中書，鄭少微時已爲刑部侍郎，無何出爲岐州刺史，未期又貶爲萬州司馬。太平廣記二百二十二。文苑英華四百七十九有鄭少微對文可以經邦國策一道。景雲二年第二人。褒賜鄭少微等詔略云：日者叢棘之地，烏鵲來巢；今結諸刑名，纔逾五十，雖化源自遠，亦欽愼使。然其鄭少微等一十七人，各賜一中上考，仍兼賜少物，以存勸賞。大詔令。案舊玄宗紀：開元二十五年七月己卯，大理少卿徐嶠奏：「天下今歲斷死刑五十八，幾致刑措，烏巢寺獄。」通鑑考異引實録在十月丙午。權德輿祕書郎壁記：開元初，滎陽鄭公具瞻之，王考潁川府君、叔祖刑部府君，皆繇禮官博士繼登其任。權載之文集三十一。

崔希逸 又御史臺殿中題名。唐會要八十五：開元九年正月，監察御史宇文融奏萬年縣尉岑希逸充勸農判官。舊忠義李憕傳：開元九年，宇文融爲御史，括田户，奏知名之士崔希逸等爲判官，攝監察御史，分路檢查，以課並遷監察御史。常袞咸陽縣丞郭君墓誌：幕府三辟，御史崔希逸等爰以將命之務諮焉。文苑英華九百六十。舊吐蕃傳：開元二十四年，散騎常侍崔希逸爲河西節度使，於涼州鎮守，謂吐蕃皆罷兩國守捉使。內給事趙惠琮矯詔令希逸掩襲之，希逸不得已而從之，大破吐蕃於青海之上，殺獲甚衆。希逸以失信怏怏，在軍不得志，俄遷爲河南尹，行至京師死。舊牛仙客傳：開元二十四年秋，右散騎常侍崔希逸代牛仙客知河西節度事。仙客省用，所積數萬，希逸以其事奏聞。新傳略同。舊書食貨志下：開元二十二年八月，裴耀卿充江淮、河南轉運都使，以鄭州刺史崔希逸爲副。新志同。新書食貨志：崔希逸爲河南陝運使，歲運百八十萬石。舊玄宗紀：開元二十五年三月辛卯，河西節度使崔希逸自涼州南率衆入吐蕃界二千餘里。己亥，希逸至青海西郎佐素文子觜，與賊相遇，大破之，斬首二千餘級。二十六年三月，吐蕃寇河西，左散騎常侍崔希逸擊破之。孫逖授崔希逸河南尹制：朝散大夫、守左散騎常侍、持節河西節度經略支度營田九姓長行轉運等副大使、知節度使事、判涼州事、赤水軍使、上護軍、攝御史中丞、賜紫金魚袋崔希逸，頃膺邦選，爰委兵權，能行上將之謀，累獻西師之捷。可銀青光祿大夫、河南尹，勳如故。文苑英華四百六。李華杭州餘杭縣龍泉寺故大律師碑：崔河南希逸嘗撫本杭州，麾幢往復。文苑英華八百六十。詳監察宇文融注。會要七十九：贈河南尹、博陵縣公崔希逸謚曰成。

皇甫翼又御史殿中監察題名。新表皇甫氏：麟臺郎希莊子翼，字謀安，青州刺史。韓休授皇甫翼等監察御史制，稱朝議郎、行河南縣尉皇甫翼。文苑英華三百九十五。詳監察。顔真卿崔孝公陋室銘記：公之澄清中外也，以畿縣丞尉皇甫翼等並以清白吏能而薦之。顔魯公文集十四。張九齡授皇甫翼等加階制：門下，朝散一作「請」。大夫、檢校尚書左丞、上柱國皇甫翼等，才有國良，望爲時重。或紀綱會府，成司直之名；或彌綸列曹，得在公之譽。屬禮崇齋祭，慶洽衣冠，宜加等級之恩，用廣殊常之賜。可依前件。文苑英華四百十七。

盧絢 新表盧氏：游道子絢，太子詹事。 新書姦臣上李林甫傳：帝嘗大陳樂勤政樓，既罷，兵部侍郎盧絢按轡絶道去，帝愛其醞藉，稱美之。明日，李林甫召絢子曰：「尊府素望，上欲任以交、廣，若憚行，且當請老。」絢懼，從之，因出爲華州刺史，俄授太子員外詹事，絢由是廢。 唐會要七十六：神龍二年，才膺管樂科盧絢及第。緯略同。 張九齡授盧絢裴寬見左中補御史中丞制：勑朝議大夫、中書舍人、內供奉、上柱國盧絢，可檢校御史中丞，散官、勳如故。文苑英華三百九十三。案張集無。 唐會要七十八：開元二十二年二月十九日，初置十道採訪處置使，原注：宰相張九齡奏置。以御史中丞盧絢等爲之。 張九齡勑授十道使制：勑朝散大夫、檢校御史中丞、關內道宣慰賑給使、上柱國盧絢等。曲江文集七。 孫逖授盧詢一作「綸」，下同太子詹事制：門下，太中大夫、使持節華州諸軍事、守華州刺史、上柱國盧詢，才標公望，器重士林。頃寄分憂，備彰聲實，近聞稱病，已歷旬時。雖從政之能，猶堪於臥理，而攝生之道，終忌於勞神。宜增班秩之榮，俾在優閑之地。可太子詹事，員外置，同正員。文苑英華四百三。案，「盧詢」當作「盧絢」，「詢」、「綸」二字均誤。

元彥沖 又吏外、勳外。又御史臺侍御殿中監察題名。 會要八十二：開元二十年九月二十一日，中書舍人梁昇卿見户中。私忌，二十日，報給事中元彥沖，令宿衛。會已出，彥沖醉詬，往復日暮。其夜，直官不見，上大怒，出彥沖爲邠州刺史。因甥張垍妻新昌公主進狀申理，云「元不承報」，由是出昇卿爲莫州刺史。　獨孤及陳留郡文宣王廟堂碑，稱「唐天寶十有一載，歲次壽星，陳留郡守，河南道採訪處置使元公彥沖」。昆陵集七。　案，獨孤及，文苑英華八百四十六，又八百十四，俱作陳兼彭云，文苑總目作獨孤及。　萬齊融法華寺戒壇院碑：開元二十四年，都督河南元彥沖躬請律師重光聖日。會稽掇英總集十七。　唐會稽太守題名記：元彥沖，開元二十二年自襄州刺史授，二十六年拜衞州刺史。會稽掇英總集十八。　嘉泰志同。　孫逖授元彥沖等諸州刺史制：朝議大夫、使持節都督越州諸軍事、守越州刺史元彥沖等，並逾四稔，宜有遞遷，令所進轉，皆爲限約，並須畫一，無相奪倫云。文苑英華四百十。　張說唐故左庶子贈幽州都督元府君墓誌銘：孤彥沖等，克遵遺訓，靡所寘哀。張燕公集二十二。　高適陳留郡上源新驛記：壬辰歲，太守元公連率河南之三載。高常侍集九。　元和姓纂二十二元：尚書右丞武陵公元懷景見左外。生彥將，給事中、陳留太守、採訪使，河陽洛陽縣人。　案，以會要及昆陵集證之，知即「彥沖」之訛。

張珦　又勳中。又御史臺侍御監察題名。　新表吳郡張氏：將作少監承纘子珦，吏部郎中。　張說邠王府長史陰府君碑：子壻吏部郎中吳興張珦。文苑英華九百三。

裴敦復又考外。又御史臺侍御監察題名，又左側。

崔琳見户中。　唐會要七十五：開元十一年十二月，吏部侍郎掌銓，收選殘「殘」，廣記有。人盧怡、見吏外。裴敦復、于孺卿見監察。等十數人，無何，皆入臺省，衆以爲知人。　又七十六：開元十二年，將帥科裴敦復及第。緯略同。　唐語林八：神龍元年已來，累爲主司者：考功員外郎裴敦復再，開元十九年、二十年。　王丘授裴敦復中書舍人制：朝議郎、檢校吏部郎中裴敦復等。文苑英華三百八十二。　舊玄宗紀上：開元二十二年正月乙酉，懷、衛、邢、相等五州乏糧，遣中書舍人裴敦復巡問，量給種子。　又下：天寶三載二月，河南尹裴敦復沈炳震云下闕文。卒。　新書玄宗本紀：天寶三載二月丁丑，河南尹裴敦復等討海賊吴令光。閏月，令光伏誅。通鑑同，「閏月」作「四月」。　孫逖授裴敦復刑部尚書制：朝議大夫、守河南尹、攝御史大夫、持節江南東道宣撫招討處置使、上柱國、賜紫金魚袋裴敦復，巡撫江徼，肅清姦宄，功實簡心，賞宜超等。可銀青光禄大夫、守刑部尚書，勳賜如故。文苑英華三百八十六。　資治通鑑唐紀三十一：天寶四載三月乙巳，以刑部尚書裴敦復充嶺南五府經略等使。五月壬申，敦復坐逗留不之官，貶淄川太守。上嘉敦復平海賊之功，故李林甫陷之。　舊玄宗紀下：天寶六載正月辛巳，淄川太守裴敦復等以事連著作郎王曾等，遣使就殺之。　舊酷吏羅希奭傳：裴敦復等下獄事，皆希奭與吉溫鍛鍊。　舊李林甫傳：裴敦復以杜有鄰枝黨，並坐極法。新傳略同。　陳簡甫宣州開元以來良吏記：有若裴公敦復者，繼班景倩、竹承構之餘，承法理之極，變而通之，使人不倦。推而廣之，使人知化，振綱而羣目張，舉大而細故削，破觚爲圓，齊變至魯，澆俗由是觀於義矣。文苑英華八百三十。　舊李適之傳：御史羅希奭奉使殺裴敦復等於貶所。

劉日政又勳中、考外。　又御史臺殿中監察題名作「日正」。　新表彭城劉氏：漢州刺史易從子日政，給事中。　唐會要八十五：開元九年正月，監察御史宇文融奏洛陽縣尉劉日貞充勸農判官。詳監察宇文融注。　顏真卿崔孝公陋室銘記：公之澄清中外也，以畿縣丞尉劉日正等並以清白吏能而薦之。顏魯公文集十四。　孫逖唐濟州刺史裴公耀卿德政頌：皇帝東巡狩，鑾輿反旆，監頓使劉日政全文「政」奏公理行第一。文苑英華七百七十五。　李華潤州鶴林寺故徑山大師碑銘，稱「菩薩戒弟子故江東採訪使、潤州刺史劉日正」。文苑英華八百六十二。　王維裴僕射齊州遺愛碑：大駕還都，分遣中丞蔣欽緒，御史劉日政、宋珣等巡按，皆嘉公之能，奏課第一。珣見金外。

李彭年又吏外、勳外、考外、户外。　新表趙郡李氏西祖房：禮部侍郎景伯生彭年，吏部侍郎。　舊傳：開元中，歷考功員外郎、知舉，又遷中書舍人。　新傳：有才，剖析明悟，歷遷中書舍人。　石刻御注孝經碑，末題名有太中大夫、守吏部侍郎、上柱國、趙郡開國公臣李彭年。天寶四載。陝西長安。

宋詢又封中，又御史臺侍御殿中監察題名。元和姓纂二宋：宋思敬生詢，吏部郎中、左常侍，樂陵人。蘇頲御史大夫贈右丞相程行諶神道碑：凡厥所嗟，上之不隕，直清而美者，則侍御史彭城劉彦回、見左中。同郡宋詢。文苑英華八百八十九。

李憕又吏外、度外補、倉中。又御史臺殿中監察題名。舊忠義傳下：憕，太原文水人。以明經舉。開元九年，爲長安尉、括田户判官，遷監察御史，驟歷兵、吏部郎中、給事中。新忠義傳上：自長安尉假監察御史，檢覈天下田，真拜御史。坐小累，下除晉陽令，三遷給事中。

苗晉卿又吏外、度外。又御史題名監察(二見)，又左側。新表苗氏：殆庶子晉卿，字元輔，相肅宗、代宗。舊傳：進士擢第，授萬年縣尉，遷侍御史，歷度支、兵、吏部三員外郎。開元二十三年，遷吏部郎中。二十四年，與吏部郎中孫逖並拜中書舍人。新傳：自脩武尉累進吏部郎中、中書舍人。

斑景倩見左外，又勳外、户中、户外。

韋陟又封中、主外。新表韋氏鄖公房：武后、中、睿相安石見膳外補。子陟，字殷卿，吏部尚書、郇國公。舊傳：開元中歷洛陽令，轉吏部郎中，張九齡引爲中書舍人。新傳：開元中爲洛陽令，累除吏部郎中，張九齡引爲舍人。石刻御注孝經碑末題名，有吏部侍郎、上柱國、彭城縣開國男臣韋陟。天寶四載。陝西長安。

徐惲 又吏外、戶中。又御史臺殿中監察題名。 新表北祖上房徐氏：罃丞有道子惲，沈本「憚」。字揖，河〔內〕採訪使。 元和姓纂：濮陽令有忠生渾，吏部員外、襄、有脫字。陳留太守，採訪使。 張九齡加銀青光祿大夫中書令制，末署郎中惲。開元廿二年五月廿日下。淳熙祕閣續法帖卷第六。 吳興志：徐惲，開元二十三年自登州刺史授，不曾之任，遷洪州刺史，充江西採訪使。統紀云二十九年。 金石錄目錄七第一千二百四十：唐陳留郡太守徐惲碑。李邕撰，徐浩行書，天寶五載八月。 李華慶王府司馬徐府君墍碑：君從父弟惲，御史中丞、陳留太守、河南採訪，清廉有威，所向霽一作「震」。肅。文苑英華九百三。

李朝弼 無考。 見左外又戶中、倉外。

孫逖 又考外補。 新表武邑孫氏：宋州司馬嘉之子逖，刑部侍郎、右庶子，謚曰文。 舊文苑傳：孫逖，潞州涉縣人。自左補闕辟太原從事，開元二十一年，入爲考功員外郎、集賢脩撰。二十四年，拜中書舍人。 新文藝傳中：自太原幕府，以起居舍人入爲集賢院修撰，改考功員外郎，俄遷中書舍人。 舊苗晉卿傳：開元二十四年，與吏部郎中孫逖並拜中書舍人。

李昂又封外、考外補、户外、金外、倉外、考中附存。又御史臺侍御殿中監察(二見),又左側題名。新宰相表趙郡李氏東祖房:都水使者暕子昂,倉部員外郎。又宗室表蜀王房:延州司馬友諒子昂,徐州司户參軍。又宰相表遼東李氏:承休子昂。不詳歷官。唐才子傳一:李昂,開元二年王邱下狀元及第,天寶間仕爲禮部侍郎,知貢舉,奬拔寒素甚多。唐會要七十五:開元八年七月,王邱爲吏部侍郎,拔擢進士李昂等,不數年,登禮闈、掌綸誥焉。新書選舉志:開元二十四年,考功員外郎李昂爲舉人詆訶。

韋述

元和姓纂八微:韋氏鄖城公房:房州刺史景駿生述,工部侍郎,撰國史,集賢學士、禮儀使,京兆杜陵人。舊傳:舉進士,登科。自起居舍人,開元十八年,兼知史官事,轉屯田員外郎、職方吏部二郎中、集賢院學士,知史官事如故。二十七年,轉國子司業。新傳:自起居舍人改國子司業。

張季明 文苑英華五百二十一有張季明對輿屍謁廟判。

趙安貞見左外。

鄭昉又户中、倉外、主外。又御史臺監察題名,又左側。唐會要七十六:開元十五年,武足安邊科鄭防及第。御覽、通考、緯略作「昉」。十九年,博學宏詞科鄭昉及第。緯略脫。唐語林八:開元十九年置宏詞,始於鄭昕。「昕」字誤。舊書食貨志上:玄宗幸巴蜀,鄭昉使劍南,請於江陵稅鹽麻以資國，官置吏以督之。紀聞：殿中侍御史李逢年見祠中。妻，中丞鄭昉之女也。太平廣記二百四十二。

楊仲昌見左外，又吏外、禮外補。 席豫唐故朝請大夫吏部郎中上柱國高都公楊府君碑銘：自禮部員外郎歷左司員外郎，轉吏部員外郎，尋遷本司郎中。以元和二十九年七月五日搆疾，終於萬年永寧里之私第，春秋四十有九。唐文粹五十八。 新傳：仲昌終吏部郎中。舊良吏傳同。

王燾又戶外。又御史臺殿中監察題名。 新表烏丸王氏：茂時子、司勳郎中光大弟燾，給事中。 舊韋抗傳：開元中，韋抗爲京畿按察使(李)〔舉〕華原尉王燾等爲判官及度支使。後皆名位通顯。 新傳：所表華原尉王燾等皆爲僚屬，後皆爲顯人。會要在景雲二年。 唐會要八十五：開元十二年，宇文融又奏加長安縣尉王燾等充勸農判官。詳監察宇文融注。 新王珪傳：孫燾，爲徐州司馬，歷給事中、鄴郡太守。 新顏真卿傳：安祿山反，河朔盡陷，獨平原太守顏真卿城守，鄴郡太守王燾等各以衆歸。 令狐峘顏魯公神道碑銘：鄴郡太守王燾被祿山移攝河間，燾俾掾吏李奐斬僞署河間長史杜兼睦，以河間衆歸於公。顏魯公文集。 新書藝文志丙部子錄醫術類：王燾外臺祕要方四十卷，又外臺要略十卷。 外臺祕要方序：余幼多疾病，長好醫術，遭逢有道，遂躡亨衢，七登南宮，兩拜東掖，出入臺閣二十餘載。久知弘文館圖籍方書等，繇是覩奧升堂，皆探其祕要。以婚姻之故，貶守房陵，量移大寧郡，提攜江上，冒犯蒸暑，自南徂北，既僻且陋，染瘴嬰痾，十有六七，死生契闊，不可問天，賴有經方，僅得存者。天寶十一載，結銜稱持節鄴郡諸軍事兼守刺史。

李麟 又吏外、考外補、户外。又御史臺殿中，又陰右稜題名。 舊傳：皇室疏屬，太宗從孫也。以父任補職，開元二十二年，轉殿中侍御史，歷户部、考功、吏部員外郎。天寶元年，遷郎中，尋改諫議大夫。 新傳：裔出懿祖，於屬最疏。自殿中侍御史累擢兵部侍郎。 新書曆志三上：開元二十一年，詔侍御史李麟、太史令桓執圭較靈臺候簿。

楊慎餘 見左中，又勳外。

李暐 又御史監察題名，又左側二見。 新表大鄭王房：宗正卿琇見户中。子暐，文部侍郎。 孫逖授李暐兵部郎中等制：朝議大夫、二字一作「郎」。行兵部員外郎李暐等，自膺推擇，久效彌綸，宜甄滿歲之勤，俾進爲郎之秩。文苑英華三百九十。 資治通鑑唐紀三十二：天寶十載正月丁酉，命李林甫遥領朔方節度使，以户部侍郎李暐知留後事。 舊錢徽傳：天寶十載，李暐試湘靈鼓瑟詩，錢起登第。 新書李泌傳：代宗爲娶朔方故留後李暐甥。 新顏真卿傳：安禄山反，平原城守景城司馬李暐等各以衆歸。傳又云：顏真卿拜户部侍郎，佐李光弼討賊，以李暉自副。疑「李暐」。顏魯公行狀：玄宗以公爲户部侍郎，依前平原太守，充本郡防禦使，仍與節度使李光弼計會招討，公以景城長史李暉爲副。令狐峘顏魯公神道碑銘：景城司馬李暐等各擁兵數千，或至萬人，以附於公。並顏魯公文集。舊史思明傳：天寶十五載，史思明攻景城，擒李暐，暐投河而死。

源洧 又吏外。又御史臺右側侍御兼殿中題名二見。新表源氏：尚書左丞光裕子洧，給事中。舊傳：歷踐清要，天寶中爲給事中。新傳同。

鄭審 舊惠文太子傳：鄭繇見金中。子審，乾元中任袁州刺史。唐詩紀事：審有詩名，與杜子美善。顏真卿正議大夫行國子司業上柱國金鄉縣開國男顏府君允南神道碑銘：與諫議大夫鄭審，郎中祁賢之每應制，及朝廷倡和，必警絶佳對，人人稱説之。國秀集中有司勳員外鄭審詩一首。大唐傳載：鄭公審，開元中爲殿中侍御史，充館驛使，令每傳舍立十二辰候，自公始也。御覽百九十四居處部二十二。會要八十六：開元二十八年正月十三日，令兩京道路並種果樹，令殿中侍御史鄭審充使。杜工部集十七：宴胡侍御書堂詩，注：李尚書之芳、鄭祕監審同集。又七八哀詩，注：鄭著作虔與今祕書監鄭君審篇翰齊價，謫江陵，故有「阮咸江樓」之句。

李伉 又户中。新表壽王瑁子伉，薛國公。唐會要四十五：太和二年六月，詔故中書侍郎李元紘曾孫伉可鄧州向城縣尉。　寶慶四明志一：李伉，咸通六年明州刺史，建五龍堂。　寶刻類編五：修秦文公廟記。掌書記李伉撰并書、篆額，開成五年立坊。　萬首唐人絕句七十二有李伉責宜陽到荆渚詩。目録：李伉，袁州刺史。　新書藝文志：丙部子録雜家類：李伉，系蒙二卷。

王維　又御史臺碑陰下層，又右稜，又陰左稜，又右側侍御兼殿中題名。　新表河東王氏：汾州司馬處廉子維，字摩詰，尚書左丞。　又琅邪王氏：好畤丞昱子維。不詳歷官。　舊文苑傳下：太原祁人，徙家河東。開元九年進士擢第，歷右拾遺、監察御史、左補闕、庫部郎中。母喪，服闋，拜吏部郎中。　天寶末爲給事中。　新文藝中王維傳：擢右拾遺，歷監察御史。母喪，服除，累遷給事中。

韋之晉　又吏外、封中。　新表東眷韋氏閬公房：球子之晉，湖南觀察使。　獨孤及上元二年豫章冠蓋盛集記：歲次辛丑，孟春正月，蘇州刺史韋公之晉至自吳。毘陵集十七。　舊代宗紀：大曆四年二月辛酉，以湖南都團練觀察使、衡州刺史韋之晉爲潭州刺史，因是徙湖南軍於潭州。　穆員陝虢觀察使盧公岳墓誌銘：始佐湖南觀察之政，前帥韋之晉倚之以清。文苑英華九百三十九。　白居易唐揚州倉曹參軍王府君墓誌銘：天寶中，應明經舉及第，選授婺州義烏尉，以清幹稱。刺史韋之晉知之，署本州防禦判官。白氏文集四十二。

李廙 又吏外。 新表恆山愍王房：太子詹事玭子廙，尚書左丞。 常袞授李廙太子左庶子制：銀青光祿大夫、前行給事中、上柱國、隴西縣開國男一本「公」。李廙，歷位要重，兼茲諒直。久以病免，澹然自居。處正大議，冠諸宗室。可行太子左庶子，散官、勳封如故。文苑英華四百四。 舊楊綰傳：禮部侍郎楊綰條奏貢舉之弊，請明經、進士、有道舉察孝廉，給事中李廙等奏議狀與綰同。 舊劉滋傳：河南尹李廙署奏功曹參軍。新傳同。 案，當在代宗朝。 新李栖筠傳：楊綰請置五經秀才科，詔羣臣議，李廙等以所言爲是。 舊肅宗紀：至德二載二月，上議大舉收復兩京，盡括公私馬以助軍，給事中李廙署云無馬，大夫崔光遠劾之，貶廙江華太守。 新安志九：李廙，上元中歙州刺史、寶應元年改刺處州。 大唐傳載：李右丞廙年二十九爲尚書右丞，至五十九又爲尚書右丞。 元結道州刺史廳記：前後刺史能恤養貧弱，專守法令，有徐公履道、李公廙而已。 唐元次山文集九。 李華三賢論：隴西李廙、英華、文粹誤「廣」。敬叔、英華「仲」。 堅明沖文粹「而」。 粹，重劉迅者也。 唐摭言七。 文苑英華七百四十四。 唐文粹三十八。

崔漪 又度中、主外有崔漪。 新肅宗紀：天寶十五載六月，朔方節度判官崔漪等迎太子治兵於朔方。 舊紀：崔漪等奉牋迎上。 新表清河小房崔氏：子美子漪。不詳歷官。 又清河青州房崔氏：子叶玄孫漪，毛本「潏」。庫部郎中。又博陵三房崔氏：祁陽令抗子漪，河間丞。時代不合。舊裴冕傳：太子入靈武，冕與崔漪等勸進。新傳同。舊肅宗紀：至德元載七月，以朔方節度判官崔漪爲吏部郎中、知中書舍人。賈至授杜鴻漸崔猗中書舍人制，首云知中書舍人鴻漸等，末云猗守中書舍人，判文部侍郎。文苑英華三百八十二。舊顔真卿傳：至德二載，中書舍人兼吏部侍郎崔漪帶酒容入朝，御史大夫顔真卿劾之，貶爲右庶子。新傳：武部侍郎崔漪等皆被劾斥降。

韋侗王、趙本均作「侗」。但亻旁，不確，無考。疑給事中韋倜。倜，見素子，見表南皮公房。

崔瓘又户中。又御史臺左側，又陰額知雜御史題名。舊崔瓘傳：瓘，博陵人。累遷至灃州刺史，以甄能政，遷潭州刺史，兼御史中丞，充湖南都團練觀察處置使。新傳：瓘累官至灃州刺史，以異政，大曆中遷湖南觀察使。

李季卿又户中。舊李適之傳：子季卿，弱冠舉明經，應制舉，登博學宏詞科，再遷京兆府鄠縣尉。肅宗朝，累遷中書舍人。新書文藝李適之傳同。適見户外，舊傳誤。獨孤及唐故正議大夫右散騎常侍贈禮部尚書李公墓誌銘：入參諫臣，出佐軍政，其後領二曹，判二州，再司王言，三貳京尹。毘陵集十一。

蔣渙又吏外。古今姓氏書辯證二十七：主爵郎中、國子司業蔣挺見封中。生渙，原誤「涣」。禮部尚書、東都留守，義興陽羨縣人。新高智周傳：渙擢進士，永泰初歷鴻臚卿，終禮部尚書，封汝南公。舊蔣鎮見封外傳：父洌，見封外。叔渙，當祿山、思明之亂，並受僞職；然以家風修整，爲士大夫所稱。新（判）〔叛〕臣傳，洌、渙在安史時皆汙僞官。舊代宗紀：大曆三年正月甲戌，以工部侍郎蔣渙爲尚書左丞。八月，御史大夫（蔣）〔崔〕渙新崔（漁）〔渙〕傳同。爲稅地青苗錢使，給百官俸錢不平，詔尚書左丞蔣渙按鞫。九月甲申，以尚書左丞蔣渙爲華州刺史，充鎮國軍潼關防禦史。舊紀：七年五月癸亥，以檢校禮部尚書蔣渙充東都留守。八年九月甲午，東都留守蔣瓊兼知東都貢舉。唐語林八：累爲主司者，蔣渙再，大曆九年、十年。常袞授蔣渙右散騎常侍制，稱銀青光祿大夫、光祿卿、上柱國、汝南郡開國公蔣渙。文苑英華三百八十。

薛邕 又吏外、勳中、禮外補。新表薛氏西祖房：陳留太守江童見封外。子邕，字公和，宣歙觀察使。「公和」，新安志作「仲味」，去思碑作「沖味」。唐語林八：開元二十四年，命禮部侍郎主文，後有左補闕薛邕等雜主之。唐摭言十四：至德二年，駕臨岐山，右補闕兼禮部員外薛邕下二十一人後至。大曆二年，拜禮部侍郎，聯翩四榜，共放八十。唐語林八：累爲主司者，春官小宗伯薛邕四，大曆二年、三年、四年、五年。又云：裴士淹再，至德二年、三年，似與摭言異。案唐登科記總目，至德二載進士二十二人，江淮六人，成都府十六人，江東七人，蓋士淹於成都主試也。常袞授薛邕吏部侍郎制：中散大夫、守尚書禮部侍郎、集賢殿學士、判院事、上柱國、汾陽集作「陰」縣開國子、集作「男」。賜紫金魚袋薛邕，潤色鴻業，煥發絲言之美。又與五經諸儒，質正石渠之論，貳於秩宗，五年如初。可守尚書吏部侍郎。文苑英華三百八十七。舊代宗紀：大曆八年二月甲子，御史大夫李栖筠彈吏部侍郎徐浩、薛邕違格，並停知選事。五月乙酉，貶吏部侍郎薛邕歙州刺史，坐典選也。新徐浩傳：吏部侍郎徐浩與薛邕分典選，浩有妾弟冒優託之，邕擬長安尉，御史大夫李栖筠劾之。帝怒，黜邕歙州刺史。舊浩傳亦云：浩坐以妾弟冒選，託侍郎薛邕注授京尉，爲御史大夫李栖筠所彈。新栖筠傳：華原尉侯莫陳怤以優補長安尉，當（參）臺（參），栖筠物色其旁，自言爲徐浩、杜濟、吏部侍郎薛邕所引，非真優也。三人皆元載所厚，栖筠并劾之，皆坐貶。資治通鑑略同。舊楊炎傳：元載嘗選擢朝士有文學才望者一人，厚遇之，將以代己，引吏部侍郎薛邕。邕貶。新炎傳：元載當國，陰擇才可代己者引以自近，取吏部侍郎薛邕。邕坐事貶。新李泌傳：德宗時，州刺史月俸至千緡，京官祿寡薄，薛邕由左丞貶歙州刺史，家人恨降之晚。新安志云：舊書本紀、徐浩傳、新書李栖筠傳皆言邕以侍郎爲歙州，惟新書李泌傳稱自左丞貶，案唐崔巨宣州觀察使去思頌序稱邕「在宣九秋，今上纂序，命糾正於仙臺」，則是德宗卽位後自宣歙觀察使方爲左丞耳，在大曆中未爲此官也。然邕至建中元年十月又以左丞坐贓爲連山尉，故新書致混其文耳。其頌曰：「韶謂薛公茂學雕章、孝弟忠良。」碑碣語多緣飾，未足多信。考其事則兩以請屬罷官，而唐人稱薛邕有宰相望，豈他尚美多乎？閩人本舊書，徐浩云云誤在九年三月丁卯幽州下，今訂正。據新安志，浩、邕停知選事，亦云大曆九年三月丁卯，知宋本已誤。資治通鑑唐紀四十二：建中元年，上以宣歙觀察使薛邕文雅舊臣，徵爲左丞。邕去宣州，盜隱官物以巨萬計，殿中侍御史員寓發之，冬十月己亥，貶連山尉。新安志：德宗卽位，邕自宣歙觀察使入爲尚書左丞。舊德宗紀上：建中元年十月甲午，貶尚書左丞薛邕爲連山尉，坐贓也。舊于邵傳：三司使于邵與御史中丞袁高、給事中蔣鎮雜理左丞薛邕詔獄，邵以爲邕犯在赦前，奏出之，失旨，貶桂州長史。新書文藝下于邵傳亦云：治薛邕獄，失德宗旨，貶桂州長史。而通鑑云：大曆八年五月丙戌，貶桂州長史。似誤。案舊裴胄傳：裴胄遷宣州刺史，楊炎初作相，銳意爲元載報讐，凡其支黨無漏。適會胄部人(計)胄官時服雜俸錢爲贓者，炎命酷吏員寓深按其事，貶汀州司馬。新傳略同。胄刺宣州，按其時代當卽在薛邕後，員寓亦卽發邕贓罪者，則邕之得罪，豈亦出於寓之深按乎？嘉話録：薛邕侍郎有宰相望，後竟終於列曹。太平廣記百五十一。韋建黔州刺史薛舒神道碑：季弟前吏部侍郎、今宣州刺史、宣歙等州觀察使邕，朝之俊茂。文苑英華九百二十四。崔巨大唐宣州刺史薛公去思碑：累踐柱史，累登臺郎，司言中書，掌禮太常。四典歲舉，擷其衆芳，三執邦憲，振其宏綱。銓綜九流，九流既臧；鎮撫三州，三州既康。遷爾管轄，於此文昌，公拜稽首，歸於咸陽。全唐文九百九十。

畢宏又吏外。新畢構傳：宗人宏贖畢炕子垌。不詳歷官。

閻伯璵 元和姓纂二十四鹽：閻懿道見考外補。生伯璵，刑部侍郎，廣平人。 權德輿唐故尚書工部員外郎贈禮部尚書王公端神道碑銘：公與河南元德秀、天水閻伯璵同歲中正鵠。權載之文集十七。 李肇翰林志：開元二十六年，別建學士院，有閻伯輿等在舊翰林院，雖有其名，不職其事。韋執誼翰林院故事：閻伯璵等在舊翰林中，但假其名，而無所職。翰苑羣書上。 梁肅杭州臨安縣令裴君夫人常山閻氏墓誌：銀青光禄大夫、尚書刑部侍郎伯璵之女。文苑英華九百六十六。

韋霸 新表韋氏逍遥公房：丹州刺史元祚曾孫霸，吏部郎中、汝州刺史。姓纂「刺史」作「牧」。 舊韋述傳：韋

蕭直 又勳中補、户外。 新表蕭氏齊梁房：汝州刺史諒見封外。子直給事中。 獨孤及唐故直甥蕭直，爲太尉李光弼判官。廣德二年，入奏言事稱旨。新傳略同。給事中贈吏部侍郎蕭公墓誌銘：公諱直，字正仲。十七舉明經，上第。自京兆府司録參軍，其後驟升尚書户部、庫部、司勳、吏部四曹郎，自殿中進兼侍御史、中丞，徐州刺史。毘陵集十一。

崔翰 又吏外。又御史臺左側題名。

盧允 又勳中、金中、金外。 新表盧氏：刑部尚書從愿見吏外。子、比部員外郎諭見户外。弟允，給事中。 舊方伎金梁鳳傳：肅宗剋復兩京，李揆入相，以盧允爲吏部郎中。 新

傳：李揆、盧允毀服紿謁，梁鳳不許，二人語以情，曰：「盧不過郎官。」揆已相，擢允吏部郎中。　顏真卿正議大夫行國子司業上柱國金鄉縣開國男顏府君允南神道碑銘：范陽盧允畢盡常僚之好。

張重光又御史臺左側題名。　唐會要七十六：開元二十三年，智謀將帥科張重光及第。緯略同。　舊郭子儀傳：寶應二年，代宗東幸，程元振勸且都洛陽。郭子儀因兵部侍郎張重光宣慰迴，附章論奏，代宗亟還京師。　舊代宗紀：大曆二年正月甲子，以兵部侍郎張仲光爲華州刺史、潼關防禦使。　大曆三年九月庚寅，以前華州刺史張重沈本誤「仲」光爲尚書左丞。　常袞授張重光尚書左丞制：門下，國朝多以六卿之貳，出領三輔，入必稍遷，或復舊職，不然則以左右轄處之，中外迭居，從其班列。　銀青光祿大夫、前華州刺史、兼御史大夫、充鎮國軍及潼關防禦等使、上柱國、清河縣開國侯張重光，明道若昧，大方無隅，循一作「脩」。禮以節事，體信以達順，罔有擇行，在於厥躬。　其學既精，其德亦厚。　可以質正大議，和恆雅俗。　服在通列，鬱其休聲。　周歷五曹之副，建明萬事之本。　剖符關輔，參化京師，亦既政成，　且聞河潤。　紀綱臺務，圖任舊人，職無不綜，佇有條理。　可行尚書左(承)〔丞〕，散官、勳封如故，主者施行。　文苑英華三百八十五。

賀若察又吏外。　元和姓纂三十八箇：賀若誕生察，給事中，河南洛陽人。　原本誤入賀蘭氏注，今校正。

獨孤及吏部郎中廳壁記：歲在乙巳，河南賀若公用貞幹諒直，實莅厥位。往歲公爲員外郎也，東曹朗然，如得水鏡；治餘杭也，吴人熙熙，若逢陽春。毘陵集十七。乙巳永泰元年。又送賀若員外巡按畢歸朝序：上欲齊職貢之法，謂尚書吏部郎苑有「中」字。賀若公貞明直躬，特達公器，才足以茂功蔵事，政足以宏道救物，故俾繡衣持斧，巡撫江介。冬十一月，命郡吏致事，言旋京師，且將捧府檄於南陔，侍板輿以西上。毘陵集十四。案，序首云「今年春上，以富人侯爲丞相」，疑指劉晏。晏廣德元年正月相。常衮宣慰湖南百姓制宜：令中散大夫、給事中賀若察往湖南宣尉處置。文苑英華四百三十四。梁肅處州刺史李公墓誌銘：給事中賀若察宣慰南方，請爲賓佐。文苑英華九百五十一。常衮授賀若察給事中制：門下，中散大夫、行尚書吏部郎中賀若察，講求學術，藻飾藝文，顧言行以檢身，酌智能以經務，任參六典，選重一時。從容管劇，每識通而理當；達練起草，亦體大而思精。聲猷益茂，公望惟允。分曹殿中，職在論駁，尚書奏議，俾爾平之。可給事中，散官如故，主者施行。文苑英華三百八十一。

崔器 新表博陵第二房崔氏：昌容舊器傳：父肅然，平陰丞。子器，御史大夫。舊傳：舉明經。天寶十三年，量移京兆府司録，轉都官員外郎，出爲奉先令。逆胡陷西京，没於賊，北走靈武，吕諲引爲御史中丞。新酷吏傳：後爲奉先令，受賊署，走靈武，爲御史中丞。賈至授崔器御史中丞制，稱權判文部郎中崔器可守御史中丞，餘如故。英華三百九十八。文苑英華三百九十三。又授崔器大理少卿制：守保定太守崔器可守大理少卿。會要七十九：御史大夫崔器謚曰貞。

庾準 見左外，又勳中、主中。舊傳：宰相王縉驟引至職方郎中、知制誥，遷中書舍人。常袞授庾準楊炎知制誥制：中大夫、行尚書吏部郎中、上柱國庾準，可行尚書職方郎中、知制誥，散官、勳如故。文苑英華三百八十二。

韋少遊 又吏外、封外、祠外。新表韋氏南皮公房：考功郎中鏗見考中補。子少遊，吏部郎中。賈至授韋少遊祠部員外郎等制：勅左補闕、直弘文館韋少遊。文苑英華三百九十一。詳祠外。杜甫爲遺補薦岑參狀，末署至德二載(六)六月十二日左補闕臣韋少遊。杜工部集二十。

王延昌 又户中、度外。殷亮顏魯公行狀：玄宗又詔公爲河北採訪處置使，公又以前咸陽尉王延昌爲判官。顏魯公文集。留元剛年譜，天寶十五載三月，兼河北招討採訪使。舊吐蕃傳：廣德元年，郭子儀行軍判官、中書舍人王延昌等謂子儀：「南趨商州，漸赴行在，取玉山路而去。」山路狹隘，至倒迴口，遂别行，踰絶澗，登七盤，趨商州云云。舊豐王珙傳：廣德元年十月，吐蕃逼上都，上幸陝州，自苑中出，騎從半渡滻水。將軍王懷忠閉苑門，橫截五百餘騎，擁十宅諸王西投吐蕃。至城西，遇元帥郭子儀，懷忠謂曰：「主上東遷，社稷無主，萬國顒顒，何所瞻仰。僕奉諸王西奔，以副天下之望。令公身爲元帥，廢置在手，何不行册立？」子儀未及對，豐王越次言曰：「令公作何語，何不言也？」行軍司馬王延昌責：「主上雖蒙塵於外，聖德欽明，王身爲藩翰，何乃發狂悖之詞也！延昌當奏聞於上。」子儀又數讓之，命軍士領之盡赴行在。潼關謁見，上不之責。新傳：吐蕃入京師，代宗幸陝，將軍王懷忠閉苑門，以五百騎劫諸王西迎虜，遇郭子儀。懷忠曰：「上東遷，宗社無主，今僕奉諸王西奔，以係天下望。公爲元帥，惟所廢置。」子儀未對。珙輒曰：「公何如？」司馬王延昌質責珙曰：「上雖蒙塵，未有失德，王爲藩翰，安得狂悖之言！」子儀亦讓之，即護送行在所，赦不責。新儒學下暢當傳：父璀，代宗時與王延昌等待制集賢院。舊代宗紀：永泰元年三月壬辰朔，詔吏部侍郎王延昌等十三人並集賢院待詔。詳左中高昇注。獨孤及爲楊右丞祭李相公文，稱吏部侍郎王延昌毘陵集十九。顏真卿華嶽廟題名：乾元元年十月十有二日辛亥，次於華陰，與監察御史王延昌等同謁金天王之神祠。文忠集十一。賈至授王延昌諫議大夫兼侍御史制：京兆少尹、知雜王延昌，頃者彌綸省闥，紀綱臺憲，舊章克舉，雅望攸歸。貳政浩穰，雖藉其條理；列職規諷，更思其讜直。諫大夫之密，侍御史之雄，爾宜兼之，以匡予理。可諫議大夫、兼侍御史知雜，餘並如故。文苑英華三百八十一。獨孤及唐故商州録事參軍鄭府君密墓誌銘：二京返正，拜公商州洛南令，數月訟平賦均，殿中侍御史王延昌等表言其狀。又云：以大理評事兼商州録事參軍、御史中丞王延昌表公才任御史。毘陵集十二。廣德元年。集古録目：唐吏部侍郎王延昌碑，唐兵部郎中邵説撰，廣州都督徐浩八分書。延昌，京兆人，官至吏部侍郎、集賢院待制。碑以大曆三年立。寶刻叢編八。京兆府萬年縣。會要七十九：贈吏部尚書王延昌謚曰宣。

韓滉又吏外、考外補，祠外。新表昌黎韓氏：玄宗相休見封外。子滉，字大仲，一作「沖」，是。相德宗。舊傳：以蔭自殿中侍御史累遷至祠部、考功、吏部員外郎，判南曹。大曆中，改吏部郎中、給事中。新傳：自殿中侍御史三遷吏部員外郎，再遷給事中。顧況檢校尚書左僕射同中書門下平章事上柱國晉國公贈太傅韓公行狀：詔除殿中侍御史，累遷祠部、考功、吏部三員外，判南曹，尋遷吏部郎中、給事中。文苑英華九百七十三。賈至授韓滉吏部郎中制：勅，尚書郎中佐理六卿，事關政本；御史則舉直措枉，綱紀周行，非雅正之才，難在斯任。吏部員外郎韓滉，恪慎惇敏，且吏且文，一作「飭吏以文」。夙夜在公，咸宜進位。可吏部郎中。文苑英華三百八十九。

趙縱又金外。元和姓纂三十小：中書舍人趙良器見倉外。生縱，户部侍郎，河東人。石刻邵説唐故同州河西縣丞贈虢州刺史太常卿天水趙公叡沖神道碑：今聖踐極嗣；（孫）〔趙〕縱等咸擅才業，宦成三署。虞鄉。 大曆四年。 舊周智光傳：大曆二年正月，密詔郭子儀討周智光。時同華路絶，上召子儀女壻工部侍郎趙縱受口詔，縱裂帛寫詔，置蠟丸中，遣家童間道達焉。舊子儀傳在元年十二月，餘同。新叛臣傳略同。 舊代宗紀：大曆十二年四月，户部侍郎趙縱等坐元載貶官。 楊綰汾陽王妻霍國夫人王氏神道碑：次女適和州刺史趙縱。文苑英華九百三十四。 大曆十二年。 舊張鎰傳：建中三年正月，太僕卿趙縱爲奴當千發其陰事，縱下御史臺，貶循州司馬，杖殺奴。 新傳：郭子儀壻太僕卿趙縱爲奴告，下御史劾治，貶循州司馬，杖奴死。 舊郭曜傳：建中初，郭子儀薨，楊炎、盧杞秉政，姦諂用事，尤忌勳族，子儀壻太僕卿趙縱等皆以家人告訐細過，相次貶黜。新書子儀傳略同。

韋元曾 又吏外、封外。 新表東眷韋氏閬公房：衞州刺史璆子元曾，字穎叔，吏部郎中。「衞州」，墓誌「衢州」。 獨孤及唐故吏部郎中贈給事中韋公元魯墓誌銘：天寶五載，解褐尉邠州新平，其後參佐使臣者五，入御史府者三，一居專城，六爲尚書郎。 大曆二年十二月乙酉，以吏部郎中終於京師靜恭里之故宅，春秋五十有五。毘陵集十一。 案，「魯」，「曾」誤。 獨孤及唐故范陽郡倉曹參軍京兆韋公元誠墓誌銘：永泰二年，公季弟吏部郎中元曾使及爲志。昆陵集十二。　常衮授韋元曾吏部郎中等制：勅，朝議郎、行尚書吏部員外郎、賜緋魚袋韋元曾，朝請大夫、前行尚書司封集作「勳」。員外郎、兼侍御史、護軍、賜緋魚袋元挹等，學業優深，詞華通贍，雅有搢紳之望，列於郎署之間。久在劇曹，尤推精密，自登膳部，克舉彌綸，選重一時，職參六典。宜膺並拜之寵，式美齊名之論。元曾可守尚書吏部郎中，散官、賜如故，元挹可行尚書吏部員外郎，散官、勳賜如故。文苑英華三百八十九。

韋諤

新表韋氏南皮公房：見素見左中。子諤，給事中。　舊玄宗紀下：天寶十五載六月丁酉，上將發馬嵬驛，命京兆府司録韋諤爲御史中丞，充置頓使。庚子，充巡閤道使，令先發。舊韋見素傳同。　舊韋見素傳：天寶十五載八月，宰臣韋見素、房琯齎傳國寶、玉册奉使靈武，宣傳詔命，便行册禮，以韋諤及中書舍人賈至充册禮使判官。新傳同。　舊傳：諤位至給事中。新傳同。　常衮授韋諤給事中制：門下，通議大夫、行尚書吏部郎中、彭城郡開國公韋諤，在人之德，承家積厚，先致美以施政，終秉彝以存誠。朝之清序，多所階歷。參我六典，冠於諸曹。學以辯疑，文以決滯。五年勤職，時謂淹才。宜守集作「侍從」。殿中，以平臺議。詔書未當，實得封還，官能守常，事尠失中。是有選用，爾其揚之。可行給事中，散官、封如故，主者施行。文苑英華三百八十一。

裴綜又吏外、勳外。 新表南來吳裴氏：玄宗相耀卿見考外補。子綜，吏部郎中。舊、新耀卿傳同。 賈至授裴綜起居郎制，稱殿中侍御史裴綜可行起居郎。文苑英華三百八十三。 石刻許孟容唐故侍中尚書右僕射贈司空文獻公裴公神道碑銘：子綜，最知名，官至吏部郎中。元和七年。稷山。 權德輿唐故衞國夫人李氏墓誌銘：夫人外王父吏部郎中、贈刑部尚書綜，以文行清名，著於舊族。權載之文集二十七。

房宗偃又膳外補。 新表河南房氏：肅宗相琯見主中補。子宗偃，御史中丞。 常袞授房宗偃膳部員外郎制：勅，朝議郎、侍御史內供奉、充山南西道節度管內支度營田副使、賜緋魚袋房宗偃。文苑英華三百九十一。 詳膳外。 唐會要六十：大曆十四年七月，以吏部郎中房宗偃爲御史中丞，仍東都留臺，充東都畿汝觀察處置使。 舊書德宗紀上：大曆十四年七月辛未，以吏部侍郎房宗偃爲御史中丞、東都畿觀察使。案，「侍郎」係「郎中」之訛。 舊房孺復傳：長兄宗偃，貶官嶺下而卒，喪柩到揚州，孺復未嘗弔。 新傳：兄宗偃喪自嶺外還，孺復不出臨弔。

杜亞又吏外、户外。 新表京兆杜氏：秀容令繹子亞，字次公，檢校禮部尚書。 舊傳：自河西節度從事入朝，歷工、户、兵、吏四部員外郎。 永泰末爲山、劍副元帥杜鴻漸判官。使還，授吏部郎中、諫議大夫。 新傳：自河西幕府入朝，歷吏部員外郎，爲山南、劍南副元帥判官，再遷諫議大夫。　權載之文集十三杜公神道碑銘：三辟大府，五登郎位。

盧杞又金中、膳外補。　新表盧氏：懷慎見上。孫、御史中丞奕見户中。子杞，字子良，相德宗。　舊傳：以門蔭，自忠州刺史移病歸京師，歷刑部員外郎，金部、吏部二郎中，出爲虢州刺史。建中初，徵爲御史中丞。

李承　新表趙郡李氏南祖房：考功郎中畲見勳外。子承，山南東道節度使。　舊傳：舉明經高第，自檢校考功郎中兼江州刺史，徵拜吏部郎中，尋爲淮南西道黜陟使。建中二年七月，驟擢同州刺史。　新傳：自監察御史累遷吏部郎中、淮南西道黜陟使。

齊貢無考。　案，吏中補有齊珝，當作「珝」。疑即是，説見下文。

李竦又勳外。　新表大鄭王房：檢校刑部郎中從毅子竦，字特卿。　唐詩紀事三十二：李竦登大曆二年進士第，官於京師。朱泚亂，竦踰垣走追及帝咸陽。　舊德宗紀上：貞元二年二月甲戌，京兆少尹李竦爲户部侍郎、判鹽鐵榷酒。　三年正月辛亥，以户部侍郎李竦爲鄂岳觀察使。　又下：四年六月丁丑，鄂岳觀察使李竦卒。　梁肅侍御史攝御史大夫贈尚書户部侍郎李公史魚墓誌：貞元元年，嗣子竦以谷口扈從之勳，推恩追贈。　又云：竦以文藝吏事歷中書舍人、户部侍郎，才任方鎮，加左散騎常侍，知鄂州軍州事，領都團練觀察使。長才厚位，而壽不至，士友痛之。文苑英華九百四十四。　貞元五年。

盧翰

新表盧氏：元裕見户外。弟刑部尚書正己子翰，相德宗。案，元裕卽正己，表誤分爲二人，説見户外盧元裕注。　常袞太子賓客盧君墓誌銘：嗣子前祕書郎兼監察御史翰。文苑英華九百四十二。　大曆六年。　石刻中書舍人朱巨川告身，後署朝請大夫、權判吏部侍郎、范陽郡開國公翰。建中三年六月十六日。　舊德宗紀上：興元元年正月丙戌，以吏部侍郎盧翰爲兵部侍郎、同中書門下平章事。新表同，新紀同。　新表：興元元年六月癸丑，盧翰爲門下侍郎。十二月己卯，翰加太微宫使。　陸宣公集七盧翰太子賓客制：金紫光禄大夫、行門下侍郎、同中書門下平章事、范陽郡公盧翰，頃因多難，從我於征。以其年及老成，任推先進，方將求舊，擢處臺衡。荏苒迄今，亟淹星歲，勤勞既久，衰疢有加。宜徙職於春闈，用優賢於暮齒。可太子賓客，勳賜如故。　舊德宗紀上：貞元二年正月壬寅，門下侍郎、同平章事盧翰爲太子賓客。新宰相表同。　舊柳渾傳：貞元中，盧翰等退罷居第。新傳：盧翰以舊相，(闌)〔闔〕門奉朝請。　唐會要五十五：寶應元年五月，給事中韓賞見户外。　中書舍人楊綰同充理匭使，奏大理評事盧翰充判官。　舊良吏薛珏傳：建中初，命使臣黜陟官吏，使淮南盧翰以陳州刺史薛珏之肅物，以陟狀聞。新書叛臣上梁崇義傳：建中二年，李舟見吏外。復如梁崇義所尉撫，不肯內，請易他使，更命給事中盧翰往。舊盧簡辭見勳外傳：祖翰。案，世系表作「之翰，臨黃尉」，傳蓋誤脫「之」字耳。陸宣公集七盧翰劉從一門下中書侍郎平章事制：銀青光祿大夫、行尚書兵部侍郎、同中書門下平章事、范陽縣開國公盧翰可門下侍郎、同中書門下平章事，散官、勳封如故。略云：扈蹕載驅，以勞定國，懋官遷列，式是彝章。又云：自鑾車載駕，薄狩於梁，執羈有從我之勤，及霤勵匪躬之節。交脩不逮，庶績其凝。俾承命於禁垣，仍參掌於區務。劉太真爲陳大夫謝上淮南節鎮表：浙東使事，已差觀察官殿中侍御史盧翰權知留後。文苑英華五百八十四。會要七十九：太子賓客盧綸謚恭。「綸」疑「翰」。

趙贊　元和姓纂三十小：和州刺史趙珍生匡，見左外。贊。贊，戶部侍郎，河東人。舊良吏下薛珏傳：建中初，分命使臣黜陟官吏，使山南趙贊以薛珏爲硤州刺史之廉清，以陟狀聞。舊許孟容傳：趙贊爲荊襄等道黜陟使，表爲判官。新書袁滋傳：建中初，黜陟使趙贊薦於朝。舊良吏傳同。舊德宗紀上：建中三年五月，以中書舍人趙贊爲戶部侍郎、判度支。八月丁未，初分置汴東西水陸運兩〔稅〕鹽鐵使，從戶部侍郎、判度支趙贊奏也。九月，判度支趙贊上言，請爲兩都、江陵、成都、揚、汴、蘇、洪等州置常平輕重本錢，上至百萬貫，下至十萬貫，收貯斛斗匹段絲麻，候貴則下價出賣，賤則加估收糴，權輕重以利民，從之。贊乃於諸道津要置吏税商貨，每貫税二十文，竹、木、茶、漆皆什一税一，以充常平之本。舊德宗紀上：建中四年十二月壬戌，貶户部侍郎、判度支趙贊爲播州司馬。舊李懷光傳：懷光奔命奉天，緣道數言趙贊等姦佞，且曰：「天下亂皆此輩，見上當請誅之。」盧杞等微知之，懼甚。屯軍咸陽，數上表暴揚罪惡。上不得已，爲貶贊等以慰安之。新傳：懷光誦言：「度支賦斂重，天下亂皆由此。見上，且請誅之。」屯咸陽，數暴其罪。帝爲貶趙贊等。新書選舉志：建中二年，中書舍人趙贊權知貢舉，以箴、論、表、贊代詩、賦，而皆試時務策，明經策三道。會要七十五：建中二年十月，中書舍人、權知禮部貢舉趙贊奏，明經等以所問録紙上，各令直書其義，不假文言。

劉從一 新表廣平劉氏：京兆少尹濡之見封外。子從一，相德宗。舊傳：少舉進士，大曆中宏詞。建中末，普王爲元帥，自刑部員外郎遷吏部郎中、兼御史中丞，爲元帥判官。德宗幸奉天，拜刑部侍郎、同平章事。新傳：普王討李希烈，表爲元帥判官。德宗居奉天，超拜刑部侍郎、同中書門下平章事。舊舒王誼傳：刑部員外郎劉從一爲吏部郎中、兼中丞，充元帥府判官。新德宗本紀：建中四年十月丁巳，吏部郎中劉從一爲刑部侍郎、同中書門下平章事。宰相表同。陸宣公集七蕭復劉從一姜公輔平章事制：守尚書吏部郎中、兼御史中丞、充荆襄江西等道都元帥判官、賜(鯡)〔緋〕魚袋劉從一，可守尚書刑部侍郎、同中書門下平章事，賜紫金魚袋。舊德宗紀：刑部尚書劉從一以本官同中書門下平章事。「尚書」字疑誤。會要八十：贈太子太傅劉從一謚敬。

郭雄 元和姓纂十九鐸：陳州司户郭味賢生雄，吏部郎中，京兆人。趙元一奉天録一：建中四祀，上次咸陽，駕部郎中郭雄等悉於咸陽而及焉。德宗贈郭雄同州刺史詔：朕越自邦畿，至於梁漢，而庶尹卿士各勤其職。雄以鋒刃之下，倉卒遇害，親戚阻絕，孤魂何依。豈不以予一人不德，而使子大夫罹其禍也。永言惻惻，增軫於懷，爰申寵贈，俾如常典。大詔令。

崔造見左外。舊傳：德宗收京師，自建州刺史徵拜吏部郎中、給事中。新傳：京師平，自建州刺史擢給事中。舊德宗紀上：興元元年十二月戊子，以吏部郎中崔造爲給事中。陸贄奉天薦袁高等狀：崔造、殷亮、李舟，已上並郎官。昨蒙宣示中書進擬量移官，令臣審看可否者，因悟貶降之輩，其中甚有可稱。臣以素所諳知，兼聞公議，此狀之內，僅得十人，狀所不該，又有三四，或因連累左黜，或遭讒忌外遷，亙有行能，咸著名跡，寘之清列，皆謂良材。若但準例量移，及令仍舊出守，固非陛下愛賢之意，亦乖海內望理之心。儻蒙特恩，追赴行在，試垂訪接，必有可觀。録用棄瑕，既符德號，振淹求舊，亦闡大猷。謹録薦陳，庶備採擇。陸宣公集十四。

殷亮 又吏外、封外、勳外。

元和姓纂二十一欣：永寧尉殷寅生亮，給事中、杭州刺史、駕部郎中，陳郡長平縣人。陸贄奉天薦袁高等狀，有殷亮郎官。陸宣公集十四。詳上崔造注。新書儒學傳中：殷踐猷孫亮，後終給事中、杭州刺史。舊來瑱傳：寶應二年正月，來瑱賜死於鄠縣，門客校書郎殷亮後至，獨哭於尸側，貨所乘驢以備棺衾，夜葬而祭，走歸京師。新傳略同。穆員河南少尹裴公濟墓誌銘：來瑱自相位獲譴，已而伏誅，凡百門吏，逃難解散，公與陳郡殷亮，始冒危於保衛，終毀家於喪葬，君子難之。文苑英華九百四十三。殷亮顏魯公行狀：公之密親懿友，動相規用，以成其務者，即今給事中殷公亮。顏魯公文集。案，行狀前題門客殷亮撰。

苗丕 又吏外、户外。

新表苗氏：晉卿見上。子丕，河南少尹。舊趙博宣傳：大曆中，差監察御史苗伾就推轉運使判官劉長卿犯贓。

韋夏卿 又吏外。

新表韋氏龍門公房：嶺南節度行軍司馬迢子夏卿，字云客，太子少保。舊傳：大曆中應制舉，策入高等，自長安令改吏部員外郎，轉本司郎中，拜給事中，吕温故太子少保贈尚書左僕射京兆韋府君神道碑：前後遷刑部、吏部員外郎，吏部郎中。吕衡州文集六。新傳：自長安令轉吏部員外郎、郎中，擢給事中。

柳冕又吏外。新表柳氏：右司郎中、集賢學士芳子、大理少卿登見膳中補。弟冕，字敬叔，福建觀察使。舊傳：貞元初，爲太常博士。六年，爲吏部郎中，攝太常博士，同修郊祀儀注。新傳：爲太常博士。德宗親郊，以吏部郎中攝太常博士，脩飭儀矩。舊書禮儀志六：貞元八年正月二十三日，吏部郎中柳冕等十二人議禘别廟，以居獻、懿二祖。二十七日，冕上禘祫義證凡一十四道，以備顧問，并議奏聞。新儒學陳京傳略同。殷亮顏魯公行狀：公之密親懿友，動相規用，以成其務者，即今吏部員外郎柳公冕。顏魯公文集。

李玕又金中、倉中。新表曹王房：晴孫賽子玕。不詳歷官。

趙宗儒又勳外、考中。新表南陽趙氏：祕書監驊見倉中。子宗儒，字秉文，相德宗。元和姓纂：平章事、刑部尚書。舊傳：舉進士，德宗時以考功郎中，丁母憂，終喪，授吏部郎中。貞元十一年，遷給事中。新傳：自考功郎中累遷給事中。權載之文集三十八送許協律判官赴西川序：十年冬，予與今左曹相君、兵部郎崔君同受詔禁中，雜閱對策，以第其等，將命於廷，有請程百職之功緒者，且以郎吏諫曹爲言。時相君爲吏部郎，崔爲右補闕，因相顧曰：「直言者方議切吾黨，其可捨諸。」予撫手賀之，以爲得雋，及後詔下，徵他日之詞，則許生也。

劉執經 又吏外。 新表曹州南華劉氏：肅宗、代宗相晏見度中補。子執經，字長孺，吏部郎中。 舊劉晏傳：貞元五年，録晏子執經，授太常博士。新傳同。 唐會要五十八：貞元元年九月十六日，又以吏部員外郎兩人判南曹，以庫部員外郎崔銳、比部員外郎劉執經權判，事畢日停。

楊於陵 於陵，王本缺。 又吏外、考外補、膳外補。 新表楊氏越公房：單父尉太清子於陵，字達夫，左僕射、弘農郡公。 舊傳：弱冠舉進士。 貞元中自吏部員外郎判南曹，遷右司郎中，復轉吏部郎中，改京兆少尹。 新傳：以吏部判南曹，未幾，遷右司郎中，換吏部，出爲絳州刺史。 李翺唐故金紫光禄大夫尚書右僕射致仕上柱國弘農郡開國公食邑二千户贈司空楊公墓誌：自吏部員外郎判南曹，爲右司郎中、吏部郎中，改京兆少尹，出爲絳州刺史。 李文公集十四。 舊憲宗紀下：元和七年十一月戊寅，吏部尚書鄭餘慶請復置吏部考官三員，吏部郎中楊於陵執奏以爲不便，云云。 據舊書於陵傳，時爲吏部侍郎，紀誤。 權德輿京兆少尹西廳壁記：貞元十六年春二月，詔弘農楊於陵字達夫自吏部郎中莅其職。 權載之文集三十一。

崔溉 又户外、祠外。　新表清河大房崔氏：河南少尹微子溉，太常少卿。　穆員崔少尹夫人盧氏墓誌：孤溉，殿中侍御史。　誌云：溉執河南府君之喪，一號三年，既踰月，而縣君繼酷。雅知溉者，以今之宰政與中朝賢卿大夫，多溉之游。貞元二年。文苑英華九百六十七。　又陸渾尉崔君泳墓誌銘：君長兄河南府司録參軍溉不勝其哀。英華九百六十。貞元四年十月。　柳宗元爲韋京兆祭太常崔少卿文：夙歲同道，從容洛師，接袂交襟，以遨以嬉。策駕嵩、少，泝舟瀍、伊，笑咏周星，其樂熙熙。洛中十友，談者榮之。惟鄭洎齊，各登鼎司，或喪或存，山川是違。往佐居守，及爾同寮，笑遨一作傲。交歡，匪夕則朝。入同其室，一作「入有同室」。出聯其鑣，投文報章，既歌且謡。及我爲郎，優游吏部，公爲御史，持憲天路。文陛徐趨，眷戀相顧，歡愛之分，有加於素。自我于邁，歷刺東吳，離憂十年，復會名都。余爲侍郎，銓總攸居，實得茂彦，奉其規模。聯事合情，又倍其初。我尹京兆，公亞奉常，抱疾幾何，忽焉其亡。河東先生集四十。崔公名字未詳，注云當即崔溉，是也。「實得茂彦」四句，即指溉爲吏中時事。前無年月，注云貞元十八年作。　石刻顧少連嵩嶽少林寺新造廚庫記：朝議郎、守洛陽縣令、雲騎尉、賜緋魚袋崔溉書。貞元十四年。河南登封。

常仲儒 「常」，二本「崔」誤。　又吏外。　又御史臺碑額監察題名。　新表新豐常氏：司農卿皆子仲儒，諫議大夫。常仲儒河中府新修文宣王廟：小子明朝退飛，幕府護祐。文粹五十一。舊韋執誼傳：貞元十九年，奏逐常仲儒等六七人。新傳同。詳左中韋成季注。柳宗元先君石表陰先友記，常仲孺，河南人，今爲諫議大夫。河東先生集十二。

案，碑(之)〔云〕「貞元五年秋仲上丁元帥司空侍中咸寧王渾公有獻於先師」，則是從事渾瑊府也。

韋執誼 新表韋氏龍門公房：巴州刺史浼子執誼，相順、憲。舊傳：進士擢第，應制策高等。自右拾遺、翰林學士，丁母憂，服闋，起爲南宮郎。順宗即位，自朝議郎、吏部郎中、騎都尉賜緋魚袋，授尚書左丞、同平章事，仍賜金紫。新傳：自右拾遺、翰林學士，終母喪，爲吏部郎中。順宗立，爲尚書左丞、同中書門下平章事。舊順宗紀：貞元二十一年二月辛亥，以吏部郎中韋執誼爲尚書左丞相、同中書門下平章事。

李鄘 又吏外、祠外。新表江夏李氏：起居郎瑄「瑄」，舊鄘傳作「暄」，「郎」作「舍人」。子鄘，字建侯，相憲宗。舊傳：大曆中，舉進士，書判高等。自嗣曹王臯從事入爲吏部員外郎，爲徐州宣慰使，遷吏部郎中。順宗登極，拜御史中丞。新傳：自馬燧府佐歸洛中，召爲吏部員外郎，拜徐州宣慰使，遷郎中。順宗時，進御史中丞。順宗實録二：貞元二十一年三月景戌，以吏部郎中李鄘爲御史中丞。昌黎先生外集七。許孟容祭楊郎中文：貞元十九年四月，吏部郎中李傭原注：亦作「備」。等。文苑英華九百八十五。案，「傭」當作「鄘」，說見附存李傭注。

鄭利用又勳外。　新表鄭氏(兆)〔北〕祖房：冠氏令諒子、德宗相珣瑜見吏外。弟利用，澤州刺史。　唐會要七十六：貞元元年九月，賢良方正能直言極諫科鄭利用及第。緯略誤「鄭科田」。　柳宗元先君石表陰先友記：鄭利用，餘慶從父兄也。見左外。原注：利用，大曆八年進士。真長者。由大理少卿爲御史中丞，復由中丞爲大理少卿。河東先生集十二。

房式　新表河南房氏：肱子式，宣歙觀察使。　舊傳：式，琯之姪。見主中補。舉進士。自雲南安撫使詔除兵部郎中。屬劉闢(及)〔反〕，不得行。闢平，尋除吏部郎中，爲給事中。　新傳：琯族孫式，自韋皋雲南安撫副使、蜀州刺史。劉闢反，式留不得行。賊平，除吏部郎中，拜給事中。　韋乾度駁左散騎常侍房式謚議：式自忠州刺史，故太師奏授劍南西川度支會要「支度」副使，後兼御史中丞，又剖符蜀州，是時貞元十八年也。後逾年，卻復使職。會故使太師薨殁。文苑英華八百四十一。會要八十。會要三十九：元和二年七月，詔吏部郎中房式等刪定開元格後勅。

杜兼　新表洹水杜氏：鄭州録事參軍廙子兼，字處弘，河南尹。　舊傳：舉進士。元和初，自濠州刺史入爲刑部、吏部郎中，拜給事中。　新傳：建中初進士高第。元和初，自濠州刺史入爲刑部郎中，改蘇州刺史。比行，上書言李錡必反，留爲吏部郎中，尋擢河南尹。韓愈唐故中散大夫河南尹杜君墓誌銘：自刑部郎中，以能官拜蘇州刺史。既辭行，上書曰「李錡且反，必且奏族臣」。上固爱其才，書奏，卽除吏部郎中，遂爲給事中。昌黎先生集二十六。考異：「郎中」或無「中」字。案，五百家本無「中」字。

竇羣 又膳外補。新表竇氏平陵房：左拾遺叔向子羣，字丹烈，二傳「列」。容管觀察使。舊傳：憲宗時，自山南東道節度副使召入爲吏部郎中，代武元衡爲中丞。新傳同。諸藏言故朝議郎御史中丞容管經略使賜紫金魚袋贈左散騎常侍扶風竇府君詩序：自漢南節度副使檢校兵部郎中兼中丞，加金紫。居無何，除吏部郎中，遷御史中丞。竇氏聯珠集。呂衡州文集六：韋府君夏卿神道碑銘：今吏部郎中扶風竇羣抗迹毘陵，退身進道，公三挹郡楫之上，一振天墀之下，不數歲間，蔚爲重器，可以視其所舉矣。

柳公綽 又吏外。新表河東柳氏：丹州刺史子温子公綽，字寬□，新傳同。舊傳：字起之。兵部尚書，謚元。舊傳：謚成。舊傳：再應制舉，登賢良方正直言極諫科。自吏部員外郎爲武元衡西蜀判官，入爲吏部郎中。元和五年，拜御史中丞。新傳：自吏部員外郎、劍南判官，召爲吏部郎中。憲宗時，拜御史中丞。舊憲宗紀元和五年十二月壬午，以吏部郎中柳公綽爲御史中丞。石刻裴度蜀丞相諸葛武侯祠堂碑，題營田副使、檢校尚書吏部郎中、兼成都少尹、侍御史、賜紫金魚袋柳公綽書。元和四年。四川成都。

李藩見左外，又吏外誤「蕃」，主外。舊傳：自祕書郎遷主客員外郎，尋換右司，改吏部員外郎。元和初，遷吏部郎中，掌曹事。爲吏所蔽，濫用官闕，黜爲著作郎，轉國子司業。新傳：自祕書郎累擢吏部郎中，坐小累，左授著作郎。

崔芃又考外補、度中。又御史臺右側侍御兼殿中題名。柳宗元先君石表陰先友記：崔芃，原注：蒲紅切。博陵人，善言名理，爲御史、尚書郎。河東先生集十二。權德輿唐故江南西道都團練觀察處置等使中散大夫使持節都督洪州諸軍事守洪州刺史兼御史中丞騎都尉賜紫金魚袋贈左散騎常侍崔公神道碑銘：以聯帥上介入拜侍御史，遷考功員外郎，度支、吏部二郎中，商、常二州刺史。權載之文集十七。唐會要七十七：元和四年正月，以吏部郎中崔芃使浙東等道宣撫。舊憲宗紀上：元和六年八月辛巳，以常州刺史崔芃爲洪州刺史、江西觀察使。又下：七年十一月己卯，江西觀察使崔芃卒。李肇東林寺經藏碑：元和五年，韋公薨。七年，博陵崔公以仁和政成，憫默舊績，云云。文苑英華八百六十五。憲宗有柳公綽崔芃罰俸勑：公綽、崔芃所進絹等，所司奏聞，各有欠少，事緣進獻，皆合精詳，致使闕遺，固非審慎。柳公綽宜罰兩季俸料，崔芃罰一季俸料。大詔令。

張惟素又封中、勳外。許孟容祭楊郎中文，稱貞元十九年四月，右補闕張惟素等。文苑英華九百八十五。韓愈祭太常裴少卿文，稱元和九彭云一作「元」，(作)(非)。年，吏部侍郎張惟素等。文苑英華九百八十七。今本韓集僅云「愈等等」。考異載，冕本與英華合。韓愈舉張惟素自代狀，稱中散大夫、守左散騎常侍、上柱國、賜紫金魚袋張惟素，文學治行，衆所推與，累歷中外，資序已深，云云。韓昌黎集注三十九。案，愈爲國子祭酒，故舉惟素自代。考愈於元和十五年秋爲國子祭酒。舊李渤傳：穆宗初定京官考，考功員外郎李渤奏：「右一作「左」。散騎常侍張惟素等諫幸驪山，請貶上下考外，特與遷官。舊敬宗紀：長慶四年六月，工部侍郎張惟素卒。

皇甫鎛又吏外、倉外。新表皇甫氏：愉子鎛，相憲宗。舊傳：貞元初登進士第，登賢良文學制科，自吏部員外郎改吏部郎中，三遷司農卿。新傳：遷吏部員外郎，進郎中，累遷司農卿。

張賈唐詩紀事五十九：賈爲韋夏卿所知，後至達官。初以謫御史爲華州上佐。昌黎先生集十送張侍郎詩。五百家註本引眉山孫汝聽全解云：元和十二年，張賈初自兵部侍郎出爲華州刺史。舉正云：「侍郎」，閣本作「侍御」，非。褚藏言故國子司業贈給事中扶風竇府君牟詩序：貞元二年舉進士，與故兵部侍郎張公賈等同年上第。竇氏聯珠集。李文饒別集三從姪尚書右丞賈奉和張宏靖山亭書懷詩，元和十三年六月題。唐詩紀事作「左丞」。呂温故太子少保贈尚書左僕射京兆韋府君神道碑銘：分正東郊，開府辟士，則有今禮部員外郎清河張賈。元和元年。呂衡州文集六。　新韋夏卿傳：所辟士如張賈等至達官，故世稱知人。大唐傳載：韋獻公辟吏八人，張尚書賈等皆至顯官。　韓愈祭太常裴少卿文：元和九年，吏部侍郎張賈等。文苑英華九百八十七。　舊文宗紀下：開成二年七月甲申，以太府卿張賈爲(袞)〔兗〕海觀察使。　又序論云：中書用鴻臚卿張賈爲衢州刺史。不詳年月。　案此似別是一人，下同。　舊武宗紀：會昌三年七月，宰相奏「聖旨欲遣張賈充使三鎮，臣等續更商量，張賈幹濟有才，甚諳軍中體勢，然性剛負氣，慮不安和」云云。　資治通鑑唐紀六十二：會昌元年八月，詔以鴻臚卿張賈爲巡邊使，使察回鶻情僞。　二年五月戊申，遣鴻臚卿張賈安撫嗢没斯等。

李建又吏外。　新表趙郡李氏東祖房：湖州司馬恁一本「逢」。子建，婺州司户參軍。　舊傳：字杓直。後魏申公發之後，於趙郡，謂之申公房。舉進士。　元和中，自殿中侍御史遷兵部郎中、知制誥，改京兆尹。　新傳：改殿中侍御史，以兵部郎中知制誥，除京兆少尹。　白居易有唐善人墓碑：公官歷校書郎、左拾遺、詹府司直、殿中侍御史、比部兵部吏部員外郎、兵部吏部郎中、京兆少尹、澧州刺史、太常少卿、禮部刑部侍郎、工部尚書。　白氏文集四十一。　會要七十九：贈工部尚書李建謚曰元。

盧公憲盧憲，王本缺。　又勳中、勳外。　李翶論故度支李尚書事狀：李尚書在滑州時，觀察判官盧侍御憲。李文公集十。案，「憲」上疑脫「公」字。

韋乾度乾度，王本缺。元和姓纂八微：吏部侍郎韋肇見勳外。三從弟乾度，豪州刺史，京兆杜陵人。元稹李拭授宗正卿等制，稱左庶子三字依英華增。韋虔苑作「乾」度；文學儒素，旁通政經，執憲南臺，挺直不撓，以之苑作「虔」。代拭，允謂其良。可守殿中監，餘如故。元微之文集四十五。金中有李拭。唐語林一：高崇文入成都，韋臯參佐韋乾度等皆即論薦。原注：韋乾度除兵部郎中，未到謁而命下。韋乾度駮左散騎常侍房式謚議：故使太師永貞元年八月薨，其時乾度任殿中侍御史，前使度支一作「支度」。判官劉闢自攝行軍司馬節度留後，九月初，乾度被逐攝簡州刺史，名雖守郡，其實囚之。明年四月追迴，勒攝成都一本有「射」字。縣令。文苑英華八百四十一。唐會要八十。新房式傳：吏部郎中韋乾度曰：「式不宜得謚。」案舊房式傳：元和七年七月卒。會要六十六：長慶二年閏十月，祭酒韋乾度有條置四館學生補闕等奏。裴度劉府君太真神道碑銘：門生之在朝廷者，右司郎中韋乾度。全唐文五百三十八。碑元和中立。韋乾度桃源觀石壇記：大唐元和十二祀，睿聖文武皇帝御宇之十有四載，戡定淮蔡之前年，余出爲銅陵郡守之去歲也。

韋顗王本缺。又勳中。新表韋氏駙馬房：玄謇子顗，太子僕。又韋氏南皮公房：工部員外郎益子顗，兵部員外郎。舊傳：字周仁。少以門蔭自萬年尉，歷御史、補闕、尚書郎，累遷給事中、尚書左丞、户部侍郎、中丞、吏部侍郎。新傳：自萬年尉歷御史、補闕，長慶初爲大理少卿，累遷給事中。敬宗立，授御史中丞，爲户部侍郎，徙吏部，卒。舊楊憑傳：元和四年，命侍御史韋顗等同推憑前江西判官、監察御史楊瑗獄。舊楊於陵傳：元和七年，吏部復置考判官，以兵部員外郎韋顗等爲之。白居易韋顗可給事中庾敬休可兵部郎中知制誥同制：中大夫、使持節蘇州諸軍事、守蘇州刺史、上騎都尉韋顗，精微專直，通乎事典，可使平奏議而坐左曹。可行給事中，散官、勳如故。白氏文集四十八。舊憲宗紀下：元和十一年九月辛巳，貶吏部侍郎韋顗陝州刺史，爲補闕張宿構，言與（顗）貫之朋黨故也。舊傳失載。案，「陝」疑「峽」。新韋貫之傳：韋顗等坐與貫之厚善，悉貶爲州刺史。顗等皆清正，以鉤黨去，由是中外始大惡張宿。

案，敬宗寶曆元年七月丁卯，以户部侍郎韋顗爲吏部侍郎，則此年侍郎當是郎中之誤。

盧士玫 士玫，王本缺。又吏外，又勳外有士牧。新表盧氏：融見祠中補。子士玫，太子賓客。舊傳：始爲吏部員外郎，稱職，轉郎中、京兆少尹。新傳：自吏部員外郎再遷知京兆尹。裴度劉府君太真神道碑銘：門生之在朝廷者，起居舍人盧士玫等。全唐文五百三十八。案，碑在元和中立。白居易除盧士玫劉從周等官制：前侍御史盧士玫，嘗在西川時爲從事，亂危潛伏，能潔其身。可起居郎。白氏文集五十五。舊房式傳：劉闢反，高崇文至成都，房式、盧士玫等白衣麻蹻銜土請罪，崇文寬禮之，表其狀。唐詩紀事四十五：武元衡在蜀開府，極一時選，盧士玫爲觀察推官。武元衡中秋夜聽歌聯句，有云「元衡奉盧侍御」，當是士玫也。石刻蜀丞相諸葛武侯祠堂碑陰武元衡題名後，列觀察支使、殿中侍御史内供奉盧士玫。元和四年二月。四川成都。

盧逢 又户中補、户外。新表盧氏：殿中侍御史晊子逢，户部郎中。

韋弘景 見左中補，又吏外、封外存疑，度中補。舊傳：元和中，自左司郎中改吏部、度支郎中。新傳：累遷度支郎中。

崔植 又户中。新表博陵第二房崔氏：嬰甫子植，字公新，相穆宗。舊崔祐甫傳：遺命猶子植爲嗣，植累歷清要，爲給事中。新傳：爲補闕，元和中爲給事中。舊崔元略傳：元和十二年，崔植任吏部郎中，物議以植有風憲之望，元略因入閣，妄稱植失儀，命御史彈之。會要八十：故華州刺史崔植謚敬。

陳諷 又勳中、金中、倉外，又吏中附存有陳珮。吕温祭座主故兵部尚書顧公文，稱貞元脱「二」字。十年歲次甲申月日，門生監察御史陳諷。文苑英華九百八十八。集無。文苑英華百八十一有陳諷省試冬日可愛詩。原注：貞元十年及第。韓文類譜三引科第録，貞元十一年博學宏詞試朱絲絃賦、冬日可愛詩，罷齋郎，以學生享議。或作十年，非，似諷於十一年登宏詞科也。舊鄭餘慶傳：元和十三年，詳定使鄭餘慶奏吏部郎中陳珮充詳定判官。會要三十九：元和十三年八月，鳳翔節度使鄭餘慶等詳定格後勅三十卷，左司郎中崔郾、吏部郎中陳諷、禮部員外郎庾敬休、著作郎王長文、集賢校理元從質、國子博士林寶用修上。據會要，則餘慶傳作「陳珮」誤也。嘉話録：宣平類相之銓衡也，陳諷、張復元各注畿縣，請換縣，允之。既而張卻請不換，鄭榜(子)〔了〕，引張纔入門，已定不可改，時人服之。太平廣記百八十六。

崔郾 郾，二本缺。見左中，又吏外。舊傳：元和十三年，自左司郎中爲吏部郎中。十五年，遷諫議大夫。杜牧禮部尚書崔公行狀：遷左司郎中、吏部郎中，加朝散大夫，旋拜諫議大夫。樊川文集十四。元稹授崔郾諫議大夫制，稱朝散大夫、守尚書吏部侍中、上護軍崔集無十五字郾可守諫議大夫，散官、勳如故。集作「餘如故」。文苑英華三百八十一。

于敖 又勳外、倉外。新表于氏：給事中肅見考中補。子敖，字蹈中，户部侍郎。舊傳：登進士第。元和六年，真拜監察御史。轉殿中，歷倉部司勳二員外、萬年令，拜右司郎中，出爲商州刺史。長慶四年，入爲吏部郎中，其年，遷給事中。新傳：元和初，拜監察御史，五遷至右司郎中，進給事中。

陳仲師 又吏外、封中作「中師」。舊張弘靖傳：憲宗時，盜殺宰相武元衡，詔録鎮卒張晏輩付御史陳中師按之。白居易陳中師除太常少卿制略云：勅尚書吏部郎中、兼侍御史陳中師，早以體物英華「要」。之文，待問之學，中鄉里選，第甲乙科。及苑無「及」字。筮仕立身，皆有本末。不背俗以矯逸，不趨時以沽名；從容中道，自致聞望。累踐郎署，再參憲司。官無卑崇，事無苑作有。簡劇，如玉在佩，動必有聲，爲時所稱，何用不可。可太常少卿。苑有「餘如故」三字。白氏文集五十一。

盧元輔見左外補，又金中。舊傳：自左拾遺再遷左司員外郎，歷杭、常、絳三州刺史，以課最高徵爲吏部郎中，遷給事中。新忠義列傳上：自左拾遺歷杭、常、絳三州刺史，課當最，召授吏部郎中。白居易授盧元輔吏部郎中制：勅，六官之屬，升降隨時，獨吏部郎班秩加諸曹之右，歷代迄今，未嘗改也，則其典職之重，選用之精，可知矣。洛州刺史盧元輔，深於文，敏於行，加以剸犀之利，洞膽之明，潔而用之，無往不適。連領大郡，至於三四，剗訛則弊，迎刃有聲。宜付劇司，俾之操制。選曹郎缺，用爾補員，歲調方殷，佇揚乃職。可尚書吏部郎中。文苑英華三百八十九。案「洛州」，疑「絳州」。

嚴公衡元和姓纂二十八嚴：廣漢嚴氏：世居梓州鹽亭，司勳郎中霑見勳中。生公衡，刑部員外。

嚴休復又封中、膳外補。元和姓纂二十八嚴：貞元給事中、同州刺史嚴説見左中補。生休復。

膳部員外郎，吳郡人。柳宗元亡友故祕書郎獨孤君申叔墓碣：嚴休復玄錫，馮翊人。河東先生集十一。大唐傳載：李相國程執政時，嚴謩、見度外。嚴休疑脫「復」字。皆在南省，有萬年令闕人，多屬之，李公云：「二嚴不如謩。」案，「嚴謩」原本脫，依廣記百七十四補，無「公」字，末句作「二年不知謩」。元稹永福寺石壁法華經記：元和十一年，嚴休復爲杭州刺史。又云：其輸錢之貴者，文粹有「有」字。若杭州刺史、吏部郎中文粹無四字。嚴休復。元微之文集五十一。舊裴垍傳：裴垍在中書，嚴休復自拾遺轉補闕。新傳：拾遺嚴休復遷，過謝。詳左外李正辭注。舊楊虞卿傳：大和二年，詔給事中嚴休復等充三司推南曹令使李賓等賣僞官案。新傳略同。舊文宗紀下：太和四年三月，以華州鎮國軍使嚴休復爲右散騎常侍。七年三月丙辰，以散騎常侍嚴休復爲河南尹。十二月丁未，以河南尹嚴休復檢校禮部尚書，充平盧軍節度、淄青登萊棣觀察等使。

高允□允恭見户中，此不確。

殷台見左中、左外、又吏外。

崔琯見左外、又吏外、金外。舊敬宗紀：寶曆元年三月，以吏部郎中崔琯等充考制策官。舊傳：自諸侯府入朝爲尚書郎，太和初累遷給事中。新傳：自吏部員外郎知雜事，進給事中。

韋詞又户中、户外。　新表韋氏南皮公房：侍御史翃子辭，字踐之，湖南觀察使。河東先生集十一亡友故祕書省校書郎獨孤君申叔墓碣：韋詞致用，京兆杜陵人。　舊傳：辭兩經擢第，判入等，自户部郎中轉吏部郎中。文宗即位，拜中書舍人。　新楊於陵傳：元和初，嶺南節度使楊於陵辟韋詞在幕府。舊詞傳失載。

孔敏行見左外、又勳中。　舊書隱逸傳：長慶中爲起居郎，改左司員外郎，歷司勳郎中，遷吏部郎中，俄拜諫議大夫。

崔戎又吏外、户外。　新表博陵大房崔氏：榆次尉貞固子戎，字可大，兗海觀察使、安平縣公。　舊傳：舉兩經登科，自殿中侍御史累拜吏部郎中，遷諫議大夫。　新傳：自殿中侍御史累擢諫議大夫。　白居易李虞仲見勳中崔戎姚向見勳外温會等並西川判官皆賜緋各檢校省官兼御史制：吾命段文昌爲帥，又命虞仲、戎、向、會等爲庶寮，俾資度焉。又云：輟三省吏，贊丞相府，假憲官職，加臺郎，暨一命再命之服以遣之。白氏文集四十八。　又李虞仲兵部員外郎崔戎可户部員外郎制：勅，西川觀察判官、朝議郎、檢校刑部員外郎，兼侍御史、雲騎尉、賜緋魚袋崔戎，去年春授丞相鉞鎮撫西南，選虞仲輩贊理之。(令)〔今〕政成人安，並命爲郎。戎可尚書户部員外郎，散官、勳如故。同上。　會要七十九：贈洪州刺史崔戎謚惠。舊傳：贈禮部尚書，無謚。

高銖 舊高釴見户中傳：弟銖，元和六年登進士第。穆宗卽位，入朝爲監察御史，累遷員外郎、吏部郎中。大和五年，拜給事中。新傳：字權仲，自監察御史，大和時擢累給事中。

宇文鼎見左外、又吏外、倉外。舊文宗紀上：大和三年十二月癸酉，以吏部郎中宇文鼎爲御史中丞。舒元輿御史臺新造中書院記：聖唐大和三年己酉歲，天子擢尚書吏部郎中河南宇文公爲御史中丞。文苑英華八百七。

岑栯顧本「岑」作「崔」，「栯」字缺。栯見户外，時代正合。或疑是岑植，植見新表，岑參父，當玄宗，時代不合。

王袞又勳中。新表琅邪王氏：殿中少監汶子袞，御史知雜。舒元輿御史臺新造中書院記：御史府新例，知雜事一人，中丞得以選於廷臣。大和三年，河南宇文公既拜御史中丞之日，上言請尚書司勳郎中琅邪王君以自輔。文苑英華八百七。案，記不書王君名，以時代核之，當是。

李石又户中、户外。新表大鄭王房：盛唐令鵬舊傳「朋」。子石，字中玉，相文宗。舊傳：元和十三年進士擢第。大和三年，自鄭滑行軍司馬入爲工部郎中，判鹽鐵案。五年，改刑部郎中，由兵部郎中，令狐楚請爲(工部)〔太原〕節度副使。七年，拜給事中。新書宗室宰相列傳：大和中，自李聽行軍司馬府罷，擢工部郎中，判鹽鐵案。令狐楚引爲河東副使，入遷給事中。新文藝傳中：累遷左司吏部二郎中、諫議大夫、知制誥。

孫簡見左中補，又勳外。

盧鈞又倉外。新表盧氏：揚州兵曹參軍(託)〔計〕舊鈞傳作「繼」。子鈞，字子和，太子太師。又盧氏：尚書右丞奐子鈞，左武衛兵曹參軍。舊傳：元和四年進士擢第，又書判拔萃。大和中，自左補闕歷尚書郎，出爲常州刺史。九年，拜給事中。新傳：自監察御史進吏部郎中，出爲常州刺史。神仙感遇傳：相國盧公鈞爲尚書郎，以疾出爲均州刺史。明年，解印還京，署鹽鐵判官。太平廣記五十四。

張諷 新表始興張氏：仁化令皓子諷，又震子諷。俱不詳歷官。會要三十九：大和四年十二月，刑部員外郎張諷、大理少卿崔圯等奏議親議貴事。舊文宗紀下：大和九年七月戊午，貶吏部郎中張諷夔州刺史。南部新書甲：大和中，上自延英退，獨召柳公權對，上不悦曰：「今日一場大奇也。嗣復、李珏道張諷是奇才，請與近密官；鄭覃、夷行，即云是姦邪，須斥之於嶺外。教我如何即是？」公權奏曰：「允執厥中。」上曰：「如何即是允執厥中？」又奏：「嗣復、李珏既言是奇才，即不合斥於嶺外，鄭覃、夷行既云是姦邪，亦不合致於近密。若且與荆襄間一郡守，此近於允執厥中。」旬日，又召對，上曰：「允執厥中，向道也是。」張遂爲郡守。

薛膺　新表薛氏西祖房：浙西觀察使苹子膺，婺州刺史。又薛氏西祖房：芳子膺，字元禮，諫議大夫。時代不合。新薛苹傳：子膺，大和初爲右補闕、内供奉，後歷工部員外郎。

崔璿見左中，又户中、倉中。新書循吏傳：開成中，山南、江西大水，詔給事中盧弘宣與吏部郎中崔璿分道賑卹。本傳失載。舊文宗紀下：開成三年八月丁酉，令刑部郎中崔璿往山南東道、鄂岳、蘄黄等道宣慰。

盧弘宣又度中補。新表盧氏：士玟子弘宣，字子章，太子少傅、固安縣伯。新循吏傳：元和中，擢進士第。自裴度東都留守判官，遷累給事中。舊裴度傳：開成二年，裴度辭河東節度使，遣吏部郎中盧弘宣往東都宣旨。新傳略同。「宣」舊傳脱，依新傳增。

趙真齡又金中、倉中。杜牧趙真齡除右散騎常侍制：朝散大夫、守太子賓客、上柱國、漢中郡開國公、食邑二千户、賜紫金魚袋趙真齡，可守右散騎常侍，散官、勳封賜如故。樊川文集十七。

崔球又吏外。新表博陵第二房崔氏：同州刺史頲子、常州刺史璿見左中。弟球，字叔休。又南祖崔氏：司刑卿、魏縣子神慶子球，鄆州刺史。時代不合。舊傳寶曆二年登進士第，會昌中爲鳳翔節度判官，入朝爲尚書郎。舊鄭覃傳：開成初，太學勒石經，覃奏水部員外郎崔球等校定九經文字。又云：李固言復爲宰相，奏崔球等堪任起居郎。鄭覃曰：「崔球游宗閔(元)〔之〕門，直赤墀下秉筆，爲千古法，不可朋黨。」乃止。

盧弘止 二本作「盧龜」誤。又度中補、金中。案，「弘止」，舊紀、傳作「弘正」，新紀、傳作「弘止」，資治通鑑唐紀六十四同，考異曰實録作「弘止」。新表盧氏：檢校户部郎中綸見户中補。子、山南東道節度使簡辭見勳外。弟弘正，字子彊，宣武節度使。舊傳：弘正，元和末登進士第。大和中自侍御史，文宗時，三遷兵部郎中、給事中。新傳：弘止自侍御史累遷給事中。南部新書乙：鄭滑盧弘正尚書題柳泉驛云：余自歙州刺史除度支郎中，八月十七日午時過永濟渡，卻自度支郎中除鄭州刺史，亦以八月十七日午時過永濟渡；從吏部郎中除楚州刺史，以六月十四日宿湖城縣，今年從楚州刺史除給事中，計程亦合是六月十四日湖城縣宿，事雖偶然，亦冥數也。

柳仲郢 又户外、主中。新表柳氏：兵部尚書公綽見吏中。子仲郢，字諭蒙，天平節度使。舊傳：元和十三年進士擢第，自監察御史遷侍御史。會昌中，三遷吏部郎中。武宗有詔，減冗官，吏部條疏，欲牒天下州府取額外官員，仲郢曰：「諸州每冬申闕，何煩牒耶？」俸門頓塞。仲郢條理旬日，減一千二百員，時議爲愜。遷諫議大夫。新傳：自監察御史遷侍御史，會昌初累轉吏部郎中。時詔減官冗長者，仲郢條簡浹日，損千二百五十員，議者厭伏。遷左諫議大夫。

蔣豐二本缺，無考。疑是蔣伸，見左外。

李行方二本缺，見左外，又吏外、户外。

韋宙二本缺，又户中、度中補。新表韋氏鄖公房：武陽郡公丹見封中。子宙，嶺南節度使、檢校左僕射、同中書門下平章事。新良吏韋丹傳：子宙，宣宗時拜侍御史，三遷度支郎中。盧鈞節度太原，表爲副。召拜吏部郎中，出爲永州刺史。

皇甫鉟見吏外。

牛蔚又禮中補。新表安定牛氏：敬宗、文宗相僧孺見考外補。子蔚，字大章，檢校兵部尚書、興元尹。舊傳：十五應兩經舉，大和九年復登進士第。宣宗時，自金州刺史入拜禮、吏二郎中，以祀事準禮，天官司所掌班列有恃權越職者，蔚奏正之，爲時權所忌，左授國子博士，分司東都。踰月，權臣罷免，復徵爲吏部郎中，兼史館修撰，遷左諫議大夫。新傳：自金州刺史遷累吏部郎中，失權倖意，貶國子博士，分司東都，復以吏部召，兼史館修撰。

穆仁裕二本缺，又吏外、勳外。元和姓纂一屋：□部員外穆贄生諶，改名仁裕，宣武節度、檢校兵部尚書，河南人。舊懿宗本紀：咸通二年八月，以司勳員外郎穆仁裕等試吏部宏詞選人。神仙拾遺：穆將符者，唐給事中仁裕之姪也。太平廣記四十四。舊李磎傳：穆仁裕鎮河陽，奏爲從事。資治通鑑唐紀六十九：乾符四年八月，宣武兵援襄州，自申、蔡間道逃歸，詔宣武節度使穆仁裕遣人約還。

【補遺】

祖孝孫 舊傳：孝孫，幽州范陽人。高祖受禪，擢著作郎，歷吏部郎、太常少卿。舊音樂志一：高祖受禪，擢祖孝孫爲吏部郎中，轉太常少卿。舊傅仁均傳：武德中，中書令封德彝奏戊寅元曆術差謬，勑吏部郎中祖孝孫考其得失。會要四十二同。新書曆志一：武德六年，詔吏部郎中祖孝孫考戊寅元曆得失。舊令狐德棻傳：高祖詔兼吏部郎中祖孝孫可脩齊史。

王續 新表琅邪王氏：陳東衡州刺史、應陽成公猛子續，吏部郎中。

柳威明 新表柳氏：隋黃門侍郎謇之子威明，吏部郎中。一本無「明」字。

皇甫屏度 元和姓纂十一唐：皇甫聿道，代居滎陽，號鄭州皇甫，生屏度，吏部郎中。案，考中、户外有屏度，疑即是。

韋叔謙又吏外、考中補。 新表韋氏南皮公房：隋司農卿瓚子主爵郎中季武見封中。弟叔謙，考功郎中。　新韋湊傳：貞觀中，湊祖庫部郎中叔諧，與弟吏部郎中叔謙、兄主爵郎中季武同省，時號「三列宿」。　孫逖東都留守韋公虛心神道碑：曾祖叔謙事太宗爲考功郎中，與兄叔諧、季武同在郎署。文苑英華九百十八。　獨孤及唐故朝議大夫申王府司馬上柱國贈太常卿韋公縝神道碑銘：南皮公三子，季曰叔謙，歷吏部、考功。毘陵集八。　通典職官四：貞觀二年十一月，韋叔謹一作「謙」。除刑部員外。一作「俱」，唐會要五十七。詳封中韋季武注。

衛知敏「知」一作「弘」。　元和姓纂十三祭：後魏步兵校尉衛臥龍五代孫知敏，唐給事中、吏部郎中，汝州刺史，安邑人。案，「知敏」，姓纂下文作「宏敏」，疑「弘敏」之誤。　吳興志：衛弘敏，顯慶元年自豫州刺史授，遷右清道府率。統紀云：神龍二年汝州刺史授。府志誤「弘敬」。　文苑英華五百一有衛弘敏對議運漕策一道。

王某　張九齡故太僕卿上柱國華容縣男王府君墓誌：祖某，皇朝吏部郎中，贈潤州刺史。唐丞相曲江張先生文集十八。

李綰又戶中。　新表隴西李氏姑臧大房：工部侍郎義琛子綰，吏部郎中。　又隴西李氏姑臧大房：太子庶子景素子見金中。　僖宗相蔚見考中。　弟綰，字權化。　新李義琛傳：子綰，爲柏仁令，有仁政，縣爲立祠。　舊李蔚傳：弟綰，累官至刺史。時代不合。

唐會稽太守題名記：李綰，咸通十一年五月，自中書舍人充史館修撰，授浙東觀察使，十三年十二月追赴闕。嘉泰志作十一月。　南部新書癸：李綰，咸通中作越察，於甲仗庫創樓，名曰武威，刻石立文，曰序樓文，名云：「名樓以武威，兼義也，余之望又出武威。」　韋述唐太原節度使韋湊神道碑：繼夫人隴西李氏，長安令綰之女。文苑英華九百十四。　梁肅明州刺史李公長墓誌銘：皇朝工部侍郎、岐州刺史義琛生吏部郎中綰。文苑英華九百五十一。

張梁客　新表中山張氏：太宗、高宗相行成子梁客，吏部郎中。

馬覬　新表茌平馬氏：尚書左丞、吏部侍郎載子覬，吏部郎中。

盧諝　新表盧氏：高宗相承慶見考外補。子諝，吏部郎中。

韓大壽又勳外、度外。　新表昌黎韓氏：巫州刺史符子大壽，吏部郎中。姓纂脱。

李元素又考中。　新表趙郡李氏南祖：續後穀州治中孝卿子元素，相武后。　舊傳：初爲武德令，延載元年，自文昌左丞遷鳳閣侍郎、鳳閣鸞臺平章事。新傳同。　唐會要五十八：載初元年，吏部郎中加一員，以李元素爲之，通前三員。

鄭杲案石刻有，當移入。　舊鄭元璹傳：弟孫杲，知名。則天時爲天官侍郎。新傳同。　舊宋璟傳：天官侍郎鄭善果謂宋璟曰：「中丞奈何呼五郎爲卿？」璟曰：「以官言之，正當爲卿，若以親故，當爲張五。足下非易之家奴，何郎之有？鄭善果一何懦哉！」新傳亦作「鄭善果」。舊張錫傳：與鄭果俱知天官選事。新傳：與鄭杲俱知選。通鑑作「鄭杲」，考異曰：「善果，時人。」新舊傳皆誤，當從御史臺記。

高祖 張說爲河內郡王武懿宗平冀州賊契丹等露布，稱行軍司馬、通議大夫、行天官郎中臣鄭杲。文苑英華六百四十七。張燕公集十三「杲」作「果」。資治通鑑唐紀二十三：長安二年九月辛巳，以相王旦爲并州道元帥，司禮少卿鄭杲爲司馬，竟不行。唐會要七十五：聖曆二年，吏部侍郎鄭杲注韓思據廣記增。復爲太常博士，元希聲見考外補。京兆士曹，嘗謂人曰：「今年掌選，得韓、元二子，則吏部不負朝廷矣。」太平廣記百六十九引談賓録同。會要七十九：贈禮部尚書鄭杲謚孝。

崔玄暐 新表博陵大房崔氏：胡蘇令愼字行謹，子玄暐，相武后、中宗。舊傳：本名曅，以字下體有則天祖諱，乃避改焉。新傳略同。舊傳：龍朔中，舉明經，累補庫部員外郎，尋授天官郎中，遷鳳閣舍人。長安元年，超拜天官侍郎。李嶠授崔玄暐庫部員外郎制：朝散大夫、行尚方監丞崔玄暐，內府策名，已馳聲績，中臺揆務，更佇良能。可行文昌庫部員外郎，散官、勳如故。文苑英華三百九十二。

楊祇本又勳中、勳外。 新表楊氏越公房：鄧州刺史守柔子祇本，吏部郎中。會要五十八：司勳員外郎，長安二年閏四月十二日文昌有脱字。丞李嶠奏加一員，以楊祇令爲之。

唐會稽太守題名記：楊衹本，景龍二年七月自陝州刺史授。會稽掇英總集十八。會稽志同。

劉宅相 又吏外。 新表彭城劉氏：守約子宅相，吏部郎中。

崔寓 又吏外。 或作「寓」，此與左中、户外之崔寓别一人。 又御史臺陰下層右稜陰左稜陰額知雜題名 新表博陵二房崔氏：隋左領軍大將軍彭元孫寓，吏部郎中。 賈至授崔寓給事中制：會稽太守崔寓，累升臺省，咸以才遷，驟歷藩條， 時惟德舉。 文苑英華三百八十一。 舊楊慎矜傳：天寶六載十一月，殿中侍御史崔寓引楊慎名，令河南法曹張萬頃宣敕賜自盡。案，當是分司御史。 唐會稽太守題名記：崔寓，至德二年自江夏郡太守授，其年六月改給事中。 會稽掇英總集十八。 舊肅宗紀：乾元二年正月乙丑，以御史中丞崔寓都統浙江、淮南節度處置使。 三年二月癸巳朔，以右丞崔寓爲蒲州刺史， 嘉泰志同。充蒲、同、晉、絳等州節度使。 新書文藝上元正傳：肅宗初，吏部尚書崔寓典選，正以書判第一召詣京師。 舊代宗紀：廣德二年九月丙申，詔徵河（東）〔中〕兵討吐蕃，將發，是夜軍衆諠譟，劫節度使崔寓家財及民家財産殆盡。 永泰二年八月癸卯，吏部尚書崔寓爲太子少傅。 李白武昌宰韓君仲卿去思頌碑：尚書右丞崔公禹稱之於朝。李太白文集三十。 王延昌河瀆神靈源公祠廟碑：關内河東副元帥、中書令、汾陽郡王郭公謠於副元帥副使、太子賓客、御史大夫、知河中府事崔公寓。文苑英華八百七十九。

代宗時。

鄭昂又御史臺陰額知雜有鄭昂之。舊楊國忠傳：天寶十一載，國忠兼吏部尚書，所昵侍御史鄭昂等諷選人於省門立碑頌國忠銓綜之能。新外戚楊國忠傳：天寶十載，楊國忠拜劍南節度、支度、營田副大使，知節度事，本道、山南西道採訪處置使，開幕府，引鄭昂等自佐，而留京師。國忠雖當國，常領劍南召幕使，遣戍瀘南，歲遣鄭昂等以御史迫促郡縣召幕。天寶十五載，楊國忠誅，其黨吏部郎中鄭昂等俱走山谷，民爭其貲，富埒國忠，坐誅。舊傳：國忠求安禄山陰事，圍捕其宅，得李超、安岱等，使侍御史鄭昂縊殺於御史臺。又云：國忠黨吏部郎中鄭昂等憑勢招來賂遺，車馬盈門，財貨山積。國忠敗，皆坐誅滅。

姚誾新表陝郡姚氏：楚州刺史弇子誾，睢陽太守、右金吾將軍。舊忠義傳：歷壽安尉、城父令，以守睢陽之功，至德二年春，加檢校尚書侍郎。新傳：以城父令同守睢陽，累加東平太守。新張巡傳：張巡拔衆至睢陽，與太守許遠、城父令姚誾等合。至德二載，詔拜誾吏部郎中。十月癸丑城陷，遇害。

程休文見左外、又封中、封外。賈至授程休文（文）〔禮〕部郎中制：勅司封郎中程休文，郎中應列宿之位，御史爲準繩之舉，紀必以德，任難其人。況於四海多虞，兩京未復，臺省樞要，非賢不居，或以節推，或以才擇。可守（文）〔禮〕部郎中。文苑英華三百八十九。

崔祐甫又吏外、勳外。　新表博陵二房崔氏：太子賓客沔見祠外。子祐甫，字貽孫，相德宗。　舊傳：舉進士，歷起居舍人、司勳吏部員外郎，累拜兼御史中丞、永平軍行軍司馬，尋知本軍留後，累遷中書舍人。　顏真卿崔孝公陋室銘記：嗣子祐甫，累登臺省，至吏部郎中，充永平軍節度使。　尚書李公勉行軍司馬，兼侍御史、中丞。顏魯公文集十四。

郭晤又封中、倉中。　新表華陰郭氏：肅、代、德三宗相子儀子晤，字晤，兵部郎中。　楊綰汾陽王妻霍國夫人王氏神道碑：子次曰開府儀同三司、行尚書吏部司封郎中、上柱國、樂平郡開國公晤。文苑英華九百三十四。　大曆十二年。

馬炫　新表馬氏：嵐州刺史、大同軍使季龍子炫，字弱翁，一字抱元，刑部侍郎。元和姓纂：刑部侍郎、工部尚書致仕。　舊傳：田神功鎮汴州，奏授節度判官、檢校兵部郎中，轉連州刺史，徵拜吏部郎中，又出爲閬州刺史，入爲大理少卿。建中初，爲潤州刺史。新傳：田神功帥宣武，署節度判官，授連、潤二州刺史。

王定又吏外、考中補、禮外補。　新表京兆王氏：揚州刺史易從見封中。子定，字鎮卿，太子右庶子、集賢院學士。　舊王徽見封中補傳：曾伯祖易從子定，進士登第。　新卓行權皐傳：天寶末，中原亂，士人率度江，王定等皆仰權臯節，與友善。舊權德輿傳：大曆三年，父臯〔辛〕〔卒〕，王定等爲服朋友之喪。舊代宗紀：大曆十二年四月，諫議大夫、知制誥王定等十餘人皆坐元載貶官。新元載傳：與元載厚善坐貶者王定等凡數十百人。權德輿唐故太子右庶子集賢院學士贈左散騎常侍王公神道碑銘：弱冠游太學，舉進士甲科，以諫議大夫掌誥如故，且加命服。明年，宰臣伏法，移太子洗馬。今上嗣統，柬求吏師，授隰州刺史。以南宮歸重，尋拜吏部郎中，再受面命，循行方國。初自淮淝，至於汝南，後自上黨，亘於山東。遷太子右庶子、集賢院學士。權載之文集十四。石刻顔魯公書朱巨川朝議郎告身：建中元年八月二十二日，朝議郎、守尚書吏部郎中、賜緋魚袋臣王定上。舊楊炎傳：建中中，楊炎誣殺劉晏，遣腹心王定往淮西道宣慰。新傳同。詳考外補盧東美注。李華著作郎贈祕書少監權君墓表：公素與京兆王鎮卿等友善，評君曰：可以爲師保。文苑英華九百七十。新書藝文志丙部子録雜藝術類：王定畫本草訓誡圖。貞觀上方令。

齊珝 案，「珝」疑當作「珝」，集韻一東工羽，或書作「珝」，珝與貢音同，石刻有齊貢，時代正合，疑即是。又户中附存。

新表齊氏：平陽太守澣見勳外。子珝，吏部郎中。姓纂脱珝名，「吏部」作「户部」。杼山集十有五言冬日建安寺西院喜晝公自吴興至聯句一首，有前吏部郎中兼括州刺史齊翔。「翔」當作「珝」。

李傭 許孟容祭楊郎中文，稱貞元十九年四月，吏部郎中李傭原注：一作「備」。等。文苑英華九百八十五。案，李傭無考，考石刻有李鄘，案其時代正合，則「傭」字當是「鄘」字之誤。

唐次又禮外補、禮中附存。 新表唐氏：誠子次，字文編，中書舍人。 舊文苑傳：建中初，進士擢第。憲宗即位，自夔州刺史授禮部郎中，尋以本官知制誥，正拜中書舍人，卒。 新傳：憲宗立，自夔州刺史召還，授禮部郎中、知制誥，終中書舍人。 舊憲宗紀上：永貞元年八月丙寅，以夔州刺史唐次爲吏部郎中、知制誥。杜牧上宣州高大夫書注：開州取唐（會）〔舍〕人，爲職方郎中、知制誥。

竇易直 新表竇氏平陵房：盧州刺史彧見户中。子易直，字宗玄，相穆、敬。 舊傳：舉明經，累歷右司、兵部、吏部三郎中。元和六年，遷御史中丞。 新傳：累遷吏部郎中，元和六年，進御史中丞。 石刻羊士諤唐故左拾遺內供奉贈使持節舒州諸軍事舒州刺史□□竇府君叔向神道碑，題第十一姪朝議郎、尚書右司員外郎易直書。元和三年。偃師。 褚藏言故國子司業贈給事中扶風竇府君牟詩序：貞元二年舉進士，與從父弟故相、贈司徒易直同年上第。竇氏聯珠集。

韋纁見左外，又吏外。 新表逍遥公房：吏部侍郎肇子纁，吏部郎中。二傳失載。

楊嗣復又吏外、禮外補，又御史陰額知雜御史題名。新表楊氏越公房：左僕射於陵見吏中。子嗣復，字繼之，相文宗、武宗。舊傳：年二十，進士擢第，二十一，又登博學宏詞科。元和十年，自太常博士累遷至刑部員外郎，改禮部員外郎，再遷兵部郎中。長慶元年十月，以庫部郎中、知制誥正拜中書舍人。新傳：自太常博士再遷禮部員外郎，遷累中書舍人。元稹楊嗣復授尚書兵部郎中制，稱吏部郎中楊嗣復可權知兵部郎中，餘如故。元微之文集四十六。

裴潾又考中補。舊傳：以門蔭入仕，穆宗即位，自江陵令徵爲兵部員外郎，遷刑部郎中，轉考功、吏部二郎中。寶曆初，拜給事中。

王高　新蔣清傳：安祿山亂，蔣清蒙難，以秩卑不及謚。大和初，其出吏部郎中王高言之朝，追謚曰忠。

陳夷行又吏外、封外。舊傳：元和七年，登進士第。大和三年，爲起居郎、史館脩撰。四年，轉司封員外郎。五年，遷吏部郎中。四月，召充翰林學士。八年，兼充皇太子侍讀，詔五日一度入長生院侍太子講經。上召對，面賜緋衣、牙笏，遷諫議大夫、知制誥，餘職如故。新傳：擢累起居郎、史館修撰。以勞遷司封員外郎，凡再歲，以吏部郎中爲翰林學士。莊恪太子在東宮，夷行兼侍讀，五日一謁，爲太子講説。數遷至工部侍郎。重修承旨學士壁記：陳夷行，大和七年□月自吏部員外郎充；八月二十三日授著作郎、知制誥兼皇太子侍讀；八年九月六日賜緋，七日遷諫議大夫。翰苑羣書上。

案，壁記失載遷吏中事。

崔璪又吏外。　新表博陵二房崔氏：同州刺史頲子、珦見户外。弟舊傳：珙，瑨弟珦兄。表云珙，瑨兄。璪，刑部尚書。　舊傳：開成初爲吏部郎中，轉給事中。　新崔珸傳：弟璪，位刑部尚書。

崔璜又吏外。　新表清河小房崔氏：太常卿邠見封中。子璜，吏部郎中。　舊崔邠傳：子璜，登進士第，歷位臺閣。　敬宗處分賢良方正能直言極諫科舉人第四次等崔璜，中書門下卽與處分。唐大詔令。　舊杜元穎傳：大和三年，西川判官崔璜貶連州司馬，以佐元穎無狀也。　新傳：官屬崔璜等悉奪秩分，逐之。　劉禹錫唐故朝散大夫檢校尚書吏部郎中兼御史中丞賜紫金魚袋清河縣開國男贈太師崔公倕神道碑：太常二子，亦以才能同入尚書，璜爲吏部郎。劉賓客文集三。　舊崔龜從傳：祖璜，父誠，官微。　新表清河大房崔氏：龜從祖誠，父黄。不詳歷官。

元晦　新表元氏：饒州刺史洪子晦。不詳歷官。姓纂同。　唐會要七十六：寶曆元年四月，賢良方正能直言極諫科元晦及第。緯略同。　敬宗處分賢良方正等科舉人制：賢良方正能直言極諫科舉人第五上等元晦，中書門下郎與處分。丁居晦重修承旨學士壁記：元晦，大和八年八月九日，自殿中侍御史充，九月十六日賜緋，九年八月二十日，加庫部員外郎；九月十一日出守本官。翰苑羣書上。案，李德裕授元晦諫議大夫制云：「往在内庭，嘗感先顧，奮發忠懇，不私形骸，俯伏青蒲，至於雪涕，數共工之罪，不蔽堯聰，垣平之詐，益彰文德」，云云。蓋忤李訓輩，故罷内職也。

李德裕授元晦諫議大夫制，稱吏部郎中元晦可諫議大夫。

莫休符桂林風土記：會昌初，前使元常侍名晦搜達金貂，翱翔翰林，揚歷臺省，從此府除浙東，留題越亭。孫樵唐故倉部郎中康公墓誌銘：會昌二年，臨桂元公以觀風支使來辟。孫可之文集八。唐會稽太守題名記：元晦，會昌五年七月自桂管觀察使授浙東觀察使，大中元年五月追赴闕，中路除衞尉，分司東都。會稽掇英總集十八。嘉泰志略同。

杜牧薦韓乂啓：自唐扶中丞閩中罷府歸，路由建州，妻與元晦同高祖，扶惡晦爲人，不省之，及晦得越，乃棄産避之。樊川文集十六。唐故京兆府盩厔縣尉元君墓誌銘，稱猶子晦。元微之文集五十三。

盧簡求又吏外、户外。新表盧氏：綸子弘正見上。弟，字子臧，河東節度使。舊傳：長慶元年登進士第，會昌末爲忠武節度副使，入爲吏部員外郎，轉本司郎中，求爲蘇州刺史。新傳：會昌中，忠武節度副使，歷蘇、壽二州刺史。崔嘏授姚勖右諫議大夫等制：勑，朕高居穆清，端拱思理，尚慮旒纊，蔽吾聰明。故精求諫納之臣，投我藥石之語。而天官正郎，地連藻鏡，職佐銓衡，必資明幹之才，以副經通之目。以勵端方雅厚，正以操心，以簡求和易周旋，敏於臨事。而皆富文奥學，早昇俊造之科；利用長才，累處重難之任。是用擢於粉署，置在禁垣，昇自外郎，膺兹首選。爾其詳求五諫，左右三銓，勉思及霤之忠，更致提衡之美。勗可右諫議大夫，簡求可吏部郎中。文苑英華三百八十一。

盧懿又封外、勳中。新表盧氏：逢見吏中。子、懿見户中。弟懿。不詳歷官。重修承旨學士壁記：盧懿，開成五年四月十九日自司封員外郎充侍講學士，其年四月賜緋。會昌元年二月九日，出守本官。翰苑羣書上。元王惲玉堂嘉話一：李紳拜相制後平書司勛郎中判懿。會昌二年二月日。崔嘏授盧懿吏部郎中制：勑，河南少尹盧懿，總天下之缺員，必先閱於吏曹郎，然後達於銓官，自非神機穎利，識用周密，則不得備於斯選也。以爾詞鋒絢練，門緒清華，儒席許其温恭，士林推其端厚。自分曹洛汭，貳尹三川，澹於趨進之途，鬱彼静專之操，晦跡而囂浮自遠，長鳴而風雨不渝。是用徵還首曹，榮以題柱，必能佐持衡之重任，聯藻鑒之清輝。勉服官常，無孤所舉，可依前件。文苑英華三百八十九。杜牧唐故東川節度檢校右僕射兼御史大夫贈司徒周公墀墓誌銘：大中五年二月薨，命諫議大夫盧懿弔卹其家。樊川文集七。　舊宣宗紀：大中九年三月，吏部東銓，委右丞盧懿權判。　十一年四月，以吏部侍郎盧懿檢校工部尚書、兼鳳翔尹、御史大夫、鳳翔隴右節度使。　舊五代史唐書四十三盧程傳：祖懿，父蘊，歷仕通顯。　石刻蜀丞相諸葛武侯祠堂碑陰，楊嗣復記，後列銜有節度參謀、試大理評事盧懿。大和九年八月八日。　四川成都。

李顥鈞　新表大鄭王房：太子賓客、守散騎常侍嗣子顥鈞，吏部郎中。

李從晦　新表大鄭王房：明州刺史謂子從晦，字含章，興元節度使、檢校工部尚書。新宗室傳：寶曆初及進士第，自澶王府諮議分司東都。下遷亳州司馬，久乃轉吏部郎中、兼侍御史、知雜事，出爲常州刺史，鎮海軍節度使。　李琢表其政，賜金紫。　杜牧李朋除刑部員外郎李從誨除都官員外郎等制：天平軍節度副使、朝議郎、　檢校尚書祠部員外郎、兼侍御史、賜緋魚袋李從誨，宗室子弟，美秀而文，嘗經磨涅，不改堅白。可守尚書都官員外郎，散官如故。　樊川文集十七。　李朋見吏外。　因話録六：大中九年，右司李郎中從晦戲倉部李郎中蠙曰：「小生與賢座主同年。」謂（彬）〔郴〕州柳侍郎也。　蠙見左中。　柳璟見吏外。

鄭茂林又封中、主中。　新表鄭氏北祖房：興元節度使澣見封中。　子茂休，初名茂諶。　舊鄭（瀚）澣傳：子茂諶，避國諱，改茂休。開成二年登進士第，四遷太常博士、兵部員外郎、吏部郎中、絳州刺史，位終秘書監。

楊嚴又吏外、封外。　新表楊氏越公房：遺直子收見吏外。弟嚴，字凜之，兵部侍郎判度支。舊傳：會昌四年進士擢第，咸通中累遷吏部員外郎，轉郎中，拜給事中、工部侍郎，尋以本官充翰林學士。兄收作相，請外職，拜越州刺史、御史中丞、浙東團練觀察使。新傳：累遷至工部侍郎、翰林學士。兄收知政，請補外，拜浙東觀察使。重修承旨學士壁記咸通後翰林學士三十二人，無楊嚴名。又考唐會稽太守題名記，楊嚴，咸通五年九月自前中書舍人授浙東觀察使，六年二月二十四日追赴闕。嘉泰志同，亦不云工部侍郎、翰林學士也。兩傳疑誤。又案，舊懿宗紀咸通六年二月，以給事中楊嚴爲工部侍郎，尋召爲翰林學士，則嚴入翰林又在觀察浙東之後。然九年十月書貶前浙東觀察使、越州刺史、御史中丞嚴爲韶州刺史，則觀察浙東似又在六年之後，互相抵捂，未知孰是。

盧知猷　新表盧氏：檢校司封郎中、鳳翔節度判官簡能子知猷，字子蓍，檢校司空。舊傳：登進士第。宰臣蕭鄴鎮江陵、成都，辟爲兩府記室。入拜左拾遺，改右補闕、史館修撰，轉員外郎。出爲饒州刺史，入拜兵部郎中，賜緋魚袋，改吏部郎中、太常少卿。出爲商州刺史，徵拜給事中，轉中書舍人。　新傳：中進士第，登宏辭。蕭鄴鎮荆南、劍南，再辟掌書記。入遷右補闕，出爲饒州刺史，以政最聞，累進中書舍人。

陸勳　元和姓纂一屋：太常博士、越宣二觀察陸亘見户中。生勳，吏部郎中，吳人。　舊懿宗紀：咸通十二年三月，以考官兵部員外郎陸勳等考試宏詞選人。

裴質又户外。　新表洗馬裴氏：河南少尹復見御史碑額。子質，吏部郎中。　又中眷裴氏：僖宗相旦見左外。子質，字殷敬。

李磎又封中補、户中。　新表江夏李氏：起居舍人拭見金中。子磎，字景望，相昭宗。　舊傳：大中十三年登進士第，自尚書水部員外郎累遷吏部郎中，兼史館修撰，拜翰林學士、中書舍人。　廣明中，分司洛下。　新傳：累遷户部郎中，分司東都。　舊僖宗紀：乾符三年九月，以刑部郎中李磎爲户部郎中，分司東都。　李磎泗州重修鼓角樓記：史官、尚書司封郎中李磎自淮楚趨闕，驛泗。記末云：樓以中和五年二月二十八日成，以其年九月三十日書。

楊授又勳外補。　新表楊氏越公房：嗣復見上。子、損見吏外。弟授。不詳歷官。　舊傳：字得符，大中九年進士擢第，自監察御史、殿中，分務東臺。　再遷司勳員外郎、洛陽令、兵部員外郎。　李福爲東都留守，奏充判官，改兵部郎中，由吏部拜左諫議大夫。　新傳：授於昆弟最賢，遷累户部侍郎。李福留守東都，舊傳不載，當在僖宗時。

崔胤又吏外、考外。　新表南祖崔氏：宣宗相慎由見吏外。子胤，字垂休，相昭宗。　新書姦臣列

傳同。 舊傳：字昌遐。 舊傳：乾符二年登進士第。王重榮鎮河中，辟爲從事。入
朝，累遷考功、吏部二員外郎，轉郎中、給事中、中書舍人。大順中，歷兵部、吏部二侍
郎。 新傳：累遷中書舍人、御史中丞。

楊涉 新表楊氏越公房：兵部侍郎嚴見上。子涉，字文川，相昭宗。 舊傳：乾符二年
登進士第。昭宗朝，累遷吏部郎中、禮刑二侍郎。乾符四年，改吏部侍郎。當從本紀作乾
寧。

段安節 新段成式傳：子安節，乾寧中爲國子司業。善樂律，能自度曲云。新表失載。
金華子雜編上：段郎中成式爲子安節娶温庭筠女，仕至吏部郎中、沂王傅，善音律，著
樂府行於世。 新書藝文志甲部經録樂類：段安節樂府雜録一卷。原注：文昌孫。案此書今
存序，結銜題朝議大夫、守國子司業、上柱國、賜紫金魚袋段安節撰。 直齋書録解題十四音樂類：琵琶故
事一卷。段安節撰。

蕭頎「頎」一作「頊」。 又吏外補。 新表蕭氏齊梁房：給事中廩見祠外。子須，字子登。「子登」，
舊五代史作「子澄」。 舊蕭廩傳：子頎，亦登進士第，後官位顯達。 舊五代史唐書三
十四蕭頊傳：頊，昭宗朝擢進士第，歷度支巡官、太常博士、右補闕，累遷吏部員外郎。
入梁，歷給諫、御史中丞。 舊昭宗紀：天祐元年七月丁丑，制以兵部郎中蕭頎爲吏

部郎中。　哀帝紀：天祐二年十二月，敕右諫議大夫蕭頎等隨册禮使柳璨魏國行事。

李光嗣　舊哀帝紀：天祐二年十二月，敕吏部郎中李光嗣等隨册禮使柳璨魏國行事。　缺名吳越備史一：開平五年四月，敕遣刑部侍郎李光嗣建王生祠於衣錦軍。　授前司勳員外郎賜緋徐綰兵部員外郎前庫部員外郎李光嗣右司員外郎等制：論者美宣祖大臣以至行移風稱易名者，必曰光嗣之王父也。爾克敬有後，敏以自圖，多所周防，恐墜遺法。文苑英華三百九十二。　英華蒙上白居易云「前人」，衍字，光嗣王父疑是李景讓。

夏侯淑　黃滔丈六金身碑：天祐四年正月十有八日乙未，設二十萬人齋，座客有吏部郎中譙國夏侯公淑。莆陽黃御史集下。　新田頵傳：田頵善遇士，若夏侯淑等皆爲上客。

石抱忠又考中。　元和姓纂二十二昔：石初平玄孫抱忠，天官侍郎，河南人，今居虢州。　新員半千傳：抱忠，長安人。名屬文。初置右臺，自清道（府）率〔府〕長史爲殿中侍御史，進檢校天官郎中，與侍郎劉奇、張詢古共領選。寡廉潔，坐綦連耀伏誅。　新武后本紀：神功元年正月壬戌，殺知天官侍郎事石抱忠。　楊烱庭菊賦序、天子幸於東都，皇儲監守於武德之殿，學士石抱忠以文章顯。文苑英華一百四十九。

鄭亞見左中。　舊傳：會昌初，自監察御史累遷刑部郎中、知雜，遷諫議大夫、給事中。新傳略同。　舊書禮儀志六：會昌五年九月，吏部郎中鄭亞等五人有東都太廟神主議。

敬昕又吏外、封中。　吳興志：敬昕，大和七年自婺州刺史拜，除吏部郎中，續加檢校本官，依前湖州刺史，後除常州。　李紳湖州法華寺大光大師碑：予烏臺舊僚天官郎敬君守郡吳興，寄言刊石。文苑英華八百六十五。　資治通鑑唐紀六十二：開成五年八月，貶京兆尹敬昕爲郴州司馬，坐文宗龍輴陷也。　又唐紀六十三：會昌三年九月戊申，以河南尹敬昕爲河陽節度、懷孟觀察使，供行營攻討（史）〔使〕王宰饋餉。　封敖批敬昕謝上表，略云：亟稱才能，歷踐華顯。洎尹正洛汭，臨戎孟津，治不避諱，恐作「理」。行推高，號令有律。遽遷白馬，重擁青幢，接眕素洽於謳謠，先聲載揚於道路。文苑英華四百六十七。

李直　新表蔡王房：襄濟北郡公、北海令鈒子直，吏部郎中。

劉墀　新表南華劉氏：大理卿濛見勳中。子墀，字秉中，兵部、吏部郎中。

劉文濟　新表南華劉氏：檢校户部員外郎技子，字霸源，吏部郎中。

姚勖見左中補。　吳興志：姚勖，會昌三年六月二十九日，自尚書左司郎中授，後遷吏部郎中。

曹鄴又祠中、主外。　唐才子傳七：鄴字業之，桂林人。累舉不第，爲四怨三愁五情詩，雅道甚古。特爲舍人韋慤所知，力薦於禮部侍郎裴休。大中四年張温琪榜中第。

唐詩紀事六十：曹鄴，唐末以祠部郎中知洋州。雲臺編上有送祠部曹郎中鄴出守洋州詩。雲臺編下有送吏部曹郎中免官南歸詩。有云「江山復桂州」，知即鄴也。石刻紇干濬贈太尉韓允忠神道碑：乾符元年十一月，皇帝下缺。郎中曹鄴、太子下缺。議大夫李景莊、見考中。庫部員外郎陳翰，見金外。備鼓吹升輅車，由空三字。宣政正衙及空三字。公之靈座，册贈司徒，謚曰□。山東莘縣俎家店。新高璩傳：懿宗時，高璩卒，太常博士曹鄴請謚爲刺，從之。新書白敏中傳：懿宗時，博士曹鄴責白敏中病不堅退，且逐諫臣，舉怙威肆行，謚曰醜。新書藝文志丁部集録别集類：曹鄴詩三卷。字鄴之，大中進士第，洋州刺史。直齋書録解題十九：曹鄴集一卷。唐洋州刺史曹鄴撰。大中四年進士。紀事作「業之」。

【附存】

薛能見度中補、主中。舊懿宗紀：咸通十一年十月，以給事中薛能爲京兆尹。唐詩紀事六十：咸通中攝嘉州刺史，歸朝，遷主客、度支、刑部郎中。俄刺同州，權知京兆尹事。摭言三：乾符中，薛能尚書自吏部郎中拜京兆少尹，權知大尹。

崔芻言見左外、户中、祠外。吴興志：崔芻言，咸通三年二月自吏部郎中拜，卒官。統紀云户部。案，户中有崔芻言，統紀是。

李乂見左外、又勳外。

蘇頲唐紫微侍郎贈黃門監李乂神道碑：自中書舍人、太子疑衍。上即位，檢校吏部郎中。二歲，遷黃門侍郎。文苑英華八百九十三。舊傳：自中書舍人，景雲元年遷吏部侍郎，尋轉黃門侍郎。新傳同。碑文「郎中」係「侍郎」之譌。

蘇勖新表蘇氏：隋鴻臚少卿夔子勗，吏部侍郎、駙馬都尉。

唐尚書省郎官石柱題名考卷四

吏部員外郎

唐六典：吏部尚書，其屬有員外郎二人，從六品上。龍朔、咸亨、光宅、神龍並隨曹改復。員外郎一人掌選院，謂之南曹，每歲選人有解狀簿書資歷考課必由之，以覈其實，乃止三銓。一人掌曹務，凡當曹之事，無巨細皆與郎中分掌焉。舊書、新書略同。

【石刻】

裴玄本　王約　潘求仁　趙弘智　裴希仁

甘神符　宇文節　李公淹　封良客　韋璲

韋叔謙　長孫祥　裴孝源　裴希仁　崔玄覲

于立政　蕭孝顗　裴稚珪　辛茂將　崔行功
姜□□　元懷簡　裴公緯　趙仁本　韓同慶
于敏同　梁行儀　王德真　魏玄同　姜玄乂
劉祥道　李同福　裴大方　朝元範　房正則
梁仁義　李同福　姜杲　裴大方　張仁禕
裴思義　韋萬石　姜玄昇　劉處約　張詢古
蘇味道　韋志仁　辛希業　高光復　李志遠
劉夷道　章希業　樂思晦　李至道　裴咸
杜承志　蕭志忠　崔滺　張栖貞　司馬鍠
杜承志　杜知謙　李崇基　宋璟　皇甫知常
岑羲　李傑　畢構　麴先沖　李尚隱
蘇詵　鄧茂林　盧懷慎　李希仲　崔日用
盧從愿　楊滔　房光庭　崔湜　裴漼
崔玄同　陳希烈　張鈞　宋鼎　李朝隱
張庭珪　裴漼　倪若水　崔位　魏恬

諸謬
朱渭輔
劉宅相
源玄緯
楊仲昌
裴遵慶
李洧
盧僎
元特
賀若察
王崟
王定
殷亮
裴綜
于結

柳澤
楊降禮
韋洽
馬光淑
李麟
蔣渙
崔倫
薛邕
王崟
韋元曾
元挹
鄭叔則
李舟
鄭珣瑜
盧邁

杜暹
徐惲
元彥沖
苗晉卿
李栖筠
庾光先
崔翰
韋少遊
韓滉
畢弘
崔祐甫
崔儒
劉太真
于結
劉執經

楊軌臣
源洧
李憕
盧怡
鄭審
崔寓
鄭炅之
裴霸
王佐
杜亞
令狐峘
劉灣
王錩
呂渭
柳冕

徐玄之
席建侯
李彭年
張秀明
盧僎
李廙
韋之晉
崔禕
盧虛舟
裴儆
韋允
蔣鍊
苗丕
盧挺
李元素

韋夏卿　裴佶　楊於陵　鄭儋　李鄘
奚陟　王仲舒　張弘靖　裴次元　劉公濟
常仲儒　李蕃　柳公綽　孟簡　韋貫之
皇甫鎛　韋纁　李建　崔從　韋弘景
王涯　崔鄾　陳中師　楊嗣復　席蘷
盧士玫　李宗閔　殷台　崔琯　王璠
鄭肅　羅讓　崔戎　王申伯　楊虞卿
李續　宇文鼎　敬昕　李珏　高元裕
劉寬夫　陳夷行　崔龜從　裴衮　劉端夫
李欵　崔璪　柳璟　裴鐇　孔温業
張文規　崔璜　周敬復　崔球　韋行貫
李行方　陳湘　韋絢　韋慤　李訥
盧簡求　崔耽　崔愼由　錢知進　崔瑶
盧罕　杜牧　馮圖　杜審權　趙櫓
鄭路　皇甫鉟　李朋　皇甫珪　獨孤雲

鄭從讜
裴衡
盧緘
崔瑑
于德晦

楊收
楊嚴
穆仁裕
崔安潛
侯備

令狐緘
薛臨
高湘
于瓌
楊損

崔瑾
崔厚
崔瀆
盧胤征

【補遺】

樊元表
斛律禮備
裴敬彝
楊志誠
賈言中

劉知璿
王文濟
楊再思
杜元揆
周質

周矩
楊令一
杜懿宗
韋抗
蔣欽緒

郭利貞
賈曾
崔液
李華
張莒

楊凝
裴夷直
高鍇
李回
杜晦辭

徐彥若
楊堪
牛循
牛徽
趙蘊

鄭綮
劉崇望
崔胤
裴樞
張文蔚

趙光逢
蕭頎
崔協
王渙
孫濟

王履仁
渾正元
魏求己
獨孤及

【附存】

楊儼

裴玄本又户中。　新表中眷裴氏：訢後，隋營州司馬世節子玄本，梁州都督，襲永福公。大唐新語七：裴玄本好諧謔，爲户部郎中時，左僕射房玄齡疾甚，玄本隨例候玄齡。廣記二百四十九「候」作「看」。

王約　新表太原大房王氏：元方子約。不詳歷官。　舊書經籍志丁部集録别集類：王約集一卷。新藝文志同。

潘求仁　元和姓纂二十六桓：隋尚書右丞潘子義孫求仁，唐屯田郎中、杭州刺史，廣宗人。許敬宗賀杭州等龍見并慶雲朱草表：杭州刺史潘求仁表，稱於錢塘縣界見青龍一。文苑英華五百六十五。　舊書經籍志丁部集録别集類：潘求仁集三卷。新書藝文志同。

趙弘智見吏中。　趙弘智碑：自太子舍人爲吏部員外郎，遷國子博士、檢校吏部郎中。金石録二十四。

裴希仁又重見。又膳中補。　新表東眷裴氏：之爽子希仁，膳部郎中。

甘神符無考。　見吏中。

宇文節見吏中、又勳中。

李公淹見左中補、

封良客　新表封氏：青城令德潤子、禮部郎中行高見禮中補。弟梁客，吏部員外郎、中書舍人。

韋璲見倉中、倉外補。　新表韋氏鄖公房：陵州刺史津子璲，倉部郎中。　舊韋安石傳：叔璲，倉部員外郎。

韋叔謙見吏中補、又考中補。

長孫祥見吏中。

裴孝源又度中。　新書藝文志丙部子録雜藝術類：裴孝源畫品録一卷。原注：中書舍人，記貞觀、顯慶年事。

裴希仁重見。

崔玄覩　新表鄭（氏）〔州〕崔氏武津縣公茂曾孫玄覩，吏部員外郎。

于立政見吏中。

蕭孝顗見吏中、又封中。

裴稚珪又户中補。 新表東眷裴氏：之爽子稚珪，户部郎中。

辛茂將 新表辛氏：肇子茂將，相高宗。 元和姓纂：茂將，右(承)〔丞〕侍中。 冥報記：永徽二年，唐臨與刑部侍郎劉燕客、見户外。 大理少卿辛茂將在大理鞫問。 法苑珠林七十九十惡篇七邪見部十三引證部感應緣。 長孫無忌進律疏表制：朝議大夫、守中書侍郎辛茂將等。重刊元至正本故唐律疏議。 永徽四年十一月十九日。 案，舊書刑法志、新書藝文志失載。 舊高宗紀上：顯慶三年十一月戊戌，大理卿辛茂將爲侍中。 新書：兼侍中。 新宰相表：顯慶四年九月癸卯，茂將兼左庶子。 舊高宗紀上：顯慶四年十一月戊午，兼侍中辛茂將卒。 新紀同。 宰相表同。 舊長孫無忌傳：顯慶四年，帝令中書令許敬宗與侍中辛茂將鞫无忌謀反。 新傳：許敬宗與侍中辛茂將臨案傳致反狀。 又云：後數月，又詔侍中茂將等覆案反獄。

崔行功見左中、吏中，又户中、主外，二傳失載。

姜□□

元懷簡 元和姓纂二十二元：元仁惠生今補。 懷簡，吏部員外，河南洛陽縣人。

裴公緯又祠中。 新表南來吴裴氏：隋魏郡丞羅子公緯，祠部郎中。

趙仁本見吏中。 舊傳：貞觀中，自殿中侍御史遠使迴，事稱旨，擢吏部員外郎。

韓同慶又勳中補、勳外。 新表赭陽韓氏：滂子同慶，司勳郎中。姓纂同。

于敏同見吏中，又主外。

梁行儀無考。又户中。

王德真又封外。 新表京兆王氏：岳州刺史武宣子德真，相高宗、武后。 舊蘇瓌見祠中傳：授豫王府録事參軍，長史王德真等皆器重之。 唐會要七十：總章元年十一月二十二日，析長安縣置乾封縣，以王德真爲縣令，分理京城内。 舊高宗紀：總章元年二月己卯置。 舊高宗紀下：調露二年四月戊辰，中書侍郎王德真同中書門下三品。 新紀同。新表同。 新高宗紀：永隆元年即調露二年。九月甲申，王德真罷。 新表同，云罷爲相王府長史，舊紀失載。 舊則天皇后本紀：文明元年二月，太常卿兼豫王府長史王德真爲侍中。 新紀：二月丁丑，太常卿王德真爲侍中。 新表：二月丁丑，檢校豫王府長史、太常卿王德真爲侍中。 舊劉禕之傳：則天臨朝，時納言王德真。 舊紀：垂拱元年五月，納言王德真配流象州。 新表：五月丁未，德真罷爲同州刺史，其日流象州。 新紀失載。 新忠義傳上載功臣等第：納言、樂平縣男王德真。 右第二。

魏玄同見吏中，又勳外，二傳失載。

姜玄乂無考，又户外。

劉祥道見吏中，又勳外。

李同福無考，重見。又封外、户中、金中。

裴大方又勳外。 新表東眷裴氏：隋絳州留守文度子大方，司列員外郎。

朝元範又封中，勳外。 元和姓纂十一模：唐鳳閣侍郎胡元範義陽申原誤中州人。 舊裴炎傳：光宅元年，裴炎下獄，鳳閣侍郎胡元範奏：「炎社稷忠臣，有功於國，悉心奉上，天下所知，臣明其不反。」十月，坐救炎，流死瓊州。 新傳：武后捕炎下詔獄，鳳閣侍郎胡元範曰：「炎社稷臣，有功於國，悉心事上，天下所知，臣明(知)其不反。」納言劉齊賢、左衞率蔣儼繼辨之。后曰：「炎反有端，顧卿未知耳。」元範、齊賢曰：「若炎反，臣輩亦反矣。」后曰：「朕知炎反，卿輩不反。」元範介廉有才，以炎故，流死嶲州。 舊劉齊賢傳：裴炎下獄，侍中劉齊賢、鳳閣侍郎胡元範抗詞明其不反。 會要六十二：顯慶三年七月，監察御史胡元範使越嶲，至益州，駙馬都尉喬師望爲長史，出迎之。先是，勅斷迎使臣，師望托言他行，元範引卻，不與相見。師望又忿憾，按譽專道，徐反駐後塵，及元範按劾其枉僧事，師望素與許敬宗善，先驛奏之，元範及迴，免官。

房正則無考。又金外。

梁仁襃無考。

李同福重見。

姜杲無考。

裴大方重見。

張仁禕　舊李敬玄傳：總章二年，檢校司列少常伯，時員外郎張仁禕有時務才，敬玄以曹事委之。仁禕始造姓曆，改修狀樣、銓曆等程式，處事勤勞，遂以心疾而卒。敬玄因仁禕之法，典選累年，銓綜有序。　新傳：敬玄兼檢校司列少常伯，時員外郎張仁禕有敏才，敬玄委以曹事。仁禕爲造姓曆、狀式、銓簿，鉗鍵周密，病心太勞死。敬玄因其法，衡綜有序。

裴思義見左中補，又封外、勳中。　舊韋思謙傳：武侯將軍田仁會與侍御史張仁禕不協，而誣奏之。　王維故任城縣尉裴府君回墓誌銘：祖思義，皇侍御史、吏部員外、左司郎中。

韋萬石見吏中，又封中、度外。二傳失載。

姜玄昇無考。

劉處約又考中。　元和姓纂十八尤：考功郎中劉慶約，宣州人。

張詢古吏中有「詢故」，又封外。　新表清河東武城張氏：隋江都贊務虔威孫詢古，吏部侍郎。　新員半千傳：武后時，天官侍郎張詢古領選，寡廉潔，坐綦連耀伏誅。

蘇味道又考中。新表趙郡蘇氏：味道，相武后。元和姓纂云：唐鳳閣侍郎味道。舊傳：弱冠，本州舉進士，累轉咸陽尉。裴行儉征突厥，引爲管記。延載初，歷遷鳳閣舍人。新傳：累調咸陽尉，裴行儉征突厥，引管書記。延載中鳳閣舍人。

韋志仁又主外。

辛希業 新表辛氏：高宗相茂將見上。子希業，駕部郎中。元和姓纂同。

高光復見吏中。

李志遠見吏中，又勳中作「至遠」，倉外。新循吏傳：至遠歷司勳、吏部員外、郎中。石刻五言同韋子遊神泉詩，後署天官員外郎李鵬字至遠。垂拱四年。陝西富平。

劉夷道 初學記十九有劉夷道詠死奴詩。

韋希業無考。

樂思晦又封外「晦」誤「誨」。新表樂氏：高宗相彥瑋子思晦，相武后。舊樂彥瑋傳：子思晦，則天時官至鸞臺侍郎、兼檢校天官尚書、同鳳閣鸞臺三品。

李至道 新表趙郡李氏東祖房：南皮令君正子志道，兵部郎中。案，唐人「至」「志」通用。

裴咸 新表中眷裴氏：方産見左中。子咸，太子諭德。

杜承志又見下。新表濮陽杜氏：滕王府諮議、蘇州司馬義寬子承志，天官員外郎。

舊杜暹傳：父承志，則天初爲監察御史，貶方義令，累轉天官員外郎。羅織事起，恐懼，稱疾去官，卒。新傳同。

蕭志忠　新表蕭氏皇舅房：相王兵曹參軍安節子至忠，相中宗、睿宗。舊蕭至忠傳：神龍初，附武三思，自吏部員外郎擢拜御史中丞。新傳：自監察御史劾奏鳳閣侍郎蘇味道贓貪，超拜吏部員外郎。長擊斷，譽聞當時，神龍初爲御史中丞。

崔澾無考。

張栖貞又户外。　新表河間張氏：洪州都督知久子栖貞，汝州刺史。朝野僉載：員外郎張栖貞被訟詐，遭母憂，不肯起對。太平廣記二百五十八。

司馬鍠　元和姓纂七之：明堂尉司馬希奭生鍠，吏部、黄門、中書三侍郎，京兆尹，河内温縣人。舊文苑中附劉憲傳：司馬鍠，洛州温人也。則天時，吏部糊名考選判入第二等。神龍中，卒於黄門侍郎。新文藝傳同，云歷殿中侍御史，神龍初，以中書侍郎卒。新劉奇傳：長壽中，天官侍郎劉奇薦司馬鍠爲監察御史。新張薦傳作證聖中。蘇頲刑部尚書韋抗見吏中神道碑：韋抗轉吏部員外、郎中，大選持衡者河内司馬鍠等。文苑英華八百九十六。

杜承志重見。

杜知謙 新表襄陽杜氏：主客郎中續見度外補。子知謙，邢州刺史。元和姓纂：知謙，天官員外、邢州刺史。

李崇基 新表隴西李氏姑臧大房：伏陁曾孫崇基，尚書左丞、權御史大夫。

宋璟 新表廣平宋氏：衛州司户參軍玄撫子璟，相玄宗。顏真卿開府儀同三司行尚書右丞相上柱國贈太尉廣平文貞公宋公神道碑銘：公進士高第。天后時拜監察御史裏行，尋丁齊國太夫人憂，服闋，俄而即真。遷殿中侍御史、天官員外郎、鳳閣舍人。顏魯公文集四。新傳：舉進士中第，調上黨尉，爲監察御史，遷鳳閣舍人。舊傳略同，不云吏外。

皇甫知常見吏中，又考中。

岑羲見吏中。舊傳：長安中自廣武令拜天官員外郎。神龍初，爲中書舍人。新傳：自汜水令拜天官員外郎，俄爲中書舍人。

李傑 新宰相表隴西李氏姑臧大房：袁州參軍大壽子傑。不詳歷官。新宗室表：玄宗子壽王瑁子傑，國子祭酒。舊書李傑傳：本名務光，相州滏陽人，其先自隴西徙焉。舉明經，累遷天官員外郎，明敏有吏才，甚得當時之譽。神龍初，累遷衛尉少卿。新傳：遷累天官員外郎，爲吏詳敏，有治譽。

畢構 新表畢氏：司衞少卿、許州刺史憬子構，户部尚書、魏景公。新傳：字隆擇。舊傳：畢構，河南偃師人。少舉進士，神龍初，累遷中書舍人。新傳：武后召爲左拾遺，神龍初，遷中書舍人。

麴先冲 又考中。又御史臺殿中監察題名。 朝野僉載：唐開元四年，考功員外郎邵某卒，尋而麴先冲爲郎中，判邵舊案，未幾先冲又卒。太平廣記百四十三。

李尚隱 又御史臺監察題名。 舊良吏傳下：弱冠明經累舉，自定州司馬擢拜吏部員外郎，累遷御史中丞。 新傳：年二十，舉明經。玄宗時，繇定州司馬擢吏部員外郎，以將作少監營橋陵，封高邑縣男，未幾，進御史中丞。

蘇詵 見左中補，又户外。 二傳失載。

鄧茂林 大唐新語八：右臺監察鄧茂疑脱「林」字。遷左臺殿中，右臺殿中劉懷一贈之詩。

盧懷愼 見吏中。 舊傳：歷監察御史、吏部員外郎。景龍中，遷右御史臺中丞。新傳失載。

李希仲 中興問氣集上詩三首。

崔日用 又勳中。又御史臺侍御題名。 新表博陵第三房崔氏：河間丞滃子日用，相睿宗、玄宗。 舊傳：進士舉，自新豐尉無幾拜監察御史。神龍中，潛附宗、武，驟遷兵部侍郎。 新傳：自新豐尉遷監察御史，陰附安樂公主，得稍遷。神龍中，結納宗、武，驟拜兵部侍郎。新外戚武三思傳：司勳郎中崔日用等託武三思權，熏炙中外。

盧從愿 新表盧氏：敬一子從愿，字子龔，刑部尚書。舊傳：從愿，相州臨漳人，自范陽徙家焉。弱冠明經舉，又應制舉，自殿中侍御史累遷中書舍人。睿宗踐阼，拜吏部侍郎。新傳：擢明經，又舉制科高第，自監察御史進累中書舍人。睿宗立，拜吏部侍郎。明皇雜録下：從愿應明經，常從五舉，制策三等，授夏縣尉。自明經至吏部侍郎才十年，自吏部員外至侍郎只七箇月。

楊滔又御史臺殿中題名。新表楊氏觀王房：武后相執柔子滔，兵、户、吏三侍郎。舊楊執柔傳：子滔，開元中官至吏部侍郎、同州刺史。舊書刑法志：開元六年，玄宗又勅户部侍郎楊滔等九人删定律令格式。七年三月，奏上律令式，仍名各格曰開元後格。新書藝文志刑法類同。舊源光裕傳同。

房光庭又考中、考外、户外。唐語林八：神龍元年已來累爲主司者：考功員外郎房光庭再，太極元年、開元元年。

崔湜又考外補。又御史臺殿中題名。新表博陵安平崔氏：户部尚書挹子湜，相中宗。新傳：字澄瀾。舊傳：舉進士，累轉左補闕，預修三教珠英，遷殿中侍御史。神龍初，轉考功員外郎，尋遷中書舍人。新傳略同。

裴涖無考。

崔玄同　新表清河崔氏青州房：大理司直知道子玄同，相州刺史。　韓愈崔評事翰墓誌銘：大父玄同爲刑部侍郎，出刺徐、相州。昌黎先生集二十四。考異同。方作「童」非是，或無「相」字。

陳希烈見吏中。　二傳失載。　唐會要五十八：開元十二年四月十六日，勅兵、吏各專定兩人判南曹，以陳希烈、席豫爲之，尋卻一人判。

張鈞格案：「鈞」疑當作「均」，張均見左外。　又封中。　新表始興張氏：湖南鹽鐵判官郎子鈞。不詳歷官。　時代不合。　新書昭宗紀：乾寧元年二月，彰義軍節度使張鈞卒。　唐會要七十四：開元十三年十二月，吏部置十銓，當時牓詩云：「員外御題銓裏牓，尚書不得數中分。」尚書裴（潅）〔漼〕，員外郎張均。

宋鼎又御史臺殿中監察題名。　新表廣平宋氏：洛州司馬守儉子鼎，兵部郎中。　顏眞卿崔孝公陋室銘記：公之澄清中外也，以畿縣丞尉宋鼎等並以清白吏能而薦之。顏魯公文集十四。　舊令狐彰傳：父濞，天寶中鄧州錄事參軍，本道採訪使宋鼎引爲判官。　孫逖授宋鼎尚書右丞等制：通議大夫、尚書刑部侍郎、借紫金魚袋宋鼎，可守尚書右丞，散官如故。文苑英華三百八十五。　李華贈禮部尚書孝公崔沔集序：推舉時賢，文粹

「權貢舉時」。得宋兵部鼎等，僉爲國器。文苑英華七百一。唐文粹九十二。李華荆州南泉大雲寺故蘭若和尚碑：名臣宋兵部鼎等僉契慈緣，而承善誘。文苑英華八百六十。石刻御注孝經碑，末題名有正議大夫、行兵部侍郎、借紫金魚袋、上柱國臣宋鼎。天寶四載。陝西長安。唐丞相曲江張先生文集二附宋鼎詩，題云張丞相與余有孝廉校理之舊又代余爲荆州余改漢陽仍兼按使巡至荆州三句依紀事廿二增故有此贈，襄州刺史宋鼎。案，張文獻開元二十五年四月二十日貶荆州大都督府長史，鼎換襄州當亦在是年。

李朝隱見吏中。新傳：中宗時自大理丞貶聞喜令，遷侍御史、吏部員外郎。時政出權幸，不關兩省而內授官，但斜封其狀付中書，卽宣所司。朝隱執罷千四百員，怨誹讙騰，朝隱胖然無避屈。遷長安令。舊傳：自大理丞出爲聞喜令，尋遷侍御史，三遷長安令。

張庭珪舊傳：廷珪，河南濟源人，其先自常州徙焉。弱冠應制舉。長安中，累遷監察御史。景龍末，爲中書舍人。

裴漼又御史臺殿中監察題名。新表：南來吴裴氏：倉部郎中瑾之見勳外。子，琰之見户外。兄子漼，太子賓客、正平懿公。舊傳「漼父琰之」，與表異。舊傳：應大禮舉，自監察御史三遷中書舍人。太極元年，轉兵部侍郎。新傳略同。唐語林三：中宗晏駕，小祥後，劉幽求戮宗紀，喚兵部員外郎裴濯與幽求俱以本官一例赴中書上任。載柳沖常侍所著姓系劉氏卷。

倪若水 舊良吏傳下：若水，恒州稾城人。開元初，歷遷中書舍人、尚書右丞。新傳：字子泉。擢進士第，累遷右臺監察御史。開元初，爲中書舍人、尚書右丞。

崔位 王本作「位」。鉞案：碑本是「位」字，「位」當是「涖」字之誤。又御史臺侍御題名作「涖」。新表博陵安平崔氏：户部尚書挹子沈炳震云當是挹兄雍州司功參軍擢子。中宗相湜弟見上。涖，吏部員外郎。舊崔湜傳：從兄涖，有文翰，居清要。

魏恬 又金中、金外。新表魏氏：東祖後武后相玄同見吏中，又見上。子恬，鄭州刺史。元和姓纂，給事中、鄭州刺史。新魏玄同傳：子恬，字安禮，第進士，爲御史主簿。開元中，至潁王傳。舊傳：開元中爲潁王傳。朝野僉載云：魏光乘（自）〔目〕員外郎魏恬爲祈雨婆羅門。太平廣記二百五十五。

諸謬 王本「諸璆」。鉞案：「諸謬」當作「褚璆」，褚璆見吏中。又户中，禮外補。唐會要五十八：開元五年四月九日，勅尚書省：天下政本，仍令有司各言職事，吏部員外郎褚璆等十人，案牘稽滯，璆稽四道，户部員外郎呂太一四道，刑部員外郎崔廷玉二道，兵部員外郎李廷言、見監察。刑部員外郎張悟、倉部員外郎何鸞、祠部郎中孔立言、刑部郎中楊孚、見侍御。虞部郎中田再思各一道，虞部員外郎崔賞三道。一有「朕居萬人之上，以百姓爲心，常恐有寃不申，有理見滯，憂勤庶績，宵旰興懷」二十九字。且六官分事，四方取則，尚書郎皆是妙選，須稱職司，一作「其職」。焉可尸禄悠悠，曾無斷決。一作「決斷」。昨者試令詢問，遂有如此稽逋，動即經年，是何道理。至如行判程限，素標一作「編」。令式，一有「今便準法科責，乃是尋常，但爲積習寬疎，欲得申明告諭」二十二字。自今一有「已」字。後各宜懲革，再若有犯，一作「若有犯者」。別當處分。

柳澤見左外。

杜暹見吏中。　二傳失載。

楊執臣見吏中。

徐玄之見吏中。又勳外、考外補。又主中有立之。

朱渭輔無考。又封中。又御史臺侍御殿中監察題名。

楊降禮見吏中。又祠外。

徐惲見吏中。又户中。　元和姓纂九魚：濮陽令徐有忠生渾，吏部員外、襄有脱字。陳留太守、採訪使，東海郯縣原誤「州」。人。

源洧見吏中。　二傳失載。

席建侯又考外補。又御史臺監察題名。　元和姓纂二十二昔：唐侍御史席君懿曾孫建，禮部尚書、襄陽文公，安定臨涇人，寓居襄陽。　舊文苑傳中：席豫，襄陽人，徙家河南。進士及第。開元中，累官至考功員外郎，三遷中書舍人、掌制誥。　新傳：字建侯。開元中，自大理丞遷考功員外郎，爲中書舍人。　唐會要五十八：開元十二年四月十六日，勅兵、吏各專定兩人判南曹，以陳希烈、席豫爲之，尋卻一人判。

劉宅相見吏中補。

韋洽見左外、考中補。

元彥沖見吏中。又勳外。

李憕見吏中，又度外補，又倉中。　二傳失載。

李彭年見吏中，又勳外、考外、戶外。　二傳失載。

源玄緯鉞案：勳中「元玄禕」，疑卽是。又御史臺殿中題名作「玄禕」。　元和姓纂二十二元：洛州司馬源誠心生疑脫「玄」字。禕，吏部員外，鄴郡安陽人。

厲光淑見左中補，又祠外。

苗晉卿見吏中，又度外。　舊傳：遷侍御史，歷度支、兵、吏部員外郎。

盧怡又御史殿中監察題名。　新表盧氏：元貞子怡，中書舍人、御史中丞。　孫逖唐濟州刺史裴公耀卿德政頌：皇帝東巡狩，反旆，勸農使盧怡奏公理行第一。文苑英華七百七十五。唐會要七十六：神龍三年，賢良方正科盧怡及第。緯略同。又七十五：開元十一年十二月，吏部侍郎崔琳見户中。掌銓。收選殘「殘」廣記有。人盧怡、裴敦復、見吏中。于孺卿見監察。等十數人無何皆入臺省，衆以爲知人。又八十五：開元十二年，宇文融又奏加富平縣尉盧怡充勸農判官。詳監察宇文融注。舊張九齡傳：與御史中丞盧怡等友善，終始不渝。新傳：與盧怡等善，世稱其交能終始。

張秀明又御史臺左側題名。唐會要七十六：先天二年，緯略：元年。手筆俊拔超越流輩科張秀明及第。緯略同。

楊仲昌見左外、吏中，又禮外補。二傳失載。席豫唐故朝請大夫吏部郎中上柱國高都公楊府君碑銘：自禮部員外郎歷左司員外郎，轉吏部員外郎，尋遷本司郎中。唐文粹卷五十八。孫逖授楊仲昌吏部員外郎李巖兵部員外郎制：門下，左司員外郎楊仲昌、朝散大夫户部員外郎李巖等，雅才明識，敏行能文，修身懷止水之清，應物有操刀之利，並膺時選，所謂人英。宜遷禮闈之秩，更展劇曹之用。仲昌可吏部員外郎，巖可兵部員外郎，散官各如故。文苑英華三百九十二。又户外李巖注。

李麟見吏中，又考外補、户外。舊傳：開元二十二年，轉殿中侍御史，歷户部、考功、吏部三員外郎。天寶元年，遷郎中。新傳失載。

李栖筠　新表趙郡李氏西祖房：載子栖筠，字貞一，贊皇文獻公。新傳：舉進士，擢高第。自殿中侍御史三遷吏部員外郎，判南曹。時大盜後，選簿亡舛，多僞冒，栖筠判析有條，吏氣奪，號神明。遷山南防禦觀察使。舊李吉甫傳：父栖筠，代宗朝爲御史大夫。國史有傳。案，舊書無栖筠傳。

鄭審　見吏中，又勳外。

盧僎　又見下，又勳外、祠外。新表盧氏三房：汝州刺史宏懌一本「澤」。子僎，汝州長一本「刺」。史。新儒學下附趙冬曦傳：開元中，自聞喜尉爲集賢學士，終吏部員外郎。穆員刑部郎中李府君墓誌：夫人范陽盧氏，吏部員外郎、汝州刺史僎之子。文苑英華九百四十三。李澥見金外。　王士源孟浩然詩集序：尚書侍郎范陽盧僎等與浩然爲忘形之交。校宋本。國秀集上有吏部員外郎盧僎詩十三首。　新書儒學下褚無量傳：開元初，褚無量整比祕籍，表聞喜尉盧僎等分部讎定。　新韓思復傳：開元中，韓思復卒，故吏盧僎等立石峴山。　集古録目：唐襄陽令盧僎德政碑，唐太子正字閻寬撰，伊闕縣尉、集賢院待制史惟則八分書。　僎字手成，范陽人，爲襄州長史。此蓋去思碑也。碑字多殘缺，不見所立年月。金石録：天寶中立。　寶刻叢編三。　顏魯公文集四宋開府碑：謹憑吏部員外郎盧僎所上行狀，云云。

裴遵慶又勳外，禮中補。新表中眷裴氏：杭州刺史蜷户中作「惓」。子遵慶，字少良，相代宗。賈至授裴遵慶給事中制，稱禮部郎中裴遵慶。文苑英華三百八十一。舊傳：以門蔭自大理寺丞遷司門員外、吏部員外郎，專判南曹。天寶中，每歲吏部選人，動盈萬數。遵慶敏識强記，精覈文簿，詳而不滯，時稱吏事第一，由是大知名。天寶末，楊國忠當國，出不附己者，遵慶亦出爲郡守。肅宗卽位，徵拜給事中。新傳：自大理丞頻擢吏部員外郎，判南曹。天寶時，選者歲萬計，遵慶性彊敏，視簿牒詳而不苟，世稱吏事第一。肅宗時爲吏部侍郎。石刻闕五字。光禄大夫缺十字。東郡貞缺七字。云：上缺。□外□轉司勳、吏部郎，皆掌曹事。又云：丁内艱，去職。免喪，以太守下缺。外□□中權□擾私欲□求不給則□□□貶守□□□稱惜□□□□郎中。河南洛陽。案，此碑殘泐殊甚，考金石録二十八唐右僕射裴遵慶碑跋尾，引碑云「自吏部郎出爲濮陽太守，貶符陽郡，徵拜禮部郎中」，而史不載，可補近來拓本之缺。

蔣渙見吏中。

庾光先又御史臺左側題名。元和姓纂七慶：開元徵士庾齊人，新野人，又家秦陵，生疑脱「光」字。先，吏部侍郎、荊州長史採訪使。舊忠義傳下：庾敬休見左中補。祖光烈，見祠中補。與仲弟光先，祿山迫以(爲)〔僞〕官，皆潛伏奔竄。光先爲吏部侍郎。新敬休傳略同。舊庾準傳：父光先，天寶中文部侍郎。京兆金石録：太子太傅庾光先碑，徐浩撰，史惟則書，永泰二年。寶刻叢編八。京兆府中萬年縣。李華御史中丞壁記：天寶中，以尚書左丞張公爲大夫，太府少卿庾公爲中丞。中丞奉大夫也，律吕本黄鍾之宫。文苑英華七百九十八。文粹七十二。張倚見左外。

崔寓 石本審定是「寓」字。吏中補有崔寓，此與左中之崔寓、户外之崔寓別一人。

李廙 見吏中。

李湑 新表下紀王房：襲丹陽郡公、汴州節度使行褘子均州刺史湑。時代相合。舊列傳七十四、新列傳七十三有李湑傳：李正己從父兄，徐州刺史。非是。

崔倫 又御史臺右側侍御兼殿中(二見)，又監察題名。新崔衍傳：父倫，字敍，深州安平人。及進士第，歷吏部員外郎。安祿山反，陷於賊，不汙僞官，使子弟間表賊事。賊平，下遷晉州長史。李齊物訟其忠，授長安令。舊孝友崔衍傳：左丞倫之子。

崔翰 見吏中。

鄭炅之 又倉外。又御史臺侍御兼殿中題名。姑蘇志二：鄭炅之，乾元元年任吴郡太守兼採訪使。獨孤及唐故河南府法曹參軍張從師墓表：乾英華「貞」非元元年，御史二字集本脱，英華有。中丞鄭炅之英華「炅」，云集作「昊」。擁旌濟江，辟爲從事。毗陵集十一。顧況蘇州乾元寺碑：乾元初，節度使鄭昊之吳郡志「炅」。奏立。顧華陽集下。資治通鑑唐紀三十七：上元元年十二月，劉展遣將攻宣州，宣歙節度使鄭炅之棄城走。權德輿唐故金紫光祿大夫司農卿邵州長史李公鋁墓誌銘：劉展阻命，宣州觀察使鄭炅之跳在尋陽。權載之文集二十五。崔祐甫廣喪朋友議：永泰中，於穆鄂州寧見户外。會客席，與故湖南觀察韋大夫之晉見吏中。同晏，適值有發遠書者，知鄭郴州炅之、龐歙州濬或以疾而没，或遇戕於盜，韋氏曰：「二刺史，之晉之交友也。」歸於所次而哭之。三日，人來弔之者，韋則盡哀長號，不徒戚容而已。文苑英華七百六十七。新代宗紀：永泰元年正月，歙州人殺其刺史龐濬。集古録目：唐讀樊丞相傳詩，河陰尉鄭炅之撰，安定胡霈然分書，不著年月。許州。寶刻叢編五。

韋之晉見吏中，又封中。

盧僎重見。

薛邕見吏中，又勳中、禮外補。

韋少遊見吏中，又封外、祠外。

裴霸又金中。新表南來吳裴氏：令寶後，岐州刺史卓見户中。子霸，吏部員外郎。李華三賢論：河東裴騰見户中補。弟覇士會，峻清不雜，重劉迅者也。文苑英華七百四十四。文粹三十八。摭言七。

崔禕又金中、金外。新表博陵二房崔氏：右武衛將軍文憲曾孫（禕）〔椲〕，吏部員外郎。顔真卿朝請大夫行江陵少尹兼侍御史荆南行軍司馬上柱國顔君允臧神道碑銘：京城收，與崔禕銜命宣撫，都人大悦。

元特又封外。新表元氏：綿州長史平叔子、挹見下。弟持，都官郎中。姓纂同。舊宦官李輔國傳：輔國娶元擢女爲妻，擢弟挹、持，並引入臺省。元稹唐故京兆府盩厔縣尉元君墓誌銘：父曰都官郎中、岳州刺史某。元微之文集五十三。杜甫觀公孫大娘弟子舞劍器行序：大曆二年十月十九日，夔府別駕元持一作「特」。宅見臨潁李十二娘舞劍器。杜工部集七。

王崟重見。見左外，又户外、度外。

韓滉見吏中，又考外補、祠外。舊傳：自殿中侍御史累遷至祠部、考功、吏部三員外郎，判南曹凡五年，詳究簿書，無遺纖隱。大曆中，改吏部郎中、給事中。新傳：自殿中侍御史三遷吏部員外郎。性彊直，明吏事，莅南曹五年，簿最詳緻。再遷給事中。顧況左僕射韓滉行狀：詔除殿中侍御史，累遷祠部、考功、吏部三員外，判南曹，尋遷吏部郎中、給事中。文苑英華九百七十三。

王佐又考外、主外。新書地理志三：趙州柏鄉縣西有千金渠、萬金堰，開元中令王佐所浚築，以疏積潦。石刻王佐大唐清河郡王李寶臣紀功載政之頌，碑陰有成德節度參謀、朝散大夫、檢校尚書工部員外郎、兼侍御史、上柱國、賜紫金魚袋王佐。直隸正定。永泰二年。

盧虛舟見左外。

賀若察見吏中。獨孤及吏部郎中廳壁記：往歲賀若公爲員外郎也，東曹朗然，如得水鏡。毘陵集十七。又送賀若員外巡按畢歸朝序：尚書吏部郎賀若公，繡衣持斧，巡撫江介。毘陵集十四。

韋元曾見吏中，又封外。常衮授韋元曾吏部郎中等制：勅，朝議郎、行尚書吏部員外郎、賜緋魚袋韋元曾。文苑英華三百八十九。詳吏中。

畢弘見吏中。

杜亞見吏中，又户外。舊傳：自河西節度從事入朝，歷工、户、兵、吏四部員外郎。永泰末，爲杜鴻漸山、劍副元帥判官，使還，授吏部郎中、諫議大夫。新傳略同。

裴儆又封中、勳外。新表中眷裴氏：司勳員外郎稹見祠外。子、度支郎中倩見勳中補。弟敬，一本

「儆」。字九思，左金吾將軍，謚成。獨孤及唐故尚書祠部員外郎贈陝州刺史裴公行狀：子，次曰儆，尚書司勳員外郎、兼殿中侍御史，參中軍元率雍王軍事。毘陵集六。寶慶四明志一：大曆六年，裴儆爲明州刺史，八年罷。四明志云：袁晁陷明州，以廣德二年伏誅。唐興一百四十二載，當乾元二年，未有袁晁之亂。考慈谿香山寺碑，裴儆爲請寺額，在大曆八年，則與崔殷乃以此年相授受逆，計當以大曆六年到郡，「四十二」合作「五十四」，碣文重刻，失其真也。格案：碣銘曰「爰踐華省，爰宰赤城」，又曰「胡棄我而適他邦」，其遷池州無考。京兆金石録：唐贈左僕射裴儆碑，從姪次元撰，皇甫閶正書並篆額，建中二年。京兆府長安縣。寶刻叢編七。柳宗元唐故萬年令裴府君壚墓碣：大理卿府君諱儆實父。河東先生集九。又亡姊前京兆府參軍裴君夫人墓誌：金吾府君諱儆，用純懿端亮，聞於天下，實生良子，以配夫人。集十三。王密明州刺史河東裴公紀德碣銘：皇唐御神器一百四十二載，天下大康，而海隅小寇，敢肆蠆毒，結亂於甌越，而句章缺三字。之口，戰卒數萬，皆由此之故，是郡罹災逾苦，井邑焚爇，遺骸積而不掩，生民僅有存者。缺二字。未完，其危猶未安。天子哀之，詔擇可以子物拯艱者以鎮卹之，乃命長安令河東裴儆殿於茲邦。詔書既下，而罷民歡煦若幼子之望慈父焉。彤襜員來則收合創痍之境，熙熙如衣之食之。一年而驚逋復，田疇（闕）（闕），茨塈興，然後以禮義利物之教教之。爲政三年，尋而進秩。全唐文七百九十一。

王鋏重見。

元挹又封外。 新表元氏：綿州長史平叔子挹，吏部員外郎。姓纂同。 常袞授韋元曾吏部郎中等制：勑，朝請大夫、前行尚書司封集作「勳」。員外郎、兼侍御史、護軍、賜緋魚袋元挹，可行尚書吏部員外郎，散官、勳賜如故。文苑英華三百八十九。詳吏中韋元曾注。

崔祐甫見吏中補，又勳外。 舊傳：歷起居舍人、司勳吏部員外郎，累拜兼御史中丞、永平軍行軍司馬。新傳：自起居舍人累遷中書舍人。 新李泌傳：京官禄寡薄，崔祐甫任吏部員外，求爲洪州別駕。

令狐峘又封中。 新表令狐氏：丹陽郡司馬滔子峘，祕書少監。 舊傳：登進士第。大曆八年，自起居舍人改刑部員外郎。劉晏爲吏部尚書，楊炎爲侍郎，晏用峘判吏部南曹事。荷晏之舉，每分闕，必擇其善者（道）〔送〕晏，不善者（道）〔送〕炎，炎心不平之。建中初，峘爲禮部侍郎。 新傳：天寶末，及進士第，累遷起居舍人。大曆中，以刑部員外郎判南曹，遷司封郎中、知制誥，兼史館修撰。峘在吏部，因尚書劉晏力，時楊炎爲侍郎，峘内德晏，至分闕，以善闕奉晏，惡闕與炎，炎心不平。建中初，爲禮部侍郎。

韋允　新表韋氏鄖公房：陟見吏中。子允，吏部員外郎、潁州刺史。舊書涉傳：子允。不詳歷官。

王定見吏中補，又考中補、禮外補。　權德輿唐故太子右庶子集賢院學士贈左散騎常侍王公神道碑銘：拜起居舍人，尋加理匭使，歷禮部、吏部二員外，遷考功郎中。權載之文集十四。

鄭叔則　穆員福建觀察使鄭公墓誌銘：公諱叔則，字某，滎陽人。皇朝遂州刺史老萊之冢子。未冠，以明經擢第。相國王縉受居東之寄，又資公以畫，拜檢校吏部員外郎，使罷而真。丁繼母艱，免服，拜刑部郎中。文苑英華九百三十九。常袞授鄭叔則吏部員外郎制：勅，朝議郎、檢校尚書吏部員外郎鄭叔則，志經含章，仗雅師儉，罔有擇行，未嘗近名。省理辨疑，時稱簡達。才盛居東之佐，禮處司南之重。高選髦士，以分劇曹，正其舊員，允是新命。可尚書吏部員外郎，散官如故。文苑英華三百九十一。舊德宗紀上：建中二年六月丙午，以檢校祕書少監鄭叔則爲御史中丞、東都畿觀察使。新顏真卿傳：詔真卿諭李希烈，至河南，河南尹鄭叔則以希烈反狀明，勸不行，答曰：「君命可避乎？」舊柳冕傳：貞元二年，昭德王皇后之喪，宰臣命太常卿鄭叔則草皇太子服紀奏。新儒學下暢當傳同，又云：董晉代叔則爲太常卿。陸贄誅李希烈後源宥淮西將士并授陳仙奇節度詔：宜令尚書左丞鄭叔則充淮西宣慰使。唐陸宣公集三。舊德宗紀下：貞元五年二月己丑，貶京兆尹鄭叔則爲永州長史。又七年七月庚午，以信州刺史鄭叔則爲福建觀察使。舊裴延齡傳：昭應令裴延齡與京兆尹鄭叔則論辨是非，攻訐叔則之短。時李泌爲相，厚於叔則。中丞竇參恃恩寵，惡泌而佑延齡。叔則坐貶永州刺史。新傳略同。穆員河南府洛陽縣主簿鄭君約墓誌銘：皇朝東都留守、京兆、河南尹、福建觀察使、御史大夫、懿公叔則之冢子。文苑英華九百六十。新書兵志：貞元三年，詔射生、神策六軍將士，府縣以事(辨)〔辦〕治，先奏乃移軍，勿輒逮捕。京兆尹鄭叔則建言：「京劇輕猾所聚，慝作不常，俟奏報，將失罪人，請非昏因，皆以時捕。」乃可之。新列女饒娥傳：建中初，江西黜陟使鄭叔則表旌其閭。羯鼓録：東都留守鄭叔則祖母，即宋開府璟之女。今尊賢里鄭氏第有小樓，即宋夫人習鼓之所。會要七十九：贈御史大夫鄭叔則謚懿。

崔儒 又户中。新表博陵三房崔氏：右司郎中宗之見禮中補。子儒，户部郎中。崔祐甫齊昭公崔府君集序：公薨五十載，嗣孫起居舍人儒以文事主便蕃禁闈。文苑英華七百二。

案，舊崔日用傳：開元十年卒。日用見上。

劉灣 元和姓纂十八尤：劉元察生灣，職方郎中，彭城人。元結別王佐卿序：癸卯歲，次山(須)〔頊〕浪游吴中，與次山往者，有彭城劉灣。元次山文集七。案，癸卯，廣德元年。舊于頔傳：黜陟使灣辟爲判官。

蔣鍊見左外，又户外。

殷亮見吏中，又封外、勳外。

李舟又金外。新宰相表：隴西李氏姑臧大房：水部郎中、眉州刺史岑子舟，字公受，虔州刺史、隴西縣男。舊楊炎傳：建中初，楊炎(証)〔誣〕殺劉晏，遣腹心李舟往山南、河南諸道宣慰，又使馳説梁崇義入朝，崇義固而拒命。新傳同。舊梁崇義傳：建中元年，流人郭昔告變，命金部員外郎李舟諭旨安之。初，劉文喜作難，舟嘗入城説利害，文喜拘之，會帳下殺文喜降，反側者謂舟能覆軍殺將，是以皆惡。舟至，又勸入覲，頗切直，崇義益不悦。二年春，發五使宣諭諸道，舟復如荆襄。崇義慮有變，不納，上言「軍中疑懼，請換他使」。新傳略同。梁肅虔州刺史李公墓誌銘：十六，以黄老學一舉登第，由監察轉殿中侍御史。建中初，朝廷釐飭百度，高選尚書諸曹郎，拜公金部員外郎，遷吏部。張鎬集作「鎰」，校正云非。案，「鎰」字是。節制大梁，請公爲介，授檢校吏部郎中、兼侍御史。使輟，遂退耕瀍、洛之間。文苑英華九百五十一。唐常州刺史獨孤公文集序，結銜稱朝議大夫、前守虔州刺史隴西李舟述。柳宗元先君石表陰先友記：李舟，隴西人，有文學俊辯，高志氣。以尚書郎使危疑反側者再，不辱命，其道大顯。被讒妬，出爲刺史，發痼卒。河東先生集十二。新書藝文志甲部經録小學類：李舟切韻十卷。

劉太真又勳外。　元和姓纂十八尤：凡平生契舒州刺史、刑部侍郎劉太真，潤州上元人。「舒州」，當從舊傳作「信州」。　舊傳：太真，宣州人。天寶末，舉進士。大曆中，爲淮南節度使陳少游掌書記，徵拜起居郎。累歷臺閣，自中書舍人轉工部、刑部二侍郎。　新文藝下：自淮南掌書記，興元初，爲河東宣慰賑給使，累遷刑部侍郎。　裴度劉府君神道碑銘：公諱太真，字仲適，族彭城。晉永嘉末，衣冠南渡，遂爲金陵人。德宗皇帝卽位，自揚州節度判官徵拜起居郎，改尚書司勳員外郎，尋轉吏部員外郎。綜覈流品，練達程式，藏奸立見，析滯如流，名著南宮，望歸西掖。遷駕部郎中、知制誥，以稱職賜緋魚袋。建中四年夏，正授中書舍人。

王鍔　新王方翼傳：子珣，珣子鍔，天寶中歷右補闕、殿中侍御史。　通典職官五：吏部員外郎，故事，兩員轉廳。至建中元年，侍郎邵説奏各挾闕替，南曹郎王鍔以後，遂不轉廳。會要同。　錢考功集八有同王鍔起居程浩郎中韓翃舍人題安國寺用上人院詩。

苗丕見吏中，又户外。

裴綜見吏中，又勳外。

鄭珣瑜　新表鄭氏北祖房：冠氏令諒子珣瑜，相德宗。　新傳：字元伯。大曆中，以諷諫主文科高第，自涇原帥府判官入拜侍御史、刑部員外郎，以母喪解。訖喪，遷吏部。貞元初，詔擇十省郎治畿、赤，珣瑜檢校本官兼奉先令。明年，進饒州刺史。陸贄優恤畿內百姓并除十縣令詔：鄭珣瑜可檢校吏部員外郎、兼奉先縣令。陸宣公集四。詳勳外竇申注。

于結又見下。　新表于氏：承慶曾孫結，諫議大夫。　舊崔寧傳：德宗時御史大夫崔寧以選擇御史當出大夫，不謀及宰相，乃奏請以李衡、見度外。于結等數人爲御史。楊炎大怒，其狀遂寢。新傳略同。

呂渭　舊傳：字君載，河中人。父延之。見户中。渭舉進士，自殿中侍御史特授司門員外郎，貶歙州司馬，累授舒州刺史、吏部員外郎、駕部郎中、知制誥、中書舍人。新傳：自殿中侍御史，大曆末，擢司門員外郎，貶歙州司馬。貞元中，累遷禮部侍郎。

盧挺　新表盧氏：靈昌、伏陸二令子哲子挺，潭州司户參軍。時代不合。

于結重見。

盧邁　新表盧氏：芮城令沼考中補有沼。子邁，字子玄，相德宗。　舊傳：兩經及第，自河南主簿遷右補闕、侍御史、刑部吏部員外郎，求江南上佐，授滁州刺史，入爲司（官）〔門〕郎中。　新傳：自河南主簿擢右補闕，三遷吏部員外郎。以族屬客江介，出爲滁州刺史。召（遷）〔還〕，再遷諫議大夫。權德輿故朝議郎守太子賓客上輕車都尉賜紫金魚袋贈太子太傅盧公行狀：興元元年，自侍御史遷刑部員外郎，間一日，又以本官兼侍御史，介相國蕭公宣慰於江淮。既復命，轉吏部員外郎。以京師食貧，諸孤衣食爲念，求出爲滁州刺史，徵入爲司門郎中。權載之文集二十。樊川文集十六上宰相求湖州第一啓：貞元初，故相國盧公邁由吏部員外郎出爲滁州。

劉執經見吏中。

柳冕見吏中。二傳失載。殷亮顏魯公行狀：公之密親懿友，動相規用，以成其務者，卽今吏部員外郎柳公冕。顏魯公文集。

李元素見左中、又勳外、户中。二傳失載。

韋夏卿見吏中。舊傳：自長安令改吏部員外郎，轉本司郎中。新傳同。呂温韋府君神道碑銘：前後遷刑部、吏部員外郎，吏部郎中。呂衡州文集六。

裴佶又主外。新表南來吴裴氏：綜見吏中。子佶，字弘正，國子祭酒。舊傳：弱冠舉進士。德宗時，自補闕三遷吏部員外郎，歷駕部、兵部郎中，遷諫議大夫。新傳：德宗時自補闕歷遷諫議大夫。

楊於陵見吏中，又考外補、膳外補。舊傳：貞元八年，自前江西從事入朝爲膳部員外郎，歷考功、吏部員外郎，判南曹。時宰相有密親調集，文書不如式，於陵駮之，大協物論。遷右司郎中，復轉吏部郎中。新傳：辟江西使府，府罷，入爲膳部員外郎，以吏部判南曹。選者恃與宰相親，文書不如式，於陵駁其違，宰相怒，以南曹郎出使弔宣武軍。未幾，遷右司郎中，換吏部。李翺右僕射楊公墓誌：貞元八年，徵拜膳部員外郎，轉考功，知別頭舉，轉吏部員外郎。及判南曹，宰相之親有以文書不足駮去者，宰相召吏人詰之，堅執不改，遂以公爲宣武弔祭使。故事，南曹郎未嘗有出使者，公既出，宰相之親由是判成矣。故公卒不得在詔誥之清選，遂爲右司郎中、吏部郎中。李文公集十四。新儒學下韋彤傳：德宗時，有吏部員外郎楊於陵昭陵寢宮議。韓愈贈太傅董公行狀：貞元十五年二月，使吏部員外郎楊於陵來祭弔。昌黎先生集三十七。

鄭儋又封外。新表鄭氏南祖房：涼州司戶參軍洪子儋，檢校工部尚書，河東節度使。唐會要七十六。建中元年，軍謀越衆科鄭儋及第。緯略誤「鄭澹」。樊汝霖韓集譜註：鄭儋，大曆四年登第。五百家註音辯本二十六。舊德宗紀下：貞元十六年十月甲午，以河東行軍司馬鄭儋檢校工部尚書、太原尹、河東節度使。舊嚴綬傳：河東節度使李說嬰疾，行軍司馬鄭儋代綜軍政。說卒，因授儋河東節度使，不周歲卒。新傳同。舊令狐楚傳：鄭儋鎮太原，辟爲從事。儋在鎮暴卒，不及處分後事。新傳略同。舊李説傳：貞元十六年十月，制以河東節度行軍司馬鄭儋檢校工部尚書、兼太原尹、御史大夫、河東節度支度營田觀察等使、北都留守。在任不期年而卒。權德輿右補闕舉人自代狀：准制舉自代官，將仕郎、守太常博士、賜緋魚袋鄭儋。貞元八年六月。權載之文集四十六。韓愈唐故河東節度觀察使滎陽鄭公神道碑文：河東節度使、贈尚書右僕射鄭公，以進士選對直言策，其後爲大理丞、太常博士，遷起居郎、尚書司封、吏部二郎中，能官舉其名。德宗晚節儲將於其軍，以公爲河東軍司馬。昌黎先生集二十六。鉞案：「二郎中」俱當作「員外郎」。格案：「中」疑衍。令狐楚爲鄭儋尚書謝河東節度使表：十月二十九日，詔書授臣朝散大夫、檢校工部尚書、兼御史大夫、太原尹、北都留守、充河東節度度支營田觀察處置等使，勳賜如故。陛下旁羅俊乂，登用賢良，擢臣於博士之中，授臣以良史之任，其後驟昇郎署，猥在朝行，特蒙宸眷，遣佐兵符，倏已四年，云云。文苑英華五百八十四。

李鄘見吏中，又祠外。舊傳：自襄州從事、兼殿中侍御史入爲吏部員外郎，爲徐州宣慰使，遷吏部郎中。新傳：自馬燧府佐歸洛中，召爲吏部員外郎，拜徐州宣慰使，還遷郎中。

奚陟見左中，又金外補。舊傳：自太子司議郎歷金部、吏部員外郎、左司郎中。新傳同。

劉賓客文集二故吏部侍郎奚公神道碑：自太子司議郎入尚書，爲司金元士，轉吏部外郎。是曹在南宮爲眉目，在選士爲司命，公執直筆，閱簿書，紛拏盤錯，一瞬而剖。時文昌缺左右丞，都曹差重，遂轉左司郎中。　李元賓文集三有與吏部奚員外書。

王仲舒又考外、禮外補。　舊文苑傳下：字宏中，太原人。貞元十年登賢良方正能直言極諫科乙第，超拜右拾遺，累轉尚書郎。　元和五年，自職方郎中知制誥。　新傳：自左拾遺改右補闕，遷禮部、考功員外郎，坐累爲連州司户參軍，再徙荊南節度參謀。元和初，召爲吏部員外郎，未幾，知制誥。　韓愈唐故江南西道觀察使中大夫洪州刺史兼御史中丞上柱國賜紫金魚袋贈左散騎常侍太原王公神道碑銘：貞元初，射策拜左拾遺，特改右補闕，遷禮部、考功、吏部三員外郎。在考功、吏部，提約明故，吏無以欺。同列有恃恩自得者，衆皆媚承，公嫉其爲人，不直視，由此貶連州司户。移夔州司馬，又移荊南，因佐其節度事，爲參謀，得五品服。放跡在外，積四年。元和初，收拾俊賢，徵拜吏部員外郎。未幾，爲職方郎中、知制誥。昌黎先生集三十一。　又故江南西道觀察使贈左散騎常侍太原王公墓誌銘：貞元十年，以賢良方正拜左拾遺，改右補闕，禮部、考功、吏部三員外郎，貶連州司户參軍，改夔州司馬，佐江陵使，改祠部員外郎，復除吏部員外郎，遷職方郎中、知制誥。集三十三。　權德輿吏部員外郎南曹廳壁記：太原

王仲舒宏中，自考功郎貞元十八年實受斯命，類能故也。權載之文集三十一。 舊李藩傳：德宗時，王仲舒輩爲郎官，日會聚飲酒，强致藩。一至後，堅不去，仲舒後果敗。 新傳略同。 舊韋執誼傳：貞元十九年，韋執誼奏逐王仲舒等六七人。 詳左中韋成季注。 樊汝霖韓集譜註：貞元十九年九月甲寅，貶連州司户。 五百家註音辯昌黎先生文集十三。 韓愈宴喜亭記：王弘中自吏部郎貶秩而來。 昌黎先生集十三。 考異：「部」下或有「侍」字，或無「郎」字，皆非是。 格案：五百家註音辯本作「吏部外郎」。 又送靈師詩：「落落王員外，手持南曹敍。」昌黎先生集二。 方云謂仲舒。 韓愈福先塔寺題名，吏部員外王仲舒弘中等，元和三年十月九日同游。 韓文遺集。

張弘靖又禮外補。 新表河東張氏：德宗相延賞子弘靖，字元理，初名調，相憲宗。 舊傳：少以門蔭，德宗時擢監察御史，轉殿中侍御史、禮部員外郎，遷兵部郎中、知制誥、中書舍人。 新傳：擢監察御史，累遷户部侍郎。 石刻故贈太保張公神道碑陰：上缺。拜殿中侍御史，四遷□中書舍人，歷工部下缺。大夫下缺。 案，碑字上下殘闕，以舊傳證之，知敍弘靖歷官也。

裴次元又封中。 又御史臺碑額監察題名。 新表洗馬裴氏：主客員外郎薦見主外。 子次元，福建觀察使、兼御史中丞、京兆尹。 唐會要七十六：貞元四年四月，賢良方正能直言極諫科裴次元及第。緯略同。　南部新書丙：裴次元制策宏詞，同日勑下，並爲勑頭，時人榮之。　舊憲宗紀上：元和六年二月，以太府卿裴次元爲福建觀察使。　八年十一月丙辰，以福建觀察使裴次元爲河南尹。　穆宗紀：元和十五年八月，前江西觀察使裴次元卒。　權德輿河南尹裴次元充東都副留守狀：今月十九日勑令裴次元以本官充東都副留守。權載之文集四十六。　京兆金石録有唐贈左僕射裴次元碑。京兆府長安縣。寶刻叢編七。　會要七十九：贈工部尚書裴次元謚曰成。

劉公濟　元和姓纂十八尤：劉孝則曾孫公濟，工部尚書，河南人。　舊德宗紀下：貞元十八年十一月丙辰，以同州刺史劉公濟爲鄜州刺史、鄜坊丹延節度使。　二十年正月己亥，以鄜坊丹延節度使劉公濟爲工部尚書。　權德輿唐故鄜坊節度推官大理評事唐君款墓誌銘：故人彭城劉景通受天子推轂之重，鎮于洛郡，辟書既至，命書繼下，以廷尉評理軍訟。俄而景通入覲爲冬官，司空方欲盛薦君於獻納侍從之列。景通既列左右曹中，執法多所引重。權載之文集二十五。　會要八十：贈僕射劉公濟謚曰敬。　柳宗元先君石表陰先友記：劉公濟，河間人。寬厚碩大，與物無忤。爲渭北節度，入爲工部尚書，卒。河東先生集十二。

常仲儒見吏中。

李藩見左外、吏中，又主外。舊李藩傳：憲宗卽位，自右司員外郎尋改吏部員外郎。元和初，遷吏部郎中。新傳：累擢吏部郎中。

柳公綽見吏中。舊傳：自開州刺史入爲侍御史，再遷吏部員外郎，爲武元衡西蜀判官。新傳略同。

孟簡又封中、倉外。元和姓纂四十三映：刑部郎中孟倕孫簡，常州刺史，平昌安邱縣人。舊傳：字幾道。擢進士第，登宏辭科，累官至倉部員外郎，尋遷司封郎中。元和四年，超拜諫議大夫。新傳：累遷倉部員外郎。王叔文任户部，簡以不附離見疾，不敢顯黜，宰相韋執誼爲徙他曹。元和中，拜諫議大夫。羊士諤詩集有故蕭尚書瘿柏齋前玉蕋樹與王起居吏部孟員外同賞詩。又和蕭侍御監祭白帝城西村寺齋沐覽鏡有懷吏部孟員外并見贈詩。

韋貫之又禮外補。新表韋氏逍遥公房：吏部侍郎肇見勳外。子貫之，字正理，相憲宗。舊傳：本名純，以憲宗廟諱，遂以字稱。少舉進士。元和中自禮部員外郎改吏部員外郎。三年，復策賢良之士，命爲考策官，奏居上第者三人，言實指切時病，不顧忌諱，雖同考策者皆難其詞直，貫之獨署其奏，遂出爲果州刺史。舊李宗閔傳略同，「三年」作「四年」，誤。新傳：自禮部員外郎進吏部員外郎，坐考賢良方正牛僧孺等策獨署奏，出爲果州刺史。

皇甫鏄見吏中，又倉外。　舊傳：自詹事府司直轉吏部員外郎，判南曹，凡三年，頗鈐制姦吏，改吏部郎中。　新傳：下除詹事府司直，久之，遷吏部員外郎，典南曹，鈐制吏姦，稍知名，進郎中。

韋纁見左外、吏中補。二傳失載。　元和姓纂八微：韋氏逍遥公房，韋纁，原誤「纏」。　吏部員外，京兆杜陵人。

李建見吏中。二傳失載。　白居易有唐善人墓碑：官歷比部、兵部、吏部員外郎，兵部、吏部郎中。爲吏部郎時，調文學科暨吏課高者，得無停年；又省成勞急成狀限，繇是吏史輩無緣爲姦，迄今選部用其法。白氏文集四十一。　又除李建吏部員外郎制：六官之屬，選部郎首之。歷代以來，諸曹郎之中，擇其踐歷久，考第高，加以有器局律度者遷焉。今之選任，亦由是矣。兵部員外郎李建，文行才理，公勤課績，可謂具美，宜居厥官。歲調方殷，勉勤爾事。可吏部員外郎。白氏文集五十五。

崔從又金外。　新表南祖崔氏：渠州刺史異子從，字子乂，淮南節度使、清河縣伯。　舊崔慎由見下傳：父從，貞元初，進士登第。　元和初自宣州團練觀察副史入朝，累遷吏部員外郎。九年，裴度爲中丞，奏爲侍御史知雜，守右司郎中。　新傳：自宣州副使入爲殿中侍御史，遷吏部員外郎。異時，吏給選者成牒，以先後丐賕，從一限出之，後遂爲法。裴度爲御史中丞，奏以右司郎中知雜事。

韋弘景 見左中補、吏中，又封外、度中補。 舊傳：自司門員外郎轉吏部員外郎、左司郎中。新傳失載。

王涯 新表烏丸王氏：温州刺史晃見禮外補。子涯，字廣津，相憲宗、文宗。 舊傳：貞元八年進士擢第，登宏辭科。元和五年，自虢州司馬入爲吏部員外郎。七年，改兵部員外郎、知制誥。 新傳：自虢州司馬徙爲袁州刺史，憲宗以兵部員外郎召知制誥。白居易除孔戣等官制：吏部員外郎王涯，端明精實，加之以敏，懿文茂學，尤推於時。可兵部員外郎、知制誥。白氏文集五十五。 玉堂遺範王涯拜相制：選部持衡，九流風動。文苑英華四百四十八。 孟東野詩集五有與王二十一員外涯游枋口柳溪詩。又與王二十一員外涯游昭成寺詩。

崔郾 見左中、吏中。 舊傳：自刑部員外郎居内憂，釋服爲吏部員外郎。姦吏不敢欺，孤寒無援者未嘗留滯，銓敍之美，爲時所稱。再遷左司郎中。 新傳：累遷吏部員外郎，下不敢欺，每擬吏，親挾格，褒黜必當，寒遠無留才。三遷諫議大夫。 杜牧禮部尚書崔公行狀：自刑部員外丁郊國太夫人憂，外除，拜吏部員外郎，判南曹事。千人百族，必應進而進。公親自挾格，肖法必留，戾程必黜。每懸榜舉牘，富室權家，汗而仰視，不敢出口。宿吏逡巡，縛手係舌，顧措一奸，不能得之。凡二年，遷左司郎中。樊川文集十四。

陳中師吏中作「仲師」，又封中。

楊嗣復見吏中補，又禮外補。　二傳失載。

席蘷又勳外。　元和姓纂二十二昔：禮部尚書席建見上。孫蘷，中書舍人，襄陽人。　諱行録：席蘷，行八，貞元十年進士。五百家註音辯昌黎先生文集十。　呂温祭座主故兵部尚書顧公文，稱貞元脱「二」字。十年，歲次甲申月日，門生渭南縣尉席蘷。文苑英華九百八十八。集無。　又二百十八：貞元十二年宏詞，席蘷有披沙揀金賦。　昌黎先生集十有和席八十二韻詩。　樊汝霖譜註：文公元和十一年與之同掌誥，十二年蘷卒。

盧士玫見吏中，又勳外有「士牧」。　舊傳：始爲吏部員外郎，稱職，轉郎中、京兆少尹。　新傳：自吏部員外郎，善於職，再遷知京兆尹。

李宗閔又禮外補。　新宗室表小鄭王房：陳留郡公、金州刺史、虞部郎中翽子宗閔，字損之，相文宗。　又蔡王房：欣子宗閔。不詳歷官。　舊傳：貞元二十一年進士擢第，元和四年復登制舉賢良方正科，隨牒諸侯府。七年，入朝爲監察御史，累遷禮部員外郎。十二年，爲裴度彰義軍觀察判官。吴元濟平，遷駕部郎中，又以本官知制誥。穆宗即位，拜中書舍人。新傳略同。

殷台 見左中、左外、吏中。

崔琯 見左外、吏中，又金外。新傳：累辟諸使府，入朝，稍歷吏部員外郎。李德裕任御史中丞，引知雜事，進給事中。舊傳：自諸侯府入朝，爲尚書郎。太和初，累遷給事中。白居易崔琯可職方郎中侍御史知雜制，稱中散大夫、行尚書吏部員外郎、上柱國崔琯。白氏文集四十九。詳左外。

王璠 舊傳：父礎。見度中。璠字魯玉。元和五年擢進士第，登宏辭科。長慶中，自起居舍人累歷員外郎。〔十〕四年，以職方郎中知制誥。新表烏丸王氏失載。

鄭肅 見左中。舊傳：大和初，自使府佐入朝，爲尚書郎。六年，轉太常少卿。又御史臺碑額監察，又陰額監察題名。

羅讓 又封中。舊孝友傳：字景宣。舉進士，應詔對策高等，自監察御史轉殿中，歷尚書郎、給事中。新循吏羅珦傳：子讓，[illegible]越州會稽人，自監察御史位給事中。唐會要七十六：元和元年四月，才識兼茂明於體用科羅讓及第。緯略誤貞元十年，「讓」誤「壤」。憲宗處分及第舉人詔：才識兼茂明於體用科人第四次等羅讓，中書門下即與處分。大詔令。

崔戎見吏中，又户外。　二傳失載。

王申伯又封中、勳外。　新表琅邪王氏：國子祭酒權子申伯。不詳歷官。白居易太常博士王申伯可侍御史等三人同制：三子之才，吾得於御史中丞僧孺。白氏文集四十九。唐會要六十：長慶初，段文昌自宰相出鎮庸蜀，奏諫官、御史、南宮郎三人爲寮佐，以某職帶台銜。上故可之。不逾年，又奏侍御史王申伯、監察蘇景裔，見封中。留中不下。

楊虞卿見左中補、又禮外補。　舊傳：長慶四年八月，自禮部員外郎改吏部員外郎。大和二年，以檢下無術，停見任。新傳：自禮部員外郎、史館修撰進吏部。舊韋弘景傳：吏部員外郎楊虞卿以公事爲下吏所訕，詔弘景與憲司詳讞，云云。新傳同。案，舊虞卿傳，「景休」即「弘景」之誤。南部新書甲：二十四司印，故事悉納直廳，每郎官交印時，吏人懸之於臂以相授，頗覺爲繁。楊虔州虞卿任吏部員外郎，始置匱加鐍以貯之，人以爲便，至今不改。

李續又度外、金中。　新表趙郡李氏東祖房：蘇州刺史事舉子續，曹州刺史。舊柳公綽傳：（大）〔六〕開府幕，得人尤盛，李續等皆至公卿。舊文宗紀上：太和元年四月己巳，貶山南東道節度副使李續爲涪州刺史，李逢吉黨也。舊張又新傳：長慶中，拾遺李續之等尤蒙宰相李逢吉睠待，指爲鷹犬，續之等七人時號「八關十六子」。寶曆三年，逢吉請爲山南東道行軍司馬。詔貶涪州刺史。李訓用事，復召爲尚書郎。訓敗復貶。　舊楊嗣復傳：開成三年，鄭覃對上曰：「李續之卽今尚在。」新傳作「李續」。舊李宗閔傳：開成三年，陳夷行對上曰：「寶曆初，李續之等朋比姦險，幾傾朝廷，時號八關十六子。」李珏曰：「主此事者，罪在逢吉，李續之新傳作「李續」。居喪服闋，不可不與一官。」舊李逢吉傳：朝士代逢吉鳴吠者李續之等，時號「八關十六子」，張又新等八人居要劇，而胥附者又八人。有求於逢吉者，必先經此八人，納賂無不如意。　逢吉節度山南東道，仍請李續之爲參佐。　新逢吉傳：黨有李續等八人，而（傳）〔傅〕會者（父）〔又〕八人，皆任要劇，故號「八關十六子」。有所求請，先賂關子，後達逢吉，無不得所欲。敬宗時，逢吉爲山南東道節度使，表李續自副。坐田伾事，貶涪州刺史。　新張又新傳：拾遺李續等爲李逢吉搏吠所憎，故（曰）〔有〕「八關十六子」之目。　唐詩紀事五十三：大中時，李續爲同州（利）〔刺〕史，有和于中丞興宗見寄詩，自注云：「續相從東川奏舉，過綿州，刺史韋洪臯尚書擕登此樓，於今三十七年。」

宇文鼎見左外、吏中，又倉外。

敬昕見吏中補，又封中。　新表敬氏：太子詹事寬見度中補。子昕，字日觀，右散騎常侍。　新敬晦見封中傳：兄昕，第進士，爲河陽節度使。　舊文宗紀下：開成二年四月丙子，以中書舍人敬昕爲江西觀察使。是月甲午朔，無丙子。四年九月丙午，以前江西觀察使敬昕爲京兆尹。

李珏又勳外補、度中附存、禮外補。新表趙郡李氏東祖房：鹽鐵判官、兼監察御史仲摯舊傳作仲朝。子珏，字待價，相文宗。舊傳：進士擢第，又登書判拔萃科，累官至右拾遺。穆宗時，遷吏部員外郎，轉司勳員外郎、知制誥。大和五年，李宗閔、牛僧孺爲相，與珏親厚，改度支郎中、知制誥，遂入翰林充學士。七年三月，正拜中書舍人。新傳：自渭南尉擢右拾遺，以數諫不得留，出爲下邽令。武昌牛僧孺辟署掌書記，還爲殿中侍御史，除禮部員外郎。僧孺還相，以司勳員外郎、知制誥爲翰林學士，加户部侍郎。欠載吏外事。東觀奏記上：自渭南縣尉遷右說郛「左」。拾遺，左遷下邽說郛「邳」。令。丁母憂。李宗閔爲相，授殿中侍御史、内供奉、武昌掌書記，徵歸御史府，擢拜禮部員外，改吏部員外。李宗閔爲相，以品流程式爲己任，擢掌書命，改司勳員外、庫部郎中。文宗召充翰林學士。

高元裕見左中，又勳外。二傳失載。石刻蕭鄴大唐故吏部尚書贈尚書右僕射渤海高公神道碑：□侍御史，擢拜司勳員外郎，轉吏部員外郎。公之爲吏部郎也，精□簡峻，胥徒懔戢，若踐刀戟。未竟南曹事，會以銓長以公事争短長，剛憤不能下，請急□□□去，出關，道除左司郎中。遷諫議大夫。河南洛陽。

劉寬夫見左中。

陳夷行見吏中補，又封外。　舊傳：大和三年，爲起居郎。四年，轉司封員外郎。五年，遷吏部郎中，四月，召充翰林學士。八年，兼充皇太子侍讀，面賜緋衣、牙笏，遷諫議大夫、知制誥，餘職如故。　新傳：擢累起居郎，遷司封員外郎，凡再歲，以吏部郎中爲翰林學士。　重修承旨學士壁記：太和七年□月，自吏部員外郎充。八月二十三日授著作郎、知制誥、兼皇太子侍讀。八年九月六日賜緋，七日遷諫議大夫。翰苑羣書上。

崔龜從又勳中、勳外、考中補。　新表崔氏清河大房：誠孫、黄子龜從，字玄告，相宣宗。　舊傳：元和十三年擢進士第，又登賢良方正制科及書判拔萃二科。大和二年，自右拾遺改太常博士，累轉考功郎中、史館修撰。九年，轉司勳郎中、知制誥，十二月，正拜中書舍人。　新書附見崔元式傳：自右拾遺，大和初，遷太常博士，再遷至司勳郎中、知制誥，真拜中書舍人。

裴衮又勳外。　新表南來吴裴氏：司勳員外郎樞見勳外。子衮，字輔臣。　舊文宗紀下：開成三年四月壬辰，以給事中裴衮爲華州防禦使。

劉端夫見左外。　新表廣平劉氏：伯芻見考中補。子端夫，吏部員外郎。

李歂見左外，又倉外。二傳失載。　杜牧上宰相求湖州第一啓：近者澶王傅李（疑）〔凝〕爲鹽鐵使、江淮留後。樊川文集十六。

崔璪見吏中補。二傳失載。

柳璟又度外補。新表柳氏：大理少卿登見膳中補。子璟，字德輝，郴州刺史。新傳登子，舊傳冕子。冕見吏中。舊傳：寶曆初，登進士第，三遷監察御史，再遷度支員外郎，轉吏部。開成初，換庫部員外郎、知制誥。新傳：寶曆初，第進士、宏詞，三遷監察御史，累遷吏部員外郎。開成初，爲翰林學士。

裴鐇又户外。新表中眷裴氏：儆見上。孫、户部郎中塤見户外補。子鐇。不詳歷官。新王涯傳：大和九年十一月甘露之變，王涯子太常（傳）〔博〕士仲翔匿侍御史裴鐇家，鐇執以赴軍。

孔温業又禮外補。新表孔氏：庫部員外郎戡子温業，字遜志。舊孔戡傳：子温業，登進士第。大中後歷位通顯。舊鄭覃傳：開成初，太學勒石經，覃奏禮部員外郎孔温業等校定九經文字，旋令上石。唐李紳拜相告後細銜署中書舍人臣孔温業行。會昌二年二月十二日。淳熙祕閣續法帖卷六。新温業傳：大中時，爲吏部侍郎，求外遷，後爲太子賓客。新李漢傳：李漢爲御史中丞，表孔温業爲御史。大中時，漢召拜宗正少卿，温業已爲中丞，每燕集，人以爲榮。舊傳：大和八年，李漢爲御史中丞。案，「八」當作「六」。

舊穆宗紀：長慶元年三月，重試進士；四月丁丑，詔孔温業所試粗通，與及第。舊錢徽傳同。　司空圖唐故宣州觀察使檢校禮部王公凝行狀：孔公温業鎮宣州，辟爲上介。司空表聖文集卷七。　舊宣宗本紀：大中十一年十二月，以正議大夫、檢校户部尚書、兼太子賓客、上柱國、賜紫金魚袋孔温業本官分司東都，以病請告故也。

張文規　新表河東張氏：憲宗相弘靖見上。子文規，桂管觀察使。　舊傳：歷拾遺、補闕、吏部員外郎。開成三年十一月，右丞韋温彈劾長慶中父陷幽州，徘徊京師，不尋赴難，不宜塵汙南宮，出爲安州刺史。　新傳：裴度秉政，引爲右補闕，度出襄陽，貶温令，度奏置幕府，累轉吏部員外郎。　右丞韋温劾文規父昔被囚，逗留不赴難，不宜任省署，出爲安州刺史。　舊韋温傳：吏部員外郎張文規父囚幽州，不時省赴，人士喧然罪之。尚書右丞韋温首糾其事，出爲安州刺史。

崔璜見吏中補。　劉禹錫唐故兼御史中丞贈太師崔公倕神道碑：太常郊二子同入尚書，璜爲吏部郎。開成四年。　劉賓客文集三。

周敬復　舊鄭覃傳：開成初，李固言復相，奏周敬復堪任起居郎。　舊莊恪太子永傳：開成三年，詔侍讀竇宗直、見户中。　周敬慎當從新書作「敬復」。　依前隔日入少陽院。　重修承旨學士壁記：周敬復，開成五年三月三十日自兵部員外郎、知制誥充，十二月十一日賜緋；會昌元年二月十三日轉職方郎中、知制誥、疑有脱文。中書舍人；二年九月十八日守本官出院。翰苑羣書上。　舊宣宗紀：大中四年十二月，以華州刺史周敬復爲光禄大夫、檢校左散騎常侍，兼洪州刺史、江南西道團練觀察使、賜金紫。楊紹復授周敬復尚書右丞制：江南西道都團練使、觀察處置等使、檢校右散騎常侍周敬復，早登科甲，遂列顯名，振風績於南宮，奮輝華於翰苑。可尚書右丞。文苑英華三百八十五。　舊宣宗紀：大中九年三月，試宏詞舉人，漏泄題目，爲御史臺所劾，郎中周敬復罰兩月俸料。東觀奏記下：大中九年正月，吏部侍郎周敬復罰一月俸。杜牧代人舉周敬復自代狀畧云：藹有令名，備歷清貫。掌綸言於西掖，才稱發揮；參密命於内庭，衆推忠慎。自弭貂近侍，主鑰東門，聲實益重於搢紳，磨涅始彰其堅白。樊川文集十五。

崔球見吏中。　舊傳：會昌中爲鳳翔節度判官，入朝爲尚書郎。

韋行貫無考。又户外。

李行方見左外、吏中，又户外。

陳湘又勳外。　新書藝文志乙部史録譜牒類：陳湘姓林五卷。

韋絢又封外。　新書藝文志丙部(集)〔子〕録小説家類：韋絢劉公嘉話録一卷。原注：絢字文明，執誼子也。咸通義武軍節度使。劉公，禹錫也。案，今存。又案，宰相世系表韋氏龍門公房不載，志誤。戎幕閑談一卷。案，今佚。説郛四十八載有五條，前有絢引。　白居易河南元公稹墓誌銘：女適校書郎韋絢。大和六年。　白氏文集七十。　韋絢戎幕閑談序：大和五年十一月二十三日，巡官韋絢引。　説郛序云：贊皇公鎮蜀時。蓋李衛公之幕僚也。　石刻韋紓唐故朝散大夫祕書省著作郎致仕京兆韋公端玄堂誌：子絢，前太廟齋郎。　元和十五年五月。　宰相世系表鄖公房不載。　唐段少卿酉陽雜俎續集三：河南少尹韋絢，少時常於夔州江岸見一異蟲。　新上官儀傳：高宗時，以雍州司士參軍韋絢爲殿中侍御史。　時代不合。

韋愨 又户外。　新表韋氏平齊公房：元貞子愨，字端士，武昌軍節度使。　舊韋保衡傳：父愨，大和初進士登第，累佐使府，入朝亟歷臺閣。大中四年，拜禮部侍郎。　新書附路巖傳：保衡父愨，宣宗時，終武昌軍節度使。　沈珣授韋愨鄂岳節度使制：前鄭滑觀察使韋愨，踐更華貫，揚歷顯途，懿效彰明，布於臺閣。自職司誥命，參貳春官，再遷會府，休問尤彰，嘉乃良才，俾升節制。　文苑英華四百五十六。　唐才子傳七：曹鄴爲四怨三愁五情詩，雅道甚古，特爲舍人韋愨所知。

李訥 又禮中補。　勳外李訥，時代不合，蓋别一人。　舊李建傳見吏中：子訥，最知名，官至華州刺史、檢校尚書右僕射。　新李建傳：訥字敦止，及進士第，遷累中書舍人。　重修承旨學士壁記：李訥，開成五年七月五日自左補闕充，會昌二年四月十六日遷職方員外郎，十一月二十一日〔賜〕緋，三年四月□日出守本官。翰苑羣書上。崔嘏授李訥中書舍人言大理少卿制，稱禮部郎中、知制誥李訥等。文苑英華三百八十二。「言」疑「盧言」。

盧簡求見吏中補，又户外。舊傳：會昌末，自户部員外郎爲忠武節度副〔史〕〔使〕知節度事、本道供軍使。入爲吏部員外郎，轉本司郎中，求爲蘇州刺史。新傳：遷户部員外郎，會昌中忠武節度副使，知後務，歷蘇、壽二州刺史。大典本淳祐臨安志禪門大師塔碑銘，末署會昌壬戌十二月二十一日，朝散大夫、行尚書吏部員外郎、上護軍、賜緋魚袋盧簡求撰。又碑陰末署大中壬申歲十月一日，銀青光祿大夫、使持節都督壽州諸軍事、壽州刺史、兼御史中丞、充本州團練使、上柱國、范陽縣開國男、食邑三百户盧簡求紀於碑陰。

崔耽無考。又封外。

崔慎由又户外。新表南祖崔氏：淮南節度使從見上。子慎由。字敬止，相宣宗。舊傳：大和初擢進士第，又登賢良方正制科。大中初，自諸侯府入朝，爲右拾遺、員外郎、知制誥，正拜舍人。新傳：鄭滑高銖辟府判官，入爲右拾遺，進翰林學士。石刻華嶽題名有殿中侍御史、集賢殿直學士崔慎由。陝西華陰。會昌五年二月八日。詳左外李當注。重修承旨學士壁記：崔慎由，大中三年六月八日自職方郎中、知制誥充，九月六日拜中書舍人依前充，十二月九日守本官出院。翰苑羣書上。

錢知進 又封外。白居易寄題廬山舊草堂兼呈二林寺道侶詩注：此詩憑錢知進侍御往題草堂中。白氏文集三十五。

崔瑶 又勳中、倉外、祠外。新表清河小房崔氏：浙西觀察使鄲見左中。子瑶，字藴中，鄂岳觀察使。又南祖崔氏：司刑卿、魏縣子神慶子瑶，光禄卿。舊崔神慶傳：開元中，子琳與弟光禄卿瑶等俱列棨戟。新傳同。舊崔鄲傳：子瑶，大和三年登進士第，出佐藩方，入升朝列，累至中書舍人。新崔鄲傳：瑶任禮部侍郎、浙西、鄂岳觀察使。

盧罕 又勳外。新表盧氏：士珙子罕，字子讓。唐會要六十八：開成五年四月，東都奏河南尹高銖與知臺御史盧罕街衢相逢，云云。玉泉子：李訥除浙東，路出淮楚，時盧罕方爲郡守。唐會稽太守題名記：大中六年八月，李訥自華州防禦使授浙東觀察使。

杜牧 又勳外、考中補、膳外補。新表襄陽杜氏：駕部員外郎從郁子牧，字牧之，中書舍人。舊傳：登進士第，又制舉登乙第。自司勳員外郎、史館修撰轉吏部員外郎，又以弟病免，歸授湖州刺史。　新傳：自司勳員外郎常兼史職，改吏部，復乞爲湖州刺史。按六典令式及諸故事，多無此例，國史復無賢相名卿懸之以爲格言。此乃急於（急）〔進〕趨之徒自爲其説。　又十杜牧自撰墓誌銘：自司勳員外郎轉吏部員外，以弟病乞守湖州。　吴興志：杜牧，大中四年十一月自大理少卿授，遷中書舍人。與傳、誌俱不合，疑誤。

馮圖　舊馮宿傳：子圖、陶、韜，見封外。　三人皆登進士第，揚歷清顯。　新傳：圖字昌之，連中進士、宏辭科。　大中時終户部侍郎、判度支。

杜審權　又勳中補、勳外。　新表杜氏：太子賓客元絳子審權，字殷衡，相宣宗、懿宗。　舊傳：登進士第，又以書判拔萃拜右拾遺，轉左補闕。　大中初，遷司勳員外郎，轉郎中、知雜，又以本官知制誥，正拜中書舍人。　新傳：爲右拾遺，宣宗時，入翰林爲學士，累遷兵部侍郎、學士承旨。

趙櫓　又勳外、户外。　因話録三：余宗姪櫓應進士時，著鄉籍一篇，大誇河東人物之盛，皆實録也。　同鄉中趙氏軒冕，文儒最著，曾祖父、祖父世掌綸誥。　櫓昆弟五人，進士及第，皆歷臺省。　盧少傅弘宣、盧尚書簡辭、弘正、簡求，皆其姑之子也，時稱趙家出外生。　南嶽總勝集中：廣成先生内傳，吏部侍郎趙櫓撰。

鄭路見左外。

皇甫鉟 杜牧皇甫鉟除右司員外郎鄭濛除侍御史內供奉等制：浙西道都團練副使、朝議郎、檢校尚書刑部員外郎、兼侍御史、賜緋魚袋皇甫鉟，可尚書右司員外郎，散官、賜如故。樊川文集十七。 鄭濛見主中。

李朋 杜牧李朋除刑部員外郎李從誨除都官員外郎等制：將仕郎、侍御史內供奉李朋，可守尚書刑部員外郎，散官如故。樊川文集十七。 李從誨見吏中補。 唐詩紀事五十三：大中時，李朋爲尚書郎，有綿州中丞于興宗以江山小圖遠垂賜及兼寄詩。 鄭谷雲臺編序：谷勤苦於風雅者，自騎竹之年，則有賦詠，雖屬對聲律未暢，而不無旨諷。同年丈人故川守李公朋嘗撫頂歎勉，謂他日必垂名。弘治本。 雲臺編下：谷丱歲愛同年丈人故川守李侍郎教諭，衰晏龍鍾，益用感歎，遂以章句自貽一首。

皇甫珪又封中、勳外。 新表皇甫氏：鏄見吏中。 子珪，字德卿。 重修承旨學士壁記：皇甫珪，大中十年六月五日自吏部員外郎充；其月七日改司封郎中；十一年正月十一日三殿召對賜緋，其年十月二日加司封郎中、知制誥；十二年八月十二日拜中書舍人，依前充；十三年八月二十六日賜紫，其年八月二十九日加朝請大夫；其年十一月遷工部侍郎，知制誥依前充；十四年十月改授同州刺史。翰苑羣書上。 東觀奏記中：上雅重詞學之臣，於翰林學士恩禮特異，宴游密召，無所間隔，惟於遷轉，皆守彝章。皇甫珪自吏部員外入内廷，改司勳員外，計吏員二十五箇月，限轉司封郎中、知制誥，動循官制，不以爵祿私近臣也。案，壁記前「司封郎中」當從奏記作「司勳員外郎」。

獨孤雲 新表獨孤氏：雲州刺史密子雲，字公遠，吏部侍郎。元和姓纂：吏部侍郎、東川節度。「雲州」作「海州」。 李義山集中有妓席暗記送同年獨孤雲之武昌詩。案，義山開成二年進士，則雲亦於是年登第也。 玉泉子：韋保衡初登第，獨孤雲除西川，辟在幕中「西川」，廣記二百七十三作「東川」。 舊懿宗紀：咸通十三年三月，以吏部侍郎獨孤雲等考試宏詞舉人。 舊僖宗紀：乾符三年五月，以江西觀察使獨孤雲爲太子少傅。

鄭從讜 新表鄭氏北祖房：興元節度使澣見封中。子從讜，相僖宗。 舊傳：字正求，會昌二年登進士第，釋褐祕書省校書郎，歷拾遺、補闕、尚書郎、知制誥，尋遷中書舍人。

裴衡又勳外。 新表東眷裴氏：道護後，高陵令昱子、憲宗相垍見考中補。弟衡，字無私。

盧緘見左外。

崔瑑見左中。

于德晦又户外、金外。 新表于氏：人文子德晦，同州刺史。 新安志九：于德晦，大中十一年爲歙州刺史。 石刻華嶽題名：監察御史于德晦，□州鎮國軍判官、試大理評事□□，大中六年三月廿四日同謁金天。陝西華陰。長安志七：唐京城朱雀街東第二街務本坊，左散騎常侍于德晦宅。

楊收又勳外補。新表楊氏越公房：遺直子、假見封中補。弟收，字藏之，相懿宗。舊傳：開成末，一舉登第，自司勳員外郎、長安令秩滿改吏部員外郎。宰相令狐綯用爲翰林學士，以庫部郎中、知制誥，正拜中書舍人。新傳：自侍御史判度支案，遷長安令。懿宗時，擢累中書舍人、翰林學士承旨。重修承旨學士壁記：楊收，咸通二年四月十八日自吏部員外郎充，其月二十一日加庫部郎中，依前充。

楊嚴又封外，見吏中補。舊傳：咸通中，累遷吏部員外郎，轉郎中。舊懿宗本紀：咸通三年十一月，以吏部員外郎楊儼等試宏詞選人。案，「儼」疑「嚴」之誤。

穆仁裕「穆」，王本□。見吏中，又勳外。

崔安潛王本崔□□，又封中。新表南祖崔氏：從子慎由、周恕慎由見上，周恕見封外補。弟安潛，字進之，太子太傅、貞孝公。舊傳：大中三年登進士第，咸通中，累歷清顯，出爲許州刺史、忠武軍節度觀察等使。新傳：咸通中，歷江西觀察、忠武節度使。

侯備又勳中。重修承旨學士壁記：侯備，咸通五年六月五日自吏部員外郎賜紫充，其月八日加司勳郎中充，九月五日加知制誥，十二月二十六日加承旨；六年二月二十三日遷中書舍人，依前充；五月二十□日遷户部侍郎，依前知制誥充；九月十七日加朝散大夫、兵部侍郎、知制誥充；七年三月九日授河南尹出院。翰苑羣書上。

令狐緘又祠外。　新表令狐氏：桂管觀察使定見度中。　子，字識之。　舊令狐定傳：子緘。不詳歷官。

薛臨　新表薛氏西祖房：比部郎中公幹見度中補。　子、蒙見勳中。　弟臨，字知微。

高湘又封外。　舊高鍇見吏外補傳：子湘，登進士第，自員外郎、知制誥，正拜中書舍人。新傳：字濬之，歷長安令、右諫議大夫。　舊懿宗紀：咸通七年十一月，以吏部員外郎高（相）〔湘〕試拔萃選人。

于瓌　新表于氏：户部侍郎敖見吏中。　子瓌，字匡德。紀事作「正德」。　舊于敖傳：子瓌，登進士第。新傳：子瓌清顯。　舊懿宗紀：咸通五年三月，員外郎于懷等試吏部平判選人。鉞案：「懷」蓋「瓌」字之誤。　又十三年五月辛巳，貶前湖南觀察使于瓌〔爲〕袁州刺史。于琮之兄也。　玉泉子：崔殷夢宗人瑤，門生也，夷門節度使龜從之子，同年首冠於瓌。　瓌白瑤曰：「夫一名男子，飾身世以爲美，他不可以等埒也。　近歲關試，內多以假爲名，求適他處，甚無謂也。今乞侍郎，不可循其舊轍。」瑤大以爲然。一日，瓌等率集同年詣瑤起居，既坐，瑤笑謂瓌等曰：「昨得大梁相公書，且欲先輩一到，駿馬健僕，往復當不至稽滯，幸諸先輩留意。」瓌以座主之命，無如之何。東觀奏記上：前鄉貢進士楊仁贍女弟出嫁前進士于瓌。詳勳外楊仁贍注。唐詩紀事五十三：大中七年進士第一人，爲校書郎，有和綿州于中丞興宗詩。

楊損 王本「真」，不確。格審定是「損」字。又户外補。

新表楊氏越公房：嗣復見吏中補。子損。不詳歷官。舊傳：字子默，以蔭受官，自殿中侍御史改户部員外郎、洛陽縣令，入爲吏部員外郎，出爲絳州刺史。路巖罷相，徵拜給事中。新傳：自殿中侍御史三遷絳州刺史。路巖罷，召拜給事中。

崔瑾

新表崔氏清河小房：鄲子、瑶俱見上。弟瑾，字休瑜，湖南觀察使。舊崔鄲傳：子瑾，大中十年登進士第。累居使府，歷尚書郎、知制誥。新崔鄲傳：瑾禮部侍郎、湖南觀察使。舊懿宗紀：咸通六年二月，以兵部員外郎崔瑾等考宏詞選人。

崔厚 見左中補，又中勳、又勳外、金外。

崔濆

新表博陵第二房崔氏：球見吏中。子濆，字遥源。舊崔球傳：子濆，大中末亦進士登第。舊懿宗紀：咸通九年正月，以兵部員外郎焦疑「崔」濆等考宏詞選人。

盧胤征 又封外。

舊僖宗紀：乾符元年四月，以侍御史盧胤征爲司封員外郎，判户部案。二年七月，以司封員外郎盧胤征爲吏部員外郎。新黄巢傳：中和二年，天子以王鐸爲諸道行營都統，中書舍人盧胤征爲克復制置使。文苑英華百八十五有盧征省試天驥呈材詩。案，黄璞王郎中傳：「咸通三年，鄭侍郎讜試倒載干戈賦、天驥呈材詩。」則征當即是年進士，惟徐仁嗣、鄭賁、王棨三詩俱得「呈」字，此詩得「天」字爲少異耳。「盧征」疑即「胤征」，英華省去「胤」字。

【補遺】

樊元表又户外。元和姓纂二十二元：吏部員外樊元表，相州安陽人。

斛律禮備　元和姓纂一屋：隋户部尚書武陽子斛律孝卿生禮備，唐吏部員外，河南人。

裴敬彝　新表中眷裴氏：隋太中大夫子通曾孫敬彝，吏部侍郎。舊孝友傳：乾封初，累轉監察御史。母卒，服闋，拜著作郎，兼修國史。儀鳳中，自中書舍人歷吏部侍郎、左庶子。

楊志誠又禮外補。新表楊氏觀王房：太子少師、鄭懿公崇敬子志誠，吏部員外郎。碑作「至誠」，古通用。張説贈（太）〔華〕州刺史楊君神道碑：明慶中舉賢良，再舉高第，自國子監丞，高宗封岱岳，除禮部員外郎，又轉吏部員外郎。丁太夫人憂，去職，服畢，授豳州三水令。張燕公集十六。新李嗣真傳：武后召吏部郎中楊志誠爲李嗣真贊。案，「中」疑衍。

賈言中又考外補。　元和姓纂三十五馬：清河南郡兵曹賈均生言忠，吏部考功員外，長樂人。　舊文苑中賈曾傳：父言中，乾封中爲侍御史，累轉吏部員外郎，坐事左遷邵州司馬卒。　舊文苑上杜易簡傳：咸亨中，吏部侍郎裴行儉、李敬玄不叶，考功員外郎杜易簡與吏部員外郎賈言忠希行儉旨，上封陳敬玄罪狀。

劉知璿　元和姓纂十八尤：秋官侍郎劉知璿，上邽人。　新書藝文志丙部子錄道家類：議化胡經狀一卷。萬歲通天元年，僧惠澄上言，乞毀老子化胡經，敕秋官侍郎劉知璿等議狀。

王文濟又金中、主中。　新表烏丸王氏：汾州刺史、歙縣男詮子文濟，給事中。　李邕曾安州都督王仁忠神道碑：考文濟府君，侍郎、御史、吏部員外、朝散大夫、東臺舍人。　文苑英華九百十三。案，「郎」疑衍。

楊再思又度中。　新表原武楊氏：敏子綝，字再思，相武后、中宗。　舊傳：少舉明經，授玄武尉，累遷天官員外郎，歷左右肅政臺御史大夫。　延載初，守鸞臺侍郎、同鳳閣鸞臺平章事。　新傳：初調玄武衞，累遷天官員外郎，歷左肅政御史中丞。

杜元揆又户外。　新表濮陽杜氏：仁端姓纂「端人」。　子元揆，天官員外郎。　姓纂同。

周質　唐會要五十八：延載元年，天官員外郎加一員，以周質爲之，聖曆二年八月省。

周矩　舊外戚薛懷義傳：侍御史周矩請劾懷義，遷天官員外郎，竟爲薛師所搆下獄，免官。

楊令一　新表楊氏觀王房：司僕卿沖寂子令一，吏部員外郎。張說大周故宣威將軍楊君神道碑：公諱令，字令一。年十九，舉進士高第。自朝散大夫行通事舍人，俄而加太中大夫、檢校天官員外郎，除宣威將軍，行右衛翊府郎將。公爲郎也，遼戎悖逆，我有神兵之役，制以公爲兵曹。張燕公集十七。

杜懿宗又勳外。　元和姓纂十姥：梁梁州刺史杜巖孫懿宗，唐吏部員外，襄陽人。

韋抗見吏中，又主外。　二傳失載。　蘇頲刑部尚書韋抗神道碑：自左臺殿中侍御史轉尚書主客、吏部二員外，吏部郎中。文苑英華八百九十六。

蔣欽緒又御史臺侍御殿中題名。　新傳：擢進士第，累遷太常博士。中宗時，吏部員外郎。精治道，馭吏整嚴，雖銖秒罪不貸。出爲華州長史。古今姓氏書辯證二十七：唐吏部侍郎、大理卿蔣欽緒，東萊人。

郭利貞　大唐新語八：神龍之際，京城正月望日盛飾燈影之會，文士皆賦詩一章以紀其事，作者數百人，惟吏部員外郭利貞三人爲絕唱。新蔣欽緒傳：欽緒性孤潔自守，唯與賈曾、郭利貞相友。

賈曾　舊文苑傳中：賈曾，河南洛陽人。景雲中爲吏部員外郎，玄宗在東宮，拜爲太子舍人。

崔液 又御史臺殿中監察題名。 新表博陵安平崔氏：雍州司功參軍擢子、户部尚書挹兄子液，吏部員外郎，襲安平男。

李華 又封外補、金中、禮外補。又御史臺左側題名。 新表趙郡李氏東祖房：典設郎恕己子華，字遐叔，吏部員外郎。 新文藝傳下：累中進士、宏辭科。天寶十一載，遷監察御史，權幸見疾，（從）〔徙〕右補闕。僞署鳳閣舍人，賊平，貶杭州司户參軍，屏居江南。上元中，以左補闕、司封員外郎召，稱疾不拜。李峴領選江南，表置幕府，擢檢校吏部員外郎。苦風痺去官，大曆初，卒。 舊文苑傳下：開元二十三年進士擢第。天寶中，登朝爲監察御史，累轉侍御史、禮部、吏部二員外郎。陷賊，僞署鳳閣舍人。收城後，貶官，遂廢於家，卒。 顏真卿崔孝公陋室銘記：所著文集，吏部員外郎趙郡李華爲集序。 顏文忠集十四。 杼山集唐石屺山故大禪師塔銘，稱故吏部員外李公華。 唐摭言四：李華至德中自前司封員外起爲相國李梁公峴從事，檢校吏部員外。

張莒 又御史臺陰額知雜題名。 柳宗元先君石表陰先友記：張莒，原注：大曆九年進士。常山人，至鄧州刺史。河東先生集十二。案，唐詩紀事三十一引先友碑云「大中時官吏部外郎」，今柳文無此句，未詳所據。「大中」疑「建中」之誤。 文苑英華百八十有張莒元日望含元殿御扇開合詩。大中十三年。 歲時雜詠一作「大曆」。

楊凝見左中補，又封外、封中附存，禮中附存。新傳：由協律郎三遷侍御史，爲司封員外郎，徙吏部，稍遷右司郎中。柳宗元唐故兵部郎中楊君墓碣：由協律郎三轉御史，入爲起居郎、尚書司封員外郎，乃參選部，以馭羣吏。姦臣席勢，威福自己，他人求附離而不得者，公則卻之，私以胥史求署，一皆罷遣，曰：「吾不以三尺法爲己利害。」居喪，服除，爲右司郎中。河東先生集九。權德輿唐故尚書兵部郎中楊君文集序：由校祕書四遷至冠柱後惠文，徵拜左史，歷司封員外、左司郎中。權載之文集三十三。

裴夷直見左外。舊張茂昭傳：長慶中，左武衛大將軍張克勤以子幼，請準近例，迴授外甥五品官。狀至中書，下吏部，員外郎判廢置裴夷直斷不允。會要五十八在長慶元年正月。

高鍇又勳中、考外補。舊高釴見户中傳：元和九年登進士第，累遷吏部員外郎。大和六年二月，自司勳郎中轉諫議大夫。新傳：字弱金，連中進士、宏辭科，歷吏部員外郎，遷中書舍人。新書選舉志：大和三年，高鍇爲考功員外郎，取士有不當，監察御史姚中立又奏停考功別頭試。

李回新表郇王房：奉先令如仙子回，初名躔，相武宗。新傳：本名躔，字昭回，避武宗諱改。舊傳：字昭度。長慶初進士擢第，又登賢良方正制科。自起居郎授職方員外郎，判户部案，歷吏部員外郎，判南曹，以刑部員外郎知臺雜，賜緋。開成初，以庫部郎中、知制誥，拜中書舍人，賜金紫服。會要八十：贈司徒李回謚文懿。舊傳同。新傳贈刑部尚書，無謚。

杜晦辭　新表襄陽杜氏：牧見吏外。子晦辭，字行之，左補闕。姓纂同。金華子雜編上：杜晦辭終淮南節度判官。又云：晦辭自南曹郎爲趙公隱從事於朱方。王郢之叛，趙相國以撫御失宜致仕，晦辭罷職。時北門李相國在淮南，辟爲判官。晦辭以恩門休戚，辭不受命，退隱於陽羨別業，時論多之。永寧劉相國鎮淮南，又辟爲節度判官，方始應召。

徐彥若　新表北祖上房徐氏：懿宗相商見禮中補。子彥若，字俞之，相昭宗。舊傳：咸通十二年進士擢第。乾符末，以尚書郎知制誥正拜中書舍人。舊僖宗紀：乾符元年十一月，以吏部員外郎徐彥若爲長安令。金華子雜編上：南海端揆爲主客員外，時有除翰林學士之命，既還，省吏忽報除目下員外徐彥若除翰林學士。彥若公相之子，能馳譽清顯。中尉楊復恭善之，故能變致中授耳。

楊堪　新表楊氏越公房：京兆尹虞卿見左中補。子左散騎常侍知退見户中。弟堪，字時之，太子少師。案，南部新書乙：虞卿生知退，知退生堪。與表、傳不合。又歐陽文忠公外集十一諫議大夫楊公墓誌銘：九代祖隱朝生燕客，燕客堪生。案，世系表，燕客生寧，寧生虞卿，虞卿生堪。墓誌有脫文。　舊楊虞卿傳：子堪，登進士第，庫部、吏部二員外郎。　舊僖宗紀：乾符二年二月，以庫部員外郎楊堪爲吏部員外郎。　益州名畫録上：常重胤於中和院上壁寫僖宗皇帝幸蜀隨駕文武臣寮真，有左散騎常侍楊堪等。　南部新書乙：楊堪爲翰林承旨學士，隨僖皇幸蜀，真在中和院。　資治通鑑唐紀七十六：乾寧二年五月，貶户部尚書楊堪爲雅州刺史，韋昭度之舅也。

牛循　新表安定牛氏：檢校兵部尚書、興元尹蔚見吏中。子循，字晦之。　舊僖宗紀：乾符二年七月，以吏部員外郎牛循爲金州刺史。　舊牛徽傳：僖宗時，兄循爲給事中。新傳同。

牛徽　新表安定牛氏：蔚子、循見上。弟徽，字勛美，太子賓客、奇男章。　舊傳：咸通八年登進士第，自右補闕再遷吏部員外郎。乾符中，選曹猥濫，吏爲姦弊，每歲選人四千餘員。徽性貞剛，特爲奏請，由是銓敘稍正，能否旌別，物議稱之。僖宗幸成都，除諫議大夫，不拜。　新傳：累擢吏部員外郎。　乾符中選濫，吏多姦，歲調四千員，徽治以剛明，柅杜干請，法度復振。謁行在，拜諫議大夫，固辭。

趙蘊又考外補。　新表新安趙氏：從約見倉外。子、蒙見勳中。弟蘊，字中美。　舊僖宗紀：乾符二年十月以考功員外郎趙蘊爲吏部員外郎。

直齋書録解題五：開天傳信記一卷，唐吏部員外郎鄭綮撰。雜記開元、天寶時事。

鄭綮 見左中補，又户外、金中補、倉外。二傳失載。

劉崇望 新表河南劉氏：蔡州刺史符子崇望，字希徒，相昭宗。舊傳咸通十五年登進士科，自起居郎、弘文館學士轉司勳、吏部二員外郎。崔安潛爲吏部尚書，崇望判南曹，滌除宿弊，復清選部。僖宗在山南，以爲諫議大夫，諭旨河中。舊昭宗紀：光化二年六月丁亥，以前太常卿劉崇望爲吏部尚書。

崔胤 見吏中補，又考外補。舊傳：王重榮鎮河中，辟爲從事。入朝，累遷考功、吏部二員外郎，轉郎中。

裴樞 此與勳外之裴樞非一人。新表中眷裴氏：寅見左中。子樞，字化聖，相昭宗。舊傳：咸通十二年登進士第。中和初，自起居郎爲鄭滑掌書記、檢校司封郎中，賜金紫。入朝，歷兵、吏二員外郎。龍紀初，擢拜給事中。舊五代史唐書八：同光二年六月庚寅，故左僕射裴樞贈司徒。

張文蔚 又勳中補、勳外補、祠中補。新表河間張氏：天平節度使裼見祠中。子文蔚，字在華，相哀帝。「在華」，舊五代史作「右華」。舊傳：乾符二年進士擢第，累佐使府。龍紀初，入朝爲尚書郎。乾寧中，以祠部郎中知制誥正拜中書舍人。舊五代史梁書十八本傳：僖宗時，自監察御史遷左補闕、侍御史、起居舍人、司勳吏部員外郎，拜司勳郎中知制誥，歲滿授中書舍人。

趙光逢又勳外補、禮中補、禮外補、祠中補。新表新安趙氏：懿宗、僖宗相隱見封外。子光逢，字延吉，太常卿。舊傳：乾符五年登進士第，釋褐鳳翔推官，入朝爲監察御史。丁父憂，免。僖宗還京，授太常(傳)〔博〕士，歷禮部、司勳、吏部三員外郎、集賢殿學士，轉禮部郎中。景福中，以祠部郎中知制誥，尋召充翰林學士，正拜中書舍人。新趙隱傳：子光逢，歷臺省華劇，以中書舍人爲翰林學士。

蕭頎「頎」一作「頃」，見吏中補。舊五代史唐書三十四蕭頃傳：昭宗朝，歷度支巡官、太常博士、右補闕，累遷吏部員外郎。先是，張璿自一作「申」。中書出爲右僕射，梁祖判官一作「典爲朱温判官」。高劭使梁祖廕求一子出身官，省寺皆稱無例，濬曲爲行之。一無四字。指揮甚急，吏徒惶恐。一作「懼」。頃判云：一作「頃乃判狀云」。「僕射未集郎官，一有「未」字。赴省上指揮一有「吏曹」二字。公事，且非南宮舊儀。」濬聞之，慚悚致謝，頃由是知名，一作「名振」。梁祖亦奬之。一無此句，一作「俱」。太平御覽二百一十六職官部十四。案舊張濬傳：乾寧三年守尚書右僕射。本紀在四年，「右」作「左」。

崔協又户中補。 新表崔氏清河小房：萬年令彦融見勳中補。子協，字思化。 舊五代史唐書三十四崔協傳：協登進士第，釋褐爲度支巡官、渭南尉，直史館，歷三署。 舊哀帝紀：天祐二年四月辛丑，吏部員外郎崔協等並宜賜緋魚袋，以奉山陵之勞也。十二月，敕户部郎中崔協等隨册禮使柳璨魏國行事。

王焕又考外補。 韓偓無題詩序：余辛酉年戲作無題十四韻，吏部王員外涣相次屬和，余因作第二首卻寄諸公，小天亦再和。又云王小天二首。香匳集。

孫濟見左中補。 國秀集中張謂有贈吏部孫員外濟詩。

王履仁 新表太原大房王氏：約子履仁，吏部員外郎。

渾正元 新表渾氏：司農卿特子正元，吏部員外郎。

魏求己 元和姓纂八未：魏氏東祖後荀臺六代孫求己，吏部員外郎、中書舍人，鉅鹿人。大唐新語八：魏求己自御史左授山陽丞。

獨孤及又禮外。 新表獨孤氏：殿中侍御史，潁川郡長史通理子及，字至之，常州刺史，謚憲。 新傳：天寶末，以道舉高第。代宗時，自太常博士遷禮部員外郎，歷濠、舒二州刺史。 梁肅朝散大夫使持節常州諸軍事守常州刺史賜紫金魚袋獨孤公行狀：自太常博士拜尚書禮部員外郎，遷吏部。每歲以書判試多士，而朝列有以文學稱者，必參校辨論，定其甲乙丙科。至是公分其任，求爲郡守，以行其道，除濠州刺史。文苑英華九百七十二。案，「遷」疑衍。

毘陵集附録崔祐甫獨孤公神道碑銘：自太常博士遷尚書吏英華作「禮」。案，「禮」字是。部員外郎，受詔考第吏部選人詞翰，旌別淑慝，朝野稱正。爲濠州刺史。

【附存】

楊儼案，「儼」蓋「嚴」之誤，說見上。

舊懿宗紀：咸通三年十一月，以吏部員外郎楊儼等試宏詞選人。

唐尚書省郎官石柱題名考卷五

司封郎中

唐六典：吏部尚書，其屬有司封郎中一人，從五品上。武德初爲主爵郎中，龍朔二年改爲司封大夫，咸亨元年復故，光宅元年改爲司封郎中，神龍元年復故，開元二十四年復爲司封。掌邦之封爵。舊書、新書同。

舊書玄宗紀上：開元二十四年九月壬午，改尚書主爵曰司封。

【石刻】

楊思謙　豆盧欽望　徐堅　李彥□　姚奕

蔣挺　程休　韋之□　令狐峘　張葴

韓畢　裴次元　鄭涵　羅讓　裴譔
張(露)〔鷺〕　盧匡　盧告　馮顓　崔澹
徐仁嗣　崔寶德　韋挺　元務真　韋季武
劉本立　榮九思　閻立本　蕭孝顗　□□遠
來恒　李崇德　楊思(正)〔止〕　賈敦實　郭應宇
韋萬石　蘇良嗣　李思□　張松壽　胡元範
盧搢　劉奇　王美暢　李嶠　田神福
張元一　趙誼　趙弘敏　裴懷古　□伯琦
田幹之　李湛　孟知禮　李猷　崔玄童
王丘　慕容珣　王易從　鄭温琦　朱渭輔
張均　韋陟　宋詢　裴系　徐鍔
陳振露　李稹　鄭昭　劉光謙　楊玄章
李山　顏允南　張楚金　裴儆　崔浩
林琨　趙昂　竇林　王圓　郭晤
王縝　杜黄裳　吉中孚　李叔度　徐岱

盧佋 蕭遇 陳京 韋丹 崔邠

韋成季 孟簡 張惟素 裴度 錢徽

徐晦 張仲素 李汭 薛存慶 陳中師

嚴休復 張士階 王申伯 王彥威 蘇景胤

盧載 敬昕 盧商 楊漢公 裴乾貞

裴泰章 丁居晦 裴肅 張述 崔鉉

敬晦 張□□ 李□ 裴諗 羅劭權

劉瑑 裴寅 裴處權 皇甫珪 鄭茂休

張復珪 張道符 王凝 崔安潛 李昌□

崔殷夢 鄭延休 鄭紹業 令狐包 王徽

【補遺】

楊綱 王崇基 崔同業 張彥起 高紹

韋利涉 盧霸 韋償 李涵 蕭惟則

崔咸 柳公權 韋磻 楊假 鄭仁規

李瞻　李碤　裴廷裕　白邦翰

司馬希象　皇甫仲玉　楊凝　韓偓

【附存】

楊思謙又封外、考中。新表楊氏觀王房：主爵郎中綱見封中補。子思謙，光祿卿。

豆盧欽望新表豆盧氏：領軍將軍承業子欽望，相武后、中宗。舊傳：則天時累遷司賓卿。長壽二年，代宗（奏）〔秦〕客爲内使。新傳：累官越州都督、司賓卿。長壽二年，拜内史。唐會稽太守題名記：豆盧欽望，如意元年三月自婺州刺史授拜司農卿。會稽掇英總集十八。嘉泰志作「司賓卿」。

徐堅又封外。元和姓纂九魚：西臺舍人徐齊聃生堅，原誤「監」。中書舍人，刑、禮、黄門三侍郎，左右常侍，東海文公，長城人。舊傳：進士舉，以東都留守判官修三教珠英，書成，遷司封員外郎。神龍初，再遷給事中。新傳失載。唐丞相曲江張先生文集十九大唐故光祿大夫右散騎常侍集賢院學士贈太子少保東海徐文公神道碑：自太子文學撰三教珠英，書成奏御，拜司封員外。尋加朝散大夫，即拜郎中，稍遷給事中。舊儒學下王元感傳：長安中，司封郎中徐堅等連表薦之。會要六十三：長安三年正月一日，勑司封郎中徐堅等修唐史。

李彦□ 以時代核之，當是「允」字　彦允見金中。

姚奕 又祠外。　新表陝郡姚氏：武后、中、睿、玄相元之子奕，字奕永，陽郡太守。　舊姚崇傳：少子奕，開元末，爲禮部侍郎、尚書右丞。　新傳：自右千牛進至太子舍人，開元中，爲睢陽太守，召授太僕卿，後爲尚書右丞。

蔣挺 又御史臺監察題名。　古今姓氏書辯證二十七：唐蒲州刺史蔣儼，五從有脫文。挺，主爵郎中、國子司業，義興陽羨縣人。　舊張廷珪傳：開元初，監察御史蔣挺以監決杖刑稍輕，敕朝堂杖之。新傳略同。　舊良吏高智周傳：女妻鄉人蔣繪。　繪子捷，舉進士。開元中，歷臺省，仕(致)〔至〕湖、延二州刺史。　子貴，贈揚州大都督。　吳興志：蔣挺，開元五年自國子司業授遷申王府長史。統紀云十二年。　新傳：蔣繪子挺，歷湖、挺二州刺史。新許景先傳：開元十三年，帝自擇國子司業蔣挺爲湖州刺史。　詳吏中袁仁敬注。　舊書音樂志三：玄宗開元十一年，祭皇地祇於汾陰，樂章内武舞用凱安，黃(鍾)〔鐘〕均之林(鍾)〔鐘〕徵一首，主爵郎中蔣挺作。

程休 見左外，吏中補作休文，又封外。　賈至授程休文文部郎中制，稱司封郎中程休文。　文苑英華三百八十九。

韋之□以時代核之，當是「晉」字。之晉見吏中、吏外。

令狐峘見吏外。新傳：大曆中，以刑部員外郎判南曹。遷司封郎中，知制誥，兼史館脩撰。建中初爲禮部侍郎。舊傳失載。

張蒧　韓愈唐故中散大夫河南尹杜君兼墓誌銘：夫人常山郡君張氏，彭州刺史贈禮部侍郎蒧之女。昌黎先生集二十六。

韓曅「曅」，二本誤「日華」。新表昌黎韓氏：兵部侍郎洄子曅，司封郎中。舊宦官俱文珍傳作「日華」，誤。舊附王叔文傳：曅，宰相滉族子，有俊才。依附韋執誼，累遷司封郎中。叔文敗，貶池州刺史，尋改饒州司馬，量移汀州刺史，又轉永州，卒。新傳略同。舊王叔文傳：與韓曅等定爲死交。新傳同。舊韓臯傳：從弟曅幸於叔文。新傳亦云從弟曅。舊憲宗紀：永貞元年九月己卯，司封郎中韓曅貶池州刺史。新孟簡傳：元和中，韓曅復刺史，諫議大夫孟簡固争，詔延英言不可狀。南嶽總勝集中：衡州刺史韓曅捨俸錢爲劉元靖建會真閣。

裴次元見吏外。

鄭涵又考中、考外補。新表鄭氏北祖房：德宗相餘慶見左外。子澣，本名涵，興元節度使。

舊傳作「瀚本名涵，以文宗藩邸時名同改」。舊傳：貞元十年舉進士。憲宗時遷起居舍人，改考功員外郎，換國子博士。丁母憂，除喪，除考功郎中；復丁内艱，終制，退居汜上。長慶中，徵爲司封郎中、史館修撰，累遷中書舍人。李虞仲授李渤給事中鄭涵中書舍人等制略云：朝散大夫、守尚書司封郎中、知制誥、上柱國鄭涵可守中書舍人，散官、勳如故。文苑英華三百八十二。

羅讓見吏外。 舊孝友傳：除監察御史，轉殿中，歷尚書郎。

裴譔 新表東眷裴氏：道護後度見下截。長子譔字宣業，翰林學士、工部侍郎。舊裴度傳：子譔，長慶元年登進士第。舊錢徽傳：長慶元年，重試進士，詔裴譔特賜及第。

張鷟又戸中。 舊李德裕傳：開成二年五月，牛僧儒聞李德裕代己爲淮南節度，以軍府事交代副使張鷟，卽時入朝。新傳略同。 唐文粹六十六有張鷟仙都山銘一首。寶刻叢編十三復齋碑録：處州唐仙都山銘，張鷟撰，正書，無姓名，篆額貞元三年冬十月十日題。 資治通鑑唐紀六十四：大中元年二月，左諫議大夫張鷟等上言：「陛下以旱理繫囚，慮有冤滯。今所原死罪，無冤可雪，恐凶險僥倖之徒，常思水旱爲災。宜如馬植所奏。」詔從之，皆論如法。

盧匡又戸中。 舊懿宗本紀：咸通八年十月，以吏部侍郎盧匡等考吏部宏詞選人。 桂林風土記：拜表亭，前政山北盧尚書匡添建置。

盧告見左外。

馮顓又考外。　舊馮定傳：子顓，進士登第。咸通中，歷任臺省。　舊宣宗紀：大中九年三月，試宏詞舉人，漏泄題目，爲御史臺所劾，監察御史馮顓罰一月俸料。　東觀奏紀下：大中九年正月，監察御史馮顓左授祕書省著作佐郎。　李商隱樊南乙集序：自盩厔尉尹留假參軍事，時同僚有長樂馮顓，是數輩者皆能文。大中三年。　文苑英華七百七。

崔澹又禮外補。　新表博陵第二房崔氏：河中節度使璵見左中。子澹，字知止，吏部侍郎。　舊崔璵傳：子澹，大中十三年登進士第，累遷禮部員外郎，位終吏部侍郎。新傳同。　舊僖宗紀：乾符二年二月，以翰林學士崔澹爲中書舍人，學士如故。　四年九月，以中書舍人崔澹權知貢舉。

徐仁嗣又封外。　新表徐氏：懿宗相商子、昭宗相彥若見吏外補。弟仁嗣。不詳歷官。　舊僖宗紀：乾符二年二月，以翰林學士徐仁嗣爲司封郎中，學士如故。　文苑英華百八十五有徐仁嗣省試天驥呈材詩。　黃璞王郎中傳：咸通三年，鄭侍郎讜試倒載干戈賦、天驥呈材詩。仁嗣當是三年進士。

崔寶德 新表博陵二房崔氏：隋左領軍大將軍彭子寶德，主爵郎中。隋書崔彭傳，子寶德，嗣爵安陽縣公。

韋挺 新表韋氏逍遥公房：隋户部尚書、義豐公沖子挺，象州刺史。舊傳：武德中，自太子左衛驃騎、檢校左率流越嶲。太宗在東宫，徵拜主爵郎中。貞觀初，遷尚書右丞。新傳同。

元務真 元和姓纂二十二元：隋毛州司馬元行恕生務真，工部侍郎，河南洛陽縣人。

韋季武又封外補。新表韋氏南皮公房：隋司農卿瓚子、庫部郎中叔諧弟季武，主爵郎中。姓纂：季武，主爵員外。新韋湊傳：祖叔諧，貞觀中爲庫部郎中，與弟吏部郎中叔謙、兄主爵郎中季武同省，時號「三列宿」。獨孤及唐故朝議大夫申王府司馬上柱國贈太常卿韋公縝神道碑銘：南皮公瓚生三子，皆才，同時爲郎。長曰季武，實居主爵；次曰叔諧，典司庫部；季曰叔謙，歷吏部考功；時人號曰「三列宿」。毘陵集卷八與傳合。孫逖東都留守韋公虛心神道碑：曾祖叔謙，與兄叔諧、季武同在郎署。文苑英華九百十八，與表同。

通典職官四：故事，叔父兄弟不許同省爲郎官，格令不載，亦無正勅。貞觀二年十一月，韋叔謹一作「謙」除刑部員外；三年四月，韋季武除主爵郎中；其年七月，韋叔諧除庫部郎中。太宗謂曰：「知卿兄弟並在尚書省，故授卿此官，欲成一家之美，無辭稍屈階資。」一作「皆」。唐會要五十七。

劉本立　元和姓纂十八尤：隋左丞劉士龍生本立，唐主爵郎中，弘農人。

榮九思　嘉泰會稽志三：榮氏，唐有郎中榮九思，望出樂安。李昭玘榮起之振墓誌銘：其先北平無終人。遠祖九思，仕唐爲給事中。樂静先生李公文集二十八。新書文藝上袁朗傳：武德初，隱太子、秦王、齊王相傾，争致名臣以自助，齊王有記室參軍事榮九思。新書高祖諸子列傳：齊王元吉多匿亡命壯士，厚賜之，使爲用。記室參軍榮九思爲詩刺之，見之弗悟也。石刻安國寺惠隱禪師塔銘：俗姓榮，京兆人。曾祖權，隋金紫光禄大夫、散騎常侍、兵部尚書、東阿郡開國公；祖建緒，銀青光禄大夫，使持節息始洪諸軍事、三州刺史、東阿郡開國公；叔祖（思）九〔思〕，黄門侍郎；父懷節，夷州綏陽縣令。洛陽。隋書榮毗傳：父權，兄建緒。俱不載散階、封爵。

閻立本　新表閻氏：隋將作少監、石保公毗子立本，相高宗。舊傳：貞觀中爲主爵郎中，顯慶中累遷將作大匠。新傳同。

蕭孝顗　見吏中、吏外。

□□遠　二本缺。

來恒　「來」，二本缺。新表來氏：隋左翊衛大將軍、榮國公護兒子恒，相高宗。舊來濟見考外補傳：兄恒，上元中，官至黃門侍郎、同中書門下三品。新傳同。

李崇德「德」，二本缺。又勳中。新表趙郡李氏東祖房：武安尉允王子崇德，給事中。舊李義府傳：給事中李崇德，初與義府同譜敍昭穆，顯慶三年義府出爲普州刺史，遂即除削。義府聞而銜之，及重爲宰相，令人誣搆其罪，竟下獄自殺。

楊思止又封外。新表楊氏觀王房：都水使者、弘農公續子思止，字不殆，潞州刺史、湖城縣男。張説贈户部尚書河東公楊君執一神道碑：潞州胡城公思止之子。張燕公集十九。

賈敦實元和姓纂三十五馬：隋鄱陽郡司空疑賈武生敦實，司封大夫、右庶子，宛句人。舊良吏傳上：敦實，貞觀中爲饒陽令。咸亨元年，累轉洛州長史。四年，遷太子右庶子。新傳同。

郭應宇無考。

韋萬石見吏中、吏外，又度外。二傳失載。

蘇良嗣又主中。新表蘇氏：諫議大夫世長子良嗣，相高宗。姓纂：良嗣，右僕射、温公。舊傳：高宗時，遷周王府司馬，遷荊州大都督府長史。新傳同。

李思□「器」，未確。

張松壽二本□壽，又勳中。　朝野僉載：張松壽爲長安令，時人以爲神明。太平廣記一百七十一。啓顔録：韋慶本女選爲妃，長安公「公」疑「令」，又脱「張氏」松壽見而賀之。廣記二百四十九。

胡元範見吏外，又勳外。

盧楷無考。又封外。

劉奇又考外補。　新表河南劉氏：汝州刺史玄意子奇，天官侍郎。舊崇望傳：政會生玄意，玄意生奇。　舊劉政會傳：政會子玄意，玄意子奇，長壽中爲天官侍郎，爲酷吏所陷。新政會傳：政會子玄意，次子奇。似奇是政會子，誤，餘同舊傳。　舊忠義下顔杲卿傳：垂拱初，考功員外郎劉奇榜進士顔元孫詞策，文瑰俊拔，多士聳觀。

王美暢　新表烏丸王氏：鄭州刺史思泰子美暢，字通理，司封郎中、薛公。　集古録目：唐贈益州都督王美暢碑，唐禮部尚書、昭文館學士薛稷撰并書。美暢字通理，太原祁人，官至潤州刺史。其女爲睿宗德妃，景雲中追贈美暢至益州都督。碑以景雲二年七月立。寶刻叢編八。　陳伯玉文集四有爲王美英華誤華暢謝兄貞固官表。　石刻□□汩怡□□王美暢夫𡰪長孫氏墓誌銘：曁贋元年，王府君止坐㮨灾奠檻俄及。長安三年。　石刻□峯塔院銘：我明府清源縣開國子王公名□，字臣忠，其先太原人也。皇朝水部員外、主爵郎中、陳鄂饒潤四州刺史薛國公之孫。四川彭縣。

李嶠　新表趙郡李氏東祖房：襄城令鎮惡子嶠，字巨山，相武后。舊傳：弱冠舉進士，累轉監察御史，累遷給事中。新傳：自監察御史稍遷給事中。

田神福無考。

張元一又封外、勳中補。新書酷吏郭弘霸傳：武后問羣臣：「外有佳事耶？」司勳郎中張元一曰：「比有三慶：旱而雨，洛橋成，弘霸死。」舊書略同，作「舍人」。

趙諠見左中，又勳中。

趙弘敏無考。又倉中有弘□。

裴懷古又祠外。舊良吏下傳：自監察御史拜祠部員外郎，授姚州都督，以疾不行，轉司封郎中，授桂州都督。新循吏傳：自監察御史遷祠部員外郎，拜姚州都督，以疾辭。爲桂州都督。資治通鑑唐紀二十三：長安三年十一月，始安獠歐陽倩擁衆數萬，攻陷州縣，朝廷思得良吏以鎮之。朱敬則稱司封郎中裴懷古有文武才，制以爲桂州都督。

□伯琦王本缺。

田幹之又户外。蘇頲授田幹之温王府司馬制：正議大夫、行尚書主爵郎中、上柱國田幹之。文苑英華四百五。

李湛 舊李義府傳：少子湛，六歲授周王文學。神龍初，累遷右散騎常侍，襲封河間郡公。新書附李多祚傳：湛字興宗。餘同舊傳。會要七十九：贈幽州都督、趙國公李湛謚昭。

孟知禮 審定是「温禮」，見主外。

李猷 新宗室表大鄭王房：廣宗郡公仁鑒孫猷，中書舍人。舊睿宗紀：先天二年七月，誅太平公主黨與中書舍人李猷。玄宗紀：擒李猷於内客省以出，斬之。新王琚傳同。史崇一切道經音義妙門由起序，稱通議大夫、主爵郎中、權檢校右羽林將軍、兼昭文館學士、上柱國臣李猷。道藏太平部儀字號。

崔玄童 唐會要七十六：神功元年九月，絶倫科崔玄童及第。緯略同。舊書音樂志三：玄宗開元十一年，祭皇地祇於汾陰，内登歌奠玉帛用肅和一首，刑部侍郎崔玄暐作。樂府詩集七作「崔玄童。」長安志七唐京城一：朱雀街東長興坊東北隅，侍中、駙馬都尉楊師道宅。其地後分裂，尚書刑部侍郎崔元童等居。

王丘 又考外，又御史臺監察題名。舊傳：年十一，童子舉擢第，弱冠又應制舉。長安中，自偃師主簿擢第，拜監察御史。開元初，累遷考功員外郎，三遷紫微舍人。新傳：字仲山。自偃師主簿擢監察御史，開元初，遷考功員外郎、紫微舍人。蘇頲授王丘主爵郎中等制：勅，宣議郎、守尚書考功員外郎王丘，學思文華，精而典麗。朝議郎、守侍御史內供奉、判右司員外郎、上柱國韋虛心，神清氣勝，敏以甄通。或刈其楚翹，先有司之課績；或提其綱轄，肅諸曹之塡委。一作「委菲」。爰旌二妙，宜叶再遷。丘可守尚書主爵郎中，虛心可守右司郎中，散官、勳如故。文苑英華三百八十九。

慕容珣 見吏中，又封外。蘇頲授慕容珣吏部郎中等制，稱朝請一作「散」大夫、檢校尚書主爵郎中慕容珣。文苑英華三百八十九。詳吏中。又考中、户外、祠中。又御史臺殿中題名。

王易從「王易」，王本缺。新表京兆王氏：蒲州長史慶子易從，揚州刺史。舊王徽見封中補傳：曾祖擇從兄易從，天后朝登進士第，開元中至鳳閣舍人。新王徽傳：易從至鳳閣舍人。蘇頲揚州大都督府長史王公神道碑：公二十升甲科，遷殿中侍御史，無何拜尚書户部員外郎，轉祠部、主爵、考功三郎中，拜給事中，轉中書舍人。文苑英華九百二十六。舊張仁愿傳：神龍中，張仁愿在朔方，奏用鄠縣尉王易從等分判軍事，皆以文吏著稱，多至大官。會要同，云景雲二年。權德輿唐故太子右庶子集賢院學士贈左散騎常侍王公定神道碑銘：慶生吏部侍郎、揚州大都督府長史、贈禮部尚書、揚州大都督(府)易從。權載之文集十四。定，易從子。孫逖太子右庶子王公神道碑：公兄曰易從，故吏部侍郎。文苑英華九百二。徐季鴒屯留守薛僅善政碑：公授江陽丞，長史王易從、李朝隱以公清正，直攝江陽、江都、海陵三縣令。

案，三縣，地理志屬揚州。

鄭温琦又封外。又御史臺監察題名。新許景先傳：開元十三年，帝自擇禮部侍郎鄭温琦爲邠州刺史。詳吏中袁仁敬注。石刻盧兼爱大唐故寧州豐義縣令鄭府君温球墓誌銘：君有昆曰温琦，廊廟巨幹，朝廷重寶，由禮部侍郎轉邠州刺史。陝西鄠縣。今藏武進陸氏。獨孤良弼并州太原縣令路公太一神道碑：夫人滎陽鄭氏，始州臨津縣令方喬之女，禮部侍郎温琦之妹。文苑英華九百三十。

朱渭輔王本「朱□」，趙本缺「渭」字。見吏外，無考。

張均見左外，又吏外有張鈞。新傳：自太子通事舍人累遷主爵郎中、中書舍人。舊傳失載。

韋陟見吏中，又主外。二傳失載。

宋詢見吏中。

裴系又户外。新表南來吴裴氏：令寶後琰之見户外。孫系，諫議大夫。

徐鍔又户外。元和姓纂九魚：太子賓客徐彥伯生鍔，洛陽令、司封郎中，瑕邱人。唐會要八十五：開元九年正月，監察御史宇文融奏告成縣尉徐鍔充勸農判官。詳監察宇文融注。孫逖授徐鍔洛陽縣令制：門下：司封郎中徐鍔，業繼文儒，才優斷割，明而不滯，幹則有成。五等是司，已傳名於臺妙；四方之會，宜展用於京劇。可河南府洛陽縣令。文苑英華四百七。

陳振鷺 元和姓纂十七真：開元左脫「相」字。太子太師希烈見吏中。兄振鷺，司封郎中、國子司業，世居均州。舊崔湜傳：崔湜既私附太平公主，時人咸爲之懼，門客陳振鷺獻海鷗賦以諷之，湜雖稱善，而心實不悅。

李稹二本禾 新表隴西李氏姑臧大房：義璡孫融戶外有。子稹，河內太守。唐國史補上：李稹，酒泉公義琰姪孫，門戶第一，而有清名。常以爵位不如族望，官至司封郎中、懷州刺史，與人書扎，唯稱隴西李稹而不銜。舊書禮儀志四：天寶十載正月，遣大理少卿李稹祭吳嶽歲德公。大唐郊祀録八作「大理卿李稹」。

鄭昭又戶中、金外。又御史臺陰右稜題名。 新表鄭氏北祖房：長林令汪子昭。不詳歷官。文苑英華五百二十八有鄭昭對梢溝判河卒判。又五百二十九有對大比判。

劉光謙 李肇翰林志：開元二十六年，劉光謙、張垍乃爲學士，始別建學〔士〕院於翰林院之南。韋執誼翰林院故事：開元二十六年，始以翰林供奉改稱學士，由是遂建學士，疑脱「院」字。俾專內命，太常少卿張洎、起居舍人劉光謙等首居之。又云：劉光謙自起人充，累改司中，又充。丁居晦重修承旨學士壁記：開元後，劉光謙起居舍人充，累遷司封郎中。翰苑羣書上。石刻李林甫等奉勅注御删定禮記月令表：命直學士、起居舍人劉光謙等爲之注解。陝西長安。集賢記注：劉光謙，開元二十九年以習藝館内人院校理。職官分紀十五。范致明岳陽風土記：平江有劉光謙墳塔，在長慶，今無遺跡，但有光謙繪像。

楊玄章 安禄山事迹上：天寶九載，賜安禄山判殿中侍御史楊玄章等三人緋衣各一對及絹綵等。

李山二本「李□」似「李涵」，見後補。

顔允南「南」，王本缺。又牓中補。元和姓纂二十七删：顔維貞生允南，司封郎中，瑯琊臨沂人，居丹陽。石刻顔真卿唐故通議大夫行薛王友柱國贈祕書少監國子祭酒太子少保顔君惟貞廟碑銘：君生第二子允南，仁孝有清識，工詩，人多誦其佳句，善草隸。與春卿、杲卿、曜卿同日於銓庭爲侍郎席建侯所賞，達奚珣薦爲左補闕，歷殿中，膳部、司封郎中，司業，金鄉男。建中元年。陝西西安。顔真卿正議大夫行國子司業上柱國金鄉縣開國男顔府君神道碑銘：君諱允南，字去惑，京兆長安人也。天寶十五年，長安陷，輿駕幸蜀，恩詔拜尚書屯田員外郎，加朝散大夫，遷司膳郎中。真卿至自河北，玄宗給君驛，至鳳翔令相見。從肅宗入西京，遷司封。真卿以尚書兼大夫，弟允臧又爲殿中，兄弟三人同時臺省，當代無比，時人欽羨焉。尋封金鄉縣開國男，累加正議大夫、上柱國，遷國子司業。顏真卿鮮于少保碑：亡兄國子司業允南，與少尹同時臺省。顏魯公文集六。叔明見勳外。鮮于氏離堆記：兄允南，以司膳、司封二郎中偕與叔明首末聯事。集十三。

張楚金 舊書忠義上張道源傳：族子楚金，鄉貢進士擢第，高宗時累遷刑部侍郎。新傳：道源族孫楚金，累進刑部侍郎。

裴儆 見吏外，又勳外。

崔浩 又户中、金中。又御史臺右側侍御兼殿中。新表博陵三房崔氏：玄景孫浩，贊善大夫。唐會要七十六：建中元年，孝弟力田聞於鄉閭科崔浩及第。緯略誤「崔治」，文獻通考同。

林琨 見左中、膳中補。

趙昂 又祠外補。元和姓纂三十小：司封郎中趙昂，馮翊郃陽人。韋執誼翰林院故事：至德已後，趙昂自太傅充，祠外又充。卒於駕外。重修承旨學士壁記失載。翰苑羣書上。

竇林 新表竇氏三祖房：良賓子林，司封郎中。

王圓 釋皎然蘇州支硎山報恩寺法華院故大和尚碑：大曆元祀，侍御史王公圓等飛表奏聞。杼山集九。石刻岱岳觀題記，稱淄州刺史王圓。大曆十四年二月二十一日。山東泰安。　杍山集一有五言奉酬顏使君真卿王員外圓宿寺兼送員外使迴詩。　張保和新移撫州子城記：寶應中，太守王公圓以其勢卑於郵里，疑悍民而沮長，因徙於西郵。

郭晤「晤」，王本缺，趙本「昭」。　見吏中補，又倉中。　楊綰汾陽王妻霍國夫人王氏神道碑：子次曰開府儀同三司、行尚書吏部司封郎中、上柱國、樂平郡開國公晤。文苑英華九百三十四。

王縝又户中、户外。　嚴州重修圖經刺史題名：王縝，建中元年三月二十四日，自吉州刺史拜。

杜黄裳王本缺。　又金中。　新表京兆杜氏：京兆府司録參軍綰子黄裳，字遵素，相憲宗。　舊傳：登進士、宏辭科。自郭子儀朔方從事入爲臺省官，十年不遷。貞元末，爲太常卿。　新傳：自朔方府佐入爲侍御史，爲裴延齡所惡，十朞不遷。貞元末，拜太子賓客，遷太常卿。　舊趙憬傳：貞元中，吏部侍郎杜黄裳爲中官譖，及他過犯，將加斥逐，憬保護救解之，故從輕貶。新傳：杜黄裳遭奄人讒詆，勢危甚，憬救護申解得免。　舊德宗紀上：建中四年十二月，以司封郎中杜黄裳爲給事中。　又下：貞元五年三月，以給事中〔杜〕黄裳爲河南尹。　歐陽詹唐天志：貞元七年，京兆杜公黄裳爲秋官之一年。英華作「二」。歐陽行周文集七。

吉中孚王本「韋孚」，誤。　元和姓纂五質：貞元户部侍郎吉中孚，淮陰人。　舊盧簡辭傳：父綸，見戶中補。天寶末避地鄱陽，與郡人吉中孚爲林泉之友。貞元中，中孚爲翰林學士、戶部侍郎，典邦賦，薦綸於朝，而中孚卒。新文藝下盧綸傳：吉中孚等皆能詩，號「大曆十才子」，鄱陽人，官戶部侍郎。舊德宗紀上：興元元年六月甲寅，司封郎中、知制誥吉中孚爲諫議大夫，依前充翰林學士。貞元二年正月癸丑，以諫議大夫、知制誥、翰林學士吉中孚爲戶部侍郎、判度支兩稅。又四年八月，以權判吏部侍郎吉中孚爲中書舍人。韋執誼翰林院故事：興元已後，吉中孚司封郎中、知誥充大諫，又充，出爲戶侍，判度支。丁居晦重修承旨學士壁記：吉中孚，興元元年自司封郎中、知制誥充，六月改諫議大夫，貞元二年遷戶部侍郎出院。翰苑羣書上。舊崔造傳：戶部侍郎吉中孚判度支及諸道兩稅事。新傳同，新書食貨志同。摭言十三：貞元中，劉忠州任大夫，科選多濫進，有無名子自云「山東野客」，移書於吏部劉公，有云：「吉中孚判以大明御宇爲頭，以敢告車軒爲尾，初類是頌，翻乃成箴。其間又金盤對于玉府，非惟問頭不識，抑亦義理全乖。據此口嘲，堪入覼縷。」又長揖詩曰「無識伯和憐吉獠」。新書藝文志：吉中孚詩一卷。原注：楚州人。始爲道士，後官校書郎，登宏辭，諫議大夫、翰林學士、戶部侍郎、判度支。貞元初卒。令狐楚白楊神新廟碑：洎今朝中書令燕公說搴詠其事，戶部侍郎吉公中孚申而明之。建中初，吉公以萬年尉爲黜陟判官至此，爲之歌序，具載其事焉。全唐文五百四十三。

李叔度 新表趙郡李氏西祖房：玄乂子叔度，左諫議大夫。 舊李晟傳：興元中，李晟在鳳翔，李叔度爲行軍司馬。 盧綸有訓李叔度秋夜喜相遇因傷關東寮友喪逝見贈詩。 又雪謗後逢李叔度詩。

徐岱 又膳外補。 舊書儒學傳下：字處仁，蘇州嘉興人。自太常博士從幸奉天，興元改膳部員外郎，兼博士。貞元初，遷水部郎中，充皇太子及舒王已下侍讀。尋改司封郎中，擢拜給事中。 新傳：貞元初，自太常博士從德宗出奉天，以膳部員外郎兼博士爲太子、諸王侍讀，遷給事中。 舊書柳冕傳：貞元六年十一月，上親行郊享，司封郎中徐岱攝禮官，同修郊祀儀注，以備顧問。 新傳：德宗親郊，司封郎中徐岱等修飭儀矩。

盧佋 又户中補、户外。又御史臺碑額監察題名。 新表盧氏：成軌子佋，户部郎中。 梁肅京兆府司録西廳盧氏世官記：御史中執法范陽盧公之季曰佋，踐修王父廣陽公齊卿、伯父嗣公成務、京兆綱紀之任，繼處于解之右堂。又云：今户部郎佋，始遠哲昆聯事之嫌，詔解柱後惠文，以就斯職。中丞之拜也，又有臺府臨察之避，在官之屬。其爲人簡而廉，文而不害，在選部辯集作「辨」。論，三登試言，第考茲任也，詳敏稱一時之最。文苑英華八百三十一。 貞元庚午。

蕭遇又主外。　新表蕭氏齊梁房：汾州刺史晉子遇，國子司業。

陳京又考外補、膳外補。　新表陳氏：左補闕，傳作「右」，姓纂「右」。　翰林學士兼子京，字慶復，祕書少監。元和姓纂：陳京，給事中，臨淮人。　新儒學傳下：京擢進士第，遷累太常博士。德宗時，擢左補闕，以考功員外郎再遷給事中，皆兼集賢殿學士。　柳宗元唐故祕書少監陳公行狀：歷太常博士，左補闕，尚書膳部、考功員外郎，司封郎中，給事中。河東先生集八。　權載之文集四十六中書舍人舉人自代狀，稱朝議郎、守尚書司封郎中、充集賢殿御書院學士、判院事、上騎都尉陳京。　石刻大唐同州澄城縣令鄭公楚相德政碑銘，司封郎中、集賢殿學士陳京撰。貞元十四年正月。陝西澄城。案，「陳京」二字，石刻已缺，据金石録補。

韋丹　新表韋氏鄖公房：雒丞政子丹，字文明，武陽郡公。　新良吏傳：擢明經，後舉五經高第。　新羅國君死，自太子舍人詔拜司封郎中，往弔；未行，而新羅立君死，還爲容州刺史。　權載之文集三十六奉送韋中丞使新羅序：自外臺從事，不四三年歷左史尚書郎。　又云：中丞以佐曹陳君之歷司封郎也，今爲之代，以德輿之忝駕部郎也，又爲之代。　舊東夷新羅傳：貞元十六年，令司封郎中兼御史中丞韋丹持節册命新羅王俊邕，至鄆州，俊邕卒，丹還。新傳略同，會要同。　昌黎先生集二十五唐故江西觀察使韋公墓誌銘：新羅國君死，公以司封郎中兼御史中丞紫衣金魚往弔，立其嗣，至鄆州，會新羅告所當立君死，拜容州刺史、容管經略招討使。樊川文集七唐故江西觀察使武陽公韋公遺愛碑：新羅國以喪來，告且稱立君，拜司封郎中、兼御史中丞，章服金紫，弔册其嗣。新羅再以喪告，不果行，改容州經略使。

崔邠「邠」，二本缺。又主外。新表清河小房崔氏：御史中丞陲舊傳作「倕」。子邠，字處仁，太常卿，謚文簡。舊傳：少舉進士，又登賢良方正科。以兵部員外郎、知制誥至中書舍人。新傳：遷補闕，由中書舍人再遷吏部侍郎。

韋成季見左中、左外，又祠外。許孟容祭楊郎中文，稱司封郎中韋成季等。文苑英華九百八十五。文稱貞元十九年四月。案，舊書韋執誼傳，貞元十九年奏逐韋成季等，正成季官封中時也。詳左中下。

孟簡王本缺。見吏外，又倉外。舊傳：累官倉部員外郎，尋遷司封郎中。元和四年，超拜諫議大夫。新傳：累遷倉部員外郎，以不附王叔文，徙他曹。元和中，拜諫議大夫。羊士諤詩集有登樂遊原寄司封孟郎中盧補闕詩。唐會要七十七：元和四年正月，以司封郎中孟簡使山南東道、荆南、湖南等道宣撫，上以簡獨衣緑，遣使追賜緋袍、銀魚。

張惟素見吏中，又勳外。

裴度又封外、勳中附存。新表東眷裴氏：道護後，澠池丞溆子度，字中立，相憲、穆、敬、文。

舊傳：貞元五年進士擢第，登宏辭科、制舉高等。元和六年，以司封員外郎、知制誥，尋轉本司郎中。七年，使魏州宣諭田興，還拜中書舍人。新傳：元和六年，以司封員外郎、知制誥宣諭魏博，還拜中書舍人。舊憲宗紀下：元和七年十一月乙丑，令司封郎中、知制誥裴度往魏博宣慰。新田弘正傳同。玉堂遺範宣慰魏博德音：宜令司封郎中、知制誥裴度往魏博宣慰，親諭朕意。文苑英華四百三十四。

錢徽

「徽」，二本缺。又祠中、祠外。

舊傳：字蔚章，吳郡人。父起，見勳外。貞元初進士擢第。元和八年，自祠部郎中、翰林學士、知制誥改司封郎中，賜緋魚袋，〔內〕職如故。九年，拜中書舍人。新傳：以祠部員外郎爲翰林學士，三遷中書舍人，加承旨。重修承旨學士壁記：錢徽，元和八年五月九日，自祠部郎中轉司封郎中、知制誥，十一月賜緋；十年七月二十三日遷中書舍人，十一月出守本官。翰苑羣書上。白居易授錢徽司封郎中知制誥制：敕，中臺草奏，內庭掌文，西掖書命，皆難其人也。非慎行敏識，妙學懿文，四者兼之，則不在此選。祠部郎中、翰林學士錢徽，藹然儒風，粲然詞藻，縝密若玉，端直如弦。自參禁司，益播其美，貞方敬慎，久而彌彰。應對必見於據經，奏議多聞於削一作「焚」。藁。迨今六載，其道如初。嘉其忠勤，宜有選擢。俾轉郎吏，仍參綸閣。茲乃榮奬，爾其敬承。可依前件。白氏文集五十五。會要七十九：贈右僕射錢徽謚曰貞。

徐晦　新表北祖上房徐氏：春官尚書、枝江(都)〔郡〕公筠子晦。不詳歷官。　舊傳：進士擢第，登直言極諫制科。自監察歷殿中侍御史、尚書郎，出爲晉州刺史，入拜中書舍人。　新楊憑傳：晦字大章，自監察御史後歷中書舍人。　唐會要七十六：元和二年四月，賢良方正能直言極諫科徐晦及第。緯略同。　重修承旨學士壁記：徐晦，元和九年七月二十三日，自東都留守判官、都官員外郎充翰林學士；十年七月二十三日，轉司封郎中；十二年二月十一日，出守本官。翰林院故事：元和已後，徐晦都外充，賜緋封中又充，出守本官。並翰苑羣書上。

張仲素又勳外，禮中補。　新表河間張氏：安南都護應子仲素，中書舍人。舊張濬傳：祖仲素，位至中書舍人。　因話錄三：元和已來，李相國程、王僕射起、白少傅居易兄弟、張舍人仲素爲場中詞賦之最，言程試者，宗此五人。　舊楊於陵傳：元和七年，吏部復置考判官，以屯田員外郎張仲素等爲之。　新文藝下盧綸傳：憲宗詔中書舍人張仲素訪集遺文。　翰林院故事：元和已後，張仲素禮部員外充。　重修承旨學士壁記：張仲素，元和十一年八月十五日，自禮部郎中充翰林學士；十三年正月十二日加司封郎中、知制誥，二月十八日賜紫；十四年三月二十八日遷中書舍人，卒官，贈禮部侍郎。　元稹承旨學士院記：張仲素，元和十三年二月十八日，以司封郎中、知制誥、翰林學士，仍賜紫金魚袋，十四年三月二十八日正除，其年卒官，贈禮部侍郎。並翰苑羣書上。

又云：由鄭絪至杜元穎，承旨十一人，而九參大政，其不至者張則弄相印以俟，其病間者久之，卒不興，命也已。同上。

李肇翰林志：元和十四年，中書舍人張仲素等在翰林。

舊韋貫之傳：同列以張仲素、段文昌進名爲學士，韋貫之阻之，以行止不正，不宜在内庭。

新書藝文志丙部子錄類書類：張仲素詞圃十卷。原注：字繪之。元和翰林學士、中書舍人。

又丁部集錄總集類張仲素賦樞三卷。

李汭　新表雍王房：江夏王道宗玄孫汭。不詳歷官。

國史補下：朝廷每降使新羅，其國必以金寶厚爲之贈，惟李汭爲判官，一無所受，爲同輩所嫉。

石刻高涼泉記，營田判官、前殿中侍御史内供奉李汭撰。元和四年閏三月十二日。四川綿州。

薛存慶又倉外。　新表薛氏西祖房：嶺南節度使珏子存慶。不詳歷官。

舊良吏薛珏傳：有子存慶，自有傳。

新薛珏傳：子存慶，字嗣德。及進士第，歷御史、尚書郎，五遷給事中。

會要七十六：元和元年四月，才識兼茂明於體用科薛存慶及第。緯略同。

元稹敍奏：穆宗初，宰相更相「相」，本傳「有」。用事，丞相段公一日獨得對，因請亟用兵部郎中薛存慶、考功員外郎牛僧孺，予亦在請中。上然之，不十數日，次用爲給、舍。元微之文集三十二。

憲宗處分及第舉人詔：才識兼茂明於體用科人第四次等薛存慶，中書門下郎與處分。大詔令。

陳中師見吏中，作「仲師」。吏外。

嚴休復見吏中，又膳外補。

張士階又祠中補。又御史臺陰額知雜御史題名。白居易衢州刺史鄭羣見祠中可庫部郎中齊州刺史張士階可祠部郎中同制略云：久典名郡，謹身化下，有循吏之風；會課陟明，宜當是選。白氏文集五十一。詳祠中補。吳興志：張士階，長慶三年三月六日，自司封郎中拜，卒官。

王申伯見吏外。又勳外。

王彥威又户中、祠外，又封外附存。舊傳：太原人。自太常博士累轉司封員外郎、郎中。弘文館舊不置學士，文宗特置一員，以待彥威。尋使魏博宣慰，特賜金紫。五年，遷諫議大夫，兼史館修撰。新傳：自太常博士累擢司封郎中、弘文館學士、諫議大夫。劉禹錫唐故監察御史贈尚書右僕射王公俊神道碑：季子彥威，字子美，始以五經登甲科，歷太常博士、祠部員外郎，遷屯田郎中，轉户部、司封，並充禮儀使判官、弘文館學士、京兆少尹、諫議大夫、史館修撰。劉賓客外集九。

蘇景胤「允」，二本缺。因話録三：伯仲昆弟以史筆繼業，家藏書最多者，蘇少常景胤、堂弟尚書滌，諸家無比，而皆以清標雅範爲後來所重。少卿登第，與堂兄特並時，亦士林之美。滌見考中補。　唐會要六十：長慶二年，段文昌鎭蜀，奏監察蘇景胤爲寮佐，留中不下。詳吏外王申伯注。　唐摭言七：大和中，蘇景胤、張元夫見禮外補。爲翰林主人。舊李宗閔傳：寶曆初，李續之、張又新、蘇景胤等，朋比姦險，幾傾朝廷，時號「八關十六子」。　新楊虞卿傳：蘇景胤、張元夫、楊虞卿兄弟爲人所奔向，故語曰：「欲趨舉場，問蘇張；蘇張猶可，三楊殺我。」　舊路隨傳：文宗復令改正順宗實録，路隨奏：近見史官蘇景胤等章疏，具陳刊改，非甚便宜。　文宗答路隨等上憲宗實録詔：賜見在史官司封郎中蘇景胤等各錦綵銀器有差。　新藝文志乙部史録起居注類：憲宗實録四十卷。蘇景胤等撰。景胤，弁子，中書舍人。　又穆宗實録二十卷。蘇景胤等撰。

盧載

新表盧氏：陝虢觀察使岳子載。不詳歷官。　文苑英華九百三十九穆員陝虢觀察使盧公墓誌銘同。　司空圖書屏記：元和、長慶間，先大夫司空輿初以詩師友兵部盧公載。司空表聖文集三。　舊文宗紀下：開成元年五月丁未，以給事中郭承嘏爲華州防禦使，給事中盧載以承嘏公正守道，屢有封駁，不宜置之外郡，乃封還詔書。二書郭承嘏傳略同。　三年二月辛亥，以左丞盧載爲同州防禦使。　白居易有盧載可協律郎天平軍巡官等制。白氏文集四十九。

敬昕見吏中補、吏外。

盧商又度中補。　新表盧氏：河南尉廣子商，字爲臣，相宣宗。　舊傳：元和四年擢進士第。又書判拔萃登科。自工部員外郎、河南縣令，歷工部、度支、司封三郎中。大和九年，改京兆少尹，權大理卿事。　新傳：自幕府入朝，累十餘遷，至大理卿。

楊漢公又勳外，户中。　新表楊氏越公房：國子祭酒寧見户中。子虞卿見左中補。弟漢公，字用乂，天平軍節度使、檢校户部尚書。　舊傳：元和八年擢進士第，又書判拔萃。大和七年，自户部郎中、史館修撰遷司封郎中。　舊文宗紀下：大和九年六月，京兆尹楊虞卿下御史臺，弟司封郎中漢公等稱冤。

裴乾貞又度中。　新表洗馬裴氏：諫議大夫虬子乾貞，字敬夫，潼關防禦使、御史大夫。

裴泰章又封外。　新表南來吴裴氏：國子祭酒佶見吏外。子泰章，字敦藻，給事中。　唐李紳拜相告後，細銜署給事中臣泰章等言。會昌二年二月日。淳熙秘閣續法帖卷第六。

丁居晦「晦」，王本缺。又勳外。　舊宋申錫傳：大和五年，申錫被罪，拾遺丁居晦等奏以獄付外。新傳同。　重修承旨學士壁記：丁居晦，大和九年五月三日自起居舍人、集賢院直學士充，十月十八日賜緋，十九日遷司勳員外郎，開成二年九月十一日加司封郎中、知制誥，三年八月十四日遷中書舍人，十一月十六日拜御史中丞出院。　又開成四年閏正月自御史中丞改中書舍人；五年二月二日賜紫，其年三月十三日遷户部侍郎、知制誥，其月二十三日卒官。贈吏部侍郎。翰苑羣書上。舊文宗紀下：開成三年十一月庚午，以翰林學士丁居晦爲御史中丞。南部新書壬：開成中，文皇一日謂執政曰：「丁居晦作中丞，朕曾以時諺謂杜甫、李白輩爲四絶問居晦，晦曰『此非君上要知之事』，朕常以此記得居晦，今所以擢爲中丞。」

裴肅二本缺。新表東眷裴氏：宣子肅，字中明，浙東觀察使。新表南來吴裴氏：令寶後，允孫肅，右領軍將軍。又中眷裴氏：靈武大總管、河東郡公思諒子肅，親衛參軍。肅，德宗時人，時代不合。又据石刻疑素見封外，然壁記止云自封外遷中人，不云封中，俟再考。

張述全唐文七百十七：大和朝司封郎中，出爲袁州刺史。有代韓僕射辭官表、爲鄭滑李僕射辭官表、代魏博田僕射辭官表，則述嘗從事韓弘、李復、田弘正三府也。

崔鉉又勳外。新表博陵大房崔氏：仲哲後，義成節度使元略子鉉，字台碩，相武宗、宣宗。舊傳：登進士第。會昌初，自荆南、西蜀掌書記入爲左拾遺，再遷員外郎、知制誥，召入翰林充學士，累遷户部侍郎、承旨。新傳：自荆南賓佐入拜司勳員外郎、翰林學士，遷中書舍人、學士承旨。重修承旨學士壁記：崔鉉，開成五年七月五日，自司勳員外郎充翰林學士；會昌二年正月十二日，加司封郎中、知制誥；其年九月二十七日，加承旨、賜紫；十一月二十九日遷中書舍人，三年五月十四日，拜中書侍郎、平章事。翰苑羣書上。

敬晦「敬」，二本缺。　新表敬氏：太子詹事寬見度中補。子右散騎常侍皡見勳中。弟晦，字日彰，太子賓客。　新傳：進士及第，辟山南東道節度府。武宗時，擢累諫議大夫。

張□□二本同，或作「居本」，亦未確。

李□

裴諗「諗」，二本「言」。又考外補。　新表東眷裴氏：道護後，度第三見上。子、詡見户中。弟諗，權知刑部侍郎。　舊傳：大中五年，自宣歙觀察使入朝，權知刑部。本紀「兵部」。侍郎。　新傳：籍蔭，累官考功員外郎。宣宗時爲翰林學士，累遷工部侍郎，詔加承旨。　舊宣宗紀：大中九年三月試宏詞舉人，漏泄題目，爲御史臺所劾，侍郎裴諗改國子祭酒。　東觀奏記下：大中九年正月十九日，吏部侍郎兼判尚書銓事裴諗左授國子祭酒。諗兼上銓，主試宏詞兩科，寬裕仁厚，有賦題不密之說，事徵宸聽。　重修承旨學士壁記：裴諗，會昌六年八月十九日，自考功員外郎加司封郎中；大中元年二月三十日加知制誥；二年七月二日三殿賜紫；其月六日特恩加工部侍郎、知制誥；十二月二十六日加承旨，並依前充；三年五月二十三日守本官出院。翰苑羣書上。　崔嘏授裴諗司封郎中依前充職制：勑，臺郎望美，詞苑地高，粲列宿之輝華，參起草之宥密。自非風儀玉立，器宇川停，摛掞天之雄文，蘊擲地之清韻，則不足以膺我妙選，爲時美談。翰林學士、考功員外郎裴諗，襲慶于門，騰芳戴席，端莊抱吉士之操，謹默得賢人之風。灼若春華，皎如瑞素。自擢居文囿，參侍瑶墀，進對苑作「退」。益見其周祥，詞旨不離于雅厚。是宜仍金鑾之舊職，榮粉署之新恩。保乃休光，更流芬馥。可依前件。文苑英華三百八十四。

又授裴諗知制誥制：勑，傳曰有功德於人者，其後必大。伊爾烈考，勤勞王家，出有平寇之功，入有致君之志，式多令嗣，以承清基。惟爾諗生而有文，弱不好弄，中蘊明敏，外涵清知，藹然君子之風，蔚有賢人之操。自擢昇翰苑，入侍禁闈，動必知機，靜而適道。大玉之韻，清越以長；小山之姿，貞芳自茂。是其資其粉澤，演我絲綸，斧藻方耀於鳳銜，揮灑更期於鴻筆。式光帝載，無鬱王猷。可依前件。又三百八十二。

又授裴諗中書舍人制：勑，居禁密之地，聞善則遷；當演綸之功，有勞斯陟。此所以光吾侍從，榮彼縉紳。翰林學士、司封郎中、知制誥裴諗，家承茂勳，身有擅行，早襲弓裘之業，克隆堂構之基。閑澹自居，囂浮不染。自擢居内署，掌竝制命，謹密無曠，馨香有聞，問對備見其一心，敏捷共推其七步。況臧孫有後，且聞得鳳之音；枚乘多才，雅蓄雕龍之妙。爰因滿歲，授以正名。爾宜思弘用以致君，勵精誠而正己，慎爾聞見，奉吾周旋，無彰温樹之名，克保詞林之美。可依前件。文苑英華三百八十二。

羅劭權又金外、倉外。　舊孝友羅讓見吏外傳：讓再從弟詠子劭權，字昭衡，進士擢第，知名於時，並歷清貫。　北夢瑣言五：唐自大中至咸通自中令入拜相次畢相（誠）〔諴〕、曹相確、羅相劭權，使相也，繼升巖廊。

劉瑑二本缺。　新表尉氏劉氏：雅州刺史煟子瑑，字子金。新傳作「子全」。　相宣宗。　舊傳：開成初，進士擢第。會昌末，累遷尚書郎、知制誥，正拜中書舍人。大中初，轉刑部侍郎。　新傳：武宗時，遷左拾遺。大中初，擢翰林學士。伐黨項，爲行營宣慰使，遷刑部侍郎。　重修承旨學士壁記：劉瑑，會昌六年六月二日，自殿中侍御史充翰林學士；七月九日三殿賜緋；大中元年閏三月十二日，加職方員外郎；十一月二十七日加知制誥；二年七月六日特恩加司封郎中；三年六月十四日拜中書舍人；十二月二十七日三殿賜紫，並依前充；四年十一月二十八日，守本官兼御史中丞充，西討伐黨項行營諸寨宣慰使，依前充；五年五月守本官出院。翰苑羣書上。　會要七十九：贈右新書「左」。僕射劉瑑謚恭。

裴寅見左中，又封外、勳外。

裴處權二本缺。　又户外、禮中補。　新表裴氏洗馬：福建觀察使次元見吏外。　子處權，字晦之，禮部郎中。　裴處權禱河侯廟記：會昌六年九月一日，尚書博陵崔公召蒲郡從事河東裴處權文其功。文苑英華八百十五。杜牧有裴處權除禮部郎中等制。樊川文集十七。詳户中韓賓注。

裴處權自司封郎中出河南少尹，到任，本府奏薦賜緋，給事中崔罕見度中。駮還，上手詔襃獎，曰：「有事不當，卿能駮還，職業既修，朕何所慮。」東觀奏記中。上慎重名器，未嘗容易，服色之賜，一無所濫。

皇甫珪「珪」，二本缺。見吏外，又勳外。重修承旨學士壁記：皇甫珪，大中十年六月五日，自吏部員外郎充；其月七日改司封郎中；十一年十月二日，加司封郎中、知制誥；十二年八月十二日，拜中書舍人依前充。翰苑羣書上。東觀奏記中：皇甫珪，自吏部員外召入內廷，改司勳員外，計吏員二十五箇月限，轉司封郎中、知制誥。

鄭茂休見吏中補，又主中。舊傳：四遷太常博士、兵部員外郎、吏部郎中。

張復珪又勳中、勳外。新表始興張氏：陳許節度副使幼挺子，度支郎中復魯見度中補。弟復珪，字環中，諫議大夫。

張道符「道」，二本缺。又户中、主外。唐摭言三：會昌三年，王起僕射再主文柄，門生一榜二十二人，和周墀詩，第十四人張道符字夢錫。重修承旨學士壁記：張道符，咸通元年十一月二十五日，自户部郎中賜緋充；二年二月六日，加司封郎中、知制誥依前充；四月二十一日卒官，至五月二日贈中書舍人，仍賜贈布絹及賜絹三百匹。翰苑羣書上。

因話録：宰相因奏對，以遺、補多闕，請更除八人，上曰：「諫官但要職業修舉，亦豈在多，只如張道符、牛叢、趙璘輩三數人足矣，使朕聞所未聞。」新牛叢傳：宰相請廣諫員，宣宗曰：「諫臣惟能舉職爲可，奚用衆耶？今張符趙璘牛叢使朕聞所未聞，三人足矣。」

王凝「凝」，二本缺。又考中補、考外補、禮外補。

新表太原大房王氏：衢州刺史衆仲子凝，字成庶，字致平，宣歙觀察使，謚貞。舊傳：字致平。兩經擢第，再登進士甲科。自揚州節度副使入爲起居郎，歷禮部、兵部、考功三員外郎，遷司封郎中、長安令。新傳：歷臺省，寖知名。司空圖唐故宣州觀察使檢校禮部王公行狀：宣宗朝自禮部員外歷兵部、考功員外，轉司封郎中。相國蕭公寘判版籍，請公分佐其務，俄拜長安令。司空表聖文集七。

崔安潛「安潛」，王本缺，趙本「安□」。見吏外。二傳失載。

李昌□未確。

崔殷夢「殷夢」，王本缺，趙本「殷彦」，誤。又勳外。

新表清河大房崔氏：龜從見吏外。子殷夢，字濟川。玉泉子：崔殷夢，宗人瑶門生也，夷門節度使龜從之子。詳吏外于瓌注。孫樵唐故倉部郎中康公墓誌銘：大中二年冬爲進士試官，峭獨不顧，雖權勢莫能撓。其與選者，不逾年繼踵昇第。今春官貳卿崔公殷夢十輩，皆出其等列。孫可之文集八、咸通十三年。舊懿宗本紀：咸通八年十月，以司勳員外郎崔殷夢等考吏部宏詞選人。語林：崔殷夢知舉，吏部尚書歸仁晦託弟仁澤，殷夢唯唯而已。無何，仁晦復詣託之，至於三四。殷夢斂色端笏曰：「某見進表讓此官矣。」仁晦始悟己姓殷夢諱也。容齋續筆十一。

鄭延休 二本缺。又考外、金外。

新表鄭氏北祖房：檢校右僕射、同中書門下平章事涯見勳外。子延休，山南西道節度使。舊宣宗紀：大中元年二月丁酉朔，禮部侍郎魏扶奏進士鄭延休等三人實有詞藝，為時所稱，皆以父兄見居重位，不得令中選。詔令翰林學士承旨、戶部侍郎韋琮重考覆，敕所試文字並令度程，可放及第，云云。文獻通考選舉考二略同，又云其月二十三日奉進止放及第。重修承旨學士壁記：鄭延休，咸通十一年五月十八日，自司封郎中、知制誥遷中書舍人，充翰林學士；十二年正月二十八日，三殿召對賜紫；十一月十八日，遷工部侍郎，知制誥依前充；十三年正月四日，宣充承旨；七日遷兵部侍郎依前充；十四年八月二十二日，加金紫光祿大夫、尚書左丞，知制誥依前充；十五年正月十三日，除檢校禮部尚書充河陽三城節度使。翰苑羣書上。新逆臣黃巢傳：乾符五年，黃巢寇葉、陽翟，欲窺東都。河陽節度使鄭延休兵三千壁河陰。益州名畫錄上：常重胤於中和院寫僖宗皇帝幸蜀隨駕文武臣寮真，有檢校司徒鄭延休。

鄭紹業「紹」，二本缺。　又戶外。　新表鄭氏北祖房：涯子延休見上，弟紹業，荆南節度使。　舊懿宗紀：咸通十二年三月，以考官司封郎中鄭紹業等考試宏詞選人。　資治通鑑唐紀六十九：廣明元年四月，以工部侍郎鄭紹業爲荆南節度使。　又唐紀七十一：中和二年八月，以兵部侍郎、判度支鄭紹業同平章事、兼荆南節度使。　新陳儒傳：廣明元年，以鄭紹業爲荆南節度使。時朗州刺史段彦謩方據荆南，紹業憚之，踰半歲乃至。僖宗入蜀，召還行在，以彦謩代。監軍朱敬玫害彦謩，復詔紹業爲節度使，逗留不進，敬玫署陳儒領府事。新僖宗紀：中和二年十一月，荆南軍亂，牙將陳儒自稱留後。　劉崇望授鄭紹業工部尚書制略云：起草掌綸，由天才之足用。洎揚我休命，出守荆門，頗聞理聲，急於徵請。入則思邦家之大計，出則擁旄節之一作「於」。上游，爰從分務，曠已歷時，云云。文苑英華三百八十七。

令狐包二本缺。

王徽二本缺。　又考外補、戶中補。　新表京兆王氏：緱氏令自立子徽，字昭文，相僖宗。　舊傳大中十一年進士擢第。乾符初，自考功員外郎遷司封郎中、長安縣令。宰相蕭倣用爲翰林學士，改職方郎中、知制誥，正拜中書舍人。新傳：自考功員外郎擢翰林學士。　舊僖宗紀：乾符三年九月，以戶部郎中、知制誥、翰林學士王徽爲中書舍人，學士如故。本傳失載。

【補遺】

楊綱 新表楊氏觀王房：隋雍州牧、司空、觀德王士雄子綱，主爵郎中、平阿公。

王崇基又封外。 新表烏丸王氏：太宗相珪子崇基，主爵員外郎。 舊王珪傳：長子崇基，襲爵永寧郡公，官至主爵郎中。

崔同業又封外。 新表博陵二房崔氏：挺後，元瑒子同業，主爵郎中。

張彥起又封外有彥超。 新表中山張氏：太宗、高宗相行成孫、洛客子彥起，司封郎中。

高紹又考中。 新表高氏：循州司馬、襲申公琁子紹，考功郎中。 蘇頲授慕容珣吏部郎中等制，稱正議大夫、行商州刺史、上柱國、中國公高紹，可行尚書主爵郎中，散官、勳封如故。文苑英華三百八十九。 詳吏中慕容珣注。 睿宗遣宣勞使誥：宜以工部郎中高紹爲劍南道勞使。 詳膳中蕭瑗注。 嘉定鎮江志十五：高紹，開元七年自長安令左遷潤州長史，爲季子碑陰記、重修吳季子廟記：紹以開元七年自長安令左遷潤州長史。爰洎十年，太歲壬戌，因巡屬縣，廟於延陵，與縣令吳興沈琰同謁季子廟，申奠禮也。

韋利涉又封外、户外。 元和姓纂八微：韋氏大雍州房：思敬孫利涉，主爵郎中，京兆杜陵人。唐會要十五：開元九年正月，監察御史宇文融奏長安主簿韋利涉等充勸農判官。詳監察宇文融注。

盧霸又祠外。又御史臺右側侍郎兼殿中題名。新表盧氏：黎陽令友浹子霸，司封郎中、將作少監。

韋儇又御史臺左側題名。新表韋氏南皮公房：朔方節度使、衛尉卿光乘子儇，江西觀察使。賈至授韋儇總目作環司封郎中制：勑，司駕員外郎韋儇，忠義激切，智深謀敏，懷斷割之利用，慨國家之深讎。淮海多虞，寇戎未殄，是擇才彥，佐斯旄鉞。宜兼臺閣，以懋勳庸。可司封郎中，充淮南行軍司馬，兼召募使。文苑英華三百八十九。舊忠義下獨孤及趙曄傳：京兆韋氏，江西觀察使韋儇族兄弟。新宗儒傳稱江西觀察使韋儇族妹。上元二年豫章冠蓋盛集記：歲次辛丑，孟春正月，潤州刺史、試鴻臚少卿韋公儇至自京口。毘陵集十七。新外戚楊國忠傳：楊國忠雖當國，常領劍南召募使，遣戍瀘南，歲遣韋儇等以御史迫促郡縣召募。

李涵新表畢王房：睢陽郡太守少康見祠中。子涵，右僕射。舊傳：肅宗北幸平涼，涵以關內鹽池判官奉牋謁見，除右司員外郎，累至司封郎中、宗正少卿。寶應元年，遷左庶子。新傳：自關內鹽池判官，肅宗至平涼，奉牋馳（口）〔謁〕，除左司員外郎，再遷宗正少卿。會要七十九：贈太子少傅舊德宗紀作「保」。李涵謚曰元。

蕭惟則 權德輿唐故揚州兵曹參軍蕭府君惟明墓誌銘：君與令弟故司封郎中惟則，同以儒服遊京師，賢士大夫締交慕義者如響。郎中以通才歷職，而君亦累爲名公所薦，年位未至，相次凋落。權載之文集二十五。建中二年。

崔咸又度外。新表南祖崔氏：大理少卿鋭子、嶺南節度使護見勳中。弟咸，字重易。舊文苑傳下：崔咸元和二年進士擢第，又登博學宏詞科。自賓佐登朝，歷踐臺閣，累遷陝州大都督府長史、陝虢觀察等使。白居易崔咸可洛陽縣令制：勑，度支員外郎崔咸，在郎署中推爲利用，加以詞學，緣飾吏能。可洛陽令。白氏文集四十九。李虞仲授賈餗等中書舍人制：朝散大夫、守尚書職方郎中、知制誥、上柱國、清河縣開國男、食邑五百户崔咸可守中書舍人，散官、勳如故。文苑英華三百八十二。案，賈餗傳，在大和三年七月。舊温造傳：造爲御史中丞，知制誥崔咸與造相遇，造又捉其從人。

柳公權又封外。新表河東柳氏：丹州刺史子温子公綽見吏中。弟公權，字誠懸，太子太保。舊傳：元和初，進士擢第。文宗朝，自右司郎中累換司封、兵部二郎中，弘文館學士，遷諫議大夫。新傳：自右司郎中、弘文館學士，文宗復召侍書，遷中書舍人，充翰林書詔學士、諫議大夫。

韋磻又勳外。新表韋氏鄖公房：清子磻，司封郎中，太原河東行軍司馬。盧弘正興唐寺毗沙門天王記：終而司勳京兆韋公磻揮金致績以美之。末署時開成三年十二月十五日。文苑英華八百十九。

楊假又户中。新表楊氏越公房：遺直子發見左中補。弟假。不詳歷官。舊傳：字仁之。開成末進士擢第，自監察轉侍御史，由司封郎中知雜事轉太常少卿。出爲常州刺史。新傳：終常州刺史。

鄭仁規見考中補、考外。舊鄭肅傳：孫仁規，累遷拾遺、補闕、尚書郎、湖州刺史，尚書郎知制誥，正拜中書舍人，卒。吴興志：鄭仁規，乾符四年二月十三日，自司封郎中授，除襄州節度副使。統記云：三年自考功員外郎授，遷考功郎中。案，考外有鄭仁規，統記是。

李瞻見左中。唐語林四：李瞻累遷司封郎中，歸茅山，徵拜給事中，不就。兩京亂，竟不罹其禍。

李磎見吏中補。又户中。李磎泗州重修鼓角樓記：史官、尚書司封郎中李磎自淮楚趨闕，驛泗。記末云樓以中和五年二月二十八日成，以其年九月三十日書。

裴廷裕新表東眷裴氏：道護後，紳見勳中。子庭裕，字膺餘。唐詩紀事六十一：僖宗在成都，裴廷裕登第。唐摭言三：少歸尚書榜。裴起部與邠之李搏先輩舊友。石刻大唐故内樞密使特進左領軍衞上將軍知内侍省事上柱國濮陽郡開國侯食邑一千户食實封一百户吴公承泌墓誌，翰林學士、朝議郎、守尚書司封郎中、知制誥、上柱國、賜紫金魚袋裴廷裕撰。乾寧二年。陝西咸寧。錢珝授裴廷裕左散騎常侍制：勑，具官裴廷裕，國之用才，在乎稱職。況詞臣之任，君命所垂，苟詳慎之有乖，繫事機而實重。既聞輿論，得以移官。以爾學植素深，文鋒甚鋭，自居侍從，亦謂勤勞，乃推游刃之功，庶叶匿瑕之道。未能降秩，且復立朝，珥貂猶假於寵光，夾乘仍親於左右。將存大體，以息多言。可依前件。文苑英華三百八十。唐摭言十三：裴廷裕，乾寧中在内廷，文書敏捷，號爲「下水船」。梁太祖問及廷裕行止，學士姚洎對曰：「頃歲左遷，今聞旅寄衡水。」新書藝文志乙部史録雜史類：裴廷裕東觀奏記三卷。原注：大順中，詔修宣、懿、僖實録，以日曆注記亡缺，因摭宣宗政事奏記於監修國史杜讓能。廷裕，昭宗時翰林學士、左散騎常侍，貶湖南，卒。案，此書今存，序題史官右補闕裴廷裕撰，云「皇帝二年，杜讓能奏右補闕裴廷裕等專修宣宗實録」，云云。据會要六十三，在大順二年二月。直齋書録解題五雜史類：東觀奏記三卷。唐右補闕裴廷裕文獻通考作「廷裕」。膺餘撰，記宣宗朝事，凡八十九條。

白邦翰　新表白氏：刑部尚書居易見主中。孫孟懷觀察支使景受子邦翰，司封郎中。

【附存】

司馬希象 元和姓纂七之：唐庫部郎中司馬元祚生希象，主爵郎中，河内温縣人。新書文藝傳：希象，終主爵員外郎。封外有希象名，此誤。

皇甫仲玉 元和姓纂十一唐：皇甫宣過生伯瓊、仲玉，主爵郎中，滄州樂陵人。案，封外有伯瓊名，疑官封中者是伯瓊，蓋仲玉下有脱字，今附存之。

楊凝 見左中補、吏外補、封外，又禮中附存。新表楊氏越公房：成名子凝，字茂功，司封郎中。新傳：自司封員外郎徙吏部，稍遷右司郎中。此誤。權載之文集三十三楊君文集序：歷司封員外、左司郎中。又河東先生集九楊君墓碣：爲尚書司封員外郎，乃參選部。居喪，服除，爲右司郎中。

韓偓 見勳中補 文苑英華三百八十四有錢珝授司勳郎中兼侍御史知雜事賜緋韓偓本官充翰林學士制。「司勳」，總目作「司封」。

唐尚書省郎官石柱題名考卷六

司封員外郎

唐六典：吏部尚書，其屬有司封員外郎一人，從六品上。隋爲主爵承務郎，武德初爲主爵員外郎，龍朔、咸亨、光宅、神龍間，並隨曹改復。掌邦之封爵。舊書、新書同。

【石刻】

蕭毖　李壽德　竇孝鼎　李友益　崔餘慶

崔燧　楊思謙　王崇基　韋義玄　柳言思

李思遠　王德真　路勵言　楊思正　李同福

陳義方　獨孤道節　李範郎　郭待舉　崔同業

杜易簡	柳行滿	崔懸黎	司馬希象	裴思義
盧揩	張詢古	雲弘善	樂思誨	王遺恕
張同和	孫元享	盧光乘	朱前疑	張元一
沈介福	王仙齡	韋瓊之	于季子	徐堅
張彥超	楊嶠	皇甫伯瓊	岑獻	韋珍
韋瑗	蕭元嘉	劉令植	高豫	慕容珣
韓休	鄭溫琦	王執言	崔琮	崔翹
楊□羽	張景明	徐峻	韋利涉	裴令臣
宋渾	蕭諒	李知正	薛江童	蔣洌
郭納	裴士淹	楊獻	裴寬	寇□
程休	裴衮	閻伯輿	韋少遊	元持
劉孺之	韋元曾	李國鈞	李昂	邢宇
薛傾	元挹	李洞清	韋叔卿	王翙
李浮	殷亮	蔣鎮	崔縱	謝良輔
鄭南史	楊凝	鄭僭	鄭元	李衆

韋況　陸震　封亮　呂温　李逢吉
張正甫　裴度　蕭俛　劉師老　班肅
蔣防　楊汝士　柳公權　王會　陳夷行
崔復本　裴泰章　裴素　盧懿　韋絢
魏扶　崔耽　馮韜　錢知進　裴寅
韓琮　鄭裔綽　蔣□　楊嚴　李植
趙隱　李璋　高湘　楊紹復　崔涓
張讀　鄭就　徐仁嗣　盧胤征　鄭殷
鄭穀　盧□　蕭□

【補遺】

韋季武　韋素立　崔悰　李華　李皆
李紓　武儒衡　舒元褒　薛賁　張可續
權審　崔周恕　盧渥　盧蕘　裴迥
楊拯　崔貽孫　楊贊圖　薛滈　鄭徽

鄭□　孔温裕

【附存】

鄭絪　韋弘景　王彦威　庾道蔚

蕭彪無考。

李壽德無考。

竇孝鼎又勳中。　新表竇氏三祖房：覽孫孝鼎，司勳郎中。

李友益又户外、主中。　新表趙郡李氏東祖房：河南郡東曹掾世寶子友益，中書侍郎。舊刑法志：永徽初，勑中書舍人李友益等，共撰定律令格式。新書藝文志同，會要三十九同。詳定刑名制稱，詔中書舍人李友益等，爰逮朝賢，詳定法律。永徽二年閏九月十四日。文苑英華四百六十四。　舊高宗紀上：顯慶三年十一月乙酉，中書侍郎李友益除名，配流嶲州。　舊李義府傳：顯慶三年，中書侍郎李友益密與中書令杜正倫共圖議李義府，更相伺察。義府密令人封奏其事。上兩責之，友益配流峯州。　新姦臣上李義府傳：杜正倫密與中書侍郎李友益圖去義府，反爲所誣，帝流友益峯州。　新杜正倫傳：中書侍郎李友益，蓋義府族也，晚附正倫，同摭義府釁缺。義府使人告正倫、友義交通罔上，有異計。高宗惡之，流友益峯州。

崔餘慶 新表博陵二房崔氏：挺後、鳳泉令肅子餘慶，兵部尚書。舊崔敦禮傳：顯慶元年，敕召敦禮子定襄都督府司馬餘慶侍疾。餘慶官至兵部尚書。新傳：弟餘慶，爲定襄都督府司馬，召使侍兄疾。位至兵部尚書。

崔璲無考。

楊思謙見封中，又考中。

王崇基見封中補。 新表烏丸王氏：珪子崇基，主爵員外郎。

韋義玄無考。

柳言思又祠中補、祠外。 新表柳氏：待價孫言思，祠部郎中。

李思遠無考。 又祠外。

王德真見吏外。

路勵言 新表平陽路氏：相州刺史德淮子勵言，曹州刺史。

楊思正見封中。

李同福見吏外（二見）。又户中、金中。

陳義方見吏中。又祠外。

獨孤道節　元和姓纂一屋：太常少卿、新蔡公獨孤延壽生道節，兵部郎中，河南洛陽人。

原本誤入古今姓氏書辯證三十五，今正。

李範邱無考。　又勳中、祠外。

郭待舉　新表潁川郭氏：諸城丞處範子待舉，相高宗。　舊高宗紀下：永淳元年四月丁亥，黃門侍郎郭待舉同中書門下同承受進止平章事。新紀同。宰相表同。　舊紀：上謂參知政事崔知溫曰：「待舉等歷任尚淺，且令預聞政事，未可卽與卿等同名稱。」自是外司四品已下知政事者，遂以平章爲名。　新高宗紀：弘道元年四月壬申，郭待舉同中書門下平章事。新宰相表同，云：檢校太子右庶子，同中書門下平章事。舊紀失載。　新武后紀：弘道元年十二月戊寅，郭待舉同中書門下三品。新宰相表：待舉左散騎常侍，同中書門下三品。舊紀失載。　光宅元年十一月丁卯，郭待舉罷。宰相表：罷爲左庶子。　舊裴炎傳：光宅元年十月，吏部侍郎郭待舉貶岳州刺史，坐救裴炎之罪也。

崔同業見封中補。

杜易簡又考外補。　元和姓纂十姥：蓬州咸安令杜依德生易簡，考功員外，襄陽人。　舊文苑傳：登進士第，累轉殿中侍御史。　咸亨中，爲考功員外郎，左轉開州司馬，卒。　新文藝傳同。

柳行滿 新表柳氏東眷房：玄孫行滿，給事中。

崔懸黎 新表南祖崔氏：許州治中君實子懸黎，主爵員外郎。

司馬希象見封中附存。 元和姓纂七之：唐庫部郎中司馬元祚生希象，主原本誤「生」。爵郎中，河南溫縣人。 新書文藝中劉憲傳：司馬鍠見吏外。與弟銓、見户中。伯父希象皆歷殿中侍御史。希象，剛直不諂，終主爵員外郎。

裴思義見左中補、吏外。又勳中。

盧揩無考。 見封中。

張詢古吏中有詢故。又吏外。

雲弘善 元和姓纂二十文：右威有脱字。將軍雲師德生宏善，駕部郎中，河南人。

樂思誨見吏外「誨」作「晦」。

王遺恕見吏中。又考中、户外。

張同和無考。

孫元享「享」，王本「亨」，趙本「享」。又户中「元亨」。 元和姓纂二十三魂：夏官侍郎、平章事孫元亨，河東虞鄉人。 新武后紀：萬歲通天元年四月癸酉，檢校夏官侍郎孫元亨同鳳閣鸞臺平章事。宰相表同，舊紀失載。舊紀：萬歲通天二年正月，夏官侍郎孫元亨坐與綦連耀謀反，伏誅。新紀：神功元年正月壬戌，殺孫元亨。宰相表同。

盧光乘 舊文苑盧照鄰傳：兄光乘，亦知名，長壽中爲隴州刺史。

朱前疑

張元一見封中。又勳中補。

沈介福 元和姓纂四十七寑：唐陝令士衡生介福，主爵員外，吳興武康縣人。舊后妃下代宗睿真皇后沈氏傳：德宗外曾祖隋陝令沈琳。又德州刺史士衡，士衡當是琳子。姓纂誤合爲一也。舊后妃傳下：德宗贈睿真皇后沈氏父易直子沈炳震云：當作「父」。庫部員外郎介福太傅。

王仙齡無考。

韋瓊之又考中補、户中。新表東眷韋氏閬公房：户部侍郎真泰户中「泰真」。子瓊，考功郎中。元和姓纂同。「瓊」作「瓊之」，表疑誤脱「之」字。

于季子 元和姓纂十虞：唐中書舍人于季子，東海人，今居齊郡歷城。唐詩紀事七：于季子登咸亨進士第。

徐堅見封中。舊傳：以東都留守判官同修三教珠英，書成，遷司封員外郎。神龍初，再遷給事中。新儒學傳中：自東都留守判官修三教珠英，累遷給事中。曲江文集十九徐文公神道碑銘：自太子文學撰三教珠英，書成，奏御，拜司封員外。尋加朝散大夫，即拜郎中，稍遷給事中。　張燕公集二十三徐氏子墓誌銘：司封員外郎堅第四子。大足元年。

張彥超 鈸案：疑即「彥起」，「彥起」見封中補，「起」、「超」二字形近致誤。

楊嶠 格案：「楊」疑當作「陽」。　新表楊氏越公房：祕書監仁瞻見勳外。子嶠，不詳歷官。時代不合。　舊良吏傳下：陽嶠，河海洛陽人，其先自北平徙焉，北齊右僕射休之玄孫。儀鳳中應八科舉，自右臺侍御史，景龍末，累轉國子司業。新傳：自右臺侍御史久乃遷國子司業。

皇甫伯瓊 「伯」王本缺。　元和姓纂十一唐：唐監察御史皇甫德參生宣、過，宣生伯瓊，滄州樂陵人。　唐會要七十六：垂拱四年十二月，辭標文苑科皇甫瓊及第。緯略脫「皇」字。文苑英華四百八十九：「垂拱四年」作「光宅元年」。「伯瓊」單作「瓊」，與會要合。彭叔夏曰：唐登科記作「皇甫伯瓊」，與此正合。

岑獻 新表岑氏：雍州長史曼倩見勳中。子獻，國子司業、梁公。　舊岑羲見吏外傳：睿宗時，兄獻爲國子司業。新傳同。

韋珍 見左中。

韋瑗 又勳中。　新表東眷韋氏閬公房：太府少卿德敏見考中補。子玢見左中，又上。弟瑗，不詳歷官。　又駙馬房：玄誕子瑗，司勳郎中。

蕭元嘉　新表蕭氏皇舅房：相王兵曹參軍安節子至忠見吏外。弟元嘉，諫議大夫。舊蕭至忠傳：弟元嘉，工部侍郎。新傳同。

劉令植又吏中補、吏外補。新表廣平劉氏：應道見吏中。子令植，禮部尚書。舊劉齊賢傳：從父弟禮部侍郎令植等八人，前後爲吏部郎中、員外。新傳同。舊劉從一傳：祖令植，禮部侍郎。舊盧從愿傳：開元中，與中書舍人劉令植等刪定開元後格。

高豫　新表一下高氏：仲仁孫豫，刑部郎中。石刻韋虛心大唐北岳府君之碑：刺史高豫化以亂繩導規，長者摻其宣布，託諷虛儀。一澄睇於露冕，幾揚仁於風扇。開元九年，舊源光裕傳同。直隸曲陽。案，地理志，曲陽屬定州。高豫當是定州刺史。

慕容珣見吏中、封中。玄宗賑岐華等州勑：如聞二輔近地，豳隴之間，頃緣水旱，素不儲蓄，嗷嗷百姓，已有饑者。方春陽和，物皆遂性。豈可爲之君上，而令有窮愁？靜言思之，遂忘寢食。宜令兵部員外郎李懷讓、主爵員外郎慕容珣，分道卽馳驛往岐、華、同、豳、隴等州，指宣朕意。灼然乏絶者，速以當處義倉，量事賑給，如不足，兼以正倉及永豐食米充，仍令節減，務救懸絶者。還日奏聞。大詔令。

韓休又主外。新表昌黎韓氏：洛州司户二傳「司功」。參軍大智子休，字良士，相玄宗。

舊傳：初應制舉，又舉賢良，玄宗時在春(官)〔宮〕，親問國政，休對策與校書郎趙冬曦並爲乙(策)〔第〕，擢授左補闕。尋判主爵員外郎，歷遷中書舍人、禮部侍郎，兼知(侍)〔制〕誥。　新傳：擢左補闕，判主爵員外郎。進至禮部侍郎，知制誥。　蘇頲授韓休起居郎制，稱朝議郎、左補闕、内供奉、判尚書主爵員外郎韓休。　文苑英華三百八十三。

鄭温琦 見封中。

王執言 無考。　又御史臺侍御殿中監察題名。

崔琮 格案：封外補有崔悰，疑是。　又倉中。　又御史臺監察題名。　唐詩紀事三十二：崔琮登大曆二年進士第。　時代不合。

崔翹 又考中。　新表南祖崔氏：清河文公融見禮中補。　子翹，禮部尚書、清和成公。　唐語林：大足元年，置拔萃科，始于崔翹。　唐會要七十六：大足元年，理選使孟詵試拔萃科，崔翹及第。　開元元年，良才異等科崔翹及第。　舊崔融傳：子翹，開元中爲中書舍人。　新傳：子翹，禮部尚書，贈荊州大都督，謚曰成。　舊崔慎由見吏外傳：曾祖翹，位終禮部尚書、東都留守。　唐語林八：累爲主司者，春官小宗伯崔翹三，開元二十七年、二十八年、二十九年。　舊玄宗紀下：開元二十九年十月戊戌、分遣大理卿崔翹等八人，往諸道黜陟官吏。　天寶五載三月丙子，遣左丞崔翹等七人分行天下，黜陟官吏。　石刻御注孝經碑，末題名有通議大夫、守尚書左丞、上柱國、清水縣開國男臣崔翹。天寶四載。陝西長安。

楊□羽「□羽」，王本缺，此從趙本。無考，疑「光羽」。　又御史臺殿中監察題名。

張景明二本缺。　又倉外。　又御史臺侍御殿中監察題名　文苑英華五百十一有張景明對無鬼論判。

徐峻又金中補、倉中。　元和姓纂九魚：東海文公徐堅見封中。又上。　生峻，金部郎中，長城人。　張九齡徐文公神道碑銘：有子曰峻、嶠、崐等，備歷清貫，皆立能名。唐丞相曲江張先生文集十九。

韋利涉見封中補，又戶外。

裴令臣又戶中，又御史臺侍御殿中監察題名。

宋渾　新表廣平宋氏：玄宗相璟見吏外。子渾，太子左諭德。元和姓纂：駕部郎中、御史中丞。舊宋璟傳：子渾，諫議大夫、平原太守、御史中丞、東京採訪使。新傳同。　顏魯公文集四宋開府碑：渾職方郎中、諫議大夫、御史中丞、東京畿採訪使、太子左諭德。孫逖授宋渾諫議大夫制：朝議大夫、前行尚書駕部郎中、上柱國、襄國縣開國男宋渾，頃辭省闥，言侍庭闈。雖私心則然，而公用久闕。可守諫議大夫、散官如故。文苑英華三百八十一。　又授宋渾將作少匠一作「監」制：朝議大夫、前守諫議大夫、上柱國、襄國縣開國男宋渾，喪制久除，朝章式敘。宜升髦士之列，俾亞將卿之任。可守將作少匠，散官、勳封如故。英華三百九十九。

蕭諒 又御史臺監察題名，又左側二見。新表蕭氏齊梁房：萍鄉侯元祚子、司勳員外郎誠見勳外。弟諒，汝州刺史。舊楊慎矜傳：天寶二年，以鴻臚少卿蕭諒爲御史中丞，至臺無所撝讓，兼侍御史與楊慎矜頗不相能，竟出爲陝郡太守。新傳：蕭諒爲中丞，爭輕重不平，罷爲陝郡太守。孫逖授蕭諒御史中丞制：鴻臚少卿蕭諒，可御史中丞、充京畿採訪處置等使。文苑英華三百九十三。冊府元龜六百四十三：開元十五年五月，詔中書門下，引文武舉人，就中策試，於是藍田縣尉蕭諒、右衛胄曹梁涉、邠州柱國子張玘等，對策稍優，録奏。帝謂源乾曜、杜暹、李元紘等曰：「朕側席求賢，恐草澤遺才，無由自達。至如畿尉衛佐，未經推擇，更與褐衣爭進，非朕本意」。由是惟以張玘爲下第，放選，餘悉罷之。獨孤及唐故給事中贈吏部侍郎蕭公直墓誌銘：有唐御史中丞、臨汝郡守諒之孟子。又云：中丞府君遇讒，謫居。毘陵集十一。蔡希綜法書論：父子兄弟相繼，其能者蘭陵蕭誠及弟諒。書苑菁華十二。

李知正 鉞案：「知正」當作「知止」。見左外。孫逖授李知止司封員外郎等制勅：至公之用，本無偏黨。惟善斯擢，豈隔親疎？四從叔前京兆府奉天縣令、上柱國知止等，咸有人才，見推公族。秉惟清之操，兼致遠之資。朕每精念同盟，不勤于德，當疑。懸右職，以觀其徒。先委宗卿，精爲内舉。量能考行，歷載踰時。名數則多，升聞蓋寡。尤疑。膺是選，諒在得人。固可擢以清要，遷于臺閣，將觀志於七子，冀齊名於八人。宜各悉心，佇聞成績，可依前件。書不云乎：「九族既睦，平章百姓。」蓋由内而理外，必自近而及遠。凡我懿戚，可不慎歟。違道慢常，義無私於王法；謹身勵節，恩豈薄於他人。期於率先，勵我風俗。深宜自勉，以副明言。文苑英華三百九十一。

薛江童 又倉中。 新表薛氏西祖房：太子舍人毅子江童，字靈遠，陳留太守、河南採訪使。昌黎先生集二十八唐故殿中侍御史李君虛中墓誌銘：父惲，娶陳留太守薛江童女。韋建黔州刺史薛舒神道碑：叔父故陳留郡太守、河南採訪使江童，當代名賢。文苑英華九百二十四。 崔巨大唐宣州刺史薛公去思碑：陳留太守、兼採訪使江童之仲子。全唐文九百九十。 邕見吏中。

蔣洌 又考外補。又御史臺陰右稜，又右側侍御兼殿中題名。 古今姓氏書辯證二十七：主爵郎中、國子司業蔣挺見封中。生列，尚書左丞，義興陽羡縣人。 新陸餘慶傳：開元初，河南、河北宣撫使陸餘慶薦吳興蔣洌等，後皆爲知名士。 舊書良吏上高智周傳：蔣捷封中作「挺」。子洌、渙見吏中。並進士及第。洌，歷禮、吏、户三部侍郎，尚書左丞。舊蔣鎮傳：尚書左丞洌子。新傳：洌爲尚書左丞。新顏真卿傳：宰相楊國忠惡顏真卿，諷中丞蔣洌奏爲東都採訪判官。舊蔣鎭見下傳：父洌，叔涣，當禄山、思明之亂，並受僞職。新叛臣傳：洌、涣，在安、史時皆汙僞官。孫逖授蔣洌等監察御史制，稱朝議一作「通直」。郎、行大理評事蔣洌等。文苑英華三百九十五。詳御史題名。

郭納

新表潁川郭氏：待舉見上。孫、泰初子納，陳留採訪使。新文藝中蕭穎士傳：禄山反，穎士往見河南採訪使郭納，言禦守計，納忽不用，歎曰：「肉食者以兒戲禦劇賊，難矣哉！」册府元龜六百四十三：開元二十六年八月甲申，親試文辭雅麗舉人，命有司置食，勅曰：「古者求士，必擇其才，考之以文，施於有政。自非體要，何用甄明？頃年以來，亦嘗親試，對策者衆，而登科者少。蓋由宿搆之詞，不與所問相對所以然。卿等博達古今，聿膺推薦。朕之所問，皆有節目。宜指事而對，勿措游詞。並宜坐食，食訖就試。」有郭納、姚子彦等二十四人升第，皆量資授官。新玄宗紀：天寶十四載十二月辛卯，安禄山陷陳留郡，執太守郭納。舊安禄山傳：禄山入陳留郡，太守郭納初拒戰，至是出降。舊忠義下趙曄傳：陳留採訪使郭納奏爲支使。新宗儒傳同。舊李承傳：充河南採訪使郭納判官。舊書刑法志：肅宗收兩京，陷賊官定罪六等，郭納等七人於大理獄賜自盡。安禄山事迹：三司讞刑，奏郭納等賜自盡。

裴士淹又勳中。新表南來吴裴氏：令寶後，倩子士淹，禮部尚書、絳郡公。唐語林八：累爲主司者，春官小宗伯裴士淹再，至德二年、三年。韋執誼翰林院故事：開元已後，裴士淹自給中充，出爲禮侍。重修承旨學士壁記：裴士淹給事中充知制誥。並翰苑羣書上。新李林甫傳：玄宗幸蜀，給事中裴士淹以辯學得幸。舊玄宗紀：天寶十四載三月癸未，遣給事中裴士淹等巡撫河南、河北、淮南等道。酉陽雜俎十九：開元末，裴士淹爲郎官，奉使幽、冀，迴至汾州衆香寺，得白牡丹一窠，植於長興私第，天寶中爲都下奇賞。當時名公有裴給事宅看牡丹詩。新書逆臣上安禄山傳：禄山懼朝廷圖己，每使者至，稱疾不出，嚴衞然後見。黜陟使裴士淹行部至范陽，再旬不見，既而使武士挾引，無復臣禮。士淹宣詔還，不敢言。舊代宗紀：永泰二年八月辛亥，以檢校禮部尚書裴士淹充禮儀使。大曆五年五月庚辰，貶禮儀使、禮部尚書裴士淹爲(處)〔虔〕州刺史，魚朝恩黨也。石刻裴士淹華嶽題名：禮部尚書裴士淹出爲饒州刺史，大曆五年六月六日，於此禮謁。又華陰縣令蘇發等題名：「禮部尚書、河東裴公出牧鄱陽」，與紀不合。案，紀又云：「户部侍郎判度支第五琦爲饒州刺史。」据琦傳時出爲處州刺史，歷饒、湖二州。又虞當等華嶽題名亦云：「前相國京兆第五公，自户部侍郎出牧栝州」。蓋是時士淹貶饒州，琦貶處州，紀文互倒耳。金鄉縣開國男顔府君允南神道碑銘：河東裴士淹特敦莫逆之歡。顔真卿正議大夫行國子司業上柱國楊獻又勳外。　新表原武楊氏：司勳員外郎禎見勳外補。子獻，汝南郡太守。　舊楊再思傳：子植，植子獻，並爲司勳員外郎。　蘇頲授馮光嗣楊獻揚州都督府司馬等制：朝散大夫、守相州别駕、上柱國、鄭國公楊獻，頃在中朝，各登清貫，自居外郡，頗聞政績。可守潞州大都督府司馬，散官、封如故。仍馳驛赴任。　文苑英華四百十四。　光嗣見勳外。

裴寬二本缺。　見左中補。　二傳失載。

寇□王本缺。　杜工部集十八奉酬寇十侍御錫見寄四韻復寄寇詩。

程休見左外，吏中補作「休文」。　封中。

裴袞見吏外、勳外。　裴袞當文宗時，時代不合。　疑張袞，當玄宗，時代正合。　新表清河東武城張氏：揚州長史宥子袞，虢州刺史。

閻伯輿吏中閻伯璵，疑卽是。

韋少游見吏中、吏外。又祠外。

元持見吏外，「持」作「特」。

劉孺之又御史臺陰額知雜御史題名。　新表廣平劉氏：令植見上。子孺之，京兆少尹。　舊劉從一傳：父孺之，京兆府少尹。　舒元輿御史臺新造中書院記：上元二年，侍御史劉孺之作直廳記。　文苑英華八百七。　文苑英華五百四十四有劉孺之對升高判。

韋元曾見吏中、吏外。

李國鈞無考。

李昂見吏中。又考外補、户外、金外、倉外、考中附存。

邢宇「宇」二本□。又考中補、户外。　新卓行元德秀傳：門弟子邢宇，字紹宗，河間人。　李華三賢論：河間邢宇紹宗，摭言無二字。深明持操，「持」文粹作「特」，摭言作「操持不局」。是慕於元者也。文苑英華七百四十四。文粹三十八。唐摭言七。　崔祐甫廣喪朋友議：祐甫佐江西道連帥魏尚書，時團練副使、考功、刑郎中宇捐館於荆南，邢與魏鄉國接近，且邢郎中則諸魏之出，於尚書爲内外昆弟，適受朝命，爲尚書倅。文苑英華七百六十七魏少游見左中補。　賈至授邢宇司封員外郎制：勑，前户部員外郎邢宇，雅志沖澹，敏識精達。養閑移疾，亦有歲年。南宫地清，列宿虚位，擢才進善，以佐邦理。可守司封員外郎。文苑英華三百九十一。

薛頎無考。

元挹見吏外。　常衮授韋元曾吏部郎中等制：朝請大夫、前行尚書司封集作「勳」。員外郎、兼侍御史、護軍、賜緋魚袋元挹，可行尚書吏部員外郎，散官、勳賜如故。文苑英華三百八十九。詳吏中韋元曾注。

李洞清又户中。 新表道王房：襲敷城郡公雲子兵部郎中洞清。 楊綰汾陽王妻霍國夫人王氏神道碑：次女適殿中少監李洞清。 文苑英華九百三十四。 舊郭曜傳：建中時，郭子儀薨，楊炎、盧杞相次秉政，子儀壻少府少監李洞清等，以家人告訐細過，相次貶黜。 新傳略同。

韋叔卿「韋叔」，二本缺。 新表韋氏逍遥公房：令望子叔卿，丹州刺史。

王翺 新表太原大房王氏：淮陰令光謙子吏部侍郎翊見户中。 弟翺，陽翟尉。 權德輿唐故楚州淮陰縣令贈尚書右僕射王府君神道碑銘：子次曰翺，吏理詳明，宦河南府陽翟縣丞，不幸早夭。 權載之文集十六。 「丞」，英華作「尉」。

李浮格案：封外補有李紓，時代正合，疑是。

殷亮「亮」王本誤「高」。 見吏中、吏外。 又勳外。

蔣鎮 古今姓氏書辯證二十七：尚書左丞蔣洌見上。 生鍊、見左外。 鎮，工部侍郎，義興陽羨縣人。 舊傳：天寶末，舉賢良，累授左拾遺、司封員外郎，轉諫議大夫。 新叛臣傳下：擢賢良方正科，累轉諫議大夫。 李肇翰林志：開元二十六年，別建學士院，有蔣鎮等在舊翰林院，雖有其名，不職其事。

崔縱又户中、金外。 新表博陵大房崔氏：渙見左外。 子縱，御史大夫、恒山忠公。 舊傳：

以蔭補協律郎，自京兆府司録，累遷金部員外郎。六遷大理卿、兼御史中丞、汴西水陸運兩稅鹽鐵等使。新傳：自金部員外郎後爲汴西水陸運兩稅鹽鐵等使。

謝良輔又戶中。　唐詩紀事四十七：良輔登天寶十一年進士第。　顧況禮部員外郎陶氏集序：中書謝舍人良弼、良輔，名自公出。文苑英華七百二。　新德宗紀：建中四年十月，商州軍亂，殺其刺史謝良輔。　李太白文集十八有與謝良輔遊涇川陵巖寺詩。

鄭南史又勳中。　杜甫有曲江陪鄭八丈南史飲詩。杜工部集十。

楊凝二本缺。　見左中補、吏外補、封中附存、禮中附存。　新傳：由協律郎三遷侍御史，爲司封員外郎，坐鼇正嫡媵封邑，爲權幸所忌，徙吏部，稍遷右司郎中。　權德輿唐故尚書兵部郎中楊君文集序：由校秘書四遷至冠柱後惠文，徵拜左史，歷司封員外、左司郎中。權（集）〔載〕之文集三十三。　柳宗元唐故兵部郎中楊君墓碣：由協律郎三轉御史，入爲起居郎，又爲尚書司封員外郎。革正封邑，申明嫡媵，事連權右，斥退勿憚，直聲彰聞，乃參選部。居喪服除，爲右司郎中。河東先生集九。

鄭儋見吏外。　韓愈唐故河東節度觀察使滎陽鄭公神道碑文：自大理丞、太常博士，遷起居郎、尚書司封、吏部二郎中。昌黎先生集二十六。案，「郎中」係「員外」之誤。

鄭元　舊傳：舉進士第，累遷御史中丞。　舊杜佑傳：佑在揚州，判官鄭元等均爭權，頗紊軍政，德宗知之，竝竄於嶺外。

李衆 新表隴西李氏姑臧大房：同官丞思文孫衆，字師，湖南團練觀察使、左散騎常侍。

金石録九第一千七百三十三唐左常侍李衆碑原注：李絳撰裴璘正書。元和十三年十二月。

舊李實傳：貞元二十年，京兆尹李實誣奏萬年令李衆，貶虔州司馬。新傳同。

唐會要六十二：元和六年九月，以前湖南觀察使李衆爲恩王傅。初衆舉案屬内刺史崔簡罪，御史盧則就鞫得實，使還，而衆以貨遺所推令史，至京，有告者，令史決流。盧則停官，故衆亦坐焉。柳宗元故永州刺史流配驩州崔君權厝誌：刺連、永兩州，未至，連人愬君，御史按章具獄，坐流驩州。幼弟訟諸朝，天子黜連帥，罷御史，小吏咸死，投之荒外。又有謝李中丞安撫崔簡戚屬啟。

新宗室表蔡王房：少府監、右衛郎將，貶夏州司馬漻子衆，吳興郡司功參軍。此不合。

韋況 新表韋氏鄖公房：臨汝太守斌子況，諫議大夫。新傳：少隱王屋山，以起居郎棄官去，除司封員外郎，稱疾固辭。元和初，授諫議大夫。舊憲宗紀上：元和元年閏月，以前司封員外郎韋況爲諫議大夫。

陸震 元和姓纂一屋：司封員外陸震，吳人。唐會要七十六：貞元四年四月，賢良方正能直言極諫科陸震及第。緯略同。

封亮 新表封氏：希奭子亮，司封員外郎、杭州刺史。舊封敖見左外傳：父諒，官卑。

李益有溪中月下寄楊子尉封亮詩。

呂温又戶外、戶中附存。　元和姓纂八語：潭州刺史、湖南觀察呂渭見吏外。「渭」原誤「謂」。生温，戶部郎中、衡州刺史，河東人。　舊傳：字化光，新傳字和叔，一字化光。貞元末登進士第。元和三年，自司封員外郎轉刑部郎中、御史中丞。竇羣請爲知雜。　新傳：元和元年，自侍御史進戶部員外郎。竇羣薦知雜事，宰相李吉甫持之，久不報。　舊李吉甫傳：元和三年，竇羣奏請司封員外郎呂温爲郎中、知雜事。吉甫怒其不先關白，而所請又有超資者，持之數日不行。新傳略同。　劉禹錫唐故衡州刺史呂君集紀：拜尚書戶部員外郎，轉司封。遷刑部郎中，兼侍御史，副治書之職。劉賓客文集十九。　舊竇羣傳：竇羣奏刑部郎中呂温爲御史。李吉甫以羊、呂險躁，持之數日不下。新傳同。　呂温唐故銀青光祿大夫守工部尚書致仕上柱國中山郡開國公食邑二千戶贈陝州大都督博陵崔公淙行狀：元和三年四月日，從外生，朝議郎、行尚書司封員外郎、上騎都尉、賜緋魚袋呂温謹上。呂衡州文集五。又集卷二有病中自戶部員外郎轉司封詩。

李逢吉又祠中補。　新表隴西李氏姑臧大房：歸期子逢吉，字虚舟，相憲宗。新傳：父顔。　舊傳：登進士第，自侍御史改工部員外郎，充入南詔副使。元和四年，使還，拜祠部郎中，轉右司。六年，遷給事中。新傳：德宗時拜左拾遺。元和時遷給事中。

張正甫見左外。又户中、户外、度中。 舊傳：自户部員外郎轉司封員外郎，兼侍御史知雜事，遷户部郎中。

裴度見封中。又勳中附存。 舊傳：元和六年，以司封員外郎知制誥，尋轉本司郎中。 新傳：元和六年，以司封員外郎知制誥。 舊憲宗紀上：元和五年八月，以起居舍人裴度爲司封員外郎、知制誥。

蕭俛 新表蕭氏齊梁房：殿中侍御史恒子俛，字思謙，相穆宗。 舊傳：貞元七年進士擢第。元和初，復登賢良方正制科。元和七年自右補闕、翰林學士轉司封員外郎。九年（貶）〔改〕駕部郎中、知制誥，内職如故。 新傳：元和六年，召爲翰林學士。凡三年，進知制誥，坐與張仲方善，奪學士。 重修承旨學士壁記：蕭俛，元和七年八月五日，自右補闕加司封員外郎；九年十一月二十四日加駕部郎中；十二月十日加知制誥；十二日賜緋。 韋執誼翰林院故事：元和已後，蕭俛駕中充翰林學士，又加知制誥，出守本官。並翰苑羣書上。

劉師老「師老」，王本缺，趙本有。 元和姓纂十八尤：職方郎中劉灣見吏外。生師老，彭城人，不詳歷官。 元稹劉師老授右司郎中制，稱侍御史内供奉劉師老：曩者劉悟建行臺於鄭滑，師老以天子命爲悟僚介。會悟遷領他鎮，爾等實來皆授清秩。可尚書右司郎中，餘如故。元微之文集四十六。　舊書吐蕃傳下：長慶元年九月，以兵部郎中、兼御史中丞劉師老爲西蕃盟會副使。　白居易太子詹事劉元鼎可大理卿兼御史大夫充西蕃盟會使右司郎中劉師老可守本官充盟會副使通事舍人太僕丞李武可守本官兼監察御史充盟會判官三人同制略云：西夷乞盟，求可以莅之者，歷選多士，吾得三人。今以元鼎之博通，師老之誠諒，武之恭敏，合而爲用，不亦可乎！法卿憲秩，寵之以遣。白氏文集四十九。

班肅 王本缺，趙本有。　又倉中、祠外。　元和姓纂二十七删：户部尚書班宏生肅，汲郡人。案，（斑）〔班〕宏傳：貞元八年七月卒。不云佐東川，爲嚴震壻。似姓纂誤。　河東先生集注二十二：貞元十七年，禮部侍郎高郢知貢舉，班肅第一。　河東先生集送班孝廉擢第歸東川覲省序：舉鄉里，登春官，獲居其甲。　家于蜀之東道，其嚴君以客卿之位，贊是方岳，爲大夫良。今將拜慶寧覲。　道出于南鄭，外王父以將相之重，九命赤社，爲諸侯師。　新皇甫鎛傳：穆宗始聽政，貶皇甫鎛。　前坊州刺史班肅以嘗僚，獨餞於野，　朝廷義之，擢爲司封員外郎。　元稹班肅授尚書司封員外郎制：勑：朝議郎、前坊州刺史、賜緋魚袋班肅，馳競之徒，能於寒暑之際，　不以憂畏移其厚薄之道者，　鮮矣。　聞爾爲祠部員外郎，值吾黜姦之日，遊其門者，莫不跧竄奔迸，懼罹其身。唯爾私分不渝，進退有素。搢紳之論，有以多之。　復爾中臺，以厚吾俗。　勉慎其始，　無輕所從。　可行尚書司封員外郎，餘如故。元微之文集四十七。

蔣防 古今萬姓統譜八十六：蔣防字子徵，全文「微」。義興人，澄之後。年十八，父誡令作秋河賦，援筆卽成。于簡遂妻以子。李紳卽席命賦鞲上鷹詩，紳薦之。後歷翰林學士、中書舍人。丁居晦重修承旨學士壁記：蔣防，長慶元年十一月十六日，自右補闕充。二十八日賜緋，二年十月九日加司封員外郎，三年三月一日加知制誥，四年二月六日貶汀州刺史。舊龐嚴傳：右拾遺蔣防爲元稹、李紳保薦，至諫官內職。舊敬宗紀：長慶四年二月丙戌，貶翰林學士、司封員外郎、知制誥蔣防汀州刺史，皆李紳之引用者。舊、新書于敖傳略同。蔣防連州静福山廖先生碑銘：長慶末，余自尚書司封郎中、知制誥、翰林學士得罪，出守臨汀，尋改此郡。唐文粹六十五。

楊汝士又户外補。新表楊氏越公房：國子祭酒寧見户中。子汝士，字慕巢，刑部尚書、東川節度使。舊傳：元和四年進士擢第，又登博學宏詞科。長慶中，自開江令入爲户部員外郎，再遷職方郎中。大和三年七月，以本官知制誥。尋正(涯)〔拜〕中書舍人。新傳：牛、李引爲中書舍人。

柳公權見封中補。舊傳：穆宗時自右拾遺充翰林侍書學士，遷右補闕、司封員外郎。遷右司郎中。新傳：拜右拾遺、侍書學士，再遷司封員外郎，改右司郎中。重修承旨學士壁記：柳公權，大和二年五月二十一日，自司封員外郎充侍書學士，二十三日，賜紫；十一月二十一日，改庫部郎中；五年七月十五日，改右司郎中，出院。翰苑羣書上。

王會又倉外。開成紀事太和九年十二月：以祕書少監王會爲京兆尹。資治通鑑考異二十一。考異曰：時薛元賞已爲京兆尹，紀事誤。舊武宗紀：會昌元年八月，詔金吾大將軍王會等往迴鶻烏介可汗牙宣慰。新回鶻傳：武宗詔右金吾衞大將軍王會持節慰撫回鶻。通鑑在元年十二月庚辰，餘同新傳。

陳夷行見吏中補，吏外。舊傳：大和三年，入爲起居郎、史館修撰，預修憲宗實録。四年獻上，轉司封員外郎。五年，遷吏部郎中。

崔復本無考。見左中。

裴泰章見封中。

裴索二本缺。新表東眷裴氏：道護後太僕卿昪子素，不詳歷官。舊文宗紀：開成二年十二月丙申，閤内對左右史裴素等。寶真齋法書贊五：裴素，寶歷元年楊嗣復相公下及第。會要七十六：太和二年閏三月，賢良方正能直言極諫科裴素及第。「太和」，緯略誤「大曆」。文宗委中書門下處分制科及第人詔：賢良方正能直言極諫科舉人第三等裴素，委中書門下優與處分。全唐文七十一。重修承旨學士壁記：裴素，開成三年十二月十六日，自司封員外郎、兼起居郎、史館修撰，充翰林學士；四年七月十三日，加知制誥；五年二月二日，賜緋；六月遷中書舍人；其年十一月加承旨、賜紫；十七日卒官，贈户部侍郎。翰苑羣書上。文苑英華七百九十七裴素唐重修漢未央宫記末云：臣素任當承旨。又云：時會昌元祀，霈大澤之明月。寶刻叢編七復齋碑録唐修漢未央宫碑，裴素撰，朱玘行書，元伯貞篆額。會昌二年十一月六日建。案，素當卒於會昌年。壁記「六月」上、「十七日」上，俱有脱文。

盧懿「懿」二本缺。　見吏中補，又勳中。　重修承旨學士壁記：盧懿，開成五年四月十九日，自司封員外郎充侍講學士；其年四月，賜緋；會昌元年二月九日，出守本官。翰苑羣書上。

韋絢見吏外。

魏扶　唐詩紀事五十一：魏扶登大和四年進士第。舊鄭從讜傳：故相魏扶是父瀚貢舉門生。

崔珖無考。　見吏外。

馮韜又金外。　舊馮宿傳：子韜，登進士第，揚歷清顯。崔嘏授馮韜司封員外郎等制：勅分列宿之位，應覆被之榮。入可以封還詔書，出可以分領符竹。優游于粉署之內，談笑於錦帳之前。苟非清才，不在斯選。以韜文章炳焕，獨步詞科；以同靖門胄光華，深通聖典。荆玉韜含章之美，霜鐘畜待扣之音。是用昇彼名曹，擢於芸閣。文昌之地，職業非輕。式佇彌綸，更期遷陟。韜可司封員外郎，同靖可金部員外郎。文苑英華三百九十一。　韋同靖見金外。

錢知進見吏外。

裴寅見左中、封中，又勳外。

韓琮「琮」王本缺。　又户中。　新宣宗紀：大中十二年五月庚辰，湖南軍亂，逐其觀察使韓琮。　東觀奏記中：廣州節度使紇干泉見勳中貶慶王府長史分司東都制，舍人韓琮之詞。　李商隱爲濮陽公陳許奏韓琮等四人充判官狀：韓琮右件官早中殊科，榮推雅度。頃佐憲臺，且丁家難。逮此變除，未蒙抽擢。臣頃居鎮守，琮已列賓僚，謀之既臧，剛亦不吐。願稽中選，榮借外藩。伏請依資賜授憲官，充臣節度判官。末云：韓琮等並無所因依，不由請託，久諳才地，堪列幕庭。伏希殊祕盡允誠。文苑英華六百三十九。　新書藝文志丁部集録別集類：韓琮詩一卷。原注：字成封，大中湖南觀察使。

鄭裔綽「綽」王本缺。　新表鄭氏北祖房：文宗相覃見考外補。子裔綽，祕書監。　舊鄭覃傳：子裔綽，以蔭授渭南尉，直弘文館。　新傳：以門蔭進，爲李德裕所知，擢渭南尉。直弘文館，累遷諫議大夫。　唐摭言十四：蕭倣與浙東鄭商當作「裔」綽大夫雪門生薛扶狀云：近年貢務，皆自閣下權知。案，倣咸通四年知貢舉，則裔倬之知貢舉當在咸通初年。

蔣□

楊嚴 見吏中補、吏外。舊傳：咸通中累遷吏部員外郎，轉郎中。不云封外。

李植 又户中，與主中、主外之李植别一人。新李逢吉傳：逢吉無子，以從弟子植嗣。姚少監詩集一有送李植侍御詩。石刻華嶽題名：侍御史内供奉李植，大中十一年十一月十三日，自浙右赴闕。陝西華陰。新宰相表趙郡李氏東祖房：常山令元恩子植，廣州司兵參軍。

趙隱 又勳中、金外。新表新安趙氏：興元節度判官存約子隱，字大隱，相懿宗、僖宗。舊傳：大中三年，應進士登第，累遷郡守、尚書郎、給事中、河南尹。新傳：會昌中，擢進士第，歷州刺史、河南尹。

李璋 「璋」王本「漳」。新表趙郡李氏東祖房：憲宗相絳見勳中。子璋，字重禮，宣歙觀察使。舊李絳傳：子璋，登進士第。大中末，自太原從事入朝爲監察，轉侍御史出刺兩郡，終宣歙觀察使。新傳：自太原幕府遷監察御史，進起居郎。咸通中，累官尚書右丞、湖南宣歙觀察使。摭言七：李璋，宣州觀察楊相公造白檀香亭子初成，會親賓落之。先是璋潛遣人度其廣狹，織一地毯，其日獻之。及收敗，璋從坐。考資治通鑑唐紀六十八，咸通十三年，韋保衡欲以其黨裴條爲郎官，憚左丞李璋方嚴，恐其不放，上先遣人達意，璋曰：「朝廷遷除，不應見問。」秋七月乙未，以璋爲宣歙觀察使。是時，楊收已死。摭言誤。新書藝文志乙部史録地理類：李璋太原事迹記十四卷。

高湘見吏外。二傳失載。

楊紹復二本缺。新表楊氏越公房：於陵見吏中。子嗣復見吏中補。弟紹復。字紹之。李翺右僕射楊公墓誌：子紹復，舉進士，登詞科。李文公集十四。舊於陵傳：子紹復，進士擢第，宏辭登科，位終中書舍人。新於陵傳：紹復，中書舍人。舊宣宗紀：大中七年十月，弘文館大學士崔鉉進續會要四十卷，修撰官楊紹復等，賜物有差。新崔鉉傳：所善者鄭魯、楊紹復、段瓌、薛蒙見勳中。頗參議論，時語曰：「鄭、楊、段、薛，炙手可熱；欲得命通，魯、紹、瓌、蒙。」東觀奏記同。李濆苕溪新亭記：滁州遷客司馬弘農公紹復等。文苑英華八百二十六。會昌二年正月八日。東觀奏記中苗紳貶江州司馬制，舍人楊紹復之詞。詳勳外。新書藝文志丙部子録類書類：續會要四十卷。楊紹復等撰。

崔涓「涓」二本缺。新表南祖崔氏：太子賓客彥沖子涓，字虛己，司封員外郎。又博陵第二房崔氏：武宗相珙見主中。子涓，字道源，御史大夫。重修承旨學士壁記：崔湜，咸通十四年十一月二十三日，自殿中侍御史改司封員外郎充。翰苑羣書上。鍼案：「湜」疑「涓」之誤。　薛廷珪授翰林學士承旨户部侍郎崔汪尚書右丞學士中書舍人崔涓李磎並户部侍郎知制誥充學士制：具官崔涓，公台華胄，名教偉人。稟象緯之英姿，得乾坤之秀氣。器業事望，鎮於周行。文苑英華三百八十四。　舊崔珙傳：子涓，大中四年，進士擢第。　新崔珙傳：子涓，爲杭州刺史，終御史大夫。　舊王蕘傳：乾符初，崔涓鎮江陵，辟爲從事。　杜牧有崔涓除東川推官等制略云：文學決科，愷悌干禄。樊川文集十九。

張讀王本「張讀□」，誤。　舊張薦見户外補傳：孫讀，登進士第。累官至中書舍人、禮部侍郎、典貢舉，位終尚書左丞。　新傳：孫讀，字聖用。大中時第進士，鄭薰辟署宣州幕府。累遷禮部侍郎。中和初爲吏部，後兼弘文館學士，判院事，卒。　益州名畫録上：常重胤於中和院寫僖宗皇帝幸蜀隨駕文武臣寮真，有尚書吏部侍郎張讀。

鄭就又勳外、户外。　新表鄭氏南祖房：兵部尚書祗德子頎見祠外。弟就，字成美。　舊僖宗紀：乾符二年六月，以户部員外郎鄭就爲司勳員外郎。

徐仁嗣見封中。

盧胤征「盧允」王本缺，「盧」趙本缺，見吏外。　舊僖宗紀：乾符元年四月，以侍御史盧胤征爲司封員外郎，判户部案。二年七月，司封員外郎盧胤征爲吏部員外郎。

鄭殷又户中。新表鄭氏北祖房：路見左外。子溵，字潁文。舊僖宗紀：乾符四年三月，以判鹽鐵案、檢校考功郎中鄭溵爲司封員外郎，充轉運判官。

鄭穀新鄭畋傳：鄭畋始爲虞部員外郎，右丞鄭薰誣畋罪，不可任郎官，出之。僖宗時畋秉政，擢薰子穀給事中，至侍郎。其損怨類如此。舊傳同。

盧□王本缺。

蕭□王本缺。

【補遺】

韋季武見封中。元和姓纂八微：韋季武，主爵員外，京兆杜陵人。世系表作「郎中」。

韋素立又倉中。新表韋氏平齊公房：隋汴州刺史師孫、武后相弘敏金中有敏。弟素立，主爵員外郎。元和姓纂：宏敏從父素立，主爵員外。表蓋誤下一格。

崔悰格案：石刻封外、倉中有崔琮，疑即是。又御史臺殿中題名。新表博陵第三房崔氏：達子悰，主爵員外郎。

李華見吏外補。又金中、禮外補。摭言四：李華，至德中自前司封員外起爲相國李梁公峴從事，檢校吏部員外。李良薦蒙求表：司封員外郎李華，當代文宗，名望夙著，與作序，云云。日本本、古本蒙求。案，表署天寶五年八月一日，饒州刺史李良。新文藝傳下：上元中，以左補闕、司封員外郎召之。喟然曰：「烏有隳節危親，欲荷天子寵乎？」稱疾不拜。李峴領選江南，表置幕府，擢檢校吏部員外郎。

李皆 新表隴西李氏姑臧大房：祕書監成裕子，肅宗相揆見勳外。弟皆，司封員外郎。舊李揆傳：李揆兄楷自有時名，滯於冗官，竟不引進。揆罷相貶袁州長史同正員，數日，兄楷改授司門員外郎。新傳：兄楷有時稱，滯冗官不得遷。揆貶不三日，以楷爲司門員外郎。

李紓 新表趙郡李氏南祖：續後，禮部侍郎希言子紓，字仲舒，吏部侍郎。舊傳：大曆初，吏部侍郎李季卿薦爲左補闕，累遷司封員外郎、知制誥，改中書舍人。歐陽詹唐天志：貞元七年，趙郡李公紓爲天官之四年。歐陽行周文集七。本傳失載。

武儒衡又户中。 新表武氏：考功員外郎甄見考外補。孫、江陰令登子儒衡，字庭碩，中書舍人。舊傳：憲宗待儒衡甚厚，累遷户部郎中。十二年，權知諫議大夫事。新傳同。李翺兵部侍郎贈工部尚書武公墓誌：年二十四得進士第，歷侍御史、司封員外郎、户部郎中，遷諫議大夫。李文公集十五。

舒元褎 新表舒氏：武昌軍將校恒子元褎，司封員外郎。新舒元輿傳：弟元褎，第進士，擢賢良方正，終司封員外郎。

薛賁　新表薛氏西祖房：江童見上。孫、大理評事鋼子賁，字抱素，司封員外郎。

張可續　白居易有開成二年三月三日禊洛濱留守裴令公召司封員外郎張可續等一十五人合宴舟中詩。白氏文集三十三。

權審又户外。　新表權氏：桐廬尉少誠子審，字子詢。　杜牧權審除户部員外郎制，稱文林郎、守尚書水部員外郎權審。樊川文集十七。　詳户外。　東觀奏記上：司封員外郎、充國史館修撰權審，嘗出行，於衢路突尚書左僕射、平章事崔鉉。判曰：「宰相之統庶僚，僕射之臨郎吏，豈有導騎已過，按轡橫衝？權審久在班行，合諳典故，便知素履，且舉舊條，送都省罰七直。」審以素履之言難於就列。尋左遷宿州刺史，自爾不復立朝矣。

崔周恕　新表南祖崔氏：從子慎由俱見吏外。弟周恕，初名慎經，司封員外郎。

盧渥又勳中補、勳外。　新表盧氏：詞子渥，字子章，檢校司徒。　又盧氏：翊子渥，不詳歷官。　司空圖唐故太子太師致仕盧公神道碑：宣宗時公中選甲科籍，自侍御史專領東臺之務。徵起居，轉司封員外、知雜事。正色讜言，舉劾不撓。遷司勳郎中。司空表聖文集五。　新書姦臣下崔胤傳：天復元年，韓全誨挾帝幸鳳翔。崔胤令太子太師盧渥率羣臣迎朱全忠。全忠兵迫行在。帝詔趣還鎮，因詔遣渥等俱西。舊傳：令太子太師盧知猷率百官迎全忠入京師。案，新知猷傳：「昭宗爲劉季述所幽，感憤卒。」則當卒於光化三年。舊紀、傳俱誤。

舊昭宗紀：天復元年十一月戊午，朱全忠自赤水趨長安，崔胤率文武百僚太子太師盧知猷以下迎於坡頭。

闕史下：盧左丞渥冠裳之盛，近代無出其右者，伯仲四人咸居清顯。乾符初，服喪紀于洛下，先終制。渥自前中書舍人拜陝郊觀察使。又旬日，其弟紹見勳中。自前長安縣令除給事中。又旬日，弟沆，自前集賢校理授左拾遺。又旬日弟沼見考中補。自前畿尉遷監察御史。舊文苑下司空圖傳：乾符中，陝帥盧渥奏司空圖爲賓佐。舊蕭遘傳：田令孜受時溥厚賂，曲奏李凝古與父右常侍損同謀酖溥，請收損下獄。中丞盧渥附令孜，鍛鍊其獄。資治通鑑唐紀七十二：光啟二年三月，以尚書左丞盧渥爲户部尚書，充山南西道留後。南部新書巳：盧攜在中書，深恥盧家不出座主。廣明元年，乃追陝州盧渥入典貢帖經。後巢賊犯闕，天子幸蜀，脫「韋」字。昭度於蜀代之。

盧蕘

新表盧氏：商見封中。子蕘，字待問。舊盧商傳：子蕘，不詳歷官。舊懿宗紀：咸通十年十二月，以考官司封員外郎盧蕘等考試宏詞選人。

裴迥

新表東眷裴氏：道護後，檢校右僕射、晉昭公識見勳外。子迥，司封員外郎。石刻游芳任城縣橋亭記，稱尉河東裴迥。開元廿六年七月。山東濟寧州學泮池。新書地理

楊拯　志：河南府河南縣有伊水石堰，天寶十載，尹裴迥置。　舊楊於陵傳：紹復子拯，司封員外郎。　新表楊氏越公房：紹復見封外。子拯，字致堯。　新卓行元德秀傳：門弟子楊拯字齊物，隋觀王雄後，舉進士，終右驍衛騎曹參軍，名最著。　李華三賢論：弘農楊極文粹「極」，摭言「拯」。士膚文粹、摭言作「扶」。敏而安道，是慕於元者也。文苑英華七百四十四。文粹三十八。唐摭言七。

崔貽孫　新表博陵第三房崔氏：昭義節度判官芻言見左外。子貽孫，字伯垂。　舊崔元亮傳：孫貽孫，位至侍郎。　舊五代史唐書四十五崔貽孫傳：以門族登進士第，以監察升朝，歷清資美職。爲省郎於江南，迴于漢上之穀城，退居自奉，累遷丞郎。　錢珝授司封員外郎賜緋崔貽孫守兵部員外郎判户部案制：勑，具官崔貽孫，冠族以德範遺後，昆者剛鯁清素，代稱爾家。又能樹立本根，嗣守風法，爲士之道，自求必聞。故朝缺美官，人思公舉。今丞相以版賦之重，用爾爲佐理之才。更遷右曹，往事吾相。無謂司貨籍者，近乎俗吏，而忽於躬親，使滋其煩弊也。可依前件。文苑英華三百九十二。

楊贊圖　新表楊氏越公房：左散騎常侍知退見户中。子贊禹見左中補。弟贊圖，字光祐，司封員外郎、知制誥。　黃滔丈六金身碑：天祐四年正月，設二十萬人齋，座客有弘文館直學士弘農楊公贊圖。莆陽黃御史集下。　新王潮傳：王審邽爲泉州刺史，中原亂，公卿多來依之，振賦以財，如楊贊圖等賴以免禍，審邽遣子延彬作招賢院以禮之。

薛滈 舊哀帝紀：天祐二年五月甲申，司封員外郎薛滈可輝州司户。

鄭徽 雲臺編下有送司封從叔員外徽赴華州裴尚書均辟詩。

鄭□ 雲臺編中駐蹕華州同年司封員外從翁許共游西溪久違前契戲成寄贈詩。

孔温裕又勳中、禮外補。 新表曲阜孔氏：給事中戣子温裕，不詳歷官。 孔氏祖庭廣記六：温裕三十九代，天平軍節度使。 舊孔戣傳：子温裕，登進士第。大中已後居顯職，位京兆尹天平軍節度使。新戣傳：温裕仕爲天平節度使。 新蕭倣傳：宣宗時，蕭倣以封敕脱誤，法當罰，侍講學士孔温裕曰：「給事中駁奏，爲朝廷論得失，與有司奏事不類，不應罰。」詔可。 玉堂遺範授孔温裕忠武軍節度使制：朝散大夫、守尚書户部侍郎、上柱國、賜紫金魚袋孔温裕，步武中朝，馳聲内署。河洛神明之政，關防惠養之風，授以版圖，陟於蘭省。奉貳卿之班列，司九典之征徭。可檢校禮部尚書、兼許州刺史、御史大夫，充忠武軍節度、陳許蔡州觀察處置等使，散官勳賜如故。文苑英華四百五十三。 資治通鑑唐紀六十五：大中四年，党項爲邊患，發諸兵討之，連年無功，戍饋不已。右補闕孔温裕上疏切諫，上怒，貶柳州司馬。 因話録六：河南孔尹温裕任補闕日，諫討党項事，貶柳州司馬。久之，得堂兄尚書温業書，報云：「憲府欲取爾作侍御史。」日望敕下。忽又得書云：「宰相以右史處之。」皆無音耗。無幾，却除補闕。　重修承旨學士壁記：孔温裕，大中九年二月二十九日，自禮部員外郎、集賢院直學士充。其年三月三日，加司封員外郎知制誥；十二年正月十八日，遷中書舍人。其年八月三十日，除河南尹，出院。翰苑羣書上。　舊宣宗紀：大中十二年正月，以翰林學士、朝議郎、守尚書司勳郎中、知制誥、賜緋魚袋孔温裕爲中書舍人，充職。東觀奏記中：孔温裕，自禮部員外改司封員外，入内廷二十五箇月，改司勳郎中、知制誥。與紀正合。壁記失載，蓋有脫文。　舊懿宗紀：咸通六年春正月丁亥，以河東節度使、檢校刑部尚書孔温裕爲鄆州刺史、天平軍節度、鄆曹棣觀察處置等使。　石刻賈防新修曲阜縣文宣王廟記：皇帝御寓之十年歲在己丑，夫子三十九代孫魯國公節鎮汶陽之三載，飛章上陳，請以私俸葺飾。右鄆(曾)〔曹〕濮等州觀察使孔温裕奏，差人賫持料錢就兗州，據廟宇傾毀處悉令修葺，皆自支費，不擾州縣。　中書門下牒鄆曹濮觀察使牒，奉勅已賜詔嘉奬，餘宜依，仍付所司。牒至，准勅，故牒云云。末署咸通十年九月廿八日牒。咸通十一年三月十日建。　石刻鄭仁表唐故左拾遺魯國孔府君紓墓誌銘：咸通十五年三月，侍講學士、右僕射、太常孔公以疾辭内署職，逾二旬，太常公疾少間。　又旬日，公薨。　又云：拾遺始及第時，僕射太常公節制天平軍。公罷鎮，居洛中。徵拜司戎貳卿。　又云：父温裕，皇任檢校右僕射、兼太常卿、充翰林侍講學士，册贈司空。　舊懿宗紀：咸通十三年三月，差右丞孔温裕權判考試宏詞舉人。

【附存】

鄭絪見勳外。

韋執誼翰林院故事：貞元已後，鄭絪封外知誥充，賜緋。案，舊傳、重修承旨學士壁記是「勳外」，此誤。翰苑羣書上。

韋弘景見左中補、吏中、吏外、度中補。

舊憲宗紀下：元和八年十月，翰林學士、司封員外郎韋弘景守本官，以草涇原節度使蘇光榮詔漏敍功勳故也。案，舊傳：元和中自左補闕尋召入翰林學士。普潤鎮使蘇光榮爲涇原節度使。弘景草麻，漏敍光榮之功，罷學士，改司門員外郎。丁居晦重修承旨學士壁記：韋弘景，元和七年二月五日，自左補闕遷司門員外郎。八年十月二十三日，出守本官。紀作「司封」誤。

王彥威見封中，又户中、祠外。

舊傳：自太常博士累轉司封員外郎中。劉夢得外集九王公傒神道碑：季子彥威，歷太常博士、祠部員外郎、邊屯田郎中，轉户部司封。不云「封外」。舊傳誤。新傳：自太常博士累擢司封郎中。

庾道蔚見勳外。

唐尚書省郎官石柱題名考卷七

司勳郎中

唐六典：吏部尚書，其屬有司勳郎中一人，從五品上。武德初爲司勳郎中。龍朔元年改爲司勳大夫，咸亨二年復故。掌邦國官人之勳級。舊、新書同。

【石刻】

狄孝緒　獨孤珽　楊纂　辛諝　薛述

竇孝鼎　宇文節　杜文紀　薛述　鄧素

郎知年　王儼　王仁瞻　鄭植　鄭玄毅

韋同慶　張松壽　李崇德　元和敬　謝祐
王廞　劉應道　路元叡　李範邱　岑曼倩
歐陽通　裴思義　李玄慶　□懷敬　李至遠
張敬之　樊忱　楊元政　戴師倩　祝欽明
楊承裕　趙誼　田貞松　李元恭　楊祇本
張循憲　□嶠　崔日用　劉聞一　韋瑗
傅黃中　李元璀　李崇敏　齊處仲　張敬忠
呂焵　唐曉　王瑨　辛替否　劉晃
吉渾　韓朝宗　盧翹　張珣　釗日政
蕭華　李知柔　盧重玄　元玄禕　姜昂
韋虚舟　張寂　郭慎徽　裴士淹　韋咸
崔圓　蔡希寂　盧允　薛邕　盧游
劉單　李收　韋鍔　庾準　邵說
王紞　董晉　邱爲　韋禎　劉滋
韓章　路季登　鄭南史　崔彧　嚴霆

權德輿　李直方　李絳　崔恭　盧公憲
韋顗　陳諷　李正封　沈傳師　路隋
崔護　李虞仲　侯繼　孔敏行　王衮
高鍇　權璩　韋瓘　唐扶　崔龜從
崔蠡　高少逸　陸洿　紇干㚖　盧懿
敬皞　劉濛　韋博　周復　崔黯
崔瑶　楊發　尒朱抗　李潘　蔣偕
薛蒙　孔温裕　王渢　任憲　裴紳
鄭洎　孟球　杜蔚　張復珪　趙隱
牛叢　吉鄘　侯備　崔朗　薛途
張濬　崔厚　嚴都　薛延範　趙蒙
李輝　蘇藴　李迢　魏管　盧紹
崔庾　盧望　鄭軌　李輝　杜庭堅
何敬之

【補遺】

李壽王　張元一　韓同慶　王光大　裴倩

蕭直　郗昂　劉仁師　杜審權　郭勤

崔隋　盧渥　鄭彦弘　崔彦融　楊篆

王莘　孫佾　韓偓　趙光裔　張文蔚

薛貽矩　裴筠　鄭處約　杜孺休　王鸞

【附存】

王欽　裴度　獨孤郁

狄孝緒　新表狄氏：東魏帳内正都督、臨邑子湛孫孝緒，尚書左丞、臨潁男。舊狄仁傑傳：見度中補。祖孝緒，貞觀中尚書左丞。石刻大唐贈使持節邛州諸軍事邛州刺史狄公碑：父孝緒，唐行軍總管大將軍、金紫光禄大夫、尚書左丞、使持節汴州諸軍事。河南洛陽。　案，碑又云：臨潁公之第五子也。世系表：孝緒第三子知遜，越州刺史。

獨孤珽無考。

楊纂見吏中。又考中補。二傳失載。

辛諝　新表辛氏：寬子諝，中書舍人。元和姓纂同。

薛述見吏中。又見下。

竇孝鼎見封外。　新表竇氏三祖房：覽孫孝鼎，司勳郎中。

宇文節見吏中、吏外。

杜文紀又度中。　元和姓纂十姥：唐司勳郎中杜文紀，平原安德人。　四川成都志十一：杜文紀，貞觀六年，以諫議大夫爲益州都督府長史。

薛述重見。

鄧素　元和姓纂四十八嶝：苻秦并州牧、左僕射鄧羌裔孫素，原本誤「表」，据下文改。唐兵部郎中、南陽伯，安定人，又居藍田。　資治通鑑唐紀十三：貞觀十七年六月丁亥，太常丞鄧素使高麗還，請於懷遠鎮增戍兵以（通）〔逼〕高麗。

郎知年　舊儒學郎餘令傳：從父知年爲霍王友。新傳同。

王儼見左中、吏中，又勳外、考中。

王仁瞻無考。一本作「仁照」。又勳外、倉外。

鄭植見左中補。馬懷素大理卿崔公故夫人滎陽縣君鄭氏墓誌銘：祖植□朝司勳、左司二郎中。常山貞石志七。

鄭玄毅無考。見吏中，又户外。

韋同慶無考。疑是韓同慶，見吏外、勳中補、勳外。

張松壽見封中。

李崇德見封中。

元和敬無考。吏中有「知敬」。

謝祐又倉外。舊曹王明傳：永隆中，曹王坐與庶人賢通謀，降封零陵王，徙黔州。都督謝祐希旨逼脅令自殺。

王廞又勳中附存有王嶔。新表太原第二房王氏：孝倫子仁表見祠中。弟嶔，司勳郎中。

劉應道見吏中、吏外補，又勳外。

路元叡見吏中，又户中、度外。新表平陽路氏：元叡，勳吏二郎中、廣州都督。

李範邱無考。見封外，又祠外。

岑曼倩新表岑氏：太宗相文本子曼倩，雍州長史，襲公。

歐陽通新表歐陽氏：率更令、渤海縣男詢子通，字通師，相武后。舊書儒學傳上。

儀鳳中累遷中書舍人。新傳同。

裴思義見左中補、吏外、封外。

李玄慶　新表趙郡李氏東祖房：將仕郎行詡子玄慶，昭陵令。

□懷敬

李至遠見吏中、吏外，又勳外、倉外「至」作「志」。　新循吏傳：至遠，歷司勳、吏部員外郎中。舊良吏傳失載。

張敬之又考中補。　新方技杜生傳：浮屠泓與天府侍郎張敬之善。敬之以武后在位，常指所服示子冠宗曰：「莽朝服耳。」俄冠宗以父應入三品，詣有司言狀。泓忽曰：「君無煩求三品也。」敬之大驚，已而知出冠宗意。　大唐新語五：張敬之則天時每思唐德惟以祿仕，謂子冠宗曰：「吾今佩服乃莽朝之服耳。」累官至春官侍郎，當入三品，子弟將道由歷於天官。　有僧泓師善陰陽算術，與敬之有舊，謂敬之曰：「六郎無煩求三品」。敬之曰：「弟子無所求勵，此兒子意耳。」　朝野僉載：張雄爲數州刺史，子敬之爲考功郎中，改壽州刺史，薨。　弟納之從給事中、相府司馬改德州刺史。　入爲國子祭酒，出爲常州刺史。太平廣記四百三十五。

樊忱　元和姓纂二十二元：唐亳州刺史樊思孝生忱，户部尚書。　廬江人。　舊中宗紀：神龍元年正月甲辰，命地官侍郎樊忱往京師告廟陵。新書地理志一：開元五年，華州刺史樊忱復鑿華陰縣敷水渠，使通渭漕。

楊元政 新表楊氏越公房：温令恪子元政，司勳郎中。河東先生集十三亡妻弘農楊氏誌：高祖皇司勳郎中，諱某。

戴師倩見左外。

祝欽明 新表祝氏：峽州司法參軍綝子欽明，字文思，相中宗。舊儒學傳：舉明經。長安元年，累遷太子率更令。新傳：擢明經。永淳、天授間，又中英才傑出、業奥六經等科，拜著作郎，爲太子率更令。

楊承裕無考。新表楊氏觀王房：思約子承初，不詳歷官。疑卽「承裕」之誤。

趙誼見左中、封中。

田貞松無考。又金外。

李元恭又勳外、金外。新表趙郡李氏東祖房：友益見封外。子元恭，初名豫，工部郎中。案，此「元恭」係出隴西，與出趙郡者有別。穆員京兆少尹李公佐墓誌：祖元恭，皇大理少卿，知吏部選事。文苑英華九百四十四。梁肅李傪墓誌：大父元恭，開元中，以文學政事歷大理卿，判尚書吏部侍郎。文苑英華九百六十二。舊岑羲傳：神龍中，大理少卿李元恭等分掌選事，皆以贓貨聞。新傳同。廣異記：唐吏部侍郎李元恭子博學多智。太平廣記四百四十九。

楊祇本見吏中補，又勳外。

張循憲　新張嘉貞傳：長安中，御史張循憲使河東，命張嘉貞草奏，武后以爲能，循憲因請以官讓。后擢循憲司勳郎中，醻其得人。舊傳：長安中，侍御史張循憲爲河東採訪使，薦嘉貞材堪憲官，請以己之官秩授之。

□嶠

崔日用見吏外。新外戚武三思傳：司勳郎中崔日用等託武三思權，熏炙中外。二傳失載。

劉聞一　元和姓纂十八尤：唐監察御史劉克讓生愼，改名聞一，司勳郎中，河南少尹，彭城人。

韋瑗見封外。新表韋氏駙馬房：玄誕子瑗，司勳郎中。

傅黃中又御史臺殿中題名。新表清河傅氏：地官侍郎、冬官尚書元淑見金中。子神童黃中，司勳郎中。

李元瓘無考。鉞案：疑卽「元瓘」，時代正合。舊書禮儀志四：開元八年，國子司業李元瓘奏孔宣父廟顏子配坐，十哲列享，七十子圖形，曾參預饗。云云。會要七十五：開元八年七月，國子司業李元瓘上言：「明經請習周禮、儀禮、公羊、穀梁四經。」

李崇敏 新表隴西李氏武陽房：思本子崇敏，司勳郎中。

齊處仲 又御史臺侍御殿中監察題名「仲」作「沖」。 元和姓纂十二齊：唐中書舍人齊處中，高陽人。朝野僉載：舍人齊處沖，好眇目視，魏光乘目云：「暗燭底覓虱老母。」太平廣記二百五十五。

張敬忠 見吏中。又勳外。 蘇頲命姚崇等北伐制：司勳郎中張敬忠，可行軍判官。開元二年三月。文苑英華四百五十九。

吕炯 無考。 元和姓纂八語：皇安承慶有脫誤。生炯，膳部郎中、諫議大夫、左庶子，東平人。疑卽「吕炯」之誤。

唐曉 又金中。 新表唐氏：唐隆令貞敏子曉，司勳郎中。

王瑨 又勳外。 舊良吏王方翼傳：子瑨，開元中爲中書舍人。新王方翼傳同，王鉷傳同。開元釋教録九：睿宗嗣曆，沙門菩提流志譯大寶積經，左補闕、祁縣男王瑨等潤色。

辛替否 舊傳：睿宗時爲左補闕，稍遷右臺殿中侍御史。開元中，累轉潁王府長史。新傳同。

劉晃 新表尉氏劉氏：工部員外郎濬子晃，太常卿，襲樂城公。舊劉仁軌傳：孫晃，疑「晃」。開元中，爲祕書省少監。　新傳：開元中，爲給事中。　舊音樂志三：玄宗開元十一年祭皇地祇於汾陰，樂章内姑洗徵一首，司勳郎中劉晃作。　舊李元紘傳：宋璟每謂人曰：「李侍郎引宋遥見勳外。之美才，黜劉晃之貪冒。」云云。　新傳同。

吉渾又勳外。　新表吉氏：武后相頊子渾，司勳郎中。

韓朝宗　元和姓纂二十五寒：黄門侍郎原衍「生」字。思復生朝宗，京兆尹，昌黎人，代居雲陽。　舊韓思復傳：子朝宗，天寶初爲京兆尹。　舊張嘉貞傳：開元中，張嘉貞作相，薦萬年縣主簿韓朝宗，擢爲監察御史。　王維大唐吴興郡别駕前荆州大都督府長史山南東道採訪使京兆尹韓公墓誌銘：應文以經國科甲科，試右拾遺，拜監察御史、兵部員外郎，轉度支郎中，除給事中，尋知吏部選事，除許州刺史、荆州大都督府長史、山南採訪使。　新傳：睿宗時，歷左拾遺，累遷荆州長史。　唐會要七十六：景雲二年，文以經國科韓朝宗及第。　通考同，緯略同。

盧翹　新表盧氏：鸞臺侍郎獻見主外。子翹，兵部郎中、廣陵長史。

張珣見吏中。

劉日政見吏中、考外。

蕭華　新表蕭氏齊梁房：玄宗相嵩見勳外。子華，相肅宗。　舊蕭嵩傳：開元二十一年，以嵩子華爲給事中。又爲工部侍郎。舊方伎張果傳：開元二十一年，謂太常少卿蕭華云云。舊傳：天寶末，轉兵部侍郎。新傳同。

李知柔又勳外。又御史臺侍御殿中題名。新表雍王房：博陵公道弼孫知柔，御史中丞。又郇王房：武宗相回子知柔，滑州觀察巡官。又惠宣太子房：嗣薛王宓孫知柔，嗣薛王、相昭宗。案，時代不合。白居易唐故通儀大夫和州刺史吳郡張公無擇神道碑銘：公擢拜和州刺史，時李知柔爲本道採訪使。白氏文集四十一。

盧重玄新表盧氏：魏州刺史璥子重玄，司勳郎中。唐會要七十六：景龍二年，茂才異等科盧重玄及第。緯略同。沈汾續仙傳中：開元二十三年，玄宗命中書舍人徐嶠、通事舍人盧重玄璽書迎張果於常州。新藝文志丙部子録五行類：盧重玄夢書四卷。原注：開元人。通志藝文略五道家一：列子冲虚至德真經八卷，盧重玄注。案，兩書藝文志失載。國朝江都秦氏始從道藏本守高、守元、冲虚、至德真經四解中録出刊行，前銜題「唐通事舍人盧重玄解」，與續仙傳正合。

元玄禕鉞案：「玄禕」無考，吏外有「源玄緯」，疑即一人；「元」疑「源」。

姜昂見左外。又金外。新表姜氏：昂，司勳郎中。

韋虛舟見左中。又户中。舊韋虛心傳：弟虛舟，自御史累至户部、司勳、左司郎中。新傳失孫逖東都留守韋虛心碑：季弟曰虛舟，事皇帝，歷户部、司勳郎中，今移左司。
載。文苑英華九百十八。

張寂又勳外。　新表清河東武城張氏：武后温王相錫見户中。子寂，司勳郎中。又河間張氏：曹州刺史通子寂，不詳歷官。

郭慎徽案，「慎徽」當從金中作「慎微」。元和姓纂十九鐸：司勳郎中、知制誥郭慎徽，萬年人。「徵」字亦誤。　舊李林甫傳：郭慎（徵）〔微〕文士之闒茸者，代爲題尺。新傳：善郭慎微，使主書記。京兆金石録：唐贈汝南太守郭慎微碑，族弟汭撰。顧戒奢八分書，天寶中立。寶刻叢編八金石録目十第一千九百六十六唐知制誥郭慎微碑，姪汭撰，八分書，姓名殘缺。

裴士淹見封外。

韋咸　新表韋氏南皮公房：陳王傅綱子咸，汴州司户參軍。元和姓纂八微韋氏鄖城公房：韋景林生咸，工部郎中，京兆杜陵人。遣使賑恤天下遭水百姓勑：宜令秘書少監常疑「韋」咸往恒、冀、德、棣、深、趙等州宣撫。貞元八年八月。文苑英華四百三十五引編制。

崔圓又勳外。　新表清河青州房崔氏：大理評事景晊子圓，相肅宗。舊傳：開元中，以鈐謀射策甲科，自會昌丞累遷司勳員外郎。宰臣楊國忠遥制劍南節度使，引圓佐理，奏授尚書郎，兼蜀郡大都督府左司馬，知節度留後。天寶末，玄宗幸蜀郡，特遷蜀郡大都督府長史、劍南節度。新傳略同。舊玄宗紀下：天寶十五載六月庚子，以司勳郎中、劍南節度留後崔圓爲蜀郡長史、劍南節度副大使。定命録：崔圓作司勳員外，無何，爲刑部員外、兼侍御史，充劍南節度留後，未逾一年，便致勳業。太平廣記二百二十二。

蔡希寂又勳外。元和姓纂十四泰：唐司勳郎中蔡希寂，丹陽人。蔡希綜法書論：第七兄洛陽尉希寂，深工草隸，頗爲當代所稱。書苑菁華十二。新藝文志丁部集録別集類注：殷璠彙次曲阿人渭南尉蔡希寂等十八人詩，爲丹陽集。

盧允見吏中。又金中、金外。

薛邕見吏中、吏外、禮外補。

盧游新表盧氏：桐廬令玉昆孫游，司勳郎中、河南少尹。權德輿唐故太原府史事軍李府君雍墓誌銘：夫人范陽盧氏，殿中侍御史敷之女，司勳郎中游之妹。權載之文集二十五。

劉單元和姓纂十八尤：禮部侍郎劉單，岐山人。唐才子傳二：天寶初，劉單榜進士丘爲。舊楊炎傳：元載作相，嘗選擢朝士有文學才望者一人厚遇之，將以代己。

初，引禮部郎中新傳作「侍郎」。劉單，單卒。舊高仙芝傳：天寶六載九月，高仙芝討小勃律國還，令劉單草告捷書，節度使夫蒙靈詧以仙芝懸奏捷書謂劉單曰：「聞爾能作捷書。」單恐懼請罪。岑嘉州集一有武威送劉單判官赴安西行營便呈高開府詩。乾䴵子：閻濟美初舉，劉單侍郎洛下雜文落。太平廣記百七十九。杜甫新畫山水障歌注：奉先尉劉單宅作。文苑英華三百三十九。集作奉先劉少甫新畫山水障歌。

李收又考中。新表趙郡李氏西祖房：吏部侍郎彭年見吏中。生收，給事中。常衮授李收諫議大夫制：中散大夫、前行尚書兵部郎中、贊皇縣開國男李收，往屬時難，保茲艱貞，事君之節，足以存勸。歷踐郎署，率由舊章。而仗雅居正，可參諷議。可諫議大夫，散官、封如故。文苑英華三百八十一。

韋鍔　新表韋氏彭城公房：倉部郎中珽見倉中補。子鍔，濩澤令。恐非是。

庾凖見左外、吏中，又主中。二傳失載。

邵説又户中。又御史臺陰額監察題名。元和姓纂三十五笑：殿中脱「侍」字。御史邵瓊之見監察。生説，吏部侍郎，相州安陽人。舊傳：舉進士，自史思明判官降於軍前，郭子儀留於幕下。累授長安令、秘書少監。新文藝傳同。常衮授邵説兵部郎中制，稱宣德郎、前守尚書司勳郎中、賜緋魚袋邵説。文苑英華三百九十。石刻唐故同州河西縣丞贈虢州刺史天水趙公叡沖神道碑，尚書兵部郎中，安陽邵説撰。大曆四年。虞鄉。

王紞　新表河東王氏：汾州司馬處廉子紞，太常少卿。舊代宗紀：大曆十二年四月，太常少卿王紞等十餘人，皆坐元載貶官。新元載傳：與元載厚善坐貶者，王紀等數十百人。

董晉又祠中、主外。　新表董氏：新浦主簿伯良子晉，字混成，相德宗。舊傳：明經及第。大曆中，以祠部郎中爲判官，使還，拜司勳郎中。歷秘書、太府太常少卿。新傳：累遷祠部郎中。大曆中，李涵持節送崇徽公主於回紇，署晉判官。還，遷秘書少監。韓愈贈太傅董公行狀：先皇帝時，兵部侍郎李涵如迴紇，詔公自祠部郎中、兼侍御史、賜紫金魚袋爲判官。歸，拜司勳郎中，遷秘書少監。歷太府、太常二寺亞卿。昌黎先生集三十七。陸贄論朝官闕員及刺史等改轉倫序狀：頃者，臣因奏事論及內外序遷，陛下乃言：「舊例居官歲月皆久，朕外祖曾作秘書少監，一任經十餘年」。董晉將順睿情遂奏云：「臣於大曆中曾任祠部、司勳二郎中，各經六考」。陛下之意，頗爲宜然。陸宣公集二十一。

丘爲　元和姓纂十八尤：右常侍丘爲，吳郡人。唐才子傳二：丘爲，累舉不第，歸山讀書數年，天寶初劉單榜進士。王維甚稱許之，嘗與唱和。新藝文志丁部集錄別集類：丘爲集。卷亡。蘇州嘉興人，事繼母孝，嘗有靈芝生堂下。累官太子右庶子，時年八十餘，而母無恙，給俸祿之半。」及居憂，觀察使韓滉以致仕官給祿，所以惠養老臣，不可在喪爲異，惟罷春秋羊酒。」初還鄉，縣令謁之，爲候門磬折，令坐，乃拜，里胥立庭下，既出，乃敢坐。經縣署，降馬而趨。卒年九十六。會要六十七：貞元四年四月，以前左散騎常侍致仕丘爲復舊官。初爲致仕，還鄉，特給俸祿之半，既丁母喪，蘇州疑所給，請於觀察使韓滉，以爲授官致仕，令不理務，特給祿俸惠養老臣也。不可以在喪爲異。命仍舊給之，唯春秋二時羊酒之直則不給。雖程式無文，見稱折衷，及是爲服除，乃復之。

韋禎　新表韋氏逍遙公房：給事中良嗣子禎，姓纂作「禎」。京兆少尹，知府事。舊嚴震傳：建中初，司勳郎中韋禎爲山、劍黜(涉)〔陟〕使。新傳同。舊德宗紀：建中三年四月，京兆少尹韋禎取僦櫃質庫法借富商錢。

劉滋又勳外。　新表彭城劉氏：起居郎貺子滋，相德宗。舊傳：字公茂，自司勳員外郎判南曹，遷司勳郎中，累拜給事中。從幸奉天，轉太常少卿。新傳略同。

韓章　新表昌黎韓氏：邢州長史洪見勳外補。子章，兵部侍郎。姓纂：工部尚書。吳興志：大慈寺神鐘記，武康縣令韓章撰。大曆五年，僧神晤鑄。又大寧寺建功德碑在州報恩光孝寺，試大理評事、兼武康縣令韓章撰，前衢州龍丘縣尉徐浩書。唐大曆六年建。

路季登又金中。新表平陽路氏：徐、宋二州刺史齊暉見户外。子季登，諫議大夫。舊路巖傳：祖季登大曆六年登進士第，累辟諸侯府。升朝爲尚書郎，遷左諫議大夫，卒。

鄭南史見封外。

崔彧 新表南祖崔氏：翹見封外。子彧，太子少詹事。

嚴霆 元和姓纂二十八嚴廣漢嚴氏：唐檢校左僕射嚴震世居梓州鹽亭，云本望馮翊，弟霆，司勳郎中。石刻張彧無憂王寺大聖真身寶塔碑銘：幕□□□有若監察御史裏行嚴公霆。大曆十三年。陝西扶風。權德輿嚴公震墓誌銘：公同氣曰霆，四爲尚書郎。權載之文集二十一。

權德輿 新表權氏：著作郎皋子德輿，字載之，相憲宗。舊傳：貞元十年，自左補闕遷起居舍人，歲中，兼知制誥。轉駕部員外郎、司勳郎中，職如舊。遷中書舍人。新傳略同。楊嗣復權載之文集序：登朝爲起居舍人，改駕部員外郎，換司勳郎中。遷中書舍人，凡四任，九年，專掌詔誥。權載之文集。權德輿盧公行狀，貞元十四年九月十二日，故吏朝元本脱。議郎、守尚書司勳郎中、知制誥、雲騎尉、賜緋魚袋權德輿謹上。權載之文集二十又二十九。昭陵寢宫奏議結銜同，末題貞元十四年□月□日。

李直方見左外。　憲宗贈高崇文司徒册文，稱副史、司勳郎中李直方。大詔令。元和四年十月。

李絳又勳外、主外。　新表趙郡李氏東祖房：襄州録事參軍元善子絳，字深之，相憲宗。又李氏姑臧大房：尚書右丞雲將子絳，滑州刺史。　又武威李氏：少府監襲梁國公自正子絳，不詳歷官。　舊傳：字深之，舉進士，登宏辭科。元和五年，自司勳員外郎遷本司郎中、知制誥。授中書舍人，依前翰林學士。新傳略同。　劉禹錫唐故相國李公集紀：以監察御史充翰林學士，居中，轉尚書主客員外郎。歷司勳郎中、知制誥，遷中書舍人。劉賓客文集十九。　重修承旨學士壁記：李絳，元和五年五月五日，自司勳員外郎、知制誥，加司勳郎中、依前充翰林學士；十二日，遷中書舍人，賜紫。元稹承旨學士院記：李絳，元和五年五月五日，自司勳員外郎、知制誥，充承旨，遷司勳郎中、知制誥，十二月正除。並翰苑羣書上。

崔恭　新表博陵三房崔氏：鳳閣舍人承構孫、良弼子恭，汾州刺史。　李文饒別集三：太原節度副使、檢校右散騎常侍崔恭奉和張弘靖山亭書懷詩。元和十三年六月題。唐詩紀事五十九：恭能文，嘗敘梁肅文集。

盧公憲見吏中。又勳外。

韋顗見吏中。

陳諷見吏中。又金中、倉外。

李正封又勳外。

新表隴西李氏丹陽房：琛孫一本子。正封，字中護，監察御史。唐會要七十六：元和二年四月，賢良方正能直言極諫科李正封及第。緯略：三年。褚藏言故武昌軍節度副使扶風竇府君詩序：元和二年舉進士，與制誥李公正封同年上第。竇氏聯珠集。

舊憲宗紀：元和十二年七月，以司勳員外郎李正封兼侍御史爲(彭)〔彰〕義軍判官，從節度裴度出征。舊裴度傳同。

沈傳師

元和姓纂四十七寑：唐翰林學士沈既濟生傳師，進士，吏部侍郎，吳興武康縣人。

舊傳：字子言，吳人。擢進士，登制科乙第，自司門員外郎、知制誥。召充翰林學士。歷司勳、兵部郎中，遷中書舍人。新傳略同。

重修承旨學士壁記：沈傳師，元和十五年正月二十三日，自司門員外郎加司勳郎中；閏正月一日，賜紫；二十一日，加兵部郎中、知制誥。翰苑羣書上。

杜牧唐故尚書吏部侍郎贈吏部尚書沈公行狀：歷尚書司門員外郎，司勳、兵部郎中，中書舍人。樊川文集十四。

路隋又勳外。

新表平陽路氏：副元帥判官、檢校戶部郎中泌子隋，字南式，相文宗。

舊傳：隋，元和中，拜左補闕，遷起居郎，轉司勳員外郎，充史館修撰。穆宗卽位，遷司勳郎中，賜緋魚袋，入翰林爲侍講學士，拜諫議大夫。新傳略同。

重修承旨學士壁

記：路隋，元和十五年三月二十二日，自司勳員外郎、侍講學士，轉本司郎中；長慶二年五月四日，遷諫議大夫。翰苑羣書上。韋處厚翰林學士記：聖上紹復墜典，留神太古。處厚與司勳郎中路隋職參侍講，通籍近署。同上。

崔護又户中。新表南祖崔氏：大理少卿銳子護，字殷功，嶺南節度使、武城縣子。會要七十六：元和元年四月，才識兼茂明於體用科崔護及第。緯略同。憲宗處分及第舉人詔：才識兼茂明於體用科人第四次等崔護，中書門下即與處分。大詔令。舊文宗紀：大和三年七月丁酉，以京兆尹崔護爲御史大夫、嶺南節度使。文苑英華五有崔護日五色賦。玉海百九十五貞元十二年，進士試日五色賦。

李虞仲又祠外。新表趙郡李氏東祖房：臨川尉端子虞仲，字見之，中書舍人。舊傳：元和初，登進士第，又以制策登科。自太常博士遷兵部員(郎)〔外〕、司勳郎中。寶曆中，考制策甚精，轉兵部郎中，知制誥，拜中書舍人。新傳略同。白居易論重考科目人狀，末署元和十五年十二月十三日，重考定科目官，將仕郎、守尚書祠部員外郎、上護軍臣李虞仲。白氏文集六十。白居易李虞仲等並西川判官皆賜緋各檢校省官兼御史制：吾命段文昌爲西川帥，又命虞仲等爲庶寮，俾咨度焉。又云：苟佐吾丞相以善政聞，寧久遺汝于諸侯乎？白氏文集四十八。又李虞仲可兵部員外郎崔戎可户部員外郎制：勑：劍南西川節度判官、朝散大夫、檢校尚書户部郎中、兼侍御史、上柱國、賜紫金魚袋李虞仲，去年春，朕授文昌鉞，鎮撫西南，選虞仲輩贊理之，今政成人安，並命爲郎。虞仲可行尚書兵部員外郎，散官、勳如故。同上。

侯繼　唐科名記：貞元八年，陸贄主司，試明水賦、御溝新柳詩，其十二人侯繼。韓子年譜。因話録五：王幷州璠，自河南尹拜右丞。除書纔到，少尹侯繼有宴，以書邀之。故事，少尹與大尹遊宴，禮隔，雖除官，亦須候正勑也。

孔敏行見左外、吏中。舊隱逸傳：長慶中，爲起居郎，改左司員外郎，歷司勳郎中、充集賢殿學士，遷吏部郎中。新傳略同。

王袞見吏中。新表瑯邪王氏：袞，御史知雜。舒元輿御史臺新造中書院記：御史府新例，知雜事一人，中丞得以選於廷臣。大和三年，河南宇文公鼎，見左外。既拜御史中丞之日，上言請尚書司勳郎中、琅邪王君以自輔。文苑英華八百七。

高鍇見吏外補。舊傳：累遷吏部員外郎。大和六年二月，自司勳郎中轉諫議大夫。新傳：歷吏部員外郎，遷中書舍人。

權璩又考外補、主外。新表權氏：德輿見上。子璩，字大圭，鄭州刺史。新傳：元和初，擢進士，歷監察御史。宰相李宗閔薦爲中書舍人。嘉定鎮江志十九：璩，元和二年，登進士第。新表韋氏龍門公房：正卿子瓘，字茂宏。唐才子傳六：元和四年，韋瓘榜鮑溶第進士。新韋夏卿傳：弟子瓘及進士第，仕累中書舍人。與李德裕善，李宗閔惡之，德裕罷，貶爲明州長史。會昌末，累遷楚州刺史，終桂管觀察使。洪氏邁曰：以題名證之，瓘自中書謫康州，又不終於桂，史誤。瓘所稱十六年前正當大和七年，是時德裕方在相位，八年十一月始罷。然則瓘之去國，果不知坐何事也。會要五十五：元和十五年十月，左拾遺韋瓘等閣中奏事，諫上宴樂過度。新李珏傳：穆宗卽位，期九月九日大宴羣臣，右拾遺李珏、見吏外。宇文鼎、見左外。温畬、韋瓘、馮葯見勳外。同進言。元稹獨孤朗授尚書都官員外郎制：左拾遺韋瓘嘗旅進廷爭，極言無隱。可守右補闕，充史館修撰，餘如故。元微之文集四十七。莫休符桂林風土記：韋舍人瓘，年十九入闕，應進士舉。二十一進士狀頭，牓下，除左拾遺，於時名重縉紳，指期直上。馬相爲長安令，二十八度候謁，不蒙一見。大中初，任廉察桂林，纔半歲，而馬相執大政，尋追懷舊事，非時除賓客分司。洪邁容齋隨筆八載永州浯溪，唐人留題云：「太僕卿分司東都韋瓘，大中二年過此。余大和中，以中書舍人謫宦康州，逮今十六年。去冬罷楚州刺史，今年二月有桂林之命，纔經數月，又蒙除替，行次靈州，聞改此官，分司優閑，誠爲忝幸，宦途蹇薄，

韋瓘又倉外。

分亦可知。因吟：『作官不了却歸來，還是杜陵一男子。』余洛川弊廬在崇讓里，有竹千竿，有池一畝。罷郡之日，攜猿一隻、越鳥一雙、疊石數片，將歸洛中，方與猿鳥爲伍，得喪之際，豈足介懷。」大中二年十二月七日。「宦途」下据全唐文補。

唐扶 新表唐氏：中書舍人次見吏中補。子扶，字雲翔，福建團練使。舊文苑傳：元和五年進士登第。大和初，自刺史入朝爲屯田郎中。（十）五年，充山南道宣撫使，俄轉司勳郎中。八年，充弘文館學士，判院事。九年，轉職方郎中，權知中書舍人事。開成初，正拜舍人。

崔龜從見吏外、又勳外、考中補。舊傳：大和九年，自考功郎中、史館修撰轉司勳郎中、知制誥。十二月，正拜中書舍人。新書附崔元式傳，略同。

崔蠡又户中補、户外。舊傳：字越卿，元和五年擢第。開成初，自汝州刺史以司勳郎中徵，尋以本官知制誥。明年，正拜舍人。新傳：開成中，爲户部侍郎，歷平盧、天平軍節度使，終尚書左丞。

高少逸見左中，又主中。二傳失載。

陸洿又祠外。舊楊嗣復傳：開成三年八月，楊嗣復奏：「陸洿上疏論兵，雖不中時事，意亦可獎。閒居蘇州累年，宜與一官。」李珏曰：「士子趨競者多，若獎陸洿，貪夫知勸矣。」

新傳略同。　新文藝下歐陽秬傳：陸滂自右拾遺除司勳郎中，棄官隱吳中，詔召之，既在道，秬遺書讓出處之遽，滂不至還。

紇干臮又金中。　舊杜元穎傳：大和三年，西川判官紇干臮貶郢州長史，以佐元穎無狀也。新傳：官屬紇干臮等悉奪秩，分逐之。　舊書刑法志：會昌元年九月，庫部郎中、知制誥、紇干泉字誤。奏：「準刑部奏，犯贓官五品已上，合抵死刑，請準獄官令賜死於家者，伏請永爲定格。」從之。　新柳仲郢傳：會昌中，中書舍人紇干臮訴甥劉詡毆其母。　沈珣授紇干臮嶺南節度使制略云：銀青光禄大夫、行尚書工部侍郎紇干臮，惟爾元和中以文學德行升爲甲科，章羽儀於省署，焕詞藻於綸闈。朕以瀕江之西，悍俗難理，輟爾近掖，委之藩條，果能宣愷悌之風，著循良之迹。南臺起部，無展爾庸。所宜將我舊章，化彼南服。文苑英華四百五十六。　雲溪友議十：紇干尚書泉「臮」誤。苦求龍虎之丹，鎮江右，大延方術之士。　又三：盧制作肇爲華州紇干公泉防禦判官。　玉泉子：舉人李文彬受知於舍人紇干洎。疑「臮」。　舊裴休傳：與尚書紇干臮皆以法號相字。　新傳：與紇干臮素善，至爲桒門號以相字。　崔嘏授紇干臮江西觀察使制略云：中書舍人紇干臮，霜臺竦介立之標，蘭省蔚和光之操。洎司綸綍，益茂聲猷。是用輟於演綸，付之廉問，仍加中憲，式峻外臺。文苑英華四百八。　又十五謝許受江西送綵絹等狀：右今月十八日，中使某至奉宣聖旨，令臣領江西觀察使紇干衆「㮚」誤。所寄撰韋丹遺愛碑文人事綵絹三百疋。新循吏韋丹傳：宣宗詔江西觀察使紇干㮚上韋丹功狀。杜牧唐故江西觀察使武陽公韋公遺愛碑：皇帝命江西首臣紇干㮚上韋丹之功狀，聯。樊川文集七。大中三年。因話録三：開成三年，余忝列第。考官刑部員外郎紇干公，崔相國羣門生也。公及第日，於相國新昌宅小廳中集見座主。及爲考官之前，假舍於相國故第，亦於此廳見門生焉。是年科目八人，六人繼昇朝序。鄙人蹇薄，晚方通籍。勅頭孫河南轂原本「穀」，今改。先於鴈門公爲丞。原注：公後自中書舍人觀察江西，又歷工部侍郎，節制南海，累贈封鴈門公。東觀奏記中：廣州節度使紇干㮚以貪猥聞，貶慶王府長史，分司東都。制曰：「鍾陵問俗，澄清之化靡聞；南海撫封，貪黷之聲何甚！而又交通詭遇，溝壑無厭。跡固異於澹臺，道殊乖於吴隱。」舍人韓琮之詞也。(盡)〔書〕上，一朝不進用矣。

盧懿 李紳拜相告後平書司勳郎中判懿。會昌二年二月日。淳熙秘閣續法帖卷第六。見吏中補、封外。

敬皞 新表敬氏：太子詹事寬見度中補。子昕見吏外。弟皞，字日新，右散騎常侍。新敬晦見封中傳：兄皞，第進士，右散騎常侍。重修承旨學士壁記：敬皞，開成五年十一月十六日，自兵部員外郎、史館修撰充。會昌二年八月六日，出守本官。翰苑羣書上。

劉濛又度中補。　新表南華劉氏：暹見户中。孫、大理評事談經子濛，字潤之，大理卿。　新傳：舉進士，累官度支郎中。會昌初，擢給事中。

韋博見左中。又金中、主中。　崔嘏授韋博司勳郎中等制：敕：韋博等，頃以邊城命將，肇建麾幢，當警塵未息之時，及爟火尚明之日。故於粉署妙選星郎，欲以贊充國屯田之謀，佐武賢備戎之術。既而賓筵有耀，幕畫居多。荐居於沙漠之中，芟舍於戎旃之下，亦既勞績，亟更歲寒。念其裹革之誠，更復握蘭之美，而涣本以文學，傅之吏能，克踐正途，久司宗祏。今以三農務急，一作「重」。九扈才難，宜遷丞副之榮，用涉亞卿之列。無忘素履，各服新恩。可依前件。文苑英華三百八十九。

周復又勳外、户外。

崔黯又勳外。　舊傳：蠡弟，字直卿。大和二年，進士擢第。開成初，爲青州從事，入爲監察御史，尋遷員外郎。會昌中，爲諫議大夫。新傳略同。　廬山記二：大中三年，興復東林寺，江州刺史崔黯爲捐私錢以倡施者，搢紳從者數百人，姓名爵里今刊於石，仍藏當時之疏，亦崔詞也。

崔瑶見吏外。又倉外、祠外。

楊發見左中補。又勳外、禮中補。　舊傳：自侍御史累遷至禮部郎中。大中三年，改左司郎中。

新傳同。

尔朱抗 崔嘏授盧就等侍御史制：東川節度判官爾朱杭「抗」誤。立身有聞，能用嘉猷，參於將席，憲丞上請，咸曰得人。文苑英華三百九十四。

李潘又勳外、金外。新宗室表雍王房：陝府左司馬荆子潘，字子及。又宰相表趙郡李氏南祖房：山南東道節度使承子潘，不詳歷官。案，「潘」當作「藩」。韓愈故中大夫陝府左司馬李公邠墓誌銘：男潘，進士。昌黎先生集三十四。李商隱爲安平公兖州奏杜勝等四人充判官狀：李藩右件官文囿馳聲，賓階擅美。口含言瑞，身出禮門。前任已奏爲判官，馭下而和易不流，臨事而貞方有執。今臣移參國用，務切軍需，實假平均，以同計畫。伏請賜守本官，充臣觀察支使。文苑英華六百三十九。舊李漢傳：弟潘，登進士第。大中初，爲禮部侍郎。東觀奏記中：上慎重名器，未嘗容易，服色之賜，一無所濫。李藩疑「潘」。自司勳郎中遷駕部郎中、知制誥，衣緑如故。舊宣宗紀：大中十一年十月，以中書舍人李藩權知禮部貢院。十二年二月，以朝議郎、守中書舍人、權知禮部貢舉、上柱國、賜緋魚袋李藩爲户部侍郎。新于琮傳：中書舍人李潘知貢舉，鄭顥以于琮託之，擢第。雲谿友議八：李潘舍人放榜，宋言第四人及第。

蔣偕又主中補、主外。　新表蔣氏：秘書監乂見勳外。子伸見左外。弟偕，右補闕。　舊傳：以父任，歷官左拾遺、史館修撰，轉補闕。咸通中，受詔修文宗實錄。　新傳：以父任，歷右拾遺、史館修撰，轉補闕、主客郎中，累遷太常少卿。

薛蒙又考外補。　新表薛氏西祖房：比部郎中公幹見度中補。子蒙，字中明。　又薛氏西祖房：鳳翔府倉曹參軍肱子蒙，不詳歷官。　又西祖房：慶後恤子蒙，不詳歷官。　崔瑕授蔡京趙滂等御史等制：陳許觀察判官薛蒙等，久滯藩方，未昇朝序。循其聲跡，頗契符言，是用擢自賓筵，置於憲席。可監察。文苑英華三百九十五。　杜牧唐故東川節度檢校右僕射兼御史大夫贈司徒周公墀墓誌銘：女嫁起居舍人薛蒙。樊川文集七。大中七年。　新崔鉉傳：所善鄭魯、楊紹復、段瓌、薛蒙，頗參議論。　唐詩紀事五十三：薛蒙，大中時爲考功郎，有和綿州于中丞興宗詩。　舊韋温傳：女適薛蒙，善著文，續曹大家女訓十二章，士族傳寫，行於時。新傳略同。　新書藝文志乙部史録雜傳記類：薛蒙妻韋氏續曹大家女訓十二章。原注：韋温女。蒙字中明，開成中進士第。

孔温裕見封外補，又禮外補。　舊宣宗紀：大中十二年正月，以翰林學士、朝議郎、守尚書司勳郎中、知制誥、賜緋魚袋孔温裕爲中書舍人，充職。　東觀奏記：孔温裕自禮部員外改司封員外，入內廷二十五箇月，改司勳郎中、知制誥。　壁記失載。

王渢又勳外。舊宣宗紀：大中八年三月，文宗實録成，修史官司勳員外郎王渢等，頒賜銀器、錦綵有差。會要同。舊魏謩傳同。新藝文志乙部史録起居注類：文宗實録四十卷。原注：王渢等撰。渢字中德，歷東都留守。唐會稽太守題名記：王渢，咸通八年，自前尚書户部侍郎授。會稽掇英總集十八。沈汾續仙傳中：廉使王渢素奉道，召見王可交。舊懿宗紀：咸通十三年五月辛巳，貶吏部侍郎王渢漳州刺史，于琮之親黨也。王諷疑「渢」。漳州三平大師碑銘：咸通十三年，諷自吏部侍郎以旁累謫守漳浦。唐文粹六十四。石刻將仕郎權知幽州良鄉縣主簿范隋柱國告，末署給事中渢。咸通二年六月。

任憲又户中、度中、祠外。新表任氏：易定節度使迪簡子憲，字亞司。元和姓纂亦不詳歷官。文苑英華六百六十一：李商隱有爲同州任侍御上崔相國啟。首稱「憲啟」，當即其人。

裴紳又主外。新表東眷裴氏：道護後堪倉中有堪。子紳，字子佩。南部新書己：裴紳始名誕，日者告曰：「君名紳，即伸矣。」果如其言。東觀奏記下：大中九年正月十九日，制將仕郎、守尚書職方員外郎裴庭裕之先父。可中州刺史，散官如故。詳左中補唐技注。

鄭洎 舊鄭肅見左中傳：子洎，咸通中，累官尚書郎，出爲刺史。新傳：洎仕至州刺史。

孟球又户中、金外。唐摭言三：會昌三年，王起僕射再主文柄，門生一牓二十二人，和周墀詩第五人。孟球，字廷玉。舊懿宗紀：咸通五年四月，以晉州刺史孟球檢校工部尚書，兼徐州刺史、徐州觀察防禦使。舊崔彥曾傳：咸通六年，南蠻寇五管，陷交阯，詔徐州節度使孟球召募二千人赴援。

杜蔚又勳外。

弟蔚，登進士第。新表杜氏：太子賓客元絳子審權見吏外。弟蔚，字日章。舊杜審權傳：杜蔚爲太常博士，愼由舊僚也。東觀奏記中：大中十一年，崔愼由自户部侍郎秉政，復以左拾遺

張復珪見封中，又勳外。

趙隱見封外，又金外。

牛叢又勳外、户中、膳外補。

字表齡，吏部尚書。新表安定牛氏：敬宗、文宗相僧孺見考外補。子蔚見吏中。弟(蔚)藂，舊傳：開成二年登進士第，出佐使府，歷踐臺省。乾符中，位至劍南西川節度使。新傳：宣宗時任補闕，以司勳員外郎爲睦州刺史。咸通末，拜劍南西川節度使。舊魏謩傳：謩上文宗實錄四十卷，修史官膳部員外郎牛叢等，頒賜錦綵、銀器，序遷職秩。據舊宣宗紀，事在大中八年三月。紀失載叢名。益州名畫錄上：常重胤於中和院寫僖宗皇帝幸蜀隨駕文武臣寮真，有禮部尚書兼太常禮儀使牛叢。

吉鄘

舊傳：從幸西川，拜太常卿。駕還，拜吏部尚書。新傳同，失載此官。薛許昌詩集七有寄吉諫議詩。

侯備見吏外。重修承旨學士壁記：侯備，咸通五年六月八日，自吏部員外郎加司勳郎中；六年二月二十三日，遷中書舍人。翰苑羣書。

薛途杜牧夏侯曈見主外除忠武軍節度副使薛途除涇陽尉充集賢校理等制：途以文行策名，節趣清遠，言於後進，實爲秀（入）〔人〕。延閣典校，丞相所請。樊川文集十九。

崔朗見左外。又户外。

張濳又主中。新表清河東武城張氏：高宗相文瓘子濳，揚州長史。唐闕史：會昌二年，禮部柳侍郎再司文柄，故駙馬都尉鄭顥以狀頭及第，第二人姓張名濳。資治通鑑唐紀六十五：大中十二年七月丁卯，右補闕、内供奉張濳上疏，以爲「藩府代移之際，皆奏倉庫蓄積之數，以羡餘多爲課績，朝廷亦因而甄奬。竊惟藩府財賦所出有常，苟作賦斂過差，及停廢將士、減削衣糧，則羡餘何從而致？比來南方諸鎮數有不寧，皆此故也。一朝有變，所蓄之財，悉遭摽掠。又發兵致討，費用百倍，然則朝廷竟有何利？乞自今藩府長吏不增賦斂，不減糧賜，獨節遊宴、省浮費，能致羡餘者，然後賞之。」上嘉納之。舊蘇瓌傳：前揚州長史張濳、（子辨）〔于辯〕機皆致珍産數萬。舊韋湊傳：揚州法曹參軍韋湊白長史張濳，請除前仁壽令孟神爽。舊張文瓘傳：子濳，中宗時，官至魏州刺史。

崔厚見左中補，誤「原」，吏外，又勳外、金外。新表博陵大房崔氏：兖海觀察使戎子厚，字致之，司勳郎中。舊懿宗紀：咸通十年八月，貶司勳郎中崔原柳州司户，崔雍之親黨也。

格案：「原」當作「厚」，説見左中補。

嚴都又金外。黄滔潁川陳先生集序：咸通初，蒲津秋賦之場，先生之作，爲試官嚴郎中都之吟諷。莆陽黄御史集上。

薛延範一本「薛」作「韋」，見新表龍門公房夏卿孫。

趙蒙又勳外。新表新安趙氏從約見倉外。子蒙，字不欺。吴興志：趙濛，咸通八年二月，自司勳員外郎拜，遷駕部員外郎。統紀云遷職方。舊懿宗紀：咸通十三年三月，以考官職方郎中趙蒙等考試宏詞舉人。舊僖宗紀：乾符三年九月，以諫議大夫趙蒙爲給事中。廣明元年十二月，上幸山南。賊入京城，御史中丞趙蒙從駕不及，匿於閭里，爲賊所捕，皆遇害。新紀、新黄巢傳作「趙濛」。唐語林四：咸通末，湖州牧李超、趙蒙相次俱狀元。時爲語曰：「湖接兩頭」。

李輝重見，又勳外。益州名畫録上：常重胤於中和院寫僖宗皇帝幸蜀隨駕文武臣寮真，有給事中李輝。

蘇蘊又主中、主外。唐摭言十四：蕭倣與浙東鄭商當作褭綽大夫狀：蘇蘊，故奉常之後，鴈序雙高，而風埃久處。案，字書無「藹」字，疑即「蘊」字之誤。「奉常」即蘇滌，見考中補。又案，咸通四年，蕭倣知舉，則藹是年進士。

李迢 會要六十：乾符三年二月四日，御史中丞李迢奏：「外州府有禁繫罪人，關連京百司。請委本州，除合抵極法外，疏理訖，聞奏。」從之。

魏管 案，「管」疑當作「簹」。又禮中補。 新表魏氏：宣宗相扶見封外。子簹字守之，刑部侍郎。舊令狐滈傳：懿宗時，中書舍人裴坦權知貢舉，登第者三十人。有魏簹者，故相扶之子。案，坦權知貢舉，懿宗紀在大中十三年十月，則簹以咸通元年登第也。舊懿宗紀：咸通十一年九月，將仕郎、守禮部郎中魏簹春州司馬，坐劉瞻親善，爲韋保衡所逐也。僖宗本紀：乾符三年七月，以右諫議大夫、知制誥魏簹爲中書舍人。

盧紹 又户中。 新表盧氏：詞子渥弟紹，字子美，太子少保。唐闕史下：乾符中，左丞渥弟紹，喪紀終制，自前長安縣令除給事中。詳封外補盧渥注。舊昭宗紀：天祐元年六月丁未，制金紫光禄大夫、太子少傅盧紹可太子太保致仕。又哀帝紀：天祐元年十月，太子太保盧紹卒。司空圖唐故太子太師致仕盧公神道碑：公介弟尚書公紹尤檢尅，亦能率其子弟，俾幼無違者。司空表聖文集五。

崔庾 又考中補。 新表博陵大房崔氏：檢校司勳員外郎戣子庾，字韜德，荆南觀察支使。

舊懿宗紀：咸通十年八月，貶左拾遺崔庚疑「庾」。連州司户，崔雍之親黨也。舊僖宗紀：乾符三年三月，試宏詞選人，考功郎中崔庚爲考官。

盧望見左外。　新五代史五十六盧質傳：父望，唐司勳郎中。

鄭軌　鄭軌有覲兄弟同夜成婚詩。事文類聚後集十三。

李輝重見。

杜庭堅見左外，又户中。

何敬之

【補遺】

李壽王　新表趙郡李氏東祖房：隋清池令（李）〔孝〕俊子壽王，司勳郎中。

張元一見封中、封外。　新酷吏郭弘霸傳：武后時司勳郎中張元一。舊傳作「舍人」。

韓同慶見吏外。又勳外。　新表昌黎韓氏：同慶，司勳郎中。姓纂同。

王光大又勳外、户外，又御史臺右側侍御兼殿中并侍御題名。　新表烏丸王氏：茂時子光大，司勳郎中。　石刻麓山寺碑陰有衡山員外尉王光大。開元十八年。湖南衡山。

裴倩又度中、度外補。　新表中眷裴氏：司勳員外郎稹見祠外。子倩，字容卿，度支郎中、正平縣男，謚節。新傳：歷信州刺史，代第五琦爲度支郎中。獨孤及唐故尚書祠部員外郎贈陝州刺史裴公行狀：子長曰倩，尚書駕部員外郎、兼殿中侍御史、江西道租庸鹽鐵等使。毘陵集六。權德輿唐尚書度支郎中贈尚書左僕射正平節公裴公神道碑銘：自殿中丞侍御史拜度支、駕部二員外，遷司勳郎中、秘書少監，歷信、饒二州刺史，復徵爲度支郎中。大曆七年秋七月，終於長安光德里第。權載之文集十七。

蕭直 見吏中。又户外。獨孤及唐故給事中贈吏部侍郎蕭公墓誌銘：驟升尚書户部、庫部、司勳、吏部四曹郎。毘陵集十一。

郗昂 元和姓纂六脂：唐左庶子郗昂，高平金鄉人。原脱「左」字，依舊書增。舊郗士美傳：父純按，舊傳以「昂」爲「純」，蓋避文宗諱改。然憲宗諱「純」，疑亦有誤。字高卿，舉進士，繼以書判制策，三中高第。登朝歷拾遺、補闕、員外、郎中、諫議大夫、中書舍人。常衮授郄昂知制誥制：朝散大夫、檢校尚書司勳郎中郄昂可守諫議大夫、知制誥，散官如故。文苑英華三百八十二。符載犀浦縣令楊府君鷗墓誌銘：僚友郗舍人昂等，聞公風聲，望公飛翔。英華九百五十九。李華楊騎曹集序：刑部侍郎樂安孫公逖爲考功員外郎，君與高平郗昂等連年高第。英華七百一。唐國史補上：郗昂與韋陟友善，有時稱。唐語林五：郗昂性捷直，與杜黄裳同學于嵩陽，同中第。郄以安禄山僞官，貶歙縣尉；黄裳入相後，除中書舍人。案，杜黃裳似當從舊傳作「崔祐甫」。李太白文集十六有送郗昂謫巴中詩。羊士諤詩集有遊巴郡東山詩，注：乾元初，嚴黃門自京兆少尹貶牧巴郡，時郗詹事昂自拾遺貶清化尉，黃門年三十餘，且爲府主，與郗意氣友善，賦詩高會，文字猶存。新藝文志甲部經録：郗昂樂府古今題解三卷。又丁部集録：郄純集六十卷。才命論一卷。張鷟撰，郗昂注。會要七十九：贈户部尚書、潞州都督郄昂謚曰穆。

劉仁師

新表彭城劉氏：檢校虞部郎中商姪仁師，字行輿，司勳郎中。案，仁師以鹽池使加司勳郎中，當是檢校官，非正任，不應列入。以兩書良吏傳不列其名，故詳引劉碑以補之。劉禹錫高陵令劉君遺愛碑：大和四年，高陵人李士清等六十三人思前令劉君之德，詣縣請。庚午，詔曰可。又云：長慶三年，高陵令劉君勵精吏治，循故事考試文暨前後詔條。又以新意請更水道，入於我里；請杜私竇，使無棄流；請遵田令，使無越制。別白纖悉列上，便宜掾吏，依違不決。居二歲，距寶曆元年，端士鄭覃爲京兆，秋九月始具以聞。事下丞相、御史，御史屬元谷實司察視，持詔書詣渠上，盡得利病。還奏，乃俾太常撰日京兆下其符。十月，百衆雲奔，揆功什七八，而涇陽人以奇計賂術士上言曰：「白渠下，高祖故墅在焉。子孫當恭敬，不宜以畚鍤近阡陌。」上聞，命京兆立止絕。君馳詣府控告，具發其以賂致前事。又謁丞相，請以顙血污車茵，丞相彭原公斂容謝曰：「明府真愛人，陛下視元元無所恡，第未周知情僞耳！」即入言上前。翌日，果有詔許訖役。仲冬新渠成涉，季冬二日新堰成。開塞分寸，皆如詔條。名渠曰劉公，而名堰曰彭城。按股引而東千七百步，其廣四尋，而深半之。兩涯夾植杞柳，萬本下垂，根以作固，上生材以備用。仍歲旱沴，而渠下田獨有秋。渠成之明年，涇陽、三原二邑中又擁其衝，爲七堰以析水勢，使下流不厚。君詣京兆索言之，府命從事蘇特至水濱，盡撤不當擁者，繇是邑人享其長利，生子以劉名之。君諱仁師，字行輿，彭城人。武德名臣刑部尚書德威之五代孫，大曆中詩人商之猶子。少好文學，亦以籌畫干東諸侯，遂參幕府。歷尹劇縣，皆以能事見陟，率不時而遷。既有績於高陵，轉昭應令，俄兼檢校水曹外郎，充渠堰副使，且錫朱衣、銀章。計相爱其能，表爲檢校屯田郎中，兼侍御史，幹池鹽于蒲，錫紫衣、金章，歲餘以課就，加司勳正郎、中執法。理人爲循吏，理財爲能臣，一出於清白故也。劉賓客文集二。新書地理志：高陵縣有古白渠。寶曆元年，令劉仁師請更水道，渠成，名曰劉公，堰曰彭城。唐會要八十六：大曆二年二月，以詔應令劉仁師充修渠堰副使。初仁師爲高陵令，上言三白渠可利者遠，而涇陽獨有之。條理上聞，其弊遂革，關中大賴焉。

杜審權見吏外，又勳外。舊傳：自左補闕，大中初遷司勳員外郎，轉郎中、知雜，又以本官、知制誥，正拜中書舍人。

郭勤又户外。　吴興志：郭勤大中五年九月，自司勳郎中拜河南少尹。　石刻蜀丞相諸葛武侯祠堂碑陰，楊嗣復記後列銜節度判官、侍御史、内供奉郭勤。大和九年八月。四川成都。

崔隋又户外、金中。　新表博陵安平崔氏：右補闕道融子隋，司勳郎中。

盧渥見封外補，又勳外。　司空圖唐故太子太師致仕盧公神道碑：自司封員外遷司勳郎中，時宰所忌，出倅宣武軍以緩之。未更歲，再入爲某曹郎，選拜萬年令。司空表聖文集五。

鄭彦弘見左中，又户外。　吴興志：鄭彦弘，咸通二年，自司勳郎中授，遷右司郎中。

崔彦融又户中。　新表清河小房崔氏：吏部尚書瓘見勳外。子彦融，字應求，萬年令。　舊崔邠傳：子瓘，瓘子彦融，登進士第，歷位臺閣。　舊懿宗紀：咸通十一年九月，朝議大夫、行刑部員外郎、柱國崔顔當作「彦」融雷州司户，坐劉瞻親善，爲韋保衡所逐也。　玉泉子：咸通中，韋保衡、路巖作相，除不附己者，十司户崔彦融雷州，内雷州不迴。舊僖宗紀：乾符二年三月，以户部郎中崔彦融爲長安令。　舊五代史唐書三十四崔協傳：父彦融，楚州刺史。彦融素與崔蕘善，嘗爲萬年令，蕘謁於縣，彦融未出，見案上有尺題，皆賂遺中貴人。蕘知其由徑，始惡其爲人。及除司勳郎中，蕘爲左丞，通刺不見。蕘謂曰：「郎中行止鄙雜，故未見。」宰相知之，改楚州刺史，卒於任。

楊纂 新表楊氏越公房：漢公見封中。子纂，字羲圖，司勳郎中。唐摭言九：楊纂員外，乾符中佐永寧劉丞相淮南幕，因遊江，失足墜水，待遣人歸宅取衣，久之而不至。公聞之，命以衣授纂。少頃衣至，甚華靡，問之，乃護戎所賜。時中貴李全華監揚州。公聞之無言。後除起居舍人，爲同列譖，改授駕部員外郎，由是一生坎軻。

王莘 新表琅邪王氏：申伯見吏外。子莘，司勳郎中。

孫佾 新表武邑孫氏：天平節度使景商子佾，字文節，集賢院直學士、司勳郎中。

韓偓 又封中附存。 錢珝授韓偓鳳翔節度掌書記等制。文苑英華四百十三。又授司勳郎中兼侍御史知雜事賜緋韓偓本官充翰林學士制。又三百八十四。

趙光裔 又禮中補、禮外補、膳中補。 舊傳：光啟三年，進士擢第，乾寧中，累遷司勳郎中。雲臺編中有春夕伴同年禮部趙員外省直詩，又寄同年禮部趙郎中詩。案，洛陽九老祖龍學文集鄭都官墓表：光啟三年進士及第。以此證之，知即光裔也。

張文蔚 見吏外補。又勳外補、祠中補。 舊五代史梁書十八：僖宗時遷左補闕、侍御史、起居舍人、司勳、吏部員外郎，拜司勳郎中、知制誥，歲滿授中書舍人。舊傳失載。

薛貽矩 新表薛氏西祖房：虢州刺史庭望見左中。子貽矩，字式瞻，一字熙用，御史大夫。

舊五代史梁書十八：乾符中，登進士第，自起居舍人召拜翰林學士，加禮部員外郎、知制誥，轉司勳郎中。

裴筠 吴越備史天祐三年九月，敕遣右散騎常侍王矩司勳郎中裴均授王吴王册禮。封舜卿進越王錢鏐爲吴王竹册文，稱副使、朝議郎、守尚書司勳郎中、上柱國、賜緋魚袋裴筠。 唐摭言九：裴筠婚蕭楚公女言定，未幾便擢進士。

鄭處約 李文山詩集有李羣玉守弘文館校書郎制詞，後書中書侍郎、兼户部尚書、平章事臣令狐綯宣奉，司勳郎中、知制誥臣鄭處約行。

杜孺休 新表襄陽杜氏：武宗、懿宗相悰子孺休，字休之。 吴興志：乾符六年，自户部郎中授，遷司勳郎中。 中和三年再授，後遷給事中。統記作「五年工部授」。 新杜悰傳：子孺休，累擢給事中，大順初，爲蘇州刺史。

王騖 又户外。 吴興志：中和二年正月，自刑部郎中授。統記云司勳。

【附存】

王嶔 新表太原第二房王氏：孝倫子嶔，司勳郎中。格案：石刻有「王廞」，疑是。

裴度 見封中、封外。 白居易除裴度中書舍人制：司勳郎中、知制誥。白氏文集五十四。案，新、舊傳俱云以司封員外郎、知制誥。制云「司勳」，誤。

獨孤郁 白居易授獨孤郁轉司勳郎中知制誥制。白氏文集五十五。案，舊傳云駕部郎中。墓誌同。制云「司勳」，誤。

唐尚書省郎官石柱題名考卷八

司勳員外郎

唐六典：吏部尚書，其屬有司勳員外郎二人，從六品上。隋爲司勳承務郎，皇朝復爲司勳員外郎，龍朔、咸亨、光宅、神龍並隨曹改復。掌邦國官人之勳級。舊書、新書同。

杜懿宗　楊祇本　郭知允　齊景胄　王德志

劉祥道　王儼　王仁瞻　王師旦　李問政

韓瞻　李暠　許圉師　李乂　麻察

衞幾道　張敬忠　韓同慶　李全昌　崔行成

齊澣　魏玄同　鮑承慶　劉應道　薛自勸
李訥　源行守　袁仁敬　徐玄之　裴大方
秦相如　斛律貽慶　鄭行實　王瑨　封崇正
薛侃侃　孟允忠　胡元範　王德志　裴瑾之
吉渾　李知柔　赫連梵　斑景倩　平貞昚
李擢　李彭年　鄭南金　王豫　韓大壽
李志遠　李承嘉　裴錫　蕭擢　李元恭
李恆一　馮光嗣　元暕　盧萬碩　嚴杲
程鎮之　崔論　楊慎餘　張寂　鄭璲
周利貞　杜確　吴道師　李堅　鄭審
王光輔　蔡希寂　王光大　薛兼金　王璵
蘇瞻　蕭嵩　李畬　裴元質　田崇璧
蕭璿　李謹度　裴器　李行正　韋肇
韋曾　崔希(高)〔喬〕　韋晉　員嘉靜　張九齡
徐尚　崔祐甫　程昌締　蕭誠　王琇

元彥沖　鄭愿　梁涉　朱巨川　劉滋　韋多成　沈東美　鮮于叔明　杜位　張鎰　李竦　裴樞　鄭絪　盧公憲　杜元穎

宋遥　李嘉祐　李岫　竇申　苗粲　源少良　陸據　楊綰　許登　錢起　劉太真　鄭利用　李程　李巨　李正封

盧僎　孫成　唐堯臣　李休珽　裴遵慶　崔圓　崔顥　辛昇之　韋冗　孔述睿　張維素　李元素　張仲素　盧士牧　席夔

王從敬　蔣將明　裴春卿　崔譚　韋元甫　李楫　李揆　裴儆　獨孤愐　殷亮　衞次公　邢肅　趙宗儒　蔣武　王起

盧象　楊獻　皇甫琳　畢炕　能季武　韋叔將　裴綜　楊炎　于頔　鄭叔矩　李絳　裴茝　薛存誠　于敖　路隋

李肇
姚向
竇鞏
韋磻
崔瓘
崔璵
裴寅
韋澳
李潘
王渢
張復珪
源重
崔殷夢
楊希古
李渙

趙元亮
孫簡
高元裕
鄭涯
崔干
崔駢
杜審權
趙櫓
苗恪
皇甫珪
楊知遠
薛廷望
盧顗
李昭
杜裔休

李紳
馮葯
盧簡辭
丁居晦
庾簡休
韋琮
楊發
趙滂
庾道蔚
裴衡
杜蔚
獨孤霖
趙蒙
楊仁瞻
盧渥

崔鄲
李弘慶
崔龜從
李中敏
崔鉉
崔黯
盧罕
李遠
韋用晦
牛叢
穆仁裕
高湜
崔厚
蘇粹
李瀆

王申伯
楊漢公
裴識
黎埴
陳湘
周復
杜牧
崔鈞
鄭樞
楊收
苗紳
鄭碣
李嶽
李輝
路綱

李迢　鄭逸　薛邁　周承矩　韋顏
鄭就　鄭勤規　李涀　蔣泳　崔昭符
崔序　姚荆　張徺　蔣泳　崔凝
鄭昌圖

【補遺】

杜之亮　崔坦　韋元曄　楊植　戴林璇
韓洪　張鼎　褚長孺　李珽　李耀
楊授　趙崇　裴贊　鄭延昌　劉崇望
趙光逢　張文蔚　薛廷珪　張儁　盧擇
王拯　楊甸　李延古　張茂樞　韋甄
徐綰

【附存】

裴禛　李德裕　張裼　杜貞符

杜懿宗王本下二字缺，趙本，「宗」字缺。　見吏外補。

楊祇本一作「令本」。　見吏中補、勳中。　唐會要五十八：司勳員外郎，長安二年閏四月十二日文昌有脱字。丞李嶠奏加一員，以楊祇令爲之。　新表原武楊氏：隋梁郡通守汪子令本，庫部郎中。　舊后妃楊貴妃傳：高祖令本，金州刺史。

郭知允無考。

齊景胄見吏中。

王德志無考。　又見下。

劉祥道見吏中、吏外。　二傳失載。

王儼見左中、吏中、勳中。又考外。

王仁瞻無考，見勳中。又倉外。

王師旦無考。

李問政見吏中。

韓瞻　嚴州重修圖經刺史題名：韓瞻，大中十二年四月七日自□州刺史兼本州鎮遏使拜。

李鬲二本「李日高」，誤。　二傳失載。　新表大鄭王房：鄭州刺史瑜子鬲，武都郡公、吏部尚書。舊傳：睿宗時，累轉衛尉少卿。新傳同。孫逖太子少傅李公墓誌銘：神龍於伏，拜通事舍人。其後歷尚書工部、司勳員外郎，屯田郎中，太僕、衛尉、太常三少卿。文苑英華九百四十。

許圉師又考中。新表安陸許氏：陝州刺史紹子圉師，相高宗。舊許紹傳：少子圉師，舉進士。顯慶二年，本紀「四年」。累遷黃門侍郎、同中書門下三品、兼修國史。新傳略同。

李乂見左外、吏中附存。二傳失載。蘇頲唐紫微侍郎贈黃門監李乂神道碑：自監察御史歷殿中侍御，景龍中加朝散大夫，遷尚書司勳、左司二員外，右司郎中，中書舍人。文苑英華八百九十三。

麻察舊文苑中齊澣傳：開元中，大理丞麻察坐事出爲興州別駕，輕險無行。常遊太平之門，性譎諂，又貶爲潯州皇化尉。

衛幾道元和姓纂十三祭：户部郎中衛幾道，安邑人，徙京兆。

張敬忠見吏中、勳中。

韓同慶見吏外、勳中補。

李全昌又御史臺殿中題名。新表趙郡李氏東祖房：沂州刺史志子全昌，光禄少卿。蘇頲授李全昌工部員外郎制，稱朝散大夫、殿中侍御史李全昌。文苑英華三百九十二。定命録：武功馬禄師相長安縣尉李全昌亦有清資，得五品已上要官，位終卿、監。神龍初，作刑部員外，判還蕭璿家。太平廣記二百二十二。詳吏中蕭璿注。

崔行成又户中。新表博陵二房崔氏：挺後，德厚子行成，户部郎中。

齊澣又金外。又御史臺監察題名。二傳失載。新表齊氏：長山令知玄子澣，平陽太守。

魏玄同見吏中、吏外。二傳失載。

鮑承慶無考。

劉應道見吏中、吏外補、勳中。

薛自勸又御史臺殿中監察（二見）題名。新表薛氏西祖房：工部郎中孝廉子自勸。不詳歷官。乾道臨安志三引元和姓纂：薛自勉司勳員外郎、餘杭太守，河東汾陰人。据表，自勉乃自勸之兄，官餘杭太守，亦正相合，蓋皆誤移自勸官位於自勉下耳。資治通鑑唐紀三十：開元二十四年四月乙丑，涇州刺史薛自勸貶澧州別駕，坐與武温昚交遊故也。李邕謝恩慰喻表：頃歲陛下東封將還，臣路左謁見，猥承聖顧，廣禄舊文。朝議恐陛下用臣，薛自勤與外生庫狄履温羅織臣至死，仍承陛下（勉）〔免〕其罪，授臣官。文苑英華五百九十八。鉞案：「自勤」疑是「自勸」之誤。

李訥案，吏外李訥當武、宣時，與此別一人。考外補李納疑卽李訥之誤，時代正合。新表趙郡李氏東祖房：都水丞仁穎子訥，左庶子。廬山記二：唐開元十四年，庫部郎中、中書舍人、江州刺史李訥作佛馱跋陀羅禪師記，訥亦自稱兀兀禪師。李訥東林寺舍利塔銘：頃自庫部郎中出爲此州刺史，剖符淹歲，奉計臨岐。文有云：步自開元，今龍集攝提格，七月丁丑朔，二十八日甲辰，凡一紀而有二載。李湜唐江州沖陽觀碑，稱刺史趙郡李訥。文苑英華八百四十九。

源行守 唐會要二十八：顯慶四年八月二十五日，司勳員外郎源行守家毛桃樹生李桃。

袁仁敬見吏中，又金外、倉外。

徐玄之見吏中、吏外。又考外補，又主中有立之。

裴大方見吏外（二見）。

秦相如見吏中。

斛律貽慶 元和姓纂一屋：蔡州司馬斛律禮文生貽慶，庫部郎中、少府監，河南人。

鄭行實 馬懷素大唐大理卿崔公故夫人滎陽縣君鄭氏墓誌銘：祖植，見左中補。父行實，詹府司直、□勳員外郎。常山貞石志七。

王瑨見勳中。

封崇正 元和姓纂三鍾：封彥明生崇正，刑部郎中，渤海蓨縣人。

薛侃侃鉞案：「侃侃」，無考，疑即「薛侃」。又御史臺侍御殿中監察題名作「偘偘」。新表薛氏西祖房：懷州刺史懷讓子侃，尚書左丞。又薛氏西祖房：代州司馬行詔子侃，陝州司馬。舊北狄契丹傳：開元十八年，詔給事中薛侃等於京城及關內、河東、河南、河北分道募壯勇之士討契丹。會要八十五：開元九年正月，監察御史宇文融奏汜水縣尉薛侃充勸農判官。詳監察宇文融注。

孟允忠見吏中。

胡元範見吏外、封中。

王德志重見，無考。

裴瑾之又倉中補。新表南來吳裴氏：令寶後，公緯見吏外。子瑾之，倉部郎中。新文藝傳：盧照鄰客東龍門山，裴瑾之等供衣藥。盧照鄰寄裴舍人遺衣藥直書：太子舍人裴瑾之有書問余疾，兼致束帛之禮，以供東山衣藥之費。文苑英華六百八十四。

吉渾見勳中。

李知柔見勳中。

赫連梵文苑英華四百九十七有赫連梵對刑獄用舍策一道。「郝」字誤。

斑景倩見左外、吏中。又戶中、戶外。

平貞昚張説常州刺史平貞昚神道碑：公諱貞昚，字密，一字問從，燕國薊人也。光宅初，授右臺監察御史，巡察河南，類功最，加兩階，拜右肅政殿中侍御史。郎官法天古難其選，具美斯在，拜司勳員外郎。永昌中，遭凶黨網羅，爲周興所奏，貶溫州固安令。文苑英華九百二十一。集無。舊節愍太子傳：神龍二年，右庶子平貞慎又獻孝經議、養德傳以諷。新藝文志甲部經録孝經類：平貞眘孝經義。卷亡。又乙部史録雜傳記類：平貞眘養德傳卷亡。

李擢案，「擢」，當作「濯」。又見御史臺侍御殿中題名。新表蔡王房：楊府户曹參軍可道子司勳員外郎、延坊邠三州刺史、貶密州司馬濯。又大鄭三房：興元節度使從晦子擢。又趙郡李氏東祖房：蘇州録（氏）〔事〕孟宣子擢。不詳歷官。

李彭年見吏中、吏外。又考外、户外。二傳失載。

鄭南金　唐詩紀事十二有鄭南金九日應制詩。時景龍三年。

王豫　新表琅邪王氏：閬州刺史德素子豫，屯田郎中。

韓大壽見吏中補。又度外。

李志遠見吏中、吏外，又倉外。勳中作「至」。新循吏傳：至遠歷司勳、吏部員外、郎中。舊傳失載。

李承嘉　新表隴西李氏丹陽房：紀王府參軍旻子承嘉，御史大夫、襄武郡公。李嶠授李承嘉并州太原縣令制：勅，通議大夫、前守文昌司勳員外郎李承嘉，擢秀士林，昇榮禮閣，公勤無怠，幹制有餘。既修太原，是維舊國，爰制美錦，實佇良材。宜錫崇班，佇聞異績。可檢校并州太原縣令，散官如故，仍馳驛赴任。文苑英華四百十五。舊尹思貞傳：神(農)〔龍〕初，武三思擅權，御史大夫李承嘉附會之。時大理卿尹思貞固争韋月將獄，承嘉希三思(指)〔旨〕，(記)〔託〕以他事不許思貞入朝廷，謂承嘉曰：「公擅作威福，不顧憲章，附(記)〔託〕姦臣，以圖不軌，將先除忠良以自恣耶？」承嘉大怒，遂(敕)〔劾〕奏思貞。新傳略同。舊桓彦範傳：神龍二年秋，御史大夫李承嘉奏請族滅彦範等。中宗擢授承嘉金紫光祿大夫，進封襄武郡公，韋氏又特賜承嘉綵物五百段，瑞錦被一張。舊酷吏下姚紹之傳：中宗敕右臺大夫李承嘉按王同皎獄。新蕭至忠傳：蕭至忠始爲御史，李承嘉爲大夫，嘗讓諸御史曰：「彈事有不咨大夫，可乎？」衆不敢對，至忠獨曰：「故事，臺無長官。御史，天子耳目也，其所請奏，當專達，若大夫許而後論，即劾大夫者又誰白哉？」承嘉慙。神龍初，至忠爲御史中丞，承嘉爲户部尚書，至忠劾承嘉等罪，百僚震悚。

裴錫 新表中眷裴氏：敬彝見吏外補。子錫，司勳員外郎。

蕭擢 金石録目録六第一千一百十六：唐潁王府司馬蕭擢墓誌。開元二十四年十月。

李元恭見勳中。又金外。

李恆 一無考。

馮光嗣 又金外、倉外。又御史殿中監察題名。 元和姓纂一東：右丞、兵部侍郎馮元常生光嗣，齊州刺史，長樂信都人。 蘇頲授馮光嗣楊獻揚州都督府司馬等制：朝散大夫、使持節黃州諸軍事、守黃州刺史馮光嗣，頃在中朝，各登清貫，自居外郡，頗聞政績。可守揚州大都督府司馬，散官如故，仍馳驛赴任。文苑英華四百十四。

元𠻗 元和姓纂二十二元：虞部郎中、太府少卿元知讓生𠻗，尚書右丞、右常侍，河南洛陽縣人。 蘇頲章懷太子良娣張氏神道碑：景雲中，命銀青光禄大夫、尚書左丞元𠻗等持節册贈。文苑英華九百三十三。 武平一東門頌：平陽崔公庭玉遷荆州户曹參軍，前長史、尚書左丞元𠻗，後長史、吏部尚書崔日用，咸加殊禮。全唐文二百六十八。

盧萬碩 鉞案：金中有盧萬石，疑即是。

嚴杲 又户外。又御史臺監察題名。 定命録曰：李公林甫拜中書，嚴杲自郎中牧遠郡。太平廣記二百二十二。

程鎮之 蘇頲御史大夫贈右丞相程行謀神道碑：一子鎮之，幼爲尚舍直長。文苑英華八百八十九。 舊李晟傳：興元元年，晟收復京師，表守臣節不屈於賊者程鎮之等。不詳歷官。 會要八十：贈禮部尚書程鎮之謚曰敬。

崔論　新表博陵安平崔氏：刑部員外郎泌舊傳：殿中侍御史液子。子論，大理卿。舊傳：天寶中，自櫟陽令遷司勳員外郎、濛陽太守。乾元後，歷典名郡，皆以理行稱。大曆末，遷同州刺史。新傳略同。吳興志：崔論，上元元年自蜀州刺史授，遷試太府卿、兼御史大夫、淮南節度行軍司馬。統紀云：自饒州刺史授。舊崔寧傳：劍南行軍司馬崔論薦爲衙將。新傳同。

楊愼餘見左中、吏中。

張寂見勳中。

鄭璲見左中，又金中。

周利貞　舊酷吏傳：神龍初爲侍御史，出爲嘉州司馬，擢爲左臺御史中丞。新傳同。

杜儒　柳宗元爲韋京兆祭杜河中文，稱故河中節度贈禮部尚書杜公，略云：時惟明靈，道冠學徒。天子有命，總其戎車。何以邦之，維絳及蒲。又云：大曆之歲，詔徵茂才，時忝同道，俱起草萊。懷策既陳，綸言煥開，考第居甲，大曆二年，夏卿與弟正卿及確同舉賢良方正高第。自天昭回。分命邦畿，步武獲陪，同志爲友，星霜履回。長我十年，禮宜兄事，周游歡洽，莫不如志。于後多幸，謬列周行，又同制書，並命文昌。及余稍遷，吏部爲郎，公屬中兵，此焉分行。確爲兵部員外郎。再獲聯事，東西相望，出處同道，樂惟其常。後余出刺，九載南服，公自左輔，遂膺推轂。我勤魏闕，爰總九流，誰謂河廣，願言莫由。烹魚之問，往復相酬，惠好斯厚，惟以綢繆。河東先生集四十。舊德宗紀：貞元十四年九月，以太常卿杜確爲同州刺史、本州防禦、長春宫使。案，時代不合。

吴道師 元和姓纂十一模：齊道州別駕吴安誕五世孫道師，唐吏部侍郎。文苑英華四百八十二有吴道師對賢良方正策五道。唐摭言一：垂拱元年，吴師道等二十七人進士及第，後勑批云：略觀其策，並未盡善，若依令式及第者，唯祇一人，意欲廣收其才，通三者並許及第。開元占經一：景雲二年，奉勑重令修造渾儀，銀青光禄大夫、檢校秘書監吴師道等首末共營，各盡其思，至先天二年歲次赤奮若共成。

李堅 新表大鄭王房：襲魏國公、殿中丞攄子堅，虢州刺史。又大鄭王房：刑部尚書齊物子條，字堅，司農少卿。舊李石傳：祖堅。不詳歷官。權載之文集二十五唐故朝散大夫守司農少卿賜紫金魚袋隴西縣開國男李公墓誌銘：公諱條，字堅，後以字爲諱。貞元九年，授果州刺史。明年，有女道士謝氏白晝上昇，優詔嘉異，州閭咏歎。新藝文志丙部子録道家類：李堅東極真人傳一卷。果州謝自然。

鄭審 見吏中、吏外。國秀集中有司勳員外鄭審詩一首。

王光輔 新表琅琊王氏：武后相綝第三子曒，字光輔。舊中宗紀：景龍四年二月幸長安令王光輔馬嵬北原莊。 舊王方慶傳：長子光輔，開元中官至潞州刺史。

蔡希寂 見勳中。

王光大 見勳中補。又户外。

薛兼金 見吏中。

王璵 又祠中補。又御史殿中題名。 新表琅邪王氏：紹子璵，相肅宗。 舊傳：開元末，遷太常博士、侍御史，充祠祭使。肅宗卽位，累遷太常卿。新傳同。 賈至授王璵祠部郎中制：知上黨司馬事王璵。文苑英華三百八十九。詳祠中補。 舊王方翼傳：子珣知名，開元中爲中書舍人。舊王鉷傳作「瑨」。 新傳：子珣，與兄璵、弟瑨以文學稱，時號「三王」。張説唐故夏州都督太原王公神道碑：子故光禄少卿璵。張燕公集十五。

蘇瞻 元和姓纂十一模：刑部尚書蘇洵，藍田人，生晉、瞻，駕部郎中。 儲光羲集三有蘇十三瞻登玉泉寺峯入寺中見贈作詩。又詩注：蘇居世業藍田。

蕭嵩 又祠外補。 新表蕭氏齊梁房：渝州長史瓘子嵩，相玄宗。 舊傳：景雲元年，爲醴泉尉、監察御史，驟遷殿中侍御史。 開元初，爲中書舍人。 新傳：神龍元年，始調洺州參軍事。 蘇頲授蕭嵩太子舍人制：朝請大夫、殿中侍御史、内供奉、判尚書司勳員外郎、上柱國蕭嵩，可行太子舍人，散官、勳如故。文苑英華四百四。 又授陳惠滿倉部員外郎等制，稱朝請大夫、前行太子舍人、上柱國蕭嵩，可行尚書祠部員外郎，散官、勳如故。又三百九十一。詳倉外陳惠滿注。

李畬又考中補。又御史臺殿中監察(二見)題名。　新表趙郡李氏南祖房：至遠子畬，字玉田，考功郎中。　新循吏傳：初歷汜水主簿，累擢右臺監察御史裏行。臺廢，授監察御史，累轉國子司業。　舊李藩傳：祖畬，開元時爲考功郎中，事母孝謹，母卒，不勝喪，死。　蘇頲授李畬司勳員外郎制：勑：朝議郎、行殿中侍御史李畬，雅負才學，能循名教，莅官執憲，歷歲愈聞。清操默識，爲時所重。俾樹聲於勳府，宜矯步於仙闈。可行尚書司勳員外郎，散官如故。文苑英華三百九十一。

裴元質　新表中眷裴氏：子闈曾孫元質，尚書右丞。　朝野僉載：河東裴元質初舉進士，尋而唱第。太平廣記二百七十七。　四川成都志十一：景龍二年，以御史中丞裴元質領益州大都督府長史。

田崇璧　舊盧齊卿傳：長安初，則天令雍州長史薛季旭新傳作「昶」，是。擇僚吏堪爲御史者，季旭以問録事參軍盧齊卿，薦盩厔尉田崇璧等，後皆至大官。新傳同，云「皆爲通顯巨人」。　蘇頲命姚崇等北伐制：太僕少卿田崇璧，入敷事典，省閣稱其咸練，可兼行軍長史。開元二年三月。文苑英華四百五十九。

蕭璿見吏中。

李謹度又御史臺殿中監察題名。 資治通鑑唐紀二十八：開元八年正月，侍中宋璟疾負罪而妄訴不已者，悉付御史臺治之，謂中丞李謹度曰：「服不更訴者出之，尚訴未已者且繫。」由是人多怨者。 朝野僉載：唐御史中丞李謹度，宋璟引致之。遭母喪，不肯擧發哀，訃到，皆匿之。官僚苦其無用，令本貫瀛州申謹度母死。尚書省牒御史臺，然後哭，其庸猥皆此類也。 太平廣記二百五十九。

裴咢無考。 王云「咢」疑「噩」字。

李行正 新表紀王房：隴西郡公、都官郎中曠子金州刺史行正。 金石録目六第一千五十一：唐亳州刺史李行正碑。崔圓月撰，魏包八分書，開元十九年九月。

韋肇 新表韋氏逍遥公房：上黨尉希元子肇，吏部侍郎。 舊韋貫之傳：父肇，官至吏部侍郎，有重名於時。 舊韋温傳：祖肇，吏部侍郎。 新傳：父肇，大曆中爲中書舍人。 杜牧唐故宣州觀察使御史大夫韋公墓誌銘：上黨生吏部侍郎、贈太尉肇。 樊川文集八。 舊代宗紀、大曆九年十二月庚寅，以秘書少監韋肇爲吏部侍郎。 南部新書乙：韋肇初及第，偶於慈恩寺塔下題名，後進慕效之，遂成故事。

韋曾又主外，時代不合。 元和姓纂八微：萬年令光朝生曾，舒州刺史，京兆杜陵人。 寶刻叢編十八：唐立巴郡太守嚴顏廟碑，唐韋曾撰，貞元二十年。諸道石刻録。石刻寶豋等題名：上缺。裏行韋曾。元和十四年。山東益都。

崔希喬又倉中。又御史臺侍御監察題名。

新表鄭州崔氏：思敬孫希喬，監察御史。御史臺記曰：崔希喬，清河人也。以孝悌稱，解褐臨清尉。丁内憂，哀毁殆至滅性。服闋，補鄭縣尉。清介公方，聞乎京邑。轉鄭丞，所居堂芝草生焉，一暝而葩，葢盈尺矣。州以狀申，歲餘，遷監察，出授并州兵曹，轉馮翊令。人吏畏愛，風化大行，貧弱之輩，荷其仁恕。時有雲如葢當其廳事，須臾五色雜綵，周於縣郭，道路仰望久之。狀聞，敕編諸國史。尋遷司勳員外。其并州廳前有叢葦，小鳥來巢，如鷦鷯矣，孕卵纔數日，鷇毁而見，已踰於母矣。枝且不勝，墜於地，月餘五色成文，如鵝，馴擾閒暇，無復驚懼。洎能飛翔，時歸舊所，人到於今稱爲「兵曹鳥」。所居喪營城，每一哭，羣鳥畢集，至於萬牆宇皆遍，至有樹條折者，周於原野，村鄰嗟稱之。每所居，其巢燕乳鷇必返哺踰旬，後分飛矣。此孝義通也。太平御覽四百十一。

韋晉

新表韋氏小逍遥公房：武后相承慶子晉，常州刺史。姓纂同。

員嘉靜見吏中，又考外。

張九齡又禮外補。

新表始興張氏：索盧丞弘愈子九齡，字子壽，相玄宗。舊傳：登進士第，應舉登乙第，自右拾遺，開元十年，三遷司勳員外郎。十一年，拜中書舍人。張九齡轉司勳員外郎敕：通直郎、判尚書禮部員外郎張九齡，温粹沖簡，□□虛懷。朝議郎、河南府法曹參軍袁暉，清直雅正，□器軌物。並富仁踐義，崇德著言，詞學高步於當時，領袖允彰於後進。或早遊禮闈，或久處神京，甄其奏議，可序勳禮之籍。九齡可守尚書司勳員外郎，暉可行尚書禮部員外郎，散官各如故。開元八年四月七日。加朝散大夫誥：朝議郎、行司勳員外郎、護軍張九齡，右可朝散大夫。門下：朝議郎、中驍騎尉王昱等，文臺效美，書省推能，句藉丹墀，聲華紫帳。或榮升儲館，或政洽端僚，畿甸揚芬，京都課最，咸逢朝慶，式光通級。可依前件，主者施行。開元九年十月十四日。轉中書舍人敕：門下：朝散大夫、行尚書省疑衍。司勳員外郎、上柱國張九齡，含章間出，稟秀挺生，學總丘墳，詞變風雅。早應旌辟，累踐青華。行居四科之首，才稱一臺之妙。司言缺位，側席求賢，宜以起草之能，式長如綸之命。可中書舍人、內供奉。開元十年二月十七日。唐丞相曲江張先生文集附錄。石刻徐浩唐故金紫光禄大夫中書令集賢院學士知院事修國史尚書右丞相荆州大都督府長史贈大都督上柱國始興縣開國伯文獻張公碑銘：遷左拾遺，特拜左補闕，尋除禮部、司勳二員外郎，加朝散大夫，超中書舍人。廣東曲江。缺字據集本補。

徐尚案，「尚」當作「向」。新表北祖上房徐氏：許州司馬、襲枝江男詡子祠部員外郎儀見祠外。弟向，字文伯，衢、江、陳、潁、鄭、宋六州刺史。元和姓纂：向，司勳員外，陳、宋、荆州刺史。

崔祐甫見吏中補、吏外。舊傳：歷司勳、吏部員外郎。新傳：自起居舍人累遷中書舍人。

程昌綈無考。

蕭誠又御史臺監察題名。新表蕭氏齊梁房：萍鄉侯元祚子誠，司勳員外郎。孫逖授蕭誠太子左贊善大夫制：勑：朝議郎、試恆州司馬、隨軍副使、幽州節度驅使、上柱國、借緋魚袋蕭誠，早標明敏，久著聲名，詞翰推工，才能適用。頃從戎幕，嘗募征夫，宜遷翊贊之榮，仍効撫綏之術。可守太子左贊善大夫，依前幽州節度驅使，仍專檢校管內諸軍新召長遠往來健兒事。文苑英華四百四。又授蕭誠弘農郡別駕制：敕：朝請大夫、南陽郡長史、員外置同正員、上柱國蕭誠，早因才藝，久踐榮班，頃涉微瑕，未爲深累。佐郡之職，冗員頗多，既有命於省官，俾稍遷於近服。可守弘農郡別駕，散官如故。英華四百十四。新李泌傳：張九齡與嚴挺之、蕭誠善，挺之惡誠佞，勸九齡謝絕之，九齡忽獨念曰：「嚴太苦勁，然蕭軟美可喜。」方命左右召蕭，泌在旁，率爾曰：「公起布衣，以直道至宰相，而喜軟美者乎？」九齡驚，改容謝之。石刻韋濟白鹿泉神君祠碑，稱恆州司馬蘭陵蕭誠。開元二十四年。直隸獲鹿。南岳真君碑，判府兵曹蕭誠書，開元二十年。容齋隨筆八。蔡希悰法書論：父子兄弟相繼其能者，蘭陵蕭誠及弟諒。書苑菁華十二。

王琇又御史臺侍御殿中題名。會要八十五：開元九年正月，監察御史宇文融奏大理寺丞王誘等充勸農判官。詳監察宇文融注。舊禮儀志：玄宗時禮官張星、王琇以元日儀注乖失，詔免官歸家學問。

元彥沖見吏中、吏外。

宋遥又御史臺侍御殿中監察題名。元和姓纂二宋：晉原尉宋元獎生遥，禮、户、吏侍郎，左丞，魏、汴州刺史，扶風人。顏真卿崔孝公陋室銘記：公之澄清中外也，以丞尉宋遥等並以清白吏能而薦之。顏魯公文集十四。李華贈禮部尚書孝公崔沔集序：推舉時賢，得宋上黨遥等僉爲國器。文苑英華七百一。舊魏知古傳：先天二年冬，魏知古知吏部尚書事，擢用密縣尉宋遥，後累居清要。新傳：所薦密尉宋遥等，後有聞於時。舊嚴挺之傳：中書侍郎李元紘爲相，素重宋遥，引爲中書舍人，考吏部等第判。舊李元紘傳：右丞相宋璟嘉歎元紘曰：「李侍郎引宋遥之美才，黜劉晃之貪冒」，云云。顏真卿徐秀神道碑銘：自蔡州參軍爲御史宋遥關內覆囚判官。文忠集八。舊苗晉卿傳：開元二十九年，苗晉卿拜吏部侍郎，時李林甫爲尚書，專任〔朝〕〔廟〕堂，銓事唯委晉卿及同列侍郎宋遥主之。新傳畧同。　獨孤及唐故睢陽郡太守李少康神道碑銘：公爲青州刺史，按察使、户部侍郎宋遥以狀聞。毘陵集八。　新書文藝傳蕭穎士傳：天寶初，宋遥等皆先進，器其材，與鈞禮。

盧僎見吏外（二見）。又祠外。

王從敬鉞案：「從敬」當是「敬從」之誤。　又考中、禮外補。　新表京兆王氏：蒲州刺史慶子、揚州刺史易從見封中。弟敬從，右庶子。　唐會要七十六：景龍二年，茂才異等科王敬從及第。緯略同。　孫逖太子右庶子王公神道碑：大定疑「足」。中，舉文擅詞場。景雲歲，辟茂才異等。開元初，徵文藻宏麗。公三對策詔，皆爲甲科。三入華省，再登禁闥。歷尚書禮部、司勳員外、考功郎中、給事中，拜中書舍人。文苑英華九百二。　又授王敬從御史中丞制：中書舍人、上柱國王敬從，自居近密，頗歷歲時，宜拜三獨之雄，且膺八使之選。可中散大夫、御史中丞，仍充京畿採訪處置等使，勳如故。文苑英華三百九十三。　獨孤及唐故朝議大夫高平郡別駕權公神道碑銘：開元十八年，〔乃擇〕公廉無私，工於文者，考校書判甲乙丙丁科，以辨論其品。是歲，公受詔與徐安貞、王敬從、吴鞏、裴朏、李宙、張烜一作「恒」。等十學士參焉。凡所升奬，皆當時才彦，考判之目，由此始也。昆陵集八。新劉禹錫傳：奏記宰相曰：「玄宗與儒臣議，罷孔子廟釋奠牲牢，薦酒脯。宰相林甫不涉學，使御史中丞王敬從以明衣牲牢著爲令，遂無有非之者。」新書藝文志乙部史録刑法類：開元新格十卷，格式律令事類四十卷。御史中丞王敬從等删定，開元二十五年上。舊刑法志。唐會要三十九同。

盧象又膳外補、主外。劉禹錫唐故尚書主客員外郎盧公集紀：尚書郎盧公諱象，字緯卿。開元中，由前進士補秘書省校書郎。丞相曲江公深器之，擢爲左補闕、河南府司録、司勳員外郎。名盛氣高，少所卑下。爲飛語所中，左遷齊、汾、鄭三郡司馬，入爲膳部員外郎。劉賓客文集十九。舊韋(涉)〔陟〕傳：才名之士盧象等常與韋(涉)〔陟〕唱和遊處。新書藝文志丁部集録別集類：盧象集十二卷。原注：字緯卿，左拾遺、膳部員外郎，授安禄山僞官，貶永州司户參軍，起爲主客員外郎。

鄭愿又金中。新表鄭氏南祖房：清河令文叡子愿。不詳歷官。

李嘉祐直齋書録解題十九：李嘉祐，天寶七載進士。宋謝克家李嘉祐詩集序：上元中，嘗爲台州刺史。大曆間，又刺袁州。新書藝文志丁部集録別集録：李嘉祐詩一卷。原注：別名從一。袁州、台州二刺史。陳氏書録同，云亦號臺閣集。案，今本臺閣集前題袁州刺史李嘉祐字從一，或名從一。錢考功集六有寄袁州李嘉祐員外詩。

孫成又倉中。新表武邑孫氏：刑部侍郎逖見吏中。子成，字思退，桂州刺史、中丞，樂安孝男。舊文苑傳中：以父蔭，自隴右副元帥李抱玉掌書記入爲屯田、司勳二員外郎。丁母憂免。新傳失載。舊楊炎傳：建中時，楊炎誣殺劉晏，遣腹心孫成往澤潞、磁邢、幽州諸道宣慰。新傳同。詳考外補盧東美注。

蔣將明見左中。又主外。

楊獻見封中。舊楊再思傳：子植，植子獻，並爲司勳員外郎。

梁涉又户中。孫逖授梁涉中書舍人制，稱朝義郎、守尚書兵部郎中梁涉可守中書舍人，散官如故。文苑英華三百八十二。常袞咸陽縣丞郭君墓誌：特相友善者，時則有若呂向、梁涉、庫狄履温，終以偉才良器，綢繆省闥。又九百六十。新書讓皇帝憲傳：子汝陽王（璉）〔璡〕與梁涉等善。冊府元龜六百四十三：開元十五年五月，詔中書門下引文武舉人就中策試，右衛胄曹梁涉對策稍優，録奏，帝罷之。詳封外蕭諒注。舊韋陟傳：張九齡引韋陟爲中書舍人，與孫逖、梁涉對掌文誥。新傳：張九齡引韋陟爲舍人，與孫逖、梁涉並司書命，時號得才。新酷吏吉温傳：天寶中，中書舍人梁涉道遇吉温，低帽障面。温怒，諷柳勣引涉，皆斥逐。

李岫新表郇王房：玄宗相林甫子岫，將作監。又隴西李氏姑臧大房：肅宗相揆見下。曾孫、宗正少卿元夔子岫，殿中侍御史。時代不合。

新李林甫傳：子岫，爲將作監。見權勢熏灼，惕然懼，常從游後園，見輦重者，跪涕曰：「大人居位久，枳棘滿前，一旦禍至，欲比若人可得乎？」林甫不樂，曰：「勢已然，可奈何？」

孫逖授李岫司勳員外郎制：勑：朝議郎行京兆府司録參軍、上柱國李岫，訓稟詩禮，才稱英妙。既博藝而能文，亦謹身而勵節。疆場決勝，是賴於台臣；爵服懋功，宜及於胤子。雖讓爲德主，父則固辭，而賞以恩延，國有恆典。俾增章紱之寵，仍在神仙之地。可朝散大夫、行尚書司勳員外郎，勳如故。文苑英華三百九十一。

又授李岫衞尉少卿制：門下：朝議大夫、行秘書丞、上柱國、清水縣開（公）〔國〕伯李岫，悅禮敦詩，資忠履孝，勵清修而立節，包麗則以爲文。曩者輟務仙臺，移官秘府，一從閑退，七變星霜。父在樞衡，固守范宣之讓。謙沖自牧，足鎮於浮躁，而進用無黨，須歸於至公。宜承特命之恩，俾踐亞卿之職。可守衞尉少卿，散官、勳如故。又三百九十八。

舊玄宗紀下：天寶十二載二月，李林甫男將作監岫等皆流貶。

玄宗削李林甫官秩詔：男前將作監岫，率由下劣，不承缺勖，驕恣越度，過失彌深。且配流嶺南及黔中延德郡，仍除名即綱，馳驛領送。大詔令。

唐堯臣又御史臺殿中題名。廣異記：張師覽善卜冢，弟子王景超傳其業。開元中，唐堯臣卒於鄭州，師覽使景超爲定葬地。葬後，唐氏六畜等皆能言，罵云：「何物蟲狗，葬我著如此地！」家人惶懼，遽移其墓，怪遂絶。太平廣記三百八十九。

裴春卿又祠外。新表南來吴裴氏：郊、寧二州刺史守真見倉中。子春卿，太子中允。

皇甫琳無考。

朱巨川「朱」一作「李」。李巨川，昭宗時人，見唐摭言十。李紓故中書舍人吴郡朱府君神道碑：朱君諱巨川，字德源，嘉興人也。年二十，明經擢第，徵左補闕、内供奉，擢起居舍人、知制誥，換司勳員外郎，掌誥如初。拜中書舍人，錫以章綬。文苑英華八百九十四。梁肅常州刺史獨孤及行狀：藝文之士，遭公發揚，盛名比肩於朝廷，則有故中書舍人吴郡朱巨川。又九百七十二。新文藝傳：李華愛奬士類，名隨以重，若朱巨川後至顯官。新忠義張巡傳：有名士朱巨川等，咸謂張巡蔽遮江、淮，沮(城)〔賊〕勢，天下不(忘)〔亡〕，其功也。

竇申又祠外。新表竇氏三祖房：揚府長史庭蕙子申，給事中。舊竇參傳：族子申，累遷至京兆少尹，轉給事中。陸贄優恤畿内百姓并除十縣令詔：尚書司勳員外郎竇申等十人，咸以器能，精心理道，究烝黎之疾苦，知教化之宗源。輟於周行，往涖通邑。申可長安縣令，其有散官封賜者，並如故。陸宣公集四。

李休琁格案：勳外補有戴休「林」字誤琁，此「李」字疑卽「戴」字之誤。

崔譚見左中。又倉外。

畢炕見左中。新傳失載。

劉滋見勳中。　舊傳：自屯田員外郎轉司勳員外郎，判南曹，勤於吏職。遷司勳郎中，累拜給事中。新傳同。

苗粲見左中。又倉中。

裴遵慶見吏外、禮中補。　二傳失載。

韋元甫新表東眷韋氏閬公房：司農卿玢見左中。子元甫，尚書右丞。姓纂：尚書右丞、楊府長史。　舊傳：初任滑州白馬尉，累遷蘇州刺史、浙江西道都團練觀察等使。　李華潤州天鄉寺故大德雲禪師碑：御史中丞韋公元輔史作「甫」。頃臨潤州，無何，兼觀察，領浙西。永泰二年。文苑英華八百六十一。　會要七十九：贈户部尚書韋元甫謚曰「昭」。

能季武常袞滑州匡城縣令楊君靈巋墓誌銘：柱下史能季武，公之嘉客，袞之姬。疑「友」。廣德元年夏四月，本詣河外，假道于匡。文苑英華九百五十九。

韋多成鉞案：「多成」疑是「幼成」之誤。幼成系出南皮公房，見主外。此作「多成」，疑碑誤。

源少良又御史臺陰下層。又右側侍御兼殿中題名。　新表源氏：國子祭酒匡讚子少良，司勳員外郎。唐才子傳一：崔顥，開元十一年源少良下及進士第。石刻源少良等題名，監察御史源少良、陝縣尉陽陵、此郡太守張守信，天寶六載正月廿三日同遊。杭州摩崖。

崔圓見勳中。舊傳：自會昌丞累遷司勳員外郎。新傳失載。定命錄：崔圓作司勳員外，無何，爲刑部員外、兼侍御史，充劍南節留後。太平廣記二百二十二。李華淮南節度使尚書右文粹左僕射崔公頌德碑銘：歷京兆倉曹參軍，再遷司勳員外郎。「郎」，文粹無。丁太夫人憂，以毀聞。終喪，拜刑部員外郎。「郎」，文粹無。兼侍御史，知劍南節度留後使。文苑英華八百六十九。唐文粹五十四。

李揖新表趙郡李氏東祖房：司農少卿經生揖。不詳歷官。又蔣王房：安州別駕括子揖，盧州司馬。舊房琯傳：天寶十五載，房琯自請將兵收復京都，自選參佐，以户部侍郎李揖爲行軍司馬，戎務一委於揖等。又云：琯爲宰相，與諫議李揖等高談虛論。顏真卿朝請大夫行江陵少尹兼侍御史荊南行軍司馬上柱國顏君允臧神道碑銘：君授延昌令，潼關陷，太守李揖計未有所出，君勸投靈武。案，地理志，延州有延昌縣，揖當是延安太守也。

韋叔將又御史臺左稜題名。新表韋氏龍門公房：商州刺史弼見户外。子叔將，豫州刺史。

沈東美又膳外補。元和姓纂四十七寑：太子詹事佺期見考外補。生東美，給事中、夏州都督，鄴郡内黃人。紀聞：唐沈東美爲員外郎。原注：太子詹事佺期之子。太平廣記四百四十八。杜甫承沈八丈東美除膳部員外阻雨未遂馳賀寄此詩，畧云：今日西京掾，多除南省郎。原注：府掾四人，同日拜郎。杜工部集九。綦毋潛有題沈東美員外山池詩。文苑英華一百六十五。

陸據舊文苑傳：舉進士，自從事累官至司勳員外郎。新傳同。

崔顥舊文苑傳下：顥登進士第，累官司勳員外郎，天寶十三載卒。新藝文志丁部集録別集類：崔顥詩一卷。汴州人。才俊無行，娶妻不愜，即棄之者三四。歷司勳員外郎。

李揆又考中補。新表隴西李氏姑臧大房：秘書監成裕子揆，字端卿，相肅宗。舊傳：開元末舉進士，遷司勳員外郎。

裴綜見吏中、吏外。

鮮于叔明元和姓纂二仙：京兆尹鮮于仲通弟叔明，檢校右僕射、劍南東川節度，閬中人。原本誤入夏侯氏注。于邵唐劍南東川節度使鮮于公經武頌：公名晉，字叔明。自孝廉專經高第，再參環衛，累拜棘思，四遷柱史，連擢華省。宰洛邑，時號神明；牧商於，人歌父母。有詔加金商均房等州觀察處置使，又入爲京兆尹。文苑英華七百七十六。舊傳：李叔明字晉卿，閬州新政人。本姓鮮于氏。乾元後爲司勳員外郎，副漢中王瑀使回紇，復命，遷司門郎中，後爲京兆少尹。大曆末乞賜宗姓，代宗許之。新傳畧同。顏眞卿鮮于少保神道碑銘：公弟晉，字叔明。再爲法官，三秉天憲，二登郎署，一宰洛陽。肅宗褒異，擢拜商州刺史，無何，超遷京兆尹。顏文忠集六。鮮于氏離堆記：君弟京兆尹叔明，至德二年十月嘗在尚書司勳員外郎，乾元改號上元之歲，叔明時刺商州。文忠集十三。

楊綰　新表原武楊氏：白水令侃子綰，字公權，相代宗。舊傳：舉進士。肅宗卽位，拜起居舍人、知制誥，歷司勳員外郎、職方郎中，掌誥如故，遷中書舍人。新傳失載。

辛昇之又祠外。　元和姓纂十七眞：大曆都官郎中辛昇之訪未獲。杜工部集十二有江亭送眉州辛別駕昇之詩。

裴儆見吏外、封中。　獨孤及唐故尚書祠部員外郎贈陝州刺史裴稹行狀：子次曰儆，尚書司勳員外郎，兼殿中侍御史，參中軍元率雍王軍事。毘陵集六。

楊炎又禮中補。　新表扶風楊氏：播子炎，字公南，相德宗。舊傳：自起居舍人丁憂，服闋，起爲司勳員外郎，改兵部，轉禮部郎中、知制誥，遷中書舍人。新傳畧同。

杜位又考中補。　新表襄陽杜氏：河西隴右節度使、太僕卿、襄陽縣男希望子位，考功郎中、湖州刺史。舊李林甫傳：子壻杜位爲右補闕。新傳：天寶十二載，諸壻杜位等皆貶官。吴興志：杜位，乾寧元年自江寧少尹拜，卒官。統紀云大曆四年。杜工部集九有杜位宅守歲詩。又十一有寄杜位詩：近聞寛法離新州，想見懷歸尚百憂。逐客雖皆萬里去，悲君已是十年流。又自注云：位京中宅近西曲江。詩尾有述。又十六寄杜位詩，自注：頃者與位同在故嚴尚書幕。

許登又户中。賈至授韋少遊祠部員外郎等制，稱守右監門衛胄曹參軍許登可右拾遺。文苑英華三百九十一。少游見吏中。

韋冗無考。

獨孤愐見左中補。

于頔新表于氏：泗州司馬夐子頔，字允元，相憲宗。舊傳：再遷司門員外郎、兼侍御史，充入西番計會使，歷長安縣令、駕部郎中，出爲湖州刺史。新傳畧同。

張鎰又祠外。新表吴郡張氏：朔方節度使、東京留守齊丘子鎰，字季權，相德宗。舊傳：以門蔭自祠部、右司二員外郎，母憂，免喪，除司勳員外郎。新傳失載。

錢起又考中補、祠外。舊錢徽傳：父起，天寶十載登進士第。大曆中，位終尚書郎。新書文藝下盧綸傳：錢起等能詩，大曆十才子。起，吴興人，終考功郎中。

孔述睿　元和姓纂一董：太子賓客孔述睿，會稽山陰人。案，「太子」上有脱文。舊隱逸傳：大曆中，以太常寺協律郎徵，轉國子博士，歷遷尚書司勳員外郎、史館修撰。每加恩命，暫至朝廷謝恩，旬日卽辭疾卻歸舊隱。德宗踐阼，徵諫議大夫。新傳畧同。

殷亮見吏中、吏外、封外。

鄭叔矩　舊渾瑊傳：貞元三年五月，詔司勳郎中鄭叔(則)〔矩〕爲平涼盟會副使崔漢衡判官。閏月，陷于賊。「郎中」，當從舊吐蕃傳作「員外郎」。舊吐蕃傳：貞元三年七月，詔司勳員外郎鄭叔矩等各與一子八品官。舊憲宗紀上：元和五年五月庚申，吐蕃歸鄭叔矩之柩。又云：叔矩凡陷二十餘年，竟不屈節，因没於蕃中，至是請和，故歸之。舊路隋傳：吐蕃因徐復等報聘還，遣使以鄭叔矩之喪與銘及遺録至。

李竦見吏中。

劉太真見吏外。　二傳失載。裴度劉府君神道碑銘：德宗皇帝卽位，徵拜起居郎，改尚書司勳員外郎，尋轉吏部員外郎。

張維素見吏中、封中。

衛次公　元和姓纂十三祭：今陝虢觀察衛次公，河東安邑人。舊傳：字從周，舉進士。貞元廿一年，自左補闕、翰林學士轉司勳員外郎，權知中書舍人。重修承旨學士壁記：衛次公，貞元二十一年二月二十二日，自左補闕加司勳員外郎賜緋魚袋；三月十七日，加知制誥；元和三年正月，拜權知中書舍人出院。翰苑羣書上。

李絳 見勳中。又主外。 舊傳：元和二年，自監察御史、翰林學士改尚書主客員外郎；踰年，轉司勳員外郎。五年，遷本司郎中，不離內職。新傳失載。 重修承旨學士壁記：李絳，元和四年四月十七日，自主客員外郎、翰林學士加司勳員外郎、知制誥；五月十九日賜緋；五年五月五日，加司勳郎中，依前充。 元稹承旨學士院記：李絳，元和四年四月十七日，自主客員外郎、翰林學士拜司勳員外郎、知制誥，充承旨；五月十九日，賜紫金魚袋；五年五月五日，遷司勳郎中、知制誥。並翰苑羣書上。

裴樞 此與吏外補裴樞別是一人。 新表南來吴裴氏：衛尉少卿巨卿子樞，司勳員外郎。 舊書禮儀志六：貞元八年正月二十三日，司勳員外郎裴樞議建石室於園寢，以遷獻、懿二祖神主。新儒學陳京傳畧同。 乾𦠆子：河東裴樞字環中，三十六郎。季父耀卿，親姨夫中書舍人薛邕。永泰二年賈至侍郎知舉，樞一舉而登選及第。後歸丹陽里，不與雜流交通。韋元甫除此州，計到郡之明日，合來拜其親。元甫至之明日，專使送衣服書狀信物，樞怒言不納。後三日，元甫親到別業，樞不令報，元甫不得進，不怒，但云「裴君太褊」。親傳語延就廳事，元甫陳以公事，樞方出歡話。太平廣記二百四十四。 柳宗元先君石表陰先友記：裴樞，同郡人，爲御史。天子以隱罪誅吏，樞頓首願白其狀，以故貶。後爲尚書郎。河東先生集十二。顧況左僕射韓滉行狀：天子幸梁川巴山道，公又命從事裴樞、李崘徵巡内兵甲麾下將士合三萬人，請翊衞鑾輿，收復京邑。文苑英華九百七十三。舊文苑王仲舒傳：與知名之士裴樞等爲忘形之契。孟郊贈裴樞端公詩。文苑英華二百五十九。集本作投贈張端公。

鄭利用見吏中。

李元素見左中、吏外。又户中。二傳失載。

邢肅無考。

裴茝又主中。新表東眷裴氏：道護後，憲子茝，國子司業。舊韋執誼傳：貞元十九年，韋執誼奏逐裴茝等六七人。不詳歷官。新傳同，詳左中韋成季注。舊憲宗紀：元和六年閏十二月辛亥，皇太子寧薨，國典無太子薨禮，國子司業裴茝精禮學，特敕於西内定儀。新藝文志乙部史録儀注類：裴茝内外親族五服儀二卷，又書儀三卷。朱儁注：茝，元和太常少卿。

鄭絪又封外附存。新表鄭氏南祖房：池州刺史羨子絪，字文明，相德宗。舊傳：擢進士第，登宏詞科。自起居郎擢爲翰林，轉司勳員外郎、知制誥。憲宗監國，遷中書舍人。新傳失載。重修承旨學士壁記：鄭絪，貞元八年，自司勳員外郎、知制誥充翰林學士；五月，賜緋魚袋；二十一年二月二十二日，遷中書舍人，賜紫金魚袋。元稹承旨學士院記：鄭絪，貞元二十一年二月，自司勳員外郎、翰林學士拜中書舍人，賜紫金魚袋，充承旨。翰苑羣書上。順宗實録一：貞元二十一年二月壬戌，以司勳員外郎、翰林學士、知制誥鄭絪爲中書舍人，學士如故。昌黎先生外集六。

李程 新表大鄭王房：滁州刺史鶡子程，字表臣，相敬宗。舊傳：貞元十二年進士擢第，又登宏辭科。順宗卽位，罷翰林學士，三遷爲員外郎。元和中，出爲劍南西川節度行軍司馬。新傳：自監察御史召爲翰林學士，再遷司勳員外郎，爵渭源縣男。重修承旨學士壁記：李程，貞元二十年九月二十七日，自監察御史充翰林學士；二十一年三月十七日，加水部員外郎；元和元年九月，加朝散大夫、賜緋魚袋；二年四月二十一日，轉司勳員外郎；三年七月二十三日，知制誥；其年出院，授隨州刺史。

張仲素 見封中、禮中補。

趙宗儒 見吏中。又考中。舊傳：建中四年，自右拾遺轉屯田員外郎，翰林學士如故。居父憂，免喪，授司門、司勳二員外郎。貞元六年，領考功事。新傳畧同。柳宗元上江陵趙相公寄所著文啟：往者嘗侍坐於崔比部，聞其言曰：「今之爲文，莫有居趙司勳右者。」河東先生集三十六。

薛存誠又度外補。新表薛氏西祖房：左拾遺勝子存誠，給事中。舊傳：字資明，進士擢第。元和初，自殿中侍御史遷度支員外郎。裴垍作相，用爲起居郎，轉司勳員外郎、刑部郎中。新傳失載。白居易除孔戣等官制：駕部郎中薛存誠，廉潔直方，飾以詞藻，中立不倚，介然風規。可給事中。白氏文集五十五。

盧公憲見吏中、勳中。

李巨「巨」，王本缺。又户中。新宰相表：隴西李氏姑臧大房：開州刺史峯子巨，司勳員外郎。宗室表虢王房：嗣虢王、秘書監邕子巨，嗣虢王、河南節度使。二書有傳，非。舊憲宗紀：元和七年十一月乙亥，以司勳員外郎李巨充皇太子諸王侍讀。舊李逢吉傳同。

盧士牧無考。吏中、吏外有士玫，疑即是。

蔣武新表蔣氏：國子司業蔣明見左中。子乂，字德源，祕書監、義興懿公。舊傳：貞元十八年，自右拾遺遷起居舍人，轉司勳員外郎，皆兼史職。元和二年，遷兵部郎中。本名武，因憲宗召對，請改名乂，從之。新傳畧同。

于敖見吏中。又倉外。舊傳：元和六年，真拜監察御史，轉殿中，歷倉部、司勳二員外，萬年令，拜右司郎中，出爲商州刺史。新傳失載。

杜元穎　新表杜氏：大理正佐子元穎，相穆宗。舊傳：貞元末進士登第，元和中爲左拾遺、右補闕，召入翰林，充學士，轉司勳員外郎、知制誥。穆宗即位，召對思政殿，賜金紫，超拜中書舍人。新傳畧同。重修承旨學士壁記：杜元穎，元和十二年□月十三日，自太常博士充翰林學士；二十日改右補闕；□月十八日賜緋；十四年三月二十一日，加司勳員外郎；十五年閏正月一日賜紫，二十一日遷中書舍人。元稹承旨學士院記：杜元穎，元和十五年閏正月一日，以司勳員外郎、翰林學士充承旨，賜紫金魚袋；二十一日正除。並翰苑羣書上。李肇翰林志：元和十四年，司勳員外郎杜元穎在翰林。

李正封見勳中。舊憲宗紀：元和十二年七月，以司勳員外郎李正封兼侍御史，爲彰義軍判官。舊裴度傳同。

席夔見吏外。

王起　新表太原王氏：揚州倉曹參軍恕子文宗相播見考中補。弟起，字舉之，魏郡文懿公。舊傳：貞元十四年登進士第，自淮南掌書記入朝爲殿中，遷起居郎、司勳員外郎、直史館。元和十四年，以比部郎中知制誥。新傳失載。

路隋見勳中。舊傳：元和中擢拜左補闕，遷起居郎，轉司勳員外郎，充史館修撰。穆宗即位，遷司勳郎中。新傳失載。重修承旨學士壁記：路隋，元和十五年二月二十四日，自司勳員外郎、史館修撰充侍讀學士；三月十日賜緋；二十二日轉本司郎中。翰苑羣書上。

李肇見左中補。重修承旨學士壁記：李肇，元和十五年閏正月二十一日，自右補闕加司勳員外郎；長慶元年正月十三日，出守本官。舊穆宗紀：長慶元年十二月，貶司勳員外郎李肇澧州刺史。白居易論左降獨孤朗等狀長慶元年十二月十一日奏：前列詞頭司勳員外郎李肇可澧州刺史。白氏文集六十。

趙元亮見左中，又户外。

李紳新表趙郡李氏南祖：續後，金壇令晤子紳，字公垂，相武宗。舊傳：元和初，登進士第，長慶元年三月，自右補闕、翰林學士改司勳員外郎、知制誥。二年二月，超拜中書舍人，內職如故。新傳失載。舊穆宗紀：長慶元年三月己未，以左補闕李紳爲司勳員外郎，依前知制誥、翰林學士。二年二月，以司勳員外郎、知制誥李紳爲中書舍人，依前翰林學士。重修承旨學士壁記，李紳，長慶元年三月二十三日，自右補闕加司勳員外郎、知制誥；二年二月十九日，遷中書舍人、承旨。元稹承旨學士院記：李紳，長慶二年二月十九日，自司勳員外郎、知制誥、翰林學士賜緋魚袋，遷中書舍人充。並翰苑羣書上。白居易淮南節度使檢校尚書右僕射趙郡李公家廟碑銘：拜右拾遺。歲餘，穆宗知公忠孝文行，召入翰林，特授司封員外郎、知制誥，遷中書舍人。白氏文集七十一。「司封」，「司勳」之誤。

崔鄲又考中補。又御史臺碑額監察題名。新表崔氏清河小房：右金吾將軍鄯見倉外。弟鄲，相宣宗。舊傳：登進士第，累遷監察御史，三遷考功郎中，充翰林學士，轉中書舍人。新傳：補渭南尉，累除刑部郎中，出副杜元穎西川節度府，召入爲工部侍郎、集賢殿學士。

王申伯見吏外、封中。

姚向又户外。白居易李虞仲崔戎姚向温會等並西川判官皆賜緋各檢校省官兼御史制：吾命殷文昌爲西川帥，又命虞仲、戎、向、會等爲庶寮，俾咨度，輟三署吏，贊丞相府，假憲官職，加臺郎，暨一命再命之服以遣之。白氏文集四十八。集古録目：唐嶺南節度鄭權碑，陝州大都督府長史庾承宣撰，萬年縣令姚向書，寶曆二年立。集古録：姚向書筆力精勁，雖唐人工於書者多，而及此者亦少，惜其不傳於世，而今人莫有知者，惟予以集録之傳，得此而已。寶刻叢編五。

孫簡見左中補、吏中。二傳失載。

馮藥 元和姓纂一東：國子祭酒馮伉生葯，魏郡人。不詳歷官。 舊儒學馮伉傳：子葯，進士擢第，又登制科，仕至尚書郎。 新李珏傳：穆宗即位，期九月九日大宴羣臣，右拾遺李珏、馮葯同進言。

李弘慶見左外。

楊漢公見封中，又户中。 舊傳：自李絳與元從事累遷户部郎中。新傳同。

竇鞏 新表竇氏平陵房：左拾遺叔向子鞏，字友封，鄂岳節度副使。 舊傳：元和二年登進士第，自平盧副使入朝，拜侍御史，歷司勳員外郎、刑部郎中。新傳失載。 褚藏言故武昌軍節度副使朝散大夫檢校祕書監兼御史中丞扶風竇府君詩序：自青社副使除侍御史，轉司勳員外郎，遷刑部郎中。竇氏聯珠集。

高元裕見左中、吏外。二傳失載。 石刻蕭鄴大唐故吏部尚書贈尚書右僕射渤海高公神道碑：□侍御史，擢拜司勳員外郎，轉吏部員外郎。河南洛陽。 集異記：高元裕，大和三年任司勳員外郎。太平廣記二百七十八。

盧簡辭又考中補、考外補。 新表盧氏：檢校户部郎中綸見户中補。子簡辭，字子策，山南東道節度使。 舊傳：元和六年登第，竇曆中，自侍御史轉考功員外郎，轉郎中。 大和中，坐事自太僕卿出爲衢州刺史。新傳亦失載。

崔龜從見吏外、勳中。又考中補。二傳失載。

裴識又户中、主外。 新表東眷裴氏：道護後，度見封中。第五子，調弟識，字通理，檢校右僕射、晉昭公。 舊傳：以蔭授官，累遷至壽州刺史。 新傳：蔭補京兆參軍，擢累大理少卿。

韋磻見封中補。 盧弘正興唐寺毗沙門天王記：司勳京兆韋公磻揮金致績以美之。開成三年十二月。 文苑英華八百十九。

鄭涯又户中。 新表鄭氏北祖房：利用見吏中，又見上。子涯，檢校右僕射、同中書門下平章事。 重修承旨學士壁記：鄭涯，大和七年四月八日，自左補闕充；八年九月七日，加司勳員外郎；十六日，賜緋；九年十一月十九日，加知制誥；十二月十五日，守本官出院。 翰苑羣書上。 封敖批鄭涯謝上表畧云：内庭西掖，留重價於雄文；憲府南宫，藹餘芳於嘉話。出入更踐，便蕃寵榮，所莅有聲，溢於聞聽。是用授之鈇鉞，鎮以荆蠻，壓江漢之上游，總吴蜀之都會。文苑英華四百六十七。 舊武宗紀：會昌三年七月，宰相奏兵部侍郎鄭涯久爲征鎮判官，情甚精敏。雖無詞辨，言事分明，官重事閑，充使鎮最似相稱，云云。 舊書禮儀志五：會昌六年五月，禮儀使奏武宗昭肅皇帝(袝)〔祔〕廟，請復代宗神主於太廟，以敬宗、文宗、武宗同爲一代，於太廟東間添置(□)〔兩〕室，定爲九代十一室。尚書左丞鄭涯等奏，依禮官所議。舊宣宗紀：大中三年十一月，東川節度使鄭涯等奏修文川谷路，自靈泉至白雲置十一驛，下詔褒美。會要八十六同。稱山南西道節度使鄭渥等奏，云云。勑旨，鄭渥首創厥功。新封敖傳：大中中，興元節度使鄭涯開新路，水壞其棧，敖更治斜谷道。

又九年三月，以吏部侍郎鄭涯檢校禮部尚書、兼定州刺史、御史大夫、義武軍節度、易定觀察處置、北平軍等使。十一年八月，以義武軍節度、易定觀察等使、檢校禮部尚書、定州刺史、上柱國、滎陽縣開國男、食邑三百户鄭涯檢校户部尚書、汴州刺史、上柱國、宣武軍節度副大使、知節度事、宋亳（汴）觀察、亳州太清宮等使。玉堂遺範授鄭涯義武軍節度使制：銀青光禄大夫、守太子賓客、分司東都、上柱國、滎陽縣開國男、食邑三百户鄭涯，發揚術業，歷踐清途，常膺獎任，屢鎮方隅。惠愛洽於轅門，謳歌溢於閭井。洎謫居遐徼，旋處洛師，惕厲日聞，屯夷一貫。是命載圖來効，復議寵遷。可檢校禮部尚書、使持節定州諸軍事、兼定州刺史、御史大夫，充義武軍節度、易定等州觀察處置、北平軍等使，散官、勳封如故。大中九年九月。文苑英華四百五十二。

資治通鑑唐紀六十四：大中三年閏十一月，山南西道節度使鄭涯奏取扶州。新書吐蕃傳同。資治通鑑唐紀六十六：咸通二年冬十月以，御史大夫鄭涯爲山南東道節度使，加同平章事。玉堂遺範授鄭涯山南東道節度使制：金紫光禄大夫、御史大夫、上柱國、滎陽郡開國公、食邑三千户鄭涯，參密命於北門，演綸音於西掖，屢解交於都座，兼尹正於二原。會府功著於彌綸，神州政傳於表則。登車按部，仗節總戎。屬者千旄入覲，宣室對敭，掌地征而天府既饒，執邦憲而朝綱載肅。可檢校尚書右僕射、守襄州刺史、御史大夫，充山南東道節度使、管内觀察處置等使，散官、勳封如故。文苑英華四百五十三。

劇談録：咸通四年秋，洛中大水，時鄭相國涯留守洛師。

丁居晦 見封中。

重修承旨學士壁記：丁居晦，大和九年十月十九日，自起居舍人、集賢院直學士遷司勳員外郎；開成二年九月十一日，加司封郎中、知制誥。翰苑羣書上。

李中敏

舊傳：隴西人。元和末登進士第，大和中爲司門、司勳員外郎，尋遷刑部郎中，知臺雜，拜諫議大夫。新傳畧同。

黎埴

重修承旨學士壁記：黎埴，大和九年十月十二日，自右補闕充；開成二年二月十日，加司勳員外郎；三年正月十日，加知制誥；其年十二月十八日賜緋；其月二十一日，加兵部郎中；四年十一月六日，遷中書舍人；五年二月一日賜紫；三月十六日，拜御史中丞，出院。翰苑羣書上。新李德裕傳：文宗對學士禁中，黎埴頓首言：「德裕與宗閔皆逐，而獨三進官。」帝曰：「彼嘗進鄭注，而德裕欲殺之，今當以官與何人？」埴懼而出。新李訓傳：太和九年十一月，神策兵大掠都城，掠黎埴等家，貲産一空。

閩川名士傳：林傑九歲謁盧大夫貞、黎常侍埴，無不嘉獎。太平廣記百七十五。寶刻類編六：黎埴浯溪題名。大中元年七月。

崔瓘　新表清河小房崔氏：司農卿鄲見戶外。子瓘，字（安）汝器，吏部尚書。舊崔邠傳：子瓘疑「瓘」。登進士第，歷位臺閣。舊五代史唐書三十四崔協傳：祖瓘，吏部尚書。劉禹錫唐故兼御史中丞贈太師崔公倕神道碑：太常邠二子同入尚書，瓘爲司勳郎。開成四年。劉賓客文集三。

崔干　新表清河小房崔氏：秩子干，字藩之。舊崔羣傳：弟干，登進士，官至郎署，有令名。據世系表，係羣從弟，此「弟」上脫「從」字。唐會要五十八：會昌三年三月，庫部郎中、知制誥崔干等言文武常參官兼御史大夫、中丞，班位列尚書左右丞上，云云。閩川名士傳：林肅爲閩府大將，有子傑，益大其門，廉使崔侍郎干亟與遷職。太平廣記百七十五。

庾簡休又祠外。　元和姓纂七麌：大理正、祕書少監致仕庾倬生簡休，工部侍郎、左散騎常侍。新庾敬休傳：弟簡休，亦至工部侍郎。舊宣宗紀：大中元年六月，以左諫議大夫庾簡休爲虢州刺史。

崔鉉見封中。　舊傳：會昌初，再遷員外郎、知制誥，召入翰林充學士。新傳：自荆南賓佐入拜司勳員外郎、翰林學士，遷中書舍人，學士承旨。重修承旨學士壁記：崔鉉，開成五年七月五日，自司勳員外郎充；會昌二年正月十二日，加司封郎中、知制誥。翰苑羣書上。

陳湘 「湘」二本缺。 見吏外。

崔璵 見左中。又考中補、户中、禮外補。二傳失載。

崔駢 見左中。又户中。

韋琮 新傳：進士及第，稍進殿中侍御史。坐訊獄不得實，改太常博士，擢累户部侍郎、翰林學士承旨。重修承旨學士壁記：韋琮，會昌二年二月十五日，自起居舍人、史館修撰充；其年十月十七日，加司勳員外郎；三年五月二十九日，轉兵部員外郎、知制誥；四年四月十五日，轉兵部郎中；九月四日，拜中書舍人，並依前充。翰苑羣書上。資治通鑑唐紀六十三：會昌三年五月壬寅，以翰林學士承旨崔鉉爲中書侍郎、同平章事，夜召學士韋琮，以鉉名授之，令草制。琮，乾度之子也。乾度見吏中。

崔黯 見勳中。 舊傳：開成初爲監察御史，尋遷員外郎。新傳同。

周復 見勳中，又户外。

裴寅 見左中、封中、封外。

杜審權見吏外、勳中補。舊傳：自左補闕，大中初，遷司勳員外郎，轉郎中。

楊發見左中補、勳中，又禮中補。二傳失載。

盧罕見吏外。

杜牧見吏外，又考中補、膳外補。舊傳：出牧黃、池、睦三郡，復遷司勳員外郎、史館修撰，轉吏部員外郎。新傳畧同。自撰墓誌銘：出守黃、池、睦三州，遷司勳員外郎、史館修撰，轉吏部員外。宋州寧陵縣記：大中二年十一月十八日，將仕郎、守尚書司勳員外郎、史館修撰杜某題。又上周相公啟：奉三月八日勅，除尚書司勳員外郎、史館修撰。杜樊川集。

韋澳又考外補。舊傳：大和六年擢進士第，又以宏詞登科。周墀鎮鄭滑，辟爲從事，墀輔政，以澳爲考功員外郎。累遷户部、兵部侍郎。新傳畧同。

趙櫓見吏外。又户外。

趙滂又户中、户外。新表新安趙氏：嶺南節度使、檢校工部尚書、謚簡、植子從約見倉外。弟滂，字思齊。一本「濟」。崔嘏授蔡京趙滂等御史等制：忠武軍節度副使趙滂，久滯藩方，朱昇朝序。吾且循其聲跡，頗契符言。是用擢自賓筵，置於憲席。可殿中。文苑英華三百九十五。

李遠 閬川名士傳：林傑九歲，李侍御遠、趙支使容深所知仰，不捨斯須。太平廣記百七十五。 九國志二李濤傳：祖遠，唐杭州刺史，趙郡人。 新書藝文志丁部集録別集類：李遠詩集一卷。字求古，大中建州刺史。

崔鈞 又祠外。 新表博陵大房崔氏：仲哲後直史館元受子鈞，字秉一。 又南祖崔氏：祠部郎中有鄰子鈞。 舊崔元受傳：子鈞，登進士第，辟諸侯府。 舊宣宗紀：大中十一年十月，以太常少卿崔鈞爲蘇州刺史。

李潘 見勳中。又金外。

苗恪 新表苗氏：蕃孫、著子、愔見户中。 弟恪，字無悔。 登科記曰：苗恪，大和八年登第。五百家註音辨昌黎先生文集二十五。 東觀奏記中：上慎重名器，未嘗容易，服色之賜，一無所濫。 苗恪自司勳員外除洛陽令，藍衫赴任。 重修承旨學士壁記：苗恪，大中十一年正月十五日，自庫部郎中充；四月十五日，加知制誥；十二年閏二月十三日，遷中書舍人，並依前充；十三年八月二十六日賜紫；其月二十九日，加朝請大夫、兼户部侍郎、知制誥；其年十二月十三日，加承旨；十四年十一月八日，改檢校工部尚書、山南西道節度使、兼御史大夫。翰苑羣書上。 舊宣宗紀：大中十二年二月，以庫部郎中、知制誥苗恪等並中書舍人，依前翰林學士。

庾道蔚又封外附存。　元和姓纂七麌：左拾遺庾敬休見左中補。生道蔚，翰林學士。　重修承旨學士壁記：庾道蔚，大中六年七月十五日，自起居舍人充；其年十二月二十九日，三殿召對賜緋；七年九月十九日，加司封疑「勳」。員外郎；九年八月十三日，加駕部郎中、知制誥，並依前充；十年正月十四日，守本官出院，尋除連州刺史。翰苑羣書上。　舊宣宗紀：大中三年九月，以起居郎庾道蔚充翰林學士。　案，與壁記不合。樊川文集十七有庾道蔚守起居舍人充翰林學士等制，稱將仕郎、守起居舍人庾道蔚，與壁記正同。又考杜牧於大中五年冬始自湖州刺史拜考功郎中、知制誥，則道蔚之充，年月亦當從壁記爲定，舊紀誤。又案，杜牧制云「自侯府升爲諫臣」，蓋□由方鎮從事入爲御史、遺補者，文詳禮外補。　東觀奏記中：翰林學士、駕部郎中、知制誥庾道蔚，勑曰：以藝文擢居近密，乖檢慎，難處禁林，宜守本官。續連州刺史。鄭朗爲御史大夫，道蔚以事干之，乞庇罪人者，朗銜之，朗既大用，積前事，盡聞于上，故及此罪。

韋用晦　新表京兆韋氏：司功郎中昌範子用晦。不詳歷官。

鄭樞無考。

王渢見勳中。　舊宣宗紀：大中八年三月，修文宗實録，史官司勳員外郎王渢等頒賜銀器、錦綵有差。　會要同，舊魏謩傳同。新蔣偕傳：大中八年，與王（佩）〔渢〕撰次文宗實録。

皇甫珪見吏外、封中。　重修承旨學士壁記：皇甫珪，大中十年六月五日，自吏部員外郎充，其月七日改司封郎中，十一年正月十一日，三殿召對賜緋；其年十月二日，加司封郎中、知制誥。翰苑羣書上。東觀奏記中：皇甫珪自吏部員外召入內廷，改司勳員外，計吏員二十五箇月限轉司封郎中、知制誥。案，壁記上「司封郎中」四字當從奏記作「司勳員外」。

裴衡見吏外。

牛叢見勳中。又户中。膳外補。新傳：宣宗時，以司勳員外郎爲睦州刺史。舊傳失載。嚴州重修圖經一：牛叢，大中十二年十一月日自司勳員外郎拜。

楊收「收」，一作「辰」，無考。見吏外。舊傳：宰相夏侯孜領度支，用收，自職方員外郎分司東都爲判官，罷職，改司勳員外郎、長安令。秩滿，改吏部員外郎。新傳失載。

張復珪見封中、勳中。

楊知遠新表楊氏越公房：汝士見封中。子知遠，字明之，絳州刺史。舊楊汝士傳：子知遠，登進士第。舊懿宗本紀：咸通二年八月，以兵部員外郎楊知遠等試吏部宏詞選人。

杜蔚見勳中。

穆仁裕見吏中、吏外。舊懿宗紀：咸通二年八月，以司勳員外郎穆仁裕等試吏部宏詞選人。

苗紳東觀奏記中：武昌軍節度副使苗，原注：名與庭裕家諱同。責仝子嚴不避馬，擒至幕，笞其背。嚴母詣闕稱冤，苗貶江州司馬。制曰：「避馬雖乖於嚴敬，鞭人合顧於簪纓。」舍人楊紹復之詞也。苗自此爲清議所薄。廬山記二：經藏院在東林寺東廡，有韋丹、韋宙寫。疑脱「像」字。咸通八年，江州刺史苗紳有二韋寫真贊。紳，宙之外孫也。徐知證廬山太乙真人廟記：咸通九年，江東牧苗公紳自石塘橋移入山口。全唐文八百七十。雲臺編上有送人之九江禓郡侯苗員外紳詩。金華子雜編下：苗紳貶南中，崔相國彥昭其故人也，見而憫焉，呼紳至第而慰勉曰：「苗十大是屈人。」再三言之。紳歎久淹屈，既聞時宰之撫諭，莫勝其喜。及還家，其子迎於門，紳笑語其子曰：「今日見崔相國，憫我如此。」遂坐於廳，高誦其言曰：「苗十大是屈人。」喜笑一聲而卒。悲夫！

源重又度外。舊楊嚴傳：會昌四年，僕射王起典貢部，源重等五人試文合格，以子弟，武宗敕落下。唐摭言八：會昌四年，王起奏五人源重故相牛僧孺之甥。等。恩旨令送所試雜文付翰林重考覆，續奏進止，源重落下。吳興志：源重，咸通三年九月自司勳員外郎授，除絳州刺史。

薛廷望見左中。又主外。

獨孤霖　新表獨孤氏：雲州刺史密子、吏部侍郎雲見吏外。弟霖，祕書監。元和姓纂同。

重修承旨學士壁記：獨孤霖，咸通三年九月二十七日，自右補闕賜緋入；四年閏六月十九日，特恩加司勳員外郎充；十二月二十一日，加知制誥；五年五月九日，三殿召對賜紫；七月八日，加庫部郎中、知制誥依前充；六年六月五日，遷中書舍人依前充；九月十七日，加朝散大夫、工部侍郎依前充；七年三月十七日，三殿召對面宣充承旨；八年正月二十七日，改户部侍郎、知制誥依前充；十一月四日，遷兵部侍郎、知制誥依前充；十年九月八日，守本官判户部出院。翰苑羣書上。　新編方輿勝覽十五載獨孤霖書疊嶂樓，末題咸通十二年十二月辛亥宣州刺史某書。　新書藝文志丁部集録别集類：獨孤霖玉堂集二十卷。

高湜又禮中補。　舊高釴見户中傳：子湜，登進士第，咸通十二年爲禮部侍郎。　新傳：字澄之，累官右諫議大夫。　舊王徽傳：懿宗時，高湜持憲綱，奏爲侍御史知雜。　舊懿宗紀：咸通五年三月，以兵部郎中高湜等試吏部，平判選人。　吴興志：高湜，咸通五年十二月自司勳員外郎拜禮部郎中、史館修撰。統紀作遷刑部。

鄭碣又户中。　杜牧鄭碣除江西判官等制，稱浙江西道都團練判官、將仕郎、監察御史裏行鄭碣。樊川文集十九。

崔殷夢見封中。　舊懿宗紀：咸通八年十月，以司勳員外郎崔殷夢等考吏部宏詞選人。

盧顗　杜牧唐故范陽盧秀才墓誌：祖顗，易州長史樊川文集九。鉞案：秀才以開成四年没，案其時代，當非此人。

趙蒙見勳中。　吴興志：趙濛，咸通八年二月自司勳員外郎拜，遷駕部員外郎。統記云遷職方。

崔厚見左中補、吏外、勳中。又金外。

李嶽見左中，又戶外。　舊懿宗紀：咸通九年正月，以司勳員外郎李嶽等考宏詞選人。

楊希古又戶中(二見)。　新表楊氏越公房：長安令魯士見倉外。子希古，字尚之，尚書左丞。

舊黄巢傳：廣明元年十二月，賊巢僭位，以楊希古等爲四相。

李昭　新宗室表許王房：嗣許王、宗正少卿解子嗣王、殿中監昭。　又宰相表趙郡李氏東祖房：溧水尉震子昭，武進丞。　又隴西李氏姑臧大房：申州刺史尚詞子昭。不詳歷官。　又台州司法參軍佀子昭，鄖城令。　又許王府典籤敬忠子昭。不詳歷官。　又伊闕令充子昭，興安丞。　五代史漢史曰：唐李昭，以尚書郎出爲蘇州刺史，朞歲，以中書舍人召還，不拜，謂宰輔曰：「省郎拜舍人，以知制誥爲次序，使由刺史，玷綸闈，非敢聞命。」乃以兵部郎中知制誥，翌歲，拜舍人，受之。太平御覽職官部二十。姑蘇志二引五代史畧同，惟「舍人」誤作「令」字。舊五代史晉書十八李懌傳：懌，京兆人。祖褒，唐黔南觀察使，見考外。父昭，户部尚書。唐語林四：李尚書褒次子昭，爲常州。詳考外李褒注。

楊仁贍 新表楊氏越公房：希古見上。弟仁贍，字濟之，秘書監。東觀奏記上：貶前鄉貢進士楊仁贍爲康州參軍，馳驛發遣。仁贍女弟出嫁前進士于瓌，見吏外。納函之期，有朞周恤，仁贍不易其日，憲司糾論，遂坐貶。

蘇粹 又祠外。元和姓纂十一模：兵部尚書、襄州節度蘇滌見考中補。生粹。舊儒學傳：蘇弁，京兆武功人。唐語林四：蘇員外粹與母弟沖見考外。俱鄭都尉顥門生。後粹爲東陽守，沖爲信陽守，欲相見境上，本府許之。兩郡之守攜賓客同府主出省，俱自外郎，兄弟之榮少比。南部新書己：蘇粹員外頗達禪理，自號本禪和。

李輝 見勳中。

李渙 新表趙郡李氏東祖房：衛州刺史嘉祚子渙，美原丞。時代不合。又西祖房：同亨子渙。不詳歷官。舊宣宗紀：大中十二年二月，以庫部員外郎、史館修撰李渙爲長安令。東觀奏記中：監修國史鄭朗奏請停廢直館，更添置修撰兩員，以駕部員外郎李渙充史館修撰。會要六十四「大中八年七月」，誤。

杜裔休 新表襄陽杜氏：武宗、懿宗相悰子裔休，字徽之。重修承旨學士壁記：杜裔休，咸通十一年正月十八日，自起居郎入守本官充；五月二十七日，三殿召對賜紫；九月十一日，加司勳員外郎、知制誥依前充；十三年二月九日，守本官出院。翰苑羣書上。新杜悰傳：子裔休，懿宗時歷翰林學士、給事中，坐事貶端州司馬。舊懿宗紀：咸通十三年五月，給事中杜裔休貶端州司馬。唐摭言十三：劉允章試天下爲家賦，爲拾遺杜裔休駮奏，允章出江夏，裔休尋亦改官。

盧渥 見封外補、勳中補。司空圖唐故太子太師致仕盧公神道碑：徵起居，轉司封員外，知雜事，遷司勳郎中，出倅宣武軍。未更歲，再入爲某曹郎，選拜萬年令，拜某官、知制誥。司空表聖文集七。案，某曹郎疑指勳外。

李瀆 新表讓皇帝房：隴西郡公、靈武節度使玄禮子隴西縣男、檢校吏部尚書光碩，初名瀆。玉泉子：咸通中，韋保衡、路巖作相，除不附己者，十司户李瀆繡州，内繡州不迴。語林七：大中三年，李褒見考外侍郎知舉，試堯仁如天賦，宿州李使君弟瀆不識題。

路綱 文苑英華六百六十四顧雲有上鹽鐵路綱判官啟。

李迢 見勳中。

鄭逸 新表鄭氏南祖房：之信子逸。不詳歷官。

薛邁 舊僖宗紀：乾符二年六月，以司勳員外郎薛邁爲兵部郎中。 古刻叢鈔載咸通四年九月三日同謁先師題名，有攝觀察巡官、前鄉貢進士薛邁。

周承矩又主中。 新表永安周氏：宣宗相墀見考外補。子承矩，字後慶。

韋顏「顏」，王本缺。 又户外、祠外。 劇談録下：中書舍人韋顏子壻崔道樞舉進士，乾符二年春下第。 南部新書癸：韋、路作相，貶不附己者，十司户韋顏虔州。 玉泉子無韋顏，有張顔，張見户外。

鄭就見封外。又户外。 舊僖宗紀：乾符二年六月，以户部員外郎鄭就爲司勳員外郎。

鄭勤規 新表鄭氏北祖房：宣宗相朗見考中補。子勤規。不詳歷官。

李滉王本「晃」，趙本「混」。格審定是李琨。見左中、左外、偏旁未確。

蔣泳又見下，考中補。 新表蔣氏：伸見左外。子泳，字越之。 唐摭言三：咸通中，蔣泳以故相之子少年擢第，時家君任太常卿。 又十二：咸通七年，河中蔣相以故相守兵部尚書，其年，子泳趙騭下及第。 案，蔣伸任太常卿、守兵部尚書，二傳失載。 桂苑筆耕集十有與考功蔣泳郎中別紙一首。

崔昭符 新表南祖崔氏：璙見左外。子昭符，字子信。 舊崔昭緯傳：兄昭符，仕至禮部尚書。玉泉子云：皮日休，南海鄭愚門生，同年崔昭符，鐐之子，蔑視之。太平廣記二百六十五。

崔序　新表博陵大房崔氏：檢校司勳員郎(鄭)〔戣〕子、庚見勳中。弟序，字東玉。舊懿宗紀：咸通十年八月，貶荆南觀察支使崔序衡州司户，崔雍之親黨也。權載之文集四有送密秀才吏部駁放後歸蜀應崔大理序詩。

姚荆　舊五代史晉書十八姚顗傳：祖宏慶，蘇州刺史，見倉中。父荆，國子祭酒。新表失載。

張禨無考。　又户外。

蔣泳重見。

崔凝　劉崇望授中書舍人崔凝右補闕沈文總目作仁偉並守本官充翰林學士制畧云：家遺清風，人懷恭德，能濟其美者，伊凝有之。又云：墨妙詞芬，策名試第。文苑英華三百八十四。　益州名畫録上：常重胤於中和院上壁寫僖宗皇帝幸蜀隨駕文武臣寮真，有翰林學士、户部侍郎崔凝。　唐昭宗實録：乾寧二年二月己亥，勑崔凝爵秩已崇，委寄殊重，司吾取士之柄，且乖慎選之圖，辜朕明恩，自貽伊咎，委中書門下行勑處分奏來。丁未，勑刑部尚書、知貢舉崔凝，遍踐清華，多歷年數，累更顯重，積爲休聲，遂輟其憲綱，任之文柄，宜求精當，稍異平常。朕臨軒比試，頗多蕪纇，豈宜假我公器，成彼私榮，且乖朕志，宜示朝章，尚遵含垢之恩，俾就專城之任。可貶合州刺史。唐摭言所載一同，又云「仍遣驛發遣」。　莆陽黃御史集。

鄭昌圖　新表鄭氏北祖房：太原節度使涓子昌圖，字光業，户部侍郎。　舊王徽傳：光啟中，以兵部侍郎鄭昌圖權知昭義軍事。　新孟方立傳：中和元年，王鐸使參謀、中書舍人鄭昌圖知昭義留事，治不三月輒去。　通鑑在二年。考異曰：實録，中和四年正月，以義成行軍司馬鄭昌圖爲中書舍人，三月，以中書舍人鄭昌圖權爲昭義留後。年月誤。　資治通鑑唐紀七十：中和二年正月，以中書舍人鄭昌圖爲王鐸義成節度行軍司馬。　新王鐸傳：表鄭昌圖等在幕府。

舊僖宗紀：中和四年四月，以兵部侍郎、判度支鄭昌凝沈云疑作「昌圖」。本官同平章事。

光啟二年正月，車駕幸興元，宰相鄭昌圖等不之知，扈從不及。　五月，襄王僭位，以中書侍郎、刑部尚書、同平章事鄭昌圖判户部事。　十二月，鄭昌圖等奉襄王奔河中，重榮械昌圖等於獄。　三年三月，械送僞宰相鄭昌圖等，命斬於岐山縣。

舊襄王熅傳：光啟二年，以鄭昌圖判度支事，鹽鐵、户部各置副使，三司之事一以委焉，目曰「廢置相公」。

【補遺】

杜之亮　元和姓纂十姥：隋著作郎杜公瞻生之亮，司勳員外，中山人。

崔坦　新表博陵三房崔氏：北齊散騎常侍觖曾孫仁孫坦，司勳員外郎。

韋元曄　新表韋氏：彭戎公(及)巨山子元旦見左外。弟元曄，司勳員外郎。姓纂同。

楊植一作「楨」。　新表原武楊氏：武(宗)〔后〕、中宗相綝見吏外補。子禎，司勳員外郎。舊楊再思傳：子植，司勳員外郎。　蘇頲授楊禎太子右諭德制：黄門太中大夫、前試剡王府長史、上柱國、鄭國公楊禎，敬以安仁，恭而合禮。相門華胤，夙著清徽；王邸元寮，復膺高選。屬肇開於博望，宜審諭於承華。可行太子右諭德，餘如故，主者施行。文苑英華四百四。

戴林璇　元和姓纂十九代：唐司勳員外郎戴林琁，河東桑泉人。案，石刻倉中有休珽，倉外有休琁，此「林琁」疑「休琁」之誤。又案，石刻勳外有李休珽，「李」字疑誤。

韓洪　新表昌黎韓氏：玄宗相休見封外。子洪，邢州長史。姓纂：洪，司勳員外。舊韓休傳：子洪，爲司庫員外郎，坐兄浩容隱王鉷資財貶職，後遇赦量移爲華州長史。新傳畧同。　賈至授韓洪山南東道防禦使等制：勑，襄陽太守韓洪、左補闕韓紘等，令德之後，象賢而立，克光代葉，不墜家聲。或謀府沖深，才膺鎮禦；或文律典麗，詞叶絲綸。今寇虐未清，邦家多事，用武之地，宜徵奇傑，掌翰之職，故一作「政」擇英髦。洪可山南東道防禦使，紘可考功員外郎、知制誥。文苑英華四百九。

張鼎　國秀集上：司勳員外張鼎詩二首。今缺一首。　儲光羲集五有同張侍御鼎和京兆蕭兵曹華歲晚南園詩。　劉承慶明堂災後求直言疏：陛下垂制博訪，許陳至理。左史張鼎謂今既火流王屋，彌顯大周之詳，斯實諂妄之邪言，實非君臣之正論，晦昧王化，無益萬幾。全唐文二百三。

褚長孺又度中、祠外。　元和姓纂八語：國子祭酒、管國公無量五從姪長孺，司勳員外，錢塘人。　常袞授褚長孺祠部員外郎等制：敕，朝議郎、行起居郎、集賢殿直學士褚長孺等。文苑英華三百九十一。詳祠外。

李珏見吏外。又度中附存、禮外補。　舊傳：長慶中，遷吏部員外郎，轉司勳員外郎、知制誥，大和五年，改度支郎中、知制誥，遂入翰林充學士。新傳畧同。　東觀奏記上：自殿中侍御史、內供奉、武寧掌書記徵歸御史府，擢拜禮部員外，改吏部。　李宗閔爲相，擢掌書命，改司勳員外、庫部郎中。　文宗召充翰林學士。

李耀　舊懿宗紀：咸通十一年二月，以考官司勳員外郎李耀等考試宏詞選人。

楊授見吏中補。　舊傳：自監察御史、殿中，分務東臺。再遷司勳員外郎、洛陽令，兵部員外郎。　李福爲東都留守，奏充判官，改兵部郎中。　由吏部拜左諫議大夫。新傳失載。

趙崇　新表新安趙氏：滂見勳外。子崇，字爲山，御史大夫。　舊鄭從讜傳：僖宗時，河東節度使鄭從讜許自擇參佐，乃奏前司勳員外郎、史館修撰趙崇爲觀察判官。開幕之盛，冠於一時，中朝目爲「小朝廷」，言名人多也。舊昭宗紀：天祐元年六月，銀青光祿大夫、太子少師、天水縣男、食邑三百户趙崇可檢校右僕射。舊哀帝紀：天祐二年五月庚辰，勑特進、檢校司徒、守太保致仕趙崇可曹州司户。六月戊子朔，勑「責授曹州司户趙崇等皆受國恩，咸當重任，罔思罄竭，惟貯姦邪，雖已謫於遐方，尚難寬於國典，委御史臺差人所在州縣各賜自盡」。時已至滑州，皆併命於白馬驛，朱全忠令投屍於河。新韓偓傳：昭宗嘗欲用韓偓作相，偓因薦御史大夫趙崇勁正雅重，可以準繩中外。帝知偓崇門生，歎其能讓。又云：崔胤逐王溥、陸扆，帝以王贊、趙崇爲相，胤執贊、崇非宰相器，帝不得已而罷。贊、崇皆偓所薦爲宰相者。案，新紀、宰相表，溥、扆罷於天復三年二月。

裴贄又主外補。新表中眷裴氏：大理丞儲子贄，字敬臣，相昭宗。新裴坦傳見左外：從子贄，及進士第，擢累右補闕、御史中丞、刑部尚書。資治通鑑唐紀七十：中和二年正月，以司勳員外郎裴贄爲王鐸義成節度掌書記。新王鐸傳：表裴贄等在幕府。舊昭宗紀：乾寧四年十月，制以大中大夫、前御史中丞裴贄爲禮部尚書，知貢舉。光化三年正月庚子朔，以禮部尚書裴贄爲刑部尚書。舊五代史唐書八：同光二年六月庚寅，故右僕射裴贄贈司徒。

鄭延昌 新表鄭氏北祖房：撫州刺史猗子延昌、相昭宗。新傳：字光遠，咸通末，得進士第，遷監察御史。鄭畋鎮鳳翔，表在其府。畋再秉政，擢司勳員外郎、翰林學士，進累兵部侍郎。劉崇望授翰林學士鄭延昌守本官兼中書舍人制，畧云：親近之地，慎密爲先，爾既不能，何爽居外。西省亦吾教誥之地，戒之可矣。文苑英華三百八十二。案，延昌出院年月無考。

劉崇望 見吏外補。 舊傳：自起居郎、弘文館學士轉司勳、吏部二員外郎。僖宗在山南，以爲諫議大夫。

趙光逢 見吏外補。又禮中補、禮外補、祠中補。 舊傳：僖宗還京，授太常博士，歷禮部、司勳、吏部三員外郎，集賢殿學士，轉禮部郎中。

張文蔚 見吏外補、勳中補、祠中補。 舊五代史梁書十八：僖宗時，遷左補闕，侍御史，起居舍人，司勳、吏部員外郎，拜司勳郎中、知制誥。舊傳：龍紀初，自使府入朝，爲尚書郎。

薛廷珪 舊文苑薛逢傳：子廷珪，中和中登進士第。大順初，累遷司勳員外郎、知制誥，正拜中書舍人。

張儁 舊五代史梁書二十四：字彥臣。僖宗還京師，由校書郎、西畿尉登朝爲御史、補闕、起居郎、司勳員外、萬年縣令。以事黜官峽中，將十年。太祖卽位，宰臣薛貽矩奏爲鹽鐵判官。

盧擇　薛廷珪授考功員外郎鄭璘司勳員外郎盧擇並充史館修撰制。文苑英華四百。案，制文有云「崇望言爾璘等」，蓋是時劉崇望監修國史也。

前中書舍人盧擇爲吏部尚書、兼太常卿，醴泉人。資治通鑑後梁紀五：貞明五年四月，吳國王以胡三省曰：前中書舍人，蓋唐官也。

王拯又户外補。　黄滔丈六金身碑：天祐四年正月十有八日乙未，設二十萬人齋，座客有司勳員外郎王公拯。莆陽黄御史集下秩。　摭言三：大順中，王拯自小版拜少勳。唐詩紀事同，作「小勳」，是。　唐詩紀事六十六：王拯，大順二年侍郎裴贄下登第。

楊甸　新表楊氏越公房：試協律郎知權子甸，字禹封，司勳員外郎。

李延古　新表趙郡李氏西祖房：郴尉燁生延古，司勳員外郎。　新李德裕傳：延古乾符中爲集賢校理，擢累司勳員外郎，還居平泉。昭宗東遷，坐不朝謁，貶衛尉主簿。　舊哀帝紀：天祐二年六月戊申，勅前司勳員外郎、賜緋魚袋李延古責授衛尉寺主簿。　舊五代史唐書三十六李敬義傳：本名延古。昭宗遷都洛陽，以敬義爲司勳員外郎。柳璨之陷裴、趙諸族，希梁祖旨，奏云「近年浮薄相扇，趨競成風，乃有卧邀軒冕，視王爵如土梗者，司空圖、李敬義三度除官，養望不至，咸宜屏黜，以勸事君者」。翌日詔曰：「司勳員外郎李延古，世荷國恩，兩葉相位，幸從筮仕，累忝寵榮，多歷歲時，不趨班列。而自遷都卜洛，紀律載張，自明庭而非遥，處别墅而無懼，罔思報效，姑務便安，爲臣之節如斯，貽厥之謀何在？須加懲責，以肅朝倫。九寺勾稽，尚謂寬典。可責授衛尉寺主簿。」時張全義不能庇護，乃密託楊師厚令敬義潛往依之，因挈族客居衛州者累年，師厚給遺周厚。

張茂樞又禮中補、祠中補。　新表河東張氏：舒州刺史次宗見考外。子茂樞，字休府。　新傳：茂樞及進士第。天祐中，累遷祠部郎中、知制誥，坐柳璨事，貶博昌尉。　舊昭宗紀：天祐元年七月丁丑，制以司勳員外郎張茂樞爲禮部郎中。

韋甄　唐摭言八：韋甄及第是第十三人。　舊哀帝紀：天祐二年五月壬午，敕司勳員外郎韋甄責授和王友。

徐綰又户中補。　新表徐氏：昭宗相彦若見吏外補。生綰，兵部郎中。　舊徐彦若傳：子綰，天祐初歷司勳、兵部二員外郎，户部、兵部二郎中。缺名授前司勳員外郎賜緋徐綰兵部員外郎前庫部員外郎李光嗣右司員外郎等制：徐綰以丞相之子，爲尚書郎，人得見於會朝，而不得見於私室，其言不敢近政，其動未嘗違謙。用是寡尤，式彰能訓。文苑英華三百九十二。案，英華蒙上白居易云前人，衍字。光嗣見吏中補。

【附存】

裴積　新表中眷裴氏：玄宗相光庭子稹，司勳員外郎，襲正平縣子。案，新書本傳：裴朏撰墓誌銘，獨孤及撰稹行狀，權德輿裴倩神道碑銘、柳宗元亡姊前京兆府參軍裴君夫人墓誌，皆作「祠部員外郎」，此云「司勳」，蓋誤。又柳宗元唐故萬年令裴府君墓碣作「刑部」，「刑」疑「祠」誤。

李德裕見考中。　舊穆宗紀：長慶元年正月，翰林學士，司勳員外郎李德裕上疏，望宣示駙馬等，有事任至中書見宰臣，此外不得至宰臣及臺省官私第，云云。案，舊傳：穆宗即位，自監察御史召入翰林充學士，改屯田員外郎。長慶元年正月，上疏云云，尋轉考功郎中、知制誥。重修承旨學士壁記：元和十五年二月二十日，自監察御史加屯田員外郎，長慶元年三月二十三日，改考功郎中、知制誥，又云三月己未以屯田員外郎李德裕爲考功郎中。賈餗贊皇公李德裕德政碑：遷屯田員外郎、考功郎中。紀作「司勳」，誤。

張裼見祠中。　舊傳：于悰登宰輔，判度支，召爲司勳員外郎、判度支，尋用爲翰林學士，轉郎中、知制誥，拜中書舍人。重修承旨學士壁記：咸通九年六月十三日，自刑部員外郎入，十五日加祠部郎中充。不云「勳外」，疑傳誤。

杜貞符見左外、倉外。　舊僖宗紀：乾符二年七月，以左司勳員外郎杜貞符爲都官郎中。案，「勳」字衍，「貞」當作「真」。

唐尚書省郎官石柱題名考卷九

考功郎中

唐六典：吏部尚書，其屬有四，四曰考功郎中一人，從五品上。龍朔二年，改爲司績大夫，咸亨元年復故。郎中掌内外文武官吏之考課。舊書、新書同。

【石刻】

皇甫异度　楊思謙　劉處約　高□□　皇甫知常
房光庭　崔翹　房密　李收　王□□
韓皐　趙宗儒　鄭涵　李德裕　盧言
魏扶　崔璙　李蔚　李景　許圉師

鄭長裕　元大士　王本立　王遺恕　李元素
蘇味道　石抱忠　楊季昭　王□　李迆
鞠先沖　杜元志　高紹　王易從　王敬從
韋濬

【補遺】

竇德明　李覲玉　侯莫陳肅　楊纂　柳逵
韋叔謙　韋德敏　盧承福　盧園史　張敬之
楊守拙　韋瓊之　竇崇嘉　韋鏗　李畬
嚴挺之　張談　韋洽　元光嫌　劉昂
韋伯詳　李玄成　李峘　李揆　韋夏有
蘇源明　于肅　常袞　裴諝　邢宇
杜位　錢起　崔寬　王定　陸贄
李吉甫　裴垍　王播　劉伯芻　韓愈
蕭祐　裴潾　盧簡辭　崔龜從　崔鄲

鄭朗　崔嘏　薛廷範　崔璵　令狐綯

杜牧　鄭薰　蕭鄴　王凝　崔珮

孔緯　崔庾　鄭仁規　李拯　盧沼

趙昌翰　蔣泳　蘇滌　眭逸文　蘇璞

【附存】

韋處厚　蘇頲

皇甫异度又户外。吏中補有「屏度」，疑即「异度」之誤。

楊思謙見封中、封外。

劉處約見吏外。

元和姓纂十八尤：考功郎中劉慶約，宣州人。

高□□

皇甫知常見吏中、吏外。

房光庭見吏外，又考外、户外。

崔翹見封外。

房密 新表河南房氏：肱子密，諫議大夫。

李收見勳外。

王□□王本「王□」，趙本「王仲□」。

韓皐又考外補、金中。 新表昌黎韓氏：滉見吏中。子禮部員外郎羣見考外補。弟皐，字仲聞，尚書右一本「左」。僕射。 舊傳：由雲陽尉擢賢良科，拜右拾遺。父滉，免喪，執政擬考功郎中，御筆加知制誥，遷中書舍人。新傳畧同。

趙宗儒「儒」，二本缺。見吏中、勳外。 新傳：貞元六年，以司勳員外郎領考功事，進考功郎中，累遷給事中。

鄭涵見封中，又考外補。 舊傳：自國子博士、史館修撰，丁母憂。除喪，除考功郎中。元稹鄭涵授尚書考功郎中馮宿刑部郎中制：勑：二帝三王之所以仁聲無窮，績用明而刑罰當也。尚書郎專是兩者，疇將若予，僉曰前國子博士、充史館修撰十字依苑補。鄭宋本涵，文無害可以彰善惡。守歙州刺史五字苑有。馮宿，愚無邪可以盡哀矜。庶尹百吏之能否，四海九州之性命，用汝參斷，汝其戒之。夫刻則害善，放則利淫，(帶)〔滯〕則不通，流則自撓，惟是四者，時考之難。亟則失情，緩則留獄，深則礙恕，縱則生姦，惟是四者，時刑之難。八者不亂，然後可以有志於理矣。朕所注意，爾其盡心。涵可考功郎中，宿可刑部郎中，餘並如故。元微之文集四十六。文苑英華三百八十九。

李德裕見勳外附存。新表趙郡李氏西祖房：憲宗相吉甫見考中補。子德裕，字文饒，相文、武。舊傳：長慶元年，自屯田員外郎、翰林學士轉考功郎中、知制誥。二年二月，轉中書舍人，學士如故。新傳略同。舊穆宗紀：長慶元年三月己未，以屯田員外郎李德裕爲考功郎中，依前知制誥，翰林學士。二年二月丁卯，以考功郎中、知制誥李德裕爲中書舍人，依前翰林學士。丁居晦重修承旨學士壁記：李德裕，長慶元年三月二十三日自屯田員外郎改考功郎中、知制誥，二年正月二十九日加承旨；二月四日遷中書舍人。元稹承旨學士院記：李德裕，長慶元年正月二十九日以考功郎中、知制誥、翰林學士賜緋魚袋；二月四日遷中書舍人充，餘如故。並翰苑羣書上。會要七十九：贈司空李德裕謚忠。新傳：贈尚書左僕射。無謚。

盧言又户中。白居易開成二年三月三日禊洛濱留守裴令公召駕部員外郎盧言等一十五人合宴舟中詩。白氏文集三十三。新杜中立傳：文宗時，京師惡少優戲道中，具騶唱呵衛，自謂盧言京兆，驅放自如。

魏扶見封外。重修承旨學士壁記：魏扶，會昌四年四月十五日自起居郎轉考功郎中，九月四日拜中書舍人。翰苑羣書上。

崔璩見左外，又户外。

李蔚　新傳：拜監察御史，擢累尚書右丞。

李景「莊」二本缺。　新李景讓傳：弟景温、見户外。景莊，亦至顯官。　語林七：盧隱自太常博士除水部員外郎，爲右丞李景温抑焉。隱從兄攜爲丞相，除右司員外郎，景莊復右轄，又抑之。　石刻紇干濬贈太尉韓允忠神道碑：乾符元年十一月，皇帝下缺郎中曹鄴、見吏中補。太子下缺議大夫李景莊、庫部員外郎陳翰見金外。備鼓吹升輅車由空三字宣政正衙及空三字公之靈座，册贈司徒，謚曰□。山東莘縣俎家店。

許圉師二本缺。　見勳外。

鄭長裕二本缺。　又金外、倉中、祠外。　新表鄭氏北祖房：慈州刺史慈子長裕，許州刺史。時代不合。　舊鄭餘慶傳：祖長裕，官至國子司業，終潁川太守。　權德輿秘書郎壁記：開元初，滎陽鄭公具瞻之王考潁川府君、叔祖刑部府君，皆由禮官博士繼登其任。權載之文集三十一。

元大士二本缺。又考外。　元和姓纂二十二元：元公瑶生大士，唐吏部、中書二侍郎，河南洛陽縣人。

王本立二本缺。　見左中補。　通典州郡七：河南府河清縣倉，咸亨中考功郎中王本立置也。

太平寰宇記五：咸通考功郎中王本立奏再置大基縣。「咸通」，避肅宗諱改。記置先天年後，蓋誤以爲懿宗時矣。新書地理志：咸亨四年復置大基縣。先天元年更名河清。會昌三年隸孟州，尋還屬，後廢。咸通中復置。析爲兩事，更誤。

王遺恕見吏中、封外。又户外。

李元素見吏中補，二傳失載。

蘇味道二本缺。見吏外。二傳失載。

石抱忠二本缺。見吏中補。

楊季昭「季」，二本缺。新表原武楊氏：敏子綝再思，見吏外補。弟亮，字季昭，鄧州刺史。舊楊再思傳：弟季昭，爲考功郎中。新傳：中茂才第，爲殿中侍御史。武后時放沙州，赦還，爲懷州司馬。

王□二本有。

李迪新表隴西李氏姑臧大房：工部侍郎義琛子迪，北本「迪」。考功郎中。

鞠先沖二本缺。見吏外。朝野僉載：開元四年，尚書考功院廳前一雙桐樹忽然枯死。旬日，考功員外郎邵某卒。尋而麴先沖爲郎中，判邵舊案。月餘，西邊樹又枯死，省中憂之，未幾而先沖又卒。太平廣記百四十三。

杜元志又金外。　新表襄陽杜氏：邛州司馬敬則子元志，考功郎中，杭州刺史。元和姓纂同。新書藝文志丁部集録別集類：杜元志集十卷。原注：字道寧，開元考功郎中，杭州刺史。

高紹二本缺糸旁。　見封中補。　新表高氏：紹，考功郎中。

王易從「易從」，二本缺。　見封中，又户外。　蘇頲揚州大都督長史王公神道碑：遷殿中侍御史，無何，拜尚書户部員外郎，轉祠部、主爵、考功三郎中，拜給事中。文苑英華九百二十六。

王敬從二本缺。　又勳外從敬，見禮外補。　孫逖太子右庶子王公神道碑：歷尚書禮部、司勳員外、考功郎中、給事中，拜中書舍人。文苑英華九百二一。

韋濬二本作「韋洽」，鉞改「濬」，未確。　新表韋氏駙馬房：玄（都）〔郁〕子濬，職方郎中。又韋氏南皮公房：三水主簿巽子濬。不詳歷官。　又駙馬房：玄昭子濬，衛尉少卿。又小逍遥公房：金部郎中奉先見金中。子濬，梓州刺史。

【補遺】

竇德明　新表竇氏三祖房：隋駕部侍郎、襲鉅鹿郡公彦子德明，晉陵郡太守，襲公。舊外戚傳：德明，武德初，拜考功郎中。從太宗擊王世充，頻有戰功，封顯武男。貞觀初，歷常、愛二州刺史。尋卒。新傳畧同。

李覯玉 新表趙郡李氏東祖房：隋清池令孝俊子覯玉，晉州刺史。高祖平竇建德大赦詔：仍令太子左庶子鄭善果爲山東道撫慰大使，考功郎中李覯玉、膳部郎中高正表爲副。大詔令。資治通鑑唐紀五：武德四年五月乙丑，以太子左庶子鄭善果爲山東道撫慰大使。

侯莫陳肅 元和姓纂十九侯：桂州總管侯莫陳穎原誤「頻」。生肅，字虔會，唐考功郎中、相州刺史、昇平縣男，河南人。金石録二十三：隋桂州總管侯莫陳穎墓誌跋尾誌云「公第四子尚書考功郎中乾會」，而隋書穎傳作「虔會」。「乾」、「虔」義理皆通，而乾會碑乃云名肅字乾會，姓纂亦同，疑其以字行爾。又目三，墓誌武德八年十月立，則虔會爲考中當在是時。金石録目三第六百：唐相州刺史侯莫陳肅碑。正書，無書撰人姓名。貞觀二十一年。

楊纂見吏中、勳中。舊傳：義軍渡河，於長春宮謁見。累授侍御史，擢爲考功郎中，貞觀初長安令。新傳畧同。

柳逵 新表柳氏：隋納言、建安簡公機子逵，考功郎中。

韋叔謙見吏中補、吏外。新表韋氏南皮公房：隋司農卿瓚子叔謙，考功郎中。元和姓纂同。獨孤及韋鎮神道碑：叔謙，歷吏部考功。孫逖韋虛心碑：曾祖叔謙，事太宗爲考功郎中。

韋德敏　新表東眷韋氏閬公房：文宗子德敏，太府少卿。　元和姓纂：德敏，考功司□郎中、太府少卿。

盧承福　新表盧氏：太子率更令赤松子承福，考功郎中。

盧園史　新表盧氏：君通子園史考功郎中。

張敬之見勳中。　朝野僉載：張敬之爲考功郎中，改壽州刺史，薨。太平廣記四百三十五。

楊守拙　新表楊氏越公房：户部尚書纂見吏中。子守拙，考功郎中。

韋瓊之見封外，又户中。　新表東眷韋氏閬公房：户部侍郎真泰户中「泰真」。子瓊，考功郎中。元和姓纂作「瓊之」。

竇崇嘉又倉中。　元和姓纂五十候：左僕射、中山公竇懷貞原誤「質」。姪崇嘉，考功郎中，河南洛陽人。

韋鏗又御史臺殿中監察題名。　新表韋氏南皮公房：堅子鏗，考功郎中。「鏗」，姓纂誤「鑑」。御史臺記：神武皇帝即位，考功員外邵景見考外補。與殿中御史蕭嵩、韋鏗俱昇殿行事，職掌殊別，而制出，景、嵩俱授朝散大夫，而鏗無命。他日，睿宗御承天門，百僚補列，鏗忽風眩而倒。鏗肥而短。太平廣記二百五十五。

李畬見勳外。　新表趙郡李氏南祖房：鵬吏中「至遠」子畬，字玉田，考功郎中。　舊李藩傳：祖畬，開元時爲考功郎中。事母孝謹，母卒，不勝喪死。志行名重一時。潘見左外。

嚴挺之又考外、户外。 舊傳：舉進士，神龍元年制舉擢第。開元中，爲考功員外郎，遷考功郎中，特敕又令知考功貢舉事，稍遷給事中。新傳畧同。

張談 新表清河東武城張氏：吏部侍郎詢古見吏外。子談，考功郎中。

韋洽見左外。 新表韋氏平齊公房：和州刺史匡素孫洽，考功郎中。元和姓纂同。

元光嫌 元和姓纂二十二元：元振六代孫光嫌，考功郎中、給事中，河南洛陽縣人。案，御史監察題名有元光謙，此「光嫌」疑「光謙」之誤。

劉昂見左外。 元和姓纂十八尤：劉昂，考功郎中，京兆少尹，尉氏人。

韋伯詳見左中，又户中作「伯祥」。 新表韋氏龍門公房：會子伯詳，考功郎中。元和姓纂同。

李玄成又膳外補，又御史臺監察題名。 案，左中李誠與此別是一人。 新表隴西李氏姑臧大房：右衞長史防曾孫玄成，試太常寺協律郎。 孫逖授李玄成中書舍人制：朝議郎、守尚書考功郎中、仍試知制誥、兼知史官事李玄成，久司綸綍，深愜器能。宜拜命於卽真，俾甄才於試可。可守中書舍人、兼知史官事。文苑英華三百八十二。案，墓誌，李誠字元成，制稱玄成，蓋以字行。 獨孤及唐故朝散大夫中書舍人秘書少監頓丘李公墓誌：公諱誠，字元成，魏郡頓丘人。開元三年舉進士，十年舉茂才，十七年舉文學，皆射策取甲科。由太平尉爲金吾曹、監察御史、河南司録、美原令、膳部員外郎。天寶元年，考功郎中、知制誥，修國史。二年，中書舍人。五年，秘書少監。七年十二月，終於京師。毘陵集十一。

石刻御注孝經碑末題名朝散大夫、守中書舍人、兼知史官事臣李玄成。天寶四載。陝西長安。

文苑英華四百八十三有李玄成對賢良方正策一道。開元二年。唐會要失載。

李峘又金中、倉中。 新表吴王房：信安郡王禕子峘，越國公。 舊傳：天寶中爲南宮郎，歷典諸曹十餘年。楊國忠秉政，出郎官不附己者，峘自考功郎中出爲睢陽太守。十四載，入計京師。奔赴行在，除武部侍郎兼御史大夫。俄拜蜀郡太守、劍南節度採訪使。新傳畧同。 舊肅宗紀：至德二載正月甲寅，以襄陽太守舊傳失載李峘爲蜀郡長史、劍南節度使。 賈至授李峘武部侍郎制畧云：前襄陽太守李峘，今巴蜀之地，倚爾以維城之固，且小司馬之職，連率之重，兼而處之。文苑英華三百八十八。

李揆見勳外。 舊傳：自右拾遺改右補闕、起居郎，遷司勳員外郎、考功郎中，並知制誥。扈從劍南，拜中書舍人。新傳畧同。

韋夏有又户外。 元和姓纂八微：韋氏鄖城公房户部員外迪見户外。生夏有，考功郎中，京兆杜陵人。 石刻顔真卿東方先生畫贊碑陰記：真卿去歲拜此郡，與朝臣主簿韋夏有同茲謁拜。天寶十三載。 山東陵縣。 杜甫有寄韋〔有〕夏〔有〕郎中詩杜工部集十六。

蘇源明 新文藝傳中：源明，京兆武功人。天寶間及進士第，爲國子司業。安禄山陷京師，以病不受僞署。肅宗復兩京，擢考功郎中知制誥。以秘書少監卒。通鑑：至德二載十月，擢國子司業蘇源明爲考功郎中、知制誥。

于肅 新表于氏：工部尚書、東海元公休烈子肅，給事中。舊于休烈傳：次子肅爲翰林學士，官至給事中。新傳同。韋執誼翰林院故事：寶應已後，于肅自比外充，考中又充，給中又充，卒。丁居晦重修承旨學士壁記：于肅比部員外郎充，累遷考功郎中、給事中、知制誥，並依前充。並翰苑羣書上。

常衮又考外。新表新豐常氏：三原丞無爲子衮，相代宗、德宗。舊傳：天寶末舉進士，自起居郎寶應二年選爲翰林學士、考功員外、郎中、知制誥，依前翰林學士。永泰元年，遷中書舍人。韋執誼翰林院故事：寶應已後，常衮自補闕充，遷考中又充，出知制誥。重修承旨學士壁記：常衮右補闕充，累加工部員外郎、知制誥，出守本官。並翰苑羣書上。常衮謝除考功郎中知制誥表：奉去年十二月二十六日，恩制授臣考功郎中，餘如故。寶應二年。文苑英華五百八十八。

裴諝見左中，又户中附存。舊傳：自侍御史、襄鄧營田判官，丁母憂，陷史思明。賊平，除太子中允，遷考功郎中。代宗居陝，步懷考功及南曹二印赴行在，爲河東道租庸、鹽鐵等使。新傳同。賈至授裴諝考功郎中制：勅：君子立義爲勇，在國而能通，故全其節而成其務矣。守太子中允裴諝，言忠信，行篤敬，有敏才斯可與權，有直道磨而不磷。造次顛沛，秉心塞淵。宜獎貞固之風，俾緝臺閣之政。可守考功郎中。文苑英華三百八十九。

邢宇見封外，又户外。崔祐甫廣喪朋友議：祐甫佐江南西道，連帥魏尚書、團練副使考功邢郎中宇，捐館於荆南，適受朝命爲尚書倅。文苑英華七百六十七。

杜位見勳外。新表襄陽杜氏：希望子位，考功郎中、湖州刺史。元和姓纂同。

錢起見勳外，又祠外。新文藝下盧綸傳：起終考功郎中。

崔寬見左外。常袞授崔寬侍御史知雜事制：勅：朝散大夫、守尚書考功郎中、長春宮使判官、賜紫金魚袋崔寬，可兼侍御史知雜事，餘如故。文苑英華三百九十四。舊崔寧傳：弟寬驟歷御史知雜事、御史中丞。

王定見吏中補、吏外，又禮外補。權德輿唐故太子右庶子集賢院學士贈左散騎常侍王公神道碑銘：歷禮部、吏部二員外，遷考功郎中。每歲覆羣吏之能否，書其上下之籍。有司賦禄，此焉質正。吏詐諼以嘗巧，法靡密而不勝，公乃大爲之防，盡去其弊。是歲遷部以稱職聞，尋以本官知制誥，歲中遷諫議大夫，掌誥如故。權載之文集十四。

陸贄又祠外。新表陸氏侍郎(技)〔枝〕：秘書監齊望孫、兵部郎中灞子贄，字敬輿，相德宗。

元和姓纂嘉興陸氏：試秘書少監陸齊望族弟齊政富平令，生侃如，溧水令，生贄中書侍郎。舊贄傳亦云：父侃，溧陽令。翰苑集叙溧陽令侃子。與表異，疑表誤。舊傳：登進士第，以博學宏詞登科。建中四年，自祠部員外郎轉考功郎中，依前充翰林學士。興元元年二月，轉諫議大夫。舊德宗紀上：建中四年十二月乙丑，以祠部員外郎陸贄爲考功郎中，翰林學士如故。興元元年六月，考功郎中、知制誥陸贄爲諫議大夫，依前充翰林學士。重修承旨學士壁記：陸贄，建中四年十一月自祠部員外郎轉考功郎中；興元二年六月遷諫議大夫。韋執誼翰林院故事：貞元已後，陸贄祠外充，考中又充，大諫又充。並翰苑羣書上。權德輿陸宣公翰苑集叙：爲翰林學士，由祠部員外轉考功郎中，從幸奉天，帶本職拜諫議大夫。陸宣公集。

李吉甫 新表趙郡李氏西祖房：贊皇文獻公栖筠見吏外。子吉甫，字弘憲，相憲宗。舊傳：憲宗嗣位，自饒州刺史徵拜考功郎中、知制誥，旋召入翰林爲學士，轉中書舍人，賜紫。新傳畧同。舊憲宗紀上：永貞元年八月丙寅，以饒州刺史李吉甫爲考功郎中、知制誥。十二月，以考功郎中、知制誥李吉甫爲中書舍人，充翰林學士。重修承旨學士壁記：李吉甫，永貞元年十二月二十四日自考功郎中、知制誥充翰林學士，二十七日遷中書舍人，賜紫金魚袋。翰苑羣書上。元稹承旨學士院記：李吉甫，永貞元年十二

月二十四日自考功郎中、知制誥入院，二十七日正除，仍賜紫金魚袋，充承旨。同上，

裴垍又考外、禮外補。　新表東眷裴氏：道護後、襄州長史、高邑縣侯鴻智七世孫、高陵令昱子垍，字弘中，相憲宗。　舊傳：垂拱中宰相居道見度外。七代孫。弱冠舉進士。貞元中，制舉賢良極諫，對策第一。元和初，以考功員外郎、翰林學士轉考功郎中、知制誥，尋遷中書舍人。新傳略同。　元稹承旨學士院記：裴垍，元和二年四月十六日自考功郎中、知制誥、翰林學士、賜紫金魚袋拜中書舍人，充承旨。　重修承旨學士壁記：裴垍，永貞元年十二月二十七日自考功員外郎遷考功郎中、知制誥，賜緋魚袋。元和元年十一月加朝散大夫，賜紫。二年四月十六日遷中書舍人。並翰苑羣書上。　舊憲宗紀上：永貞元年十二月以考功員外郎裴垍爲考功郎中、知制誥，充翰林學士。

王播　新表太原王氏：揚府倉曹參軍恕子播，字明敭，相文宗。　舊傳：擢進士第，登賢良方正制科。元和中，遷工部郎中、知臺雜，轉考功郎中，出爲虢州刺史。

劉伯芻又考外補、主外。　新表廣平劉氏：兵部侍郎迺子伯芻，字素芝，刑部侍郎。　舊傳：登進士第，自虔州掾曹復爲考功員外郎，遷考功郎中、集賢院學士，轉給事中。新傳略同。　會要八十：贈工部尚書劉伯芻謚曰敬。

韓愈　新表九門韓氏：秘書郎仲卿子愈，字退之，吏部侍郎，謚〔曰〕文。　舊傳：登進

士第，自比部郎中踰歲轉考功郎中、知制誥，拜中書舍人。新傳畧同。李翺故正議大夫行尚書吏部侍郎上柱國賜紫金魚袋贈禮部尚書韓公行狀：自比部郎中、史館修撰轉考功郎中，修撰如故。數月以考功、知制誥，月滿遷中書舍人，賜緋魚袋。李文公集十一。皇甫湜韓文公神道碑：復比部郎中修史，主柄者不喜，不卒展用，再遷中書舍人。皇甫持正文集六。憲宗實録：元和九年十月甲子，韓愈考功郎中依前史館修撰。十二月戊午十五日，以考功知制誥。十一年正月丙戌，考功郎中、知制誥韓愈中書舍人；丙申，賜服緋魚。洪興祖韓子年譜，韓文類譜六。韓醇昌黎先生集全解衢州徐偃王廟碑石刻云：朝議郎、守尚書考功郎中、知制誥昌黎韓愈撰。福州刺史元錫書。元和十年十二月九日立。

蕭祐 舊韋温傳：蕭祐者，蘭陵人。自處士徵拜左拾遺，累遷至考功郎中。元和末，授兵部郎中，出爲虢州刺史。舊憲宗紀下：元和十四年九月戊寅，考功郎中蕭祐進古畫、古書二十卷。元稹授蕭祐兵部郎中制：朝議郎、守尚書考功郎中、上護軍、賜緋魚袋蕭祐，可守尚書兵部郎中，散官、勳、賜如故。文苑英華三百九十。集無。

裴潾 見吏中補。舊傳：穆宗時，自兵部員外郎遷刑部郎中，轉考功、吏部二郎中。寶曆初，拜給事中。

盧簡辭見勳外，又考外。　舊傳：寶曆中，自侍御史轉考功員外郎，轉郎中。大和中，坐事自太僕卿出爲衢州刺史。　新傳失載。

崔龜從見吏外、勳中、勳外。　舊傳：大和二年，自右拾遺改太常博士，累轉考功郎中、史館修撰。九年，轉司勳郎中、知制誥。　新書附見崔元式傳，畧同。

崔鄲見勳外。　舊傳：累遷監察御史，三遷考功郎中。大和三年，以本官充翰林學士，轉中書舍人。六年，罷學士。　重修承旨學士壁記：崔鄲，大和三年五月七日自考功郎中充翰林學士，八月十二日加知制誥；四年九月十六日拜中書舍人；六年以疾陳請出守本官。　翰苑羣書上。

鄭朗　新表鄭氏北祖房：珣瑜見吏外。子、文宗相覃見考外補。弟朗，字有融，相宣宗。舊傳：開成中，爲起居郎，轉考功郎中。四年，遷諫議大夫。　新傳畧同。

崔嘏又户外。　册府元龜六百四十四：長慶元年十二月甲申，以登制科人、前鄉貢進士崔嘏，可秘書省校書郎。　唐會要七十六：長慶元年十二月，賢良方正能直言極諫科崔嘏及第。　緯畧同。　穆宗處分賢良方正等科舉人制：賢良方正能直言極諫第四次等人崔嘏，中書門下卽與處分。大詔令。　新李德裕傳：中書舍人崔嘏，字乾錫，誼士也。李德裕之斥，坐書制不深切，貶端州刺史。嘏舉進士，復以制策歷邢州刺史。劉稹叛，使其黨裴問戍于州，嘏說使聽命，改考功郎中，時皆謂遴賞。至是，作詔不肯巧傳以罪。 新書藝文志丁部集録別集類：崔嘏制誥集。十卷原注字乾錫，(荆)〔邢〕州刺史。會劉稹反，歸朝，授考功郎中、中書舍人。李德裕之謫，嘏草制不盡書其過，貶端州刺史。

薛廷範見左中。 崔嘏授薛廷範淮南副使制稱考功郎中薛廷範。文苑英華四百十二。

崔璵見左中、勳外，又户中、禮外補。 舊傳：會昌初，以考功郎中知制誥，拜中書舍人。新傳失載。 舊宣宗紀：大中元年六月，以正議大夫、行考功郎中、知制誥、上柱國崔璵爲中書舍人。

令狐綯又户外補。 新表令狐氏：憲宗相楚見禮外補。子綯，字子直，相宣宗。 舊傳：大和四年，登進士第。自左補闕、史館修撰累遷庫部、户部員外郎。會昌五年，出爲湖州刺史。大中二年，召拜考功郎中，尋知制誥。其年，召入充翰林學士。三年，拜中書舍人，襲封彭陽男，食邑三百户。新傳畧同。 東觀奏記上：令狐綯自湖州刺史召來，翌日授考功郎中、知制誥，到闕召充翰林學士。 舊令狐滈傳：綯至河中，上言：「臣自湖州刺史蒙先帝擢授考功郎中、知制誥，尋充學士。」 舊宣宗紀：大中元年六月，以中散大夫、前湖州刺史、彭陽縣開國男、食邑三百户令狐綯行考功郎中、知制誥。 重修承旨學士壁記：令狐綯，大中二年二月十日，自考功郎中、知制誥充翰林學士。三年二月二十一日，特恩拜中書舍人，依前充。翰苑羣書上。

杜牧 見吏外、勳外，又膳外補。 舊傳：自湖州刺史入拜考功郎中、知制誥，歲中遷中書舍人。新傳同。 吳興志：杜牧，大中四年十一月，自大理少卿授，遷中書舍人。 裴延翰樊川文集序：上五年冬，仲舅自吳興守拜考功郎中、知制誥。明年冬，遷中書舍人。又自撰墓誌銘：守湖州，入拜考功郎中、知制誥，周歲，拜中書舍人。

鄭薫 又户中、户外。 新傳：字子溥，亡鄉里世系。擢進士第，歷考功郎中、翰林學士。出爲宣歙觀察使。 重修承旨學士壁記：鄭薫，大中三年九月十八日，自考功郎中充，閏十一月二十七日，特恩加知制誥。四年十月七日，拜中書舍人，竝依前充，十三日守本官出院。翰苑羣書上。 王諷漳州三平太師碑銘：宣宗皇帝稍復佛法，有巡禮僧常肇、惟建等二十人，刺史故太子鄭少師薫俾藏其事。唐文粹六十四。

蕭鄴 新表蕭氏齊梁房：邵州刺史革子鄴，字啟之，相宣宗。 舊崔慎由傳：初，與蕭鄴同在翰林，情不相洽。大中十年，慎由作相，罷鄴學士。俄而鄴自判度支爲平章事。 新傳：及進士第，累進監察御史、翰林學士，出爲衡州刺史。 大中中，召還翰林，拜中書舍人，遷户部侍郎，判本司。 重修承旨學士壁記：蕭鄴，大中元年二月二十六日自監察御史裏行充；十一月二十一日遷右補闕；十二月二十七日三殿賜緋；二年七月六日特恩遷兵部員外郎，十一月十三日加知制誥，竝依前充；二年九月十四日責授衡州刺史。又大中五年正月二十八日自考功郎中充，二月一日加知制誥；七月十四日遷中書舍人，六年正月七日三殿召對賜紫，七月二十七日加承旨；七年六月十二日遷户部侍郎、知制誥，竝依前充；八年十二月十八日守本官、判户部出院。翰苑羣書上。

王凝 見封中，又考外補、禮外補。

舊傳：自長安令，中丞鄭處誨奏知臺雜，換考功郎中，遷中書舍人。司空圖唐宣州王公行狀：自司封郎中拜長安令。鄭公處誨總憲綱，公以考功郎中知雜事，不示峻厲，僚吏自肅。相國夏侯公用爲中書舍人。司空表聖文集七。

崔珮

新表清河小房崔氏：右金吾將軍鄯見倉外。子、瑄見户外。弟珮，字聲諫。舊傳：鄑子珮。與表異。舊崔鄑傳：子珮，官至郎署、給諫。新崔鄑傳：珮至達官。重修承旨學士壁記：崔珮，咸通八年十月二十三日自監察御史入，二十五日守本官充；九年正月二十一日賜緋，其年七月二十一日加工部員外郎，依前充；十二月七日賜紫；十年三月十三日改考功郎中出院。翰苑羣書上。

孔緯 又考外補、禮外補。

新表曲阜孔氏：温孺舊傳作「遵孺」。子緯，字化文，相僖宗、昭宗。舊傳：大中十三年，進士擢第。自考功員外郎丁内憂免。服闋，以右司員外郎入朝。宰相趙隱薦爲翰林學士，轉考功郎中、知制誥，賜緋。拜中書舍人。

崔庚見勳中。　舊僖宗紀：乾符三年三月，試宏詞選人，考功郎中崔庚爲考官。

鄭仁規見封中附存，又考外。　舊鄭肅傳：子洎，見勳中。洎子仁規，累遷拾遺、補闕、尚書郎、湖州刺史、尚書郎知制誥，正拜中書舍人，卒。　吳興志：鄭仁規，乾符四年二月十三日，自司封郎中授，除襄州節度副使。　統紀云：三年，自考功員外郎授，遷考功郎中。

李拯　新表李氏姑臧大房：刑部尚書當見左外。子拯，字昌時。　又趙郡李氏東祖房：秦州刺史憬子拯，長洲尉。　舊文苑傳下：咸通十二年，登進士第。僖宗還京，召拜尚書郎，轉考功郎中、知制誥。僖宗再幸寶雞，拯扈從不及，在鳳翔。襄王逼爲翰林學士。襄王出奔，爲亂兵所殺。

盧沼　新表盧氏：詞子、太子少保紹見勳中。弟沼，字明源。　又盧氏：高陽令克明子沼，芮城令。時代不合。　闕史下：乾符初，盧左丞渥弟沼喪紀，終制，自前畿尉遷監察御史。詳封外補盧渥注。　司空圖唐故太子太師致仕盧公渥神道碑：仲弟治，考功郎中。司空表聖文集五。

趙昌翰　新表新安趙氏：蒙見勳中。子昌翰字德藩。　錢珝授趙昌澣一本「翰」考功郎中制：勑具官趙昌澣，國之舊章，繫會府者僅什六七。坐曹郎見墜不舉，焉用官爲，而善最之法，所墜尤重。非精材彊力，安能舉之？昌澣以名家子，實自修整，爲縣罷去，脩然自安。公卿有知己之門，車馬無致身之跡。善養材用，益聞精彊。是以考績處之，且欲明試於爾。噫，擇名曹，置名士，吾不知設官之始，獨爲人乎？如或深思，必將召寵。可依前件。文苑英華三百八十九。韻語陽秋十八：鄭谷，趙昌翰榜第八名。案祖無擇鄭都官墓表：光啟三年進士及第。

蔣泳 見勳外（二見）。崔致遠與考功蔣泳郎中別紙略云：郎中學士暫避囍時，偶勞僑跡。今者官清司績，職峻集仙。麟趾殿中，久侍驂鸞之客；螭頭階上，則親吐鳳之才。桂苑筆耕集十。

蘇滌 元和姓纂十一模：工部侍郎蘇弁見度中補。兄冕生滌，兵部尚書、襄州節度。舊文宗紀下：大和六年七月甲午，以祠部員外郎蘇滌等充史館修撰。九年七月戊午，貶考功郎中、皇太子侍讀蘇滌忠州刺史。舊武宗紀：會昌六年二月，貶舒州刺史蘇滌連州刺史。滌，李宗閔黨，前自給事中爲李德裕所斥，累年郡守，至是李紳言其無政故也。新李景讓傳：所善蘇滌、裴夷直，爲李宗閔、楊嗣復所擢。重修承旨學士壁記：蘇滌，大中四年十二月二十四日自右丞入，其月十八日加知制誥；五年六月五日遷兵部侍郎、知制誥，竝依前充；六年六月九日上表病免；□年十一月守本官出院。舊宣宗紀：大中七年七月，以銀青光禄大夫、行兵部侍郎、知制誥、充翰林學士蘇滌爲尚書左丞。　八年五月，以户部侍郎、翰林學士承旨、上柱國、武功縣開國子、食邑三百户蘇滌檢校兵部尚書，兼江陵尹、御史大夫、荆南節度管内觀察處置等使。　十一年二月以荆南節度使、銀青光禄大夫、檢校兵部尚書、兼江陵尹、御史大夫、上柱國、武功郡開國男、食邑三百户蘇滌爲太常卿。　八月，以太常卿蘇滌爲兵部尚書、權知吏部銓事。　杜牧崔璪除刑部尚書蘇滌除左丞崔璵除兵部侍郎等制：翰林學士承旨、銀青光禄大夫、行尚書兵部侍郎、知制誥、武功縣開國男、食邑三百户蘇滌，翺翔禁闈，出入諷議。汲黯爲郡，嘗聞卧理；下惠去國，皆以直道。洎宣室思賢，甘泉召入，造膝盡忠，代言稽古。近以微恙，懇請自便。可行尚書左丞，散官、封如故。樊川文集十七。　因話録三：伯仲昆弟，以史筆繼業，家藏書最多者，蘇少常景胤、見封中。堂弟尚書滌，諸家無比，而皆以清標雅範，爲後來所重。　沈亞之異聞録：元和十年五月十八日，隴西公涇州宴客武功蘇滌。沈下賢文集四。　嚴州重修圖經：蘇滌，會昌三年九月十四日，自給事中拜。　唐摭言十一：光化中，蘇拯與考功郎中璞初敍宗黨。璞故奉常滌之子也。蘇璞見下。　新書藝文志乙部史録起居注類：穆宗實録二十卷。原注：蘇滌等撰，滌字玄獻，冕子也，荆南節度使、吏部尚書。　唐會要三十三：莊恪太子廟樂章六。給事中裴泰章、蘇滌等共撰。

眭逸文 元和姓纂五支：唐考功郎中眭逸文，濮辯證漢陽人。原本誤入枝氏，注依古今姓氏書辯證正。

蘇璞 唐摭言十一：光化中，考功蘇郎中璞，故奉常滌之子也。滌見上。

【附存】

韋處厚見考外補、户中、禮外補，又户外附存。 舊憲宗紀：元和十一年九月辛巳，貶考功郎中韋處厚開州刺史。舊傳：坐友善宰相韋貫之，自考功員外郎出爲開州刺史。通鑑作考功員外郎。

蘇頲見考外。 舊傳：累遷左臺監察御史。神龍中，累遷給事中。獨孤及唐故朝議大夫高平郡別駕權公徽神道碑銘：其鄉舉也，考功郎中蘇頲拔諸羣萃之中。毘陵集八。

唐尚書省郎官石柱題名考考卷十

考功員外郎

唐六典：吏部尚書其屬有考功員外郎一人，從六品上。龍朔二年改爲司績員外郎，咸亨元年復故。掌天下貢舉之職。舊書、新書同。

【石刻】

王儼　王師旦　元大士　孫處約　王方慶

劉思立　賈大隱　邢文偉　于惟謙　李秦授

李迥秀　梁載言　皇甫瓘　蘇頲　馬懷素

宋之問　房光庭　王光庭　王丘　員嘉靜

嚴挺之 劉日政 裴敦復 李彭年 胡曼倩
張邁 裴衮 王壽 李澳 褚大儒
王牧 王佐 王仲舒 裴垍 李渤
賈餗 王源中 李褒 張次宗 裴銛
鄭延休 馮顓 蘇沖 趙蘊 鄭仁規

【補遺】

申世寧 盧承慶 來濟 權原崇 賈言忠
杜易簡 騫味道 閻懿道 劉奇 元希聲
沈佺期 崔湜 武平一 盧逸 邵炅
裴耀卿 李納 席建侯 徐玄之 趙冬曦
韋逌 孫逖 李昂 李麟 蔣洌
韋廉 常衮 蕭定 韓滉 岑參
韓皋 韓羣 楊於陵 陳京 陳歸
何士幹 盧東美 劉伯芻 崔芃 獨孤郁

鄭涵　韋處厚　鄭覃　牛僧孺　李翺
盧簡辭　高鍇　權璩　歸融　韋温
周墀　裴諗　韋澳　薛蒙　王凝
孔緯　崔充　王徽　楊拭　蕭遘
周仁舉　崔胤　楊注　崔昭遠　王渙
鄭璘　王鉅　杜德祥　庾承宣　韓紘
趙不疑　吴安慶

王儼見左中、吏中、勳中、勳外、封中。

王師旦二本缺。新書選舉志：太宗時，冀州進士張昌齡、王公謹有名於當時，考功員外郎王師旦不署以第。太宗問其故，對曰：「二人者，皆文采浮華，擢之，將誘後生而弊風俗。」其後二人者，卒不能有立。

元大士見考中，又度中。

孫處約　新表清河孫氏：後魏清河太守靈懷曾孫茂道初名處約，字歷道，相高宗。舊傳：避中（宗）〔宮〕諱改名茂道。新傳：始名道茂。舊書附李義琰傳：貞觀中，爲齊王祐記室。

高宗時，累轉中書舍人。新傳同。

王方慶見吏中。二傳失載。唐摭言一：咸亨五年，七世伯祖鸞臺鳳閣龍石白水公時任考功員外郎，下覆試十一人，內張守貞一人鄉貢。舊傳：方慶封石泉公。此「龍」字衍，「石白水」當作「石泉」。

劉思立二本缺。元和姓纂十八尤：考功員外劉思立，宋州人。舊文苑中劉憲傳：父思立，高宗時爲侍御史。後遷考功員外郎，始奏請明經加帖、進士試雜文，自思立始也。尋卒官。封氏聞見記三：開耀元年，員外郎劉思立以進士準試時務策，恐傷膚淺，請加試雜文兩道，並帖小經。唐摭言一：開耀二年，劉思玄下五十一人內，雍思泰一人鄉貢。「玄」疑「立」。會要七十六：調露二年四月，劉思立除考功員外郎。新先時進士但試策而已，思立以其庸淺，奏請帖經及試雜文。自後因以爲常式。新書選舉志：永隆二年，考功員外郎劉思立建言，明經多抄義條，進士唯誦舊策，皆亡實才，而有司以人數充第。乃詔自今明經試帖粗十得六以〔上〕，進士試雜文二篇，通文律者然後試策。新韋萬石傳：上元中，太常少卿韋萬石奏「太樂博士弟子遭喪者，先無它業，請以卒哭追集」。侍御史劉思立劾奏。蘇頲唐紫微侍郎贈黃門監李乂神道碑：郡舉茂才策第，考功郎劉思立。文苑英華八百九十三。

賈大隱　元和姓纂三十五馬：唐太學博士賈公原誤元彥生大隱，中書舍人、禮部侍郎，廣平人。　新書儒學上張士衡傳：賈大隱，儀鳳中，爲太常博士，遷累中書舍人，終禮部侍郎。　舊書禮儀志五：垂拱四年，則天令所司議立崇先廟室數，司禮博士、崇文館學士周悰希旨，請立崇先廟爲七室，其皇室太廟，減爲五室。春官侍郎賈大隱奏「周悰之請，實乖古儀」。則天由是且止。周悰見祠中。　舊劉禕之傳：禕之嘗竊謂鳳閣舍人賈大隱曰：「太后既能廢昏立明，何用臨朝稱制？不如返政，以安天下之心。」大隱密奏其言。新傳畧同。　舊儒學上賈公彥傳：子大隱，官至禮部侍郎。　舊書禮儀志三：永淳二年七月，詔將以十一月封禪嵩岳。詔考功員外郎賈大隱等詳定儀注。　新禮樂志四：詔考功員外郎賈大隱等草具其儀。

邢文偉「邢」，二本缺。　新表滁州全椒邢氏：唐有內史文偉相武后。　舊儒學傳：咸亨中，累遷太子典膳丞，擢拜右史。則天臨朝，累遷鳳閣侍郎。新傳同。

于惟謙「惟謙」，二本缺。　元和姓纂十虞：唐延州刺史子俊生惟謙，兵部侍郎、平章事，江陵人。　舊中宗紀：神龍二年春正月戊戌，中書侍郎于惟謙同中書門下平章事。三年九月丁酉，中書侍郎東海郡公于惟謙國子祭酒，罷知政事。新紀、宰相表同。　李嶠授于惟謙給事中制：文昌右司郎中于惟謙可朝請一作「議」。大夫，守給事中。文苑英華三百八十一。陳子昂荆州大崇福觀記：司賓卿于惟謙等咸經沐浴邦憲，昇官周京。文苑英華八百二十二。集無。 石刻大唐朝議大夫行聞喜縣令上柱國臨淄縣開國男于君請移置唐興寺碑：縣令、朝議大夫、東海于公名光庭，即銀青光祿大夫、瀛州刺史、東海郡公士俊之孫，金紫光祿大夫、中書侍郎同中書門下三品、東海憲公之第五子也。

李秦授 二本缺。

新裴伷先傳：補闕李秦授爲武后謀曰：「讖言『代武者劉』，劉無(韁)〔彊〕姓，殆流人乎？今大臣流放者數萬族，使之叶亂，社稷憂也。」后謂然，夜拜秦授考功員外郎，分走使者，賜墨詔，慰安流人，實命殺之。 舊中宗紀：神龍元年三月，酷吏李秦授改與嶺南遠惡處。舊酷吏傳同。 舊玄宗紀上：開元十三年二月酷吏傳作「三月」。丙申，御史大夫程行諶奏：「周朝酷吏李秦授等，殘害宗枝，毒陷良善，情狀尤重，子孫不許仕(官)〔宦〕。」舊酷吏傳同。 紀聞：補闕李秦授寓直中書，封事曰：「陛下自登極，誅斥李氏及諸大臣，其家人親族流放在外者，以臣所料且數萬人，如一旦同心，招集爲逆，出陛下不意，臣恐社稷必危。(諷)〔讖〕曰『代武者劉』，夫『劉』者『流』也，陛下不殺此輩，臣恐爲禍深焉。」天后納之，夜中召入謂曰：「卿名秦授，天以卿授朕也，何啟予心。」即拜考功員外郎，仍知制誥，勑賜朱紱女妓十人，金帛稱是。與謀發放使十人於十道，安慰流者，其實賜墨敕與牧守，有流放者殺之。太平廣記百四十七。 沈雲卿集上有李員外秦授宅觀妓詩。案，舊李光弼傳有李秦授，乃史思明將，非。

李迥秀二本「李迥」，誤。　新表隴西李氏武陽房：宣州刺史義本子迥秀，字茂實，新傳茂之。相武后。　舊李大亮傳：族孫迥秀，弱冠應英材傑出舉，拜相州參軍，累轉考功員外郎。則天雅愛其才，甚寵待之。掌舉數年，遷鳳閣舍人。　新傳：及進士第，又中英才傑出科。調相州參軍事，累轉考功員外郎。武后愛其才，遷鳳閣舍人。　陳子昂送著作佐郎崔融等從梁王東征序：考功員外郎李迥秀等參帷幕之賓，掌書記之任。　陳伯玉文集七。據舊書武后紀在萬歲通天元年七月。　顏魯〔公〕文集十四：崔孝公陋室銘記：舉鄉貢進士，考功郎李迥秀器異之。　孫逖東都留守韋公虛心神道碑：考功員外郎李迥秀擢以高第。文苑英華九百十八。

梁載言二本缺。　舊書文苑中劉憲傳：載言，博州聊城人。則天時，吏部糊名考選判入第二等，歷鳳閣舍人、專知制誥。撰具員故事十卷、十道志十六卷，並傳於時。中宗時，爲懷州刺史。新文藝傳同。藝文志同，又具員事迹十卷。　崔孝公陋室銘記：公舉賢良方正，典試官梁載言歎之。顏魯公文集十四。

皇甫璀　元和姓纂十一唐：皇甫椿齡居滎陽生瑒，瑒五代孫思義、思智有脫字。瑒考功員外。案，皇甫椿齡及子瑒俱見北史裴叔業傳下，「瑒」字疑「璀」字之誤。

蘇頲二本缺。又考中附存。新表蘇氏：中宗、睿宗相瓌見祠中子頲，相玄宗。元和姓纂：頲中書侍郎平章事、許文憲公。舊傳：弱冠舉進士，授烏程尉，累遷左臺監察御史。神龍中，累遷給事中。新傳：第進士，調烏程尉。武后封嵩高，舉賢良方正異等，除左司禦率府胄曹參軍。再遷監察御史，遷給事中。韓休唐金紫光禄大夫禮部尚書上柱國贈尚書右丞相許國文憲公蘇頲文集序：公任起居郎，屬考功員外郎闕，時中書令李嶠執筆曰「考功郎非蘇君莫可」。遂拜考功員外郎，遷給事中。唐文粹九十一。

馬懷素二本缺。又禮外補，又御史臺殿中題名。舊傳：由禮部員外郎遷考功員外郎，充十道黜陟使。還，時貴戚縱恣，請託公行，懷素無所阿順，典舉平允，擢拜中書舍人。新傳畧同。會要六十四：景龍二年五月五日，勑考功員外郎馬懷素爲修文館直學士。元和姓纂三十五馬：唐吏部侍郎、秘書監、常山文公馬懷素，廣陵人。石刻故銀青光禄大夫秘書監兼昭文館學士侍讀上柱國常山縣開國公贈潤州刺史馬公墓誌銘：字貞規，舉孝廉，以文學優贍，對策乙科，乃尉鄠。無何，丁太夫人□□憂。服闋，授麟臺正字，以忠鯁舉，除左鷹揚衛兵曹參軍，轉咸陽尉。時則天太后大崇諫職，授左拾遺，尋改左臺監察御史。歷殿中、加朝散大夫，轉詹尹丞。朝論稱屈，遷禮部員外郎。分爲十道按察，以公詞學贍洽，精覈文章，轉授考功員外郎，修文館直學士，遷中書舍人。續古文苑十八。

宋之問二本缺。又户外。元和姓纂二宋：唐太常丞宋仁回生疑有脫文。果毅生之問，户、考二員外。弘農人。新傳：之問父令文，高宗時東臺詳正學士。之問字延清，一名少連。舊文苑傳下：之問自鴻臚主簿，景龍中，再轉考功員外郎。中宗增置修文館學士，擇朝中文學之士，之問等首膺其選，當時榮之。及典舉，引拔後進，多知名者。尋轉越州長史。新傳略同。舊韋述傳：舉進士，時考功員外郎宋之問。新傳同。

房光庭二本缺。見吏外、考中，又户外。唐語林八：神龍元年已來，累爲主司者，考功員外郎房光庭再，太極元年、開元元年。李納東林寺舍利塔銘：景龍之歲，御史清河房光庭歎其荒毀，盡留征橐。

王光庭　文苑英華一百七十一有王光庭奉和聖製答張説南出雀鼠谷詩。又一百七十七有王光庭奉和聖制送張尚書巡邊詩。張燕公集三送王光庭詩有「同居洛陽陌，經日嬾相求。及爾江湖去，言別悵悠悠」云云。唐詩紀事：光庭與燕公最善。

王丘見封中。舊傳：長安中，自偃師主簿擢第，拜監察御史。開元初，累遷考功員外郎。先是，考功舉人，請託大行，取士頗濫，每年至數百人，丘一切覈其實材，登科者僅滿百人。議者以爲自則天已後凡數十年，無如丘者，其後席豫、嚴挺之爲其次焉。三遷紫徽舍人。新傳畧同。　唐才子傳一：開元二年，王丘下李昂狀元及第。　蘇頲授王丘主爵郎中等制，稱宣議郎、守尚書考功員外郎王丘。文苑英華三百八十九。

員嘉静二本缺。　見吏中、勳外。　舊張嘉貞傳：開元八年，爲中書令。　考功員外郎員嘉静等皆爲所引，位列清要。新傳畧同。

嚴挺之二本缺。　見考中補，又户外。　舊傳：開元中，自萬州員外參軍爲考功員外郎。典舉二年，大稱平允，登科者頓減二分之一。遷考功郎中，特勅又令知考功貢舉事，稍遷給事中。新傳畧同。　唐語林八：累爲主司者，考功員外郎嚴挺之三，開元十四年、十五年、十六年。

劉日政二本缺。　見吏中、勳中。

裴敦復二本「敬□」，誤。　見吏中。　唐語林八：累爲主司者，考功員外郎裴敦復再，開元十九年、二十年。

李彭年見吏中、吏外、勳外，又户外。　舊傳：開元中，歷考功員外郎、知舉，又遷中書舍人。新傳同。

胡曼倩二本缺。　元和姓纂十一模：兵部員外胡曼倩，樂陵人。

張邁二本缺，無考。　又御史臺右稜，又右側侍御兼殿中題名。

裴衮「裴」二本缺。　見吏外、勳外。

王壽二本缺。　見户中。　舊王君㚟傳：開元十(五)〔六〕年，拜其父壽爲少府監，仍聽致仕。其冬，吐蕃陷瓜州執壽。新傳同。

李澳「澳」二本缺。　疑「李奕」。

褚大孺疑「長孺」，二本缺。　見勳外補、祠外。

王牧二本作「收」，非。　新表京兆王氏：行(享)〔古子〕收，字種德。　舊王徽傳：王收，進士登第。　李嘉祐臺閣集有送王牧往吉州謁王使君叔詩。

王佐無考，二本缺。　見吏外，又主外。

王仲舒見吏外，又禮外補。　新傳：自左拾遺改右補闕，遷禮部考功員外郎。奏議詳雅，省中伏其能。　舊文苑傳：自右拾遺累轉尚書郎。　太原王公神道碑銘：自右補闕遷禮部、考功、吏部三員外郎。在考功、吏部提約明，故吏無以欺。昌黎先生集三十一。又三十三王公墓誌銘：改右補闕，禮部、考功、吏部三員外郎。　權德輿吏部員外郎南曹廳壁記：太原王仲舒，貞元十年冬，由諸侯部從事賢良對策，歷左、右諫，列儀曹、考功郎十八年，實受斯命。權載之文集三十一。

裴垍「垍」二本均誤。　見考中補，又禮外補。　舊傳：自監察御史轉殿中侍御史、尚書禮部、考功二員外郎。時吏部侍郎鄭珣瑜請垍考詞判，垍守正不受請託，考覈皆務才實。元和初，召入翰林爲學士，轉考功郎中、知制誥。新傳畧同。舊憲宗紀：永貞元年十二月，以考功員外郎裴垍爲考功郎中、知制誥，充翰林學士。重修承旨學士壁記：裴垍，永貞元年十二月二十五日，自考功員外郎充，二十七日遷考功郎中、知制誥。翰苑羣書上。

李渤二本缺。舊傳：字濬之，後魏中國公發之後。憲宗時，以庫部員外郎忤宰相，謝病東歸。穆宗即位，召爲考功員外郎。十一月定京官考，不避權幸，皆行昇黜。出爲虔州刺史。舊穆宗紀：長慶元年五月己亥，貶考功員外郎李渤爲虔州刺史，以前書宰相考辭太過，宰相杜元穎等奏貶之。

賈餗二本缺。新表河南賈氏：寧子餗，字子美，相文宗。舊傳：進士擢第，又登制策甲科，四遷至考功員外郎。長慶初，(召)策召賢良，爲考策官。尋以本官知制誥，遷庫部郎中，充職。四年，出爲常州刺史。舊穆宗紀：長慶元年十〔一〕月，詔考功員外郎賈餗等考制策。

王源中二本缺。又户中、禮外補。新表琅邪王氏：杭州別駕潤見户外。子源中，字正蒙，天平節度使。新書附盧景亮傳：源中擢進士、宏辭，累遷左補闕，累轉户部郎中、侍郎。唐才子傳四：竇鞏，元和二年王源中榜進士。重修承旨學士壁記：寶曆元年九月二十四日王源中自户部郎中充，十一月二十八日賜紫；二年正月二十八日權知中書舍人；大和二年二月五日正拜，十一月五日遷户部侍郎、知制誥，十二月加承旨；八年四月二十日出院。翰苑羣書上。李虞仲授學士王源中等中書舍人制：朝散大夫、守尚書户部郎中、充翰林學士、上柱國、賜紫金魚袋王源中，可權知中書舍人，依前翰林學士，散官、勳、賜如故。授學士王源中户部侍郎制：翰林學士、中散大夫、中書舍人、上柱國、賜紫金魚袋王源中，可尚書户部侍郎、知制誥，依前充翰林學士，散官、勳、賜如故。同上。白居易李彤授檢校工部郎中充鄭滑節度副使王源中授檢校刑部員外郎充觀察判官各兼侍御史賜緋紫制稱侍御史王源中等。白氏文集四十九。會要八十：禮部員外郎王源中駁請下太常重定范希朝忠武謚。

李褒

舊李讓夷傳：開成元年，起居舍人李褒有痼疾，請罷官。語林七：大中三年，李褒侍郎知舉，試堯仁如天賦。重修承旨學士壁記：李褒，開成五年三月二十日自考功員外郎、集賢院直學士充，其年六月轉庫部郎中、知制誥，十二月十二日賜緋；會昌元年五月拜中書舍人，十二月加承旨，六日賜紫；二年五月十九日出守本官。翰苑羣書上。錢珝授李褒刺史等制：勑李褒等，醫一郡之疾苦，既藉良能；理四方之滯寃，必資明愼，二者生人之本也。深詔執事，精其選求。以爾褒、瞳洎荆，或清識雅裁，爲時雋才；或檢操修身，累居繩準。所至必留其風範，當官克勵於霜操。而承休前理蜀川，頗聞嘉績，是可以分我符竹，光于省闥。虢略巴梁，地清俗富；刑曹粉署，務劇望高。往副分憂，勉思伏念。褒可虢州刺史，韋瞳、崔荆並可刑部員外郎，承休可果州刺史。文苑英華四百十一，崔荆見金中。案，錢珝，昭宗時知制誥。時代不合。「錢珝」二字，疑標題之誤。

唐會稽太守題名記：李褒，大中三年，自前禮部侍郎除禮部尚書授。六年八月，追赴闕。會稽掇英總集十八。趙潾書戒珠寺，大中六年六月，又別以「戒珠」爲名，觀察使、尚書李公褒實司其事。又十六。雲谿友議六：吕元芳謂浙東李尚書褒，但前浙東觀察使恐無別拜，後尚書歸義興，未幾薨變。廣記二百廿三。唐語林四：李尚書褒，晚年修道，居陽羡川石山後。長子召疑「超」。爲吴興，次子昭爲常州，見勳外。當時榮之。案，語林企羡：咸通末，湖州牧李超、趙蒙相次俱狀元。舊五代史晉書十八李懌傳：祖褒，唐黔南觀察使。

張次宗又禮外補。新表河東張氏：憲宗相弘靖見吏外。子、河南少尹嗣慶見主中。弟次宗，舒州刺史。舊傳：開成中，爲起居舍人，改禮部員外郎，以兄文規見吏外。爲韋温不放入省出官，堅辭省秩，改國子博士兼史館修撰。出爲舒州刺史，卒。新傳：開成初，爲起居舍人，兼集賢院直學士。文規左遷，改國子博士、史館修撰。李德裕再當國，引爲考功員外郎、知制誥。出澧、明二州刺史，卒。舊鄭覃傳：開成初，太學勒石經，鄭覃奏監察御史張次宗等校定九經文字。寶慶四明志一：會昌中，明州刺史張次宗，見所撰鮑郎廟碑。

裴銛「銛」，二本缺，不確。疑裴璟，璟出洗馬裴氏，見玉泉子，又見唐語林。

鄭延休見封中，又金外。

馮顓見封中。

蘇沖　元和姓纂十一模：蘇滌見考中補。生沖，不詳歷官。唐語林四：蘇沖，鄭都尉顓門生，後沖爲信陽守。詳勳外蘇粹注。

趙蘊二本「蘊」誤「匡」。見吏外補。舊僖宗紀：乾符二年十月，以考功員外郎趙蘊爲吏部員外郎。

鄭仁規二本缺。見封中附存、考中補。舊鄭肅傳：孫仁規，累遷拾遺、補闕、尚書郎、湖州刺史、尚書郎知制誥，正拜中書舍人，卒。吳興志：鄭仁規，乾符四年二月十三日，自司封郎中授，除襄州節度副使。統紀云：三年，自考功員外郎授，遷考功郎中。

【補遺】

申世寧　元和姓纂十七真：郴國公申靖生寧，唐考功有脱字。部員外郎，魏郡人。李華潤州天鄉寺故大德雲禪師碑：曾祖寧，皇朝考功員外郎。文苑英華八百六十一。摭言十五：高祖武德四年四月十一日，勑諸州學士及白丁，有明經及秀才、俊士明於理體，爲鄉曲所稱者，委本縣考試，州長重覆，取上等人，每年十月隨物入貢。至五年十月，諸州共貢明經一百四十三人，秀才六人，俊士三十九人，進士三十人。十一月引見，勑付尚書省考試。十二月，吏部奏付考功員外郎申世寧考試，秀才一人、俊士十四人，所試並通。勑放選與理入官，其下第人各賜絹五匹，充歸糧，各勤修業。自是考功之試，永爲常式。

盧承慶又户中。　新表盧氏：太子率更令、范陽郡公赤松子承慶，字子餘，相高宗。舊傳：襲爵范陽郡公。貞觀初，爲秦州都督府户曹參軍，因奏河西軍事，太宗奇其明辨，拜考功員外郎。累遷民部侍郎。新傳：貞觀初，爲秦州參軍，入奏軍事，太宗偉其辨，擢考功員外郎。累遷民部侍郎。

來濟　新表來氏：隋左翊衛大將軍護兒子、高宗相恆見封中。弟濟，相高宗。舊傳：舉進士。貞觀中，累轉通事舍人。俄除考功員外郎。十八年，爲太子司議郎。新傳同。封氏聞見記三：龍朔中，勑左史董思恭與考功員外郎權原崇同試貢舉。思恭，吴士輕脱，洩進士問目，三司推贓污狼藉。後於西堂朝次告變，免死，除名流梧州。

權原崇

賈言忠見吏外補。　元和姓纂三十五馬：清河南郡兵曹賈均生言忠，吏部考功員外，長樂人。

杜易簡見封外。　元和姓纂十姥：蓬州咸安令杜依德生易簡，考功員外，襄陽人。舊文苑傳上：咸亨中，自殿中侍御史爲考功員外郎。希吏部侍郎裴行儉旨，上封陳李敬元罪狀。高宗惡其朋黨，左轉開州司馬，尋卒。新書文藝傳上：咸亨初，歷殿中侍御史。嘗遇吏部尚書李敬玄，不避，敬玄恨，召爲考功員外郎屈之。侍郎裴行儉與敬玄不平，易簡上書言敬玄罪，敬玄奏易簡險躁，高宗怒，貶開州司馬。

騫味道又户中。　新表騫氏：華州長史直子味道，相武后。舊裴炎傳：文明元年秋，命御史大夫騫味道鞫裴炎反狀。新傳同。新武后紀：光宅元年十月丁亥，左肅政臺御史大夫騫味道檢校内史、同鳳閣鸞臺三品。宰相表同。舊紀失載。垂拱元年正月庚戌，騫味道守内史。宰相表：守内史、同三品。舊紀失載。舊紀：垂拱元年四月，内史騫味道左授青州刺史。新紀：四月丙子。宰相表同。新紀：垂拱四年九月丁卯，左肅政臺御史大夫騫味道同鳳閣鸞臺平章事。十二月己亥，殺騫味道。宰相表同。舊紀失載。

新張薦傳：調露初，張鷟登進士第。考功員外郎騫味道見所對，稱天下無雙。舊傳：張鷟初登進士第，對策尤工，考功員外郎騫味道賞之曰：「如此生，天下無雙矣！」容齋續筆十二：按登科記，乃上元二年，去調露尚六歲。是年，進士四十五人，鷟名在二十九，既以爲無雙，而不列高第。

閻懿道　元和姓纂二十四鹽：閻自厚生懿道，廣平人。不詳歷官。子伯璵，見吏中。梁肅杭州臨安縣令裴君夫人常山閻氏墓誌：夫人皇朝考功郎懿道之孫。文苑英華九百六十六。

劉奇見封中。舊忠義下顏杲卿傳：父元孫，垂拱初登進士第，考功員外郎劉奇榜其詞策，文瑰俊拔，多士聳觀。石刻顏真卿顏氏家廟之碑：我伯父元孫舉進士，考功郎劉奇特標榜之，由是名動海內。

元希聲又主外。新表元氏：工部員外郎孝節子希聲，吏部侍郎。姓纂：中書舍人，吏部侍郎。崔湜故吏部侍郎元公碑序：舉進士第，自司禮博士，三教珠英書成，遷太子文學，主客、考功二員外，賞勤也。皇帝中宗纘膺大業，擢中書舍人。文苑英華八百九十八。唐會要七十五：聖曆二年，吏部侍郎鄭杲注韓復爲太常博士，元希聲京兆士曹。嘗謂人曰：「今年掌選，得韓、元二子，則吏部不負朝廷矣。」舊宦官李輔國傳：肅宗爲娶故吏部侍郎元希聲姪擢女爲妻。舊書經籍志丁部集錄別集類：元希聲集十卷。新書藝文志同，碑云三十卷。

沈佺期　元和姓纂四十七寑：沈真恠生佺期，中書舍人、太子詹事，鄴郡内黃人。舊文苑傳中：進士舉。長安中，累遷通事舍人，再轉考功員外郎，坐贓配流嶺表。文苑英華一百九十沈佺期有自考功員外授原注一作「郎中拜」給事中詩。案，沈雲卿集作寄北使詩并序云：長安三年，自考功郎中拜給事中，明年獻春下獄，被放南荒。云云。蘇頲授沈佺期太子少詹事等制：正議大夫、太府少卿、昭文館學士、上柱國、吳興縣開國男沈佺期，才標穎拔，思詣精微。早升多士之行，獨擅詞人之律。可太子少詹事，餘如故。文苑英華四百三。史崇一切道經音義妙門由起序稱正議大夫、行太府少卿、昭文館學士、上柱國、吳興縣開國男臣沈佺期。道藏太平部儀字號。

崔湜見吏外。舊傳：累轉左補闕，遷殿中侍御史。神龍初，轉考功員外郎。尋遷中書舍人。新傳畧同。唐摭言一：長安四年，崔湜下四十一人李温玉，稱蘇州鄉貢。景龍元年，李欽讓稱定州鄉貢，附學。

武平一　新表武氏：千牛大將軍、潁川武烈王載德子甄，字平一，考功員外郎、修文館直學士。新書本傳：自起居舍人，景龍二年，兼修文館直學士，遷考功員外郎。玄宗立，貶蘇州參軍。舊武元衡傳：祖平一，終考功員外郎、修文館學士，事在逸人傳。

案，舊書無逸人傳。

盧逸　新表盧氏：元規子逸，給事中、荆州長史。　南部新書巳：世稱盧家不出座主，唯景(陵)〔雲〕二年盧逸以考功員外郎知舉，後莫有之。　唐才子傳一：王翰，景雲元年盧逸下進士及第。

邵炅又御史臺殿中監察題名。　元和姓纂三十五笑：唐都官郎中邵昇，自安陽徙汝南，弟炅考功員外。　御史臺記：唐邵景，安陽人。　擢第授汾陰尉，轉歙州司倉，遷至右臺監察、考功員外。　時神武皇帝即位，景與殿中御史蕭嵩、韋鏗俱昇殿行事，職掌殊別。　而制出，景、嵩俱授朝散大夫，而鏗無命。太平廣記二百五十五。廣記「炅」作「景」，係避太宗御名改。　朝野僉載：開元四年，尚書考功院廳前一雙桐樹忽然枯死，　旬日考功員外郎邵某卒。　尋而麴先沖爲郎中，判邵舊案，月餘西邊樹又枯死，省中憂之，未幾而先沖又卒。廣記百四十三。「炅」作「某」，亦避諱改。

裴耀卿　新表南來吴裴氏：邠、寧二州刺史守真見倉中。子耀卿，　字涣之，刊本「焕之」，本傳作「焕之」，碑字子涣。　相玄宗。　舊傳：童子舉。　睿宗升極，自相王府典籤拜國子主簿。開元初，累遷長安令。新傳畧同。　孫逖唐濟州刺史裴公德政頌：八歲神童擢第。　睿宗之在藩邸，公爲典籤。　遷國子主簿，試詹事府丞，　歷河南府士曹參軍，　拜考功員外郎，除右司、兵部二郎中。自長安令臨此郡。文苑英華七百七十五。唐語林八：累爲主司者，考功員外郎裴耀卿再，開元五年、六年。蘇頲授裴耀卿檢校考功員外郎制：勑朝散大夫、行河南府士曹參軍裴耀卿，士行純密，文詞典麗。時人許其清秀，職事推其綜核。惟才九舉，方憑止水之明；在位斯聞，佇考觀光之彥。可檢校考功員外郎。英華三百九十一。石刻許孟容唐故侍中尚書右僕射贈司空文獻公裴公神道碑銘：案轉國子主簿、詹府丞。太夫人捐館，制終，除河南士曹參軍。睿宗□嘗列宮寮，加朝散，缺廿一字。時謂淫雅不雜，而繩墨誠陳也。亟轉兵部郎中，長安縣令。元和七年。

李納勳外李訥，疑卽是「納」，疑字誤。唐語林八：累爲主司者，考功員外郎李納四，開元七年、八年、九年、十年。

山西稷山。

席建侯見吏外。舊文苑傳中：開元中，累官至考功員外郎，典舉得士，爲時所稱。三遷中書舍人。新傳：自大理丞遷考功員外郎，進紬清明，爲中書舍人。

徐玄之見吏中、吏外、勳外，又主中有立之。李翺嶺南節度使徐公申行狀：祖玄之，皇考功員外郎，贈吏部郎中、諫議大夫。李文公集十一。

趙冬曦又御史臺殿中題名。元和姓纂三十小：趙不器生冬曦，中書舍人、國子祭酒，中山曲陽人。　唐會要七十六：先天二年，藻思清華科趙冬曦及第。緯畧元年。　新儒學傳下：冬（義）〔曦〕定州鼓城人，進士擢第。開元初，遷監察御史，坐事遷岳州。召還復官，入集賢院修撰。未幾，知史官事，遷考功員外郎。踰年，爲直學士。俄遷中書舍人内供奉，以國子祭酒卒。　舊韓休傳：舉賢良，玄宗時在春宮，親問國政，韓休對策與校書郎趙冬曦並爲乙（策）〔第〕。新傳同。　舊韋述傳：趙冬曦兄弟六人，並詞學登科。　新吳兢傳：吳兢以父喪解修史，宰相張説用趙冬曦代之。　會要六十四：開元十三年四月，考功員外郎趙東曦爲集賢院直學士。「東」疑「冬」。

韋逌

舊韋述見吏中傳：迪見户外。弟逌，詞學登科，學業亦亞於述，尤精三禮，與兄述對爲學士，迪同爲禮官，時人榮之。累遷考功員外郎、國子司業，以風疾卒。新傳畧同。

孫逖見吏中。

舊文苑傳：自左補闕辟太原從事。開元二十一年，入爲考功員外郎、集賢修撰。選貢士二年，多得俊才。初年則杜鴻漸至宰輔，顏真卿爲尚書；後年拔李華、蕭穎士、趙驊登上第，逖謂人曰：「此三人便堪掌綸誥。」二十四年，拜中書舍人。　新書文藝傳中：自太原幕府以起居舍人入集賢院修撰。改考功員外郎，取顏真卿、李華、蕭穎士、趙驊等，皆海内有名士。俄遷中書舍人。　唐語林八：累爲主司者，考功員外郎孫逖再，二十二年、二十三年。

李昂見吏中、封外，又户外、金外、倉外，又考中附存。　新書選舉志：開元二十四年，考功員外郎李昂爲舉人詆訶，帝以員外郎望輕，遂移貢舉於禮部，以侍郎主之。

李麟見吏中、吏外，又户外。　舊傳：開元二十二年，轉殿中侍御史，歷户部、考功、吏部三員外郎。天寶元年，遷郎中。新傳失載。

蔣洌見封外。　國秀集中有考功員外蔣洌詩二首。

韋廉　新表韋氏鄖公房：季弼子廉，考功員外郎。　舊杜暹傳：開元二十八年，太常謚杜暹曰「貞肅」。右司員外郎劉同升、見户中。都官員外郎韋廉以暹有忠孝之美，所謚不盡其行，建議駮之。　孫逖授王迥質秘書監等制：左補闕韋廉可起居郎。文苑英華三百九十九。　石刻韋紓唐故朝散大夫祕書省著作郎致仕京兆韋公端玄堂誌：祖季弼，太僕寺主簿；烈考廉，尚書庫部□中。茂纘其德□而官壽不至。士大夫到于今嗟稱之。公卽郎中第二子也。

常衮見考中補。　舊傳：自起居郎，寶應二年選爲翰林學士、考功員外郎中、知制誥，依前翰林學士。

蕭定見左中補，又户中附存。　舊良吏傳下：自萬年主簿累遷侍御史、考功員外郎、左右司二郎中。

韓滉見吏中、吏外，又祠外。

舊傳：自殿中侍御史累遷至祠部、考功、吏部三員外郎。新傳：自殿中侍御史三遷吏部員外郎。顧況左僕射韓滉行狀：詔除殿中侍御史，累遷祠部、考功、吏部三員外。文苑英華九百七十三。

岑參又祠外。

新表岑氏：仙、晉二州刺史植子參，庫部郎中、嘉州都督。杜確岑嘉州集序：南陽岑公，天寶三載，進士高第。自太子中允、兼殿中侍御史，充關西節度判官，入爲祠部、考功二員外郎，轉虞部、庫部二正郎。又出爲嘉州刺史。仿宋本。新書藝文志丁部集録別集類：岑參集十卷。

韓皋見考中，又金中。

舊傳：自右拾遺轉左補闕，累遷起居郎、考功員外郎。丁父艱，免喪，擬考功郎中。新傳畧同。

韓羣又禮外補。

新表昌黎韓氏：德宗相滉子見吏中。羣，禮部員外郎。姓纂：國子祭酒。舊韓滉傳：子羣，官至考功員外郎。新蘇弁傳：德宗問大臣昆弟可任者，左右以韓皋兄羣對，擢考功員外郎。新韓滉傳：子羣，終國子司業。

楊於陵見吏中、吏外，又膳外補。

舊傳：貞元八年，自前江西從事入朝，爲膳部員外郎，歷考功、吏部員外郎。新傳：自江西使府入爲膳部員外郎，以吏部判南曹。新楊嗣復傳：於陵在考功，擢浙東觀察使李師稷見左中。及第。李翺右僕射楊公墓誌：貞元八年，徵拜膳部員外郎，轉考功，知別頭舉，轉吏部員外郎及判南曹。李文公集十四。

陳京見封中，又膳外補。新儒學傳下：德宗時擢左補闕，自考功員外再遷給事中。文苑英華九百七十二梁肅常州刺史獨孤及行狀：藝文之事，遭公發揚，集作「揮」。盛名比肩於朝廷，則有考功員外郎潁川陳京。河東先生集八唐故秘書少監陳公行狀：歷左補闕、尚書膳部、考功員外郎、司封郎中、給事中。自考功以來，凡四命爲集賢學士。初禮部試士，有與親戚者，則附于考功，莫不陰授其旨意而爲進退者。及公則否，卓然有有司之道，不可犯也。舊禮儀志六：貞元八年正月二十三日，考功員外郎陳京議以獻、懿二祖祔興聖皇帝廟。新傳同。

陳歸又主外，又御史臺碑額監察題名。新表陳氏：左補闕兼子、京見封中。弟歸，考功員外郎。元和姓纂：陳歸，考功員外，臨淮人。舊段平仲傳：貞元十四年，京師旱，詔發廩賑卹。平仲與考功員外郎陳歸奉使。新傳同。會要七十五：貞元二疑有脱字。年三月，考功員外郎陳歸爲嶺南選補使，選人留放、註官、美惡違背令文，惟意出入，復供求無厭，郵傳患之。監察御史韓參奏劾，得罪，配流恩州。盧綸有渾贊善東齋戲贈陳歸詩。

何士幹　柳宗元李侍御墓誌注：何士幹，永泰二年及進士第。河東先生集十。舊德宗紀下：貞元四年六月乙未，以諫議大夫何士幹爲鄂岳沔蘄黄等州都團練觀察使。舊良吏袁滋傳：何士幹鎮武昌，辟爲（德）〔從〕事。會要二十八：貞元八年正月，鄂州觀察使何士幹獻白鹿。上曰：「朕初卽位，卽止祥瑞。士幹致白鹿，其謂我何？還之，彼當慚懼；留之，遠近復獻。」竟不視，遂放於苑中焉。陸贄奉天薦袁高等狀：何士幹、姚南仲、陸淳、沈既濟。陸宣公集十四。已上曾任補闕、拾遺，詳吏中崔造注。會要五十六：大曆十二年七月，賜右補闕姚南仲緋，遷左拾遺何士幹爲左補闕。時葬貞懿皇后，代宗恩寵所屬，令繕陵寢邇章敬寺，後爲遊幸近地，左右莫敢言。南仲等上疏諫，代宗覽表歎息，立從其議，因錫南仲緋、遷士幹之官以褒之。是日，遣内常侍吴承清宣諭百僚，令付史館。顧況左僕射韓滉行狀：天子幸梁川巴山道，命判官何士幹領健步七百，負絞練十萬疋上獻。天子六軍、從官扈蹕千里，時屬維夏，未頒春衣。表至行在，衆情大悦。文苑英華九百七十三。符載送崔副使歸洪州幕府序：十六年冬，自洛陽抵襄州，歷江夏。大夫何公，上才碩望，作鎮茲地，十四年矣。文苑英華七百二十六。祭何大夫文略云：文場一戰，陷敵摧鋒。結綬王畿，部局生風。拾遺丹陛，危言匪躬。公嘗從事浙西盛府，咨籌畫畧，輝光賓主。皇帝順狩褒梁，重阻納貢，匍匐達行在所。帝曰：「首至西方惟汝，建社擁旄于鄂之渚。」自公之來，法舉令行，除姦翦暴，振獨蘇惸。疆理封域，繕完甲兵，十五餘年，夏水潦清。又爲楊廷評祭何大夫文略云：惟公昔年，聲譽赫然；拾遺補闕，丹陛之前。天子思理，垂意藩外。聿來沔鄂，十五餘載。並英華九百八十六。

柳宗元故嶺南鹽鐵院李侍御澥墓誌：妻廬江何氏，季父曰士幹，有大名。河東先生集十。權德輿唐故洛陽縣尉何君夫人范陽盧氏墓誌銘：夫人卽考功員外郎士幹之世母也。予嘗接考功遊。權載之文集二十七。

盧東美　新表盧氏：望江令同子東(善)〔美〕，考功員外郎。舊楊炎傳：建中中，楊炎誣殺劉晏，李正己表請晏罪，指斥朝廷。炎懼，遣腹心盧東美往河南、淄青諸道，聲言宣慰，而意實説謗。且言「晏得罪，以昔年附會姦邪，謀立獨孤妃爲皇后，上自惡之，非他過也」。或密奏「炎遣五使往諸鎮，恐天下以殺晏罪歸己，推過於上」。使中人復炎辭於正己，還報信然。舊崔造傳：永泰中，與韓會、盧東美、張正則爲友，皆僑居上元，好談經濟之畧，嘗以王佐自許，時人號爲「四夔」。新傳畧同。摭言四：范陽盧東美少與韓衢爲友，江淮間號曰「四夔」。韓愈考功員外郎盧君墓銘：爲太常博士、監察御史河南府司録、考功員外郎，年若干或作「五十四」。而終，在官舉其職。昌黎先生集二十四。孫曰貞元中卒。梁肅舒州望江縣丞盧公墓誌銘：胤子太常寺協律郎東美。大曆七年。文苑英華九百六十。 會要六十六：元和二年八月，命考功員外郎盧東美同赴國子監論講。

劉伯芻見考中補，又主外。 舊傳：自主客員外郎貶虔州掾曹，復爲考功員外郎，遷考功郎中。新傳畧同。 劉寬夫汴州糾曹廳壁記：元和中，憲宗皇帝勵進理道，注意法律，特設科以招士，欲問明廷。後詔有司覈其姸否，先君僕射時爲司績外郎，實專斯寄，絶因緣之舉，以公共爲先，於數十人中得君充詔。文苑英華八百三。

崔芃見吏中，又度中。 權德輿崔公神道碑銘：以聯帥上介，入拜侍御史，遷考功員外郎，度支、吏部二郎中。權載之文集十七。

獨孤郁又勳中附存，又户外有獨孤郁。 新表獨孤氏：常州刺史及見吏中補。子、朗見左中。弟郁字古風，祕書監。元和姓纂考功員外、中書舍人。 舊傳：貞元十四年，登進士第。元和五年，自起居郎遷考功員外郎，充史館修撰、判館事，預修德宗實録。七年，以本官復知制誥。八年，轉駕部郎中。 會要六十四：元和六年四月，以考功員外郎獨孤郁充史館修撰，兼判館事。 白居易獨孤郁守本官知制誥制：考功員外郎、史館修撰獨孤郁。 韓愈唐故祕書少監贈絳州刺史獨孤府君墓誌銘：元和五年，自起居郎改尚書考功員外郎，復史館職。七年，以考功知制誥，入謝，因賜五品服。八年，遷駕部郎中，職如初。昌黎先生集二十九。 白居易授獨孤郁轉司勳郎中知制誥制稱考功員外郎、知制誥獨孤郁。白氏文集五十五。

鄭涵見封中、考中。 舊傳：憲宗時，遷起居舍人，改考功員外郎。刺史有驅迫人吏上言政績請刊石紀政者，（瀚）〔澣〕探得其情，條責廉使，巧迹遂露，人服其敏識。父餘慶爲僕射，請改省郎，乃換國子博士。

韋處厚又户中、禮外補、考中附存、户外附存。 新表韋氏逍遥公房：兼監察御史萬子處厚字德載，相文宗。 舊傳：本名淳，避憲宗諱改。元和初，登進士第，自右拾遺轉左補闕、禮部、考功二員外郎。宰相韋貫之出官，坐友善，出爲開州刺史。入拜户部郎中。新傳畧同。 新韋貫之傳：韋處厚等坐與韋貫之厚善，貶爲州刺史。 劉禹錫唐故中書侍郎平章事韋公集紀：遷右拾遺，轉左補闕。入尚書爲郎，歷禮部、考功。韋丞相册免，因歷詆所善，公在伍中，出爲開州刺史。劉賓客文集十九。 韓愈開州韋侍講盛山十二詩序：韋侯，昔以考功副郎，守盛山。昌黎先生集二十一。

鄭覃 新表鄭氏北祖房：珣瑜見吏外。子覃，相文宗。 舊傳：以父蔭補弘文校理，歷拾遺、補闕、考功員外郎、刑部郎中。元和十四年二月，遷諫議大夫。 新傳：蔭補弘文校書郎，擢累諫議大夫。

牛僧孺又禮外補。 新表安定牛氏：鄭尉幼聞舊傳作「幼簡」。子僧孺，字思黯，相敬宗、文宗。

舊傳：進士擢第，登賢良方正制科。元和中，改都官，知臺雜，尋換考功員外郎，充集賢直學士。穆宗卽位，以庫部郎中知制誥。新傳畧同。杜牧唐故太子少師奇章郡開國公贈太尉牛公墓誌銘：除河南尉，拜監察御史。丁母夫人憂，制終，復拜監察御史，轉殿中侍御史，遷禮部員外郎、都官員外郎、兼侍御史知雜事。改考功員外郎、集賢殿學士、庫部郎中、知制誥，賜五品命服。樊川文集七。

李翺又禮中補。 舊傳：字習之，涼武昭王之後。貞元十四年，登進士第。元和十五年六月，自權知職方員外郎授考功員外郎，並兼史職。與李景儉友善，景儉貶黜，七月出爲朗州刺史。入爲禮部郎中。舊穆宗紀：元和十五年六月，以考功員外郎、史館修撰李翺爲朗州刺史，坐與李景儉相善故也。新書地理志：朗州武陵縣，東北八十九里有考功堰。長慶元年，刺史李翺因故漢樊陂開，溉田千一百頃；又北百一十九里有津石陂，本聖曆初，今崔嗣業開，翺亦從而增之，溉田九百頃。翺以尚書考功員外郎出爲刺史，故以官名。

盧簡辭見勳外、考中補。 舊傳：寶曆中，自侍御史轉考功員外郎，轉郎中。新傳：遷侍御史。寶曆中，李程鎮太原，表爲節度判官。入授考功員外郎。

高鍇見吏外補、勳中。 舊傳：累遷吏部員外郎。大和三年，準勅試別頭進士、明經鄭齊之等十八人。榜出之後，語辭紛競，監察御史姚中立以聞，詔鍇審定，乃升李景、王淑等，人以爲公。六年二月，自司勳郎中轉諫議大夫。新書選舉志：大和三年，高鍇爲考功員外郎，取士有不當，監察御史姚中立又奏停考功別頭試。

權璩 見勳中，又主外。劉夢得外集六詶鄭州權舍人見寄十二韻詩注云：鄙人罹重謫，重入南宮禮部郎中，舍人方在考功員外郎。新書璩傳：自中書舍人貶閬州刺史。文宗憐其母病，徙鄭州。不云嘗任考功。舊劉禹錫傳：大和中，自主客郎中累轉禮部郎中。又外集十祭興元李司空文稱大和四年禮部郎中劉禹錫。則璩任考外，當亦在大和四年。

歸融 舊傳：進士擢第，自監察、拾遺入省，拜工部員外郎，遷考功員外郎。六年，轉工部郎中，充翰林學士。八年，正拜舍人。九年，轉户部侍郎。開成元年，兼御史中丞。案，「六年」上脱紀年，蓋是太和六年也。又案，重修承旨學士壁記，歸融，大和九年八月一日自中書舍人充，□年□月五日加承旨，八月二十日遷工部侍郎、知制誥，二十四日賜紫，開成元年五月十五日出守本官，兼御史中丞，出院。則融以九年入翰林，非六年。又「户部」作「工部」，疑傳誤。

韋温 又禮外補。新表韋氏逍遥公房：左散騎常侍綬子温，字弘育，宣歙觀察使。又韋氏駙馬房：邢州刺史玄儼子温，相中宗、殤帝。舊傳：十一歲，應兩經舉登第，書判拔萃。大和中，自侍御史遷禮部員外郎。鳳翔鄭注請爲副使，拒之。注誅，轉考功員外郎。尋知制誥，俄兼太子侍讀，改太常少卿。杜牧唐故宣州觀察使御史大夫韋公墓誌銘：文宗皇帝時，改侍御史、尚書禮部、考功員外郎。當大和九年，文宗思拔用德行超出者，以（新）〔警〕愯天下，故公自考功不數月拜諫議大夫，掌書舍人閤下，不半歲，轉太常少卿。樊川文集八。「禮部」集本作「吏部」，英華九百三十九仍作「禮部」，不云集作「吏」，知今本誤也，據改。

周墀 新表永安周氏：左拾遺沛孫、左驍衛兵曹參軍頲子墀，字德升，相宣宗。舊傳：長慶二年擢進士第，大和末，累遷至起居郎，補集賢學士，轉考功員外郎，仍兼起居舍人事。開成二年冬，以本官知制誥，尋召充翰林學士。三年，遷職方郎中。新傳畧同。重修承旨學士壁記：周墀，開成二年十二月二十五日，自考功員外郎、知制誥，充翰林學士；三年十一月十六日，加職方郎中。翰苑羣書上。杜牧唐故東川節度檢校右僕射兼御史大夫贈司徒周公墓誌銘：爲起居舍人，遷考功員外郎，兼前官。數月，以考功掌言。謝日，遂兼學士，遷職方郎中。樊川文集七。

裴諗 見封中。新傳：累官考功員外郎。宣宗時，爲翰林學士。重修承旨學士壁記：裴諗，會昌六年六月二日，自考功員外郎充翰林學士，八月十九日加司封郎中。翰苑羣書上。崔嘏授裴諗司封郎中依前充職制，稱翰林學士、考功員外郎裴諗。文苑英華三百八十四。詳封中。

韋澳見勳外。舊傳：周墀輔政，以澳爲考功員外郎、史館修撰。不周歲，以本官知制誥，尋召充翰林學士，累遷户部、兵部侍郎、學士承旨。新傳畧同。

薛蒙見勳中。唐詩紀事五十三：蒙，大中時，爲考功郎。

王凝見封中、考中補、禮外補。舊傳：自起居郎歷禮部、兵部、考功三員外郎，遷司封郎中、長安令。司空圖唐宣州王公行狀：宣宗朝，自禮部員外歷兵部、考功員外，前史稱「第一流，必爲第一官」，唯公資望，人謂無愧。轉司封郎中，俄拜長安令。司空表聖文集七。

孔緯見考中補，又禮外補。舊傳：自監察御史轉禮部員外郎。宰相徐商奏兼集賢直學士，改考功員外郎。丁內憂免。服闋，以右司員外郎入朝，轉考功郎中。

崔充　新表崔氏清河小房：憲宗相羣子充，字茂用，東都留守。重修承旨學士壁記：崔充，咸通九年□月十七日，自考功員外郎入守本官充，十月十六日召對，賜緋，閏十二月二日三殿召對，賜紫；十年五月二十五日，加庫部郎中、知制誥，依前充，其年十一月十一日遷中書舍人，依前充；十二年正月二十六日遷户部侍郎、知制誥，依前充；十三年六月十日宣充承旨，九月二十八日，加檢校工部尚書、東川節度使。翰苑羣書上。

舊僖宗紀乾符二年四月，以東川節度使、檢校户部尚書崔充爲河南尹。舊崔羣傳：子充，亦以文學進，歷三署，終東都留守。

王徽 見封中補，又户中補。 舊傳：懿宗時，自侍御史知雜，兼職方員外郎，轉考功員外郎。時考簿上中下字朱書，吏緣爲姦，多有揩改。徽白僕射，請以墨書，遂絶姦吏之弊。宰相蕭倣以徽明於吏術，尤重之。乾符初，遷司封郎中、長安縣令。新傳畧同。唐會要八十二：咸通十四年，考功員外郎王徽以舊例考簿上中下字朱書，吏緣爲姦，多有揩改，請以墨書，從之。

楊拭 新表楊氏越公房：文宗、武宗相嗣復見吏中補。子拭，字昭玉。舊楊嗣復傳：子拭進士擢第，官終考功員外郎。

蕭遘 又户中補、户外補、禮外補。 新表蕭氏齊梁房：懿宗相寘子遘，字得聖，相僖宗。舊傳：咸通五年，登進士第。韋保衡作相，自起居舍人貶爲播州司馬。保衡誅，以禮部員外郎徵還，轉考功員外郎、知制誥。乾符初，召充翰林學士，正拜中書舍人。舊僖宗紀：乾符二年十(一)月，以禮部員外郎蕭遘爲考功員外郎。三年九月，以户部員外郎、翰林學士蕭遘爲户部郎中，學士如故。本傳失載。

周仁舉 舊僖宗紀：乾符三年三月，試宏詞選人，考功員外郎周仁舉等爲考官。

崔胤見吏中補、吏外補。　舊傳：王重榮鎮河中，辟爲從事。入朝，累遷考功、吏部二員外郎。

楊注　新表楊氏越公房：兵部侍郎嚴子、昭宗相涉俱見吏中補。弟注，字文台。　舊傳：中和二年進士登第。昭宗朝，累官考功員外郎、刑部郎中。尋知制誥，正拜中書舍人。

崔昭遠　舊崔昭緯傳：兄昭遠，考功員外郎。新書宰相表南祖崔氏失載。

王渙見吏外補。　新表太原第二房王氏：愔見祠外。子渙，字羣吉。　又琅邪王氏：越州倉曹參軍綺子渙，不詳歷官。時代不合。　唐才子傳十：渙，大順二年，禮部侍郎裴贄下進士及第。　摭言三：大順中，王渙自左史拜考功員外，同年李德鄰自右史拜小戎，趙光胤見禮外補。自補袞拜小儀，王拯見勳外補。自小版拜少勳。唐詩紀事六十六同。

鄭璘　新表北祖鄭氏：僖宗相從讜見吏外。生璘，字華聖。　薛廷珪授考功員外郎鄭璘司勳員外郎盧擇並充史館修撰制。文苑英華四百。　新書王潮傳：王審邽爲泉州刺史。中原亂，公卿多來依之，振賦以財，如鄭璘等賴以免禍，審邽遣子延彬作招賢院以禮之。　韓内翰別集有「余寓汀州沙縣，病中聞前鄭左丞璘隨外鎮舉薦赴洛。兼云：『繼有急徵，旋見脂轄。』因作七言四韻，戲以贈之，或冀其感悟也」。一詩注：己巳年。案，「己巳」梁開平三年。

王鉅又祠中補。新表太原大房王氏：淯子鉅，字宏猷。舊王凝見封中傳：弟子鑣，鑣兄鉅，位終兵部侍郎。錢珝授考功員外郎賜緋王鉅駕部郎中知制誥制。文苑英華三百八十二。案，制有云「永惟季父令名」，指王凝也。又授祠部郎中知制誥賜緋王鉅守中書舍人制略云：掌誥故事，多用外郎，歲滿而升，乃正郎位，歲又滿始得其秩。具官王鉅棲于禁垣，試之三年，掌誥再遷，一如故事。論諸游官，於爾甚優，兼佩金章，俾光飛步。同上。舊哀帝紀：天祐二年十二月，勅右散騎常侍王鉅等，隨册禮使柳璨魏國行事。吴越備史一：天祐三年九月，遣右散騎常侍王矩、司勳郎中裴均勳外補裴筠。授王吴王册禮。封舜卿進越王錢鏐爲吴王竹册文稱使臣中散大夫、右散騎常侍、上柱國、賜紫金魚袋王矩。十國春秋作「王鉅」。

杜德祥 新表襄陽杜氏：中書舍人牧子、左補闕晦辭見吏外。弟惠祥，字應之，禮部侍郎。元和姓纂：御史中丞、禮部侍郎。舊昭宗紀：乾寧三年三月壬午朔，以考功員外郎、集賢殿學士杜德祥爲工部郎中、知制誥。舊杜牧傳：子德祥，官至丞郎。金華子雜編上：德祥，昭宗朝爲禮部侍郎，知貢舉，甚有聲望。

庾承宣又度外。元和姓纂七虞：左補闕庾侣生承宣，度支員外。唐科名記：貞元八年，陸贄主司試明水賦、御溝新柳詩，其十七人庾承宣。是年，一榜多天下孤雋偉傑之士，號「龍虎榜」。韓子年譜。新書文藝傳下：歐陽詹舉進士，與庾承宣等聯第，皆天下選，時稱「龍虎榜」。韓愈祭虞部張員外季友文，稱元和十年月日，考功員外郎庾承宣等。文苑英華九百八十七。昌黎先生集考異六載晁本同。今本韓集作維年月日愈等，無諸人名。

唐語林八：累爲主司者，春官小宗伯庾承宣再，元和十年、十一年。因話録三：庾尚書承宣知貢舉，廣平程子齊昔範始登第。舊穆宗紀：長慶二年十一月丁卯，尚書左丞庾承宣爲陝虢觀察使。舊文宗紀上：大和元年正月癸未，以吏部侍郎庾承宣爲京兆尹、兼御史大夫。又下：四年十一月癸巳，以尚書左丞庾承宣爲兖海沂密節度使。又七年二月己巳，以吏部侍郎庾承宣爲太常卿。又八年正月丙寅，修太廟。令太常卿庾承宣攝太尉，徧告九室，遷神主於便殿。又九年正月，以太常卿庾承宣檢校吏部尚書，充天平軍節度使。舊殷侑傳同。又七月丁卯，天平軍節度使庾承宣卒。白居易庾承宣可尚書右丞制：勑：朝議大夫、守尚書刑部侍郎、驍騎尉庾承宣，吾前命崔從持左綱，今命承宣操右轄。衆口籍籍，頗爲得人。可守尚書右丞，散官、勳如故。白氏文集四十八。文苑英華七十七有庾承宣朱絲繩賦。百八十一有冬日可愛詩。韓文類譜三引科第録：貞元十一年，博學宏詞試朱絲絃賦、冬日可愛詩、罷齋郎以學生享議。或作「十年」，非似。承宣于十一年登宏詞科也。

摭言十五：庾承宣主文後六七年，方衣金紫。時門生李石先于内庭恩錫矣。承宣拜命之初，石以所服紫袍、金魚拜獻座主。因話録三：李相公石是庾尚書承宣門生。不數年，李任魏博軍，因奏事，特賜紫，而庾尚衣緋，人謂李侍御將紫底緋上座主。崔黄中觀風驛新井記：支使庾承度宣疑當乙貞，絶俗仗義。直副成規，終此殊績。文苑英華八百十二。 石刻皇帝降誕日爲國建無垢浄光塔銘，攝福建觀察推官、宣義郎、前行秘書省校書郎庾承宣撰。貞元十五年。 福建 新書選舉志：元和十三年，權知禮部侍郎庾承宣奏復考功別頭試。

韓紘

新表昌黎韓氏：玄宗相休見封外。子泫，諫議大夫。姓纂：泫諫議大夫、知制誥。新韓滉傳：兄泫知制誥，當草王璵詔無借言，銜之。 舊傳：兄法疑「泫」。知制誥，草王璵拜官詞不加虚美，璵頗銜之。 李肇翰林志：開元二十六年，別建學士院。有韓紘等在舊翰林院，雖有其名，不職其事。 賈至授韓洪山南東道防禦使等制：左補闕韓紘，可考功員外郎、知制誥。文苑英華四百九十。詳勳外補韓洪注。

趙不疑

元和姓纂三十小：趙協孫不疑，考功員外，定州鼓城縣人。文苑英華五百十一有趙不疑對無鬼論判。

吴安慶

元和姓纂十一模：考功員外郎吴安慶，稱渤海人。

唐尚書省郎官石柱題名考卷十一

户部郎中

唐六典：户部尚書郎中二人，從五品上。貞觀二十三年，改爲户部。顯慶爲度支，龍朔爲司元大夫，咸亨、光宅、神龍並隨曹改復。掌領天下州縣户口之事。舊書職官志：户部郎中、員外之職，掌分理户口、井田之事。新書百官志：郎中，掌户口、土田、賦役、貢獻、蠲免、優復、姻婚、繼嗣之事。

【石刻】

士義惣　韋山甫　樂世□　盧承慶　裴玄本

高季通　梁行儀　崔行功　袁異式　路元叡

劉國都　韋泰真　盧德師　薛克構　王智方

姚珽 張□容 唐從心 李嘉□ 張錫
申屠錫 劉如玉 宇文敞 李綰 封司業
裴惓 温眘微 吴道師 劉守□ 趙謙光
李無言 韋虚心 蔡秦客 梁務儉 張大安
張光輔 李同福 鄧元挺 騫味道 韋□元
劉延祐 于思言 劉基 段嗣元 石晷
孫元亨 唐奉一 房穎叔 韋瓊之 李思古
楊玉 紀處訥 路恒 趙履温 狄光嗣
張昭令 李琇 韋維 柳儒 崔琳
嚴方嶷 魏奉古 李察 李邕 裴觀
司馬銓 張如珪 褚璆 王昱 獨孤册
張敬輿 張季瑀 裴卓 郭潾 梁昇卿
楊志先 鄭少微 李元祐 韋拯 斑景倩
徐惲 裴令臣 李朝弼 陽伯成 劉彦回
張奇 梁涉 王壽 鄭昉 魏方進

韋伯祥
王鉷
張博濟
王翊
李齊運
王延昌
于頎
崔鼎
崔縱
盧雲
崔從質
熊執錫
張正甫
崔植
高允恭

韋虛舟
楊玘
吉温
劉遲
李季卿
來球
邵說
徐演
崔儒
竇彧
魏弘簡
楊寧
崔清
武儒衡
豆盧署

劉同昇
張震
王鉟
呂延之
崔灌
張參
李洞清
王縝
謝良輔
常魯
韋武
于皐謩
李巨
陸亘
高釴

李常
盧奕
陳潤
崔諷
李丹
杜濟
李規
平暠
蓋塤
盧佋
張式
潘孟陽
陸湮
劉遵古
韋處厚

鄭昭
李伉
崔諷
張惟一
崔浩
杜良輔
許登
衞密
李巽
王紹
李元素
鄭敬
李應
羊士諤
崔護

王源中　王正雅　宋申錫　韋詞　王彥威
盧周仁　李固言　李石　盧貞　王質
李踐□　楊漢公　裴詡　楊敬之　竇宗直
裴識　韋力仁　姚合　韋紓　張鷺
鄭賞　崔璯　盧言　潘存實　韋厚叔
盧慤　李敬方　李繼　崔駢　杜憓
李福　崔璵　路綰　鄭冠　韋有翼
竇洵直　鄭薰　苗愔　崔卓　温璋
韓琮　盧匡　韓賓　趙格　趙滂
韋宙　崔象　李荀　楊假　任憲
孟穆　蕭峴　曹汾　孟球　馮緘
鄭礭　侯恩　張道符　劉荀　崔芻言
牛叢　李植　楊知至　王龜　竇紃
許瓘　楊輅　崔璞　裴璩　劉允章
韋條　杜無逸　鄭碣　王緘　高澥

盧深
楊希古
韋保乂
劉蛻
李磎
張无逸
鄭瑱
鄭畋
庾崇
張極
崔彥融
張裕
杜廷堅
李縠
李磵
馮巖
鄭博
楊知退
周慎辭
李峭
崔鄴
趙祕
柳陟
盧紹
李節
鄭殷
李邈
孫緯
韋蟾
李晦
豆盧瑑
鄭諴
李燭
李凝庶

【補遺】

張珪
侯味虛
紀全經
張某
杜收
裴塤
裴稚珪
侯師
衛畿道
裴騰
陳詡
盧逢
權崇基
逯仁傑
崔行成
盧播
韓泂
盧綸
崔義起
周子恭
白知愼
韋利賓
包佶
裴徹
竇懷恪
令狐思撫
趙昇卿
相里造
盧侶
陸澧

胡証　　杜羔　　崔蠡　　裴瓚　　司空輿
王徽　　蕭遘　　杜孺休　　王藩　　裴德符
鄭韜光　　徐綰　　封舜卿　　李仁儉　　崔協

【附存】

張譚　　韓泰　　裴謂　　蘇晉　　蕭定
王慥

士義惣又度中。元和姓纂六止河南士氏：隋刑部侍郎士燮後生義總，唐户部郎中。「河南」，北史高構傳作「河内」。宋劉跂學易集八士補之墓誌銘：隋末義總爲侍郎，家河内。

韋山甫　新表韋氏逍遥公房：德運子山甫，屯田郎中。任知古寧義寺經藏碑：貞觀初，太夫人遽隨風燭過，則通人故屯田郎中京兆韋山甫製其碑。壽光。劉孝孫沙門慧淨詩英華序：京兆韋山甫耿介有奇節，弋獵綜羣言，與法師周旋，情逾膠漆，覩斯盛事，咸共贊成。

緱世□

盧承慶見考外補。　舊傳：太宗時擢拜考功員外郎，累遷民部侍郎。新傳同。

裴玄本見吏外。　大唐新語七：裴玄本爲户部郎中，時左僕射房玄齡疾甚，玄本隨例候玄齡。

高季通又倉中、倉外。　新表渤海高氏：隋萬年令衡子季通，宗正少卿。舊高季輔傳：永徽二年，召季輔兄虢州刺史季通爲宗正少卿。新傳同。

梁行儀見吏外，無考。

崔行功見左中、吏中、吏外，又主外。

袁異式　新表樂陵袁氏：令喜子、太府少卿異度見金中。弟異式，户部郎中。新劉仁軌傳：嘗爲御史袁異式所劾，慢辱之，脅使引決。及拜大司憲，異式尚在臺，不自安，因醉以情自解。仁軌持觴曰：「所不與公者，有如此觴。」後既執政，薦爲司元大夫。

路元叡見吏中、勳中，又度外。

劉國都　元和姓纂十八尤：户部郎中劉安都，宋州虞城人。

韋泰真　新表東眷韋氏閬公房：博州刺史世師子真泰，户部侍郎。元和姓纂「真泰」作「太真」，蓋表誤倒耳。

盧德師無考。

薛克構又户外有克備。　新表薛氏西祖房：貝州刺史大鼎子克構，麟臺（諫）監。　舊良吏薛大鼎傳：子克構，天授中官至麟臺監。　新循吏薛大鼎傳：子克構，永隆初，歷户部郎中。天授中，遷麟臺監。　新書藝文志丙部子録雜家類：薛克構子林三十卷。

王智方　新表琅邪王氏：宏訓子方智，户部郎中。「方智」二字互倒。　張説贈太尉裴公行儉神道碑：在一本「其」。軍擇帳下之士，則有王智方等。　張燕公集十五。

姚珽　新表吳興姚氏：豫州司户參軍憕子（班）〔珽〕，户部尚書。　舊節愍太子傳：神龍二年，左庶子姚珽數上疏諫諍。舊傳亦載。　舊傳：（班）〔珽〕，舉明經，累除定、汴、滄、虢、豳等五州刺史。　舊良吏下李尚隱傳：姚珽爲同州刺史。（新書作班）　新書藝文志乙部史録正史類：姚珽漢書紹訓四十卷。舊珽傳同。

張□容無考。

唐從心　新表唐氏：洋州刺史嘉會見度中。子從心，殿中監。　舊唐儉傳：孫從心，神龍中，以子晙娶太平（宫）〔公〕主女，官至殿中監。

李嘉□無考。

張錫又户外。　新表清河東武城張氏：吏部侍郎文琮子錫，相武后、温王。　舊傳：則天時爲鳳閣侍郎、同鳳閣鸞臺平章事。新傳同。

申屠錫鉞案：「錫」疑當作「瑒」。元和姓纂十七眞：地官郎中、祕書少監申屠瑒，陳留人。「瑒」，「瑒」誤。新劉奇傳：長壽中，天官侍郎劉奇薦張鷟、司馬鍠見吏外。爲監察御史，二人因申屠瑒以謝。

劉如玉　元和姓纂十八尤：秋官侍郎劉如璿，見吏外補。上邽人，弟如玉，右司郎中。李嶠授太子舍人劉如玉等右史制，稱朝散大夫、行太子舍人劉如玉可行右史，散官如故。文苑英華三百八十三。

宇文敞　元和姓纂九麌：職方員外宇文珽生敞，戶部郎中，河南洛陽人。

李綰見吏中補。

封司業　新表封氏：武邑令恩子思業，戶部郎中、幽州都督。資治通鑑唐紀二十三：久視元年，阿悉吉薄露叛，遣左金吾將軍田揚名、殿中侍御史封思業討之。軍至碎葉，薄露夜於城傍剽掠而去，思業將騎追之，反爲所敗。揚名引西突厥斛瑟羅之衆攻其城，旬餘，不克。九月，薄露詐降，思業誘而斬之，遂俘其衆。

裴惓　新表中眷裴氏：中書舍人玄武公義弘子（惓）〔惓〕字翁喜，杭州刺史、河東縣男。舊岑羲傳：裴惓稱爲清德，爲巡察使所薦，授畿縣令。長安中，緣坐近親，相次入省，自渭南令爲地官員外郎，後至杭州刺史。權德輿唐故正議大夫衞尉少卿聞喜縣開國伯賜紫金魚袋裴君墓誌銘：梓州元武丞、贈中書舍人義宏生贈司空惓，歷給事中、杭鄧二州刺史，君之王父也。權載之文集二十三。裴會見膳中補。金石録目録五第九百十八唐杭州刺史裴惓碑，族子子餘撰，孫令行書，盧曉八分題額。開元三年九月。

溫眘微又户外補。新表溫氏：職方郎中、陝州刺史璩子慎微，鄭州刺史。蘇頲授溫慎微揚府司馬制：中散大夫、守興州刺史、輕車都尉溫慎微，閑達彰其起草，仁明最于分竹。可守揚州大都督府司馬，散官、勳如故。文苑英華四百十四。

吳道師見勳外，又倉外。

劉守□無考。

趙謙光「謙光」王本缺。元和姓纂三十小：户部郎中趙謙光，汲郡人。譚賓録：趙謙光自彭州司馬入爲大理正，遷户部郎中、户部員外。賀遂涉詠之。太平廣記二百四十九。

李無言 新表蜀王房：尚輦奉御明遠子睦州刺史無言。定命録：蘇州刺史李無言有事，恐被宣慰使惡奏，後改爲睦州刺史，至州而死。太平廣記二百二十二。房琯龍興寺碑序：開元十七年，州將皇三從叔無言，聖嗣帝胄，秉稟受自高位，居藩牧親，則叔父。吳郡志三十一。

韋虛心見左外補，又倉外補。孫逖東都留守韋公神道碑：司會之府，允釐庶績，命公作倉部、左司二員外，户部、兵部、右司三郎中。文苑英華九百十八。二傳失載。

蔡秦客又金中。元和姓纂十四泰：梁司空、安豐公蔡大寶孫秦客，唐金部郎中，濟陽考城縣人。「大寶」二字原脱，依北史附庸傳增。蘇頲授蔡秦客金部郎中制，稱正議大夫、行尚書右司員外郎、上柱國蔡秦客。文苑英華三百八十九。詳後。

梁務儉無考。

張大安新表魏郡張氏：襄州總管、郯襄公公謹子大安，相高宗。舊張公謹傳：子大安，上元中歷太子庶子、同中書門下三品。嚴州重修圖經刺史題名：張大安，永淳二年五月十九日自普州刺史拜。

張光輔舊附豆盧欽望見封中傳：京兆人。則天時，累遷司農少卿、文昌右丞。不云户中。

李同福見吏外、封外，又金中。

鄧元挺又户外二見。元和姓纂四十八嶝：唐兵部郎中、南陽伯鄧素，見勳中。安定人，居藍田。子元挺，吏部侍郎。舊文苑傳上：元挺，雍州藍田人。累遷左史，坐與上官儀善，出爲頓丘令，累授中書舍人。

鶱味道見考外補。

韋□元無考。户中補有晤元。

劉延祐又户外有珽祐。新表彭城劉氏：行之子延祐，安南都護。舊文苑劉胤之傳：弟子延祐，弱冠本州舉進士，累補渭南尉，後歷右司郎中，檢校司賓少卿，封薛縣男。新文藝列傳上：自渭南尉，後檢校司賓少卿，封薛縣男。

于思言 新表于氏：恒州刺史德行子思言，太府卿。姓纂：兵部郎中、太府卿。文苑英華六百：崔融有爲朝集使于思言等請封中岳表。武后。

劉基無考。

段嗣元 元和姓纂二十九換：尚書左丞段寶元生嗣元，地官侍郎、鄭州刺史，武威人。

石㬱 元和姓纂二十二昔：石眷五代孫㬱，唐虞部郎中，渤海人。

孫元亨見封外「元亨」。

唐奉一見左外。

房穎叔 分紀：房穎叔拜天官侍郎，自其高祖至穎叔四代咸居選部，時論榮之。事文類聚新集十一。舊蘇晉傳：吏部侍郎房穎叔見蘇晉八卦論而賞歎曰：「此後來王粲也。」新傳同。朝野僉載：周地官郎中房穎叔除天官侍郎，不上，病兩日而卒。仗下卽除李迥秀爲侍郎。太平廣記三百二十九。

韋瓊之見封外、考中補。

李思古 集古録目：周渭南縣令李思古清德頌，唐直崇文館馬吉甫撰。不著書人名氏。李君名思古，渤海蓨人，爲鴻州渭南令。入拜右司員外郎。縣人爲立清德碑，以聖曆元年十月立。華州。寶刻叢編十。

楊玉 無考，户外楊温玉，疑是。

紀處訥 新表紀氏：鄜州刺史及子處訥，相中宗。舊附蕭至忠傳：處訥，秦州上邽人。累轉太府卿。神龍中，進拜侍中。新書附宗楚客傳同。

路恒 元和姓纂十一暮：萬年主簿路隱元生恒，户部郎中、太僕少卿，平陽人。

趙履温 元和姓纂三十小：司農卿趙履温，萬年人。唐會要五十九：兵部員外郎，本兩員。大足元年，更加一員，以趙履温爲之。舊儒學盧粲傳：中宗時，令司農少卿趙履温監護。舊孝友裴子餘傳：景龍中，司農卿趙履温奏没涇、岐二州隋代蕃户子孫數千家爲官户奴婢，仍充賜口，以給貴幸。子餘奏劾其事，云云。舊桓彦範傳：易州刺史趙履温，桓彦範之妻兄也。神龍元年，彦範誅張易之，奏言先與履温共謀，召拜司農少卿。履温德之，以二婢遺彦範。彦範罷知政事，履温又脅奪其婢。新書外戚武三思傳：司農少卿趙履温等託武三思權，熏炙中外。舊趙彦昭傳：景龍四年，金城公主出降吐蕃，命趙彦昭充使，司農卿趙履温私謂曰：「公國之宰輔，而爲一介之使，不亦鄙乎？」彥昭曰：「計將安出？」履温因爲陰託安樂公主密奏留之。新傳畧同。舊睿宗紀：景龍四年六月庚子夜，臨淄王誅趙履温等。

狄光嗣又户外。 新表狄氏：武后相仁傑見度中補。子光嗣，户部郎中。 舊狄仁傑傳：長子光嗣，聖曆初爲司府丞，則天令宰相各舉尚書郎一人，仁傑乃薦光嗣。拜地官員外郎。新傳同。 又云：歷淄、許、貝三州刺史。 舊書五行志：開元四年八月四日，會要：二十四日己卯。勑河南、河北檢校捕蝗使狄光嗣等，宜令待蟲盡而刈禾將畢，即入京奏事。唐會要同。 會要三十九：神龍元年六月二十七日，又删定垂拱格及格後勑，户部郎中狄光嗣等同删定。 新書藝文志乙部史録刑法類：删垂拱式二十卷，又散頒格七卷，兵部郎中狄光嗣等删定，神龍元年上。 案會要作「兵部郎中姜師度、户部郎中狄光嗣」，志蓋脱去七字。

張昭令無考。 户外張昭命，疑是。

李琇 新宗室表大鄭王房：鹽州刺史孝鋭子琇，字琇，淮安（郡）〔忠〕公、宗正卿，謚忠。又宰相表趙郡李氏東祖房：鄮令鎔子琇，任城令。 四川成都志十一：開元五年，以將作監、潞州刺史、燉煌公李琇，充劍南節度、益州大都督府長史二年。

韋維又户外、倉外。 新表韋氏南皮公房：司戎大夫知人子維字文紀，右庶子、南皮縣公。

會要六十七：開元元年，改雍州司馬爲京兆少尹，以韋維爲之。舊韋虛心傳：父維，舉進士。自大理丞累至户部郎中，善於剖判，時員外郎宋之問工於詩，時人以爲户部有二妙。終於左庶子。父子兄弟更踐郎署。稱「郎官家」。新書本傳：韋維，進士對策高第，擢武功主簿。坐徐敬業親，貶五泉主簿。徙内江令，遷户部郎中，終太子右庶子。又韋虛心傳：維爲郎，蒔柳于庭，及虛心兄弟居郎省，對之輒斂容。自韋叔謙後，至郎中者數人，世號「郎官家」。孫逖東都留守韋公神道碑：烈考曰（韋）〔維〕，事睿宗，歷户部郎中，終於左庶子，贈絳州刺史。文苑英華九百十八。集古録目：唐韋維善政論，唐著作郎楊齊哲撰，前洛州縣丞類編「直翰林院」□庭誨書。爲坊州刺史。此實紀德碑也。以先天元年立。寶刻叢編十。

柳儒又倉外。新表柳氏：工部員外郎幹子儒，户部（郎中）〔侍郎〕。

崔琳　新表南祖崔氏：司刑卿、魏縣子神慶子琳，太子少保。會要六十五：太極元年二月，祕書少監加一員，以崔琳爲之。舊王丘傳：開元二十一年，韓休作相，薦王丘代崔琳爲御史大夫。新崔神慶傳：子琳，開元中，與高仲舒同爲中書舍人。累遷太子少保。天寶二年卒。蘇頲授崔琳紫微舍人制：正議大夫、行尚書屯田郎中、上柱國、魏縣開國子崔琳，分符作牧，共賴仁明；賜筆題工，咸推練習。可行紫微舍人，散官、勳封如故。文苑英華三百八十二。封氏聞見記：開元十四年，勑吏部置十銓，以朝集使、蒲州刺史崔琳等同掌選。舊玄宗紀：開元十九年正月辛未，遣鴻臚卿崔琳入吐蕃報聘。二月甲午，以崔琳爲御史大夫。三月乙疑「己」。酉朔，崔琳使吐蕃。唐會要七十五：開元十一年十二月，吏部侍郎崔琳掌銓，收還殘人盧怡、見吏外。裴敦復、見吏中。于孺卿見監察。等十數人，無何，皆入臺省，衆以爲知人。孫逖授孟温太子賓客等制：朝請大夫、使持節魏州諸軍事、守魏州刺史、上柱國、安平縣開國伯崔琳，清而率下，正以持身。可太子右庶子，散官、勳封如故。文苑英華四百三。又授崔琳太子少保制，稱銀青光禄大夫、守刑部尚書、上柱國、清河郡開國公崔琳，可守太子少保。同上。

嚴方嶷 舊嚴挺之傳：叔父方嶷，景雲中户部郎中。

魏奉古見左中、左外。

李察又祠外，又御史臺殿中題名。 新宰相表趙郡李氏東祖房：瀛州司户參軍玄祐弟玄恩子察，少府監。 又宗室表蜀王房：惠陵臺令晃子、潞府士曹參軍審見左中補。弟察。不詳歷官。 又紀王房：均州刺史湑見吏外子審，陝(州)〔府〕兵曹參軍。 張九齡故果州長史李公碑銘：開元中，公之孫曰察，以古諸侯之禄，奉先大夫之祀。書遊本郡，輝光前烈。唐丞相曲江張先生文集二十。據宰相世系表，李公名仁瞻。又瀛州司户參軍李府君碑銘：嗣子察，解印少府，剖符本州。同上。案，世系表，府君名玄祐。據碑，察係玄祐子。表云玄恩子，當誤。

李邕又户外。

新表江夏李氏：蘭臺郎善子邕，字太和，北海太守。舊文苑傳中：邕，廣陵江都人。唐隆元年，玄宗清内難，自富州司户召拜左臺殿中侍御史，改户部員外郎，又貶崖州舍城丞。開元三年，擢爲户部郎中。姚崇嫉邕險躁，搆成其罪，左遷括州司馬。新書方技嚴善思傳：譙王重福敗，善思坐關通論死，户部郎中李邕薄其罪。

李邕謝恩慰喻表：頃歲昌宗執柄，三思弄權。臣與宋璟同論，桓敬俱奏，貶臣爲常州司户，實荷陛下誅韋氏之後，收正人之餘，特拜臣左臺侍御史，云云。頃歲譙王重福謀立東都，臣當留臺，與洛州司户舊〔日〕知傳作「馬」。崔日知挫其逆形，收其餘孽，東都底定，職臣之功。自文〔休〕〔林〕郎拜朝散大夫，除户部員外郎。岑羲、崔湜之輩，以臣再用往還，并忌崔隱甫、倪若水等恐爲陛下之助，與臣同制，各貶官，仍聯翩左遷爲崖州舍城縣丞。及陛下正位紫宸，臣又自嶺南九品遠惡官除朝散大夫、户部郎中。文苑英華五百九十八。

蘇頲授李邕户部郎中制：黄門朝散大夫、守江州别駕李邕，探學精奥，爲文沉鬱。謇諤之心，動必無撓；彌綸之用，行則有恒。故以高才逸群，懿聲滿聽。宜膺版圖之任，允光蘭握之選。可守尚書户部郎中，散官如故。主者施行。文苑英華三百八十九。

裴觀又御史臺侍御題名。新表洗馬裴氏：敬忠子觀，荆州按察使。復齋碑録：唐裴觀德政碑，唐賈昇撰。僧湛然分書。開元八年立，在峴山。襄州。寶刻叢編三。新許景先傳：開元十三年，帝自擇左衛將軍裴觀爲滄州刺史。詳吏中袁仁敬注。四川成都志十一：開元十五年，裴觀以弘文館學士、劍南節度使、大都督府長史一年。

司馬銓又御史臺殿中監察題名。元和姓纂七之：明堂尉司馬希奭生鍠、見吏外。銓，庫部郎中，河内温縣人。新書文藝中劉憲傳：司馬鍠與弟銓、伯父希象見封外。皆歷殿中侍御史。定命録：宋州司馬銓作書，薦梁十二與蘇州刺史李無言。太平廣記二百二十二。無言見上。會要七十：開元十一年十二月，勑公卿議廢仙州，中書侍郎崔沔議曰：「刺史司馬銓頗聞守法公勤，望稍加慰勞，使其説以成務，庶其益於公家。」

張如珪無考。

褚璆見吏中，吏外誤「諸謬」。又禮外補。

王昱新表琅邪王氏：光禄卿方則子昱，好畤丞。又太原第二房王氏：温之子昱，武城尉。舊玄宗紀：開元二十六年九月，益州長史王昱率兵攻吐蕃安戎城，爲賊所據，官軍大敗，昱棄甲而遁，兵士死者數千人。舊吐蕃傳：開元二十六年，太僕卿王（昊，疑昱）〔昱〕爲益州長史、劍南節度使，討吐蕃，率劍南兵募攻其安戎城。先於城左右築兩城，以爲攻拒之所，頓兵蓬婆嶺下，運劍南道資糧守之。九（日）〔月〕，吐蕃悉鋭救安戎城，官軍大敗，兩城並陷，〔昊〕〔昱〕脫身走免，將士以下數萬人及軍糧資仗等並歿於賊。（昊）〔昱〕左遷括州刺史。初（昊）〔昱〕在軍，謬賞其子錢帛萬計，并擅與紫袍等，所費鉅萬，坐是尋又重貶端州高要尉而死。舊王忠嗣傳：開元中，王忠嗣嘗短皇甫維明義弟王昱，憾焉，遂爲所陷。新書后妃上上官昭容傳：中宗時，從母子王昱爲拾遺。

張九齡加朝散大夫誥，稱朝議郎有脱字中、驍騎尉王昱等。開元九年十月十四日。丞相曲江張先生文集附録。張九齡加銀青光禄大夫中書令制，末署開元廿二年五月廿日，朝請大夫、給事中、内供奉臣昱等。唐丞相曲江張先生文集附録。淳熙祕閣續法帖卷第六。

孫逖授王昱太僕卿制：正議大夫、守太原尹，北都留守、使持節河東道諸軍節度營田副大使、知節度事、兼採訪處置使、攝御史中丞、上護軍、賜紫金魚袋王昱，自持軍律，兼委使車，能啟刑書，以懲貪吏。到官未幾，除惡已多。可守太僕卿、兼太原尹，餘如故。文苑英華三百九十七。

獨孤册 又御史臺殿中題名。新表獨孤氏：士約孫册，户部郎中。元和姓纂「册」誤「冉」。王士源孟浩然詩集序：太守河東獨孤册率與浩然爲忘形之交。校宋本。案，浩然，襄陽人。當是襄陽太守也。　金石録目録七第一千三百四十六唐襄州牧獨孤册遺愛頌，李邕撰，蕭誠行書，天寶中立。　集古録：疑脱「目」字。府君名册，字伯謀，河南人。嘗爲襄州刺史。此碑襄人所立也。石爲四面，其兩面剥缺不可讀，不知所立年月。寶刻叢編三。集古録其文不完，故不見其終始。

張敬輿見左中，又户外。

張季瑀又主外，又御史臺監察題名。　韓休授皇甫翼等監察御史制，稱朝議郎、行醴泉縣尉張季瑀。文苑英華三百九十五。　詳監察皇甫翼注。

裴卓又户外。　新表南來吴裴氏：令寶後袁州長史無悔「悔」，漼傳作「晦」。子卓，岐州刺史。　舊裴寬傳：兄弟八人，皆明經及第，入臺省、典郡者五人。據世系表，卓是裴寬長兄。　新傳：寬兄弟八人，皆擢明經，任臺省、州刺史。

郭潾　元和姓纂十九鐸：給事中郭鄰疑「潾」，浚儀人。　會要七十六：神龍二年，才膺管樂科郭璘及第。緯畧亦作「郭璘」。　先天二年，寄以宣風則能興化變俗科郭璘之及第。緯畧「元年」作「二年」。　新崔沔傳：睿宗時，中書舍人崔沔表陸渾尉郭隣等以代己處。　顔魯公文集十四崔孝公陋室銘記：起居舍人崔沔當扈從，以親老抗疏，乞退，薦太原郭潾等自代。

梁昇卿又祠外，又御史臺殿中監察題名。　會要七十六：開元元年，直言極諫科梁昇卿及第。緯署作「三年」。　舊韋抗傳：開元中，京畿按察使韋抗，舉奉天尉梁昇卿等爲判官，後皆名位通顯。新傳：所表奉天尉梁昇卿等，皆爲僚屬，後皆爲顯人。會要在景雲二年。　新韋抗傳：昇卿涉學工書，於八分尤工，歷廣州都督，書東封朝覲碑，爲時絶筆。　會要八十二：開元二十年九月二十一日，中書舍人梁昇卿私忌，二十日晚報給事中元彦沖令宿衛。往復日暮，其夜直官不見，上大怒，出彦沖爲邠州刺史。因進狀申理，由是出昇卿爲莫州刺史。參見吏中元彦沖注。　顔真卿朝議大夫贈梁州都督上柱國徐府君秀神道碑銘：天寶二年，自攝新安郡别駕，採訪使梁昇卿奏爲判官。文忠集八。　舊張九齡傳：與右庶子梁升卿等友善，終始不渝。新傳：與梁昇卿等善，世稱其交能終始。　蘇頲授梁昇卿等拾遺制：勑：宣德郎、行岐州雍縣尉梁昇卿等，或敷暢學旨，或該通詞藝。爰廣獻書之路，用開納諫之門。不獨美於雕龍，頗思齊於市駿。咸宜採擇，以申甄奬，可依前件。文苑英華三百八十三。　李華潤州鶴林寺故徑山大師碑銘，稱菩薩戒弟子故廣州都督梁昇卿。文苑英華八百六十二。　石刻大唐御史臺精舍碑銘，後題開元十一年，殿中侍御史梁昇卿追書。

楊志先　新表楊氏越公房：工部員外郎維友子志先，户部郎中。

鄭少微見吏中，又金外。

李元祐又倉中、倉外。　會要五十九：開元二十三年八月，李元祐除太府少卿、知度支事。郤當作「郄」昂岐邠涇寧四州八馬坊碑頌：邠公入掌三事，外司百揆。帝曰：「若予邠之後，亮采惠疇。」僉曰元祐，帝曰：「俞，咨祐！汝作小司空兼攷牧圉。」李公言成允令，才實允宗。恪居本朝，能率大戛。云云。唐文粹二十二。　會要六十五開廄使具名有牛仙客、李元祐。頌稱邠公，即仙客也。案，仙客入相在開元二十四年，元祐代之，當亦在是年。

韋拯見左中補。　新表韋氏鄖公房：暢子拯，户部郎中。

斑景倩見左外、吏中、勳外，又户外。

徐惲見吏中、吏外。

裴令臣無考。　見封外。

李朝弼無考。　見左外、吏中、又倉外。

陽伯成見左中補、又户外。　舊孝友崔沔傳：開元二十(三)〔四〕年，制令禮官議加籩豆之數、服制之紀，崔沔建議依舊，户部郎中陽伯成議與沔符。

劉彦回見左中。

張奇無考。　御史臺侍御題名有張光奇，疑即是。

梁涉見勳外。

王壽見考外。

鄭昉見吏中，又倉外、主外。

魏方進又御史臺左側題名二見。　新表魏氏：東祖後武后相玄同見吏中。孫，御史主簿懍姓纂作「懍」。子方進，御史大夫。元和姓纂同。　舊楊國忠傳：天寶十五載六月十二日，上率京兆尹魏方進等出延秋門。(翼)〔翌〕日，至馬嵬驛，御史大夫魏方進死。舊韋見素傳同。　新外戚傳：方進責衆曰：「何故殺宰相？」衆怒，又殺之。先移牒至蜀，託以潁王之藩，令設儲供。

韋伯祥又左中、考中補作「伯詳」。

韋虛舟見左中、勳中。　舊韋虛心傳：季弟虛舟，累至户部、司勳、左司郎中。新傳失載。　孫逖東都留守韋虛心碑：季弟曰虛舟，事皇帝，歷户部、司勳郎中，今移左司。文苑英華九百十八。

劉同昇又御史臺監察題名，又左側。　元和姓纂十八尤：同州刺史劉同昇，洛陽人。稱本自沛國徙焉。　舊杜暹傳：開元二十八年，太常謚杜暹曰「貞肅」，右司員外郎劉同升、都官員外郎韋廉見考外補。以暹有忠孝之美，所謚不盡其行，建議駮之。　新傳：右司員外郎劉同昇等以暹行忠孝，謚有未盡。新書玄宗本紀：天寶三載二月丁丑，晉陵郡太守劉同昇等討海賊吳令光。石刻開元天寶聖文神武皇帝夢烈祖玄元皇帝靈應頌，朝散大夫、守户部郎中劉同昇撰頌。戴璇序云：時户部郎中沛國劉同昇，才清起草，譽美郎官之列。文慕上林，能揚天子之事。共遵大雅，目揆其辭。天寶元年七月。陝西盩厔。李華潤州鶴林寺故徑山大師碑銘稱菩薩戒弟子故採訪使常州刺史劉同昇。文苑英華八百六十二。顏真卿正議大夫行國子司業上柱國金鄉縣開國男顏府君允南神道碑銘：與從祖姑子劉同昇齊名，長又相善，嘗寓書與之。尋爲同昇江南經畧判官。顏文忠集趙晉用賽雨紀石文：我明太守兼江南東道採訪處置漳潮等六郡經畧使彭城劉公名同昇，保釐東夏，聖主委連率之任。末署天寶五載季夏六月壬午三日甲申。全文晉用小傳：武進縣主簿。

李常又户外，又御史臺左側題名。新表趙郡李氏南祖房：黄門侍郎、趙郡懿公從遠子、兵部侍郎巖見户外。弟常，同安郡別駕。又趙郡李氏東祖房：考城令納義子常，不詳歷官。蘇頲授姜昂右司員外郎制稱殿中侍御史李常，可行侍御史，散官、勳如故。英華三百九十一。「蘇頲」二字疑誤。孫逖授李常殿中侍御史制稱朝散大夫、行河南省陸渾縣令李常。文苑英華三百九十五。俱詳御史題名獨孤及舒州山谷寺覺寂塔隨故鏡智禪師碑銘：茶毗起塔之制，實天寶景戌中，別駕前河南少尹、趙郡李公常經始之。毗陵集九。

鄭昭見封中，又金外補。

王鉷又户外，又御史臺左側，又右側侍御兼殿中，又陰額知雜題名。見勳中。開元十年，爲鄠尉、京兆尹稻田判官。二十四年，再遷監察御史。二十九年，累除户部員外郎，常兼〔侍〕御史。天寶二年，充京和市和糴使，遷户部郎中。三載，加長春宫使。四載，加勾户口色役使，又遷御史中丞。新傳：自鄠尉遷監察御史，擢累户部郎中。數按獄深文，玄宗以爲才，進兼和市和糴、長春宫、户口色役使，拜御史中丞。會要八十五：天寶四載二月，户部郎中王鉷，加勾當户口色役使。

楊玘又户外，又御史臺左側，又右側侍御兼殿中，又侍御，又陰額知雜題名。

張震見左外。

盧奕新表盧氏：懷慎見吏中。子奕，御史中丞。舊忠義傳下：天寶初，爲鄠縣令、兵部郎中。所歷有聲。天寶八載，轉給事中。新傳：天寶初，爲鄠令，積功擢給事中。石刻權倕左輔頓僚西嶽廟中刻石記稱左馮翊勾掾盧奕。開元二十四年。陝西華陰。

李伉見吏中。

張博濟又户外。舊李林甫傳：子壻張博濟爲鴻臚少卿。舊酷吏羅希奭傳：鴻臚少卿張博濟堂外甥。

新吉温傳：希奭舅鴻臚少卿張博濟，林甫壻也。　新書姦臣上李林甫傳：天寶十二載，諸壻張博濟等皆貶官。博濟亦儉薄自肆，爲户部郎中，部有考堂，天下歲會計處，博濟廢爲員外郎中聽事，壯偉華敞，供擬豐侈至千品，別取都水監地爲考堂，擅廢諸州籍帳錢不貲，有司不敢言。　會要五十九：天寶八載，郎中張傳「博」誤濟廢帳房爲户部員外郎廳，次北爲户部郎中廳，皆至宏麗，又於省街東奏取都水監地，以諸州籍帳錢造考堂，制度又過於省中，移都水監於省西北，割右武衛園地置之。乾元以後，毀折並盡，今爲户部園。　舊玄宗紀：天寶十四載十一月戊午，始寧太守羅希奭以停止張博濟決杖而死。　舊酷吏吉温傳：吉温貶端州高要尉，至嶺外，遷延不進，依於張博濟，止於始安郡。八月，遣大理司直蔣沇鞫之，博濟及始安太守羅希奭死於州門。　舊羅希奭傳：天寶十四載，以張博濟等流貶，皆於始安，希奭或令假攝。右相楊國忠奏遣蔣沇往按之，沇臨按，俄遣使者殺之。　新吉温傳張博濟等皆逗留始安，國忠奏遣蔣，降敕曰：「張博濟往託回邪，跡惟憑恃，嘗自抵犯，又坐親姻，前後貶官，歲月頗久，逗留不赴，情狀難容。及命按舉，仍更潛匿，亡命逭刑，莫斯爲甚。並當切害，合峻常刑，宜於所在決重杖六十。」　孫逖授張博濟户部員外郎制稱朝議郎行河南府司録參軍張博濟。　文苑英華三百九十一。詳户外。

吉温 又户外，又御史臺殿中，又陰額知雜御史題名。

新表吉氏：鄠令琚子温，武、禮部二侍郎。

舊酷吏傳下：天寶五載，擢京兆府士曹。頻知詔獄，李林甫深以爲能，擢户部郎中，常帶御史。十載，爲河東節度副使。新傳：自京兆士曹參軍擢户部郎中兼侍御史。

王銲 舊王鉷傳：天寶十一載四月，王鉷弟户部郎中銲坐(刑)〔邢〕縡潛構逆謀，決杖死於朝堂。又裴冕叱詈銲曰：「聖上以大夫之故，以足下爲户部郎中，又加五品，恩亦厚矣。」新傳：弟銲歷户部郎中。邢縡反獄具，詔杖死。賜王鉷自盡詔：户部郎中王銲，蓄積梟獍之心，包藏狂悖之計，與逆人邢縡久託深交，供其資糧，同爲兇惡，自中款暱，十載於茲。所有逆謀，咸供謀畫。此而不罰，其若法何？猶寬殊死之典，俾從杖刑之責，宜於朝堂集衆杖殺。大詔令。

陳潤 元和姓纂十七真：開元左疑脱「相」字。太子太師陳希烈見吏中，疑脱「生」字。潤，「澗」誤。户部郎中，均州武當人。

崔諷 新表博陵安平崔氏：刑部員外郎泌子諷，户部郎中。又清河小房崔氏：河陰尉伷子諷，枝江令。元稹授齊煦崔諷等鄭縣剡縣令制稱：前衢州須江縣令崔諷，可越州剡縣令。文苑英華四百十五。集四十八脱諷名。

王翊 又户外。新表太原大房王氏：淮陰令光謙子翊，吏部侍郎。舊王翃傳：兄翊，乾元中累官至京兆少尹。新傳：翊，代宗時，歷山南東道節度使。

劉暹 新表曹州南華劉氏：武功丞知晦子暹，字士昭，杭州刺史。新劉晏見度中補傳。兄暹，爲汾州刺史。天資嫉惡，所至以方直爲觀察使所畏。建中末，召爲御史大夫。宰相盧杞憚其嚴，更薦于頎代之。暹終潮州刺史。舊于頎傳：汾州刺史劉暹，剛腸嫉惡，歷典數州，皆爲廉使畏懼。盧杞恐暹爲御史大夫，虧沮己之所見。

呂延之 舊呂渭傳：父延之，河中人，越州刺史、浙江東道節度使。新傳同。舊肅宗紀：乾元二年六月己巳，以明州刺史呂延之爲越州刺史，充浙江東道節度使。唐會稽太守題名記：呂延之，自明州刺史授，充節度使，丁憂。會稽掇英總集十八。嘉泰志同。柳宗元呂侍御恭墓誌：呂氏世居河東，至延之始大，以御史大夫爲浙東道節度大使。河東先生集十。

崔諷 重見。

張惟一 又御史臺碑陰下層，又陰額知雜御史題名。新表清河東武城張氏：武后、溫王相錫見户中。孫、歡子惟一，華州刺史。新書文藝中蕭穎士傳：開元二十三年，穎士父旻，以莒丞抵罪，穎士往訴於府佐張惟一，惟一曰：「旻有佳兒，吾以旻獲譴不憾。」乃平宥之。李華三賢論：蕭茂挺父爲莒丞得罪，清河張惟一時佐廉使按成之。茂挺初登科，自洛至摭言：「還」。莒，英華作「自洛陽還莒」。道邀使「使」，摭言無。車，發辭哀乞，惟一涕下，即日捨之，且曰：「蕭贊府生一賢才，摭言「方」。資天下風教，吾由是得罪，文粹有「亦」字。無憾也。」文苑英華七百四十四。文粹三十八。唐摭言七。舊良吏下呂諲傳：肅宗時，張惟一爲荆州長史，已爲防禦使，軍政歸於司馬陳希昂。

李齊運 新表蔣王房：中山郡王据子齊運，字仲達，宗正卿。舊傳：自監察御史，江淮都統李峘辟爲幕府，累轉工部郎中，爲長安縣令，歷京兆少尹。新傳同。

李季卿見吏中。獨孤及唐故正議大夫右散騎常侍贈禮部尚書李公墓誌銘：領一曹，判二州，再司王言三，貳京尹。毘陵集十一。二傳失載。

崔灌見吏中。

李丹又御史臺左側題名。新宰相表隴西李氏姑臧大房：水部郎中岑子、虔州刺史舟見吏外。弟丹，豪一本「亳」州刺史。又趙郡李氏東祖房：太子(太)〔少〕保詳子丹，浙西觀察使。新宗室表蔡王房：右金吾衛大將軍方叔子丹，莆田令。時代不合。莆陽比事三：李丹，蔡王蔚八代孫，以朝議郎、祠部郎中爲虢州刺史，貶泉州莆田令，卒於官。州刺史王審珪銘其墓，子孫因家於後埭。孟郊有哭李丹員外并寄杜中丞詩。孟東野詩集十。新書卓行元德秀傳：門弟子李粤，粤族子丹叔字南誠，趙人。案，丹字叔南，新書誤。李華潤州鶴林寺故徑山大師碑銘稱菩薩戒弟子，故御史中丞李丹。文苑英華八百六十二。李華三賢論：趙郡李崿主外李崿。族子丹叔南，誠莊而文，是慕於元德秀者也。文苑英華七百四十四。文粹三十八。摭言七。李華衢州龍興寺故律師體公碑：李中丞丹等，皆爲此州，躬往圍繞。文苑英華八百六十。李華台州乾元國清寺碑：耆壽徐君讚、録事徐知古等請於縣令隴西李公平，平請於前刺史趙郡李公丹，丹請於河南等五道度支使、御史中丞、京兆第五公琦。又云：李使君以全德公才，持憲爲郎。文苑英華八百五十九。案，盈川屬衢州，此「台州」字誤，當作「衢州」。衢州刺史廳壁記：開元天寶中，始以尚書郎超拜名郡。賀蘭大夫爲之，李郎中爲之。自逆胡悖天地之慈，賀蘭起北海之師，郎中佐浙東之幕。英華八百。賀蘭進明見主外。

崔浩見封中，又金中。

王延昌見吏中，又度外。

來球無考。

張參　新表河間張氏：昇吏外補有昇。子參，國子司業。國史補下：張參爲國子司業，年老，嘗手寫九經，以爲讀書不如寫書。舊常袞傳：大曆中，楊綰、常袞奏加百官俸料，袞與判度支韓滉各騁私懷，厚薄由己。時少列各定月俸爲三十五千，滉怒司業張參，止給三十千。新傳畧同。　石刻五經文字序例，末題大曆十一年六月七日，司業張參序。馬本。　權德輿杜公亞神道碑銘：以道義經術研機盡性，合於司徒楊公綰、司業張公參。權載之文集十三。　舊李勉傳：以名士李巡、張參爲判官，卒於幕。　韓愈唐故河南少尹李公素墓誌銘：母夫人燉煌張氏，其舅參有大名。昌黎先生集二十五。　考異「參」或作「泰」。　舊鄭絪傳：大曆中，有儒學高名如張參，皆相知重。　新書藝文志甲部經録小學類：張參五經文字三卷。　孟浩然有送張參明經舉向涇川覲省詩。校宋本孟浩然詩集中。案，詩云「十五綵衣年」，又云「四座推文舉」。張許仲宣，蓋是時參年尚幼也。　錢考功集十有送張參及第還家詩。詩云：「太學三年聞琢玉，東堂一舉早成名。」

杜濟　新表襄陽杜氏：高陵令惠子濟，字應物，給事中、京兆尹。　常袞授杜濟東川防禦使制，稱太中大夫、檢校尚書駕部郎中兼侍御史、充山南劍邛副元帥判官、勾當劍南東川事、賜紫金魚袋杜濟，可使持節梓州諸軍事、守梓州刺史、兼御史中丞，充劍南東川防禦使，散官、賜如故。文苑英華四百九。　舊崔寧傳：永泰元年五月，劍南節度嚴武卒，杜濟爲西川行軍司馬，權知軍府事。　舊代宗紀：大曆二年七月丙寅，以遂州刺史杜濟爲劍南東川節度觀察等使。　舊紀：大曆八年五月乙酉，貶京兆尹杜濟杭州刺史，坐典選也。　新李栖筠傳：京兆尹杜濟等，元載所厚，引華原尉侯莫陳怤，栖鈞劾之，皆坐貶。詳吏中薛邕注。顏眞卿京兆尹御史中丞梓遂杭三州刺史劍南東川節度使杜公神道碑銘：自綿州刺史賜紫金魚袋，除户部郎中，加朝散大夫。廣德中，檢校駕部郎中、上柱國，充劍南節度嚴武行軍司馬。顏魯公文集八。又卷十京兆尹兼中丞杭州刺史劍南東川節度使杜公墓誌銘同。會要七十九：杭州刺史杜濟謚曰簡。九家集注杜詩一有示從孫濟詩。

杜良輔無考。又金中、金外、倉外。

于頎又户外、度中補。新表于氏：庭謂子頎，工部尚書。舊傳：字休明，累授鳳翔少尹、度支郎中、兼御史中丞、轉運租庸糧料鹽鐵等使。案，傳又云：元載爲諸道營田使，又署爲郎官，令於東都、汝州開置屯田。當卽指户中也。新書附劉暹傳僅云：累遷京兆尹。

邵說見勳中。

李洞清見封外。

李規　新表趙郡李氏南祖房：揚州左司馬舁子規，壽州刺史。李華揚州司馬李公墓誌：長子規，前刑部員外郎、兼侍御史，有公遺風，國之才臣。嘗爲晉州，吏職中外，宣力王室，聞於天下。文苑英華九百五十五。常衮授李規户部郎中制：勑：朝議郎、前檢校尚書户部郎中、兼侍御史、賜緋魚袋李規，志學純備，居有彝檢。才理精達，動無滯用。嘗執邦憲，兼毗使軒，處煩行簡，從容濟務。參我地官之屬，首於時俊之科。亦既外除，尤彰内行。正名舊秩，以寵迴翔。可守尚書户部郎中，散官、賜如故。文苑英華三百八十九。

許登見勳外。

崔鼎嘉定赤城志八：建中二年三月，崔鼎爲台州刺史。新表南祖崔氏：懸黎見封外。子鼎。不詳歷官。時代不合。

徐演倉外有徐績，疑即是。

王縝見封中，又户外。

平畧無考。

衛密元和姓纂十三祭：國子司業衛密，河東安邑人。石刻顔真卿顔君惟貞廟碑銘：君孫克明，崇文明經，衛密標榜之。陝西西安。會要七十九：贈祕書監衛密，謚曰獻。

崔縱見封外，又金外。舊傳：自金部員外郎六遷大理卿，兼御史中丞、汴西水陸運兩稅鹽鐵等使。新傳同。

崔儒見吏外。案，户中補有崔需，時代正合，疑是。新表博陵三房崔氏：右司郎中宗之子儒，户部郎中。

謝良輔見封外。

蓋塤　舊書東夷新羅傳：貞元元年，令户部郎中蓋塤持節册命新羅王良相。新傳同，會要同。

李巽見左中。　權德輿右僕射李公墓誌銘：由萬年縣令，課最，爲户部、左司二郎中。權載之文集二十二。　舊傳：周歷臺省，由左司郎中出爲常州刺史。新傳：進累左司郎中、常州刺史。

盧雲又倉中。　元和姓纂十一模：倉部郎中盧雲，三原人。本姓閭疑脱「丘」字。氏。疑脱「父」字。珣，蜀州司馬。上元中，准制改姓盧氏。案，閭氏注。又云：唐蜀州司馬閭丘珣，上元中，准制改姓。閭氏生雲，倉部郎中。「閭」字疑誤。　舊趙憬傳：貞元中，長安令盧雲爲裴延齡構陷，將加斥逐，憬保護救解，多從輕貶。　新傳：盧雲等爲裴延齡擯，勢危甚，憬救護申解，得免。　舊德宗紀下：貞元十四年十二月，明州鎮將栗鍠殺刺史盧雲。新紀同。　胡的大唐故太白禪師塔銘：故明州刺史盧公雲等，前後皆駐騎雲根，稽求上法。古刻叢鈔。

竇彧又户外。　新表竇氏平陵房：九瀧令元昌子彧，廬州刺史。舊竇易直傳：父彧，廬州刺史。

常魯　新表新豐常氏：禮部員外郎無名見禮外補。子普，户部郎中。又魯，渭南尉。疑表名位互倒。　舊吐蕃傳：建中二年十二月，入蕃使判官常魯等至自蕃中。舊張鎰傳：建中三年，張鎰與盟官常魯等與吐蕃盟於清水。舊吐蕃傳同。　李益有送常魯侍御史西蕃寄題西川詩。

盧佋　新表盧氏：成軌子佋，御史中丞。　又盧氏：比部員外郎昭道曾孫佋，檢校郎中。　舊穆贊傳：陝州觀察使盧岳妾裴〔氏〕，以有子，岳妻分財不及，訴於官，贊鞫其事。御史中丞盧佋佐之，令深繩裴罪，贊持平不許。宰臣竇參與佋善，參、佋俱持權，怒贊以小事不受指使，遂下贊獄。新傳：陝虢觀察使盧岳妻分貲不及妾子，妾訴之。中丞盧佋欲重妾罪，贊不聽。佋與宰相竇參共誣贊受金，捕送獄。　舊趙宗儒傳：貞元六年，趙宗儒領考功事，御史中丞盧紹比考中上，宗儒貶之中中。新傳作「盧佋」是，餘同。　梁肅京兆府司錄西廳盧氏世官記稱御史中執法范陽盧公。貞元庚午。文苑英華八百三十一。

王紹又倉外補。　新表琅邪王氏：蘭州刺史景度中有景子純，成武令。　又揚州錄事參軍仲連子紹，不詳歷官。　舊傳：字德素，本家太原，今爲京兆萬年人。　舊名與憲宗同，永貞年改焉。貞元自包佶租庸鹽鐵判官，爲倉部員外郎。遷戶部、兵部郎中，擢拜戶部侍郎，尋判度支。新傳略同。　李絳兵部尚書王紹神道碑：累授殿中侍御史、江西觀察推官，遂踐臺閣。自倉部員外郎遷戶部、兵部郎中，專判戶部事。文苑英華八百九十七。

崔從質　舊令狐運傳：德宗令刑部員外郎崔從質等三司覆按令狐運劫轉運絹獄。新李元素傳同。　舊德宗紀下：貞元十六年九月，以户部郎中崔從質爲户部侍郎。

魏弘簡又度外。案，穆宗時，有中官知樞密魏弘簡，見舊紀。　元和姓纂八未魏氏：西祖後京兆户曹叔虬生弘簡，户部郎中，鉅鹿人。案，墓誌：尚書膳部員外郎兼江陵少尹諱萬成生府君。據姓纂，則萬成是弘簡從父。姓纂魏氏人名、世系與誌多不合，詳校證。　柳宗元唐故尚書户部郎中魏府君墓誌：府君諱弘簡，字曰裕之。由進士原注：建中元年中進士第。策賢良，連居科首。授太子校書，歷桂管、江西、福建、宣歙四府爲判官副使，累授協律郎、大理評事，三爲御史，賜緋魚袋。在州六年，廉使崔衍獻於天子，拜度支員外〔郎〕，轉户部郎中。邦賦克舉，人望逾重。　年四十七，貞元二十年九月三十日不疾而歿。河東先生集九。　唐會要七十六：貞元元年九月，賢良方正能直言極諫科魏弘簡及第。緯畧同。　新鮑防傳：貞元元年，策賢良方正，得魏弘簡等，世美防知人。　新錢徽傳：徽與魏弘簡善，前死，徽撫其孤至婚嫁成立。　白居易遊大林寺序：周覽屋壁，見蕭郎中存、見金外。魏郎中弘簡、李補闕渤三人姓名文句。　又云自蕭、魏、李遊，迨今垂二十年，寂寥無繼來者。元和十二年四月九日。白氏文集四十三。　建炎以來朝野雜記甲集九：唐貞元中，魏弘簡以狀元舉賢良，自後無繼之者。

韋武又倉外補、禮外補。

新表韋氏逍遥公房：象州刺史挺玄孫。見封中。新傳：挺曾孫武。監察御史鎰子武，京兆尹、御史中丞。又南皮公房：汴州司户參軍咸見勳中。子武。不詳歷官。新傳：蔭補右千牛。德宗時，自梁州行在除殿中侍御史。户部侍郎元琇表武以倉部員外郎充水陸轉運使判官，轉刑部員外郎。後爲絳州刺史。據碑，「刑部」疑「禮部」之誤。

吕温唐故銀青光禄大夫京兆尹兼御史大夫上柱國贈吏部尚書京兆韋公神道碑銘：德宗西狩，委室隨難，除殿中侍御史。皇輿反正，爲侍御史，副總臺務。授倉部員外郎，充水陸轉運判官。尋轉禮部員外郎，檢校本官，兼昭應縣令。改遂州刺史。召拜户部郎中，除萬年令，遷京兆少尹，出爲絳州刺史。吕衡州文集六。舊趙憬傳：京兆少尹韋武爲裴延齡構陷，將加斥逐，憬保護救解之，故從輕貶。案，碑云：遷京兆少尹，復奏盤實，固言（觸）〔蠲〕賦息役之宜，爲聚斂者所嫉，出爲絳州刺史。新傳：韋武等爲裴延齡擯，勢危甚，憬保護申解，得免。舊書禮儀志六：貞元八年正月二十三日，有京兆少尹韋武獻懿二祖禘祫議。新書禮樂志同。新儒學陳京傳畧同。舊德宗紀下：貞元十九年二月丙申，以桂管留後韋武爲桂州刺史、桂管觀察使。案，吕温碑不云爲此官，疑有誤。

唐書：貞元初，以昭應縣令韋武爲遂州刺史，録善政也。各賜馬一疋，并綵物衣服以遣之。太平御覽二百五十五職官部。遣使賑恤天下遭水百姓勑：宜令京兆少尹韋武往揚、楚、廬、壽、滁、潤、蘇、常、湖等州宣撫。貞元八年八月。文苑英華四百三十五引編制。會要七十九：贈吏部尚書韋武謚恭。

張式見左外。

李元素見左中、吏外、勳外，二傳失載。

熊執錫「錫」當作「易」。元和姓纂一東：户部郎中熊執易，洪州人。唐會要七十六：貞元元年九月，博通墳典達於教化科熊執易及第。十年十二月，賢良方正能直言極諫科熊執易及第。緯畧同。新樊澤傳：堯山令樊澤舉賢良方正，次潼關，雨淖，困不能前。有熊執易同舍逆旅，哀之，輟所乘馬，傾褚以濟，自罷所舉。新鮑防傳：貞元元年，策賢良方正，得熊執易等，世美防知人。舊吐蕃傳：順宗命左金吾衞將軍田景度告哀吐蕃，以庫部員外郎兼御史中丞熊執易爲副使。舊歸登傳：貞元中，裴延齡以姦倖有恩，欲爲相，右補闕熊執易等以危言忤旨，草疏成示登，登顧寄一名具奏。新傳略同。順宗實録二：命右金吾將軍兼中丞田景度持節告哀於吐蕃，以庫部員外熊執易爲副。昌黎先生外集七。會要三十九：元和二年七月，詔兵部郎中熊執易等删定開元格後勑。新書藝文志丙部子録雜家類：熊執易化統五百卷。執易類九經爲書，三十年乃成，未及上，卒於西川，武元衡將爲寫進，妻薛藏之不許。

楊寧　新表楊氏越公房：臨汝令燕客子寧，國子祭酒。　舊楊虞卿傳：父寧，貞元中爲長安尉。以處士徵入朝，仕進不達而卒。　新楊虞卿傳：寧，擢明經。德宗時，自監察御史坐累免。順宗初，召爲殿中侍御史，終國子祭酒。　新卓行陽城傳：德宗召拜陽城右諫議大夫，遣長安尉楊寧齎束帛詣其家。　舊李元素傳：監察御史楊寧按大將令狐運事，東都留守杜亞以爲不直，密表陳之，寧遂得罪。

于臯謩　新表于氏：禮部侍郎邵子臯謩，户部侍郎。一本「郎中」。元和姓纂同。　舊書權德輿傳：運糧使于臯謩盜用官錢，詔流嶺南，行至湖外，密令中使殺之。新傳畧同。　舊崔元受傳：元和初，于臯謩爲河北行營糧料使。崔元受、韋岵、薛巽、王湘等皆爲判官，分督供饋。既罷兵，或以臯謩隱没贓罪，除名賜死。元受從坐，皆逐嶺表。新傳：元和時，于臯謩爲河北行營糧料使，元受從之，督供饋。臯謩得罪，元受逐死嶺表。

潘孟陽又户外。　元和姓纂二十六桓：禮部侍郎潘炎生孟陽，户部侍郎，河南人。　舊傳：以父蔭進，登博學宏辭科，累遷殿中侍御史，降司儀郎。累至兵部郎中。德宗末，權知户部侍郎。　新傳：孟陽，史亡何所人。以蔭，俄登博學宏辭科，補渭南尉，再遷殿中侍御史，擢累兵部郎中。貞元末，權知户部侍郎。

鄭敬見左中補，又金外。

張正甫見左外、封外，又户外、度中。　舊傳：自司封員外郎遷户部郎中，改河南尹。

崔清見左中補，又倉外。　新表博陵二房崔氏：挺後滎陽郡長史巘子清，户部郎中。

李巨見勳外。

陸灃又主中。　新表陸氏侍郎枝：祕書監齊望子灃，主客郎中。　李文饒别集三：給事中陸纆奉和張弘靖山亭書懷詩元和十三年六月十二日題。　唐詩紀事五十九：纆登貞元元年進士第。

李應又户外。　新宰相表趙郡李氏東祖房：陸渾尉澤子應，蘇州刺史。　又宗室表蔡王房：元立子應，陪位出身。　又虢王房：昭義軍節度使承昭子應，榆次令。　唐詩紀事三十三：李應登貞元十一年進士第。　吳興志：李應，元和十一年八月十五日，自户部郎中授，遷蘇州刺史。姑蘇志同。　會要八十八：元和十四年七月，湖州刺史李應奏：「先是，官中酤酒，代百姓納搉，歲月既久，爲弊滋深。伏望許令百姓自酤，取舊額，仍許入兩税，隨貫均出，依舊例，折納輕貨送上都。」許之。寶書案：御覽引唐書同。

崔植見吏中。　二傳失載。

武儒衡見封外補。　舊傳：憲宗待儒衡甚厚，累遷户部郎中。十二年，權知諫議大夫事，尋兼知制誥。新傳同。　李翺兵部武侍郎墓誌：歷侍御史、司封員外郎、户部郎中，遷諫議大夫。三月，以本官知制誥。李文公集十五。

陸亘　舊傳：字景山，吴郡人，元和中，自虞部員外郎出爲鄧州刺史，後入爲户部郎中、祕書少監。新傳：自太常博士遷累户部郎中、太常少卿。會要七十六：元和二年四月，博通墳典達於教化科陸亘及第。緯畧同。

劉遵古見左中。

羊士諤　舊李吉甫傳：李吉甫早歲知獎羊士諤，擢爲監察御史。元和三年，竇群初拜御史中丞，奏請士諤爲侍御史，吉甫怒其不先關白，而所請又有超資者，持之數日不行，因而有隙。新傳畧同。舊竇羣傳：竇羣奏羊士諤爲御史，李吉甫以羊險躁，持之數日不下。新傳同。新吕温傳畧同。舊吕温傳：元和三年，貶資州刺史。新傳同。嚴州重修圖經一：羊士諤，元和十二年三月五日，自洋州刺史拜。孟簡建南鎮碣記：太山諫卿由進士尉陽羨，安定公延爲從事。永貞年爲讒賊所中，謫居汀州。今皇帝踐祚，宰臣論其冤濫，故福州廉使閻公得以上請，復歷大理評事，遽徵拜監察御史。未經歲，臺丞上薦，不次遷侍御史。以言語明切，將酬相府，且不入，出爲巴州刺史。理行居最，再移資州，今復爲洋州。元和十年。會稽掇英總集十八。案，諫卿當是士諤字。安定公即皇甫政。閻公名濟美。

高允恭

新表渤海高氏：太原少尹、兼御史中丞集子允恭，不詳歷官。元稹高允恭授尚書户部郎中判度支案制：勑：行刑部員外郎、飛騎尉高十字據英華增。允恭，書云「明德慎罰」，明猶慎之，況朕不德。兹用省於有司之獄，莫不伏念隱惻，周知物情。惟爾允恭，告我祥刑，罔不率協。稽爾明効，陟於他曹。大比生齒之書，仍掌析毫之牘。戎車方駕，物力未豐，剖滯應期，斯任不細。推爾惟吝之意，罔或失財；用爾無害之文，以懲刻下。慆不欲過，過則不終；文不欲繁，繁則不八字據苑增。逮。率是數苑作「二」。者，時維厥中。可守尚書苑無三字。户部郎中、判度支案，散官、勳如故。元微之文集四十六。又高允恭授苑有「兼」字。侍御史知雜事制：勑：御史府不以一職名官，蓋總察羣司，典掌衆政。副其丞者，是選尤難。而御史丞僧孺首以朝議郎，守尚書户部郎中、判度支案、飛騎尉高允恭聞於予曰：「允恭始以儒家子能文入官，在監察苑有「御史」二字。時分務東臺，無所顧慮。爲刑部郎中，案，「中」疑衍。能守訓典。復以入曹郎佐掌邦計，懸石允釐，撓而苑作「之」不煩，簡而不傲。静專動直，志行修明。乞以臺郎兼授憲簡，雜錯之務，一以咨之。」朕俞其言，爾其自勉。苑作「勵」。無俾僧孺狹苑作「昧」。於知人，可以苑作「守」。本官兼侍御史知雜事，餘如故。同上。舊敬宗紀：長慶四年二月戊子，河北告哀使、諫議大夫高允恭卒於東都。

豆盧署見左中，又祠外。　李虞仲授王正雅等兵部郎中制：朝議郎、守尚書户部郎中、上柱國、賜紫金魚袋豆盧曙，可職方郎中。文苑英華三百九十。　傳載，稱豆盧署本名輔貞，旅於衢州，刺史鄭式瞻爲易其名。後二十年爲衢州刺史。廣記二百七十八。　詳驗録：唐宰相韋皐鎮蜀，宴郡西亭，故河南少尹豆盧署客於蜀，亦列坐。又三百九十六。

高釴　舊傳：字翹之，元和初進士及第，判入等。長慶四年四月，自兵部員外郎、翰林學士轉户部郎中、知制誥。十二月，正拜中書舍人。　新傳：史失其何所人。穆宗時，自起居郎入翰林爲學士。敬宗時進知制誥，拜中書舍人。子湜見勳外。　重修承旨學士壁記：高釴，長慶二年五月二日自起居郎加兵部郎中；三年十一月七日遷户部郎中、知制誥；四年五月二十四日賜紫；十二月十二日拜中書舍人。翰苑羣書上。　舊楊虞卿傳：大和二年，詔中書舍人高鉞等充三司推南曹令史李賓案。新傳作「高釴」。　舊于頔傳：穆宗賜于頔謚曰思。右補闕高鉞上疏論之。新傳作「高釴」。

韋處厚見考外補，又禮外補、考中附存、户外附存。　舊傳：自開州刺史入拜户部郎中，俄以本官知制誥。穆宗以其學有師法，召入翰林，爲侍講學士，换諫議大夫，改中書舍人。新傳畧同。　劉禹錫唐故中書侍郎平章事韋公集紀：爲開州刺史，居三年，執友崔敦詩爲相，徵拜户部郎中。旬歲間，以本官知制誥。穆宗新即位，召入翰林，充侍講學士。初授諫議大夫，續換中書舍人。劉賓客文集十九。　重修承旨學士壁記：韋處厚，元和十五年二月二十四日自户部郎中知制誥，充侍講學士，三月十日賜緋，二十二日遷中書舍人。翰苑羣書上。

崔護見勳中。

王源中見考外、禮外補。　新書附盧景亮傳：源中自左補闕累轉户部郎中、侍郎。　重修承旨學士壁記：王源中，寶歷元年九月二十四日自户部郎中充，十一月二十八日賜紫；二年正月二十八日權知中書舍人。翰苑羣書上。　李虞仲授學士王源中等中書舍人制：朝散大夫、守尚書户部郎中、充翰林學士、上柱國、賜紫金魚袋王源中，可權知中書舍人，依前翰林學士，散官、勳賜如故。文苑英華三百八十四。

王正雅又度外。　新表太原大房王氏：東都留守翃子正雅，山南東道節度使，謚忠惠。案，新書王翃傳：兄翊，歷山南東道節度使。贈户部尚書，謚忠惠。舊傳亦云：山南東道節度觀察等使。王正雅歷官，兩書俱云卒於大理卿，表蓋誤移翊官於正雅下也。　舊傳：字光謙，元和初，舉進士，登甲科。元和十一年，拜監察御史，三遷至萬年縣令。穆宗時，遷户部郎中，尋加知臺雜事，再遷太常少卿，出爲汝州刺史。新傳畧同。　李虞仲授王正雅等兵部郎中制：朝議郎、守尚書户部郎中、兼侍御史知雜事、上輕車都尉、賜緋魚袋王正雅，可守右司郎中、兼侍御史知雜事，散官、賜如故。文苑英華三百九十。會要三十九：長慶三年正月，刑部奏請：「户部郎中王正、脱「雅」字。司門員外郎齊推詳正敕格。」從之。

宋申錫又禮外補。　新表廣平宋氏：叔夜子申錫，字慶臣，相文宗。　舊傳：登進士第，文宗卽位，自禮部員外郎、翰林侍講學士，拜户部郎中、知制誥。大和二年，正拜中書舍人。新傳畧同。　重修承旨學士壁記：寶曆三年正月八日，宋申錫自禮部員外郎、翰林學士遷户部郎中、知制誥；大和三年六月一日遷中書舍人。翰苑羣書上。　李虞仲授學士王源中等中書舍人制：朝議郎、行尚書禮部員外郎、充翰林學士、上柱國、賜紫金魚袋宋申錫，可守尚書户部郎中、知制誥、充翰林學士，散官、勳賜如故。文苑英華三百八十四。

韋詞見吏中，又户外。　舊傳：長慶初，自江州司馬擢爲户部員外郎，轉刑部郎中。尋爲户部郎中、兼御史中丞，充鹽鐵副使，轉吏部郎中。

王彥威見封中，又祠外、封外附存。　劉禹錫唐故監察御史贈尚書右僕射王公俊神道碑：季子彥威，歷太常博士、祠部員外郎、邊屯田郎中，轉户部司封。劉賓客外集九。　二傳失載。

盧周仁　舊文宗(中)〔紀〕：太和九年八月，以蘇州刺史盧周仁爲湖南觀察使。開成元年閏月，湖南觀察使盧周仁進羨餘錢二萬貫、雜物八萬段，不受，還之，使貸貧下户征税。

七月丙申，湖南觀察使盧周仁進羨餘錢一十萬貫，御史中丞歸融彈其違制進奉，詔以周仁所進錢於河陰院收貯。舊歸融傳：湖南觀察使盧周仁違敕進羨餘錢十萬貫。融奏曰：「天下一家，何非君土？中外財賦，皆陛下府庫也。周仁輒陳小利，妄設異端，言南方火災，恐成灰燼，進於京國，姑徇私誠。入財貨以希恩，待朝廷而何淺。臣恐天下倣效，以羨餘爲名，因緣刻剥，生人受弊。周仁請行重責，以例列藩。其所進錢，請還湖南，代貧下租稅。」詔周仁所進於河陰院收貯，以備水旱。新傳：周仁以南方(履)(屢)火，取羨餘錢億萬進京師。融劾奏：「天下一家，中外之財皆陛下府庫。周仁陳小利，假異端，公違詔書，徇私希恩。恐海內效之，因緣漁刻，生人受弊，罪始周仁。請重責，還所進，代貧民租入。」詔不從，置錢河陰院以虞水旱。

盧弘正

興唐寺毗沙門天王記：前刺史范陽盧公周仁薪骨塗肉以立之。末署時開成三年十二月十五日。文苑英華八百十九。

李固言　新表趙郡李氏南祖房：盧江令峴舊傳作「現」。子固言，字仲樞，相文宗。舊傳：元和七年登進士甲科。大和(中)(初)，累官至駕部郎中、知臺雜。四年，爲給事中。新傳：江西裴堪、劍南王播皆表署幕府。累官户部郎中。温造爲御史中丞，表知雜事，進給事中。

李石見吏中，又户外。　二傳失載。

盧貞又度外。　舊文宗紀下：開成四年閏月丙午，以大理卿盧貞爲福建觀察使。　閩川名士傳：林傑九歲謁盧大夫貞無不嘉奬。廣記百七十五。　太平寰宇記八：開元三年，叢編作「二」。汝州刺史充本州防禦使盧貞立廣成子廟碑。「開元」疑是「開成」。案，碑云：「真南郭子舊居直山之北，少樂大道，早依門牆。年壯宦遊，出入二紀，揆才無補。晚歲懷歸，獲刺是邦，停輿授教。」　白氏文集三十七有河南尹盧貞和白尚書永豐坊西南角園中垂柳詩。　又胡吉鄭劉盧張等七人，會昌五年三月二十一日，於白家履道宅同宴，時秘書監狄兼謩、河南尹盧貞以年未七十，雖與會而不及列。　新書孝友王博武傳：許州人。會昌中，侍母至廣州，及沙涌口，暴風，母溺死，博武自投於水。　嶺南節度使盧貞俾吏沉罟，獲二屍焉，乃葬之，表其墓曰「孝子墓」。詔爲刻石。　白氏文集三十七：會昌五年三月二十一日，於白家履道宅同宴，有侍御史內供奉官范陽盧貞年八十二。　舊裴度傳：昭愍欲行幸洛陽，令度支員外郎盧貞往東都已來檢計行宮及洛陽大內。

王贇又户外。　舊傳：字華卿，太原祁人。　元和六年，登進士甲科。　自户部員外郎檢校司封郎中，興元節度副使。　入爲户部郎中，遷諫議大夫。　劉賓客文集三唐故宣歙池等州都團練觀察處置使宣州刺史兼御史中丞贈左散騎常侍王公神道碑：自檢校司封郎中攝御史中丞、紫衣金章，充山南西道節度副使，入爲尚書户部郎中，除諫議大夫。

李踐□疑「方」字。舊莊恪太子永傳：大和六年，以户部郎中李踐方守本官，兼王府司馬。舊鄭肅傳同。新公主傳：會昌三年，太和公主來歸，詔祕書監李踐方等告景陵。元稹袁重光雅州刺史李踐方大理寺丞制，稱前湖南都團練判官、兼監察御史李踐方。元微之文集四十八。

楊漢公見封中、勳外。舊傳：自興元從事累遷户部郎中、史館修撰。大和七年，遷司封郎中。新傳：辟興元幕府，遷累户部郎中、史館修撰，轉司封郎中。舊文宗紀下：大和六年七月甲午，以户部郎中楊漢公充史館修撰。

裴詡一本裴訥。新表東眷裴氏：道護後度次子、詡俱見封中。弟詡，不詳歷官。東觀奏記下：上自不豫，瘡甚，令中使往東都太僕卿裴詡宣索藥。

楊敬之新表楊氏越公房：凌子敬之，同州刺史。新傳：字茂孝，元和初，擢進士第，平判入等，遷右衛胄曹參軍。累遷屯田、户部二郎中。坐李宗閔黨，貶連州刺史。舊文宗紀下：大和九年七月戊午，貶户部郎中楊敬之連州刺史。

竇宗直舊宋申錫傳：大和五年，申錫被罪，補闕竇宗直等一十四人奏以獄付外，請不於禁中訊鞫。新傳同。舊莊恪太子永傳：開成三年，詔侍讀竇宗直、周敬慎新書敬復是也。敬復見吏外。依前隔日入少陽院。

裴識見勳外，又主外。　二傳不載。

韋力仁又主外。　新表韋氏彭城公房：洋州刺史顥見金中。子力仁，駙馬都尉。　唐摭言二：韋力仁爲等第，後三年方及第。

姚合又户外。　新表陝郡姚氏：宗正少卿元素曾孫、臨河令閈子合，秘書監。案，元素之弟，舊傳合，崇玄孫。新傳則云崇子奕，曾孫。唐才子傳、唐詩紀事，崇曾孫。與表互異。　舊姚崇傳：玄孫合，登進士第，授武功尉，遷監察御史，位給事中。　新傳：元和中進士及第。　唐才子傳六：元和十一年，李逢吉知貢舉，有夙好，因拔泥塗，鄭解榜及第。　歷武功主簿、富平萬年尉。　寶應當作「曆」。中，除監察御史，遷户部員外郎，出爲金、杭二州刺史，後召入，拜刑、户二部郎中，諫議大夫、給事中。　會要七十九：贈疑衍。秘書監姚合謚懿。

韋紓　新表韋氏鄖公房：端子紓。不詳歷官。　唐詩紀事四十三：韋紓，貞元進士，有南至日隔仗望含元殿香爐詩。　登科記：貞元十八年，權德輿以中書舍人知舉，放進士二十三人，韋紓登第。　容齋四筆五。　摭言八：貞元十八年，權德輿主文，韓文公薦十人於陸傪，其上四人有韋紓。　案，韓愈與祠部陸員外書作韋群玉，云京兆之從子。　補注：貞元十七年十月，吏部侍郎韋夏卿爲京兆尹，羣玉不見于登科記。所薦十人九第，而羣玉獨遺，豈有司以京兆從子嫌而黜之邪？建安嚴有翼切證曰：「韋紓卽羣玉。」洪興祖韓子年譜曰：韋羣玉，韋珩也。　摭言作「紓」誤。　柳子厚寄珩詩：「回眸炫晃別羣玉。」羣玉蓋珩，字珩，二十一年進士。案，洪説是也。摭言誤作「韋紓」。攷宰相表龍門公房韋夏卿弟正卿，子珩，不詳歷官。

石刻韋縝大唐華州下邽縣丞京兆韋公夫人墓誌銘：有子五人，第五曰紓。

石刻唐故朝散大夫秘書省著作郎致仕京兆韋公玄堂誌，第四子前山南西道節度判官、將仕郎、試大理司直、兼殿中侍御史紓謹撰。并書誌云：紓兼殿中侍御史。

韋紓栝郡廳壁記：大和五年，紓自司駕員外郎奉符典州。浙江通志二百六十。

張鷟見封中。

鄭賞

崔璿見左中、吏中，又倉中。舊傳失載。

盧言見考中。

潘存實又戶外。全唐文七百三十：甘棠人，元和十三年進士，累遷戶部侍郎。有晨光麗仙掌賦、四公子贊、藏劍銘。古今萬姓統譜二十五：潘存實，字鎮之，漳浦人。登元和進士，試修禮耕情田、疑脱「賦」字。玉聲如磬詩，官歷戶部郎中、左庶子。

韋厚叔 元和姓纂八微韋氏逍遥公房：韋輔元世系表：元輔生厚叔世系表「元叔」，誤。京兆杜陵人。舊裴度傳：裴度晚節引韋厚叔、南卓爲補闕、拾遺，俾彌縫結納，爲自安之計。

盧愻 新表盧氏：逢見吏中。子愻。不詳歷官。

李敬方又度中、金外。　舊五代史唐書三十四李琪傳：五代祖憕見吏中。孫寀，元和朝給事中。寀子敬方，文宗朝諫議大夫。子縠見下。　唐詩紀事五十八：李敬方登長慶進士第。桐柏山題名云：會昌六年三月，台州長史員外置李敬方自寒山回游此。赤城志十原注。文苑英華有敬方喜晴詩，注乃云：左遷台州刺史。當以碑爲正。　寶慶四明志一：李敬方，大中初明州刺史，請復開元寺。　新安志九：李敬方，大中四年至六年，歙州刺史。原注，以敬方所題黄山詩考之，知藝文志「和」字誤也。　石刻孫諫卿唐明州象山縣蓬萊觀碑銘：今上登御之元年，縣令弘農楊弘正告刺史隴西李公敬方。　又云：太守登進士，守明歲餘年矣，恩更于陳。大中二年六月九日建。浙江象山。　湯泉銘：唐大中五年，敬方患風疾，至湯池浸浴。六年十一月又入浴，因感白龍見，風疾遂瘥。又銘曰：「刺郡二年，病不能興。」全文七百三十九。　唐才子傳七：李敬方字仲虔，長慶三年鄭冠榜進士。太和中，仕爲歙州刺史。後坐事，左遷台州刺史。有詩一卷傳世。　京兆金石録：唐長安令李敬方祈雨題名記，開成五年。寶刻叢編七。　新書藝文志丁部集録别集類：李敬方詩一卷。原注字中虔，大和歙州刺史。　顧陶唐詩類選後序：歙州敬方，才力周備，興比之間，獨與前輩相近，亡殁雖近，家集已成三百首，中間録律韻八篇而已。文苑英華七百十四。

李繼　新表趙郡李氏西祖房：吏部尚書巽見左中，又見上。子繼，京兆府參軍。權德輿右僕射李公墓誌銘：嗣子繼，京兆府參軍。

崔駢見左中、勳外。

杜憓二本作「憓」，王孜誤「繐」。新表襄陽杜氏：桂管觀察使式方子憓，興平尉。舊式方傳同。沈亞之送杜憓序：鮑溶言前在長安，常出入冢官杜氏家，羣孫皆喜溶。是時憓方學何虞詩，于其音往往能自振激，後可得也。及亞之與生昆弟遊，其相樂之愛，故與溶等，而溶言果然。十年春，生長，上知生之志，謂生江陵、揚州兩地之間，命生去遊，以廣其思，三月生郎路。沈下賢文集九。

李福又度外。新表大鄭王房：盛唐令鵬子、文宗相石見吏中。弟福，字能之，太子太傅、同平章事。舊傳：大和七年登進士第，授監察御史，累遷尚書郎，出爲商、鄭、汝、潁四州刺史。新宗室宰相列傳：李石當國，薦福可任治人，繇監察御史至户部郎中，累歷州刺史。

崔璵見左中、勳外、考中補、禮外補。二傳失載。

路綰無考。見左中，又户外、祠外。

鄭冠唐才子傳六：袁不約，長慶三年鄭冠榜進士。又李敬方傳同。會要七十六：太和二年閏三月，軍謀宏遠堪任將帥科鄭冠及第。「大和」，緯畧誤「大曆」；「鄭冠」誤「鄭寇」。文宗委中書門下處分制科及第人詔：軍謀宏遠堪任將帥科舉人第四次等鄭冠，中書門下即與處分。大詔令。

韋有翼　舊李德裕傳：開成二年，補闕韋有翼等，連章論德裕妄奏錢帛以傾牛僧孺。嚴州重修圖經一：韋有翼，會昌五年三月二十四日，自安州刺史拜。杜牧韋有翼除御史中丞制略云：朝請大夫、守尚書刑部侍郎、上柱國、賜紫金魚袋韋有翼，周歷華貫，擢爲諍臣，言事頗切。顧試佐輔，移理陝郊，徵爲公卿，愈見風彩。可守御史中丞，散官、勳、封、賜如故。樊川文集十七。又鄭處晦守職方員外郎兼侍御史知雜事制：御史中丞韋有翼上言乞以處晦爲副貳。同上。舊宣宗紀：大中三年十一月，以刑部侍郎韋有翼爲御史中丞。司空圖唐故宣州觀察使檢校禮部王公凝行狀：韋公有翼初爲御史丞，盛選僚屬。公首狀拜監察。司空表聖文集七。玉堂遺範授韋有翼劍南東川節度使制略云：朝散大夫、守尚書兵部侍郎、兼御史大夫、充諸道鹽鐵轉運等使、上柱國、賜紫金魚袋韋有翼，早升臺閣，備歷清華。陳藥石於諫曹，司黃、素於右掖。左輔施河潤之功，右陝繼召南之愛。佐於三典，麗刑多哀敬之心；貳彼五兵，整武得弛張之道。委茲榷管，制以重輕，云云。可檢校工部尚書、使持節梓州諸軍事、兼梓州刺史、御史大夫，充劍南東川節度副大使、知節度事、管內觀察處置等使，散官、勳一本有「封」字，衍。如故。文苑英華四百五十三。舊宣宗紀：大中十二年正月，以劍南東川節度韋有翼爲吏部侍郎。唐語林一：東川韋有翼尚書自判鹽鐵鎮梓潼，有重名。平生不飲酒，不務歡笑，爲家諱樂。原作「平」，據類說十一芝田録改「樂」字。

竇洵直又祠外。新表竇氏平陵房：九瀧令元昌孫洵直，不詳歷官。舊穆宗紀：長慶元年三月，重試進士。四月，詔竇洵直所試粗通，與及第。舊錢徽傳同。舊陳夷行傳：開成三年，右拾遺竇洵直當衙論樂官尉遲璋不合授王府率，賜絹百疋。又楊嗣復曰：「嘗聞恂直幽。」新傳畧同。舊楊嗣復傳：李珏曰：「昨竇洵直論事，陛下賞之以幣帛。」帝曰：「洵直賞其直心，不言事之當否。」鄭覃曰：「若包藏則不可知。」嗣復曰：「臣深知洵直無邪惡。」新傳畧同。

鄭薫見考中補，又户外。新傳：歷考功郎中，出爲宣歙觀察使。不云户中。

苗愔又度中。新表苗氏：蕃孫著子愔，字宜之。樊汝霖韓集譜注表以愔等爲蕃之孫。韓愈蕃誌謂蕃卒於元和二年，男女皆幼。自元和二年至長慶二年，愔登第，甫十五年，豈遂有孫登第耶？則表蕃之下所謂「著」者，誤矣。疑愔等卽蕃之子，而誌之執規、執矩必復者，蕃死時愔等幼而未名，特其小字云爾。五百家注音辯本。登科記曰苗愔長慶二年登第。五百家注音辯昌黎先生文集二十五。唐會要七十六：太和二年閏三月，賢良方正能直言極諫科苗愔及第。緯略誤「大曆」。文宗委中書門下處分制科及第人詔：賢良方正能直言極諫科舉人第四次等苗愔，中書門下即與處分。大詔令。白居易有開成二年三月三日禊洛濱留守裴令公召虞部員外郎苗愔等一十五人合宴舟中詩。白氏文集三十三。杜牧唐故太子少師奇章郡開國公贈太尉牛公墓誌銘：長女嫁户部郎中上黨苗愔。樊川文集七。

崔卓無考。

温璋又户外。新表温氏：河陽節度使造見左中補。子璋，京兆尹、檢校吏部尚書。舊温造傳：子璋以蔭入(任)〔仕〕，累佐使府，歷三郡刺史。咸通初爲徐泗節度使。新傳：累官大理丞，擢侍御史，賜緋，遷婺州刺史。以政績賜金紫，徙盧、宋二州刺史，宣州刺史，就拜觀察使，擢武寧節度使。

韓琮見封外。

盧匡見封中。

韓賓又主外。新表昌黎韓氏：羣見封中。子賓，亳州刺史。唐會要七十六：太和二年閏三月，賢良方正能直言極諫科韓賓及第。「大和」，緯略誤「大曆」。劉賓客文集二十四有聞韓賓擢第歸覲以詩美之兼賀韓十五曹長時韓牧永州詩。文宗委中書門下處分制科及第人詔：賢良方正能直言極諫科舉人第五上等韓賓，中書門下即與處分。大詔令。嘉定赤城志八：大中三年四月，韓賓爲台州刺史。杜牧韓賓除户部郎中裴處權除禮部郎中見封中補孟璲除工部郎中等制：勑：朝散大夫、守尚書水部郎中、上柱國韓賓等，尚書天下之本，郎官皆爲清秩，非科名文學之士，罕與其選。以賓端貞有守，以處權俊乂出羣，以璲才能適用，皆茂鄉里之稱，咸爲名實之士。各服休命，勉於官業。可依前件。樊川文集十七。

趙格又户外。玉堂遺範册魏王文，稱副使、左散騎常侍趙格。咸通三年，册涼王文、册蜀王文俱同。文苑英華四百四十五。

趙滂見勳外，又户外。

韋宙見吏中，又度中補。新良吏傳：宣宗時拜侍御史，三遷度支郎中。

崔象又主中。嚴州重修圖經一：崔象，大中六年十一月十一日，自户部郎中拜。

李荀 東觀奏記上：白敏中討山南，平夏、党項，以駕部員外李荀爲節度判官。鄭吉楚州修城南門記：今上元年春正月，楚州刺史、兼御史中丞李公新作内城之南門。公名荀，隴西(城)〔成〕紀人。用文學德行進前爲戎曹郎，授銅虎符竹使符來此。大中紀年十四年四月二十一日。文苑英華八百十二。舊懿宗紀：咸通四年二月，以左散騎常侍李荀檢校工部尚書、滑州刺史、義成軍節度、鄭滑觀察等使。新書藝文志乙部史錄編年類：續唐曆二十二卷。李荀等撰。新蔣偕傳：宣宗詔李荀等分年撰次，盡元和以續柳芳唐曆。

楊假見封中補。

任憲見勳中，又度中、祠外。二傳失載。

孟穆見左中。東觀奏記中：監修國史鄭朗奏請停廢直館，更添置修撰兩員，以户部郎中孟穆充史館修撰。會要六十四大中八年七月，誤。

蕭峴新表蕭氏齊梁房：邵州刺史革子、鄴見考中補。弟峴，不詳歷官。杜牧蕭峴除太常博士制：登仕郎、守秘書省著作佐郎蕭峴，聞爾昆弟之間，著友愛之稱，復能於知己依投之地，竭力報效。況乎富有文學，默守恬退。可守太常博士，散官如故。樊川文集十七。吳興志：蕭峴，大中十二年十一月，自户部郎中授，除東都留後，卒官。舊僖宗紀：乾符二年四月，以秘書監蕭峴爲國子祭酒。

曹汾新表河南曹氏：景伯子汾字道謙，户部郎中。舊曹確傳：弟汾進士登第，累官尚書郎、知制誥，正拜中書舍人，出爲河南尹。新曹確傳：弟汾以忠武軍節度使入爲户部侍郎，判度支，卒。唐詩紀事五十二：汾，開成四年登第。舊懿宗紀：咸通四年三月，以刑部侍郎曹汾爲河南尹。京兆金石錄：唐贈尚書右僕射曹汾墓誌，李郁撰。咸通十五年。寶刻叢編七。京兆府。

孟球見勳中，又金外。

馮緘又金外，又御史臺中嵌題名。　舊馮審見户外傳：子緘，進士擢第，知名於時。　新傳：緘字宗之。乾符初歷京兆、河南尹。

鄭確見左外。

侯恩無攷。

張道符見封中，又主外。　重修承旨學士壁記：張道符，咸通元年十一月二十五日自户部郎中賜緋充；二年二月六日加司封郎中、知制誥，依前充。翰苑羣書上。

劉荀無攷。

崔芻言見左外、吏中附存，又祠外。　吳興志：崔芻言，咸通三年二月自吏部郎中拜，卒官。統紀云「户部」。

牛叢見勳中、勳外，又膳外補。

李植見封外。

楊知至又户外。　新表楊氏越公房：汝士見封外。子知遠見勳外。弟知至，字幾之，户部侍郎。　舊楊汝士傳：子知至，累官至比部郎中、知制誥。　新傳：以進士第入官。

舊楊嚴傳：會昌四年，僕射王起典貢部，選士三十人，楊知至等五人試文合格，物議以子弟非之，起覆奏，武宗敕落下。雲谿友議二：浙東廉使李尚書訥聽盛小叢歌送崔侍御元範詩，有團練判官楊知至和詩。紀事五十九同。

王龜又祠中。　新表太原王氏：魏郡文懿公起見勳外。子龜，字大年，浙東觀察使。舊傳：自右補闕遷侍御史、尚書郎。大中末，出爲宣歙團練觀察副使，入爲祠部郎中。又爲河中副使，入爲兵部郎中，賜金紫，尋知制誥。咸通末，以弟鐸任中書，不欲在禁掖，改太常少卿。新傳畧同。

竇紃　新表竇氏平陵房：穆、敬相易直見吏中補。子紃，字受章，循州司户參軍。新易直傳：子紃，仕至渭南尉、集賢校理。妻父王涯被禍，宦者知易直子，得不（免）〔死〕，貶循州司户參軍。新王涯傳：涯既族滅，女爲竇紃妻，以痼病免。

許瓘　唐詩紀事四十五：許玫，大和元年登第，其兄弟瑄、瓘皆高科。新馮盎傳：高宗時，遣御史許瓘視馮盎，族人子猷貲至洞，不出迎，後率子弟數十人，擊銅鼓、蒙排，執瓘而奏其罪。時代不合。

楊輅　新表原武楊氏：右拾遺歸厚子輅字殷駕。

崔璞　吴郡志十一：崔璞，咸通中以司諫爲郡，有文采風流，與郡中秀才相從。有詩詞，郎命僚屬及名士賡和。松陵集序：咸通十年，大司諫、清河公出牧於吳，日休爲郡從事。又云：大司諫、清河公有作，或命之和，亦著焉。松陵集九有奉訓霜菊見贈之什，前署蘇州刺史崔璞。日休詩題云：軍事院霜菊盛開因書一絶寄上諫議。又崔璞有蒙恩除替將還京洛偶敘所懷因成六韻呈軍事院諸公郡守一二秀才詩，注：到郡十二箇月除替。未及三年，日休有諫議以罷郡將歸以六韻賜示因貯訓獻詩龜蒙謹和諫議罷郡敘懷六韻。同上。 舊僖宗紀：乾符元年四月，以前同州刺史崔璞爲右散騎常侍。

裴璩

新表南來吳裴氏：令賓後河南府司録參軍克子璩，字挺秀，檢校司空。又東眷裴氏：道護後蔡州刺史綱子璩，河南少尹。時代不合。 重修承旨學士壁記：裴璩，咸通五年六月六日自兵部員外郎入；六年正月九日加户部郎中、知制誥充，五月九日三殿召對，賜紫；九月十七日加朝散大夫、中書舍人充；八年正月二十七日遷水部侍郎、知制誥，依前充；其年九月二十三日，除同州刺史。翰苑羣書上。 益州名畫録上：常重胤於中和院寫僖宗皇帝幸蜀隨駕文武臣寮真，有尚書左僕射裴璩。 舊昭宗紀：大順元年三月，朱全忠上表：「關東藩鎮，請除用朝廷名德如裴璩等，皆搢紳名族，踐歷素高，宜用爲徐鄆青兗等道節度使。」從之。

劉允章又倉外。

新表廣平劉氏：寛夫見左外。子允章，字韞一本蘊中。 舊傳：登進士第，累官至翰林學士承旨、禮部侍郎。 新傳：咸通中爲禮部侍郎，改國子祭酒，後爲東都留守。受黄巢僞官，後廢于家。 重修承旨學士壁記：劉允章，咸通三年九月二十七日自起居郎入，其年十一月二十七日，三殿召對，賜緋。四年三月二十四日授歙州刺史。 又咸通五年十一月二十七日，自倉部員外郎守本官再入；六年正月九日，加户部郎中、知制誥，五月九日三殿召對，賜紫；八年十一月四日，遷工部侍郎、知制誥，依前充；其年十一月十六日，改禮部侍郎出院。翰苑羣書上。 舊懿宗紀：咸通八年十月，以中書舍人劉允章權知禮部貢舉。 舊僖宗紀：乾符三年六月，以撫王府長史劉允璋爲凉王傅。 李商隱樊南乙集序：自盩厔尉、留假尹參軍事，時同寮有彭城劉允章皆能文。大中三年。文苑英華七百七。 三水小牘曰：東都留守劉允章，咸通中自禮部侍郎授鄂州觀察使。太平廣記二百六十五。 玉泉子：皮日休嘗遊江、漢間，時劉允章鎮江夏。 唐摭言十三：劉允章試天下爲家賦，爲拾遺杜裔休駮，奏允章辭窮。乃謂與裔休對。 時允章出江夏，裔休尋亦改官。 語林四：劉元允誤章罷江夏，入朝以風標自任。

韋條無攷。

杜無逸又户外。 新表襄陽杜氏：牧見吏外。弟淮南節度判官（顓）〔顗〕子旡逸。不詳歷官。

鄭碣見勳外。

王緘無攷。　又户外。　新表琅邪王氏：魏州刺史宏直子緘字方舉，隋州司馬。　時代不合。

高澥王本缺「澥」字。　唐詩紀事五十一：元和十一年，中書舍人李逢吉下三十三人，所擢多寒素，是歲高澥第一人。

盧深　重修承旨學士壁記：盧深，咸通七年三月二十四日自起居郎入，七月一日加兵部員外郎充，十月二十五日三殿召對，賜緋；八年正月二十四日加知制誥，其年八月八日召對，賜紫；八年十一月十一日加户部郎中、知制誥，依前充；九年十月二十六日拜中書舍人，依前充；十年十一月十一日遷户部侍郎，依前知制誥；其年十二月卒官，贈户部尚書。翰苑羣書上。

鄭畋又金中。　新表滎陽鄭氏：循州刺史亞見左中。子畋，字台文，相僖宗。　舊傳：年十八，登進士第，二十二，書判拔萃。咸通五年，自從事入爲刑部員外郎，轉萬年令。九年，劉瞻作相，薦爲翰林學士，轉户部郎中。尋加知制誥，俄遷中書舍人。新傳畧同。重修承旨學士壁記：鄭畋，咸通九年五月二十日自萬年令入，二十四日改户部郎中充；八月十一日守本官、知制誥，依前充；十年六月四日遷中書舍人，依前充。

李磵又金中、倉外。　新表：大鄭王房：萬鈞子磵，字耀山。

趙祕見吏中補，又金外。

韋蟾　唐詩紀事五十八：韋蟾，字隱珪，下杜人。大中七年進士登第。初爲徐商掌書記，終尚書左丞。　舊儒學下韋表微傳：子蟾進士登第，咸通末爲尚書左丞。　重修承旨學士壁記：韋蟾，咸通十年六月□日自職方郎中充，其年九月七日加户部郎中、知制誥，其年十一月十一日遷中書舍人，依前充，其年十二月二十八日，三殿召對，賜紫；十二年正月二十六日遷工部侍郎、知制誥，依前充；十三年十月十五日加承旨，十一月十五日改御史中丞、兼刑部侍郎，出院。翰苑羣書上。　舊書懿宗紀：咸通十四年正月丙寅朔，御史中丞韋蟾奏，云云。　抒情詩：韋蟾廉問鄂州。太平廣記二百七十三。

楊希古見勳外，又見下。

庾崇又主外。　古今姓氏書辨證九麌：唐同州刺史庾崇，蜀人。　鄭谷敘事感恩上狄右丞詩注：頃年庾給事崇出守同州，右丞在幕席，各退飛游謁，始受奬知。雲臺編中。

馮巖又祠外。　舊馮定傳：子巖，進士登第。　咸通中歷任臺省。　嚴州重修圖經一：馮巖，咸通十二年十二月十三日，自太府少卿拜。

柳陟　新表柳氏：寀子陟，字堯卿。　新書諸公主列傳：宣宗女許昌莊肅公主下嫁柳陟。薨中和時。　舊僖宗紀：光啟二年五月，襄王僭位，令户部侍郎柳陟往江淮宣諭。舊熅傳：遷僞户部侍郎柳陟等十餘人，分諭關東、河北諸道。益州名畫録上：常重胤於中和院寫僖宗皇帝幸蜀隨駕文武臣寮真，有右散騎常侍柳陟。

李晦見左中。

韋保乂又户外。新表韋氏平齊公房：慤見吏外。子保乂，翰林學士、兵部侍郎。唐摭言九：韋保乂，咸通中以兄在相位，應舉不得，特勑賜及第，擢入内庭。舊韋保衡傳：弟保乂進士登第，尚書郎、知制誥，召充翰林學士，歷禮、户、兵三侍郎，學士承旨。坐士衡免官。新路巖傳：韋保衡弟保乂，自兵部侍郎貶賓州司户參軍。攷異曰：按壁記，保乂未嘗爲兵部侍郎。且唐季以翰苑爲要地。傳不書「學士」，亦失之。重修承旨學士壁記：韋保乂，咸通十二年二月十三日自户部員外郎入守本官充，三月十六日特恩賜紫，五月十日加户部郎中、知制誥，依前充。十四年十月，貶賓州司户。翰苑羣書上。

張極舊張九齡傳：子極，伊闕令。禄山之亂陷賊，不受僞命，兩京克復，詔加太子右贊善。新傳作「拯」。嚴州重修圖經一：張極，咸通十四年十二月五日，自長安縣令拜。

鄭傳無考。

盧紹見勳中。

豆盧瑑舊傳：河東人。父籍。瑑，大中十三年登進士科。咸通末，累遷兵部員外郎，轉户部郎中、知制誥，召充翰林學士。正拜中書舍人。乾符中，累遷户部侍郎、學士承旨。　新書附見劉鄴傳：瑑字希真，河南人。仕歷翰林學士、户部侍郎。　案，豆盧籍見左中補。瑑，新書宰相世系表失載。

劉蛻　舊懿宗紀：咸通四年十一月，左拾遺劉蛻等上疏論左拾遺令狐滈父綯秉權之日廣納賂遺，受李(瑑)〔琢〕賄，除安南，致生蠻寇，滈不宜居諫諍之列。時綯在淮南，上表論訴，貶蛻華陰令。　舊令狐滈傳：咸通二年，令狐滈遷右拾遺、史館修撰。制出，左拾遺劉蛻上疏極論滈恃父秉權，恣受貨賂。取李琢錢除安南都護，遂致蠻陷交州。綯在淮南累表自雪。懿宗重傷大臣意，貶蛻爲華陰令。新傳畧同。　新書藝文志丁部集錄別集類：劉蛻文泉子十卷。原注：字復愚，咸通中書舍人。

崔彥融見勳中補。　舊僖宗紀：乾符二年三月，以户部郎中崔彥融爲長安令。

楊知退又祠外、主中。　新表楊氏越公房：虞卿見左中補。子知退，字先之，左散騎常侍。　舊楊虞卿傳：子知退，登進士第。歷都官、户部二郎中。　舊僖宗紀：乾符二年三月，以都官郎中楊知退爲户部郎中。　杜牧楊知退除鄆州判官等制，稱將仕郎、前守京兆府藍田縣主簿楊知退。樊川文集十九。　舊忠義下李景讓傳：開成五年，禮部侍郎李景讓選貢士楊知退，後爲尚書。

李節 唐詩紀事六十：李節，登大中進士第。舊傳宗紀：乾符三年七月，以户部郎中李節爲駕部郎中。東觀奏記中：監修國史、門下侍郎、兼禮部尚書、平章事鄭朗奏請停廢直館，涇陽縣尉李節勤守本官。會要六十四。大中八年七月，誤。

鄭誠 又金中、主中附存。舊傳宗紀：乾符三年七月，以主客郎中鄭誠爲金部郎中。案，當作「金部郎中鄭誠爲户部郎中」，説見附存王慥注。又九月，以户部郎中鄭誠爲刑部郎中。新書文藝下孟浩然傳：王維過郢州，畫浩然像于刺史亭，因曰浩然亭。咸通中，刺史鄭誠謂賢者名不可斥，更署曰孟亭。鄭谷雲臺編上寄獻從叔郎中詩：從叔郎中誠，輟自秋曹，分符安陸，屬羣盜倡熾，流毒江壖，竟以援兵不來，城池失守，例削今任，却敘省銜，退居荆漢之間，頗得琴樽之趣。云云。黄滔司直陳公嶠墓誌銘：德公文行之深者，安州鄭郎中誠、孫拾遺泰歎而勉之。莆陽黄御史集下。摭言五：陳嶠謁安陸鄭郎中誠，三年方一見。新書藝文志丁部集録别集類：鄭誠集。原注：卷亡。字申虞，福州閩縣人。大中國子司業，郢、安二州刺史，江西節度副使。

李磎 見吏中補、封中補。舊傳宗紀：乾符三年九月，以刑部郎中李磎爲户部郎中，分司東都。舊傳：自尚書水部員外郎累遷吏部郎中，拜翰林學士、中書舍人。廣明中，分司洛下。新傳：累遷户部郎中，分司東都。

張裕見左外。

周愼辭　新書藝文志丁部集録別集類：周愼辭寧蘇集五卷。原注：字若訥，咸通進士第。

鄭殷見封外。

李燭見左中，又禮外補。

張无逸見左中，又度中、金外。

杜廷堅見左外、勳中。

李峭又祠外。　玉泉子：盧隱、李峭皆滑帥王鐸之門生，前後黜辱者數矣。隱、峭，物議以爲咸祇席不修。咸廣記百八十八有。

李邈　資治通鑑唐紀七十六：乾寧二年二月，董昌卽皇帝位，以前杭州刺史李邈等爲相。三年五月，錢鏐斬董昌、宰相李邈等。　舊唐紹傳：先天二年冬，右金吾將軍李邈遽請宣敕斬給事中唐紹。時人深咎邈。尋敕罷官，擯廢終身。時代不合。

李凝庶無考。　又户外。

鄭瓆左外有鄭瓆。　益州名畫録上：常重胤于中和院上壁寫僖宗皇帝幸蜀隨駕文武臣寮眞，有右散騎鄭瓆。

李穀　舊五代史唐書三十四李琪傳：諫議大夫敬方見上。子穀，廣明中爲晉公王鐸都統判官，以收復功爲諫議大夫。琪，轂之子。梁書二十四。李珽傳：父轂，仕懿、僖朝，官至右諫議大夫。王鐸鎭滑臺，轂居賓席。唐詩紀事六十四：轂字德師，咸通進士。松陵集九奉和襲美先輩悼鶴二首，前署前浙東觀察推官、兼殿中侍御史李轂。日休悼鶴詩，稱浙東德師侍御。又有浙東罷府西歸道經吳中廣文張博士皮先輩陸秀才皆以雅篇相送不量荒詞亦用訓別詩。張賁、陸龜蒙、皮日休有奉送浙東德師侍御罷府西歸詩。

崔鄴 新表南祖崔氏：江陰主簿岐子鄴。不詳歷官。

孫緯見左外。

【補遺】

張珪又金外。 新表洛陽張氏：洛子珪，户部郎中、懷州刺史。

裴稚珪見吏外。 新表東眷裴氏：之爽子稚珪，户部郎中。

權崇基 新表五下權氏：涪常二州刺史、平涼公文誕子崇基，屯田員外郎。 權德輿唐故東京安國寺契微和尚塔銘：祖崇本，皇朝散大夫、滑州匡城縣令，與兄户部郎中崇基、水部員外崇先皆以文學政事顯名于貞觀、永徽之際。權載之文集二十八。

崔義起又倉中。　新表博陵大房崔氏：仲哲後子信子義起，户部侍郎。舊西戎龜茲傳：貞觀二十二年，龜茲相那利襲殺安西都護郭孝恪，倉部郎中崔義起與右驍衛將軍曹繼叔、伊州刺史韓威等擊之，那利敗走。新書西域傳略同。資治通鑑誤「義超」。法苑珠林八十五六度篇六智慧六感應緣：唐司元大夫崔義起妻是蕭鏗之女，鏗是僕射瑀之姪。

竇懷恪　新表竇氏三祖房：高宗相德玄子懷恪，天水(郡)都督。吴興志：竇懷恪，貞觀十七年，自户部郎中授，遷揚州刺史。統紀云則天時。案，統紀是。

侯味虛見左中、左外。

侯師　元和姓纂十九侯：唐户部郎中侯師，絳郡人。狀云本上谷人。案，户外有侯師仁，疑即是。

逯仁傑

周子恭

令狐思撫　元和姓纂十五青：令狐文軌生思撫，唐地官郎中、鄭州刺史，燉煌效穀縣人。

紀全經又金外。　新表紀氏：雍州司倉參軍儼子、御史中丞先知見吏中。弟全經，户部郎中。

衛畿道見勳外作「幾道」。　元和姓纂十三蔡：户部郎中衛畿道，安邑人，徙京兆。

崔行成見勳外。　新表博陵二房崔氏：挺後德厚子行成，户部郎中。

白知慎　新表白氏：牢州别駕君慜孫知慎，户部郎中。玄宗贈王仁皎太尉益州大都督制：銀青光祿大夫、守太子詹事、上柱國、南安縣開國侯龐承宗持節齎書弔祭，左庶子、上護軍白知慎爲副。大詔令。 蘇頲授白知慎河南少尹制：正議大夫、檢校將作少匠、上柱國白知慎，郎官起草，增其應宿之華；匠者運斤，主其成風之妙。可行河南少尹，散官、勳封如故。文苑英華四百六。 舊李元紘傳：開元十三年，户部侍郎楊瑒、白知慎坐支度失所，皆出爲刺史。新傳畧同。 白行簡李娃傳：予伯祖嘗牧晉州，轉户部爲水陸運使，三任皆與滎陽生爲代。太平廣記四百八十四。

趙昇卿見吏中。 蘇頲授趙昇卿長安縣令制，稱朝議郎、守尚書户部郎中、上柱國趙昇卿。文苑英華四百七。

張某 新表襄陽張氏：著作郎漪子某，户部郎中。

裴騰 新表南來吳裴氏：令寶後卓見上。子騰，户部郎中。 李華三賢論：河東裴騰士舉，精朗邁直，文粹、摭言作「朗邁真直」。重劉迅者也。文苑英華七百四十四。文粹三十八。摭言七。 文苑英華五百十二有裴騰對字詁判。

盧播見左外。 新表盧氏：信都主簿友裕子播，户部郎中。

韋利賓 元和姓纂八微韋氏大雍州房：思敬孫利賓，户部郎中，京兆杜陵人。

相里造 元和姓纂十陽：唐棣州刺史相里元將曾孫造，唐河南少尹，魏郡冠氏縣人。

舊宦官魚朝恩傳：大曆三年，朝恩恣口談時政，公卿惕息。户部郎中相里造、殿中侍御史李衎以正言折之，朝恩不悦，乃罷會。李絳兵部尚書王紹神道碑：夫人贈西河郡夫人相里氏，故河南少尹知府事、贈工部侍郎造之長女。文苑英華八百九十七。白居易冷泉亭記：先是領郡者有相里君造作虛白亭。白氏文集四十三。

杜收　新表濮陽杜氏：代宗相鴻漸子收，户部郎中。

陳詡　新書藝文志丁部集録別集類：陳詡詩集十卷。原注：字載（揚）〔物〕，福州閩縣人。貞元户部郎中，知制誥。閩川名士傳：許稷，貞元中入京時，舍人陳詡在焉。莆陽比事一。文苑英華八十七有陳詡西掖瑞柳賦。玉海百九十七。貞元十三年丁丑，試西掖瑞柳賦。

韓洄　舊傳：以蔭緒受任，累官諫議大夫、知制誥。與元載善，載誅，貶邵州司户同正員。建中元年二月，復諫議大夫。新傳畧同。舊德宗本紀上：建中元年二月癸卯，以户部郎中韓洄爲諫議大夫。會要七十九：國子祭酒韓洄謚曰成。

包佶　新劉晏傳：佶字幼正，潤州延陵人。擢進士第，累官諫議大夫。坐善元載，貶嶺南。劉晏奏起爲汴東兩税使。晏罷，佶充諸道鹽鐵輕貨錢物使，遷刑部侍郎，改秘書監，封丹陽郡公。舊代宗紀：大曆十二年四月，諫議大夫、知制誥包佶等十餘人，皆坐元載貶官。新元載傳：凡與元載厚善坐貶者，包佶等數十百人。舊德宗紀：建中二年十一月，以權鹽鐵使、户部郎中包佶充江淮水陸運使。　三年八月戊辰，以江淮鹽鐵使、太常少卿包佶爲汴東水陸運兩税鹽鐵使。　又貞元元年三月丙申朔，以汴東水陸運等使、左庶子包佶爲刑部侍郎。　又二年正月丁未，以國子祭酒包佶知禮部貢舉。　會要八十七：建中三年十二月二十日，包佶除左庶子，充汴東水陸運使，又充汴東鹽鐵使。　舊陳少遊傳：建中四年十月，駕幸奉天，度支汴東兩税使包佶在揚州所總賦税錢帛約八百萬貫，兵三千，悉爲陳少遊奪之。　佶奔白沙過江。　至上元，復爲韓滉拘留。　佶領胥吏往江、鄂等州。　後佶入朝具奏事狀，少遊重税供之。　案，是時少遊判官崔穎稱包佶爲中丞，當是檢校官也。　舊房孺復傳：德宗幸奉天，包佶掌賦於揚州，陳少遊將抑奪之。　佶聞奔出，少遊方遣人劫佶令迴，從事房孺復請行，會佶已過江南，乃還。　舊李若初傳：轉運使劉宴判官包佶重李若初勤幹，以女妻之。

盧偘見封中，又户外。　新表盧氏：成軌子偘，户部郎中。

裴塤又户外。　新表中眷裴氏：左金吾將軍儆見吏外。　子塤，户部郎中。

盧逢見吏中，又户外。　新表盧氏：晊子逢，户部郎中。

盧綸　新表盧氏：臨黄尉之翰吏中有翰。　子綸，字允言，檢校户部郎中。

裴徹　新表南來吴裴氏：令寶後弘農太守昌子徹，户部郎中。

陸澭

胡証見左外補。　舊傳：元和四年，由侍御史歷左司員外郎、長安縣令、户部郎中。田弘正請除副貳、兼御史中丞，充魏博節度副使，仍兼左庶子。　資治通鑑唐紀五十五：元和七年十一月，以户部郎中胡証爲魏博節度副使。

杜羔　新表洹水杜氏：戢子羔，刑部郎中。　新傳：貞元初及進士第。元和中，爲萬年令。時許季同爲長安令，京兆尹元義方責租賦不時，繫二縣吏，將罪之。羔等辯列尤苦，尹不爲縱。羔乃謁宰相，請移散官。憲宗遣中使問狀，具對府政苛細，力不堪奉。詔皆免官，奪尹三月俸。議者以羔爲直。未幾，授户部郎中，歷振武節度使。　白居易前長安縣令許季同除刑部郎中前萬年縣令杜羔除户部郎中制：苑有「勑」字。前長安縣令許季同、前萬年縣令杜羔等，頃自郎署，分宰京邑，而長吏待之，小乖常禮。雖同辭託故，苑作「疾」，動未得中；然遠恥以退，道不失正。各從免職，亦既踰時。況文行政能，皆推於衆；詢諸時議，宜有遷授。尚書郎缺，方選才良；憲部人曹，俾膺並命。季同可刑部郎中，羔可户部郎中。白氏文集五十五。

崔蠡見勳中，又户外。　舊傳：大和初爲侍御史，三遷户部郎中，出爲汝州刺史。新傳失載。

裴纘　京兆金石録唐户部郎中裴纘墓誌，唐韋琮撰，李景章正書並篆額。會昌三年。

寶刻叢編八京兆府中萬年縣。

司空輿 舊文苑下司空圖傳：祖象，水部郎中。父輿，大中初，爲安邑兩池榷鹽使、檢校司封郎中。入朝爲司門員外郎，遷户部郎中，卒。新卓行傳：輿，大中時，再遷户部郎中。司空圖書屏記：先大夫從事於商於，以書受知於裴公休，辟倅鍾陵。及徵拜侍御史，退居中條。司空表聖文集三。

王徽見封中補、考外補。 舊僖宗紀：乾符三年九月，以户部郎中、知制誥、翰林學士王徽爲中書舍人，學士如故。本傳失載。

蕭遘見考外補，又户外補、禮外補。 舊僖宗紀：乾符三年九月，以户部員外郎、翰林學士蕭遘爲户部郎中，學士如故。本傳失載。

杜孺休志誤「林」。 見勳中補。 吳興志：乾符六年，自户部郎中授，遷司勳郎中。統紀：五年，工部授。

王藩 新表琅邪王氏：貞伯子藩，户部郎中。

裴德符又金外。 新表南來吳裴氏：江西觀察使堪見倉中。子德符字渭翁。吳興志：裴德符，咸通十二年七月，絳州刺史授，遷太常少卿。文苑英華六百六十四顧雲有投户部裴德符郎中啟。

鄭韜光　新表南祖鄭氏：駙馬都尉顥子韜光，户部尚書。　舊五代史晉書十八：韜光字龍府，自京兆府參軍歷祕書郎、集賢校理、太常博士、虞部比部員外郎、司門户部郎中、河南京兆少尹、太常少卿、諫議大夫、給事中。　舊昭宗紀：天祐元年六月甲寅，以京兆少尹鄭韜光爲太常少卿。　石刻韋濟白鹿泉神君祠碑，稱恒州別駕滎陽鄭韜光。開元二十四年。直隸獲鹿。

徐綰見勳外補。　舊昭宗紀：天祐元年七月丁丑，制以户部郎中徐綰爲兵部郎中。　舊徐彦若傳：子綰，天祐初，歷司勳、兵部二員外郎，户部、兵部二郎中。

封舜卿　新表封氏：户部尚書敖見左外。子舜卿，字贊聖。　舊五代史唐書四十四舜卿傳：仕梁爲禮部侍郎，知貢舉。「仕梁」上原本有闕文。　昭宗遷洛時，爲中書舍人。　舊哀帝紀：天祐元年十月，皇帝卽位，行事官、户部郎中知制誥封舜卿等加勳階。　舊殷盈孫傳：光啟三年四月，敕付禮院詳議修奉太廟，時博士四人，封舜卿在巴南。　唐詩紀事六十三：唐末宰臣張文蔚、中書舍人封舜卿奏名儒不遇者十有五人，請賜一官以慰冥魂。

李仁儉　舊哀帝紀：天祐二年五月丙子，敕户部郎中李仁儉貶和王府諮議。

崔協見吏外補。　舊哀帝紀：天祐二年十二月，敕户部郎中崔協等隨册禮使柳璨魏國行事。

【附存】

張譚 舊郭子儀傳：以讒怒誣奏判官、户部郎中張譚，杖殺之，物議爲薄。

韓泰 見度中補、祠中補。 舊王叔文傳：貞元中，累遷至户部郎中。王叔文用爲范希朝神策行營節度行軍司馬，貶虔州司馬。新傳同。

裴諝 前定録：寶應二年，户部郎中裴諝出爲廬州刺史。舊傳：遷考功郎中。代宗居陝，赴行在，爲河東道租庸鹽鐵等使，拜左司郎中，出爲虔州刺史。歷饒、廬、亳三州刺史。新傳同，不云「户中」。案，代宗紀：廣德元年十月，如陝州是時諝官考中，又爲廬州在虔、饒之後。鍾氏誤。

蘇晉 見主外。 新文藝孫逖傳：開元十年，孫逖舉賢良方正。玄宗御洛城門引見，命户部郎中蘇晉等第其文。 舊書蘇晉傳：先天中累遷中書舍人、兼崇文館學士。出爲泗州刺史，以父老辭職歸侍。開元三年，父珦卒。歷户部侍郎，襲爵河内郡公。十四年，遷吏部侍郎。 新傳：先天中，中書舍人。出爲泗州刺史，以父珦老解職。珦卒，歷户部侍郎，襲爵，遷吏部。此「郎中」當是「侍郎」之誤。

蕭定 見左中補、考外補。 新文藝下邵説傳：德宗時，吏部侍郎邵説薦户部郎中蕭定等自代。

舊良吏傳：累遷侍御史、考功員外郎、左右司二郎中。出爲秘書少監，兼袁州刺史。大曆中，自潤州刺史尋遷户部侍郎、太常卿。

王燧見金中、主中。

舊僖宗紀：乾符三年七月，以金部郎中王燧爲户部郎中，主客郎中鄭誠爲金部郎中。案，石刻户中李節後有鄭誠無王燧，金中王燧前有鄭誠，主中有王燧無鄭誠。蓋與文相連接，故誤，互易其姓名耳。

唐尚書省郎官石柱題名考卷十二

户部員外郎

唐六典：户部尚書，其屬有户部員外郎二人，從六品上。皇朝爲民部員外郎，貞觀、明慶、龍朔、咸亨、光宅、神龍並隨曹改復。掌領天下州縣户口之事。舊書、新書掌同郎中。

【石刻】

趙義綱　皇甫昪度　封元素　劉翁勃　李友益

韋暕　元悰　李素立　原崐玉　劉燕客

王明　任行褒　許行本　樊元表　劉慶道

裴行儉　韋惲　宋之順　張仁約　張栖貞　杜元揆　周允元　裴琰之　王遺恕　房光庭　裴友直　周履慶　辛元同　鄭巖　嚴挺之

崔禮庭　姜元乂　崔元敬　鄭仁恭　張昌期　董敬元　侯師仁　劉守敬　鄭訥言　孫彥高　李邕　盧元裕　劉叔　沈萬石　李羲仲

鄭元毅　劉道　辛崇敏　鄧玄挺　狄光嗣　張巨源　劉穆之　張行則　韋維　鄭仙官　王易從　獨孤郁　賀遂陟　薛將茂　田幹之

朱延慶　辛義感　劉尚客　魏克己　薛克備　孫尚客　劉珽祐　王先輝　張錫　蘇詵　賀知章　長孫處仁　楊瑒　張昭命　韋利涉

崔知悌　蕭志遠　元令表　裴奐　張光轉　鄭元敬　房祀　藺嗣忠　薛昭旦　楊温玉　劉希逸　徐有功　斑景倩　韓朝宗　陽伯成

宋之問　董琬　盧諭　王鉷　韋迴
李昂　韋弼　裴子餘　寇泚　王昌
王燾　嚴杲　吕太一　李巖　鄭永
張楚　崔懷嶷　張敬輿　竇紹　楊宗
裴卓　楊玘　張博濟　程烈　封希顏
司馬垂　吉温　李彭年　裴系　李常
鄭平　杜昱　韓賞　吕延之　李進
邢宇　蕭隱之　徐鍔　王晦　王岳靈
張賞　李麟　路齊暉　高蓋　宇文審
王佶　王光大　韋夏有　苗丕　房由
宋説　田灣　杜亞　何昌裕　李珝
盧執顏　楊普　范愉　寇鍰　王渾
蔣鍊　李鈇　李彦超　王翊　徐閑
穆賞　李融　鄧元挺　竇彧　裴陟
蕭直　穆寧　任侗　盧偘　劉迥

韋延安
孟逢
韋光裔
韋宗卿
李隨
李冑
史牟
張正壹
竇楚
韋詞
王質
崔蠡
盧元中
裴鐇
周復

崔偁
崔融
呂温
盧常師
李適
路士則
裴向
張正甫
陳岵
姚向
李洪
李景信
房直温
陳商
郭勤

崔漑
裴通
張賈
裴郁
王潤
韋睦
崔酆
盧逢
崔韶
崔戎
李石
姚合
李羣
韋行貫
李行方

袁滋
獨孤邁
王鎮
竇公衡
于頎
韋頌
盧埕
李宗衡
趙元亮
崔栯
馮審
杜忱
李元臯
潘存實
白敏中

潘孟陽
田南鷗
裴澈
裴塤
王崟
賈全
李夷簡
李應
楊潛
鄭逌
嚴謇
姚康
崔嘏
柳仲郢
韋慤

鄭薰
鄭顒
趙滂
權審
崔璙
崔瑄
崔彥昭
崔朗
李嶽
楊思立
韋保乂
鄭就
韋昭度
獨孤損
韋承貽

邢羣
裴坦
崔珦
韋退之
崔隋
丁居立
盧鉟
杜無逸
陳琉
張顏
裴質
韋顏
張襓
李凝庶
崔汀

盧簡求
畢諴
趙格
薛諴
鄭彥宏
崔蕘
權慎微
王緘
薛遠
鄭紹業
裴弘
盧莊
盧頎
王鸞

路綰
温璋
李元
李鄴
于德晦
楊知至
張禹謨
裴虔餘
李韶
張同
蕭[illegible]
鄭綮
魏濬
王深

崔慎田
趙櫓
裴處權
盧潘
李景温
陽墊
楊戴
任宇
薛調
崔寓
鄭綦
孔綸
盧自牧
陸威

【補遺】

薛元穆　裴惓　宋庭璬　崔懷從　苗昌

裴伯言　齊抗　韋滌　權器　楊汝士

令狐綯　楊損　蕭遘　楊拙　徐彥樞

楊煚　王拯　辛融　趙昌

【附存】

韋處厚　張薦

趙義綱　元和姓纂三十小：隋吏部尚書趙仲將生義綱，唐户部侍郎，平原人。

皇甫异度見考中，吏中補有屏度。

封元素　新表封氏：隋河南王司馬德如子元素，户部侍郎。

劉翁勃見左中。

李友益見封外，又主中。

韋暕案，韋暕疑即韋慶暕。　元和姓纂八微韋氏彭城公房：國子祭酒、新表綿州刺史。彭城公澄生慶暕，户部員外〔郎〕，京兆杜陵人。新表同，誤慶暕。

元悰無考。

李素立 新表趙郡李氏南祖房：水部郎中政期子二傳，政藻子。素立，蒲州刺史、高邑平侯。舊良吏傳：武德初爲監察御史，丁憂，擢授侍御史。貞觀中，累轉揚州大都督府司馬。新傳同。

原崐玉 新表源氏：隋刑部侍郎師民子崑玉，比部郎中。姓纂同。

劉燕客 元和姓纂十八尤：劉粲曾孫原脱。客，尚書左丞、刑部侍郎，彭城人。冥報記：永徽二年，唐臨與刑部侍郎劉燕客、大理少卿辛茂將在大理鞫問。法苑珠林七十九。舊刑法志：永徽初，勑刑部侍郎劉燕客等，共撰定律令格式。會要三十九同。新書藝文志同。又三年，朝議大夫守尚書右丞劉燕客等，參撰律疏，成三十卷。會要同。詳定刑名，制詔刑部侍郎劉燕客等，爰逮朝賢詳定法律。永徽二年閏九月十四日。文苑英華四百六十四。長孫無忌進律疏表，稱朝議大夫、守尚書右丞、輕騎都尉劉燕客。唐律疏議。永徽四年十一月十九日。

王明無考。

任行褒無考。

許行本 元和姓纂八語：許恂曾孫本行，疑乙。唐給事中，高陽北新城縣人。

樊元表見吏外補。

劉慶道又祠中。 新表廣平劉氏：林甫子、祥道俱見吏中。弟慶道，祠部郎中。 全唐文二百五：慶道，龍朔中，官奉常寺丞，有議沙門不應拜俗狀。

裴行儉又金外。 新表中眷裴氏：靈武大總管、河東郡公思諒子行儉，襄武道大總管、聞喜憲公。案，本傳，行儉，隋光禄大夫、忠公仁基子，表誤。 舊傳：幼以門蔭，貞觀中，舉明經，拜左屯衛倉曹參軍。顯慶三年，六遷長安令。新傳畧同。 張說贈太尉裴公神道碑：明經，補左屯衛倉曹，詔舉，轉雍州司士，遷金部、户部二員外，歷都官郎中、長安令。張說之文集十四。

崔禮庭無考。

鄭元毅無考。 見吏中、勳中。

朱延慶二本「李」作「朱」，王考作「李」。 倉中有延慶。 新表趙郡李氏東祖房：曹州刺史高行子延慶，不詳歷官。 元和姓纂十虞：梁領軍朱异曾孫延慶，唐倉部郎中，錢塘人。

崔知悌又主外。 新表許州鄢陵崔氏：陝州刺史義直舊知溫傳作「義真」。子知悌，户部尚書。 舊良吏傳上：崔知溫兄知悌，高宗時官至户部尚書。 新崔知溫傳：兄知悌亦至中書侍郎，遷尚書左丞，終户部尚書。

韋惲又度中補、金外。　元和姓纂八微韋氏大雍州房：韋倫生惲，度支郎中，京兆杜陵人。

婁元乂無考。見吏外。

劉道無考。

辛義感　元和姓纂十七真：辛風玄孫義感，駕部郎中，隴西狄道人。

蕭志遠無考。又金中、倉外。

宋之順　元和姓纂二宋：工部郎中宋元昉，江夏安陸人。生之順，户部員外。駱賓王靈泉頌有廣平宋思禮字過庭，皇朝英華無此字。永州刺史昉之嫡孫，户部員外英華有「郎」字。順之長子。駱賓王集一。御史臺記：杜文範與高上智俱任殿中，爲侍御史張由古、宋之順所排感，與上智遷員外，既五旬，由古、之順方入省。太平廣記二百五十四。新書長孫旡忌傳：顯慶四年，中書令許敬宗令御史宋之順等卽黔州暴訊長孫旡忌。

崔元敬又金中。　新表清河大房崔氏：太子洗馬世濟子湖州刺史元譽見祠中。弟元敬，和州刺史。

辛崇敏原本「宗敏」。　元和姓纂十七真：魏州刺史辛君昌生崇敏，兵部郎中，隴西狄道人。

文苑英華四百九十八有辛崇敏對恤刑策。石刻參軍辛崇敏造象，正書。永徽五年。河南洛陽。

劉尚客無考。

元令表　元和姓纂二十二元：唐恒州别駕元懷生令表，工部侍郎、司賓卿，河南洛陽縣人。

張仁約無考。

鄭仁恭　御史臺記：鄭仁恭本滎陽人也。自監察累遷刑部郎中。儀鳳中，明崇儼以奇術承恩寵，夜遇刺客，敕三司亟推鞫，妄承引，連坐者甚衆。高宗怒，促有司行刑。仁恭奏曰：「此輩必死之囚，願假其數日之命。」高宗曰：「卿以爲枉耶？」仁恭曰：「臣識慮淺短，非的以爲枉，恐萬一非實，則怨氣生。」遂緩之，旬日果獲賊矣。朝廷稱之。資治通鑑考異十。御史臺記：監察杜文範因使還，會鄭仁恭方出使，問臺中事。太平廣記二百五十九。大唐新語四同。又云：高宗善之，遷刑部侍郎。

鄧玄綎見户中，又重見。

魏克己又倉中。　元和姓纂八未：魏氏東祖後隋著作郎彦深孫歸仁，一名克己，吏部侍郎，同州刺史。鉅鹿人。舊書列女傳：宋庭瑜妻魏氏，定州鼓城人。父克己，有詞學，則天時爲天官侍郎。中書令張説年少時爲克己所重。封氏聞見記三：弘道中魏克己爲吏部侍郎，放長名榜，遂出得留者名，街路喧嘩，甚爲冬集人授接，坐此出爲同州刺史。會要七十四：宏道元年十二月，吏部侍郎魏克己銓綜人畢，放長榜，遂出得留人名，衢路諠譁，大爲冬集人援引指摘，貶爲太子中允。以中書舍人鄧元挺替焉。

舊書經藉志甲部經録孝經類：孝經一卷。原注：魏克己注。新書藝文志同。

裴奐

新表西眷裴氏：該孫奐，户部員外郎。

張栖貞見吏外。

張昌期

新表中山張氏：雍州司户參軍希臧子昌期，岐、汝二州刺史。舊張易之傳同。

狄光嗣見户中。

舊仁傑傳：聖曆初，則天令宰相各舉尚書郎一人，仁傑乃薦長子司府丞光嗣，拜地官員外郎，莅事稱職，則天喜而言曰：「祁奚内舉，果得其人。」新傳同。

薛克備鉞案：「克備」，疑「克搆」之誤。克搆見户中。

張光轉見户中。

杜元撰見吏外補。

蘆敬元見吏中，又倉中。

張巨源

京兆金石録：唐翠微寺道瑩法師塔銘，唐張巨源撰，王忱書。咸亨五年。寶刻叢編七京兆府上長安縣。

石刻崔敖大唐河東鹽池靈慶公神祠碑：貞元九年冬，户部尚書裴公延齡表職方郎中、兼侍御史馮公興駐車蒲城，以馭羣吏，分命前永樂縣丞張巨源、前鄭縣丞蕭曾率屬而臨之。山西安邑。

孫尚客 元和姓纂二十三魂：户部員外孫上客，河東桑泉人。太平廣記百二十六：唐虔州參軍崔進思恃郎中孫尚容「客」誤。之力，充綱入都。

鄭元敬 新表鄭氏南祖房：郫令履仁子元敬，地官員外郎。

周允元 新表汝南周氏：常州長史基子允元，相武后。舊附豆盧欽望見封中傳：弱冠舉進士。延載初，累轉左肅政（臺）御史中丞。新紀宰相表作「右肅政」。新附傳：字汝良，豫州安城人。右肅政御史中丞。會要七十：天授二年七月二十八日，勅制稷、鼎、（鶴）〔鴻〕、宜四州，令地官員外郎周允元充樹置使。

侯師仁 户中補有侯師。元和姓纂十九侯：唐户部郎中侯師，疑脱「仁」字。絳郡人。

劉穆之 又祠中。元和姓纂十八尤：祠部郎中劉穆之，邢州沙河人。石刻大唐洛州滎陽縣頭陀逸僧識法師上頌聖主中興得賢令盧公清德之文，前中書舍人内供奉劉穆之墓。神龍三年五月。河南滎陽 寶刻類編二劉惲造七寶臺阿彌陀象記。劉穆之撰并正書。長安三年，京兆。

劉珽祐 案，户中有延祐，疑是。

房昶見左中。

裴琰之又倉中。新表南來吴裴氏：令寶後公緯見吏外。子瑾之見勳外。弟琰之，不詳歷官。舊裴漼傳：父琰之，永徽中，爲同州司户參軍，後爲永年令。歷任倉部郎中，以老疾廢於家。新傳同。

劉守敬又金中。元和姓纂十八尤彭城劉氏：施州新表作「滁州」。刺史德智生守敬。不詳歷官。新表失載。吴興志：劉守敬貞觀二十一年，自洛州刺史授，遷太常少卿。統紀云：聖曆二年授。舊書經籍志丙部子録雜家類：四部言心十卷。原注：劉守敬撰。新書藝文志同。

張行則無考。

王先輝無考。

藺嗣忠元和姓纂二十一震：殿中監藺仁志生嗣忠，户部員外，華陰鄭縣人。

王遺恕見吏中、封外、考中。

鄭訥言無考。吏中作「訥」。

韋維見户中，又倉外。二傳失載。

張錫見户中。

薛昭旦無考。

房光庭見吏外、考中、考外。

孫彦高見吏中。

鄭仙官無考。　李嶠授鄭仙客長安縣令制稱朝散大夫、行鼎州長史鄭仙客，識量淹通，理懷沈正，攝官無怠，歷職有聲。可檢校長安縣令，散官如故。文苑英華四百七。

蘇詵見左中補、吏外。　二傳失載。

楊温玉　新表原武楊氏：敏子亮見考中。弟潤，字温玉，國子祭酒、湖城公。舊楊再思傳：弟温玉爲户部侍郎。　舊楊綰傳：祖温玉，則天朝爲户部侍郎、國子祭酒，以儒行稱。　新傳：祖温玉，武后時爲顯官，以儒聞。　會要七十九：岐王傅、弘農縣公楊温玉，謚曰忠。

裴友直

李邕見户中。　舊文苑傳中：唐隆元年，玄宗清内難，自富州司户召拜左臺殿中侍御史，改户部員外郎。　舊韋巨源傳：睿宗時，太常博士李處直議謚曰昭，户部員外郎李邕駮之。新傳同。　李邕謝恩慰喻表：頃歲譙王重福謀立東都，臣當留臺，與洛州司户崔日知挫其逆形，收其餘孽。東都奠定，職臣之功，自文林郎拜朝散大夫，除户部員外郎。岑羲、崔湜之輩，以臣再用往還，并忌崔隱甫、倪若水等，恐爲陛下之助，與臣同制各貶官，仍聯翩左遷爲崖州舍城縣丞。文苑英華五百九十八。

王易從 見封中、考中，又祠中。 蘇頲揚州大都督府長史王公神道碑：遷殿中侍御史，無何，拜尚書户部員外郎，轉祠部、主爵、考功三郎中，拜給事中。文苑英華九百二十六。

賀知章 二傳失載。 蘇頲授賀知章起居郎制稱朝議郎、一作「大夫」。前行户部員外郎賀知章。文苑英華三百八十三。

劉希逸 又度中。 元和姓纂十八尤：給事中薛王傅劉譔生希逸，工部侍郎、蒲州刺史、譙郡公，沛國相縣人。

周履慶 無考。

盧元裕 新表盧氏：右補闕履冰子元裕。不詳歷官。案，常袞盧賓客正己墓誌：公字子寬，本諱元裕，以聲協上之尊稱，時方大用，優詔改錫焉。案，表元裕弟正己，刑部尚書，似是兄弟，非即一人。彭叔夏曰「表恐非，據宣室志」云云，則表實誤。又表「尚書」當從墓誌作「侍郎」。 常袞太子賓客盧君墓誌銘：始以明經，四佐大邑，三歷京掾，五遷藩鎮，三踐臺郎，一處右轄。再兼中憲，以至於九卿、元戎、師賓、居守、小司寇、冬官卿。文苑英華九百四十二。 新肅宗紀：至德二載六月丁酉，南充郡民何滔執其太守楊齊曾以反，劍南節度使盧元裕敗之。四川成都志十一。乾元元年，盧元裕以太原尹領劍南節度採訪使、成都尹一年。李華杭州餘杭縣龍泉寺故大律師碑：今盧華州元裕屈身郡邑，綸綍洄沿。文苑英華八百六十。賈至授盧正己工部尚書河南尹東都留守制：今寇逆始平，洛師殘弊；周南分陝，寄莫斯重。太府卿盧正己專鎮分憂，居必致理。可守工部尚書、東都留守，散官、勳封如故。文苑英華三百八十七。舊宣宗紀：史思明再陷洛陽，東都太廟神主又散失，賊平，東京留守盧正己又募得之。廟已焚毁，乃寄主於太微宮。

獨孤郍勳中補、考外補有獨孤郁。案，「郍」即「那」，非「郁」字。

長孫處仁無考。又御史臺侍御殿中題名。

徐有功見左中。二傳失載。

辛元同　新表辛氏：澄子玄同，户部員外郎。元和姓纂同。

劉叔　金石録目録七第一千二百八十八：唐西河太守劉寂德政頌，孫宰撰，鄔彤行書，天寶九載。元和姓纂十八尤：後魏南兗州刺史劉海游五代孫寂，唐興州刺史，梁郡人。

賀遂陟又主中，又御史臺監察題名。譚賓録：趙謙光遷户部郎中，户部員外賀遂涉「陟」誤。詠之。太平廣記二百四十九。

楊瑒又御史臺侍御殿中題名。舊良吏傳下：瑒，華陰人。初爲麟遊令，擢拜殿中侍御史。開元初，遷侍御史。歷遷御史中丞、户部侍郎。新傳畧同。

斑景倩見左外、吏中、勳外、户中。

鄭巖又祠外。　新表鄭氏北祖房：歷城主簿琰子巖，京兆少尹。　舊忠義下李憕傳：開元初，張説自紫微令、燕國公出爲相州刺史、河北按察使，以女妻臨河尉鄭巖。天寶中仕至絳郡太守，入爲少府監。新傳：張説爲相州刺史，以女妻臨河尉鄭巖，仕終少府監。　孫逖授鄭巖萬年縣令制：中大夫、行尚書刑部郎中、上柱國鄭巖，累登華省，嘗典劇曹。文苑英華四百七。

沈萬石　元和姓纂四十七寑：澧州刺史沈萬石，吴興武康人。

薛將茂無考。

張昭命　嚴州重修圖經刺史題名：張昭命，景龍二年十月十三日，自揚州司馬拜。

韓朝宗見勳中，又度中補。　墓誌銘、新傳失載。

嚴挺之見考中補、考外。　二傳失載。

李羲仲　新表漢中李氏：高宗相安期見祠中。孫鄄城令宗師子羲仲，中書舍人。　舊李安期傳：孫羲仲，又爲中書舍人。　新傳同。

田幹之見封中。

韋利涉見封中補、封外。

陽伯成見左中補、户中。　李憕有和户部楊員外伯成寓直詩。文苑英華二百九十一。

宋之問見考外。　元和姓纂二宋：宋之問，户、考二員外，弘農人。　舊韋虛心傳：户部郎中韋維，善于剖判，時員外郎宋之問工於詩，時人以爲户部有二妙。舊文苑傳：自鴻臚主簿，景龍中再轉考功員外郎。新書文藝傳同。　會要六十四：景龍二年五月五日，勅户部員外郎宋之問爲修文館直學士。

琬又度中補，又御史臺監察，又陰右稜，又左側題名。　元和姓纂一董：軍器監董慓生琬，度支郎中、晉陵太守、江南東道採訪使，匡城人。　辨疑志：潤州城南隅，有樓名萬歲樓，俗傳樓上煙出，刺史卽死，不死卽貶。開元已前，以潤州爲店嘉定志作「凶」。闕。　董琬爲江東採訪使，嘗居此州，其時晝日煙出，刺史皆憂懼狼狽，愁情至死。太平廣記四百九十五。

盧諭又金外。　新表盧氏：從愿見吏外。子論，比部員外郎。　又盧氏：和州刺史慎思子諭，黄州刺史。　舊盧從愿傳：開元十六年，東都留守盧從愿坐子起居郎論「論」誤。糶米入官有剩利，爲憲司所糾，出爲絳州刺史。新傳略同。　獨孤及唐故特進太子少保鄭國李公遵墓誌銘：夫人盧氏，蘄春郡長史諭之子。毘陵集十一。

王鉷見户中。　舊傳：開元二十九年，自監察御史累除户部員外郎，常兼〔侍〕御史。天寶二年，充京和市和糴使，遷户部郎中。新傳失載。

韋迴「迴」疑「迪」。 元和姓纂八微韋氏鄖城公房：房州刺史景駿生述、見吏中。迪，户部員外，京兆杜陵人。 新表韋氏彭城公房：大理丞忻然子迪，不詳歷官。 舊韋述傳：述弟迪、逌、見考外補。迥、迟、巡六人，並詞學登科。逌與迪同爲禮官。新傳畧同。

李昂見吏中、封外、考外補，又金外、倉外，又考中附存。

韋弼又主中。 新表韋氏龍門公房：太子諭德崇德子弼，字國楨，商州刺史。 呂温故太子少保贈尚書左僕射京兆韋府君夏卿神道碑銘：大王父諱某，皇朝主客郎中，萊、濟、商三州刺史。呂衡州文集六。 沈雲卿集上送韋商州弼詩：會府應文昌，商山鎮國陽。聞君監都史，蹔罷尚書郎。 新書藝文志丁部集録總集類：韋氏兄弟集二十卷。原注：韋會、弟弼。

裴子餘又御史臺監察題名。 新表南來吴裴氏：邠、寧二州刺史守真見倉中。子子餘，給事中，謚孝。 舊孝友傳：舉明經，累補鄠縣尉。景龍中，爲左臺監察御史。開元初，累遷冀州刺史。新傳同。

寇泚 元和姓纂五十侯：曹州長史寇恩遠生毗，兵部郎中，馮翊人。「毗」疑「泚」、「郎中」疑「侍郎」。 會要七十六：長壽三年緯畧作「二年」。四月，臨難不顧徇節寧邦科寇泚及第。神龍三年，賢良方正科寇泚及第。緯畧同。　舊張仁愿傳：神龍中，張仁愿在朔方，奏用長安尉寇泚等分判軍事，皆以文吏著稱，多至大官。新傳同，會要同，云景雲二年。　新許景先傳：開元十三年，帝自擇兵部侍郎寇泚爲宋州刺史。詳吏中袁仁敬注。　資治通鑑唐紀二十八：開元十三年十一月，上自泰山還，至宋州，宴從官於樓上，刺史寇泚預焉。酒酣，顧謂寇泚曰：「比亦屢有以酒饌不豐訴於朕者，知卿不借譽於左右也。」自舉酒賜之。　石刻顏真卿唐故通議大夫行薛王友柱國贈秘書少監國子祭酒太子少保顏君惟貞廟碑銘：君與上谷寇泚等友善。建中元年。　陝西西安。　顏真卿正議大夫行國子司業上柱國金鄉縣開國男顏府君允南神道碑銘：故父執侍郎寇公泚，重君才名，相見未嘗不移日也。　張九齡封曲江縣開國男食邑三百户敕：門下：朝議大夫、中書舍人、上柱國、上谷縣開國男竇泚等，俱膺五等之榮，俾光兩闈之寵。可依前件，主者施行。開元十二年正月十三日。　唐丞相曲江張先生文集附録。「竇泚」疑「寇泚」，再考。

王昌無考。

王燾見吏中。　新傳失載。

嚴杲見勳外。

呂太一　舊魏知古傳：睿宗即位，黄門侍郎魏知古表薦洹水令呂太一，後累居清要。

新傳：所薦洹水令呂太一等，後有聞於時。會要在先天元年。 舊張嘉貞傳：開元八年，張嘉貞爲中書令，中書舍人呂太一等皆爲所引，位列清要。 唐會要五十八：開元五年四月九日，勅尚書省案牘稽滯，户部員外郎呂太一四道。詳吏外褚璆注。 通典職官六：開元初，又置御史裏使及侍御史裏使、殿中裏使、監察裏使等官，並無定員，議與裏行同。穆思泰、元光謙、俱見監察。 呂太一、翟章見侍御。 並爲裏使。尋省。

李巖 新表趙郡李氏南祖房：黄門侍郎、趙郡懿公從遠子巖，兵部侍郎、贊皇縣伯。 新循吏傳：李素立曾孫巖，中宗時授右宗衛兵曹參軍，歷洛陽尉，累遷兵部郎中。 石刻御注孝經碑，末題名有大中大夫、行給事中臣李巖。天寶四載。 陝西長安。 孫逖授楊仲昌吏部員外郎李巖兵部員外郎制稱朝散大夫、户部員外郎李巖。文苑英華三百九十二。詳吏外楊仲昌注。 唐語林八：累爲主司者，春官小宗伯李巖三，天寶六年、七載、八載。

鄭永 又倉中。 新表鄭氏北祖房：左千牛衛長史玄一子永，比部郎中、陽武男。

張楚 又祠外。 韋瓘修漢太守馬君廟記：開元中，刺史張楚深念功本，爰立祠宇。會稽掇英總集十八。 案，唐太守題名記失載楚名。 文苑英華四百八十五有張楚對文詞雅麗科策。開元七年第五名。 會要失載。

崔懷嶷鉞案：「崔懷嶷」疑即「崔從」。崔從見户外補。

張敬輿一作「興」。　見左中、户中。

竇紹又金中。　新表竇氏三祖房：京兆少尹璡子紹，給事中、荆府長史。　新書永王璘傳：永王領山南、江西、嶺南、黔中四道節度使，以少府監竇昭疑「紹」。爲副。　據舊傳在天寶十五載六月。　賈至授竇紹山南東道防禦使等制：永王傅竇紹，可江陵防禦使，餘如故。　文苑英華四百九。　舊房琯傳：賀蘭進明奏房琯樹私黨竇紹之徒，以副戎權。

楊宗又主外。　新表楊氏觀王房：尚書右丞承令子宗，兵部郎中。　新書逆臣上安禄山傳：至德二載，阿史那承慶等十餘人送密款，詔以楊宗爲太子左諭德。

裴卓見户中。

楊玘無考。　見户中。

張博濟「張」，二本誤「裴」。　見户中。　孫逖授張博濟户部員外郎制：勑：朝議郎、行河南府司録參軍張博濟，心和識遠，藝博詞優，清白承於教忠，通明達於從政。頃在河、洛，備聞紀綱。郎官選俊，雅望攸歸。時宰避親，良才久滯。宜膺特命，俾踐劇曹。可尚書户部員外郎，散官如故。　文苑英華三百九十一。

程烈又御史臺監察題名。　石刻衞州共城縣百門陂碑銘：主簿程列，剛毅有斷，撝謙自牧。長安四年九月九日。河南輝縣。

封希顏 又御史臺侍御殿中監察題名。新表封氏：雍州司法參軍廣城姓纂「成」。子（彥）〔希〕顏，中書舍人、吏部侍郎。封氏聞見記三：舊大樂署丞，流外之任。中宗時，余從叔希顏始爲大樂丞，從此爲清流所處。舊魏知古傳：先天二年冬，往東都知吏部尚書事，擢用右補闕封希顏等，後咸累居清要。新傳：所薦右補闕封希顏等，後有聞於時。新崔沔傳：睿宗時，中書舍人崔沔表太樂丞封希顏等以代己處。顏魯公文集十四崔孝公陋室銘記：起居舍人崔沔當扈從，以親老抗疏乞退，薦渤海封希顏等自代。

司馬垂 又度中、祠外，又御史臺侍御兼殿中題名（二見）。元和姓纂七之：中書侍郎司馬鍠見吏外。生鍾，疑「垂」。魏郡太守，河內温縣人。舊顏真卿傳：安禄山反，清河客李萼説顏真卿先代魏郡。太守司馬垂使爲西南主。顏真卿京兆尹御史中丞梓遂杭三州刺史劍南東川節度使杜公濟神道碑銘：梁州主司馬垂爲山南西道採訪使，引在幕下。顏魯公文集八。

吉温 見户中。二傳失載。

李彭年 見吏中、吏外、勳外、考外。二傳失載。

裴系 見封中。

李常見户中。

鄭平 新表鄭氏北祖房：河南少尹璿子平，吉州刺史。 又著作佐郎文子平，太(常)〔府〕寺主簿。 舊李林甫傳：子壻鄭平爲户部員外郎。 新書姦臣上李林甫傳：天寶十二載，諸壻鄭平等，皆貶官。

杜昱又御史臺監察題名。 新表濮陽杜氏：天官員外郎承志吏外二見。子、玄宗相暹見吏中。弟昱，給事中。 唐會要七十六：先天二年緯略「元年」。手筆俊拔超越流輩科杜昱及第。緯略同。 舊杜暹傳：愛撫異母弟昱甚厚。新傳同。 石刻嚴挺之大唐故大智禪師碑銘並序：有太僕卿濮陽杜昱者，與余法利同事，共集禪師，衆所知見實録。開元廿四年。陝西長安。

韓賞又御史臺碑陰下層，又碑右稜，又右側侍御兼殿中題名。 元和姓纂二十五寒：京兆尹韓朝宗見勳中。生賞，給事中，昌黎人，代居雲陽。 李華杭州餘杭縣龍泉寺故大律師碑：兵部韓員外賞，屈身郡邑，艑舸洄沿。文苑英華八百六十。 石刻告太華府君文，稱惟廿七祀孟秋，右補闕韓賞。天寶元年四月。陝西華陰。 唐會要五十五：寶應元年五月，勅給事中韓賞充理匭使。 李華潤州鶴林寺故徑山大師碑銘稱菩薩戒弟子故給事中韓賞。文苑英華八百六十二。 王維大唐吳興郡別駕前荊州大都督府長史山南東道採訪使京兆尹韓公墓誌銘：次子某，前殿中侍御史，貶晉陵郡司户。未知卽賞否？

呂延之見户中。

李進 新表大鄭王房：太僕卿新傳「少卿」。暈子進，兵部侍郎。又趙郡李氏東祖房：湖州司馬恁子進，不詳歷官。大理少卿誠見左中。子進，樂壽令。新傳：累擢給事中。

邢宇見封外、考中補。 賈至授邢宇司封員外郎制：前户部員外郎邢宇，養閑移疾，亦有歲年。云云。文苑英華三百九十一。

蕭隱之又御史臺監察題名。 新表蕭氏齊梁房：安平王巖五代孫隱之，刑部侍郎。顏真卿崔孝公陋室銘記：公之澄清中外也，以畿縣丞尉蕭隱之等，並以清白吏能而薦之。顏魯公文集十四。 舊書食貨志上：開元六年，時江淮錢尤濫惡，有官鑪、偏鑪、稜錢、時錢等數色。宋璟遺監察御史蕭隱之充江淮使。隱之乃令率户出錢，務加督責。百姓乃以上青錢充惡錢納之，其小惡者或沉之於江湖，以免罪戾。於是市井不通，物價騰起，流聞京師。隱之貶官，璟因之罷相。 新志：開元初，宰相宋璟請禁惡錢，江淮有官鑪錢、偏鑪錢、稜錢、時錢，遣監察御史蕭隱之使江淮，率户出惡錢，捕責甚峻，上青錢皆輸官，小惡者沉江湖，市井不通，物價甚貴，隱之坐貶官。 孫逖授蕭隱之御史中丞制：中大夫、檢校太府少卿、東都和糴等使、護軍蕭隱之，可行御史中丞，仍充東京畿採訪處置使，兼充和市和糴使，散官、勳如故。文苑英華三百九十三。　舊楊慎矜傳：天寶六載十一月，詔刑部尚書蕭隱之等鞫楊慎矜獄。新書作「蕭炅」。

徐鍔見封中。

王晦　新表琅邪王氏：武后相綝方慶見吏中。子晦，字光遠，冀王執仗。

王岳靈　舊書禮儀志四：天寶九載十月，遣王嶽靈等於寶仙洞中得玉石函上清護國經、寶券、紀籙等，獻之。　唐詩紀事十五：王岳靈登開元進士第。天寶十年爲監察御史，撰張惡子廟碑。案，碑今佚。　石刻王顏追樹十八代祖晉司空河東太守猗氏侯太原王公卓神道碑：桑泉房户部員外郎岳靈叔，偉文曜世。貞元十七年。山西臨晉。

張賞無考。

李麟見吏中、吏外、考外補。　舊傳：開元二十二年，轉殿中侍御史，歷户部、考功、吏部三員外郎。天寶元年，遷郎中。新傳失載。

路齊暉　新表平陽路氏：監察御史幼玉子齊暉，徐、宋二州刺史。

高蓋又禮中補。　新表高氏：憲子蓋，禮部郎中。　文苑英華四十九有高蓋花萼樓賦一首。　玉海一百六十四引登科記：開元十三年，進士試花萼樓賦。

宇文審 新表宇文氏：玄宗相融子審，字審，永州刺史。姓纂：寬户部員外郎。「寬」字誤。新傳：審擢進士第，累遷大理評事，嶺南監決處置等使，後終和、永二州刺史。

王佶又祠中、主中補，又御史臺陰右稜，又右側侍御兼殿中題名。新表太原第二房王氏：梁州司馬邈子佶，祠部郎中。舊玄宗紀下：開元二十七年十月，遣主客郎中王佶往東都及諸州宣慰百姓。舊書五行志同，「十月」作「八月」。

王光大見勳中補、勳外。

韋夏有見考中補。

苗丕見吏中、吏外。

房由又度中、祠外。新表河南房氏：兵部郎中德懋元孫申，度支郎中。鉞案：「申」疑誤。戴叔倫有襄州遇房評事由詩。王荆公唐百家詩選七。郎士元有送彭偃房由赴朝因寄錢大郎中李十七舍人詩。文苑英華二百七十二。

宋説 新表廣平宋氏：兵部郎中鼎見吏外。子悦，疑「説」。郢州刺史。

田灣 楊衡有贈田倉曹灣詩。文苑英華二百五十七。

杜亞見吏中、吏外，又祠外。舊傳：自河西從事入朝，歷工、户、兵、吏四部員外郎。新傳：自河西幕府入朝，歷吏部員外郎。

何昌裕　元次山文集七有與何員外書。原注：永泰中，何昌裕爲户部員外。

李珝又主外作「玥」。

盧執顏又御史臺陰下層，又右側侍御兼殿中，又陰額知雜題名。　新表盧氏：左監門衛將軍正言子執顏，户部員外郎。

楊普原本作「晉」。又金中。　新表楊氏越公房：倉部郎中守訥見倉中補。曾孫普，金部郎中。常袞授楊晉洛陽縣令制，稱朝議郎、守尚書金部郎中楊晉。文苑英華四百七。

范倫　元和姓纂五十五范：房州別駕范安親生倫，户部員外，錢塘人。舊書良吏下范傳正傳：父倫，户部員外郎。新傳：（正）傳〔正〕父倫，爲户部員外郎，鄧州（南）〔順〕陽人。李華杭州開元寺新塔碑：兵部員外郎、兼侍御史范公倫，華與爲寮。廣德三年。文苑英華八百六十。權德輿畫西方變贊，稱故户部員外郎、贈給事中范公之孤曰傳正、傳質。權載之文集二十八。

寇鍰無考。

王潭無考。

蔣鍊見左外、吏外。

李鉽又御史臺陰額監察題名。　新表趙郡李氏東祖房：括蒼尉璲子鉽。不詳歷官。

李彥超無考。又御史臺右稜，又右側侍御兼殿中題名。

王翊見户中。

徐闕無考。

穆賞又祠外。 元和姓纂一屋：祕書監致仕穆寧見下。生賞，太常少卿，河南人。時代不合。 穆寧見下。 新書穆寧傳：寧之老，子賞爲監察御史，以守道行誼顯。舊傳：子賞，以家行人材爲縉紳所仰。不詳歷官。

李融又度中，又御史臺左側題名。 新表隴西李氏姑臧大房：義璡子融，不詳歷官。 舊裴光庭傳：開元中以壽安丞李融等，令直弘文館，撰續春秋傳。 舊書突厥傳：開元二十年，令史官起居舍人李融爲毗伽可汗碑文。 舊德宗紀下：貞元九年五月，以鄭州刺史李融爲滑州刺史、義成軍節度使。 又十年二月乙丑，義成軍節度使、鄭滑觀察使李融卒。 舊李季卿見吏中傳：子融，貞元十年，歷官至渭州節度使，卒。 鉞案：「渭」，「滑」誤。

鄧元挺見户中，又見上。時代不合，疑有誤。

竇彧見户中。

裴陟 新表東眷裴氏：道護後灃州刺史懷感子陟，滑州司馬。 皇甫冉有送裴陟歸常州詩。萬首唐人絶句十三。

蕭直見吏中、勳中補。獨孤及唐故給事中贈吏部侍郎蕭公墓誌銘：驟升尚書户部、庫部、司勳、吏部四曹郎。毘陵集十一。

穆寧　元和姓纂一屋：安陽令穆元休生寧，祕書監致仕，河南人。舊傳：懷州河內人。少以明經，上元二年，累官殿中侍御史，佐鹽鐵轉運使。寶應初，轉侍御史，爲河南轉運租庸鹽鐵等副使。明年，遷户部員外郎。無幾，加兼御史中丞，爲河南、江南轉運使。廣德初，加庫部郎中。詔以爲鄂州刺史、鄂岳沔都團練使及淮西鄂岳租庸鹽鐵沿江轉運使，賜金紫。新傳畧同。

任侗又主中。元和姓纂二十一侵：殿中御史任元植曾孫侗，京兆少尹，西河人。新書地理志：明州鄮縣西十二里有廣德湖，溉田四百頃，貞元九年，刺史任侗因故迹增修。寶慶四明志同。胡的大唐故太白禪師塔銘：故劍南東川節度行軍司馬、檢校户部郎中任公侗等，前後皆駐騎雲根，稽求上法。古刻叢鈔。

盧佋見封中、户中補。梁肅京兆府司録西廳盧氏世官記，稱御史中執法范陽盧公佋之季，今户部郎佋。貞元庚午。文苑英華八百三十一。

劉迥　新表彭城劉氏：中書舍人子玄子迥，給事中。舊子玄傳：迥，諫議大夫、給事中。新傳：第進士，歷殿中侍御史，佐江淮轉運使。大曆初，爲吉州刺史，累遷給事中。

韋延安　新表東眷韋氏閬公房：廣州都督琳子延安，鄂州刺史。李華壽州刺史壁記：壽州刺史獨孤問俗見御史右側。遷鎮江夏，工部郎中楚州一作「中」。張緯之代公爲州牧，某部郎中韋延安代張典此州，僉有政聞。文苑英華八百一。元結別王佐卿序，稱癸卯歲，主人鄂州刺史韋延安。元次山文集七。案，「癸卯」，廣德元年。李華登頭陁寺東樓詩序，稱侍御韋公延安，威清江漢。案頭陁寺，唐在鄂州江夏縣，延安當卽鄂州刺史，侍御卽其所兼憲官。序文有「時王師北舉幽朔，太尉公分麾下之旅，付帷幄之賓，與前相張洪州來攻海寇，方收東越」。云云。攷新紀平幽州、袁鼂，俱在廣德元年。文苑英華七百十六。

崔偁　新表清河小房崔氏：大理司直虔子稱，户部員外郎。舊肅宗紀：至德二載正月丙寅，武威郡九姓商胡安門物等叛，殺節度使周佖，判官崔偁率衆討平之。新紀：正月丙寅，河西兵馬使孟庭倫殺其節度使周佖，以武威郡反。二月壬寅，河西判官崔偁克武威郡，孟庭倫伏誅。李益有自朔方還與鄭式瞻崔稱鄭子周岑贊同會法雲寺三門避暑詩。俟考。

崔溉見吏中，又祠外。

袁辯又御史臺陰額監察題名。　新表河東袁氏：高宗相智宏孫辯，兼御史中丞。

潘孟陽見户中。　二傳失載。

孟逢　元和姓纂四十三映：右丞京兆尹孟皞生逢，司農少卿，相州人。

崔融又禮中補有崔融，武后時人，時代不合。　新表清河小房崔氏：陳州刺史玄機見度外。孫、循禮子融，右司郎中。

裴通又金中。　新表洗馬裴氏：河東太守思義見左中補。曾孫、薛王騎曹參軍敭珍孫通，同州刺史。　又南來吳裴氏：令寶後禮部尚書士淹見封外。子通，字文玄，檢校禮部尚書。　又東眷裴氏：都官郎中孝智子通，壽州刺史。　又西眷裴氏：齊壺關令諷之子通，不詳歷官。案，此係唐初人，時代不合。　舊李渤傳：穆宗初，考功員外郎李渤定京官考，奏少府監裴通職事修舉，合考中上，以(清)〔請〕追封所生母而捨嫡母，(清)〔請〕考中下。　舊回紇傳：長慶元年四月，以少府監裴通爲檢校左散騎常侍、兼御史大夫，(時)〔持〕節册立可汗、兼弔祭使。　白居易册新迴鶻可汗文，稱長慶元年歲次辛丑四月景寅朔二十一日景戌，皇帝遣使朝議大夫、檢校左散騎常侍、兼少府監、御史大夫、雲騎尉、賜紫金魚袋裴通等。白氏文集五十。又五十一祭迴鶻可汗文結銜同。惟「左」作「右」字疑誤。又有裴通除檢校左散騎常侍兼御史大夫充迴鶻弔祭册立使制，稱少府監裴通。 舊盧簡辭傳：寶曆中，黎幹男（渭）〔焆〕詣臺治父葉縣舊業，簡辭移汝州刺史裴通，準大曆元年敕給百姓。 摭言十三：貞元中，劉忠州任大夫，科選多濫進，有無名子自云「山東野客」。移書有云「裴通則因人見録」。又長揖詩曰：「裴子門徒入舍人。」 唐書曰文宗時，裴通自祭酒改詹事，因中謝，上知通有易學，因訪以精義，仍命進所習經本。著易元解并總論二十卷、易御寇十三卷、易洗心二十卷。太平御覽六百九。 新書藝文志：裴通易書一百五十卷原注：字又玄，士淹子，文宗訪以易義，令進所撰書。

獨孤邁 吳興志：獨孤邁，寶曆二年九月十三日，自歙州刺史拜，後貶康州。 嚴州重修圖經刺史題名：獨孤邁，元和十四年五月九日，自户部員外郎拜。

田南鶡無考。

韋光裔 新表韋氏鄖公房：太子僕昭訓子光裔，字叔陽，少府監。 舊代宗紀：永泰二年五月丙辰，稅青苗地錢使、殿中侍御史韋光裔諸道稅地迴。 舊李元平傳：李希烈反，汝州與賊接壤，刺史韋光裔懦弱不任職，乃以元平知州事。 京兆金石録：唐太子賓客韋光裔碑，唐馮抗撰，歸登書并篆額。貞元十一年。寶刻叢編七。京兆府長安縣。

呂温見封外、户中附存。 舊傳：元和元年，使吐蕃還，自侍御史轉户部員外郎。 三年，自司封員外郎轉刑部郎中。新傳畧同。劉禹錫唐故衡州刺史呂君集紀：自犬戎使還，以殿内史拜尚書户部員外郎，轉司封，遷刑部郎中。劉賓客文集十九。呂温祭陸給事文，稱貞元元年歲次乙酉十月景申朔十日乙巳，將仕郎守尚書户部員外郎、賜緋魚袋呂某。呂衡州文集八。「貞元」當作「永貞」。

張賈見吏中，又禮外補。

王縝見封中、户中。

裴潡一作「徹」，徹見户中補。又東眷裴氏：諫議大夫俅子潡，字深源，相僖宗。時代不合。新表南來吴裴氏：玄宗相耀卿弟、鼓城令昱子潡，不詳歷官。時代不合。潡見度中。

韋宗卿新表韋氏龍門公房：祕書監建子宗卿，侍御史、户部員外郎，以季莊孫繼。柳宗元爲韋京兆祭杜河中文：余弟宗卿獲庇仁宇，命佐廉問。宗卿爲河中從事。忘其愚魯，假以羽翼，俾之騫翥，惠文峩峩，赤紱在股。河東先生集四十。李德裕黠戛斯朝貢圖傳序：詔太子詹事韋宗卿、祕書少監呂述見祠中補。往蒞賓館，以展私覿。稽合同異，覼縷闕遺。又云：臣輒因韋宗卿、呂述所紀異聞，飾以繪事。

盧常師新表盧氏：巒子、坦見下。弟常師，光禄少卿。權德輿盧公坦神道碑銘：母弟前絳州刺史常師，以器望歷中外，以友愛重人倫。元和十三年。權載之文集十三。

逸史：祕書少監盧常師，進士擢第，性淡薄，不樂軒冕，於世利蔑然，棄官之東洛，不逾旬遂歿。（太平廣記百五十一。）

裴郁

新表中眷裴氏：〔訴〕〔訢〕後濟源令後已子郁，太常卿、河東縣公。新書忠義中顏杲卿傳：乾元初，博士裴郁以杲卿不執政，但謚曰忠，議者不平，故以忠節謚焉。顏真卿湖州烏程縣杼山妙喜寺碑：起居郎裴郁，往來登歷。（大曆癸丑。顏魯公文集四。）舊趙宗儒傳：貞元六年，趙宗儒領考功事，尚書左丞裴郁比考中上，宗儒貶之中中。新傳畧同。舊書禮儀志六：貞元七年十一月二十八日，太常卿裴郁奏議正太祖東向位。新儒學陳京傳畧同。新書禮樂志三「十七年」，誤。舊德宗紀下：貞元十六年九月丙午，前太常卿裴郁卒。權德輿故司徒兼侍中上柱國北平郡王贈太傅馬公行狀：貞元十一年八月二十七日，命太常卿裴郁等，備禮持節冊命。權載之文集十九。

竇公衡

定命録：開元二十三年，崔圓應將帥舉科，又於河南府充鄉貢進士。其日正於福唐觀試，遇敕下，便於試場中喚將拜執戟參謀河西軍事。應制時，與越州剡縣尉竇公衡同場並坐，親見其事。太平廣記二百二十二。復齋碑録：唐宇文顥山陰述，唐竇公衡撰。杜陵史懷則分書并篆額。天寶十三載甲午夏四月，立在山陰。寶刻叢編十三。文載會稽掇英總集二十，首云：天寶甲午歲夏四月宇文顥莅山陰令。李太白文集十六有早秋單父南樓詡竇公衡詩。

裴塤見户中補。

李隨 新宗室表許王房：中山郡王琳子隨，夔國公、靈昌郡太守。新宰相表隴西李氏姑臧大房：肅宗相揆見勳外。弟均之子隨，祕書監。舊書禮儀志四：天寶十載正月，遣太子中允李隨祭東海廣德王。大唐郊祀録同。新玄宗紀：天寶十四載十二月壬子，濟南郡太守李隨等以兵討安祿山。十五載正月丙辰，李隨爲河南節度使，以討安祿山。新顏真卿傳：安祿山反，平原城守，濟南太守李隨等各以衆歸。舊忠義下張巡傳：吴王祗爲靈昌太守，奉詔糺率河南諸郡，練兵以拒逆黨，濟南太守李隨副之。令狐峘顏魯公神道碑銘：濟南太守李隨等各擁兵數千或至萬人，以附于公。顏魯公文集。殷亮顏魯公行狀：濟南太守李隨下遊奕將訾嗣賢渡河，得博平僞太守馬冀，據其郡，各有衆數千，或至萬人，相次於平原。同上。舊穆宗紀：長慶三年五月，祕書少監李隨奏請造當司圖書印一面，從之。舊五代史晉書十九：李專美，京兆萬年人。曾祖隨，光祿卿。案，世系表無「專美」名。

李適 新文藝傳中：字子至，京兆萬年人。舉進士。武后修三教珠英成，遷户部員外郎，俄兼修書學士。舊文苑傳：景龍中，爲中書舍人。

王潤 新表琅邪王氏：定州刺史俌子潤，杭州別駕。　才調集一耿湋有送王潤詩。英華二百七十五作「王閏」。

于頎 見户中，又度中補。　二傳失載。

王崟 見左外，吏外二見，又度外。

李冑 新表趙郡李氏東祖房：倉部員外郎昂見吏中，又見上。子冑，比部郎中。沈本。全唐文七百十六：李冑，官户部員外郎，有冰井賦。舊鈔本英華四十作「李渭」，目作「李冑」。文苑英華百八十七有李冑省試文宣王廟古松詩。歐陽詹贈魯山李明府詩。又魯山令李冑三月三日宴僚吏序：貞元十二年暮春，月既魄哉生明。一日，臨汝魯山令趙郡李胃恭國令宴于縣南滍濱。歐陽行周文集十。蘭亭考十二作「李冑」，武億魯山縣志二十六：恭國冑字增韻。「冑」國名，「胃」蓋「冑」之誤。

路士則 全唐詩五戴叔倫有客舍秋懷呈駱正字士則詩。集無。見王荆公唐百家詩選七。「駱」疑「路」，俟考。

韋睦 元和姓纂八微韋氏鄖國公房：温王表作「郇王」。府司馬才絢生睦，京兆杜陵人。不詳歷官。表失載。

韋頌 又金中。　新表韋氏南皮公房：給事中偶子頌，庫部郎中。舊韋見素傳：孫頌。不詳歷官。

新代宗紀：大曆六年五月戊申，殺大理評事韋頌。舊書附見李少良傳，云付京兆府決殺。

賈全 又御史臺碑額監察題名。 柳宗元先君石表陰先友記：賈弇，長樂人，弟全，原注：大曆四年進士。至御史中丞。河東先生集十二。 舊德宗紀下：貞元十八年正月庚辰，以常州刺史賈全爲越州刺史、浙東觀察使。嘉泰志同。唐會稽太守題名記同。又云：二十一年，加檢校右散騎常侍。 舊憲宗紀上：永貞元年十月，浙東觀察使賈全卒。 舊馮宿傳：從浙東觀察使賈全府辟。 新賈餗傳：從父全，觀察浙東，餗往依之，全尤器異，收卹良厚。 陸贄優恤畿內百姓并除十縣令詔：賈全，可咸陽縣令、兼監察御史。陸宣公集四，詳勳外竇申注。

史牟 又金中。 唐會要七十六：貞元四年四月，賢良方正能直言極諫科史牟及第。緯畧誤「史侔」。

裴向 新表中眷裴氏：代宗相遵慶見吏外。子、都官郎中會見膳中補。弟向，字傃仁，吏部尚書。 舊傳：少以門蔭，德宗時自櫟陽、渭南縣令奏課皆第一，朝廷亟聞其理行，擢爲户部員外郎，選爲太原少尹，尋用爲行軍司馬。新傳同。 會要七十九：贈少保二書「太子少保」。裴向謚曰穆。

崔鄮又倉外。　新表清河小房崔氏：御史中丞陲子、邠見封中。弟鄮，司農卿。新崔邠傳：弟鄮。不詳歷官。　劉禹錫唐故兼御史中丞贈太師崔公神道碑：才子六人，次曰鄮，至太府卿。又云：鄮爲大農。劉賓客文集三。　唐會要六十六：元和三年八月，司農少卿崔鄮奏停太倉一員、監事二員，從之。

盧坦　新表盧氏：巒子坦，字保衡，劍南東川節度使。　又盧氏：吏部郎中諝見吏中補。子坦，不詳歷官。　舊傳：坦自壽安令累遷至庫部員外郎、兼侍御史知雜事。新傳：累爲刑部郎中。　權德輿唐故劍南東川節度副大使知節度事管内支度營田觀察處置等使正議大夫持節梓州諸軍事守梓州刺史兼御史大夫護軍賜紫金魚袋贈禮部尚書盧公神道碑銘：始爲同州韓城、宣州宣城、鞏縣、河南四縣尉，監察御史裏行、殿中侍御史内供奉，真爲殿中侍御史、户部員外郎，尋轉庫部員外郎、刑部郎中，皆兼侍御史知雜事。權載之文集十三。　李翺故東川節度使盧公傳：爲殿中侍御史，權德輿爲户部侍郎，請爲本司員外郎，尋轉庫部、兼侍御史知雜事。　未久，遷刑部郎中，知雜事如故。李文公集十二。　會要七十九：贈禮部尚書盧坦謚曰貞。

李夷簡　新表小鄭王房：太僕少卿、楚州别駕自僊子李夷簡，字易之，相憲宗。（舊）〔新〕傳：去鄭丞，擢進士第，中拔萃科。　自殿中侍御史。　元和時，至御史中丞。　褚藏言故國子司業贈給事中扶風竇府君牟詩序：貞元二年，舉進士，與故相贈少師李公夷簡同年上第。竇氏聯珠集。

張正壹 舊韋執誼傳：貞元十九年，補闕張正一上書言事，得召見，王仲舒等以嘗同官相善，偕往賀之。新傳同。詳左中韋成季注。白居易張正一致仕制：前諫議大夫張正一，韓文類譜作「張正買」。學行器用，爲時所稱，擢居諫官，冀効忠讜。雖年齒未暮，而衰疾有加，所宜頤養，不可牽率。俾移優秩，以從致政。可國子司業致仕。白氏文集五十五。 石刻蜀丞相諸葛武侯祠堂碑陰，武元衡題名，後列觀察判官、朝散大夫、檢校尚書戶部郎中、兼侍御史、驍騎尉張正壹。元和四年二月。四川成都。 歲時雜詠二十九有張正壹奉和相公錦樓玩月詩。唐詩紀事四十五。正壹時爲西川武元衡觀察判官。

張正甫見左外、封外、戶中，又度中。 舊傳：由邕州徵拜殿中侍御史，遷戶部員外郎，轉司封員外郎。

盧逢見吏中、戶中補。

李宗衡 新表雍王房：汭見封中子宗衡，戶部員外郎。 呂温祭座主故兵部尚書顧公文，稱貞元脫「二」字。十年歲次甲申月日，門生滎陽主簿李宗衡。文苑英華九百八十八。集無。

李應見戶中。

竇楚 吴興志：竇楚，元和十五年三月二十二日，自刑部郎中拜，遷尚書右司郎中。

陳岵 唐會要七十六：元和元年四月，達於吏理可使從政科陳岵及第。緯略同。嘉定赤城志八：元和五年，陳岵爲台州刺史。舊穆宗紀：長慶元年十一月，詔膳部郎中陳岵等考制策。舊白居易傳同。元稹永福寺石壁法華經記：凡輸錢於經，貴者若右司郎中、處州刺史陳岵。長慶四年。元氏長慶集五十一。舊劉寬夫傳：寶曆中，少列陳岵進注維摩經，得濠州刺史。憲宗處分及第舉人詔：達於吏理可使從政科第五上等陳岵等，中書門下即與處分。唐大詔令。唐摭言九：陳磻叟父岵，富有辭學，尤溺於内典。長慶中嘗注維摩經進上，有中旨令與好官，執政謂岵因内道場僧進經，頗抑挫之，止授少列而已。

崔韶 又禮外補。新表南祖崔氏：伯基後嵒子韶。不詳歷官。會要八十有博士崔韶改贈工部尚書，馬暢謚縱議。舊憲宗紀下：元和十一年九月辛巳，貶禮部員外郎崔韶〔爲〕果州刺史，言與韋貫之朋黨故也。新韋貫之傳：崔韶等坐與貫之厚善，悉貶爲州刺史。會要七十九：台州刺史崔韶，謚曰肅。

趙元亮 見左中、勳外。

楊潛 又金中。白居易楊潛可洋州刺史李繁可遂州刺史史備可濠州刺史制：勑：朝散大夫、守尚書金部郎中、上柱國楊潛爲郎，見其行，可使持節洋州諸軍事、守洋州刺史，散官、勳如故。白氏文集四十八。　史備見金外。

宣室志：右常侍楊潛嘗自尚書郎出刺西河郡。

李涉有閑中紀事想吴楚舊遊寄河陽從事楊潛詩。王荆公唐百家詩選十四。

韋詞見吏中、户中。　舊韋辭傳：長慶初，韋處厚、路隨薦之，自江州司馬擢爲户部員外郎，轉刑部郎中，充京西北和糴使。　尋爲户部郎中。

姚向見勳外。

崔戎見吏中、吏外。　白居易李虞仲崔戎並可行員外郎制：西川觀察判官、朝議郎、檢校刑部員外郎、兼侍御史、雲騎尉、賜緋魚袋崔戎等，可尚書户部員外郎，散官、勳如故。白氏文集四十八。　二傳失載。

崔㮚吏中有岑㮚，疑「崔」。　新表博陵二房崔氏：挺後同州刺史淙子㮚，字茂孝。　舊文宗紀：大和九年，工部侍郎、皇太子侍讀崔㮚，洋州刺史。　疑即此人。

鄭逌　新表鄭氏北祖房：舒州刺史甫子逌，右衞率府兵曹參軍。

王質見户中。　舊傳：歷佐四府，自兼監察御史入朝爲殿中，遷侍御史、户部員外郎。　新傳：累佐帥府，五遷侍御史，繇山南西道節度副使再轉諫議大夫。　劉賓客文集三王公神道碑：自南梁上介，兼監察御史，徵入南臺，轉殿内。　歷侍御史，改尚書户部外郎。一本「員外郎」。

李洪王本「張洪」，趙本「李洪」。

李石見吏中、户中。　二傳失載。

馮審　元和姓纂一東：虞部員外郎馮宿，長樂人，後徙東陽。弟定，見祠外。審，不詳歷官。舊馮宿傳：從弟審，貞元十二年登進士第，自監察御史累遷至兵部郎中。開成三年，遷諫議大夫。新傳：審字退思，開成中爲諫議大夫。

嚴謩　舊文宗紀下：開成二年三月壬午，以楚州刺史嚴譽「謩」誤。爲桂管觀察使。四年十月，前桂管觀察使嚴謩卒。

崔蠡見勳中、户中補。　舊傳：大和初，爲侍御史，三遷户部郎中，出爲汝州刺史。新傳失載。

李景信　新表讓皇帝房：太子中舍人梢子景信，江州刺史。舊李景儉傳：弟景信，登進士第，有藝學，知名於時。

姚合又户中。　唐才子傳六：寶應當作「曆」中，除監察御史，遷户部員外郎，出爲金、杭二州刺史。後召入，拜刑、户二部郎中。二傳失載。

杜忱無考。

姚康見左外。

盧元中　新表盧氏：渾子元中。不詳歷官。舊盧宏正傳：大和中，華州刺史宇文鼎、户部員外郎盧允中疑「元」。坐贓，宏正按之。詳左外宇文鼎注。新歸融傳：户部員外郎盧元中、左司員外郎判户部案姚康受平糴官秦季元絹六千匹，貸乾没錢八千萬，俱貶嶺南尉。舊歸融傳：上問：「韓益所犯與盧元中、姚康孰甚？」融對：「元中與康枉破官錢三萬餘貫，益所取受人事，比之殊輕。」新傳畧同。會要六十：大和三年，華州刺史宇文鼎、户部員外郎盧允中坐贓。

房直温　逸史：太學博士鄭還古向東洛再娶李氏，時房直温爲東洛少尹，是妻家舊。太平廣記一百五十九。柳宗元序碁：房生直温與予二弟遊，皆好學。河東先生集二十四。

李羣　新宗室表上蔡王房：少府監滲子羣，福州户曹參軍。又〔下〕蔣王房：監察御史裏行乘子羣，連江令。宰相表趙郡李氏東祖房：任城令琇子羣，奉先丞。唐才子傳六：韓琮，長慶四年李羣榜進士。舊宋申錫傳：大和五年，申錫被誣，拾遺李羣等奏以獄付外。新傳同。

李元臯　舊李訓傳：大和九年十一月，李訓再從弟户部員外郎元臯等皆伏法。新傳：訓弟元臯以屬疏自解，得去。仇士良訊奴，言事前一昔宿訓第，遣人追斬之。

崔蝦見考中補。

裴鐇見吏外。

陳商　新表陳氏：左散騎常侍彝子商，字述聖，祕書監、許昌縣男。　石刻華嶽題名：□司門郎中、史館修撰陳商，會昌元年七月廿五日，商應召赴闕，與盧溪處士鄧君蟠同題。時□□□□□商題後六年，自禮部侍郎出鎮□分陝，又與鄧支使同來，十月□□。　會要三十九：會昌三年十二月，令百寮議劉禎母裴氏罪，刑部郎中陳商議從重典。　新楊虞卿傳：校書郎楊虞卿抵淮南，委婚幣，會陳商葬其先，貧不振，虞卿未嘗與游，悉所賚助之。　摭言三：會昌三年十一月十九日，勑諫議大夫陳商守本官，權知貢舉。後因奏對不稱旨，十二月十七日，宰臣遂奏，依前命左僕射、兼太常卿王起主文。又十四：會昌六年，陳商主文，以延英對見，辭不稱旨，改授王起。六字誤。又畢氏沅關中金石記疑商以不稱旨，卽出鎮陝。案商鎮陝在宣宗初。畢氏亦誤。　舊宣宗紀：會昌五年，禮部侍郎陳商有東都太廟神主議。　舊武宗紀：會昌五年二月，諫議大夫、權知禮部貢舉陳商選士三十七人中第，物論以爲請託，令翰林學士白敏中覆試，落張濆、李玗、薛忱、張覿、崔凜、王諶、劉伯芻等七人。　唐語林八：累爲主司者，陳商再，會昌五年、六年。　舊宣宗紀：大中九年正月辛巳，銀青光祿大夫、祕書監、許昌縣開國男陳商卒，贈工部尚書。　新書寶刻類編六祕書監陳商誌。左諫議大夫、弘文館學士李貽孫撰并書。大中四年立。

藝文志乙部史録起居注類：敬宗實録十卷。原注：陳商等撰，商字述聖，禮部侍郎、祕書監。又丁部集録別集類：陳商集十七卷。朱閔歸解書彭陽公碑陰：公尹洛，禮陳商。文粹四十六。

韋行貫無考。見吏外。

潘存實見户中。

柳仲郢見吏中，又主外。二傳失載。

周復見勳中、勳外。

郭勤見勳中補。

李行方見左外、吏中、吏外。

白敏中見左外附存，又倉外附存。新表太原白氏：溧水令季康子敏中，字用晦，相宣宗。舊傳：長慶初，登進士第。會昌初，爲殿中侍御史，分司東都，尋除户部員外郎，還京。（居易）即日知制誥，召入翰林充學士，遷中書舍人。累至兵部侍郎、學士承旨。新傳失載。重修承旨學士壁記：白敏中，會昌二年九月十三日　司員外郎充，其月十五日改兵部員外郎，十一月二十九日加知制誥。三年五月二十九日轉職方郎中，十二月七日加承旨、賜紫；四年四月十五日拜中書舍人，九月四日遷户部侍郎、知制誥，並依前充。翰苑羣書上。白居易送敏中新授户部員外郎西歸詩注：長慶初，予爲主客郎中、知制誥，遷中書舍人。去今二十一年也。白氏文集三十六。

韋慤見吏外。

鄭薫見考中補、户中。新傳失載。

邢羣杜牧唐故歙州刺史邢君墓誌銘：亡友邢渙思諱羣。又云：君實河間人，魏太常顒後也。又云：君進士及第，歷官九，歷職八。始太子校書郎、協律郎、大理評事、監察御史、京兆府司録、殿中侍御史、户部員外郎、處州刺史、歙州刺史；職爲浙西團練巡官、觀察推官、度支巡官，再爲浙西觀察推官、轉支使、爲户部員外郎判度支案、伐劉稹爲制使、鎮魏料軍食，賜緋服銀章。初副李丞相回，再副高尚書銖，撫安上黨，三面征師。大和當作「中」。三年六月八日，卒於東都思恭里，年五十。又云：會昌五年，由户部員外郎出爲處州。時某守黄州歲滿轉池州，與京師人事離闊，四五年矣。聞渙思出，大喜曰：「渙思果不容於會昌中，不辱吾御史舉矣。」樊川文集八。

盧簡求見吏中補、吏外。舊傳：牛僧孺鎮襄漢，辟爲觀察判官。入爲水部、户部二員外郎。會昌末，爲忠武節度副史。新傳：佐牛僧孺鎮襄陽，入遷户部員外郎。會昌中，忠武節度副使。

路綰無考。見左中、户中，又祠外。

崔慎田見吏外。舊傳：大中初，自諸侯府入朝爲右拾遺、員外郎、知制誥，正拜舍人。

鄭顒　新表鄭氏北祖房：珦瑜見吏外。子顒，不詳歷官。吳興志：鄭顒，大中七年九月，自舒州刺史授，除太僕少卿。

裴坦見左外。新傳失載。

畢誠又倉中。新表畢氏：協律郎勻子誠，字存之，相懿宗。舊傳：大和中，進士擢第，又以書判拔萃。宣宗卽位，自磁州刺史徵爲户部員外郎，分司東都，歷駕部員外郎、倉部郎中。新傳略同。

溫璋見户中。

趙櫓見吏外、勳外。

趙滂見勳外、户中。

崔珦又主外。新表博陵第二房崔氏：同州刺史頲子、山南西道節度使琯見左外。弟珦。不詳歷官。舊王質見户中　又上傳：大和八年，在宣城辟崔珦等爲從事，皆一代名流。劉賓客文集三王公神道碑：羔雁所禮，則博陵崔珦。

趙格見户中。

李元又御史臺右側侍御兼殿中題名。新表郇王房：臨濮令鎮子太府少卿元。北本。舊德宗紀下：貞元四年十月丙戌，以右神策將軍李長榮爲河陽三城懷州團練使，仍賜名元。十五年三月戊辰，以河陽三城節度使李元爲潞州長史、昭義軍節度、澤潞磁邢洛觀察使。時代不合。

裴處權見封中，又禮中補。

權審見封外補。杜牧權審除户部員外郎制：敕：文林郎、守尚書水部員外郎權審，湖嶺旱暵，百姓枵耗，老弱死道上，强壯入賊中。爰求使臣，以救其弊。執事者上言，爾審學古有文，通知理道。遂使乘驛，視吾飢人。果能臨事知權，受命達旨，慰撫流散，宣導恩澤，蠲貸逋逸，能裁闊狹，大小輕重，各合事宜。雖古所謂直指繡衣，美俗使者，言之於爾，無以過焉。用超名曹，以酬往效，無曠官業，勉服休命。可守尚書户部員外郎，散官如故。樊川文集十七。

韋退之見左中，又金中。杜牧韋退之除户部員外郎等制：朝議郎、行殿中侍御史韋退之。樊川文集十七。

薛誠又御史臺中嵌題名。新表薛氏西祖房：殿中侍御史正倫子誠，字符，司農卿。

李鄴舊令狐滈傳：起居郎張雲言：「大中十年，令狐綯以諫議大夫豆盧籍、見左中補。刑部郎中李鄴爲夔王已下侍讀，欲立夔王爲東宮，欲亂先朝子弟之序。」新傳畧同。

新通王滋傳：宣宗詔鄆王居十六宅，餘五王處大明宮內院，以諫議大夫鄭漳、見金中。兵部郎中李鄴爲侍讀，五日一謁乾符門，爲王授經。鄆王立，乃罷。東觀奏記下：大中十二年，始用左諫議大夫鄭漳、兵部郎中李鄴爲鄆王已下侍讀。時鄆王居十六宅，夔昭已下五王居大明宮內院。數日追制，改充夔王已下侍讀，五日一入乾符門講讀。鄆王即位後，其事遂停。唐詩紀事五十三：李鄴，大中時爲户部郎官，有和縣州于中丞興中詩。

盧潘　新表盧氏：先之子潘，字子濬。杜牧李蔚除侍御史盧潘除殿中侍御史等制：劍南西川節度判官、朝議郎、檢校尚書禮部員外郎、兼侍御史、上柱國、賜緋魚袋盧潘，儒雅流聞，今膺拔擢。有司列狀，詞旨頗公。可守殿中侍御史，散官、勳賜如故。樊川文集十七。會要三十四：大中六年十二月，右巡使盧潘等。新安志九：盧潘，大中九年爲歙州刺史。唐會要七十一：咸通六年三月四日，黔中經略使盧潘奏于清溪鎮置南寧州，從之。萬敬儒孝行狀碑末署大中十三年十月十五日，朝議郎、使持節廬州諸軍、守廬州刺史、柱國、賜紫金魚袋盧潘立。

崔璩見左外、考中。

崔隋見勳中補，又金中。

鄭彥宏見左中、勳中補。

于德晦見吏外，又金外。

李景温又禮中補。　舊忠義下李憕傳：憕曾孫景温進士登第，踐歷臺閣。咸通中，至工部侍郎，出爲華州刺史、潼關防禦、鎮國軍使。　新李景讓傳：弟景温，字德己，歷諫議大夫、福建觀察使，徙華州刺史，累遷尚書右丞。　舊懿宗紀：咸通七年十一月，以禮部郎中李景温等試拔萃選人。

崔瑄　新表清河小房崔氏：右金吾將軍鄯見倉外。子瑄字右玉。　舊崔鄯傳：子瑄。不詳歷官。　金華子雜編上：崔瑄大夫，大中二年，封僕射敖門生，廉問宛陵，請同年韓藩端公爲副使。　舊令狐滈傳：懿宗初，令狐滈登第，諫議大夫崔瑄上疏論之。新傳同。

丁居立無考。

崔蕘　舊崔蠡見勳中傳：子蕘，字野夫。大中二年擢進士第，累官至尚書郎、知制誥。正拜中書舍人、户部侍郎。　新傳：乾符中爲吏部侍郎。

楊知至見户中。

陽墊　舊懿宗紀：咸通十三年五月辛巳，貶右諫議大夫楊疑「陽」墊和州司户，于琮之親黨也。

崔彥昭 新表清河小房崔氏：玘子彥回見金中。弟彥昭，相僖宗。「玘」舊傳作「豈」。舊傳：字思文，大中三年進士擢第，釋褐諸侯府。咸通初，累遷兵部員外郎，轉郎中、知制誥，拜中書舍人，再遷户部侍郎，判本司事。新傳：數應帥鎮辟，累進户部侍郎。舊懿宗紀：咸通三年十一月，以户部員外郎崔彥昭等試宏詞選人。

盧鉟見左外。

權慎微

張禹謨 資治通鑑唐紀六十八：乾符三年十二月，以右諫議大夫張禹謨爲桂州觀察使。禹謨，幽州判官張徹之子也。

楊戴 新表越公房：敬之見户中。子戴，字贊業，江西觀察使。新楊敬之傳：文宗時敬之兼太常少卿。是日，二子戎、戴登科，時號「楊家三喜」。闕史上：祭酒楊尚書敬之任江西觀察使，戴廣記「戴」。應科。時成均秋暮忽夢新榜四十進士，鍾陵在焉。及第甲乙，則江西中選。東觀奏記下：大中十二年，命監察御史楊戴往浙西道，勘覆軍額。舊懿宗紀：咸通十年十二月，以考官刑部侍郎楊戴等考試宏詞選人。沈炳震云：「侍郎」疑當作「員外郎」。

崔朗見左外、勳中。

杜無逸見户中。

王緘見户中。

裴虔餘 摭言十三：裴虔餘，咸通末，佐北門李公淮南幕。李蔚見考中。舊僖宗紀：乾符二年五月，以兵部郎中裴虔餘爲太常少卿。資治通鑑唐紀七十：廣明元年十一月，華州刺史裴虔餘徙宣歙觀察使。沈顔宣州重建小廳記：宣州自兵部裴公慶餘去任，竇常侍聿自池牧來臨，莅事未幾，遽爲秦彦所據。文苑英華八百二。容齋四筆十：池州銅陵縣孚貺侯廟有唐中和二年二月一碑，其詞云：「勑宣歙池等州都團練、觀察使牒」云云。後云：「使檢校工部尚書，兼御史大夫裴押。」邑人以爲裴休。秋浦志亦然，予考之，非也。格案：「裴」當卽「虔餘」。資治通鑑唐紀七十一：中和二年七月，鎮海節度使周寶奏高駢承制以賊帥孫端爲宣歙觀察使。詔寶與宣歙觀察使裴虔餘發兵拒之。文苑英華一百八十二有裴乾餘省試早春殘雪詩。杜牧裴虔餘除山南東道推官等制。樊川文集十九。苑作「慶餘」。

任宇 元和姓纂二十一侵：易定節度使任迪簡生憲、見勳中。宇，渭州人。不詳歷官。新表失載。新安志九：任宇，咸通七年爲歙州刺史。

李嶽見左中、勳外。

陳琉無考。

薛遠無考。

李韶　新宗室表蜀王房：東陽令季方子安州刺史韶。　又宰相表趙郡李氏東祖房：襄邑丞璵子韶，太子通事舍人。　又大理丞震子韶。不詳歷官。　又安邑（丞）〔令〕虛己子韶，延陵丞。

薛調　新表薛氏西祖房：婺州刺史膺見吏中。子調。不詳歷官。　重修承旨學士壁記：薛調，咸通十一年十月十七日自□部員外郎疑卽「户」字。加駕部郎中充。十二年正月二十六日加知制誥，依前充。十三年二月二十六日卒官，三月十一日贈户部侍郎。翰苑羣書上。　語林四：薛調、季當作「李」瓚同年進士。調美姿貌，人號爲「生菩薩」。瓚俊爽，人號爲「劍」。調寬恕，而瓚猜忌。論者以時人所稱，協其性也。　劉元當作「允」章罷江夏，入朝以風標自任。一日調謁之，倒屣出迎，愛其風韻，去而復留者數四。既去，謂左右曰：「若不見其下有缺也。」調爲翰林學士，郭妃悦其貌，謂懿宗曰：「駙馬盍若薛調乎？」頃之暴卒，時以爲中鴆。卒年四十三。常覽鏡曰：「薛調豈止四十三乎？」豈嘗有言其壽者耶。

楊思立無考。　又主中。

張顏又祠外。舊懿宗紀：咸通十一年九月，朝議大夫、行兵部員外員郎、判度支案、柱國張顏播州司户，坐劉瞻親善，爲韋保衡所逐也。舊劉瞻傳：兵部員外郎張顏等坐瞻親善貶逐。玉泉子：咸通中，韋保衡、路巖作相，除不附己者，十司户張顏潘州，內潘州不迴。南部新書癸無「張顏」，有「韋顏」。韋見勳外。

鄭紹業見封中。

張同 舊僖宗紀：乾符三年九月，以商州刺史張同爲諫議大夫。舊五代史梁書十八張策傳：父同，仕唐，官至容管經畧使。新五代史唐六臣傳同。劇談録下：咸通、乾符中，興善寺阿闍黎謚普照大師，張常侍同爲弟子，出城之日，縞素後隨。詳左中崔寓注。

崔寓見左中。此與吏中補、吏外之崔寓，別一人。

韋保乂見户中。重修承旨學士壁記：韋保乂，咸通十二年二月十三日自户部員外郎入守本官充，五月十日加户部郎中。

裴質見吏中補。

裴弘 新表東眷裴氏：宣宗相休子弘，字裕志。東觀奏記中：裴坦主貢舉，擢裴休子弘上第。舊令狐滈傳：懿宗時，中書舍人裴坦權知貢舉，登第者三十人。裴弘餘，故相休之子，名臣子弟，言無實才。

蕭騫 新表蕭氏齊梁房：德宗相復孫儉子騫，字鵬舉。 舊僖宗紀：乾符三年六月，以歙州刺史蕭騫爲右司員外郎。

鄭綦 見左外。

鄭就 見封外、勳外。 舊僖宗紀：乾符二年六月，以户部員外郎鄭就爲司勳員外郎。

韋顔 見勳外，又祠外。

盧莊 新表盧氏：懿見吏中補。 子莊，字敬中 舊僖宗紀：乾符二年十月，以户部員外郎盧莊爲起居員外郎。 丁子復曰：當作「起居郎」。 南部新書巳：咸通十三年，韋保衡在相時，盧莊爲閣長，決付春闈，莊七月卒。

鄭綮 見左中補、吏外補，又金中補、倉外。 舊傳：歷監察、殿中、倉、户二員外郎，金、刑、右司三郎中。 新傳：歷監察御史，擢累左司郎中。 舊僖宗紀：乾符二年六月，以倉部員外郎鄭綮爲户部員外郎。

孔綸 新表曲阜孔氏：温質子綸，字昌言。 孔氏祖庭廣記六：綸，字司言，四十代。登第，殿中侍御。 舊僖宗紀：乾符二年十一月，以殿中侍御史孔綸爲户部員外郎。

韋昭度 新表京兆韋氏：逢子昭度，字正紀，相僖宗。 舊傳：咸通八年進士擢第。乾符中，累遷尚書郎、知制誥，正拜中書舍人。

張禥無考。　　見勳外。

盧頎無考。

魏潛　新表館陶魏氏：宣宗相謩子潛，字蘊華。　舊魏謩傳：子潛登進士第，歷顯官。

盧自牧無考。　　又主外。

獨孤損　新表獨孤氏：吏部侍郎雲見吏外。子損，字又損，相昭宗。元和姓纂：不詳歷官。摭言十一：光化三年，西銓獨孤損侍郎是許晝知己。　舊昭宗紀：天復三年十二月辛巳，制以禮部尚書獨孤損爲兵部侍郎、同中書門下平章事。新紀同。宰相表同。　新紀：天祐元年正月乙巳，獨孤損判右三軍事。宰相表同，云判度支。　舊紀：天祐元年閏月，宰相監修國史，户部尚書、門下侍郎、同平章事獨孤損判度支。新宰相表：閏月乙卯，損爲門下侍郎兼户部尚書。　舊哀帝紀：天祐元年九月己巳，敕門下侍郎、同平章事獨孤損宜充大行皇帝山陵使。新紀、宰相表在戊寅。　二年三月，光禄大夫、門下侍郎、户部尚書、同平章事、監修國史、河南縣開國子、食邑五百户獨孤損可檢校尚書左僕射、同平章事，兼安南都護，充静海軍節度、安南管内觀察處置等使。　四月乙未，制新除静海軍節度使獨孤損等，賜一子八品正員官，以奉山陵之勞也。五月壬申，制新除靜海軍節度使、銀青光祿大夫、檢校左僕射、同平章事、兼安南都護、河南郡開國侯、食邑一千戶獨孤損可責授朝散大夫、棣州刺史，仍令御史臺發遣出京訖聞奏。辛巳，勅責授棣州刺史獨孤損可瓊州司戶。六月戊子朔，敕：「責授瓊州司戶獨孤損等，委御史臺差人所在州縣各賜自盡。」時已至滑州，皆併命於白馬驛，朱全忠令投屍於河。詳勳外補趙崇注。新紀：六月戊子，朱全忠殺靜海軍節度使獨孤損。舊五代史唐書八：同光二年六月庚寅，故靜海軍節度使獨孤損贈司空。薛廷珪授中書舍人獨孤損御史中丞制略云：立我明庭，號爲端士。逮予寡昧，歷事三朝，勞爾班行，向踰二紀。徘徊兩掖，尹正神京。直聲載揚，休問逾暢。文苑英華三百九十三。

李凝庶無考。見戶中。

王鸞見勳中補。

王深無考。

陸威　新表陸氏丹徒枝：涇原節度使、檢校工部尚書耽子威，字岐，兵部侍郎。摭言十一：文德中，劉子長出鎮浙西，行次江西，時陸威侍郎猶爲郎吏，亦寓于此。北夢瑣言四：朝中陸氏三人，號曰「三陸」，即相國扆、洎希聲及威乃三人。

韋承貽又主外。　新表韋氏逍遥公房：博見左中。子承貽，字貽之。　唐詩紀事五十六：承貽，咸通八年登第。　唐摭言十五：韋承貽，咸光中策試，夜潛紀長句於都堂西南隅。

「咸光」當從紀事作「咸通」。

崔汀　新表博陵大房崔氏：仲哲後鉉見封中。子汀。不詳歷官。　舊崔鉉傳同。　又博陵大房崔氏：倚子（汀）〔玎〕，汾州刺史。

【補遺】

薛元穆　新表薛氏西祖房：邁子元穆，户部員外郎。

裴惓見户中。　舊岑羲傳：長安中渭南令裴惓爲地官員外郎，後至杭州刺史。

宋庭璬　新表廣平宋氏：襄陽尉守慎子庭璬户部員外郎。　姓纂：庭璬，庫部員外。

崔懷從格案：石本有「崔懷嶷」，疑是。　新表博陵二房崔氏：挺後祠部郎中輪王見祠中補。　孫懷從，户部員外郎。

苗昌　新表苗氏：晉卿見吏中。　子昌，户部員外郎。

裴伯言　新表南來吴裴氏：邠、寧二州刺史守真玄孫、起居郎儒卿曾孫、尚舍直長洴孫、均州刺史淑猷弟伯言，户部員外郎。　案，柳宗元裴君墓誌：裴氏之昭曰贈户部尚書諱某，（原注：諱守眞。）穆曰起居郎諱某。（原注：諱僑卿。）生均州刺史諱某，（原注：諱叔獻。）均州弟大理。表誤下二格。當依墓誌改正。「淑獻」當作「叔獻」。

柳宗元故處士裴君墓誌：父諱某，諱伯言。尚書刑部員外郎，議官及浮圖事獨出，載在史册。以八使行天下，當河北道疑危頑很難處分之地，用天子命，制斷得宜，於時爲第一，原注：建中元年二月，命黜陟使十一人，分巡天下，刑部員外郎裴伯言爲幽冀澤潞磁邢等道黜陟使。天下皆仰以爲相，會疾終。再贈至大理卿。長老咸曰：「裴氏世積德，起居，丞相弟也，以文史用，大理，名世人也，咸聞而不大。」河東先生集十一。新張鎰傳：建中時黜陟使裴伯言薦潞州處士田佐時。新李叔明傳：德宗時刑部員外郎裴伯言有僧道議。柳宗元故試大理評事裴君墓誌：均州與其弟大理，原注：大理名伯言爲刑部員外郎，贈大理卿。更爲刑部郎。河東先生集十一。李翺祕書少監史館修撰馬君墓誌：自太原府倉曹，黜陟使裴伯言謂公堪爲諫官，薦之於朝。文苑英華九百四十六。集缺。

馬字見主外。

齊抗又倉中、度外附存。新表齊氏：平陽太守澣見勳外。孫，左龍武倉曹參軍翺子抗，字遐舉，相德宗。舊傳：德宗在奉天，自鳳翔賓佐奔赴行在，拜侍御史。旬日改户部員外郎。宰相蕭復爲江淮宣慰使，以爲判官。德宗還京，授倉部郎中。貞元初，遷諫議大夫。新傳畧同。權載之文集十四齊成公神道碑銘：自侍御史，蕭黃門復布愷澤於東夏，命公爲工部員外郎以贊焉。復命，轉倉部郎中。

韋滌 新表韋氏逍遥公房：叔卿見封外。子滌，户部員外郎。元和姓纂：滌，饒州刺史。陸贄優卹畿内百姓并除十縣令詔：涇陽縣令韋滌，潔己貞明，處事通敏。有禦災之術，有字物之方。人不流亡，事皆辦集。惟是一邑之内，獨無愁怨之聲。古之循吏，何以過此。就加寵秩，允叶前規。可檢校工部員外郎，兼本官，仍賜緋魚袋，并賜衣一襲、絹百匹、馬一匹。陸宣公集四。

權器 獨孤及唐故朝議大夫高平郡別駕權公徽神道碑銘：子器等悉忠信好學，善屬文。位未顯，而令名歸之。毘陵集八。殷亮顏魯公行狀：大曆七年九月，公拜湖州刺史，以蘇州寓客校書郎權器爲判官，委閱簿檢吏接詞政之務於器等，而境内晏然。又云：公之重其器，悅其能者，故户部員外郎權公器。顏魯公文集。顏真卿湖州烏程縣杼山妙喜寺碑：校書郎權器往來登歷。大曆癸丑。顏魯公文集四。

楊汝士見封外。舊傳：長慶元年爲右補闕，坐弟殷士見倉外。貢舉覆落，貶開江令，入爲户部員外郎。再遷職方郎中。大和三年七月，知制誥。新傳失載。

令狐綯見考中補。舊傳：自左補闕、史館修撰累遷庫部、户部員外郎。會昌五年出爲湖州刺史。舊令狐滈傳：綯至河中，上言：「會昌二年臣任户部員外郎時，已令男滈應舉。」

楊損見吏外。　舊傳：自殿中侍御史，宰相路巖遣使鞫獄黔中，踰年而還，改户部員外郎、洛陽縣令。入爲吏部員外郎，出爲絳州刺史。

蕭遘見考外補、户中補、又禮外補。　舊僖宗紀：乾符三年九月，以户部員外郎、翰林學士蕭遘爲户部郎中，學士如故。本傳失載。

楊拙　新表楊氏越公房：師復見度中。子拙，字藏用。　薛廷珪授杜致美太常少卿見祠中楊拙庫部郎中制：户部員外郎楊拙，始以籍甚之稱，洽於名場。歷聘侯藩，亟踐臺省。彊學務本，履正居中。文苑英華三百九十。　舊楊於陵傳：師復子拙，左庶子。

徐彥樞又禮外補　舊徐彥若見吏外補傳：弟彥樞，位至太常少卿。新表失載。　薛廷珪授徐彥樞禮部員外郎制詳禮外補。　又禮部員外郎徐彥樞改授户部員外郎制：勑：具官徐彥樞，吾前以儀曹員外郎南宮劇選，求思時彥，克副僉諧。聞爾先臣在會昌中事武宗皇帝，文行修整，綽有令名。亦由至公，膺此慎選。得人之盛，于今稱之。而彥樞趣嚮規爲，能紹先志。俾之繼美，亦謂當才。而能以爾令兄執吾大柄，潔矩彌峻，避嫌不居，牢讓之心，確乎山立。今吾又安敢以流薄所尚，浼爾操修，改司人曹，允叶中道。亦欲使彥若彭叔夏云：乃彥樞之兄，曾作相。展四體以事我，秉一心而律人。靡不有初，一有「鮮克有」

終」四字，非。爾無忘於自勵；其下皆讓，予庶幾乎有聞。稽乃檢身，慮吾假器，自待之旨，何其優哉。可。並文苑英華三百九十一。

楊叟又主外補。新表楊氏越公房：授見吏中補，子然，疑「叟」。字公隱。舊傳：叟，進士及第。昭宗時自太常博士歷主客、户部二員外郎。關中亂，崔胤引朱全忠入京師，〔絜〕〔乃挈〕家避地湖南，官終諫議大夫。新傳：累擢左拾遺。昭宗時歷户部員外郎。客湖南，終諫議大夫。宋史楊昭儉傳：父景梁，左諫議大夫。二百六十九列傳二十八俱避太宗嫌諱改。

王拯見勳外補。摭言三：大順中，王拯自小版拜少勳。「少勳」，紀事「小勳」，是。詳考外王涣注。

辛融元和姓纂十七真：隋司隸大夫辛公義生融，户部員外郎。隴西狄道人。新表失載。

趙昌元和姓纂三十小：營州都督趙文翽生昌，户部員外。酒泉人。舊書列傳百一。新書列傳九十五有趙昌傳，别是一人。

【附存】

韋處厚見考外補、户中、禮外補、考中附存。

張薦舊傳：字孝舉，深州陸澤人。貞元四年爲入蕃判官，轉殿中侍御史。使還，轉工部員外郎，改户部本司郎中。十一年，拜諫議大夫。新傳：遷工部員外郎，久之擢諫議大夫。權載之文集二十二禮部尚書張公墓誌銘：柬求儁茂，遷工部員外郎，轉郎中，修保氏之職，擢左諫議大夫。舊傳「户部」二字疑衍。

唐尚書省郎官石柱題名考卷十三

度支郎中

唐六典：户部尚書，其屬有度支郎中一人，從五品。龍朔二年改爲司徒大夫，咸亨元年復故。掌支度國用租賦少多之數，物産豐約之宜，水陸道路之利。舊書、新書同作從五品上。

【石刻】

韋慶儉　皇甫文亮　竇德明　高祐　士義惚

裴思莊　杜文紀　張知謇　裴孝源　楊弘文

崔思約　元大士　張宏濟　李安期　虞昶

孔仲思　鄭欽文　高正業　崔元譽　裴昭

唐嘉會　尉大亮　鄭從簡　王景　杜佑　李融　崔芃　源休　裴乾貞　崔公信　杜寶符　杜陟　任憲　竇璠　裴澈

李守一　孔惠元　薛會　杜元志　房由　吕周　李逢年　崔漪　夏侯審　王長文　苗愔　馮袞　薛干　李近仁　李羽

閻玄通　楊再思　劉希逸　王詢　劉昂　李舒　李光烈　褚長孺　鄭膺甫　裴詡　李敬方　崔罕　崔鐔　林滋　歸仁紹

崔神基　張元觀　源光譽　賀蘭務温　裴眺　司馬垂　崔冋　許鳴謙　張正甫　令狐定　薛褒　楊師復　趙璘　高瀞　杜致美

錢元敬　崔□嗣　韋銑　李撝　魏啟心　張曉　韋損　王礎　高弘簡　王孟堅　蕭憲　張權　李平　張旡逸　楊釗

盧會昌　元友直　李諒　裴倩　包佶
韋叔夏　許康佐

【補遺】

韋雲平　趙弘安　崔仁師　韋惲　狄仁傑
李愻　韋玄泰　柳明肅　崔玄之　尹正義
宋庭瑜　賀拔延嗣　韓朝宗　董琬　韋仲昌
第五琦　元載　劉晏　于頎　杜寂
蘇弁　于頔　韓泰　敬寬　李素
崔光　董溪　張仲方　韋弘景　薛公幹
趙佶　袁德師　盧商　盧弘止　盧弘宣
張復魯　劉濛　韋宙　薛能　孫奭
魚矑　王沖之　辛道瓘

【附存】

白行簡　李珏

韋慶儉 舊韋雲起傳：弟慶儉事隱太子。不詳歷官。新表彭城公房失載。格案：世系表雲起弟雲平，度支郎中。官與此合，疑即是。

皇甫文亮趙本作「高」。王本「亮」。又度外「文亮」。 新表皇甫氏：資、建二州刺史珍義子文亮，高陵令。白氏文集七十唐銀青光祿大夫太子少保安定皇甫公墓誌銘：曾祖文房，高陵令。考世系表文亮弟文房，黃門侍郎。姓纂同。蓋俱誤互易其弟兄官位也。 舊文苑中郭正一傳：儀鳳中，高宗召侍臣問以禦吐蕃之策，給事中皇甫文亮等以嚴守爲便。舊吐蕃傳同。

竇德明見考中補 舊書外戚傳失載。新傳同。

高祐無考。

士義惣見户中。

裴思莊無考。

杜文紀見勳中。

張知審 舊良吏傳下：蒲州河東人，徙家于岐。明經擢第。調露後歷臺省。天授後歷十一州刺史。新傳：字匪躬，幽州方城人，徙家岐。調露時，監察御史裏行，歷十一州刺史。

裴孝源見吏外。

楊弘文 新表楊氏越公房：隋萬年令、蒼山公岳子弘文，駕部郎中。

崔思約 新表鄭州崔氏：隋黄門侍郎君肅子思約，和州刺史。

元大士見考外。

張宏濟又祠外。

李安期又主外。 新表漢中李氏：禮部侍郎、宗正卿、安平文公百藥子安期，相高宗。舊傳：貞觀初，累轉符璽郎，預修晉書成，除主客員外郎。永徽中，遷中書舍人。新傳畧同。

虞昶 舊虞世(男)〔南〕傳：子昶，官至工部侍郎。新傳同。 新來濟傳：虞世(男)〔南〕子昶無才術，歷將作少匠、工部侍郎，主工作。

孔仲恩見左中。

鄭欽文無考。

高正業 新表渤海高氏：太宗、高宗相馮子正業，中書舍人。 舊高季輔傳：子正業，仕至中書舍人，坐與上官儀善，配流嶺外。新傳畧同。

崔元譽　新表清河大房崔氏：太子洗馬世濟子元譽，湖州刺史。吳興志郡守題名失載。

裴昭　新表東眷裴氏：道護後洛州刺史諡定懷節子、太僕少卿皓見吏中。弟昭，太府少卿。權德輿唐故朝議郎使持節温州諸軍事守温州刺史充静海軍使賜緋魚袋河東裴府君希先神道碑銘：曾祖昭，歷司門、度支二郎中，衛尉、太府二寺卿，銀青光禄大夫。權載之文集十八。穆員河南少尹裴公濟墓誌銘：高祖懷節，皇朝洛州刺史，生太府少卿昭。文苑英華九百四十三。

唐嘉會　新表唐氏：禮部尚書、特進、莒國公儉子嘉會，洋州刺史。京兆金石録有唐殿中監唐嘉會碑。寶刻叢編九。

李守一

閻玄通　鉞案：疑是「玄邃」。新表閻氏：工部尚書、大安公立德子玄邃，司農少卿、澤州刺史。舊閻立德傳：子玄邃，官至司農少卿。

崔神基　又度外、金中。新表南祖崔氏：御史大夫義玄見左中補。子神基，相武后。舊崔義玄傳：子神基襲爵清丘縣公。長壽中，爲司賓卿、同鳳閣鸞臺平章事。新傳同。

錢元敬　無考。又倉外，又御史臺侍御題名。

尉大亮　無考。

孔惠元　新表下博孔氏：國子司業志玄新傳單作「志」。子惠元，國子司業。孔氏祖庭廣記六世系別録：惠玄，三十四代，國子司業、洪州都督。新書儒學上孔穎達傳：孫惠元，又爲司業，擢累太子諭德。

楊再思見吏外補。　二傳失載。

張元觀無考。　赤城志八：萬歲通天元年至聖曆二年台州(州)刺史張元瞿，疑即「元觀」之誤。

崔□嗣鉞案：「□嗣」疑是「敬嗣」。　新表博陵三房崔氏：儀表子敬嗣，房州刺史。又南祖崔氏：壽安尉彥方子敬嗣，太子詹事。時代不合。　舊崔光遠傳：祖敬嗣，則天初，爲房州刺史。中宗爲廬陵王，安置在州，官吏多無禮度，敬嗣獨以親賢待之，供給豐贍，中宗深德之。及登位，有益州長史崔敬嗣，既同姓名，每進擬官，皆御筆超拜之者數四。後引與語，始知誤寵。訪敬嗣已卒。　舊良吏下張知謇傳：中宗安置房州，制約甚急。知謇與董元質、崔敬嗣相次爲刺史，皆保護，供擬豐贍。新傳畧同。　新傳：中宗在房州，吏多肆慢不爲禮，敬嗣爲刺史，獨盡誠推奉，儲給豐衍，帝德之。及反正，有與敬嗣同姓名者，每擬官，帝輒超拜，後召見(誤)〔悟〕非是。訪真敬嗣，已死。

鄭從簡見左外。

薛會　長安志八唐京城二：朱雀街東第四街勝業坊，街北之東銀青光禄大夫薛繪宅。

繪兄弟子姪數十人同居一曲，姻黨清華，冠冕茂盛。坊人謂之「薛曲」。

劉希逸見户外。

源光譽又御史臺殿中題名　新表源氏：涇州刺史修業子光譽，户部侍郎。舊源休傳：京兆尹光輿之子。「輿」字誤。

韋銑　新表韋氏彭城公房：清河令珣子銑，魏州刺史、河北採訪使。舊裴寬傳：景雲中，爲潤州參軍，刺史韋銑新傳作「韋詵」，餘同。引爲按察使判官。李華潤州鶴林寺故徑山大師碑銘：開元中，潤州刺史韋銑灑掃鶴林，斯一作「茲」。焉供養。文苑英華八百六十二。

王景又御史臺監察題名。舊王緯傳：祖景，司門員外郎、萊州刺史。太原人。新表琅邪王氏：光禄卿方則子景，蘭州刺史。

杜元志見考中、金外。

王詢無考。

賀蘭務温又主外。宋劉道醇五代名畫補遺：延和元年壬子歲，王志愔爲汴州採訪使，奏詔毁拆治内無額祠廟，建國寺金像面現白毫，金相瑞光上燭于天。時王志愔、郎中賀蘭務温、録事焦立功具實聞奏。

李攜 新表蔡王房：文春子攜，左武衛兵曹參軍。舊書宗室傳：先天中，雍州長史、新興王晉坐附會太平公主伏誅，僚吏奔散，惟司功李攜步從，不失在官之禮。姚崇擢爲尚書郎，後官澤州刺史。

杜佑又金中。 新表襄陽杜氏：希望子、位見勳外。弟佑，字君卿，相德、順、憲三宗。元和姓纂：佑，左僕射、平章事、司徒、岐公、太保致仕。舊傳：以蔭入仕，自金部郎中、水陸轉運使改度支郎中，兼和糴等使。時方軍興，餽運之務，悉委於佑。遷户部侍郎、判度支。新傳畧同。舊德宗紀上：建中二年十一月乙亥，以江淮轉運使、度支郎中杜佑代判度支、户部事。會要八十七：建中二年十一月，度支郎中杜佑，兼御史中丞、江淮水陸運使。權載之文集十一岐國公杜公淮南遺愛碑銘：自容州刺史、經略使，入爲金部、度支二郎中，復兼中丞，超拜户部侍郎。又二十二杜公墓誌銘：自度支郎歲中拜小司徒。

房由見户外，又祠外。 新表：河南房氏：(申)〔由〕，度支郎中。

劉昂見左外、考中補。

裴眺見金中，又祠外。

魏啟心 唐會要七十六：神龍二年，才膺管樂科魏啟心及第。緯畧同。杜甫壯遊詩：斯文崔魏徒，崔鄭州尚、魏豫州啟心。以我似班揚。杜工部集七。

李融見户外。

呂周見金外。

李舒又祠外，又御史臺左側，又右側侍御兼殿中題名。新表隴西李氏丹陽房：屯田郎中、荆府長史元綜子舒，工部郎中。

司馬垂見户外，又祠外。

張曉又御史臺監察，又右側侍御兼殿中題名　舊忠義下張巡傳：兄曉，開元中監察御史，以文行知名。新傳：兄曉，開元末位監察御史，以名稱重一時。

崔芃見吏中、考外補。權德輿崔公神道碑銘：自侍御史遷考功員外郎，度支、吏部二郎中，商、常二州刺史。權載之文集十七。

李逢年又主外　新表趙郡李氏東祖房：汴州長史昕子逢年，司農卿。紀聞：殿中侍御史李逢年，自左遷後稍進漢州雒縣令。逢年有吏才，蜀之採訪使常委以推案。逢年妻，中丞鄭昉之女，情志不合，去之。太平廣記二百四十二。昉見吏中。容齋三筆十二：饒州紫極觀鍾刻曰：「天寶九載，歲次庚寅，二月庚申朔，十五日癸酉造。通直郎、前監察御史、貶樂平員外尉李逢年銘，前鄉貢進士薛彥偉述序，給事郎、行參軍趙從一書。

中大夫、使持節鄱陽郡諸軍事、檢校鄱陽郡太守、天水郡開國公上官經野、妻扶風郡君韋氏，奉爲開元天地大寶聖文神武應道皇帝敬造洪鍾一口」。

崔同又主外。新表南祖崔氏：禮部尚書翹見封外。子同，大理少卿。又清河大房崔氏：求言子同，博州刺史。

李光烈祠中補有庾光烈。

韋損又倉中。舊李光弼傳：乾元二年，李光弼議自東京移軍河陽，判官韋損曰：「東京帝宅，侍中何不守之？」光弼曰：「若守洛城，汜水、崿嶺皆須人守，子爲兵馬判官，能守之乎？」新傳畧同。新書地理志：潤州丹陽縣有練塘，周八十里，永泰中刺史韋損因廢塘復置，以溉丹陽、金壇、延陵之田，民刻石頌之。李華潤州天鄉寺故大德雲禪師碑：刺史韋公損奉善逝甚深之旨，行菩薩廣大之慈。文苑英華八百六十一。永泰二年。李華潤州丹陽縣復練塘頌：永泰元年，王師大翦西戎，生人舒息，詔公卿選賢良，先除二千石，以江南經用所資首任能者。是歲十一月二十三日，拜前常州刺史、京兆韋公損爲潤州。聲如飈馳，先詔而至，吏人畏伏，男女相賀。又云：時前相國彭城公劉尚書晏統東方諸侯，平其貢税，聞而悦之，白三事以聞，詔書褒異焉。彭城公宣命至江南，捧詔授公。文苑英華七百七十九。文粹二十一。

源休又主中補。　新表源氏：戶部侍郎光譽見度中。舊傳誤「光輿」。子休。不詳歷官。　舊傳：累授監察御史、殿中侍御史、青苗使判官，遷虞部員外郎。出爲潭州刺史，入爲主客郎中，遷給事中。

崔漪見吏中作「猗」，又主外。

褚長孺見勳外補，又祠外。

許鳴謙　舊許孟容傳：父鳴謙，京兆長安人。究通易象，官至撫州刺史，贈禮部尚書。　舊裴胄傳：浙西觀察判官許鴻「鳴」誤謙有學識，觀察使李栖筠常異席，事多咨之。　新傳：李栖筠觀察浙西，判官許鳴謙名知人。

王礎　新表烏丸王氏：懷州刺史崟見左外。子（楚）〔礎〕，黔中觀察使。　舊王璠傳：父礎，進士，文辭知名。璠見吏外。　孫汝聽韓集全解：礎，大曆七年中第。五百家注音辯昌黎先生文集十七。　韓愈與祠部陸員外書：往者陸相公司貢士，梁補闕肅、王郎中礎佐之。梁舉八人，無有失者，其餘則王皆與謀焉。昌黎先生集十七。孫曰：貞元八年陸贄知舉。　摭言八：陸忠州榜，時梁補闕肅、王郎中礎佐之，故忠州之得人，皆烜赫。　舊德宗紀下：貞元十一年正月乙未，以祕書少監王礎爲黔中經畧觀察使。十五年六月己卯，黔中觀察使、御史中丞王礎卒。　七月丁未，以王礎卒，影宋本。廢朝一日。　觀察使卒廢朝，自礎始也。權載之文集二十六唐故長安主簿李君少安墓誌銘：王黔中礎持節廉問，表爲推官。又三十七送李十兄判官赴黔中序：予内兄受署於中執法王君，王君之馨香望實，且處清近久矣。惟天愛人，授茲一方。

裴乾貞見封中。

夏侯審又主外。

唐會要七十六：建中元年，軍謀越衆科夏侯審及第。緯略同。新書文藝下盧綸傳：夏侯審等能詩，號「大曆十才子」。審終侍御史。錢考功集五送夏侯審校書東歸詩。

鄭膺甫又主中補、主外補，又御史臺碑額監察題名。

新表鄭氏北祖房：太子舍人慈明子膺甫，楚州刺史。舊鄭餘慶見左外傳：弟膺甫，官至主客員外（郎）郎中、楚懷鄭三州刺史。嚴州重修圖經刺史題名：鄭膺甫，元和四年三月二十五日，自度支郎中拜。

張正甫見左外、封外、户中、户外。

舊傳：自司封員外郎遷户部郎中。

高弘簡又金中，又御史臺陰額知雜御史題名。

舊高元裕傳：開成四年，御史中丞高元裕上言，侍御史高宏簡等以不稱，出爲府縣之職。新傳：御史官屬不稱職者，侍御史高弘簡等並奪職。崔嘏授高弘簡司門員外郎判度支案制：弘正上言，以爾嘗居憲署，亦領郡符，通於吏術，專傳儒業，云云。文苑英華三百九十二。

崔公信　唐詩紀事五十九：公信登元和元年進士第。張（洪）〔弘〕靖帥太原，辟爲掌書記。後以李德裕代之，以公信爲觀察判官。　又太原觀察判官、兼殿中侍御史崔公信和張（洪）〔弘〕靖山亭懷古詩。　李德裕掌書記廳壁記：丙申歲，丞相高平公次用殿中侍御史崔君爲主記，德裕獲接崔君之後。李文饒别集七。

王長文　新表琅邪王氏：膳部員外郎、黄州刺史濡子、沂海觀察使遂見主外。弟長文，禮賓使。　唐會要三十九：元和十三年八月，鳳翔節度使鄭餘慶等詳定格後敕三十卷，著作郎王長文等同修上。詳吏中陳諷注。

裴詡見户中。

令狐定　新表令狐氏：太原府功曹參軍承簡子定字履常，桂管觀察使。　舊傳：元和十一年進士及第，累辟使府。　大和九年，累遷至職方員外郎、弘文館直學士、檢校右散騎常侍、桂州刺史、桂管都防禦觀察等使。新傳畧同。

王孟堅　新表烏丸王氏：憲宗、文宗相涯見吏外。子孟堅，工部郎中、集賢院學士。　舊王涯傳：大和九年十一月，誅涯子工部郎中、集賢殿學士孟堅。新傳同。

杜寳符　吕温故河中節度使檢校司空平章事杜公夫人李氏墓誌銘：有子五人，次曰寳符，前河南府參軍。元和三年。　吕衡州文集七。　案，新表，杜公名黄裳，失載寳符名。

苗愔見户中。

李敬方見户中，又金外。

薛褒見左外。

蕭憲 新表蕭氏齊梁房：瑁孫憲，亳州刺史。 唐會要六十六：太極元年二月十八日，加國子司業一員，以蕭憲爲之。 睿宗遣宣勞使誥：宜以太子右諭德蕭憲爲山南道宣勞使。詳膳中蕭瑗注。 唐語林七：蕭中丞憲典杭。

杜陟 新表襄陽杜氏：濟見户中。子陟。不詳歷官。 又濮陽杜氏：同官令殷子陟，字子遷。 唐才子傳七：太和五年，杜陟榜進士李遠。 咸淳臨安志七十：元和初，郡守杜陟請慧琳至永福寺登壇。

馮衮 舊馮定傳：子衮、顓、見封中。軒、巖見户中。四人，皆進士登第。 咸通中歷任臺省。 盧氏雜説曰：馮宿從子衮爲給事中，宅南有山亭。長安志八。

崔罕又御史臺陰額知雜御史題名。 東觀奏記中：河南府奏薦少尹裴處權賜緋，給事中崔罕駮還。詳封中補裴處權注。

楊師復 新表楊氏越公房：於陵見吏中。子紹復見封外。弟師復。不詳歷官。 舊於陵傳：子師復，位終大理卿。新於陵傳：師復大理卿。 李翺右僕射楊公墓誌：師復未仕，用文爲業。李文公集十四。唐會要十九：大中五年，武昌軍節度使韋損見倉外。門吏右司員外郎楊師復。

張權　全唐文七百二十一：張權，憲宗時人。代定州張定公賀老人星見表。舊抄文苑英華五百六十一作「鄭權」。關中金石記四：華嶽廟張權題名，大中五年八月刻，正書。又大中□□年四月刻，行書。

任憲見勳中、户中，又祠外。

薛干無考。祠外任憲後有薛汧，此「干」字疑即「汧」字。

崔鐔　新表博陵安平崔氏：連州刺史簡子鐔，字一用。

趙璘見金中，又祠外。

李平　新表蔡王房：正白子平。不詳歷官。舊顏真卿傳：安禄山反，獨平原城守，使司兵參軍李平馳奏之。新傳同。新封常清傳同。李華台州乾元國清寺碑：耆壽徐君讚、録事徐知古等請於盈川縣令隴西李公平。又云：縣令李公，宗室大儒，政之善者。文苑英華八百五十九。「台州」當作「衢州」。

竇璠見倉外。

李近仁　新表趙郡李氏東祖房：曹州刺史續見吏外。子近仁，汝州刺史。

林滋見金中。

高澣無考。

張无逸見左中、户中、金外。

裴澈趙作「徹」，户外「澈」非此人。新表東眷裴氏：諫議大夫俅子澈，字深源，相僖宗。舊僖宗紀：廣明元年十二月甲申，以户部侍郎、翰林學士裴澈本官同中書門下平章事。新表：翰林學士、户部侍郎裴澈爲工部侍郎，同中書門下平章事。新表：中和元年二月，澈兼禮部尚書。四月戊寅，澈爲門下侍郎兼兵部尚書。十一月，澈罷爲檢校兵部尚書、鄂岳觀察使。三年七月，檢校兵部尚書、判度支裴澈爲中書侍郎、同中書門下平章事。四年十月，澈加尚書右僕射。光啟元年三月，澈爲尚書左僕射。舊僖宗紀：光啟二年五月，襄王僭位，以裴澈爲門下侍郎、右僕射、同平章事、判度支。十二月，奉襄王奔河中，王重榮械裴澈等於獄。三年三月，河中械送僞宰相裴澈等，命斬之於岐山縣。新表：三月癸未，澈伏誅。

李羽舊懿宗紀：咸通十年正月，楊收黨李羽等長流。舊楊收傳同。雲臺編下有題水部李羽員外招國里居詩。

歸仁紹舊融歸傳：見考外補。子仁紹登進士第，咸通中至達官。唐才子傳八：司空圖，咸通十年歸仁紹榜進士，時主司王凝。　又九：僖宗幸蜀，中和二年，禮部侍郎歸仁紹放榜，特勑賜秦韜玉進士及第，令於二十四人內，安排編入春榜。　資治通鑑唐紀六十九：乾符四年十二月，宋威奏：「生擒尚君長等以獻」。招討副都監楊復光奏：「君長等實降，非威所擒。」詔侍御史歸仁紹等鞫之，竟不能明，斬於狗脊嶺。　玉泉子：故相盧攜爲監察，一有「日」字。御史中丞歸仁紹初上，曰傳語攜出臺。後攜入相，三字一本有。　歸侍郎請假，攜即除仁紹兵部尚書，人情大洽。一作「皆」。太平廣記一百七十七引聞奇録。

杜致美又金外。　薛廷珪授杜致美太常少卿楊拙庫部郎中制：右司郎中杜致美，以吾上台，實爾猶子。深自抑損，不求聞達，隱几端居，不言時事。閉關却掃，深味道腴。文苑英華三百九十。　楊拙見户外補。

以下石本缺，在下截漫漶中考出

楊釗又度外，又御史臺陰下層，又右側侍御兼殿中見，又陰額知雜題名。　新表原武楊氏：宣州司士參軍珣子國忠，相玄宗。　舊楊國忠傳：本名釗。　天寶初，擢授監察御史，驟遷檢校度支員外郎，兼侍御史。　遷度支郎中，不期年，兼領十五餘使，轉給事中、兼御史中丞，專判度支事。會要五十九：天寶四載十一月，度支郎中楊釗充諸道鑄泉使。天寶六載十一月，度支郎中楊釗充祠祭使。

盧會昌又倉中補。新表盧氏：魏令淑子會昌，倉部郎中。舊李抱真傳：貞元十年李抱真卒。子緘，營田副使盧會昌潛與謀掌軍事，會昌仍詐爲表，請以職事付緘。後歸罪元仲經，會昌得不坐。新傳畧同。闕名河南府奏論驛馬表：又盧會昌到日，臣謹依詔旨差人領送上都。文苑英華六百二十四。

元友直又度外補。元和姓纂二十二元：容府經略、兼中丞元結生友直，爲京兆少府，太原人。會要七十六：建中元年，賢良方正能直言極諫科元友直及第。緯畧同。文苑英華百八十八有元友直省試小苑春望宮池柳色詩。唐詩紀事三十六：黎逢登大曆十二年進士第。則友直當即是年進士也。資治通鑑唐紀四十八：貞元三年七月，以度支員外郎元友直爲河南、江淮南句勘兩稅錢帛使。又四十九：四年二月，元友直運淮南錢帛二十萬至長安，李泌悉輸之大盈庫。又云：元友直句檢諸道稅外物，悉輸户部。顧況左僕射韓滉行狀：關中初復，抗表請獻軍糧二十萬斛，從本道直至渭橋。公命判官元友直草創運務，部勒趨程。文苑英華九百七十三。新顧少連傳：少連挺笏將擊裴延齡，元友直在座，勸解之。元次山文集三將牛何處去詩：「直者伴我耕。」自注：「直者」，漫叟長子也。

李諒 又倉中、祠外。 新宗室表道王房：道王元慶子諒，南康郡公。 宰相表趙郡李氏東祖房：左補闕審度子諒。不詳歷官。 唐詩紀事四十三：李諒字復言，後爲京兆尹。 白居易李諒除泗州刺史兼團練使當道兵馬留後兼侍御史賜紫金魚袋張愉可岳州刺史同制畧云：諒自澄城長訖尚書郎，中間又再爲州牧，三宰劇縣。故命諒守泗，仍以戎職留事，憲簡章綬，一加於諒。白氏文集五十。 又李諒授壽州刺史薛公幹授泗州刺史制：前命諒爲泗守，未即路，會壽守植卒，因改諒守壽。又云：諒無忘澄城之理。同上。 姑蘇志二：李諒，長慶四年，自泗州刺史以御史中丞徙任蘇州刺史。舊文宗紀上：大和三年（六）〔七〕月戊戌，以大理卿李諒爲京兆尹。 又下：四年七月，以京兆尹李諒爲桂管觀察使。 又五年二月丙申，以桂管觀察使李諒爲嶺南節度使。 七年三月己亥，嶺南節度使李諒卒。 湖南祁陽縣石刻李諒湘中紀行詩，末題大和四年十月廿五日□管都防禦觀察處置等使、桂州刺史、兼御史大夫李諒過此偶題。 元稹孤山永福寺石壁法華經記：凡輸錢於經，貴者，有若御史中丞、蘇州刺史李諒。唐文粹七十六。 集本作「李乂」，據記則「李諒」即「李乂」。 姑蘇志云：李乂，長慶二年八月以御史中丞任。分爲二人似誤。 嚴州重修圖經刺史題名：李諒，開元二十二年十月九日，自領軍衛將軍拜。新王(播)〔璠〕傳：京兆尹自李諒後，政條隳斁，姦豪寢不戢。

裴倩見勳中補，又度外補。新傳：歷信州刺史。代第五琦爲度支郎中，卒。權德輿裴公神道碑銘：歷信、饒二州刺史，復徵爲度支郎中，代故相第五琦專判度支事。大曆七年終。常袞授裴倩度支郎中制：勅：朝議大夫、前守饒州刺史、嗣正平縣開國男、賜紫金魚袋裴倩，達識含精，長材致遠。秉彝向晦，金璞自明。當劇居難，干將獨割。周歷臺閣，綢繆藩鎮。休聲異政，亦克有終。底慎材賦之殷，校計軍國一作「需」。之用。得專其任，爰舉舊章。佇爾發揮，以之贍濟。可尚書度支郎中，散官、封賜如故。文苑英華三百八十九。

包佶見户中補。

韋叔夏 舊儒學傳〔下〕：舉明經。調露年，累除太常博士，授春官員外郎。累遷成均司業。新表韋氏鄖公房：成州刺史琬子叔夏，禮部侍郎。

許康佐 舊儒(林)〔學〕傳下：康佐登進士第，又登宏詞科。遷侍郎史，轉職方員外郎，累遷至駕部郎中，充翰林侍講學士，仍賜金紫。歷諫議大夫、中書舍人，皆在內庭。丁居晦重修承旨學士壁記：許康佐，大和元年四月二十三日自度支郎中改駕部郎中，充侍講學士。

【補遺】

韋雲平 新表韋氏彭城公房(淹)〔奄〕子、司農卿、益州行臺僕射雲起弟雲平，度支郎中。

姓纂同。案，「雲平」疑即「慶儉」。

趙弘安 元和姓纂三十小：後周有趙肅生軌，軌生弘智，唐黃門侍郎；兄弘安，度支郎中。新安人。稱自天水徙焉。 舊孝友趙弘智傳：事兄弘安同於事父，所得俸祿，皆送於兄處。 舊竇軌傳：益州行臺郎中趙弘安，知名士也。

崔仁師又度外。 新表博陵安平崔氏：昂子仁師，相太宗、高宗。 舊傳：武德初，應制舉。貞觀初，再遷殿中侍御史。後爲度支郎中，嘗奏度支財物數千言，手不執本。十六年，遷給事中。新傳畧同。

韋惲見户外，又金外。 元和姓纂八微韋氏大雍州房：韋惲度支郎中，京兆杜陵人。

狄仁傑 新表狄氏：越州刺史知遜子仁傑，字懷英，相武后。 舊傳：以明經舉。儀鳳中，自侍御史加朝散大夫，累遷度支郎中。 高宗將幸汾陽宮，以爲知頓使，俄轉寧州刺史。 會要二十七：調露元年九月七日，幸幷州，以度支郎中狄仁傑爲知頓使。

李遜 新表趙郡李氏東祖房：夏津令知本子遜，度支郎中。

韋玄泰 新表韋氏南皮公房：元遜子玄泰，度支郎中、陝州刺史。姓纂同。

柳明肅 新表柳氏：職方員外郎寶積子明肅，度支郎中。新武后紀：載初元年六月戊申，殺汴州刺史柳明肅。

崔玄之 新表許州鄢陵崔氏：知久子、齊之見左中補。弟玄之，度支郎中。

尹正義 元和姓纂十七準：尹朗生正義，度支郎中、宋州刺史，河間人。權德輿唐故成德軍節度營田副史正議大夫趙州別駕贈壽州都督河間尹府君錟神道碑銘：都督之禰曰本古，仕至常州武進尉；武進之父曰正義，歷許相宋三州刺史、司農少卿；司農之父曰良，終滄州司馬。權文公集十八。唐會稽太守題名記：尹正義，景龍三年六月自宋州刺史授，其年便除相州刺史。會稽掇英總集十八。嘉泰志同。朝野僉載：前尹正義爲澤州疑「潭」。都督，公平。後王熊來替，百姓歌曰：「前得尹佛子。」太平廣記二百六十。

宋庭瑜又倉中、倉外。 新表廣平宋氏：襄陽尉守愼子、户部員外郎庭璬見户外補。弟庭瑜，司農少卿。元和姓纂：庭瑜，度支郎中、司農少卿。舊書列女宋庭瑜妻魏氏傳：先天中，庭瑜自司農少卿左遷涪州別駕。開元中，累遷慶州都督。尋轉廣州都督，道病卒。新武平一傳：中宗宴兩儀殿，酒酣，胡人襪子、何懿等唱「合生」，歌言淺穢，因倨肆，欲奪司農少卿宋廷瑜賜魚。

賀拔延嗣　元和姓纂三十八箇：唐右監門將軍賀拔儼孫延嗣，度支郎中、右金吾將軍，河南洛陽人。　會要七十八：景雲二年四月，賀拔延嗣除涼州都督，充河西節度使。自此始有「節度」之號。

韓朝宗見勳中、户外。　王維大唐吴興郡別駕前荆州大都督府長史山南東道採訪使京兆尹韓公墓誌銘：拜監察御史、兵部員外郎，轉度支郎中，除給事中。新傳失載。

董琬見户外。　元和姓纂一董：董琬，度支郎中、晉陵太守、江南東道採訪使，匡城人。

韋仲昌又御史臺殿中監察題名　新表韋氏龍門公房：會子仲昌，京兆少尹。

第五琦又金中。　新表第五氏：唐有第五華，弟琦，相肅宗。新傳：字禹珪。　新傳：自司虞員外郎、河南等五道支度使遷司金郎中，兼侍御史、諸道鹽鐵鑄錢使。鹽鐵名使，自琦始。進度支郎中，兼御史中丞。當軍興，隨事趣辦，人不益賦而用以饒，遷户部侍郎。舊傳失載。　會要五十九：乾元元年，第五琦除度支郎中、河南五道度支使。　又度支郎中第五琦充兩京司農太府出納使。　又八十七：乾元元年三月，第五琦充諸色轉運使。　又八十八：第五琦充諸道鹽鐵使。

元載又祠外。　元和姓纂二十二元：大曆中書侍郎平章事、潁川公元載，扶風岐山人。新表：元載本景氏，故不著。　舊傳：拜祠部員外郎，遷洪州刺史。兩京平，入爲度支郎中。充使江淮，都領漕輓之任，尋加御史中丞。新傳畧同。　賈至授元載豫章防禦使制：守職方員外郎元載可豫章太守。文苑英華四百九。制云「干戈始寧，安人是切。」當是兩京始復時也。

劉晏　新表南華劉氏：武功丞知晦子、暹見户中。弟晏，字士安，相肅宗、代宗。新傳：再遷侍御史。祿山亂，避地襄陽，拜度支郎中，兼侍御史，領江淮租庸事。吴郡採訪使李希言假守餘杭，召拜彭原太守，徙隴、華二州刺史。

于頎見户中、户外。　舊傳：累授鳳翔少尹、度支郎中、兼御史中丞、轉運租庸糧料鹽鐵等使。

杜寂又膳中補。　常袞授杜集作源下同。寂職方郎中制：勑：朝議郎、守尚書度支郎中、賜緋魚袋杜寂，端一其誠，周通於事。久於膳部，頗有美才。亦既詳達，不忘恭慎，掌我方志，宜從序遷。可守尚書職方郎中，散官、賜如故。文苑英華三百九十。　舊書馮定傳：長慶中源寂使新羅。則是穆宗時人，集誤。

蘇弁又倉中。　元和姓纂十一模工部侍郎蘇弁狀云：與良嗣見封中。同房。　舊儒學傳下：弁字元容，京兆武功人。舉進士，累轉倉部郎中，仍判度支案。裴延齡卒，德宗聞其才，特開延英，面賜金紫，授度支郎中、副知度支事，仍命立於正郎之首。副知之號，自弁始也。遷户部侍郎。新傳同。　舊德宗紀下：貞元十三年二月乙亥，度支郎中蘇弁爲户部侍郎、判度支。會要五十九：貞元十二年九月，蘇弁除度支郎中、兼御史中丞、副知度(知)〔支〕。又貞元十二年九月，以倉部郎中、判度支案蘇弁授度支郎中、副知度支事，仍命立於正郎之首，有副知之號，自弁始也。又三十：貞元十二年十二月，度支郎中、兼御史中丞、副知度支蘇弁奉勅改造三殿前會慶亭。

于頎又户中附存。　新表于氏：泗州司馬敻子(碩)〔頎〕，户部侍郎、判度支。舊德宗紀下：貞元十四年五月丙午，上特召度支郎中于頎於延英，兼御史中丞，賜金紫，令判度支。十五年三月丁巳，以度支郎中、兼御史中丞于頎爲户部侍郎，依前判度支。十六年九月庚戌，貶户部侍郎、判度支于頎爲泉州司户。舊鄭餘慶傳：與度支使于頎素善，每奏事皆議可之。未幾，頎以罪貶。權德輿大唐金紫光禄大夫守司空同中書門下平章事充太微宮使上柱國燕國公于公先廟碑銘序：冢子頎貞幹强敏，程功賦職。歷户部侍郎，以公事貶泉州司户，贈楚州刺史。權載之文集十二。

韓泰　新表赭陽韓氏：萬州刺史某子泰，字安平，刑部郎中。姓纂：駕部郎中韓協生泰，祠部郎中。舊附王叔文傳：貞元中累遷至户部郎中，王叔文用爲范希朝神策行營節度行軍司馬。貶虔州司馬，量移漳州刺史，遷郴州。新傳畧同，云終湖州刺史。順宗實録三：永貞元年五月甲戌，以度支郎中韓泰守兵部郎中、兼中丞，充左右神策京西都栅行營兵馬節度行軍司馬，賜紫。乙亥，追改爲檢校兵部郎中，職如故。昌黎先生外集八。新孟簡傳：元和中韓泰復刺史，諫議大夫孟簡固争，詔延英言不可狀。嚴州重修圖經刺史題名：韓泰，長慶四年六月二十五日，自(彬)〔郴〕州刺史拜。吳興志：韓泰，大和元年七月三日，自睦州刺史拜，遷常州刺史。柳宗元祭李中丞文：維貞元二十年歲次甲申五月二十二日，故吏承奉郎、守監察御史韓泰。河東先生集四十。

敬寬 新表敬氏：御史大夫括子寬，太子詹事。舊憲宗紀上：元和元年二月乙未朔，以度支郎中敬寬爲山劍行營糧料使。

李素又度外。韓愈唐故河南少尹李公墓誌銘：遷殿中侍御史，由度支員外郎選令萬年，改度支郎中。衢州饑，擇刺史，遂刺衢州。至一月，遷蘇州。昌黎先生集二十五。舊李錡傳：憲宗時李錡稱兵，時蘇州刺史李素爲鎮將姚志安所繫，釘於船舷，生致於錡，未至錡敗，得免。新傳同。大唐傳載：李河南素替杜公兼。

崔光 會要三十九：元和二年七月，詔度支郎中崔光等删定開元格後勑。

董溪又度外、倉中。新表董氏：晉見勳外。子溪，商州刺史。元和姓纂：谿，倉部郎中。韓愈唐故朝散大夫商州刺史除名徙封州董府君墓誌銘：十九歲，明兩經獲第有司。自京兆府司録參軍拜尚書度支員外郎，遷倉部郎中、萬年令。兵誅恒州，改度支郎中，攝御史中丞，爲糧料史。兵罷，遷商州刺史。昌黎先生集二十九。新傳：字惟深，擢明經，三遷萬年令。討王承宗，擢度支郎中，爲東道行營糧料使。

張仲方又倉外。

新表始興張氏：朔方行軍司馬、檢校户部郎中抗子仲方，字靖之，祕書監、曲江成伯。舊傳：貞元中進士擢第，宏辭登科。自邠州刺史入朝，歷侍御史、倉部員外郎。吕温、羊士諤誣告宰相李吉甫陰事，二人俱貶，仲方坐吕温貢舉門生，出爲金州刺史。吉甫卒，入爲度支郎中。時太常定吉甫謚爲「恭懿」，博士尉遲(份)〔汾〕請爲「敬憲」，仲方(博)〔駁〕議。憲宗方用兵，惡仲方深言其事，怒甚，貶遂州司馬。新傳畧同。白居易唐故銀青光禄大夫秘書監曲江縣開國伯贈禮部尚書范陽張公墓誌銘：鄜坊節度使辟爲判官，奉授監察御史裏行。俄而真拜，歷殿中。轉侍御史、倉部員外郎，金州刺史、度支郎中。駁宰相事議，出爲遂州司馬。白氏文集七十。東觀奏記上：太常謚李吉甫曰「簡」，度支郎中張仲方以德疑憲宗好用兵，吉甫居輔弼之任，不得謂之「簡」。貶開州司馬。舊附張九齡傳：自御史歷金州刺史，入爲度支郎中，駁李吉甫謚，吉甫黨惡之，出爲遂州司馬。舊憲宗紀下：元和十二年三月，太常定李吉甫謚曰「敬憲」，度支郎中張仲方非之。上怒，貶遂州司馬。舊李吉甫傳：有司謚吉甫曰「敬憲」，及會議，度支郎中張仲方駁之，以爲太優。憲宗怒，貶仲方。新傳同。

韋弘景見左中補、吏中、吏外，又封外附存。　舊傳：自左司郎中改吏部、度支郎中。坐與張仲方善，出爲綿州刺史。　新傳：累遷度支郎中。張仲方黜李吉甫謚得罪，憲宗意弘景擿助，出爲綿州刺史。

薛公幹

新表薛氏西祖房：禮部侍郎據見祠外。子公幹，比部郎中。　韓愈國子助教河東薛君公達墓誌銘：弟京兆府司録公幹。　昌黎先生集二十四。　考異曰：或作殿中侍御史。案，石本同。集本五百家註音辨本同。　舊憲宗紀下：元和十一年九月辛巳，貶度支郎中薛公幹房州刺史，言與韋貫之朋黨故也。　白居易李諒授壽州刺史薛公幹授泗州刺史制略云：公幹自尚書郎連領二郡，政平法一，甚便於人，加以有理戎之材，可付留事，故輟軍保一作「倅」。仍憲秋而兼寵之。又云：公幹無替亳城之政。白氏文集五十。

趙佶

新表南陽趙氏：大理丞渾子佶，兼監察御史。　唐會要八十四：元和十五年閏正月，命度支郎中趙佶使淄、青、兗、海、鄆、曹、濮、蔡、申、光等州定兩稅。

袁德師

舊憲宗紀上：元和二年七月戊子，録配享功臣之後，袁恕己孫德師等，相次敍用。

盧商見封中。　舊傳：自工部員外郎、河南縣令，歷工部、度支、司封三郎中。大和九年，改京兆少尹，權大理卿事。新傳：十餘遷，至大理卿。　文宗簡討應修陵寢詔：所修陵寢事至嚴重，簡計崇飾，須得精實。宜令度支郎中盧商、將作少監韋長同往諸陵，子細簡計，具合修與不合處，聞奏。大詔令。

盧弘止見吏中補，又金中。南部新書乙鄭滑盧弘正尚書題柳泉驛云：余自歙州刺史除度支郎中，八月十七日午時過永濟渡。却自度支郎中除鄭州刺史，亦以八月十七日午時過永濟渡。二傳失載。

盧弘宣見吏中。

張復魯新表始興張氏：陳許節度副使幼挺子復魯，字敦古，度支郎中。杜牧唐故宣州觀察使御史大夫韋公温墓誌銘：長女嫁南陽張復魯，得進士第，有名於時，爲試太常寺協律郎、鄂岳觀察支使。樊川文集八。舊韋温傳：愛壻張復魯。不詳歷官。

劉濛見勳中。新傳：累官度支郎中。會昌初，擢給事中。

韋宙見吏中、户中。新良吏傳：宣宗時拜侍御史，三遷度支郎中。盧鈞節度太原，表爲副。

薛能又吏中附存，又主中。唐詩紀事六十：薛能字大拙，汾州人。會昌六年進士。大中八年書判入等，補盩厔尉。辟太原、陝虢、河陽從事。李福鎮滑州，表觀察判官。歷侍御史、都官、刑部員外郎。福徙西川，取爲節度副使。咸通中攝嘉州刺史。歸朝，遷主客、度支、刑部郎中，俄刺同州。京兆尹温璋貶，命權知尹事。出領感化節度，入授工書。復節度徐州，徙忠武。廣明元年，徐兵赴溵水，經許，能以前帥徐，軍吏懷恩，館之州內。許軍懼徐人見襲，大將周岌因衆怒逐能，自稱留後，能全家遇害。舊懿宗紀：咸通十一年十月，以給事中薛能爲京兆尹。十二年正月，葬衞國公主，京兆尹薛能爲外監護。

玉泉子：路巖以薛能自尚書郎廣記百八十八作「省郎」。權知「知」廣記有。京兆府事，李蠙之舉也。舊僖宗紀：廣明元年九月，許州大將周岌逐節度使薛能。

顏蕘顏上人集序：蕘同年文人故許州節度使、尚書薛公字大拙，以文，人不言其名。擅詩名於天下，無所與讓。文苑英華七百十四。新書文藝列傳序：若薛能等，其類尚多，皆斑斑有文在人間，史家逸其行事，故弗得而述云。新僖宗本紀：廣明元年九月，忠武軍將周岌殺其節度使薛能。

孫奭文倉中。 新表武邑孫氏：長洲令士傑子奭，字化南，度支、職方郎中。

魚曦 元和姓纂九魚：唐將作丞魚叔瓚生曦，度支郎中、司農少卿，馮翊下邽人。石刻故銀青光祿大夫秘書監兼昭文館學士侍讀上柱國常山縣開國公贈潤州刺史馬公懷素墓誌銘：長史魚承曦，特見器異，舉孝廉，引同載入洛。續古文苑十八。案：馬懷素，丹徒人。承曦蓋是潤州長史也。

王沖之 新表京兆王氏：倉部郎中德玄孫、九功子沖之，度支郎中。

辛道瑾　元和姓纂十七真：工部郎中辛崇禮生道瑾，度支郎中，隴西狄道人。

【附存】

白行簡見膳中補、主中補、主外。　累遷司門員外郎、主客郎中。　唐詩紀事四十一：行簡爲度支郎中，寶曆二年卒。　舊傳：新傳：累遷主客員外郎，代韋詞判度支案，進郎中。當沿判度支案，因而致誤。

李珏見吏外、勳外補、禮外補。　舊傳：大和五年，李宗閔、牛僧孺爲相，珏自司勳員外郎知制誥，改度支郎中、知制誥，遂入翰林充學士。七年三月，正拜中書舍人。　新傳：牛僧孺還相，以司勳員外郎、知制誥爲翰林學士，加户部侍郎。　東觀奏記上：李宗閔爲相，擢掌書命，自吏部員外改司勳員外、庫部郎中。文宗召充翰林學士。不云度中。重修承旨學士壁記：李珏，大和五年九月十九日自庫部員外郎知制誥充，其月二十三日賜紫，二十八日拜中書舍人。案，舊傳「度支」，當從奏記、壁記作「庫部」；壁記「員外郎」，當從舊傳、奏記作「郎中」。

唐尚書省郎官石柱題名考卷十四

度支員外郎

唐六典：户部尚書，其屬有度支員外郎一人，從六品。隋爲承務郎，皇朝爲員外郎。龍朔、咸亨隨曹改復。掌與郎中同。舊書、新書同，作「從六品上」。

【石刻】

崔仁師　陸遜之　封弘道　杜依賢　崔玄機

韋萬石　崔神基　裴居道　路元叡　皇甫文亮

崔大同　李玄同　楊誈　韓大壽　盧□元

杜從則　張慶　唐紹　唐人　鄭勉

魏景倩　崔季友　夏侯銛　苗晉卿　韋恒

楊釗　王崟　樊晃　袁慎盈　王延昌

李猗　嚴郢　元寬　蘇端　包佶

韋少華　楊儞　李衡　張季略　房署

元□方　魏弘簡　李則　李素　董溪

庾承宣　嚴謩　李彤　王正雅　崔咸

高重　李續　盧貞　李蠙　陸仲文

張周物　李宗閔　欒坤　李福　袁亞

源重

【補遺】

杜續　源乾曜　李元紘　李憕　裴倩

張縝　盧徵　魏弘簡　元友直　薛存誠

柳璟　張濬　辛利涉　盧茂伯　鄭叔清

【附存】

崔仁師二本缺。見度中補。舊傳：貞觀初，再遷殿中侍御史。後爲度支郎中。新傳略同。

陸遜之二本缺。新表陸氏太尉枝：瑾孫遜之，都官員外郎。

封弘道二本缺。左中補有道弘。

杜依賢二本缺。倉中補有杜賢。元和姓纂十姥：杜安石生□賢，倉部郎中，襄陽人。「賢」字上原本不空。案，安石兄子依德，弟子依藝，則此當名依賢，蓋姓纂脱一字耳。

崔玄機二本缺。新表清河小房崔氏：復州刺史大質子玄機，陳州刺史。

韋萬石見吏中、吏外。

崔神基見度中，又金中。二傳失載。

裴居道「居道」，二本缺。新表東眷裴氏：兵部尚書熙載子居道，相武后。舊高宗紀下：咸亨四年二月壬午，以左金吾將軍裴居道女爲皇太子弘妃。舊孝敬皇帝傳作「右衛」。舊書附見孝敬皇帝傳：則天時，歷位納言、内史、太子少保，封翼國公。新傳同。舊蘇味道傳：裴居道再登左金吾將軍。新傳同。新武后紀：垂拱元年二月乙巳，秋官尚書裴居道同鳳閣鸞臺三品。宰相表同。舊紀失載。舊紀：垂拱元年五月，秋官尚書裴居道爲内史。新紀、表：五月丙午，内史。新紀誤「納言」。又新紀：垂拱二年五月丙午，裴居道爲内史。表作「納言」。舊紀無。沈炳震云：「此即元年五月之拜。」紀於元年誤作「内史」，表于二年作「納言」，皆重出而誤，當從舊書。

舊紀：垂拱三年四月，裴居道爲納言。新紀、表四月壬戌。

舊紀：載初元年一月，裴居道爲太子少傅，依舊同鳳閣鸞臺三品。新表：二月戊子，居道爲太子少保。新紀失載。

路元叡見吏中、勳中、户中。

皇甫文亮見度中。

崔大同「大同」二本缺。

李玄同

新表趙郡李氏東祖房：洛陽令德昱子玄同，度支員外郎。

楊誙疑「誙」。

新表楊氏：元約子誙，度支員外郎。

韓大壽見吏中補、勳外。

盧□元

杜從則「則」，二本缺。　又金中。

新表杜氏：中書舍人、東陽公敬同子從則，工部侍郎。

舊杜淹傳：孫從則，中宗時爲蒲州刺史。　李嶠授杜從則雍州司馬制：中大夫、檢校尚方少監杜從則，可雍州司馬，兼知尚方少監事。文苑英華四百十四。

張慶無考。

唐紹見左中。新傳：神龍時爲太常博士。遷左臺侍御史、度支員外郎，常兼博士。睿宗即位，再遷給事中。舊傳：神龍中，太常博士。景龍中，遷左臺侍御史，兼太常博士。睿宗即位，累轉給事中。

唐人彳

鄭勉又御史臺殿中題名。新表鄭氏北祖房：千牛長史玄縱子勉，紫微舍人。蘇頲授鄭勉紫微舍人等制稱朝議大夫、守給事中鄭勉。文苑英華三百九十二。朝野僉載云：魏光乘目舍人鄭勉爲「醉高麗」。太平廣記二百五十五。資治通鑑唐紀二十八：開元六年十一月，宋璟奏：「儀州司馬鄭勉，有才略文詞，但性多異端，好是非改變。若前引進，則咎悔必至；若長弃捐，則才用可惜。請除硤州刺史」。

魏景倩新書儒學上曹憲傳：揚州魏模子景倩，世文選學，以拾遺召，後歷度支員外郎。太平寰宇記十六：新開直河在泗州盱眙縣北六十步，縣郭内淮河決開，至黄土岡。太極元年，勅使魏景倩奏：「開淮水向揚州」。

崔季友「季友」二本缺。又御史臺侍御殿中（二見）題名。舊孝友梁文貞傳：開元初，閿鄉縣令崔季友刊石紀文貞事。

夏侯銛又金外，又御史臺殿中監察題名。　元和姓纂三十五馬：都官郎中夏侯處信見倉外。孫銛，給事中，魏郡人。原本誤入南郭氏注，今改正。　唐會要七十六：景龍二年，抱器懷能科夏侯銛及第。緯署誤「張侯銛」。　新定安公主傳：王同皎子請定安公主與同皎合葬，給事中夏侯銛曰：「主義絶(主)〔王〕廟，恩成崔室，逝者有知，同皎將拒諸泉。」銑或訴於帝，乃止。銛坐是貶瀘州都督。

苗晉卿見吏中、吏外。　舊傳：遷侍御史，歷度支、兵、吏部三員外郎。

韋恒見左外。　舊傳：自殿中侍御史歷度支、左司等員外，太常少卿、給事中。　新傳：擢殿中侍御史，累轉給事中。

楊劍見度中。　舊傳：天寶初，擢授監察御史，驟遷檢校度支員外郎，兼侍御史、監水陸運及司農出納錢物、內中市糴、召募劍南健兒等使，以稱職遷度支郎中。新傳：累遷監察御史，擢兼度支員外郎。

王崟見左外、吏外(二見)、户外。

樊晃　元和姓纂二十二元：司衛少卿樊文孫晃，兵部員外、潤州刺史，南陽湖陽縣人，居淮南。　新書儒學下林藴列傳：刺史樊晃奏林藴父披署臨汀令。莆陽文獻列傳作「樊混」。案，地理志汀州臨汀郡，無臨汀縣。　新書藝文志丁部集録別集類：杜甫小集六卷。原注：(涯)

〔潤〕州刺史樊晃集。 新書忠義中張巡傳：有名士樊晃等咸謂天下〔之〕〔不〕亡，巡、遠之功。 杜工部小集序題潤州刺史樊晃。 柳識琴會記：大曆六年，浙西觀察使、蘇州刺史、兼御史大夫、贊皇公祇命朝于京闕，春正月夕次朱方，刺史樊公稱：「江月當軒，願以巵酒侑勝。」居無何，贊皇公弦琴，樊公和之。唐文粹七十七。

袁愼盈無考。

王延昌見吏中、户中。

李猗「猗」未確，疑「掎」，似「李椅」。 新表蜀王房：贊善大夫參子椅，福建觀察使。 舊代宗紀：大曆七年十一月甲申，以華州刺史李琦爲福州刺史、福建都團練觀察使。 獨孤及福州都督府新學碑銘：公諱椅，字某，皇帝之諸父，宗室之才子。天寶三載，應選部辯論爲安陽英華有「縣」字。尉。中興之後，歷御史、尚書郎、諫議大夫、給事中，十餘年間周歷三臺。家貧不樂清近，求爲京兆少尹。無何出守弘農，英華有「又」字。移典華陰，兼御史中丞。大曆七年冬十有一月，加御史大夫、持節都督福、建、泉、漳、汀五州軍事，領觀察處置都團練英華「防禦」。等使。八年夏四月至自京師。又大曆十年歲在甲寅秋九月，公薨于位。又云：公薨之明英華無二字。年，太常議謚曰成，詔贈禮部尚書。毘陵集九。又唐故商州録事參軍鄭府君密墓誌銘：二京返正，拜公商州洛南令，詺平賦均。監察御史李椅等表言其狀。毗陵集十二。

嚴郢又金中。新傳：字叔敖，華州華陰人。及進士第。呂諲鎮江陵，自大理司直表爲判官。入朝，以辨潭州刺史龐承鼎罪，流建州。代宗初，召爲監察御史、連署帥府司馬。舊良吏下呂諲傳：元年建卯日，呂諲卒。有司謚曰肅，故吏度支員外郎嚴郢請以二字，曰忠肅。

元寬　新表元氏：南頓丞悱子寬，比部郎中、舒王府長史。舊元稹傳同。又云：以稹貴，贈左僕射。「悱」姓纂作「俳」，寬比部郎中。元和姓纂二十二元：尚書右丞、右常侍元暕見勳外。生寬，河南洛陽縣人。不詳歷官。元稹夏陽縣令陸翰妻河南元氏墓誌銘：皇考府君，當乾元(至)〔廣〕德之間，郡國多事，由雲陽昭應尉、馮翊猗氏長遷于殿中侍御史，或未環歲，或未浹時，而五命自天。董方書奏議者凡八轉，其在比部郎中也，宗人得罪有不察。夫玉與珉類，而不雜用。屈我府君爲虢州別駕，累遷舒王府長史。至則懸車息晏浩如也。嘗著百葉書要以萃羣言，世不得傳。元微之文集五十八。白氏文集四十二唐河南元府君夫人榮陽鄭氏墓誌銘稱，故中散大夫、尚書比部郎中、舒王府長史、河南元府君諱寬，世祿、官政、文行，有故京兆尹鄭雲逵之誌在。白居易河南元公墓誌銘：考諱寬，比部郎中、舒王府長史，贈尚書右僕射。白氏文集七十。

蘇端　元和姓纂十一模：蘇瞻，見勳外。藍田人，生端，比部郎中，四代入省。舊楊綰傳：大曆十二年七月，楊綰薨，太常謚曰文貞，比部郎中蘇端性疎狂，嫉其賢，乃肆毀黷，異同其議。上怒，貶端廣州員外司馬。新傳：比部郎中蘇端，憸人也。持異議，宰相常衮陰助之，帝以其言醜險不實，貶巴州員外司馬。舊常衮傳：有司議謚楊綰爲文貞，衮微諷比部郎中蘇端令駁之。毀綰過甚，端坐黜官。

包佶見户中補、度中　新傳失載。

韋少華　新表韋氏逍遥公房：右驍衛將軍衎子少華，太府卿。又韋氏南皮公房：鏗見考中補。子，少遊見吏中。弟少華，中書舍人。舊回紇傳：寶應元年，以中書舍人韋少華充雍王适元帥判官兼掌書記，登里可汗責王不舞蹈，引少華等榜捶一百，一宿而死。

楊儁　楊衡有盧十五竹亭送姪儁歸山詩。唐文粹十五。

李衡　新表大鄭王房：泗州刺史孟犨子衡，清漳尉。文苑英華九百二十三李畛泗州刺史李君神道碑：□子衡，故洛州清漳尉。舊崔寧傳：德宗時御史大夫崔寧選擇御史當出大夫，不謀及宰相，奏請以李衡、于結吏外二見。等爲御史。楊炎大怒，其狀遂寢。新傳略同。奉天録一：建中四紀，上次於咸陽，咸陽令李衡俯集疑其妻親奉御善，上命貴妃以下接以恩禮，傳食而過。韓愈唐故朝散大夫越州刺史薛公戎墓誌銘：常州刺史李衡遷江西觀察使，署公府中職。衡遷給事中，齊映自桂州以故相代衡爲江西。昌黎先生集三十二。元稹河東薛公戎神道碑文銘：李衡爲刺史，能以禮下公。及衡觀察江西，求公爲幕中賓，公許衡，衡遷。元微之文集五十三。又五十四有唐贈太子少保崔公墓誌銘：公爲東陽主簿，刺史李衡一見自得。衡遷湖南，賓置之。舊德宗紀下：貞元七年正月，以常州刺史李衡爲潭州刺史、湖南觀察使。八年三月己亥，以湖南觀察使李衡爲洪州刺史、江西觀察使。舊崔俊傳：李衡廉察湖南、江西辟爲賓佐。舊薛戎傳：江西觀察使李衡辟爲從事。九年六月庚申，以給事中李衡爲户部侍郎、諸道鹽鐵轉運使。新書劉晏傳：衡歷户部侍郎。舊劉晏傳：劉晏没後二十餘年，故吏李衡等繼掌財賦。新傳同。

張季略二本缺「畧」字。文苑英華百八十八：有張季略省試小苑春望宫池柳色詩。唐詩紀事：黎逢大曆十二年進士。季略當亦於是年登第。

房署　新表河南房氏：諫議大夫密見考中。子署，光禄卿。盧綸有和李中丞訓萬年房署少府過汾州景雲觀因以寄上房與李早年同居此觀詩。

元□方二本作「元□方」，格案：當是「季方」。又金中、膳中補。元和姓纂二十二元：兼監察御史元正生季方，兵部侍郎，河南洛陽縣人。新文藝傳：(阮)〔元〕萬頃曾孫季方，舉明經，調楚丘尉，歷殿中侍御史。兵部尚書王紹表爲度支員外郎，遷金、膳二部郎中，號能職。王叔文用事，憚季方不爲用，以兵部郎中使新羅。

魏弘簡見户中、度外補。

李則「則」二本缺。 新表趙郡李氏南祖房：巖見户外。子則，河南少尹。 韓愈唐故朝散大夫尚書庫部郎中鄭君羣墓誌銘：後娶河南少尹趙郡李則女。昌黎先生集三十二。 獨異志：貞元初，河南少尹李則卒。太平廣記百三十九。

李素見度中補。 韓愈唐故河南少尹李公墓誌銘：遷殿中侍御史，由度支員外郎選令萬年，改度支郎中。昌黎先生集二十五。

董溪見度中補，又倉中。 韓愈唐故朝散大夫商州刺史除名徙封州董府君墓誌銘：自京兆府司録參軍拜尚書度支員外郎，遷倉部郎中、萬年令，兵誅恒州，改度支郎中。昌黎先生集二十九。 新傳：三遷萬年令。

庾承宣二本缺。見考外補。 元和姓纂七麌：左補闕庾侶生承宣，度支員外。

嚴謩二本缺， 舊憲宗紀下：元和十四年二月己酉朔，以商州刺史嚴謨爲黔中觀察使。昌黎先生集二十一開州韋侍講盛山十二詩序：黔府嚴中丞爲祕書監。考異云：諸本「中丞」下有「武」字，非。方以閣杭本删云。蜀本不書名，「監」又作「少監」，非也。又五百家註本有「武」字，無「少」字。 舊穆宗紀：長慶二年四月丁亥，以秘書監嚴謩爲桂管觀察使。會要七十九：故桂州觀察使嚴謨謚曰簡。大唐傳載：李相國程執政時，嚴謩、嚴休吏中「休復」，此疑脱「復」字。皆在南省，有萬年令闕，人多屬之。李公云：「二嚴不如謩。」原本脱「嚴謩」二字，依廣記一百七十四補。無「公」字，末句作「二年不知謩」。

李彤二本缺「彤」字。鉞云：又似「彬」字。又御史臺陰額監察題名作「彤」。舊敬宗紀：長慶四年三月庚戌朔，貶司農少卿李彤吉州司馬，以前爲鄧州刺史，坐贓百萬仍自刻德政碑故也。新表管城李氏：洪洞令玄之子彤，吏部尚書。權德輿唐故太原府史事軍李府君雍苑作司録事參軍墓誌銘：洪洞令子萬年尉彤，予之重表甥也。權載之文集二十五。墓誌：府君開元十九年没。厥後七十七歲，則當在憲宗元和二年。白居易李彤授檢校工部郎中充鄭滑節度副使王源中授檢校刑部員外郎充觀察判官各兼侍御史賜緋紫制，稱萬年英華有「縣」字。令李彤等。白氏文集四十九。王源中見考外。

王正雅「正雅」二本缺。見戶中。舊傳：元和十一年，拜監察御史，三遷至萬年縣令。穆宗時，遷戶部郎中。不云度外。新傳：遷累監察御史。穆宗時萬年令，擢累汝州刺史。

崔咸見封中補。白居易崔咸可洛陽縣令制，稱度支員外郎崔咸。白氏文集四十九。舊文苑傳下：自賓佐登朝，歷踐臺閣。

高重 新表渤海高氏：魏州別駕象子重，字文明，檢校户部尚書、渤海縣子。新高士廉傳：五世孫重，明經中第，李巽表鹽鐵轉運(判)〔巡〕官，凡十年，進累司門郎中。敬宗選重與崔郾侍講學士，再擢國子祭酒。重修承旨學士壁記：高重，長慶四年六月四日自司門郎中充侍講學士，十二月十一日遷諫議大夫。寶曆二年正月六日改給事中，出守本官。翰苑羣書上。舊崔郾傳：昭愍卽位，侍講學士崔郾與同列高重鈔撮六經嘉言要道，區分事類，凡十卷，名曰諸經纂要，冀人主易於省覽。

李續 見吏外，又金中。

盧貞 見户中。舊裴度傳：昭愍欲行幸洛陽，令度支員外郎盧貞往東都已來檢計行宫及洛陽大内。

李蟥 二本缺。見左中，又倉中、倉外。

陸仲文 「仲文」二本缺。新表陸氏太尉枝：陽翟令涓子仲文，不詳歷官。

張周物 二本以下俱缺。又祠外。

李宗閔 「宗」疑「景」。

欒坤 無考。

李福 見户中。舊傳：兄石爲宰相，授監察御史。累遷尚書郎。新書宗室宰相列傳：兄石當國，由監察御史至戶部郎中。

袁亞無考。

源重見勳外。

【補遺】

杜續又主中。新表襄陽杜氏：乾佑子續，主客郎中。顏真卿東川節度使杜公碑：皇度支員外、主客郎中續之曾孫。顏魯公文集八。又(十)東川節度使杜公誌：皇主客郎中續之曾孫。

杜濟見戶中。

源乾曜　新表源氏：司刑太常丞悳當從姓纂，二傳作「直心」。子乾曜，相玄宗。舊傳：景雲中累遷諫議大夫。新傳：第進士神龍中，以殿中侍御史黜陟江東，奏課最，頻遷諫議大夫。張景毓大唐朝散大夫行潤州句容縣令岑君植德政碑：江東黜陟使、朝散大夫、行度支員外郎、攝右臺侍御史源乾曜，以君才地，加之聲實，每肆揄揚，先膺荐舉。續古文苑十八。景龍二年。

李元紘見吏中。蘇頲授李元紘度支員外郎制：敕：朝議郎、守潤州司馬李元紘，清真不雜，恬雅自居。部劇著於祠曹，養能傳於宰邑。頃聞出佐，方馳日下之聲；爰佇入官，猶屈黃中之美。宜遷郎位，以寵相門。可行尚書度支員外郎，散官如故。文苑英華三百九十一。 舊傳：自潤州司馬，開元初三遷萬年縣令。新傳同。

李憕見吏中、吏外，又倉中。 張説邠王府長史陰府君碑：子壻度支員外郎隴西李憕。文苑英華九百三。 二書忠義李憕傳不載。又案：憕傳，張説以妹壻陰行真女妻憕，行真卽「府君」也。元和姓纂二十一侵作「行光」。

裴倩見勳中補、度中。 新傳失載。 權德輿裴公神道碑銘：自太子司議郎徵爲殿中丞、侍御史，拜度支、駕部二員外，遷司勳郎中。權載之文集十七。

張繽 新表（始興）〔吳郡〕張氏：珣見吏中子繽，度支員外郎。 又表河間張氏：昇吏外補有昇。子繽，京兆司録參軍。

盧徵 舊傳：徵，范陽人，家於鄭之中牟。興元中户部侍郎、判度支元琇薦徵，自珍州司户爲京兆司録度支員外。琇得罪，坐貶爲秀州長史。 新傳：自珍州司户參軍，元琇判度支，薦爲員外郎。琇得罪，貶秀州長史。

魏弘簡見户中。 柳宗元唐故尚書户部郎中魏府君墓誌：自宣歙副使，廉使崔衍獻于天子，拜度支員外。宋本有「郎」字。 轉户部郎中。河東先生集九。

元友直見度中。 資治通鑑唐紀四十九：貞元三年七月，以度支員外郎元友直爲河南、江、淮南勾勘兩稅錢帛使。

薛存誠見勳外。　舊傳：元和初，自殿中侍御史遷度支員外郎。裴垍作相，用爲起居郎，轉司勳員外郎。　新傳：元和初，轉殿中侍御史，累遷給事中。

柳璟見吏外。　舊傳：自監察御史再遷度支員外郎，轉吏部。開成初，換庫部員外郎、知制誥。　新傳：自監察御史累遷吏部員外郎。

張濬　新表河間張氏：仲素見封中。孫、鐸見左中。子濬，字禹川，相昭宗。　舊傳：乾符中，樞密使楊復恭自處士薦爲太常博士，累轉度支員外郎。黄巢將逼關輔，濬託疾請告，侍母（絜）〔挈〕族避亂商州。僖宗出幸，召至行在，拜兵部郎中。未幾，拜諫議大夫。

辛利涉　新表辛氏：謩曾孫利涉，度支員外郎。元和姓纂同。

盧茂伯又御史臺監察二見，又左側二見題名。　新表盧氏：靈昌、伏陸二令子哲曾孫茂伯，度支員外郎。

鄭叔清　新表鄭氏北祖房：比部郎中永見户外。子、職方郎中叔華見金中。弟叔清，字貽慶，夔州都督。　新劉晏傳：京兆尹鄭叔清等坐殘摯罷。案，當在肅宗時。　唐會要九十三：至德二年七月，宣諭使、侍御史鄭叔清奏承前諸使下召納錢物，多給空名告身，雖假以官，賞其忠義，猶未盡才能。今皆量文武才藝，兼情願穩便，據條格議，同申奏聞。

賈至遣鄭叔清往江淮宣慰敕：一作「制」。敕：逆虜未平，師旅淹歲。軍用匱乏，常賦莫充。所以稅畝於荆吳，校練於淮海。從權救弊，蓋非獲已。夫法明則吏不欺，斂均則人不怨。輯事無擾，繫乎使臣。貞固幹事，節用愛人。考績視成，所厝斯枉。詔令作「考志視成，可歷斯任」。度支員外郎鄭叔清宜以本官兼侍御史，充江淮東西及淮南道宣慰使。至德二年七月十二日。文苑英華四百六十一。

舊書食貨志上：肅宗建號靈武，後用雲間鄭叔清爲御史，於江淮間豪族富商率貸及賣官爵，以裨國用。新志：肅宗即位，遣御史鄭叔清等籍江淮、蜀漢富商右族貲畜，十（改）〔收〕其二，謂之「率貸」。明年，叔清與宰相裴冕建議，以天下用度不充，諸道得召人納錢，給空名告身，授官勳邑號；度道士僧尼不可勝計；納錢百千，賜明經出身；商賈助軍者，給復。金石録目録九第一千六百九唐鄭叔清碑。于翰撰，韓秀榮八分書。貞元九年七月。

【附存】

齊抗見户外補、倉中。舊傳：德宗在奉天，拜侍御史，改户部員外郎。還京後，授倉部郎中。新傳同。權載之文集十四齊成公神道碑銘：自侍御史爲工部員外郎，轉倉部郎中。

唐尚書省郎官石柱題名考卷十五

金部郎中

唐六典：户部尚書，其屬有金部郎中一人，從五品上。龍朔二年，改爲司珍大夫，咸亨元年復故。掌庫藏出納之節、金部財貨之用、權衡度量之制，皆總其文籍，而頒其節制。舊書、新書同。

【石刻】

長孫操　牛方裕　袁異度　于孝辯　唐曉

李緯　王德表　崔知機　殷令名　柳子房

李仲寂　劉公彦　竇暉　韋師貫　王文濟

李同福　獨孤璡　裴重暉　肅志遠　崔元敬

路勵行　侯知一　杜從則　竇懷貞　姜晞　周敏道　蕭諴　鄭楚客　李彥允　盧允　杜良輔　楊晉　杜佑　元季方　韓臯

韋敏　傅神童　柳秀誠　韋嗣萬　程行諶　蔡秦客　劉體微　姜虔　張萱　李華　崔浩　崔夷甫　樊澤　李玗　裴通

韋德基　劉守敬　梁晧　侯令德　衡守直　薛曦　鄭繇　劉繹　郭粤　鄭璲　裴季通　盧杞　路季登　韋頌　盧元輔

張統師　楊守節　盧萬石　韋奉先　薛紘　魏恬　裴眺　李峘　第五琦　崔禕　王邕　柳建　王遘　韋顥　段平仲

崔神基　盧師立　趙承恩　張思義　裴藏耀　陸景融　鄭愿　郭愼微　竇紹　鄭叔華　嚴郢　杜黃裳　李上公　史牟　蕭曾

許季同 陳諷 韋審規 樊宗師 裴誼
楊潛 蘇弘 丘紓 蕭澥 張公儒
劉茂復 蕭淑 李續 鄭澥 趙真齡
嚴澗 紇干臮 盧弘止 李拭 王含
孫範 張固 陸紹 韋博 羅劭權
鄭漳 劉潼 高弘簡 崔荆 杜宣猷
李景素 韋退之 張傑夫 崔隋 穆栖梧
李緎 趙璘 崔惲 李湯 鄭畋
鄭繁 李磵 任繕 令狐纁 羅洙
崔彥回 吕焜 裴延魯 林滋 李涪
崔亞 鄭誠 王慥 盧鄴 王葆

【補遺】

秦叔恂 韋仲鋭 盧律師 李思諒 周行譽
魏嗣萬 劉庭璥 徐峻 鄭縈

【附存】

吴通微

長孫操　新表長孫氏：後周大司徒、薛公覽子操，金部郎中、樂壽安男。新傳：字元節。元和姓纂：金部郎中、歸州長史。舊外戚傳：武德中，爲陝東道行臺金部郎中，出爲陝州刺史。自州東引水入城，以代井汲，百姓於今賴之。新傳：高祖辟署相國府金曹參軍。未幾，檢校盧州刺史。徙陝州，城中無井，人勤於汲，操爲釃河溜入城，百姓利安。新書地理志：陝州陝縣有廣濟渠，武德元年，陝東道大行臺金部郎中長孫操所開，引水入城，以代井汲。

牛方裕見吏中。新表安定牛氏：方裕，金部郎中、左庶子。

袁異度　新表樂陵袁氏：令喜子異度，太府少卿。許敬宗賀隰州等龍見表：隰州刺史表裏彭叔夏云二字疑。鉞案：「表」當作「袁」，「裏」字衍。異度表稱某月日，青龍見隰州城北。文苑英華五百六十五。

于孝辯無考。

唐曉見勳中。

李緯　新表趙郡李氏西祖房：襲高都郡公公挺子緯，户部尚書。又宗室表小鄭王房：德宗相勉子緯。不詳歷官。　舊房玄齡傳：貞觀二十一年，太宗幸翠微宮，授司農卿李緯爲民部尚書。改授洛州刺史。新傳同，云改太子詹事。　資治通鑑唐紀十四：貞觀二十一年六月癸未，以司農卿李緯爲户部尚書，改洛州刺史。考異曰：唐曆云居無何，改太子詹事。今從舊傳。　石刻大唐開耀二年歲次壬午二月乙丑朔八日壬申李公碑：曾孫緯，皇朝宗正、衞尉、司農三寺卿，金紫光禄大夫，荆州大都督府長史，幽州都督，户部尚書，太子詹事，懷、洛、蒲三州刺史，襲高都公。直隸元氏。　石刻萬年宮銘碑陰見從官名，有金紫光禄大夫、行宗正卿、上護軍、高都縣開國男臣李緯。永徽五年。陝西麟游。　會要七十九贈秦州都督、高都郡公李緯謚曰定。

王德表無考。

崔知機又倉中。　新表博陵二房崔氏：隋左領軍大將軍彭子知機，洛州刺史。

殷令名又金外。　元和姓纂二十一欣：太子中原衍「書」字。舍人殷聞禮生令名，金部郎中、國子司業，陳郡長平縣人。

柳子房　新表柳氏：都官郎中爕子子房，户部侍郎。

李仲寂 新表蔡王房：漢陽郡王瓌子冲寂，兖州長史。楊炯李懷州墓誌銘：公諱冲寂，字廣德，自城門郎尋授駕部員外郎，轉金部郎中。又勑公爲戎州道支度軍糧使，遷太府、鴻臚二少卿。文苑英華九百五十。

劉公彥 元和姓纂十八尤：劉通國生翁彥，金部郎中，沛國相縣人。

竇暉疑當作「惲」。 新表竇氏三祖房：高祖相威子惲，岐州刺史。元和姓纂：惲，金部侍郎、岐州刺史。「侍郎」疑「郎中」。 舊竇威傳：子惲嗣，封延安郡公，官至岐州刺史。

韋師貫鉞案：「師貫」疑是「師實」。 新表韋氏彭城公房：司農卿、益州行臺僕射雲起子師實，秦州都督。 舊韋雲起傳：子師實，垂拱初，官至華州刺史、太子少詹事，封扶陽郡公。 張說贈吏部尚書蕭公灌神道碑：夫人京兆韋氏，父師實，秦州都督。張說之文集二十五。

王文濟見吏外補，又主中。

李同福無考。 見吏外（二見）、封外、户中。

獨孤璡又金外。 元和姓纂一屋：祕書少監獨孤開明生璡，金部郎中，河南洛陽人。原本誤入古今姓氏書辨證三十五，今正。

裴重暉無考。　見户外，又倉外。

蕭志遠無考。

崔元敬見户外。

路勵行　新表平陽路氏：相州刺史德(淮)〔惟〕子勵行，犨令。　舊高宗紀下：總章二年七月，遣司珍大夫路勵行存問賑貸劍南。

韋敏又倉中。　格案：韋敏無考，疑即韋弘敏，時代正合。其單作「韋敏」當是避孝敬皇帝諱耳。如舊書良吏傳「韋機」，新書作「韋弘機」，亦其證。　新表韋氏平齊公房：隋汴州刺史、井陘定侯師孫弘敏，相武后。　元和姓纂：太府卿、平章事。　新武后紀：嗣聖元年正月癸巳，左散騎常侍韋弘敏爲太府卿、同中書門下三品。表同。　光宅元年九月，貶韋弘敏爲汾州刺史。表在十月丁酉。　舊紀俱失載。

韋德基　新表東眷韋氏閬公房：文宗子德敏見考中補。弟德基，金部郎中。

張統師　新表吳郡張氏：國子祭酒後胤子統師，金部郎中。

崔神基見度中、度外。　二傳失載。

侯知一　元和姓纂十九侯：唐刑部侍郎侯喜業生知一，兵部侍郎，上谷人。　舊李昭德傳：長壽二年，增置夏官侍郎三員，時選侯知一等爲之。　舊尹思貞傳：長安中，爲司府少卿。時卿侯知一亦厲威嚴。新傳同。舊李義府傳：長安元年，賜大理正侯善業子太子右庶子知一實封二百户。景雲元年，停實封。朝野僉載：周夏官侍郎侯知一年老，敕放致仕。上表不伏，於朝(當)〔堂〕踊躍馳走，以示輕便。時臺中爲之語曰：「侯知一不伏致仕。」太平廣記二百五十八。

傅神童 新表清河傅氏：殿中侍御史交益子元淑，地官侍郎、冬官尚書。鉞案：元淑當即神童。舊酷吏上傅游藝傳：天授二年，兄神童爲冬官尚書。

劉守敬見户外。

楊守節無考。

盧師立金外有師丘。格案：「師立」疑是「師丘」之誤。新表盧氏：曹州司馬安石子師丘，金部郎中、懷州刺史。

杜從則見度外。

柳秀誠 新表柳氏東眷房：景賓玄孫季誠，揚州刺史。元和姓纂：季誠，金部郎中、揚州刺史。

梁皓無考。

盧萬石勳外有萬碩，疑是一人。新表盧氏第二房：君静子萬石，司農卿、昌平公。又第三房：南安令德基子萬石，字萬石，監察御史、昌平縣侯。舊酷吏下姚紹之傳：中宗朝，盧萬石，揚州長史。金石録：司農卿盧萬石碑，李義撰，八分書，無姓名。先天元年十月。寶刻叢編二十。

趙承恩　元和姓纂三十小：唐有玉鈐將軍趙廉狀，云自天水徙澤州，長平生承恩，鴻臚卿。新武后紀：長安五年正月癸卯，左羽林衞將軍趙承恩等討張易之等亂。舊中宗紀：景龍四年六月，皇后命左右衛。金吾衞大將軍趙承恩等率兵五百人往均州，備譙王重福。舊后妃韋庶人傳同。又庶人重福傳作「左屯衞」。新朱敬則傳：赤烏、白鵲棲朱仁軌所居樹，按察使趙承恩表其異。案，敬則，亳州永城人。蘇頲章懷太子良娣張氏神道碑：景雲中，朝命金紫光祿大夫、行鴻臚卿趙承恩等持節册贈。文苑英華九百三十三。新忠義列傳上：功臣等第有冠軍大將軍、左羽林軍大將軍、光祿卿、天水縣公趙承恩。右第二。

竇懷貞　新表竇氏三祖房：高宗相德玄子、天水郡都督懷恪見戶中補。弟（承恩）（懷貞）相中、睿。新傳：字從一。舊外戚傳：聖曆中爲清河令。歷越州都督、揚州大都督府長史。新傳：仕累清河令，後遷越州都督、揚州長史。唐會稽太守題名記：竇懷貞，長安四年，自上方監授拜揚州長史。會稽掇英總集十八。嘉泰志同。

韋嗣萬　無考。格案：嗣萬無考。元和姓纂有魏嗣萬，金部郎中。（見後補遺。）石刻金外亦有魏嗣萬名。按其時代亦正相合，此司「韋」字恐是「魏」字之誤。

侯令德 新李尚隱傳：神龍中，左臺中丞侯令德爲關內黜陟使，尚隱佐之。 孫逖東都留守韋公虛心神道碑：御史賈虛舟舉以勸中丞侯令德。文苑英華九百十八。

韋奉先 新表韋氏小逍遥公房：駕部郎中仁愼子奉先，金部郎中。 又逍遥公房：薛王友希叔子奉先，岐山令。

張思義見左外。

姜晞又主外。 舊姜行本傳：子簡，簡子晞，嗣郕國公，開元初左散騎常侍。 唐詩紀事十五：姜晞登永隆二年進士第。 睿宗遣宣勞使誥：宜以宗正卿姜晞爲河東道宣勞使。詳膳中補蕭瑗注。

程行諶又御史臺殿中題名。 蘇頲御史大夫贈右丞相程行謀神道碑：公名則，字行謀。當作「諶」。世以字行，首中甲科。自定州長史未詣職入除金部郎中。 景龍六當作「四」。年，徵拜公長安令。文苑英華八百八十九。 子愼之見勳外。 玄宗禁刺史進奉詔：去年從京向都，嘗亦處分蒲州刺史程行湛、同州刺史李朝隱、陝州刺史姜師度，至其州界，咸有進奉，惜其能官善政，乃屈法收情，憶至於今，豈能無怪？冬中西幸，不可踵前。 蘇頲遣王志愔等各巡察本管内制，稱諸道按察使、博州都督程行諶等。開元四年七月六日。

文苑英華四百六十一。詔令作「蒲州刺史」案，碑云：自刑部侍郎檢校宋王府長史，命爲蒲州刺史、本道按察。則當從詔令爲是。舊孝友裴子餘傳：裴子餘補鄠縣尉。時同列李朝隱、程行諶皆以文法著稱。新傳同。舊玄宗紀：開元十三年三月丙申，御史大夫程行諶奏：「周朝酷吏子孫不許仕官與不許近仕」。舊酷吏傳同。舊良吏下崔隱甫傳：開元十四年，代程行諶爲御史大夫。定命録：程行諶年六十任陳留縣尉，後有三十一政官，後爲御史大夫。九十餘卒。後贈僕射右相。太平廣記二百二十一。會要七十九：贈尚書左丞相、廣平郡公程行諶謚曰貞。開元十四年，謚曰貞岐。王府長史裴子餘謚曰孝，同時列上，中書令張説省之曰：「程、裴二謚，可謂謚之無愧者。」新裴子餘傳同。

衡守直又金外。古今萬姓統譜五十四：衡守直，金部郎中。

薛紘又倉中、主中。新表薛氏西祖房：少府少監寶胤子、祠部郎中繪見祠中。弟紘，華州刺史。舊良吏下薛珏傳：父紘，蒲州刺史。

裴藏耀見左外，吏中作「藏曜」。

周敏道無考。

蔡秦客見户中。元和姓纂十四泰：蔡秦客，唐金部郎中，濟陽考城縣人。蘇頲授蔡秦客金部郎中制：黄門正議大夫、行尚書右司員外郎、上柱國蔡秦客，風格允一作「敏」。

正，文詞優洽。明以在公，直而履道。聲馳粉署，爰提建禮之綱；位總金曹，宜轉司徒之屬。可行尚書金部郎中，散官、勳如故，主者施行。文苑英華三百八十九。

薛曦無考。

魏恬見吏外，又金外。二傳失載。

陸景融又金外。新表陸氏太尉枝：武后相元方子景融，工部尚書。舊傳：歷大理正、滎陽郡太守、河南尹、兵吏部侍郎、左右丞、工部尚書。新傳：以蔭補千牛，轉新鄭令，累遷工部尚書。顏真卿崔孝公陋室銘記：公之澄清中外也，以畿縣令長陸景融有異政而薦之。文忠集十四。李華贈禮部尚書孝公崔沔集序：推舉時賢，得陸尚書景融等僉爲國器。文苑英華七百一。唐文粹九十二。

蕭讓又御史臺監察題名。新表蕭氏齊梁房：湘州刺史元禮子讓，虢州刺史。石刻花塔寺玉石佛座題字，後題朝請大夫、使持節恒州諸軍事、檢校恒州刺史、仍充恒陽軍使蕭讓。開元十五年。直隸正定。

劉體微新表彭城劉氏：嘉州刺史崇直子體微，諫議大夫、衛尉卿。舊張仁愿傳：神龍中張仁愿在朔方，奏用始平主簿劉體微等分判軍事，皆以文吏著稱，多至大官。新傳同。顏真卿崔孝公沔陋室銘記：公之澄清中外也，以畿縣令會要同，云景雲二年。

長劉體微有異政而薦之。文忠集十四。　石刻賈□義周公祠碑，稱朝請大夫、行偃師令、博陽縣開國男、彭城劉體微，歷雙臺之鯁直，闡雷邑之風□。開元二年。　河南偃師。　孫逖授劉體微等諸州刺史制：太中大夫、前使持節鄭州諸軍事、鄭州刺史、上柱國、博陽縣開國男劉體微等，嘗踐郎官，頻更吏職。宜授任於藩邸，俾榮遷於郡國。文苑英華四百十。

鄭繇　舊惠文太子傳：岐王雅愛文章之士，與鄭繇篇題倡和。繇，鄭州滎陽人，北齊吏部尚書述五代孫。開元初，爲岐州長史，後爲湖州刺史。紀事：開元時岐王範愛儒士，繇游其門，飲酒賦詩相娛樂。子審，見吏中。　唐詩紀事十五：繇登嗣聖元年進士第。　吳興志：鄭繇，開元九年，自陳州刺史授，遷博州刺史。統紀云十五年。　蘇頲授鄭繇監察御史制：通直郎、行右拾遺鄭繇，可行左御史臺監察御史，散官如故。文苑英華三百九十五。

裴眺又度中、祠外。　新表中眷裴氏：禮部尚書茂宗子眺，金部郎中。　石刻崔明允大唐平陽郡龍角山慶唐觀大聖祖玄元皇帝宮金籙齋頌：太守臣裴眺并寮屬等。山西浮山。天寶二年十月。

鄭愿見勳外。

鄭楚客　文苑英華五百二十四有鄭楚客對圭田判。舊鈔本、刊本誤「楚容」。

姜虔無考。

劉繹又金中補。　新表彭城劉氏：工部尚書、彭城侯知柔子繹，金部郎中。姓纂作「員外」。孫逖授劉繹總目作「澤」虞部員外郎制，稱朝散大夫、行河南府倉曹參軍、關内道支度判官、上柱國、彭城縣開國侯劉繹。文苑英華三百九十二。

李峘見考中補，又倉中。　舊傳：天寶中爲南宮郎，歷典諸曹十餘年。

郭愼微勳中「愼徽」即「愼微」之譌。

李彦允封中有「彦□」。　又御史臺，又右側侍御兼殿中倂侍御（二見）題名。李陽冰草堂集序：天寶中，就從祖陳留採訪大使彦允。李太白文集一。獨孤及唐故給事中贈吏部侍郎蕭公墓誌銘：所從之主，則汴州刺史李彦允。毘陵集十一。蕭直，見吏中。逸史：崔相國圓表丈人李彦允爲刑部尚書。安禄山反，脅從僞官。京城初尅復，並誅夷，彦允在數中，判准法。崔公請以官贖彦允之罪，肅宗許之，特詔免死，流嶺外。太平廣記一百四十八。

張萱又御史臺右側侍御兼殿中題名。　新書藝文志丙部子録雜藝術類：張萱畫（伎）〔少〕女圖、乳母將嬰兒圖、按羯鼓圖、鞦韆圖。開元館畫直。

郭甹無考。

第五琦見度中補。　舊傳：自殿中侍御史、（河）〔山〕南等五道度支使，遷司金郎中、兼御史中丞、使如故。創立鹽法，就山海井竈收榷其鹽，官置吏出糶。其舊業户并浮人願爲業者，免其雜徭，隸鹽鐵使，盜煮私市罪有差。百姓除租庸外，無得横賦，人不益税，上用以饒。遷户部侍郎。新傳：自司虞員外郎、河南等五道支度使遷司金郎中，兼侍御史、諸道鹽鐵鑄錢使。鹽鐵名使，自琦始。進度支郎中，兼御史中丞。當軍興，隨事趣辦，人不益賦而用以饒，遷户部侍郎。

竇紹見户外。

盧允見吏中、勳中，又金外。

李華見吏外補、封外補、禮外補。

鄭璲見左中、勳外。

崔褘見吏外、又金外。

鄭叔華又倉外。新表鄭氏北祖房：比部郎中永見户外。子叔華，職方郎中。

杜良輔見户中，又金外、倉外。

崔浩見封中、户中。

裴季通又御史臺監察題名。新表洗馬裴氏：士衡曾孫季通，金部郎中、恒王傅。石刻權倕左輔頓寮西嶽廟中刻石記，稱馮翊尉裴季通。開元二十四年。陝西華陰。

王邕 新表太原大房王氏：光復子邕，金部郎中。 戴叔倫有桂陽北嶺偶過野人所居聊書即事呈王永州邕李道州圻詩。王荆公唐百家詩選七。 文苑英華百八十四有王邕湘靈鼓瑟詩。 案，此詩天寶十載省試題，則邕當即是年進士。

嚴郢見度外。 新傳失載。

楊晉見户外，作「普」。 新表楊氏越公房：守訥見倉中補。曾孫普，金部郎中。 常袞授楊晉洛陽縣令制：朝議郎、守尚書金部郎中楊晉，仙署徊翔，士林推重。 字人京邑，多選臺郎，俾分洛師之劇。 可守洛陽縣令，仍賜緋魚袋，散官如故。 文苑英華四百七。

崔夷甫又金外。 常袞授崔夷甫金部員外郎等制：勅：宣議郎、守尚書駕部員外郎、賜緋魚袋崔夷甫。 文苑英華三百九十一。詳金外。

盧杞見吏中，又膳外補。 舊傳：歷刑部員外郎、金部吏部二郎中。 出爲虢州刺史。

柳建 新表柳氏：延州司馬初子建，金部郎中。

杜黄裳見封中。 二傳失載。

杜佑見度中。 舊傳：楊炎入相，自容管經略使徵入朝，歷工部、金部二郎中，並充水陸轉運使，改度支郎中。 傳新：自工部郎中充江淮青苗使，再遷容管經略使。楊炎輔政，歷金部郎中，爲水陸轉運使，改度支。 舊德宗紀上：建中元年三月，令金部郎中杜佑權勾當江淮水陸轉運使。權載之文集十一岐國公杜公淮南遺愛碑銘：自容州刺史、經畧使，入爲金部、度支二郎中，復兼中丞。

樊澤 元和姓纂二十二元：樊詠制舉及第，南陽湖陽縣人。今止疑。河東生澤，檢校右僕射、襄陽節度。 舊傳：字安時，河中人。建中元年，舉賢良對策，自補闕歷都官員外郎。尋兼御史中丞，充通和蕃使，遷金部郎中、御史中丞、山南節度行軍司馬。新傳：擢左補闕，累遷山南東道司馬。

路季登見勳中。

王遘又祠中補。 新表烏丸王氏：給事中燾見吏中。子、大理少卿遂見主外。弟遘，蘇州刺史。 舊權德輿傳：玄宗末，中使奉宣至洪州，過有求取，州縣苦之。王遘爲南昌令，將執按之。 新卓行權皐列傳：中人過洪州，頗求取無厭，南昌令王遘欲按之。 杼山集十有五言冬日建安寺西院喜晝公自吳興至聯句一首，有祠部郎中、兼侍御史王遘。又有五言建安寺西院喜王郎中遘恩命初至聯句。原注：時，郎中正入西方道場。

李上公 新表隴西李氏姑臧大房：肅宗相揆見勳外。弟毖之子上公，秘書監。 舊王武俊傳：貞元十七年，武俊卒。詔左庶子上公上有缺字。持節册贈太師。 舊憲宗紀上：元和元年十一月丁未，以司農卿李上公爲陝州大都督府長史，充陝虢觀察使。 舊李蔚見考中傳：祖上公，位司農卿，元和初爲陝虢觀察使。

元季方見度外，又膳中補。新文藝傳上：兵部尚書王紹表爲度支員外郎，遷金、膳二部郎中，號能職。王叔文用事，憚季方不爲用，以兵部郎中使新羅。

李玕見吏中，又倉外。

韋頌見户外。

韋顥又金外，又御史臺碑額監察，又陰額知雜御史題名。新表韋氏彭城公房：涵子顥，洋州刺史。又平齊公房：光禄卿懷質孫顥，陰平太守。案，此當在玄宗時，時代不合。

史牟見户外。

韓皋見考中、考外補。舊傳：累遷起居郎、考功員外郎。加考功郎中、知制誥，遷中書舍人。新傳同不云金中。

裴通見户外。

盧元輔見左外補、吏中。舊傳：自左司員外郎，歷杭、常、絳三州刺史。徵爲吏部郎中，遷給事中。不云金中。

段平仲又膳外補，又御史臺碑額監察題名。元和姓纂二十九換：段成象生平仲，尚書左丞，武威人。舊傳：字秉庸，登進士第。貞元十四年，自監察御史坐廢七年，後除屯田、膳部二員外郎、東都留守判官，累拜右司郎中。元和初，遷諫議大夫。新傳：德宗時自監察御史坐廢七年，元和初，爲諫議大夫。

蕭曾又金外。

石刻崔敖大唐河東鹽池靈慶公神祠碑：貞元九年冬，户部尚書裴公延齡表職方郎中、兼侍御史馮公興駐車蒲城，以馭羣吏，分命前永樂縣丞張巨源、見户外。前鄭縣丞蕭曾率屬而臨之。山西安邑。

許季同又金外。

元和姓纂八語：撫州刺史許鳴謙見度中。生季同，金部郎中，晉陵人。新許孟容傳：弟季同舉進士，自監察御史歷長安令，再遷兵部郎中，徙京兆少尹。唐科名記：貞元八年，陸贄主司試明水賦、御溝新柳詩，其十一人許季同。韓子年譜。唐會要七十六：貞元十年十二月，賢良方正能直言極諫科許季同及第。緯略脱「許」字。白居易許季同可祕書監制畧云：勅：大理卿許季同，以明愼欽恤理刑獄，以文學博雅長圖籍。由廷尉而長祕府，論者榮之。白氏文集四十九。白居易前長安縣令許季同除刑部郎中前萬年縣令杜羔除户部郎中制：前長安縣令許季同、前萬年縣令杜羔等，頃自郎署，分宰京邑，而長吏待之，小乖常禮。雖同辭託故，苑作「疾」。動未得中，然遠耻以退，道不失正。各從免職，亦既踰時。況文行政能，皆推於衆，詢諸時議，宜有遷授。尚書郎缺，方選才良，憲部人曹，俾膺並命。季同可刑部郎中，羔可户部郎中。白氏文集五十五。新杜羔傳：元和中，杜羔爲萬年令，許季同爲長安令，京兆尹元義方責租賦不時，繫二縣吏，將罪之。羔等辯列尤苦，尹不爲縱。羔乃謁宰相，請移散官。憲宗遣中使問狀，具對（政）府〔政〕苛細，力不堪奉。詔皆免官，奪尹三月俸。議者以羔爲直。韓愈祭虞部張員外季友文，稱元和十年月日，京兆尹許季同等。文苑英華九百八十七。舊李渤傳：穆宗初，李渤爲考功員外郎，定京官考，奏大理卿許季同任使犯贓，合考中下，然弃家歸朝，請考中中。舊穆宗紀：長慶元年十月，以祕書監許季同爲華州刺史，潼關防禦、鎭國軍使。二年十月，以前華州刺史許季同爲工部侍郎。敬宗紀：長慶四年七月戊午，太子賓客許季同卒。元稹吉旼守京兆府渭南縣令制，稱京兆尹季同。元微之文集四十八。王元啟云：此疑長慶中再歷官。

陳諷 見吏中、勳中，又倉外。

韋審規 見左中、左外。

樊宗師 見左中。新傳：元和中，自著作佐郎歷金部郎中、綿州刺史。韓愈南陽樊紹述墓誌銘：嘗以金部郎中告哀南方，還，言某師不治，罷之。以此出爲綿州刺史，一年，徵拜左司郎中。昌黎先生集三十四。

裴誼 舊文宗紀下：大和四年九月丁丑，以大理卿〔裴〕誼檢校右散騎常侍，江西觀察使。

新李遜傳：子（元）方〔玄〕，裴誼奏署江西府判官。　新循吏韋丹傳：大和中裴誼觀察江西，上言爲韋丹立祠堂，刻石紀功，不報。　又七年四月甲申，以江西觀察使裴誼爲宣歙觀察使。　八年九月，故江西觀察使裴誼乖於廉察，削所贈工部尚書。

楊濳見户外。　白居易楊濳可洋州刺史等制，稱朝散大夫、守尚書金部郎中、上柱國楊濳。白氏文集四十八。

蘇弘又倉外。　元和姓纂十一模：蘇端，見度外。藍田人，生弘。不詳歷官。　新盧坦傳：憲宗時，盧坦拜宣歙池觀察使。初，劉闢壻蘇彊坐誅，彊兄弘宦晉州，自免去，人莫敢用者。坦奏「弘有才行，其弟從闢時，距三千里，宜不通謀，今坐廢，非用人意」，因請署判官。帝曰：「使彊不誅，尚録其材，況彼兄耶！」　李翺故東川節度使盧公傳：劉闢反逆，其壻蘇彊坐誅死，彊兄弘爲晉州從事，自免歸，人莫敢用。坦奏言「蘇弘有才行，其弟彊坐劉闢反誅，弘與彊相去三千里，必不通謀，以彊廢弘，作陛下惜材之志」，因請弘以爲判官。上曰：「假令蘇彊當時不就誅，尚依隨材而任之，況在其兄耶！」遂得請。李文公集十二。　白居易會昌二年春題池西小樓詩：蘇李冥濛隨燭滅。原注：蘇庶子宏、李中丞道樞，十餘年皆樓中歌、酒中伴，或歿或散，獨予在焉。白氏文集三十六。

丘紓又膳外補。　元稹授丘紓陳鴻員外郎制：朝議郎、行左補闕、上柱國丘紓久於侍從，可以序遷，可膳部員外郎。文苑英華三百九十二。 詳膳外補。 陳鴻見左中補。

蕭澣 又金外。 新表蕭氏齊梁房：東川行軍司馬頤子澣，字明文。 李商隱唐刑部尚書致仕白居易神道碑：憲宗二年，以盩厔尉試進士，取故蕭遂州澣爲第一。 唐文粹五十八。 舊文宗紀下：大和七年三月丁巳，以給事中蕭澣爲鄭州刺史。 新李宗閔傳：大和中，李德裕爲相，帝曰：「衆以蕭澣等爲黨魁」。德裕因請皆出爲刺史，帝然之。即以澣爲鄭州。 九年七月，貶刑部侍郎蕭澣遂州刺史。 八月再貶。 蕭澣初至遂州造二幡竿施於寺，設齋慶之，齋畢作樂，忽暴雷霹靂，竿各成數十片，至來年當雷霹日，澣死。 酉陽雜俎四。

張公儒 嚴州重修圖經刺史題名：張公儒，大和六年十月五日，自職方郎中拜。

劉茂復 新田弘正傳：長慶元年七月，成德軍亂，節度使田弘正并家屬將吏三百餘人遇害，判官劉茂復獨免，士相戒曰：「是人議事盡忠，遇吾等信，敢干其家者共殺之。」

蕭俶 新表蕭氏蕭梁房：大理司直悟子俶。不詳歷官。 舊傳：俶以蔭授官。 大和中，累遷至河南少尹。 九年五月，拜諫議大夫。 開成二年，出爲楚州刺史。 新蕭俛傳：開成初，弟俶爲楚州刺史。

李續 見吏外、度外。

鄭澥 又御史臺右側侍御兼殿中題名。 舊李愬傳：元和十二年十月，李愬將襲蔡州，其月七日，使判官鄭澥告師期於裴度。新傳：元和十一年。新書藝文志乙部史録雜史類：鄭澥涼國公平蔡録一卷。字蘊士，李愬山南東道掌書記，開州刺史。

趙真齡見吏中，又倉中。

嚴澗又祠外、主中，又御史臺碑額監察題名　元微之文集二十三有鄂州寓館嚴澗宅詩。原注：時澗不在。

紇干皋見勳中。

盧弘止見吏中補、度中補。　二傳失載。

李拭　新表江夏李氏：憲宗相鄘見吏中。子拭，起居舍人。　新李鄘傳：子拭，仕歷宗正卿、京兆尹、河東鳳翔節度使，以祕書監卒。　舊李鄘傳：子柱，「拭」誤，官至浙東觀察使。　唐會要七十六：大和二年閏三月，軍謀宏遠堪任將帥科李式及第。緯畧誤「大曆」。　文宗委中書門下處分制科及第人詔：軍謀宏遠堪任將帥科舉人第四次等李拭，中書門下即與處分。大詔令。　資治通鑑唐紀六十二：會昌二年正月，朝廷以回鶻屯天德、振武北境，以兵部郎中李拭爲巡邊使，察將帥能否。三月，李拭巡邊還。新劉沔傳：會昌二年，天子使兵部郎中李拭調兵食，因視諸將能否。新回鶻傳：武宗即位，回鶻亂，帝用兵部郎中李拭行邊刺狀。　又唐紀六十四：會昌五年四月壬寅，以陝虢觀察使李拭爲册黠戛斯可汗使。

唐會稽太守題名記：李拭，大中二年二月，自京兆尹除檢校左散騎常侍授，二年十月追赴闕。會稽掇英總集十八。嘉泰志同。舊宣宗紀：大中四年九月，以朝請大夫、檢校禮部尚書、孟州刺史、河陽三城節度使李拭爲太原尹、北都留守、河東節度使。大中五年五月，以太原尹、河東節度使李拭爲鳳翔節度使。元稹李拭授宗正卿等制，稱殿中監三字據苑增。李拭，踐履中外，論倫苑作「備」。古今，主宗之盟，綽有餘譽。苑作「裕」，是。可檢校左散騎常侍、兼宗正卿，餘如故。元微之文集四十五。案：元稹知制誥在穆宗初，與拭時代不甚合。考宗室世系表蜀王房有都官郎中嗣瓌子拭初名橦，宗正卿，乃宗正卿仍叔之父，見倉中，時代正合，疑是。崔琮鳳翔李業河東李拭並加招討使制：河東節度使、檢校禮部尚書李拭，早膺儒術，克擅文場。幼挺瑚璉之姿，尤通冉季之政。累更重任，必播能名。領北門而克己訓士，勤勞備著，功效居多。文苑英華四百五十一。

王含 樊汝霖韓文公譜注：王含，元和八年進士。五百家註音辯昌黎先生文集二十。昌黎先生集二十有送王秀才序。考異曰：或作「進士王含」，五百家本作「王含秀才序」。唐會要二十六：開成二年八月，文宗御延英，對刑部郎中千乘、王含、大理少卿李武、韋紓等，自後朔望即對刑法官，以詳重輕也。

孫範 新表武邑孫氏：邕府經略公器子、東都留守簡見左中補。弟範，監察御史。舊文苑中孫逖傳：曾孫簡、範並擧進士。會昌後，兄弟繼居顯秩，歷諸道觀察使。新書文藝傳中：範，淄青節度使。

張固　桂林風土記：前政張侍郎名固，大中年重陽節，宴於山外高峯。新書藝文志丙部子録小説家類：張固幽閑鼓吹一卷。

陸紹　新表陸氏太尉枝：福建觀察使庶子紹，潁州刺史。杜牧陸紹除信州刺史等制：中大夫、前使持節申州諸軍事、守申州刺史、上柱國、賜紫金魚袋陸紹，其先君子，仍代作相，能以儒學，緣飾吏理，云云。樊川文集十八。劉禹錫王公質神道碑：羔雁所禮，則吴郡陸紹。劉賓客文集三。酉陽雜俎五：虞部郎中陸紹，元和中，嘗看表兄於定水寺。

韋博見左中、勳中，又主中。

羅劭權見封中，又倉外。新傳失載。

鄭漳　新表鄭氏北祖房：楚州刺史膺甫見祠中。子漳，太子少傅。新通王滋傳：宣宗詔鄆王居十六宅，餘五王處大明宮内院，以諫議大夫鄭漳、兵部郎中李鄴見户外。爲侍讀，五日一謁乾符門，爲王授經。鄆王立，乃罷。東觀奏記下：大中十二年，始用在諫議大夫鄭漳、兵〔馬〕〔部〕郎中李鄴爲鄆王已下侍讀。時郢王居十六宅，夔、昭已下五王居大明宮內院，數日追制改充夔王已下侍讀，五日一入乾符門講讀。鄆王即位後，其事遂停。唐會要二十六同，「鄭漳」誤「鄭覃」。舊令狐滈傳：起居郎張雲疏論：「大中十年，令狐綯以諫議大夫豆盧籍、見左中補。刑部郎中李鄴爲夔王已下侍讀，欲立夔王爲東宮，欲亂先朝子弟之序。」新傳畧同。

劉潼又祠中補、主外。新表曹州南華劉氏：華州司馬灌子潼，字子固，河東節度使。新劉暹見户中傳：孫潼，推進士第，自度支巡官累遷祠部郎中。大中初，討党項爲供軍使。

高弘簡見度中。

崔荆錢珝授李褎刺史等制：崔荆可刑部員外郎。文苑英華四百十一。詳考外李褎注。芝田録：崔珙爲東都留守、判尚書省事，中書舍人崔荆爲庶子，（分）〔公〕務謁珙，珙不爲見。荆乃求與珙素厚善者，使候問之，珙怒不已。他日，因酒酣，復詰之，居守益忿曰：「珙誓不與此人相面，且人爲文詞，言語何限？豈可以珙弟兄作假對耶！」荆終不諭，親族咸憂慄不安。甥姪中有穎悟者，探取荆文集詳之，乃掌制日貶崔球爲撫州郡丞云。因奮緣雁序，鼓扇澆風，荆因爾感疾。太平廣記二百四十四。

杜宣猷又祠外。舊高元裕傳：開成四年，高元裕爲御史中丞，監察御史杜宣猷等以不稱，出爲府縣之職。新傳：御史官屬不稱職者，監察御史杜宣猷等並奪職。黄璞王郎中棨傳：咸通三年，成名歸覲，廉使杜公宣猷請署團練巡官，景慕意深，將有瑶席之選。麟角集。

李景素　新表隴西李氏姑臧大房：祕書監上公見上。子景素，太子庶子。舊李蔚見考中傳：父景素，大和中進士。

韋退之見左中、户外。

張傑夫　舊張毅夫見主外傳：正甫，毅夫見左外。父、兄式見左外。子傑夫等相次登科。

崔隋見勳中補、户外。

穆栖梧　元和姓纂一屋：御史穆員生栖梧，泗州刺史，兼疑脱「中」字。丞，河南人。石刻將仕郎權知幽州良鄉縣主簿范隋柱國告，稱朝散大夫、尚書水部郎中穆栖梧等。咸通二年六月十一日，駕部郎中、知制誥臣王鐸行。

李緘王本下一字缺，趙本作「緘」，鉞審定是「緘」字。無考。

趙璘又度中、祠外。　新表南陽趙氏：昭應尉伉子璘，字澤章。因話録三：開成三年，余忝列鈔本「判」。第。考官刑部員外郎紇干公。見勳中。鄙人蹇薄，晚方通籍。又一：大中七年冬，詔來年正月一日，御含元殿受朝賀，璘時爲左補闕，請權御宣政殿。

又一：宰相因奏對，以遺、補多闕，請更除八人。上曰：「諫官但要職業修舉，亦豈在多。只如張道符、牛業、趙璘輩三數人足矣，使朕聞所未聞。」資治通鑑唐紀六十五：大中七年十二月，左補闕趙璘請罷來年元會，止御宣政。新牛叢傳：宰相請廣諫員，宣宗曰：「諫臣惟能舉職爲可，奚用衆耶？今張符、趙璘、牛叢使朕聞所未聞，三人足矣。」

東觀奏記上：大中十年，鄭顥知舉，後宣宗索科名記，顥表委當行祠部員外趙璘採訪諸家科目記，撰成十三卷。北夢瑣言十：趙璘員外爲裴坦相漢南從事，璘甚陋。

趙璘直書戒珠寺：余長慶中始冠，將爲進士生，寓此肄業。及開成，余以前讐校祕書游越，逮今二十二，換四時矣。循分累寸，奇蹇塵寰，晚守江嶺，强號顯達。末題咸通三年正月二十五日，中大夫、守衢州刺史趙璘直書。會稽掇英總集十六。「直」疑「真」誤。

新書藝文志丙部子録道家類：棲賢法雋一卷。原注：僧惠明與西川節度判官鄭愚、漢州刺史趙璘論佛書。又丙部子録小説類：趙璘因話録六卷。原注：大中衢州刺史、水部員外郎趙璘。案，此書今存前題。又丁部集録別集類：趙璘表狀集一卷。

崔憚無考。

李湯新表小鄭王房：宗閔見吏外。兄宗冉子湯，字希仁，給事中。舊李宗閔傳：弟子湯累官至給事中，咸通中踐更臺閣，知名於時。新李宗閔傳：弟子湯累官京兆尹，黄巢陷長安，殺之。舊僖宗紀：乾符四年正月，以諫議大夫李湯爲給事中。

鄭畋見户中。舊傳：咸通五年，自從事入爲刑部員外郎，轉萬年令。九年，劉瞻作相，薦爲翰林學士，轉户部郎中。尋加知制誥，俄遷中書舍人。不云金中。新傳：入爲刑部員外郎，劉瞻薦授户部郎中，翰林學士，俄知制誥。

鄭綮見左外。

李磵見户中，又倉外。

任繕二本「繕」誤「結」。又主中。京兆金石録：唐平盧節度孫公妻滎陽郡君鄭氏墓誌，唐任繕撰。大中四年。京兆府長安縣。寶刻叢編七。

令狐纁又倉外。神仙感遇傳：錢道士，杭州臨安人，初從太守令狐纁至京師。又令狐絢，餘杭太守纁子。

羅洙又金外。南部新書戊：大中九年，沈詢尚書知舉，第七人放羅洙。

崔彦回新表清河小房崔氏：玘子彦回，字端源。毛本「瑞」。

吕熀無考。又倉外。

裴延魯新表東眷裴氏：江西觀察使儔子延魯，字東禮，浙東觀察使。唐才子傳八：于濆，咸通二年，裴延魯榜進士。唐會稽太守題名記：裴延魯，咸通十五年六月自中書舍人授浙東觀察使。乾符二年十月二十一日加左散騎常侍。會稽掇英總集十八。嘉泰志同。

林滋 又度中。 唐摭言三：會昌三年，王起僕射再主文柄，門生一榜二十二人，和周墀詩第十一人。林滋字後象。

李涪 新表蔡王房：太子賓客容子涪，詹事府丞。 又大鄭王房：太子太傅福見戶中。子涪。不詳歷官。 新叛臣下王行瑜傳：始，王行瑜亂，宗正卿李涪盛陳其忠，必悔過。乾寧二年，斬行瑜，帝怒，放死嶺南。 李氏刊誤序，前題唐國子祭酒李涪撰。 新書藝文志丙部子錄小說家類：李涪刊誤二卷。 刊誤上：予亦爲尚書郎陪郎上事多矣。又云：予嘗爲河南少尹。下：予乾寧三年九月，行弔名士之家。

崔亞 「崔」二本缺。 北夢瑣言十一：唐崔亞郎中典眉州。 孫樵唐故倉部郎中康公墓誌銘：大中二年冬，爲進士試官，峭獨不顧，雖權勢莫能撓。其與選者，不逾年繼踵昇第，今尚書屯田郎中崔亞十輩皆出其等列。孫可之文集八。 咸通十三年。

鄭誠 見戶中、主中附存。 舊僖宗紀：乾符三年七月，以金部郎中王慥爲戶部郎中，主客郎中鄭誠爲金部郎中。 格案：當是「金部郎中鄭誠爲戶部郎中」，蓋與王慥誤互易其官位耳。說見戶中附存王慥注。

王慥又主中、户中附存。　新表太原第二房王氏：鎡子愔見祠外。弟慥。不詳歷官。　舊僖宗紀：乾符三年六月，以荆南節度副使王慥爲主客郎中。七月，以金部郎中王慥爲户部郎中。格案：當是「主客郎中王慥爲金部郎中」，説見上。　禪月集十二：聞王慥常侍卒三首。注：公爲婺州大理。

盧鄴　新表盧氏：太子太師鈞見吏中。子鄴，字漳臣，祕書省校書郎。　雲谿友議二浙東廉使李尚書訥聽盛小叢歌送崔侍御元範，有觀察疑脱「支」字。使盧鄴和詩。　唐詩紀事五十九：盧鄴，大中四年登第。

王葆　新表琅邪王氏：貞伯子葆，字禮羽。　資治通鑑唐紀六十九：乾符四年二月，王郢攻台州，陷之。刺史王葆退守唐興。嘉定赤城志八：乾符五年，崔葆爲台州刺史。

【補遺】

秦叔恂金外有叔惲。　元和姓纂十七真：唐金部郎中秦叔恂，河内武德人。

韋仲鋭　新表韋氏逍遥公房：秦州刺史協子仲鋭，金部郎中。姓纂同。

盧律師　新書藝文志乙部史録刑法類：永徽留本司格後十一卷，金部郎中盧律師等奉詔撰，儀鳳二年上。會要三十九：「金部」作「右司」。

李思諒又倉中、祠外。新表趙郡李氏東祖房：散騎常侍來王子思諒，金部郎中。

周行謩元和姓纂十八尤：金部郎中周行謩，隴西人。

魏嗣萬又金外。元和姓纂八未魏氏東祖後：吏部員外郎、中書舍人求己見吏外補。生嗣萬，金部郎中，鉅鹿人。

劉庭璥又金外。元和姓纂十八尤：金部郎中劉翁彥公彥見上。生崇基，崇基生庭璥，金部郎中，沛國相縣人。

徐峻見封外，又倉中。元和姓纂九魚：徐峻，金部郎中，長城人。

鄭繁見左中補、吏外補、户外，又倉外。舊傳：歷監察、殿中，倉、户二員外郎，金、刑、右司三郎中。新傳：擢累左司郎中。

【附存】

吴通微見金外、禮中補。重修承旨學士壁記：吴通微，建中四年自金部郎中充。翰苑羣書上。翰林院故事：金外充。

唐尚書省郎官石柱題名考卷十六

金部員外郎

唐六典：户部尚書，其屬有員外郎一人，從六品上。隋日承務郎，皇朝爲員外郎。龍朔、咸亨隨曹改復。掌同郎中。舊書、新書同。

鄭通諒　尹文憲　秦叔惲　杜超　王昕
張珪　殷令名　李太沖　裴行儉　韋惲
權知本　李伯符　獨孤璡　房正則　裴克諧

唐不占　趙崇嗣　夏侯亮　齊璿　王宏之
徐昭　游祥　盧師丘　宇文有意　楊博物
紀先知　田貞松　李幾道　李仙童　李元恭
魏嗣萬　李頲　趙金轂　崔先意　何敬之
紀全經　衡守直　劉庭璥　杜元志　李守直
齊澣　魏恬　陸遺逸　陸景融　盧廙
袁仁敬　宋珣　杜令昭　薛縑　鄭長裕
鄭少微　馮紹烈　李庭誨　孔昚言　姜昂
夏侯銛　馬元直　馮光嗣　張利貞　呂周
鄭昭　張埱　盧諭　陽潤　徐浩
王元瑾　馮用之　張漸　吴伋　邊承裴
盧允　沈震　盧簡金　姚沛　李澥
崔禕　裴皐　張之緒　裴霸　趙縱
裴冀　陳少游　李昂　杜良輔　王孚
韋寂　屈無易　鄭岑　崔縱　崔審

韋士模　高參　趙計　顏頖　張植　段文通　李顧行　趙柷　李貽孫　張覺　于德晦　王冰　張乂思　楊範　李道彝

吳郁　侯嶠　蕭存　陸則　段鈞　蕭澥　崔元式　韓益　李弘休　李潘　盧潁　趙隱　裴德符　源蔚　杜致美

王緯　吳通微　韋顥　許季同　崔瑄　李孝嗣　李武　陳玄錫　馬曙　張特　孟球　嚴都　敬湘　張旡逸　周禹

袁高　竇參　蕭曾　崔從　路異　史備　陸暢　李敬方　馮韜　馮緘　李俶　李蘧　趙祕　張譙

李舟　獨孤良器　鄭敬　元宗簡　路羣　呂鏄　杜慥　李播　韋同靖　陳翰　鄭延休　崔厚　羅洙　竇珝

【補遺】

韋幼平　黄麟　郭良　劉繹　韋縠

崔夷甫　奚陟　蔡南玉

鄭通諒無考。

尹文憲　元和姓纂十七準：隋長寧王長史尹式生文憲，中書舍人、給事中，樂城人。

秦叔惲金中補有「秦叔恂」，疑即「叔惲」之誤。

杜超見左中補，又倉中。

王昕　新表烏丸王氏：美暘見封中。子昕，司農卿、薛公。石刻□□丫ソ□□王美暢夫𤯔長孫氏墓誌銘：子昕等。不詳歷官。　又表琅邪王氏：武后相綝吏中「方慶」。子昕，字光業，忠王司馬。　新書地理志：句容縣西南三十里有絳巖湖，大曆十二年，令王昕復置。至大金陵新志五下作「十三年」。　樊珣絳巖湖記：大曆十二祀，縣大夫、兼大理司直太原王公昕蓄爲湖塘。文苑英華八百十三。　獨孤及撫州南城縣客館新亭記：廣德二年，台司擢王公昕爲南城。毘陵集十七。　長安志七唐京城一：朱雀門街之東，安仁門坊西南，汝州刺史王昕宅。昕，薛王業之舅，親王外家，甲第並列，京城美之。

張珪見户中補。

殷令名見金中。

李太沖又祠中。新表趙郡李氏東祖房：隋大理少卿孝威子太沖，雍王友。舊書孝友李知本傳：父孝端與族弟太沖，俱有世閥，而太沖官宦最高。新傳同。新書文藝下李華傳：曾祖太沖，名冠宗族間，太宗時擢祠部郎中。

裴行儉見户外。張說贈太尉裴公神道碑：明經，補左屯衞倉曹，詔舉，轉雍州司士，遷金部、户部二員外。歷都官郎中、長安令。張說之文集十四。舊傳：自左屯衞倉曹參軍，顯慶三年，六遷長安令。

韋惲見户外、度中補。

權知本無考。

李伯符　石刻唐益州學館廟堂記碑陰有德陽縣令趙郡李伯符。永徽元年二月。四川華陽。

獨孤琟見金中。

房正則無考。見吏外。

裴克諧　新表洗馬裴氏：袒曾孫克諧，都官員外郎。

唐不占　新表唐氏：尚書左丞、益州長史皎子不占，字思義，金部員外郎。

趙崇嗣　元和姓纂三十小：兵部郎中、殿中、武强公趙元楷生崇嗣，虞部郎中、商州刺史，天水西縣人。　李嶠授趙崇嗣南由縣令等制，稱朝議郎、前行慶州同川縣丞趙崇嗣，典農朔陲，有京庾之績。可行隴州南由縣令，散官如故。文苑英華四百十五。

夏侯亮　唐會要六十六：儀鳳後，夏侯亮檢校隴右諸牧監使。

齊璿　元和姓纂十二齊：唐黄門侍郎齊璿，成都人。　四川成都志十一：齊璿，證聖元年，自尚方監爲益州大都督府長史。

王宏之無考。

徐昭　新表北祖上房徐氏：春官尚書、枝江郡公筠子昭，字德光，虞部郎中。元和姓纂同。　新李嗣真傳：賀蘭敏之修撰東臺，表李嗣真直弘文館，與學士劉獻臣、徐昭皆少有名，號「三少」。　唐會要七十六：乾封元年，幽素科徐昭及第。緯畧同。

游祥　元和姓纂十八尤：唐比部郎中游仁宗生祥，金部員外，廣平人。

盧師丘見金中，作「師立」。

宇文有意　元和姓纂九麌：宇文儒童孫有意，膳部郎中、兗州刺史，河南洛陽人。

楊博物無考。

紀先知見吏中。

田貞松無考。　見勳中。

李幾道　考「道」誤「通」。

李仙童　新宗室表蔡王房：尚旦子仙童。不詳歷官。又宰相表趙郡李氏東祖房：蔚州司馬君武子仙童。不詳歷官。

李元恭見勳中、勳外。

魏嗣藺見金中補。

李頲又主中。　新宗室表蔣王房：嗣蔣王、左千牛衛將軍欽福子頲。不詳歷官。

趙金穀　元和姓纂三十小：趙金穀本名鍾，唐金部員外、洪州都督，河間鄚吾縣人。張九齡故辰州盧溪令趙公碣銘：有子曰瑝，歷官侍御史、尚書郎、洪州都督。唐丞相曲江張先生文集二十。　案碣銘：公大祖旴，北齊河間通守，因家於饒陽，亦既重世，今爲饒陽人。考饒陽卽深州，本析定州瀛州置。瀛州卽河間郡，與姓纂徙河間頗合，「鍾」疑「瑝」之誤。

崔先意　新表博陵二房崔氏：挻後承福見左中。子先意，鄧州刺史。呂溫崔公淙行狀：祖諱先意，皇朝朝議大夫、守鄧州刺史。呂衡州文集五。

何敬之無考。又禮中。

紀全經見户中補。

衡守直見金中。

劉庭璬見金中補。

杜元志見考中，又祠中。

李守直無考。

齊澣見勳外。舊文苑傳中：景雲（三）〔二〕年爲監察御史。開元中爲給事中，遷中書舍人。新傳同。

魏恬見吏外、金中。二傳失載。

陸遺逸　朝野僉載：中書令崔湜，太平黨，被流嶺南。至荆州，尋有御史陸遺（免）〔勉〕齎敕令自盡。太平廣記二百七十九。

陸景融見金中。二傳失載。

盧廙又御史臺監察題名。新表盧氏：宏肅子廙，商州刺史。御史臺記曰：唐殿中内供奉盧廙持法細密，雖親故貴勢，無所迴避。太平廣記二百四十九。

袁仁敬見吏中、勳外，又倉外。

宋珣　唐會要八十五：開元九年正月，監察御史宇文融奏大理評事宋珣等充勸農判官。詳監察宇文融注。　王維裴僕射耀卿齊州遺愛碑：大駕還都，分遣中丞蔣欽緒、御史劉日政、見吏中。宋珣等巡按，皆嘉公之能，奏課第一。

杜令昭又倉中，又御史臺侍御殿中監察題名。　新書地理志：海州朐山縣東二十里有永安隄，北接山，環城長十里，以捍海潮，開元十四年刺史杜令昭築。

薛繺　新表薛氏西祖房：少府少監寶胤子繺，金部員外郎。　元稹唐故越州刺史兼御史中丞浙江東道觀察等使贈左散騎常侍河東薛公戎神道碑文銘：祖曰河南縣令、贈給事中繺，於邠州刺史寶胤爲季子。元微之文集五十三。　韓愈唐故朝散大夫越州刺史薛公墓誌銘：邠州刺史寶允季子諱繺，爲河南令以卒。昌黎先生集三十二。考異「繺」或作「謙」。

鄭長裕又倉中、祠外。

鄭少微見吏中、户中。

馮紹烈又御史臺侍御殿中監察題名。　元和姓纂一東：邢州刺史、安昌公馮紹泰生昭烈，兵部郎中、鴻臚卿，京兆人。「邢州」原誤「刑部」，據張説之文集改。　舊宇文融傳：開元中司農少卿蔣岑見膳外補。舉奏宇文融在汴州迴造船脚，隱没巨萬，給事中馮紹烈又深文按其事實。新傳：司農發宇文融在汴州給隱官息錢巨萬，給事中馮紹烈深文推證。張說故括州刺史贈工部尚書馮公昭泰神道碑：天子嚴謁山陵，推恩庶，辟公次子給事中紹烈，並搆會堂，仰延榮贈。又云：第五子紹烈御史中丞。張說之文集二十五。開元十八年。

李庭誨 又御史臺殿中監察題名。石刻張之宏兖公之頌：都督渤海李公諱庭誨。天寶元年四月。山東曲阜。

孔睿言 新表下博孔氏：國子司業惠元子、祠部郎中立言俱見祠中。弟慎言，黃州刺史。孔氏祖庭廣記六：慎言三十五代，黃州刺史。舊書隱逸衛大經傳：開元初，畢構爲蒲州刺史，謂解令孔慎言造門就謁，時已年老，辭疾不見。新傳同。

姜昂 見左外、勳中。蘇頲授姜昂右司員外郎制，稱尚書金部員外郎姜昂，可尚書右司員外郎，散官、勳如故。文苑英華三百九十一。

夏侯銛 見度外。

馬元直 又御史臺監察，又左側題名。元和姓纂三十五馬：太府卿馬元素生元直，金部員外，西河人。輿地碑記目四潼川府引圖經云：馬元直在唐爲滁州刺史，家有開元中誥。

馮光嗣 見勳外，又倉外。

張利貞 又御史臺監察，又左側（三見）題名。舊牛仙客傳：開元二十四年，河西節度崔希逸見吏中。奏牛仙客在河西時，省用所積鉅萬，上令刑部員外郎張利貞馳傳往覆視，所積倉庫盈滿，器械精勁，皆如希逸之狀。新傳畧同，避嫌名去「貞」字。舊安祿山傳：天寶初河北採訪使張利貞常受祿山賂。定命録：張利貞代韋恒見左外。主陳留郡，卒於城中。太平廣記一百四十七。韓愈唐故河南縣令張君署墓誌銘：大父利貞有名，玄宗世爲御史中丞，舉彈無所避，由是出爲陳留守，領河南道採訪處置使，數歲卒官。昌黎先生集三十。

呂周又度中，又御史臺陰右稜，又左側題名。孫逖授呂周侍御史等制：稱行殿中侍御史呂周。文苑英華三百九十四。詳御史題名。

鄭昭見封中、户中。

張埱新表洛陽張氏：睿宗、玄宗相説子(埱)〔埱〕，給事中。舊張均傳：天寶十三載，出均弟埱爲宜春郡司馬。李肇翰林志作「十二載」。新傳：自給事中爲宜春郡司馬。韋執誼翰林院故事：開元二十六年，始以翰林供奉改稱學士，自後給事中張淑等相繼而入焉。又云張淑自給事中充。翰苑羣書上。張九齡故開府儀同三司行尚書左丞相燕國公贈太師張公説墓誌銘：季子曰埱，符寶郎。開元二十年。唐丞相曲江張先生文集十八。

盧諭見户外。

陽潤無考。 又御史臺殿中，又右側侍御兼殿中題名。

徐浩又御史臺左側題名。 元和姓纂九魚：洛州刺史徐嶠之生浩，吏部疑脱「侍」字。郎、東海郡公，居會稽。 舊傳：字季海，越州人。舉明經，自太子司議郎遷金部員外郎，歷憲部郎中。 石刻大唐嵩陽觀紀聖德感應頌：朝散大夫、檢校尚書金部員外郎、上柱國臣徐浩書。天寶三載二月。河南登封。 石刻張式大唐故銀青光禄大夫彭王傅上柱國會稽郡開國公贈太子少師東海徐公神道碑銘：改太子司議郎，東都留守王倕辟從其事。遷金部員外郎，轉都官郎中，充嶺南選補使，轉刑部郎、兼司農少卿，再轉兵部，領東都選舉。河南偃師。

王元璡無考。 又御史臺右稜陰左稜題名。

馮用之又倉中。 元和姓纂一東：萬年縣令馮用之，洛陽人。 集古録目：唐户部尚書章仇兼瓊碑，唐檢校倉部郎中馮用之撰。碑天寶十年立。寶刻叢編七。京兆府長安縣。

張漸 舊蘇晉傳：蘇晉與洛陽人張仲之兄弟友善，仲之謀殺武三思，下獄死。晉厚撫仲之子漸，有如己子，教之書記，爲營婚(官)〔宦〕。晉卒，漸制猶子之服。 新傳：蘇晉厚撫張仲之之子漸，爲營婚宦。晉卒，漸喪之若諸父云。 新書文藝中蕭穎士傳：天寶時，倭國遣使入朝，自陳國人願得蕭夫子爲師者，中書舍人張漸等諫不可而止。韋執誼翰林院故事：開元二十六年，始以翰林供奉改稱學士，自後中書舍人張漸等相繼而入焉。又云：開元已後張漸自中人充。丁居晦重修承旨學士壁記：張漸中書舍人充。並翰苑羣書上。舊趙國珍傳：天寶中，中書舍人張漸薦趙國珍有武畧，習知南方地形。新外戚楊國忠傳：天寶十載，楊國忠拜劍南節度、支度、營田副大使，知節度事。本道山南西道採訪處置使，開幕府，引張漸等自佐，而留京師。舊楊國忠傳：楊國忠黨翰林學士張漸等憑國忠勢，(路)〔招〕來賂遺，車馬盈門，財貨山積。天寶十五載，國忠敗，皆坐誅滅。新外戚傳：翰林學士張漸等俱走山谷，民争其貲，富埒國忠，漸坐誅。嚴州重修圖經刺史題名：張漸，天寶九載十月□日，自饒州刺史拜。

吴伋無考。　又御史臺右側侍御兼殿中題名。

邊承裴　文苑英華五百十七有邊承斐一作「裴」。對太廟登歌判。又五百三十六：邊承斐總目作「裴」。對太室擇嗣判。

盧允見吏中、勳中、金中。

沈震又御史臺左稜，又右側侍御兼殿中題名。　元和姓纂四十七寑：大理正易直子震，祕書少監，吳興武康縣人。殷亮顔魯公行狀：玄宗以公爲户部侍郎，依前平原太守，充本郡防禦使。公以前侍御史沈震爲判官。顔魯公文集。新顔真卿傳：詔拜户部侍郎，用沈震爲判官。令狐峘顔魯公神道碑銘前殿中侍御史沈震等各抒器能，參贊成務。據年譜，時在天寶十五載正月。舊后妃睿真皇后沈氏傳：德宗贈太后父易直第二子祕書少監震太尉。顔真卿吳興沈氏述祖德記：乾元中，徵士騶士製述祖德碑爲盜火所襲。過江二十葉，孫御史中丞震，移牒郡國，請其封葺。文忠集十三。陸贄論朝官闕員及刺史等改轉倫序狀：頃者臣因奏事，論及内外序遷，陛下乃言：「舊例居官歲月皆久，朕外祖曾作祕書少監，一任經十餘年」。陸宣公集二十一。

盧簡金又倉中。新肅宗紀：天寶十五載六月，朔方支度判官崔疑盧簡金等迎太子，治兵于朔方。舊杜鴻漸傳：天寶末，肅宗北幸，至平涼，杜鴻漸與支度判官盧簡金等謀迎至靈武。新傳略同。

姚沛又主中。釋皎然唐湖州大雲寺故禪師瑀公碑銘：主客郎中姚沛禀龜溪之靈，鵝山之英，門多才傑，世著匡佐，而瑀公善焉。杼山集九。

李澥又御史臺左側題名。新表趙郡李氏南祖房：湖城令雍門墓誌作「雍問」。子澥，字堅冰，刑部侍郎。穆員刑部郎中李府君墓誌：天寶中擢進士。至德歲克復二京，博求多士，自參相府張公鎬軍事徵拜金部員外郎，稍遷刑部郎中。文苑英華九百四十三。

崔禕見吏外、金中。

裴皋　新表南來吴裴氏：耀卿見考外補。子、綜見吏中。弟皋，給事中。　石刻許孟容唐故侍中尚書右僕射贈司空文獻公裴公神道碑銘：子皋，最知名，官至給事中。元和七年。稷山。　韓愈監察御史元君妻京兆韋氏夫人墓誌銘：王考夏卿娶裴氏，皋女，皋爲給事中。昌黎先生集二十四。

張之緒　新表魏郡張氏：高宗相大安見户中。孫、左金吾將軍洽子之緒，都官郎中。　新書藝文志乙部史録職官類：張之緒文昌損益二卷。原注：德宗時人。　杜工部集八有宿青溪驛奉懷張員外十五兄之緒詩。

裴覇見吏外。

趙縱見吏中。

裴冀　舊代宗紀：大曆十二年四月，大理少卿裴翼等十餘人，皆坐元載貶官。新元載傳：與元載厚善坐貶者，裴冀等數十百人。　舊楊炎傳：建中時，楊炎誣殺劉晏，遺腹心裴冀往東都、河陽、魏博諸道宣慰。新傳同。　詳考外補盧東美注。

陳少遊　舊傳：博州博平人，擢第。寶應元年，自河東節度判官入爲金部員外郎。尋授侍御史、迴紇糧料使，改檢校職方員外郎。充使檢校郎官，自少遊始也。新叛臣傳上：累遷侍御史、迴紇糧料使，加檢校職方員外郎。充使檢校郎官，自少遊始。

李昂 見吏中、封外、考外補、户外，又倉外、考中附存。

杜良輔 無考。 見户中、金中，又倉外。

王乎 無考。

韋寂 見左中。

屈無易 元和姓纂八物：大曆中，職方郎中屈無易，洛陽人。

鄭岑 新表鄭氏北祖房：鄆州刺史再思子岑，司門郎中。文苑英華五百二十六有鄭岑對蜡饗不祀判。

崔縱 見封外、户中。 舊傳：自京兆府司録累遷金部員外郎。父渙貶道州刺史，棄官就養。丁父憂，終制，六遷大理卿。新傳：父渙貶，縱棄金部員外郎就養。

崔審 新表博陵安平崔氏：監察御史昇子審，大理卿。舊崔寧傳：弟寬，見左外。寬兄審，大曆中亦任郎中、諫議大夫、給事中。新傳：審至給事中。

韋士模 新表韋氏小逍遥公房：馮翊太守濟子士模，彭州刺史。

吳郁 新編方輿勝覽六十九：吳郁，鳳州兩當人。爲侍御史，以言事被謫，居家不仕，與杜子美交游。杜甫兩當縣吳十侍御江上宅詩：昔在鳳翔都，共通金閨一作「門」。籍。天子猶蒙塵，東郊暗長戟。兵家忌間諜，此輩常接跡。臺中領舉劾，君必慎剖析。不忍殺無辜，所以分白黑。上官權許與，失意見遷斥。又云：余時忝諍臣，丹陛實咫尺。相看受狼狽，至死難塞責。杜工部集三。又十一有范二員外邈吳十侍御郁特枉駕闕展待聊寄此詩。金石録目録六第一千一百七十二：唐夢真容碑。吳郁正書。開元二十九年六月。韋續墨藪：吳郁字體綿密，不謝當時。

王緯 舊傳：字文卿，太原人。舉明經，又書判入等。大曆中，出佐使府，授御史、郎官，入朝爲金部員外郎，劍南租庸使。新傳：大曆中爲路嗣恭江西觀察判官。德宗時進給事中。

袁高又主外。新表樂陵袁氏：中宗相恕己孫淮陽太守建康子高，給事中。舊傳：字公頤，登進士第，累辟使府。代宗登極，徵入朝，累官至給事中、御史中丞。建中二年，擢京畿觀察使。新傳：代宗時，累遷給事中。建中中，拜京畿觀察使。吳興志：袁高，貞元二年，自韶州長史員外置同正員授，遷給事中。統紀云：袁高建中二年。吳興志誤。唐詩紀事三十五：建中二年，高刺湖州。與統紀合。錢氏大昕得高題名於長興小石山，文云：大唐州刺史臣袁高奉詔修茶□記，至□山最高堂，賦茶山詩，興元甲子歲三春十日。又紀事載高詩「皇帝尚巡狩」云云。定爲興元元年，在建中二年。案，興元甲子當是高賦詩之歲，其刺郡當在建中二年也。

前湖州刺史袁高爲給事中。舊德宗紀上：興元元年八月己未，舊傳：自京畿觀察使論事失旨，貶韶州長史，復拜給事中。新傳：自京畿觀察使坐累貶韶州刺史，復拜給事中。趙明誠云：據碑陰記則高代宗朝未嘗爲給事中，德宗朝未嘗拜京畿觀察使，其貶韶州時實爲中丞，而其爲中丞與湖州刺史，傳皆不載，以證唐史之誤。李吉甫唐茶山詩述碑陰記：大曆中，從其父贊皇公辟爲丹陽令，再表爲監察御史、浙西團練判官。德宗嗣位，累遷尚書金部員外郎、右司郎中，擢御史中丞，爲盧杞所忌，貶韶州長史。尋刺湖州。收復之歲，徵拜給事中，以卒。金石録二十八。案，唐會要七十八：建中二年二月十八日，却置京畿觀察使，以御史（疑脱「中丞」二字。）袁高充使。趙云未嘗拜，亦誤。顔真卿湖州烏程縣杼山妙喜寺碑：大曆七年，真卿蒙刺是邦，時浙江衍西觀察判官、殿中侍御史袁君高巡部至州，會於此上。又云：桂之有支徑，以袁君步焉，因呼爲「御史徑」。顔魯公文集四。

李舟 見吏外。梁肅虔州刺史李公墓誌銘：由監察轉殿中侍御史。建中初，朝廷釐飭百度，高選尚書諸曹郎，拜公金部員外郎，遷吏部。文苑英華九百五十一。舊梁崇義傳：建中元年，流人郭昔告變，命金部員外郎李舟諭旨安之。新傳同。詳吏外注。

高參

新書后妃下代宗睿真皇后沈氏傳：建中元年，中書舍人高參上奏，奉迎皇太后議。舊舒王誼傳：建中三年八月，以兵部員外郎高參爲本司郎中，充元帥府掌書記。

舊德宗紀上：貞元元年七月庚申，以諫議大夫高參爲中書舍人。南部新書壬：貞元初，中書舍人五員俱缺，在省唯高參一人，未幾亦以病免。梁肅常州刺史獨孤及行狀：藝文之士，遭公發揚，（集作「揮」。）盛名比肩於朝廷，則有中書舍人渤海高參。（文苑英華九百七十二。）新獨孤及傳：及喜鑒拔後進，如高參等皆師事之。白居易故滁州刺史贈刑部尚書滎陽鄭公墓誌銘：次子公逵，朝賢高參等累以孝悌稱薦。（白氏文集四十二。）

侯嶠

元和姓纂十九侯：金部員外侯嶠，京兆人。文苑英華五百二十一有侯嶠對里正主妹喪判。

吴通微（又禮中補、金中附存。）

舊（文苑下）吴通玄傳：兄通微，建中四年，自壽安縣令入爲金部員外，召充翰林學士。尋改職方郎中，知制誥。七年，改禮部郎中，尋轉中書舍人。（新吴通玄附見竇參傳：弟通微，德宗立，弟兄踵召爲翰林學士。頃之，通微遷職方郎中、知制誥。）舊德宗紀上：建中四年十二月乙丑，以金部員外郎吴通微爲職方郎中，翰林學士如故。韋執誼翰林院故事：貞元已後，吴通微金外充職中，又充知誥，又充賜紫，改大諫，又充。丁居晦重修承旨學士壁記：吴通微，建中四年自金部郎中充，累遷中書舍人、賜紫金魚袋，卒官。（並翰苑羣書上。）

竇參 新表竇氏三祖房：聞喜尉審言子參，相德宗。 舊傳：字時中，自監察御史轉殿中侍御史，改金部員外郎、刑部郎中、侍御史知雜事。無幾，遷御史中丞。新傳：自監察御史入爲御史中丞。

獨孤良器 元和姓纂一屋：獨孤穎生良器，通州刺史，京兆人。原本誤入古今姓氏書辯證三十五，今正。 舊趙宗儒傳：貞元六年，趙宗儒領考功事，右司郎中獨孤良器以過黜之。新傳同。

趙計又祠外。 元和姓纂三十小：殿中監趙計，河東人。 舊代宗紀：大曆十二年十月，御史趙計坐差檢渭南田曲附度支使韓滉云不損，貶官。 舊韓滉傳：大曆十二年秋，霖雨害稼，京兆尹黎幹奏畿縣損田，滉執幹奏不實。命御史巡覆，迴奏諸縣凡損三萬一千一百九十五頃。時渭南令劉藻曲附滉，言所部無損，户部分巡御史趙計復檢行，奏與藻合。代宗覽奏，以爲水旱咸均，不宜渭南獨免，申命御史朱敖再檢，渭南損田三千餘頃。上謂敖曰：「縣令職在字人，不損猶宜稱損，損而不問，豈有恤隱之意也！卿之此行，可謂稱職。」下有司訊鞫，藻、計皆伏罪，藻貶萬州南浦員外尉，計貶豐州員外司户。新傳畧同。

蕭存又倉外。 新文藝中蕭穎士傳：子存，字伯誠。建中初，由殿中侍御史四遷比部郎中。

張滂主財賦，辟存留務京師。權德輿祭故祕書包監文，稱貞元八年五月朔日，故吏金部員外郎蕭存等。權載之文集四十八。白居易遊大林寺序：周覽屋壁，見蕭郎中存、魏郎中弘簡、見户中。李補闕渤三人姓名、文句。又云：自蕭、魏、李遊，迨今垂二十年，寂寥無繼來者。元和十二年四月九日。白氏文集四十三。顏真卿湖州烏程縣杼山妙喜寺碑：大曆壬子歲，真卿叨刺于湖，公務之隙，乃與常熟主簿蕭存以季夏於州學及放生池日相討論韻海鏡源，至冬徙于茲山東偏，來年春遂終其事。顏魯公文集四。

韋顥見金中。

蕭曾見金中。

鄭敬見左中補、户中。

顏頩

石刻顏真卿唐故通議大夫行薛王友柱國贈祕書少監國子祭酒太子少保顏君惟貞廟碑銘：君孫頩，有吏幹，歙州録事參軍，曲阜男。建中元年。陝西西安。

陸則見左中補。

許季同見金中。新傳失載。

崔從見吏外。舊傳：元和初，自宣州團練觀察副使入朝，累遷吏部員外郎。新傳：自宣州副使入爲殿中侍御史，遷吏部員外郎。

元宗簡又倉中。元和姓纂二十二元：元銛生宗簡，河南洛陽縣人。不詳歷官。白居易故京兆元少尹文集序：居敬姓元名宗簡，河南人。自舉進士，歷御史府、尚書郎，訖京亞尹二十年。長慶三年冬，疾歿。白氏文集六十八。又四十九有元宗簡父鋸贈尚書刑部侍郎制。元稹元宗簡授京兆少尹制：宗簡可權知京兆少尹，散官、勳賜如故。元微之文集四十六。

張植 白居易張植李翺等二十人亡母追贈郡縣夫人制，稱壽州刺史張植亡母某氏等。白氏文集五十一。杜牧唐故歙州刺史邢君墓誌銘：今夫人南陽張氏，壽州刺史植女。樊川文集八。邢羣見户外。石刻蜀丞相諸葛武侯祠堂碑陰，武元衡題名，後列知度支西川院事、承奉郎、殿中侍御史內供奉、賜緋魚袋張植。元和四年二月。四川成都。

段鈞 舊吐蕃傳下：元和十二年四月，以殿中侍御史段鈞充弔祭贊普副使。

崔琯見左外、吏中、吏外。舊傳：自諸侯府入朝爲尚書郎。大和初，累遷給事中。新傳：稍歷吏部員外郎，進給事中。

路異又御史臺侍御知雜題名。新表平陽路氏：太子詹事、鄜坊節度使恕子異，兖州刺史。乾道臨安志三：唐杭州刺史路異。詳左中補陸則注。

路羣 新表平陽路氏：諫議大夫季登見勳中。子羣，字正大。二傳作「正夫」。舊路巖傳：父羣，登進士第，又書判拔萃。穆宗初，自監察御史累加兵部郎中。大和二年，遷諫議大夫。新傳：文宗朝累官中書舍人、翰林學士承旨。

段文通 唐會要四十五：元和十五年六月，勅以大理正段文通爲殿中侍御史，準二月五日制勳閥之後，可任臺省官者，故有是命。

蕭澣 見金中。

李孝嗣 無考。

史備 白居易楊潛可洋州刺史李繁可遂州刺史史備可濠州刺史制：將仕郎、前使持節光州諸軍事、守光州刺史、雲騎尉史備可使持節濠州諸軍事、守濠州刺史，充團練渦口、西城等使，官勳如故。白氏文集四十八。楊潛見户外。

呂鏄 元和姓纂八語：庫部郎中、澤州刺史呂牧生鏄，臨汝人。又家緱氏。

李顧行 又御史臺監察題名。鍾輅前定録：陳彥博以元和五年崔樞廣記有「侍郎」二字。下及第，上二人李顧行、李仍叔。仍叔見倉中。舊馮定傳：寶曆二年，長壽縣尉馬洪沼告郢州刺史馮定，詔監察御史李顧行鞫之。

崔元式 新表博陵大房崔氏：仲哲後尚書右丞儆見主外。子元式，相宣宗。舊崔元略傳：弟元式，會昌三年，紀「四年」。檢校左散騎常侍、河中尹、河中晉絳觀察使。新傳：始署帥府僚佐，累官湖南觀察使。

李武 新表趙郡李氏東祖房：趙州刺史輈子武，大理評事。舊吐蕃傳下：長慶元年九月，以尚舍奉御、兼監察御史李武爲西蕃盟會使判官。唐會要二十六：開成二年八月，延英對大理少卿李武等。詳金中王含注。白居易有通事舍人太僕丞李武可守本官兼監察御史充盟會判官制。白氏文集四十九。詳封外劉師老注。

陸暢 無考。

杜慥 杜牧上宰相求湖州第二啟：文宗改號三年，堂兄慥守潯陽。會昌元年四月，兄慥自江守蘄。樊川文集十六。又上宰相求杭州啟：長兄慥，罷三原縣令，閑居京城。同上。又爲堂兄慥求澧州啟：庫部家兄，昨者特蒙獎拔，却忝班行，實以聽聞稍難，不敢更求榮進。今在郢州汨口草市，絕俸已是累年。孤外生及姪女堪嫁者三人，仰食待衣者，不啻百口，脫粟嵩藿，才及一飡。伏蒙仁恩，頻賜顧問，必許援拯。同上。雲溪友議十二：池州桂疑「杜」。少府慥、亳州韋中丞仕符二君，皆以長年精求釋道樂營。子女厚給衣糧，任其外住。若有飮宴，方一召來。柳際花間，任其娛樂。李晝詩曰：「秋浦亞卿顏叔子。」當由太府少卿出刺池州也。長安志十一廣惠公祠：唐開成二年，册終南山爲廣惠公，命長安縣令杜慥南山下置祠宇，以季夏土王日致祭。

趙柷見左外。劉禹錫送趙中丞自司金外郎轉官參山南令狐僕射幕府詩注：趙氏兄弟皆僕射門客。劉賓客文集二十八。格案，「中丞」疑卽「趙柷」。令狐楚見禮外補。

韓益新表昌黎韓氏：都官郎中、閬州刺史述子益，金部員外郎。舊歸融傳：開成中，金部員外郎韓益判度支案，子弟受人賂三千餘貫，半是擬贓。上問御史中丞歸融曰：「韓益所犯與盧元中、見户外。姚康見左外。孰甚？」對曰：「元中與康枉破官錢三萬餘貫，益所取受人事，比之殊輕。」乃貶梧州司户。新傳略同。舊李石傳：用金部員外郎韓益判度支案，益坐贓繫臺。石奏以益曉錢穀，錄用之，不謂貪猥如此。新傳：用韓益判度支案，以贓敗。石曰：「臣本以益知財利，不保其貪。」舊李宗閔傳：開成三年，殷侑與韓益奏官及章服，楊嗣復以益前年犯贓，未可其奏，鄭覃託云：「幸且勿論。」新傳畧同。

陳玄錫新表潁川陳氏：邕子文宗相夷行見吏中補。子玄錫。不詳歷官。舊陳夷行傳：弟玄錫，進士擢第，又制策登科。唐會要七十六：長慶元年十二月，賢良方正能直言極諫科陳玄錫及第。緯畧同。穆宗處分賢良方正等科舉人制：賢良方正能直言極諫第五上等人陳玄錫，中書門下卽與處分。大詔令。

李敬方見户中，又度中。

李播　舊僖宗紀：乾符三年六月，敕福建觀察使李播等授官之時，衆詞不可，並宜停任。杜牧唐故進士龔軺墓誌：會昌五年十二月，某自秋浦守桐廬，路由錢塘，時刺史趙郡李播。樊川文集九。又杭州新造南亭子記：趙郡李子烈播，立朝名人也，自尚書比部郎中出爲錢塘。樊川文集十。唐詩紀事四十七：李播登元和進士第。又云：以郎中典蘄州。劉賓客文集二十八有送蘄州李郎中赴任詩。舊懿宗紀：咸通十年正月，將軍李播爲宿州刺史，赴廬州行營招討使。新宗室表蔡王房：文芳子播。不詳歷官。舊李淳風傳：父播，隋高堂尉，棄官爲道士。新書藝文志乙部史錄地理類：李播方志圖卷亡。又丙部子錄道家類：李播注老子卷亡。案，已上非一人。

李貽孫　李貽孫歐陽行周文集序：大和中，予爲福建團練副使。大中六年，予又爲觀察使。鈔本。寶刻叢編十九：唐都督府記，唐夔州刺史李貽孫撰，繆師愈書。其記州之城壘、祠宇、古跡甚備。碑以會昌五年十一月立。集古録目三。金石録目十第一千八百六十九：唐李貽孫神女廟詩，正書，無姓名，會昌五年九月。石刻華嶽題名：左諫議大夫、玄弘文館學士、判館事、賜紫金魚袋李貽孫，大中三年十二月八日奉制祈雪，小男進士同吉、學究靜復從行。又題名：福建都團練觀察處置等使、兼御史中丞李貽孫，大中五年七月廿七日，□鎮將男意承文蔚，□復含昭謁徽而退。

寶刻類編六：祕書監陳商誌，左諫議大夫、弘文館學士李貽孫撰并書，大中四年立。歐陽行周文集序結銜稱福建等州都團練觀察處置等使、正議大夫、使持節都督福州諸軍事、福州刺史、兼御史中丞、上柱國、賜紫金魚袋李貽孫纂。廣川書跋八：酆都宮陰真人祠刻詩三章，唐貞元中，刺史李貽孫書。武億曰：貞元至大中越五六十年，貽孫少致通顯，至此已八十餘，疑「貞元」字有誤。案，地理志酆都屬忠州，則貽孫嘗爲忠州刺史矣。

李弘休

石刻蜀丞相諸葛武侯祠堂碑陰，楊嗣復記，後列銜有節度推官、監察御史裏行李弘休。大和九年八月八日。四川成都。

馬曙 又倉外。 新敬晦傳：辟山南東道節度府，與馬曙聯舍。于是，帥不政，法制陵頹，曙引大吏廷責之。

馮韜 見封外。

韋同靖 崔嘏授馮韜司封員外郎等制：同靖門胄光華，深通聖典，可金部員外郎。文苑英華三百九十一。詳封外。

張覺 無考。

李潘 見勳中、勳外。

張特 白居易遊大林寺序：予與范陽張特凡十七人，自遺愛草堂歷東、西二林抵化城，憩峯頂，登香爐峯，宿大林寺。元和十二年四月九日。白氏文集四十三。

馮緘見户中。

陳翰 新書藝文志丙部子録小説類：陳翰異聞集十卷。原注：唐末屯田員外郎。石刻紇干濬贈太尉韓允忠神道碑：乾符元年十一月，皇帝下缺。郎中曹鄴、太子下缺。議大夫李景莊、見考中。庫部員外郎陳翰備鼓吹，升輅車。由□□宣政正衙及□□□公之靈座，册贈司徒謚曰□。山東莘縣。

于德晦見吏外、户外。

盧潁倉中作「盧頴」。 杜牧盧潁除監察御史等制：潁佐賢侯，名聲籍甚。留滯在外，而非所宜。樊川文集十七。

孟球見勳中、户中。

李儆 新宗室表大鄭王房：興元節度使從晦見吏中補。子儆，司農寺主簿。

鄭延休見封中、考外。

王冰 新表太原王氏：文宗相播見考中補。子冰，京兆府參軍。 李宗閔故丞相尚書左僕射贈太尉王公神道碑：子次曰冰，始參文粹作「授」。京兆府參軍事，其器甚遠。文粹「器度宏遠」。文苑英華八百八十八。大和四年。 舊韋抗傳：開元中，韋抗爲京畿按察使，舉金城尉王冰等爲判官，後皆名位通顯。會要在景雲二年。唐會要八十五：開元九年正月，監察御史宇文融奏長安縣尉王冰等充勸農判官。詳監察宇文融注。新書列女傳：眉州司功參軍王琳妻韋，訓二子堅、冰有法，後皆名聞。金石錄目六第一千一百五十六：唐太原尹王冰墓誌，崔宗之撰并行書。開元二十七年十月。寶刻類編三作「太原令」，在京兆。　黃帝內經素問序末署大唐寶應元年歲次壬寅。又有素問六氣元珠密語序，此文宗相播子，與在寶應者不合。

趙隱見封外、勳中。　舊傳：累遷郡守、尚書郎。新傳：歷州刺史。

嚴郜見勳中。

李蘧　李蘧惠山寺記：蘧赴河陽辟召，路出寺下。末署大中十一年五月十三日，懷孟等觀察使從事、試大理評事、兼監察御史李蘧重題。文首云：舅氏扶風公。又云：內弟審餘寓書請於蘧。又云：我舅氏由吏部拜執法。竇臯見吏中。

崔厚見左中補，誤「原」。吏外、勳中、勳外。

張乂思　舊懿宗紀：咸通六年二月，以金部員外郎張乂思等試拔萃選人。

裴德符見户中補。

敬湘「湘」，汪攷「相」。新表敬氏：太子賓客晦見封中。子湘，廬州刺史。

趙祕見吏中補、户中。

羅洙見金中。

楊範又祠外。 新表楊氏越公房：漢公見封中。子範，字憲之，楚州刺史。 舊楊漢公傳：子範，登進士第，累辟使府。 新漢公傳：子範，仕亦顯。

源蔚無考。

張旡逸見左中、户中、度中。

張譙又主中。 舊僖宗紀：乾符三年七月，以金部員外郎張譙爲主客郎中。 新書南蠻中南詔列傳：中和三年，南詔來迎公主，詔檢校國子祭酒張譙爲禮會五禮使。

竇琡「琡」二本缺。 舊僖宗紀：乾符三年七月，以屯田員外郎竇琡爲金部員外郎。

李道粹「道」，王本□。

杜致美見度中。

周禹無考。

【補遺】

韋幼平 新宰相表韋氏鄖公房：太子詹事、武陽(穆)〔貞〕侯琨子幼平，金部員外郎。「幼平」，姓纂誤「初平」。

黄麟又御史臺左側，又右側侍御兼殿中。國秀集上：金部員外郎黄麟詩一首。

郭良國秀集中：金部員外郎郭良詩二首。

劉繹見金中。元和姓纂十八尤：工部尚書、彭城侯劉知柔生繹，金部員外，彭城人。新宰相表作「郎中」。

韋鷇又倉外、祠外。新表東眷韋氏閬公房：滎州刺史玠子鷇，金部員外郎。姓纂同。

崔夷甫見金中。常衮授崔夷甫金部員外郎等制：勑：宣議郎、守尚書駕部員外郎、賜緋魚袋崔夷甫，朝散大夫、行尚書祠部員外郎、上柱國韋⿰參攴疑作「鷇」。等，清心在公，彊力從政。縱横之辯，嘗亦專達。緣飾以儒，素推彊敏。參訂集作「久參」。奏議，頗練朝章。宜從滿歲之遷，俾轉集作「輔」。分曹之次。夷甫可尚書金部員外郎，散官、賜如故。⿰參攴可行尚書倉部員外郎，散官、勳如故。文苑英華三百九十一。

奚陟見左中、吏外。舊傳：自太子司議郎歷金部、吏部員外郎，左司郎中。新傳同。劉賓客文集二故吏部侍郎奚公神道碑：自太子司議郎從大駕回，入尚書爲司金元士，且參権筦之務。有頃，持慜册宣恩于蘇門，將行，錫銀朱于青蒲上。復命稱旨，轉吏部外郎、左司郎中。

蔡南玉

新書藝文志丙部子録道家類：蔡尊師傳一卷。名南玉，字叔寶，宋祠部尚書廓七世孫，歷金部員外郎，棄官入道。大曆中卒。

唐尚書省郎官石柱題名考卷十七

倉部郎中

唐六典：户部尚書，其屬有倉部郎中二人。舊唐書職官志：郎中、員外之職，掌判天下倉儲，受納租稅，出給禄廪之事。龍朔改郎中爲司度大夫，咸亨復。新書：郎中、員外，各一人。

【石刻】

杜超　高季通　李行銓　董敬元　薛紘

李憕　徐峻　姚黯　韋損　苗粲

盧雲　斑肅　崔莀　姚弘慶　盧穎

裴思□ 裴穀 于孝□ 韋元長 李恂
韋素立 趙弘□ 崔知機 崔義起 韋璲
李懷儼 王元壽 朱延度 武志元 李思諒
楊德裔 房玄基 韋敏 □守真 王守真
魏克己 裴琰之 崔神福 李晉容 敬暉
李嗣真 徐太玄 李孟□ 竇珣 盧齊卿
崔琮 崔宣道 宋庭瑜 竇崇嘉 王齊休
□承家 崔希喬 鄭永 鄭浦 杜令昭
杜惟孝 蕭炅 李元祐 鄭長裕 戴休珽
薛江童 崔諒 李峘 馮用之 李甹
王分 裴從 盧簡金 王□ 歸崇敬
陸淳 郭晤 杜枚 趙驊 孫成
齊抗 趙聿 龐譽 □述 陳諫
裴堪 董溪 鄭權 李諒 蘇弁
元宗簡 談峯 柏耆 □弘度 李仍叔

奚敬元　趙真齡　陸簡禮　鄭舫　崔瑝
崔瑨　邢翥　李□　□邁　畢誠
胡德章　李俅　崔郢　錢方義　李蠙
康璙　皇甫鎬　樊驤　高殷　韋岫
孫奭　□玥

【補遺】

韋慶植　杜賢　楊守訥　于素　裴瑾之
高崳　王德玄　陳惠滿　韋伯陽　鄭甹
張知微　薛麟　齊照　崔晉　楊岊
于武乾　殷佐明

杜超見左中補、金外。

高季通見户中，又倉外。

李行銓　朝野僉載：貞觀中，左丞李行廉弟行詮前妻子忠。太平廣記一百七十一。

董敬元見吏中、户外。 元和姓纂一董：董敬元，倉部郎中、幽州刺史，弘農人。

薛紘見金中，又主中。

李憕見吏中、吏外、度外補。 二傳失載。

徐峻見封外、金中補。

姚黯無考。

韋損見度中。 新表韋氏小逍遥公房：嗣業子損，不詳歷官。元和姓纂同。 元和姓纂八微韋氏鄅城公房：陝州刺史岳子坐損，職方郎中、潤州刺史，京兆杜陵人。「陝」原誤「峽」，據舊良吏傳、蕭鄴韋正貫碑改。 常衮授韋損大理少卿制：勑：銀青光禄大夫、前潤州刺史、上柱國、馮翊縣開國男韋損，京江按部，終始六年。勤職惠人，風化一變。循吏之稱，去而益彰。可行大理少卿，散官、勳封如故。文苑英華三百九十八。 嘉定鎮江志一：唐永泰二年，潤州練塘石刻江淮轉運使劉晏奏狀，備潤州刺史韋損及耆舊等狀。

苗粲見左中、勳外。

盧雲見户中。 元和姓纂十一模：倉部郎中盧雲，三原人。

斑肅見封外，又祠外。

崔蒧 元稹崔蒧檢校都官員外郎兼侍御史充河東判官五字依苑增制：司空度慎簡其屬，毗于厥政。惟蒇及洙，苑作「銖」。咸在茲選。是用輟我糾察，副其勤求。元微之文集四十八。嘉禾志十四：唐太和四年閏十二月，蘇州刺史崔蒇帖海鹽縣取六里山石刻。又協律郎李□石刻崔微等華岳題名有前開州刺史崔微男蒇。大曆七年三月廿日，西上。等題名，有華陰縣令崔蒇。元和十年五月十二日。陝西華陰。

姚弘慶 新表吳興姚氏：湖州司功參軍希齊子弘慶，字引之，蘇州刺史。舊五代史晉書十八姚顗傳：祖弘慶，蘇州刺史。

盧顥 金外有盧顥。邢澍金石文字辨異八北齊邑義主一百人等造靈塔記：顥越於雀離。案，「顥」作「顥」。

裴思□

裴穀 無考。

于孝□

韋元長 無考。二本缺。

李恂 王本缺，趙本「李洵」。

韋素立 見封外補。

趙弘□ 封中有弘敏，無考。

崔知機見金中。

崔義起「義」二本缺。見户中補。舊西戎龜茲傳：貞觀二十二年，倉部郎中崔義起與曹繼叔、韓威等擊龜茲相那利，那利敗走。新傳畧同。

韋璲「璲」二本缺。見吏外，又倉外補。新表韋氏鄖公房：陵州刺史津子璲，倉部郎中。

李懷儼「儼」，王本缺。舊李襲志傳：兄子懷儼，頗以文才著名。歷蘭臺侍郎，受制檢校寫四部書進内，以書有汙，左授郢州刺史。後卒於禮部侍郎。唐會要六十三：貞觀二十年閏三月四日，詔更撰晉書，屯田員外郎李懷儼等詳其條例，量加考正。舊文苑上崔行功傳：高宗時，朝廷大手筆，多是司文郎中崔行功及蘭臺侍郎李懷儼之詞。

王元壽見吏中。

朱延度户外有延慶。元和姓纂十虞：梁領軍朱异曾孫延慶，唐倉部郎中，錢塘人。

武志元新表武氏：始州刺史、贊國節公士逸子志元，倉、庫部郎中。元和姓纂：志元，倉部郎中。

李思諒見金中補，又祠外。舊書外戚武懿宗傳：父元忠，高宗時仕至倉部郎中。

楊德裔楊炯常州刺史楊公墓誌銘：公諱德裔，字德裔，弘農華陰人。自潁州、幽州二司馬制徵尚書郎、御史中丞，尋以公事去官。又云：最集作「凡」。爲六集無此字。尚書郎二年。文苑英華九百五十。資治通鑑唐紀十六：龍朔二年三月，司憲大夫楊德裔劾奏左武衛大將軍鄭仁泰等。又二年(八)〔十〕月，奉輦直長許自然，遊獵犯人田，射田主，詣司憲訟之，司憲大夫楊德裔不爲治。三年三月，德裔以阿黨流庭州。誌云「以公事免」，即指此也。

房玄基 新表河南房氏：彥雲子玄基，倉部郎中。

韋敏見金中。

□守真或作「裴守真」，未確。鉞案：疑是「王守真」，見祠外。新表南來吴裴氏：南鄭、鄭令眘子守真，字方忠，邡、寧二州刺史。舊孝友傳：舉進士，應八科舉。新傳「六科」。高宗時授太常博士。天授中爲司府丞，推究詔獄，務存平恕，前後奏免數十家。不合旨，出爲汴州司録。新傳「司馬」。累轉成州、寧州刺史。新傳畧同。石刻許孟容唐故侍中尚書右僕射贈司空文獻公裴公耀卿神道碑銘：考守真，□□□□□□□封尉、太常博士、詳正學士、夏官員外，成、寧二州刺史，贈户部尚書。俱不云「倉中」，疑非。新書藝文志乙部史録儀注類：裴守真神岳封禪儀注十卷。寶刻類編二：洪州刺史王守真碑，賀遂涉撰，崔璘書。先天二年。卷五重出作「崔濤」，寶刻叢編八引京兆金石録作「崔璹」。

魏克己見户外。

裴琰之見户外。 舊裴漼傳：父琰之，歷任倉部郎中。新傳同。 石刻故銀青光祿大夫祕書監兼昭文館學士侍讀上柱國常山縣開國公贈潤州刺史馬公懷素墓誌銘：尚書倉部郎河東裴琰之，博學深識，見名知人。音旨儀形，海内籍甚。

崔神福 新表南祖崔氏：義玄見左中補。子神福，荆州長史。

李晉容 新表趙郡李氏東祖房：虢州別駕文政子晉客，司農卿、元氏縣男。「客」疑「容」。

敬暉 新表敬氏：澄城令山松子暉，字仲曄，相中宗。 舊傳：弱冠舉明經。聖曆初，累除衞州刺史。再遷夏官侍郎。新傳同。 李嶠授敬暉營繕少監制：前中大夫、檢校洛陽縣令、上柱國、平陽縣開國男敬暉，護衣仙閣，已著聲芳；制錦神畿，遽聞課績。可檢校營繕少匠，散官、勳封如故。文苑英華三百九十九。

李嗣真 新表趙郡李氏西祖房：趙州長史彥(宗)〔琮〕舊傳作「悰」。子嗣真，太常卿。新傳：字承胄。 舊書方伎傳：弱冠明經舉。調露中，爲始平令，徵拜司禮丞。永昌中，拜右御史中丞，知大夫事。新傳同。

徐太玄二本缺。 元和姓纂九魚：西兗州刺史、新陽王徐遠生榮，孫太玄，唐倉部郎中，高平山陽縣人。 舊李敬玄傳：總章二年，李敬玄兼檢校司列少常伯。選人有杭州參軍徐太玄者，初在任時，同僚有張惠犯贓至死，太玄哀其母老，乃詣獄自陳與惠同受。惠贓數既少，遂得減死，太玄亦坐免官，不調十餘年。敬玄知而大嗟賞之，擢授鄭州司功參軍，太玄由是知名。後官至祕書少監、申王師，以德行爲時所重。敬玄賞鑒多此類。新傳略同。長安志十唐京城四：朱雀街之第三街延康坊北門之西，中書令閻立本宅。後申王傅符太玄元居之，西亭有立本所畫山水。案，「符」疑「徐」誤。

李孟□王本缺，趙本「李□□」。「孟」下似「德」字。

竇珣　新表竇氏三祖房：吏部常選令瑜子珣。不詳歷官。又汾州長史、襄杞國公靈運子珣華州刺史、扶風郡公。

盧齊卿　新表盧氏：太子率更令赤松子承泰，字齊卿，太子詹事、廣陽郡公。舊傳作「縣公」。二書盧承慶傳齊卿，承泰子，與此異。舊傳：長安初，爲雍州録事參軍。開元初，爲豳州刺史。新傳：爲雍州參軍，拜幽州刺史。唐語林三：盧令爲宗楚客、紀處訥所排，左遷金州司馬。劉幽求戮宗、紀，翌日命金州司馬盧齊卿京兆少尹、知府事。載柳冲常侍所著姓系劉氏卷。梁肅京兆府司録西廳盧氏世官記：御史中執法范陽盧公佋，見户中。王父廣陽公肇，文史集作「吏」。案，「吏」是。職，發于京兆綱紀之任。由司倉掾爲之，驟登郎官，更貳本府，布澤于彭、滑、幽、徐之人，端護春官，崇贈少保。文苑英華八百三十一。

崔琮見封外。

崔宣道又御史臺侍御題名。 會要六十七：天授二年二月十五日，十道使舉人魏州內黄縣尉崔宣道等二十三人，授衛佐校書，蓋天后收人望也。試官自此始。容齋四筆十一同。 舊良吏下裴懷古傳：神龍中，代裴懷古爲并州長史，下車而罷。新傳同。 舊玄宗紀：開元二年七月庚子，薛訥與副將崔宣道等總兵六萬於灤河爲賊所敗。遁歸，減死，除名爲庶人。 舊薛訥傳：詔與定州刺史崔宣道等率衆二萬，討契丹等。六月，至灤河，盡爲契丹等所覆。訥歸罪於崔宣道等，詔盡令斬之。新傳同。

宋庭瑜見度中補，又倉外。

竇崇嘉見考中補。

王齊休又倉外有王齊□。 新表烏丸王氏：工部員外郎遵孫齊休，倉部郎中。

□承家王本缺，趙本□家。格審定是御史臺侍御李承家，出東祖房，不詳歷官。

崔希喬見勳外。

鄭永見户外。

鄭浦

杜令昭見金外。

杜惟孝 李邕大唐泗州臨淮縣普光王寺碑，稱州牧杜公惟孝。文苑英華八百五十八。

蕭炅

會要八十七：開元二十二年九月，太府少卿蕭炅充江淮處置轉運使。舊書食貨志下：開元二十一年，裴耀卿爲黄門侍郎、同中書門下平章事，充江淮、河南轉運都使，以河南少尹蕭炅爲副。明年，耀卿拜侍中，而炅代。二十五年，運米一百萬石。天寶三載，韋堅代蕭炅。據新志，韋堅代李齊運，非炅也。　會要五十九：開元二十二年九月，蕭炅除太府少卿、知度支事。　舊吐蕃傳：開元中，以岐州刺史蕭炅爲户部侍郎判涼州事，代崔希逸爲河西節度使。　舊嚴挺之傳：開元中，李林甫引蕭炅爲户部侍郎，炅早從官，無學術，誤讀「伏臘」爲「伏獵」。挺之白張九齡，出爲岐州刺史。新傳畧同。　新書玄宗紀：開元二十七年八月壬午，吐蕃寇邊，河西、隴右節度使蕭炅敗之。　舊忠義下李憕傳：開元二十八年，李憕爲河南少尹。時蕭炅爲尹，依(侍)〔倚〕權貴，涖事多不法。新傳：出爲河南少尹，尹蕭炅内依權，骫法殖私，憕裁抑其謬，吏下賴之。　舊酷吏下吉温傳：天寶初，蕭炅爲河南尹，有事，京臺差温推詰，事連炅，堅執不捨，賴炅與右相李林甫善，抑而免之。已爲京兆尹。新傳畧同。　會要二十九：天寶二年八月一日，刑部尚書兼京兆尹蕭炤及百僚請改「千秋節」爲「天長節」，制可，炤避諱改。　舊崔圓傳：蕭炅爲京兆尹，薦爲會昌丞。新傳同。　舊楊國忠傳：天寶八載，京兆尹蕭炅，李林甫所親善，楊國忠皆誣奏譴逐，林甫不能救。新外戚傳同。

李元祐見户中，又倉外。

鄭長裕見金外，又祠外。

戴休珽 二本「休延」。 案，勳外補有戴林琁，疑即「休珽」之誤。 倉外有「休琁」。 石刻開元天寶聖文神武皇帝夢烈祖玄元皇帝靈應頌，朝散大夫、守倉部郎中、上柱國戴璇撰序。天寶元年七月。 陝西盩厔。 新書戴休顔傳：弟休璿，歷開府儀同三司，封東陽郡王。 金石録目録六第一千一百四十八：唐江州刺史戴希謙墓誌，從子休璇撰，次子嶼八分書。開元二十六年十一月。 文苑英華二百五有戴休珽古意一首。

薛江童「江童」王本缺。 見封外。

崔諒 新表南祖崔氏：太子諭德總子諒。不詳歷官。

李峘見考中補、金中。 舊傳：天寶中爲南宮郎，歷典諸曹十餘年。

馮用之見金外。 集古録目：唐户部尚書章仇兼瓊碑，唐檢校倉部郎中馮用之撰。碑天寶十年立。 寶刻叢編七京兆府長安縣。

李甹 新宗室表郇王房：玄宗相林甫子將作監岫見勳外。弟甹，司儲郎中。 又宰相表趙郡李氏東祖房：襄城主簿福慶子甹。不詳歷官。 又懷州司馬貞悌子甹，揚州別駕。 又蕭山丞令思子甹。不詳歷官。 舊李林甫傳：子崿爲司儲郎中。天寶十二載，謫于嶺表。新傳同。 玄宗削李林甫官秩詔：男，前司儲郎中配流蒼梧郡，仍除名，即綱馳驛領送。大詔令。

王分無考。 于邵送王郎中赴蘄州序：大君當宁七載日月，會於降婁，有詔尚書倉部郎中王公出典於蘄。文苑英華七百二十三。 格案：「郎中」未詳其名，今姑附于此。

裴從見左中，又倉外。

盧簡金見金外。

王□王本有趙有。

歸崇敬二本作「□崇□」，今審定。 又膳中補、主外。 元和姓纂八微：唐工部尚書歸崇敬，吳郡人。 舊傳：字正禮，以經業擢第。天寶末，(射)〔對〕策高第，自潤州長史遷主客員外郎。又兼史館修撰，改膳部郎中。大曆初，新羅王卒，授崇敬倉部郎中、兼御史中丞，賜紫金魚袋，充弔祭、册立新羅使。使還，授國子司業，兼集賢學士。新傳畧同。 新書新羅傳同。 舊東夷新羅傳：大曆三年，上遣倉部郎中、兼御史中丞、賜紫金魚袋歸崇敬持節賫册書往弔册之。新傳止云大曆初遣倉部郎中歸崇敬往弔。 會要九十五：大曆三年二月，命倉部郎中歸崇敬兼御史中丞，持節册命新羅王。

陸淳「淳」二本缺。 見左中。 舊柳冕傳：貞元六年十一月，上親行郊享。倉部郎中陸質等攝禮官，同修郊祀儀注，以備顧問。新傳畧同。

郭晤「晤」二本缺。見吏中補、封中。

杜枚無考。二本是「枚」字，王考誤「牧」。

趙驊「驊」二本缺。又膳中補、膳外補。新表南陽趙氏：殿中侍御史歘先子驊，祕書監。元和姓纂：比部郎中、祕書監致仕。舊忠義傳下：(驊)〔曄〕字雲卿，開元中，舉進士，連擢科第。自福建觀察判官，試司議郎、兼殿中侍御史。入爲膳部、比部二員外，膳部、倉部二郎中，祕書少監。入仕三十年，方罷省官。新宗儒傳：父驊，自左補闕遷累尚書比部員外郎。建中初，遷祕書少監。舊宗儒傳：父驊，祕書少監。

孫成見勳外。舊文苑傳中代宗朝自長安令歷倉部郎中、京兆少尹。新文藝傳同。

齊抗「齊」二本缺。見户外補、度外附存。舊傳：德宗還京，國用盡竭。鹽鐵轉運使元琇以抗有才用，自户部員外郎奏授倉部郎中，條理江淮鹽務。貞元初，爲水陸運副使，督江淮漕運以給京師。遷諫議大夫。新傳畧同。權載之文集十四齊成公神道碑銘：蕭黄門復布愷澤於東夏，命公爲工部員外郎以贊焉。復命轉倉部郎中。李懷光阻命於蒲，連兵未解。關中饑旱，經費不足，轉粟饋軍，濟時之艱患，求才急病，命使以專達。還兵部郎中、兼御史中丞，以董其任。俄拜諫議大夫。

趙聿　舊吐蕃傳下：貞元二年，命倉部郎中、兼侍御史趙聿爲入吐蕃使。新傳作「建」。

龐晉　元和姓纂四江：龐景高生晉，湖州刺史，南安人。　吳興志：龐晉，貞元七年自倉部郎中授，遷絳州刺史。　統紀作「三年」。

□述二本缺。

陳諫　新劉晏傳：陳諫以劉晏爲管、蕭之亞，著論紀其詳。　順宗實録四：永貞元年七月戊子，以倉部郎中、判度支陳諫爲河中少尹，王伾、叔文之黨於是始去。昌黎先生外集九。　舊附王叔文傳：王叔文敗，陳諫已出爲河中少尹，自台州司馬量移封州刺史，陳諫轉通州，卒。新傳：自河中少尹貶台州司馬，終循州刺史。　舊穆宗紀：長慶元年三月乙丑，以循州刺史陳諫爲道州刺史，量移也。

裴堪「堪」，王本「甚」。　新表南來吳裴氏：皐見金外。子堪，江西觀察使。　舊張茂宗傳：貞元中，茂宗起復駙馬都尉。太常博士韋彤、裴堪請待終制，德宗不納。　据舊蔣乂傳事在貞元十三年。乂傳不詳彤、堪官位。　新書儒學下韋彤傳：貞元十二年，太常博士韋彤、裴堪議罷朔望進食太廟。　舊憲宗紀上：元和六年四月，以諫議大夫裴堪爲同州防禦使。又七年十一月甲申，以同州刺史裴堪爲江西觀察使。　白居易除裴堪江西觀察使制：同州刺史裴堪，日者入爲諫議大夫，出爲左馮翊，曾未周歲，政立績成。可江西觀察使、兼御史中丞。白氏文集五十五。　劉禹錫寄呈江西裴中丞詩：是時左馮翊，天下第一理。　劉禹錫送湘陽熊判官孺登府罷歸鍾陵因寄呈江西裴中丞二十三兄詩，注：中丞爲博士製相國柳宜城謚議，識者韙之。頃授予以其本。厥後牧和州，節度使杜司徒以中丞材譽俱高，欲令軍裝以重戎府，故授以本州團練使，滿坐觀腰鞬禮成，驩甚，相視而笑。後房燕樂，卜夜縱談，予忝司徒之賓，時獲末坐。初，中丞自尚書屯田員外郎出守，踵其武者今給事中穆公，代給事者右丞段公，予不佞，繼右丞之後。劉賓客文集二十八。　舊呂元膺傳：江西觀察使裴堪奏虔州刺史李將順贓狀。新傳同。

新李固言傳：江西裴堪表署幕府。　新封敖傳：元和中，江西裴堪辟置其府。

舊敬宗紀：寶曆元年閏月丙戌，户部尚書致仕裴堪卒。　元稹裴堪授工部尚書致仕制，略云：裴堪等奉事先帝，更歷中外，以疾以年，皆致厥政。並沐新恩，例升榮級。元微之文集四十六。　石刻華嶽題名有前萬年縣尉裴堪，貞元九年七月廿五日。陝西華陰。

劉禹錫寄呈江西裴中丞詩：　昔升君子堂，　腰下綬猶黄。注：　中丞時爲萬年尉。

石刻蜀丞相諸葛武侯祠堂碑陰，武元衡題名後列行軍司馬、中大夫、檢校太子左庶子、兼成都少尹、御史中丞、雲騎尉、賜紫金魚袋裴堪。四川成都。元和四年。

河東先生集八故銀青光禄大夫右散騎常侍輕車都尉宜城縣開國伯柳公行狀：貞元十

五年正月，太常博士裴堪議，宜謚曰貞，奉敕依。

董溪「溪」王本缺。　見度中補、度外。　元和姓纂一董：董谿，倉部郎中，河東人。　韓愈唐故朝散大夫商州刺史除名徙封州董府墓誌銘：自度支員外郎遷倉部郎中、萬年令。兵誅恒州，改度支郎中。　昌黎先生集二十九。　新傳：三遷萬年令。

鄭權又御史臺碑額監察題名。　新表鄭氏北祖房：京兆府參軍受子權，萬年令。　集古録目：權字復道。　舊傳：登進士第。德宗時自涇原行軍司馬、御史中丞，入朝爲倉部郎中，累遷至河南尹。　新傳：自涇原行軍司〔馬〕擢累河南尹。　集古録目：唐房琯碑陰記，唐石洪撰，兵部郎中鄭權書。房琯有遺愛碑在濟源。元和六年，琯從祖子式以河南尹奉詔祠濟源，洪等刻此記於碑陰。　寶刻叢編五。　孟州。

李諒見度中，又祠外。

蘇弁「蘇」，王本缺。　見度中補。　舊儒學傳下：德宗時自監察御史歷三院，累轉倉部郎中，仍判度支案。授度支郎中。　新傳畧同。　會要五十九：貞元十二年九月，以倉部郎中、判度支案蘇弁授度支郎中。

元宗簡見金外。

談峯

柏耆　舊傳：自處士授左拾遺。穆宗時轉兵部郎中。大和初，遷諫議大夫。新傳略同。

□弘度　前定録：陳彥博以元和五年崔樞下及第，上二人李顧行、見金外。李仍叔。

李仍叔　新表蜀王房：宗正卿栻子仍叔，字周美，初名章甫，宗正卿。白居易辛丘度可工部員外郎李石可左補闕李仍叔可右補闕三人同制：朕詔丞相求方畧忠讜之士置于左右，而播等以石暨仍叔應詔。言其爲人厚實謇直，嘗以文行謀畫容于幕府之間，臨事敢言，當官能守。可使束帶，同升諸朝。白氏文集四十八。舊李逢吉傳：寶曆初，水部郎中李仍叔，宰相李程見勳外。之族，謂刺史武昭曰：「程欲與公官，但逢吉阻之。」新傳畧同。又云：坐武昭事貶道州司馬。舊文宗紀下：大和八年七月辛酉，定陵臺大雨，震東廊，上下地裂一百三十尺，詔宗正卿李仍叔啟告修塞。十二月，以宗正卿李仍叔爲湖南觀察使。白居易有開成二年三月三日禊於洛濱留守裴令公召太子賓客李仍叔等一十五人合宴舟中詩。白氏文集三十三。新公主傳：會昌三年，太和公主來歸，詔宗正卿李仍叔等告景陵。

奚敬玄　新奚陟傳：子敬玄，位左補闕。劉禹錫故吏部侍郎奚公陟神道碑：第三子敬玄以詞藝似續登文科，歷左補闕，今爲尚書刑部郎中。劉賓客文集三。案，碑云：公貞元十五年薨，後三十四年子爲諸侯大夫，於是琢石紀德，云云。則敬玄爲刑中當在文宗大和六年。

趙真齡見吏中、金中。

陸簡禮「簡」，二本誤「問」。　新表陸氏侍郎枝：德宗相贄見考中補。子簡禮，兵部郎中。　舊陸贄傳：子簡禮，登進士第，累辟使府。　南部新書巳：崔羣是貞元八年陸贄門生。羣，元和十年典貢，放三十人，而黜陸簡禮。

鄭魴　新表鄭氏北祖房：常州參軍卑子魴，字嘉魚。　鄭魴禹穴碑：寶曆景一本「庚」。午秋九月，予從事於會稽，作禹穴碑，廉察使、舊相河南公見而銘之。會稽掇英總集十六。　孟東野詩集六有贈鄭夫子魴詩。

崔瑝　新表清河大房崔氏：大理評事迥子瑝。不詳歷官。

崔瑨見左中、吏中、户中。案，倉中補有「崔晉」，疑卽是。

邢蕭

李□二本同。

□邁二本同。

畢諴見户外。　舊傳：宣宗時自户部員外郎歷駕部員外郎、倉部郎中。故事，勢門子弟，鄙倉、駕二曹，居之者不悦。惟諴受命，恬然恭遜，口無異言，執政多之。改職方郎中，兼侍御史知雜。朞年，召爲翰林學士、中書舍人。新傳畧同。

胡德章無考。　又主外。

李俅　唐詩紀事五十三：寶曆二年，楊嗣復再知舉，第一人裴求，榜末黃駕，次則李俅、盧求。又李方玄、從毅、道裕、景初、李助、李俅共六人。

崔郢　穆宗處分賢良方正等科舉人制：詳明政術可以理人第四次等人崔郢，中書門下卽與處分。大詔令。　册府元龜六百四十四：長慶元年十二月甲申，以登制科人前鄉貢進士崔郢爲太子校書郎。　唐會要七十六：長慶元年十二月，詳明政術可以理人科崔郢及第。緯畧同。　舊崔玄暐傳：曾孫郢，開成三年，自商州防禦判官兼殿中侍御史，入爲監察御史。　新傳：開成三年，詔玄暐曾孫郢爲監察御史。　新表博陵大房崔氏失載郢名。　舊高元裕傳：開成四年，爲御史中丞。高元裕上言監察御史崔郢等，並以不稱，出爲府縣之職。　新傳：御史官屬不稱職者，監察御史崔郢等並奪職。　舊宣宗紀：大中十一年四月，以朝議大夫、權知京兆尹崔郢爲濮王傅，分司東都，以決殺府吏也。

錢方義　新錢徽見封中傳：子可復、見祠外。方義，終太子賓客。　集古録目：唐鹽宗神祠記，唐太子右庶子、支度安邑、解縣兩池榷鹽使錢義方撰。　試左武衛兵曹參軍盛濤八分書。鹽池神祠，故名鹽宗，其後又有靈慶祠，而主吏不復親祠鹽宗，祠宇隳廢，義方重營葺之，立此記。以大中十年立。寶刻叢編十。解州。

李蟦見左中、度外，又倉外。 因話録六：大中九年，倉部李郎中蟦戲沈詢門生曰：「蟦與賢座主同年。」

康璙二本作「僚」。 孫樵唐故倉部郎中康公墓誌銘：諱某，字集，會稽人。三舉進士，登上第。是歲會昌元年也。其年冬，得博學宏詞。咸通八年，詔拜大理少卿。明年，遷尚書倉部郎中，充西川宣諭制置鹽法使、兼西川供軍使、賜紫金魚袋。無何，詔以竇滂代公，公遂守倉部郎中。會竇滂逗遛，不以時之任，朝廷欲以警之，其年十一月，遂貶公爲醴州刺史。明年，移鄭州長史。咸通十三年月日，薨於鄭州官舍。孫可之文集八。

案，誌不書諱，考集目録稱康鐐郎中，墓銘偏旁微異。

皇甫鎬無考。

樊驤又倉中。 唐摭言三：會昌三年，王起僕射再主文柄，門生一榜二十二人。和周墀詩第八人樊驤字彦龍。

高殷 新表高氏：允誠生殷，字贊禹。

韋岫又主外。 新書良吏韋丹傳：丹見封中。子宙見吏中。弟岫，字伯起，亦有名。盧攜執政，自泗州刺史擢福建觀察使。新表韋氏鄖公房失載。舊僖宗紀：乾符二年正月，以庫部郎中韋岫爲泗州刺史。

孫夷見度中補。

□珝

【補遺】

韋慶植　新表韋氏彭城公房：綿州刺史、彭城敬公澄子慶植，魏王府長史。元和姓纂：慶植，倉部郎中。韓休贈邠州刺史韋公鈞神道碑：祖慶植，皇朝舒、密二州刺史。政成師長，化洽黎元。文苑英華九百二十二。冥報記：唐貞觀中，魏王府長史、京兆人韋慶植有女先亡。後二年，慶植悲痛發病，遂不起。法苑珠林七十四偷盜部感應緣。

杜賢案，度外有「杜依賢」，當是。元和姓纂十姥：杜安石生賢，倉部郎中，襄陽人。案，「賢」上當脱「依」字。

楊守訥又祠外。新表楊氏越公房：户部尚書纂見吏中。子、考功郎中守拙弟守訥，倉部郎中、汾州刺史。陳子昂周故内供奉學士懷州河内縣尉陳君碩人墓誌銘：上元二年，制敕天下文儒司屬少卿楊守訥薦君應詞殫文律對策，高第。陳伯玉文集六。文苑英華五百三十七有楊守訥對蓼得籬栗判。

于素又倉外補。　元和姓纂十虞：于德基生素，倉部郎中，京兆長安人。新表作「員外郎」。

裴瑾之見勳外。

高崘　新表高氏：户部侍郎審行子崘，倉部郎中。

王德玄　新表京兆王氏：長諧子德玄，倉部郎中、唐州刺史。

陳惠滿又倉外二見，祠外，又御史臺殿中監察題名。　元和姓纂十七真：唐倉部郎中陳惠滿，馮翊人。

蘇頲授陳惠滿倉部員外郎等制：朝議大夫、行尚書祠部員外郎、兼判倉部員外郎、上柱國陳惠滿，可行尚書倉部員外郎，散官、勳各如故。文苑英華三百九十一。　詳倉外。

韋伯陽又倉外。　新表韋氏龍門公房：商州刺史弼見户外。子伯陽，字春，倉部郎中、北都副留守。　呂温故太子少保贈尚書左僕射京兆韋府君夏卿神道碑銘：王父諱某，倉部郎中、太原少尹，贈祕書監。呂衡州文集六。　韓愈監察御史元君妻京兆韋氏夫人墓誌銘：曾祖父諱伯陽，自萬年令爲太原少尹、副留守北都，卒贈祕書監。昌黎先生集二十四。

舊五行志：開元二十二年二月，遣倉部員外郎韋伯陽往秦州宣慰，存恤地震所損之家。

新書食貨志：開元中，信安郡王禕復言國用不足，請縱私鑄，議者皆畏禕帝弟之貴，莫敢與抗，獨倉部郎中韋伯陽以爲不可，禕議亦格。

鄭寧 文倉外。 新表鄭氏北祖房：歷城主簿琰子、京兆少尹巖見户外。弟寧，倉部郎中。

張知微 新表馮翊張氏：金吾將軍之輔子知微，初名通幽，倉部郎中。

薛麟 新表薛氏西祖房：秦州都督純子麟，倉部郎中。 睿宗遣宣勞使誥：宜以殿中丞薛麟爲隴右道宣勞使。 詳膳中補蕭瑗注。

齊照 倉外有「齊晛」，疑即是。 新表瀛州齊氏：玘子照，池州刺史。 元和姓纂：照倉部郎中、池州刺史。

崔晉 石刻有「崔瑨」，疑是。 白居易有開成二年三月三日禊洛濱留守裴令公召倉部郎中崔晉等一十五人合宴舟中詩。 白氏文集三十三。

楊嵓 孫樵唐故倉部郎中康公墓誌銘：大中二年冬，爲進士試官，峭獨不顧，雖權勢莫能撓。其與選者，不逾年繼踵昇第，故尚書倉部郎中楊嵓十輩皆出其等列也。 孫可之文集八。 咸通十三年。

于武乾 元和姓纂十虞：周趙州刺史安平于禮生武乾，倉部郎中，京兆長安人。

殷佐明 元和姓纂二十一欣：殷嘉紹再從弟佐明，倉部郎中，陳郡長平縣人。 李太白文集七詶殷佐明見贈五雲裘歌。 顏眞卿湖州烏程縣杼山妙喜寺碑，前是正字，殷佐明亦嘗同修韻海鏡源，未畢，各以事去。 顏魯公文集四。 大曆壬子。

唐尚書省郎官石柱題名考卷十八

倉部員外郎

唐六典：户部尚書，其屬有倉部員外郎二人。舊唐書職官志：郎中、員外之職，掌判天下倉儲，受納租税，出給禄廪之事。新書：郎中、員外各一人。

【石刻】

王□福　高季通　王仁瞻　薛志鳳　蕭志遠

謝佑　夏侯□　格輔元　陳崇業　李志遠

郭文簡　高嶠　吴道師　王師順　閻知微

柳儒　馮光嗣　王齊□　韋維　宋庭瑜

何鸞　韋壽心　陳惠滿　趙眘微　張懷□
袁仁敬　吳太玄　錢元敬　梁獻　張景明
劉彤　李元祐　陳惠滿　能延休　李朝弼
李昂　韋伯陽　鄭昉　裴藏暐　戴休珽
崔譚　趙良器　郞元昌　張瑄　楊萬石
鄭章　崔鎮　張萱　鄭粤　李憺
解賁　李喬聿　鄭炅之　裴從　徐炅
崔復　皇甫銛　鄭叔華　杜良輔　孫宿
王縱　梁乘　權自挹　皇甫衡　徐繽
楊翾　韋斂　長孫鑄　張惚　盧安
李速　崔供佚　鄭玗　皇甫徵　蕭存
李玗　閻濟美　王武陵　崔酆　孟簡
崔清　皇甫鑄　張寔　齊煛　陳諷
張士陵　張仲方　于敖　蘇弘　薛成慶
唐慶　李景儉　范季睦　崔鄯　李宗河

宇文鼎　盧鈞　韋瓘　王會　韓尋
裴充　崔瑶　李欵　韋充　韋損
趙從約　薛重　楊魯士　馬曙　李行恭
羅劭權　李遵　崔鞏　盧近思　郭圓
張琮　郭囿　李詠　李嬪　魏鏕
裴思猷　褚薦　席鴻　李洮　張斯干
皇甫煒　盧肇　劉允章　令狐纁　李礪
樊驤　張温士　吕熀　杜真符　李殊
竇璠　鄭棨　王鐐　柳告　崔嚴
李鉅　陳羲範　盧朋龜　韋蘊微　張□

【補遺】

韋璲　于素　韋虚心　王紹　韋武
邱丹　高炅　袁皓　李稚州　李齊莊
韋繪　郭士倫

王□福疑「德」。

高季通見户中、倉中。

王仁瞻見勳中、勳外。

薛志鳳無考。

蕭志遠無考。　見户外、金中。

謝佑見勳中。

夏侯□鉞審定是「處信」。　元和姓纂三十五馬：唐刑部郎中夏侯雄生處信，都官郎中、荆州長史，魏郡人。原本誤入「南郭氏注」，今改正。　朝野僉載：唐夏侯處信爲荆州長史。太平廣記一百六十五。

格輔元　新表格氏：處仁子輔元，相武后。　舊岑文本傳：輔元，汴州浚儀人。弱冠舉明經，歷遷御史大夫、地官尚書、同鳳閣鸞臺平章事。　新傳：累遷殿中侍御史，歷御史中丞、同鳳閣鸞臺平章事。

陳崇業「業」，二本缺。　元和姓纂十七真：隋廣陵太守陳稜孫崇業，唐御史大夫，廬江襄安人。　舊孝友裴子餘傳：或問雍州長史陳崇業、鄠縣尉裴子餘等優劣，云云。新傳同。四川成都志十一：長壽二年，以襄州刺史陳崇業爲益州大都督府長史。寶刻類編八：醴泉令陳崇業紀德碑。李至遠撰。沙門真詮書。開元中立。京兆。又下姓名殘缺類重見。

李志遠「李」，二本缺。見吏中、吏外、勳中「志」作「至」、勳外。二傳失載。

郭文簡「郭」，二本缺。「簡」，二本誤「顯」。元和姓纂十九鐸：倉部員外郭文簡，建興高平人。太平寰宇記八十五：萬歲通天二年，右補闕郭文簡奏賣陵井水。一日一夜，得四十五函半，「函半」，圖經「萬貫」。百姓貪利失業。長安二年，停賣水，依舊稅鹽。廣記三百九十九引陵州圖經同。

高嶠「嶠」，二本缺。新表高氏：左饒衛將軍真行子嶠，司門郎中。唐詩紀事七有高嶠晦日置酒林亭詩及晦日重宴詩。

吳道師見勳外、户中。

王師順 新書儒學下王仲丘傳：祖師順，沂州瑯邪人。仕高宗，議漕輪事有名當時，終司門郎中。仲丘見禮外補。舊書食貨志下：咸亨三年，關中饑，監察御史王師順奏請運晉、絳州倉粟以贍之，上委以運職。河、渭之間，舟艥相繼，會于渭南，自師順始。

閻知微 新表閻氏：司農少卿、澤州刺史玄邃度中有「元通」。子知微，左豹韜將軍。舊良吏田歸道傳作「左」。舊傳：聖曆初，歷位右豹韜衛將軍。新傳無「右」字。盧照鄰寄裴舍人遺衣藥直書：少府丞舍人內供奉閻知微有書問余疾，兼致束帛之禮，以供東山衣藥之費。文苑英華六百八十四。

柳儒見户中。

馮光嗣見勳外、金外。

王齊□倉中有「王齊休」。

韋維見户中、户外。二傳失載。

宋庭瑜「瑜」，二本缺。見度中補、倉中。

何鸞「鸞」，二本缺。唐會要五十八：開元五年四月九日，勅：尚書省案牘稽滯，倉部員外郎何鸞一道。詳吏外褚璆注。新傳同。舊張仁愿傳：中宗時張仁愿在朔方，奏用監察御史何鸞等分判軍事，皆以文吏著稱，多至大官。唐會要同，云景雲二年。舊書音樂志三：玄宗開元十一年，祭皇地祇於汾陰樂章，內送文舞出、迎武舞入用舒和太簇宮一首，太常少卿何鸞作。玄宗遣官祭五嶽四瀆風伯雨師詔：宜令右庶子何鸞祭東海。遣使宣慰百姓詔：命中書舍人何鸞等，宜所到之處宣慰百姓。大詔令。

韋壽心「壽心」，王本缺。趙本「壽」未確。倉外補有「韋虛心」，疑是。

陳惠滿見倉中補，又見下，又祠外。　蘇頲授陳惠滿倉部員外郎等制：黄門朝議大夫、行尚書祠部員外郎、兼判倉部員外郎、上柱國陳惠滿，操履堅剛，能守文法。朝請大夫、前行太子舍人、上柱國蕭嵩風情瀟灑，見推才器。並頡頏清貫，籍甚芳猷。大事曰，祀蒸人以粒。宜奉舊章，俾承新命。惠滿可行尚書倉部員外郎。嵩可行尚書祠部員外郎，散官、勳各如故。主者施行。文苑英華三百九十一。

趙昚微　元和姓纂三十小：湖州刺史趙昚微，陽翟人。吳興志：趙謹徽，長壽二年，自洪州都督授。統紀云：景雲二年，自泉州刺史授，遷太子賓客，到任。

張懷□　文苑英華五百五十二有張懷道文。

袁仁敬見吏中、勳外、金外。

吳太玄又御史臺監察題名。　蘇頲授吳太玄宋城縣令制，稱朝議郎、行監察御史吳太玄。文苑英華四百十五。詳監察。　王泠然上相國燕公書：相公必欲選良宰，莫若舉前倉部員外郎吳太玄爲洛陽令，清輦轂之路，非太玄不可。僕非吳親友，但以知其賢明。唐摭言六。

錢元敬無考。　見度中。

梁獻　文苑英華六十四有梁獻出師賦。案，前有趙自勵賦序：「先天年，獫狁孔熾」云云，則獻賦當亦作於是時。

張景明見封外。

劉彤又御史臺殿中題名。

李元祐見户中、倉中。

陳惠滿重見。

能延休 元和姓纂十九代：唐京兆少尹能延休，京兆鄠縣人。張説鄎國長公主神道碑：開元十三年二月，詔光禄卿孟温禮見主外。監護喪葬，京兆少尹「少」，據英華石刻增。能延休副焉。張燕公集二十一。

李朝弼無考。 見左外、吏中、户中。

李昂見吏中、封外、考外補、户外、金外、考中附存。 新表趙郡李氏東祖房：都水使者暕子昂，倉部員外郎。

韋伯陽見倉中補。 舊五行志：開元二十二年二月十八日，秦州地震，遣倉部員外郎韋伯陽往宣慰，存恤所損之家。會要同，又云：委隨事處置聞奏。

鄭昉見吏中、户中，又主外。

裴藏曉又御監中臺史禦察，又左側題名。

臧休琁案，勳外補有「林琁」，倉中有「休珽」。

崔譚見左中、勳外。

趙良器又御史臺右側侍御兼殿中，又侍御題名。　元和姓纂三十小：唐監察御史趙君煦曾孫良器，中書舍人，河東人。「良器」原脱，今補。　唐會要七十六：開元七年，文辭雅麗科趙良器及第。緯畧同。　國秀集上：兵部員外趙良器詩一首。今二首。　孫逖東都留守韋公虛心神道碑謂：趙良器、劉瑄，後來之選也，故廉問淮瀆，舉以爲介。文苑英華九百十八。　石刻邵説唐故同州河西縣丞贈虢州刺史太常卿天水趙公叡沖神道碑：公即世，適卅歲，而子良器官至中書舍人。　玄宗朝參掌綸誥。虞卿。大曆四年。　鉞案：趙公景雲二年薨，下距開元二十八年適值卅歲。　定命録：趙良器，歷任十一政，至中書舍人卒。太平廣記二百七十七。　會要七十九：贈鄴郡太守趙良器謚曰元。

鄔元昌又御史臺監察，又右側侍御兼殿中。　元和姓纂十姥：鄔元昌，倉部員外，南昌人。原本誤入扈氏注，今改正。　舊酷吏羅希奭傳：天寶中，鄔元昌等下獄事，皆希奭與吉温鍛鍊。

張瑄又御史臺左側，又右側侍御，又陰額知雜題名。　會要五十九：天寶二年六月，殿中侍御史張瑄充太府出納使。　舊楊慎矜傳：天寶六載，鞫楊慎矜獄。先令盧鉉收太府少卿張瑄於會昌驛，繫而推之，瑄不肯答辯。鉉百端拷訊不得，乃令不良枷瑄，以手力拌其足，以木按其足間，撇其枷柄向前，挽其身長校數尺，腰細欲絶，眼鼻皆血出，謂之「驢駒拔橛」，瑄竟不肯答。十一月二十五日，詔太府少卿張瑄決六十，長流嶺南臨封郡，死於流所，男女配流嶺南。新傳：捕太守少卿張瑄致會昌傳舍，劾瑄與楊愼矜共解圖讖，搒掠不服。詔賜死，籍其家，子女悉置嶺南。舊酷吏下吉溫傳：盧鉉先與張瑄同臺，情旨素厚，貴取媚於權臣，誣瑄與楊愼矜共解圖讖，持之，爲「驢駒拔橛」以成其獄。新王鉷傳：盧鉉善張瑄，及按愼矜，則誣瑄死。賜楊愼矜等自盡併處置詔：太府少卿張瑄，素以妄庸，專行險詖，比緣愼矜薦引，驟歷班榮，因此結交，潛爲黨援。況犯贓私，情逾難恕，宜決六十，長流嶺南臨封郡，所在卽差綱驛領送。其男女并一房家口，亦準此配流嶺南。大詔令。新姦臣上李林甫傳：公卿不由其門而進，必被罪，張瑄等緣坐數百人，並相繼誅。

楊萬石 石刻李邕修孔子廟碑，稱兗州倉曹弘農楊萬石等。開元七年。山東曲阜。新書忠義中張巡傳：天寶十五載正月，賊酋張通晤陷宋、曹等州，譙郡太守楊萬石(除)〔降〕賊。

鄭章 又御史臺左側，又右側侍御兼殿中題名。舊書韋堅傳：天寶五載十月，倉部員外郎鄭章坐韋堅連累，貶南豐丞。新傳：倉部員外郎鄭章從坐韋堅罪，免官被竄。

崔鎮 新表博陵二房崔氏：道斌子鎮，倉部員外郎。文苑英華四十五載崔損北斗城賦，注云：開元七年，登科記作「崔鎮」。

張薈見金中。

鄭尋見倉中補。

李憺又御史臺右稜陰左稜陰右稜題名。　新表蔡王房：隴西郡公、青衞慈邢汝五州刺史、永王傅津客子倉部員外郎憺。　權德輿唐故金紫光祿大夫司農卿邵州長史李公鉊墓誌銘：列考憺歷監察御史、殿中侍御史、尚書倉部員外郎，累贈職方郎中、虢州刺史。　權載之文集二十五。　石刻李憺華嶽題名：鄭縣尉李憺以開廿四六月六日充勅蕳募飛騎使判官，向陝、虢州點覆，其月十四日，事了便迴，充京畿採訪使句覆判官，此過赴京。　陝西華陰。　錢氏大昕云：「開」下脫「元」字。

解賁　文苑英華五百四有對元日奏事上殿不脫劍履判。　又五百七有對燕弓矢舞判。

李喬聿無考。　鉞案：「喬聿」疑是「喬年」之誤。　喬年見左中補，時代亦合。

鄭炅之見吏中。

裴從見左中、倉中。

徐炅　舊郭子儀傳：至德二年，河東司士徐炅等陷賊在蒲州，王師至爲內應，開門納郭子儀。　新傳作「徐景」，避諱改。

崔復 新表博陵大房崔氏：汾、相等州刺史珪見主外。子復，鳳翔少尹。 又二房崔氏：日新孫復，興州刺史。

皇甫銛 元和姓纂十一唐：考功員外皇甫瑒疑「瑾」。生銛，工部郎中，滎陽人。

鄭叔華見金中。

杜良輔無考。 見户中、金中、金外。

孫宿 新表武邑孫氏：刑部侍郎逖見吏中。子宿，華州刺史。 舊文苑中孫逖傳：子宿，歷河東掌記，代宗朝歷刑部郎中、中書舍人，出爲華州刺史，卒。

王縱 新表琅邪王氏：夏州長史昇子縱。不詳歷官。 舊王重榮傳：父縱，鹽州刺史，咸通中有邊功。 司空表聖集六有故鹽州防禦使王縱追述碑。 戴叔倫有漸至涪州先寄王員外使君縱詩。 文苑英華二百五十五。

梁乘 顏真卿靖居寺題名：唐永泰二年，真卿以罪佐吉州，聞青原靖居寺有幽絶之致，御史韓公涉、刺史梁公乘嘗見招，欲同遊而不果。 顏魯公文集十一。 新代宗紀：大曆九年二月辛未，徐州兵亂，逐其刺史梁乘。

權自挹 權德輿唐故朝議郎行尚書倉部員外郎集賢院待制權府君墓誌銘：公年十四，太學明經上第。自大理寺丞加集賢院待制，職通理典，遷尚書倉部員外郎。大曆五年春，感風疾請告，十有二月，終于布政里私第，享年七十。權載之文集二十五。

皇甫衡又御史臺碑額監察題名。

徐縯户中有「徐演」。新表徐氏：冀州（刺）〔長〕史琇子縯，虢州別駕。元和姓纂：兵部郎中、諫議大夫。

常袞授徐演長安縣令等制：朝奉郎、行尚書倉部員外郎、上柱國、賜緋魚袋徐演，可守長安縣令，散官、勳賜亦如故。文苑英華四百七。舊代宗紀：大曆十二年四月，諫議大夫、知制誥徐璜等十餘人，皆坐元載貶官。新元載傳：與元載厚善坐貶者，徐縯等數十百人。

顏真卿朝議大夫贈梁州都督上柱國徐府君秀神道碑銘：子今侍御史縯，懿文懋學，峻節清標。天寶末，陷居賊中，爲僞命連辟，辭疾不起。謀使家人與本朝通計，爲部曲所發，遂遭禁詰，一日之中議刑者數焉。俄而官軍大至，賊黨奔北，由是獲免。乾元中，奉使巴渝，屬段子璋構逆，流輩十人皆被屠害，以縯高名，欲留同惡。期之以死，承劍不回。時諸道徵求之不堪，命縯至之邦，必荷仁信，如期而畢。廣德二年，簪白筆于赤墀，董財賦于巴漢。文忠集八。

楊翾無考。又御史臺碑額監察題名。

韋參見金外補，又祠外。常袞授崔夷甫金部員外郎等制：朝散大夫、行尚書祠部員外郎、上柱國韋參疑作「轂」。可行尚書倉部員外郎，散官、勳如故。文苑英華三百九十一。詳金外補。

長孫鑄　新表長孫氏：仲宣孫鑄，倉部員外郎。姓纂同。唐詩紀事二十七：長孫鑄，天寶十二年，楊浚舍人下登第。

張惣　賈至授張伯禽等通事舍人制：左金吾衞兵曹參軍張惣，淑慎徽美，可立於朝，休有令聞，忠而周敏。出納朕命，僉曰爾諧。可守通事舍人。文苑英華三百八十三。

盧安見倉中補。

李速　舊德宗紀下：貞元五年三月，以大理卿李速爲黔州刺史、黔中觀察使。文苑英華六百六呂頌再請入覲表：近日已來，李速等皆在遐裔，相次喪亡。攷頌于貞元五年觀察黔中，說見左中呂頌注，則速當卒於是年。

崔供侁無考。

趙玗　元和姓纂三十小：趙令言生玗，鳳翔少尹，天水西縣人。獨孤及唐故虢州弘農縣令天水趙府君令則墓誌：四子太子舍人、兼京兆府鄠縣令玗。毘陵集十二。大曆十年。

皇甫徵格案：「徵」疑「徹」。元和姓纂十一唐：浙東觀察使皇甫政生徹，蜀州刺史，樂陵人。唐詩紀事四十八：貞元十四年，皇甫澈刺蜀州，賦四相詩。

蕭存見金外。

李玗見吏中、金中。

閻濟美又主中。 元和姓纂二十四鹽：閻敬仲生濟美，國子祭酒，武陽人。 舊良吏傳下：貞登進士第。累歷臺省，有長者之譽。自婺州刺史爲福建觀察使。 新附盧坦傳：貞元末，由婺州刺史爲福建觀察使。

王武陵 新許孟容傳：德宗擢浙東觀察判官齊總爲衢州刺史。許孟容還制，會補闕王武陵等亦執争，於是詔中停。 唐會要五十四：貞元十八年二月，以前攝浙東團練副使、試大理評事、兼監察御史齊總爲衢州刺史。左補闕王武陵等疏言之，詔書留中。 王武陵宿惠山寺詩序：戊辰秋八月，吴郡朱遐景自秦還吴，南次無錫，命予及故人竇丹列會于惠山之精舍。 竇羣重遊惠山寺記：元和二年五月三日，重遊此寺，獨覽舊題二十年矣。當時三人皆登諫列，朱遐景方詣行軍王晦伯，尋卒郎署。余自西掖累遷外臺，復此躊躇，吁嗟存殁。 李蘧惠山寺記：蘧舅氏扶風公，貞元四年秋八月與太原王武陵、吴郡朱宿同遊惠山精舍，爲賦往體詩一首，王序而題之。並全唐文。

崔鄲見户外。

孟簡見吏外、封中。 舊傳：累官至倉部員外郎。户部侍郎王叔文竊政，簡爲子司，多不附之，叔文惡之雖甚，亦不至擯斥。尋遷司封郎中。 新傳：累遷倉部員外郎。王叔文任户部，以不附離見疾，不敢顯黜，宰相韋執誼爲徙他曹。元和中，拜諫議大夫。

崔清見左中補、户中。

皇甫鏄見吏中、吏外。 呂温故太子少保贈尚書左僕射京兆韋府君夏卿神道碑銘：分正東郊，開府辟士，則有今倉部員外郎安定皇甫鏄。呂衡州文集六。元和元年。

張寔 權德輿唐故監察御史清河張府君瞏甫墓誌銘：孤曰實、曰宇，年並孩齓，未勝縗經。權載之文集二十五。建中三年。

齊炅案，倉中補有「齊照」，疑即「齊炅」之誤。 元稹齊炅授饒州刺史王堪授澧州刺史制：尚書刑部郎中齊炅，皆踐臺閣，亟歷名郡，號爲良能。可使持節饒州刺史，餘如故。元微之文集四十八。 白居易饒州刺史齊照可朝散大夫制：蕭籍照以降，皆著勤。由朝議郎一進而及此。白氏文集四十九。

陳諷見吏中、勳中、金中。

張士陵無考。

張仲方見度中補。 舊傳：自邠州從事入朝，歷侍御史、倉部員外郎。坐呂温疑脱「父」字。貢舉門生，温貶，出爲金州刺史，入爲度支郎中。新傳畧同。 白居易唐故銀青光禄大夫祕書監曲江縣開國伯贈禮部尚書范陽張公墓誌銘：鄜坊節度使辟爲判官，奏授監察御史裏行，俄而真拜。歷殿中，轉侍御史、倉部員外郎、金州刺史、度支郎中。白氏文集七十。

于敖見吏中、勳外。舊傳：元和六年，真拜監察御史。轉殿中，歷倉部、司勳二員外。新傳失載。

蘇弘見金中。

薛成慶見封中。新傳：歷御史、尚書郎，五遷給事中。

唐慶又御史臺碑額監察，又陰額知雜題名　新蔣乂傳：憲宗見侍御史唐武曰：「命名固多，何必曰武？」乂既改之矣，更曰慶。元稹唐慶授萬年縣令制：朝議郎、守尚書比部郎中、賜緋魚袋唐慶，榷束池鹵，生息倍稱。布露飭散於羅落之間，而盜賊終不敢近。推是爲理，真吾所求之劇令也。可守萬年縣令，餘如故。元微之文集四十七。穆宗流唐慶崖州勅：唐慶入已贓盈五千貫，據罪定刑，實難全宥，但以惟新之日，政務從寬，要示含容，俾從流竄。宜除名長流崖州。大詔令。

李景儉　新表讓皇帝房：太子中舍人梢舊傳作「褚」。子景儉，諫議大夫。舊傳：字寬中，貞元十五年登進士第。穆宗時自澧州刺史追詔拜倉部員外郎。月餘，驟遷諫議大夫。河東先生集十一：亡友故祕書省校書郎獨孤君墓碣：李景儉致用，隴西人。

范季睦　元稹范季睦授尚書倉部員外郎制：勑：權知倉部員外郎、判度支案范季睦，野有餓殍不知發，狗彘食人之食不知檢，此經常之失政也。而況於戎車未息，飛輓猶勤，新熟之時，豈宜無備？乃詔執事，聿求其才，乘我有秋，大實倉廩。僉曰季睦，副予虛懷。汝其往哉，予用訓汝。夫廉賈五之，不争之謂也；出給必吝，有司之常也。貳上下之價，則茫昧者受弊；雜苦良之貨，則豪右者受贏。惟一惟公，乃罔不同；惟平惟實，乃罔不吉。爾其戒之，無替朕命。可尚書倉部員外郎，依前判度支案，充京西、京北糴使，餘如故。白居易有范季睦父彥贈禮部郎中制。白氏文集四十九。

崔鄯 又御史臺碑額監察題名。元微之文集四十七。新表清河小房崔氏：御史中丞陲子鄯，右金吾將軍。舊傳：舉進士。元和中歷監察御史。大和元年十月，自太子詹事拜左金吾衛大將軍。白居易奉天縣令崔鄯可倉部員外郎判度支案制：勑：奉天縣令崔鄯，大凡南宮郎，無非慎選者也。況官之屬，有堆案盈几之文，有月計歲會之課，故員外郎不可逾時缺，不待滿歲遷，事劇才難，斷可知矣。而鄯自操白簡，宰赤縣，繩舉違謬，惠養鰥惸，皆有善聲，著于官次。豈能于彼，而不能于此乎？爾宜率廩人佐計，務決繁析滯，期有可觀。可依前件。白氏文集五十一。乾道臨安志三：唐杭州刺史崔鄯。詳左中補陸則注。

李宗河「河」字未確，二本「何」。新表蔡王房：歆子宗何，不詳歷官。白居易李宗河可渭南令李玘可京兆府户曹制：内史公綽奏宗河學古修己，練達理道。乃乞爲甸縣令。

白氏文集四十九。

宇文鼎見左外、吏中、吏外。舊傳：大和中，自左補闕歷尚書郎。新傳：自監察御史進吏部郎中。

盧鈞見吏中。

韋瓘見勳中。

王會見封外。

韓尋

裴充南部新書戊：開成三年，吳興志：裴充，太和九年八月，自大理少卿拜，卒官。以湖州貢茶不如法，停刺史裴充。唐詩紀事三十五同。因話錄三商部：裴瀚子充，爲太常寺太祝，年甚少。時京司書考官之清高者，例得上考。充之同儕以例皆止中考，訴於卿長，曰：「此舊例也。」(克)〔充〕曰：「奉常職重地高，不同他寺。大卿在具瞻之地，作事當出於人。本設考課爲奬勤勞，則書豈繫於官秩？若一一以官高下爲優劣，則卿合書上上考，少卿合上中考，丞合中上考，主簿合中考，協律合下考，某等合喫杖。」大卿笑且慙，遂特書上考。充至湖州刺史。案，世系表「克」，疑「充」之誤。

崔瑶見吏外、勳中，又祠外。

李歙見左外、吏外。新李中敏傳：鄭注用事，自侍御史被斥去。注死，由倉部員外郎累遷江西觀察使。舊傳失載。

韋充見左中。

韋損見度中、倉中。新表韋氏南皮公房：庫部郎中頌見户外。子損，初名諶。唐會要十九：大中五年四月，武昌軍節度使、檢校户部尚書韋損奏：「臣四代祖湊，開元中，于上都立政坊立廟，至建中四年亡失木主，其廟屋及樹並在。今臣官階至三品，合立私廟，請祔享前件廟。」勅旨宜依。沈珣授韋損鄆州節度使制：銀青光禄大夫、守刑部尚書韋損，久服大僚，早揚休問。累更中外，迭處清崇。善政克著於藩方，雅量見推於朝右。制末云：「昇崇班于五兵，啓元戎之十乘。」當是檢校兵部尚書也。文苑英華四百五十六。長安志九唐京城三：朱雀街東第五街立政坊，河東節度使韋湊家廟。大中五年，湊孫武昌軍節度使損請重修廟。

趙從約　新表新安趙氏：嶺南節度使、檢校工部尚書、謚簡植子從約。不詳歷官。

薛重　僧無可詩集下送薛重中丞充太原副使詩。雲谿友議七：少師李固言相公在成都賓館，則薛重評事皆遠從，可謂蓮幕之盛。平曾每與諸公評論，則言笑彌日。

楊魯士　新表楊氏越公房：寧見户中。子、漢公見封中。弟魯士，字宗尹，長安令。敬宗處分賢良方正等科舉人制：賢良方正能直言極諫科舉人第四等楊魯士，中書門下即與處分。大詔令。舊傳：本名殷士。長慶元年進士擢第，其年覆落，因改名。復登制科，位不達而卒。唐會要七十六：寶曆元年四月，賢良方正能直言極諫科楊魯士及第。緯畧同。

舊敬宗紀：寶曆元年四月，中書舍人鄭涵等考定制舉人，勅下後數日，上謂宰相：「楊魯士等皆涉物議，宜與外官。」乃授城固尉。宰臣請其罪名，不報。

白居易有開成二年三月三日禊洛濱留守裴令公召檢校禮部員外郞楊魯士等一十五人合宴舟中詩。白氏文集三十三。崔嘏授楊魯士長安縣令等制，稱兵部郞中楊魯士等。文苑英華四百七。

馬曙見金外。

李行恭新表趙郡李氏西祖房：左諫議大夫叔度見封中。子行恭。不詳歷官。

羅劭權見封中、金中。

李遵新表大鄭王房：太僕卿暈子遵，太子少傅、鄭國公。舊肅宗紀：天寶十五載六月庚子，至烏氏驛，彭原太守李遵謁見。至德二載十二月戊午，制靈武元從功臣宗正卿李遵鄭國公，兼進封邑。獨孤及唐故特進太子少保鄭國李公墓誌：開元十年初仕。天寶六年出守。始於淄川，歷濟南、汝南。十四年秋九月，由執金吾爲彭原郡守。毘陵集十一。舊虢王巨傳：宗正卿李遵構巨，自東京留守貶爲遂州刺史。新傳同。據肅宗紀事在乾元二年二月。　舊酷吏下敬羽傳：上元中，太子少傅、宗正卿、鄭國公李遵，爲宗子通事舍人李若水告其贓私，詔羽按之。書贓數千貫，奏之。肅宗以勳舊捨之，但停宗正卿。　舊代宗紀：寶應元年八月，貶太子少傅李遵爲袁州刺史。永泰元年正月，以前袁州刺史李遵爲太子少保，聽朝朔望。　大曆二年三月戊辰，貶太子少保李遵永州司馬，坐贓也。

崔暈 無考。

盧近思 新表盧氏：佐元子近思。不詳歷官。

郭圓 雲谿友議七少師李固言相公在成都賓館，則郭圓員外皆遠從公，可謂蓮幕之盛。平曾每與諸公評論，則言笑彌日。　萬首唐人絕句六十二有郭圓譏張延賞詩。　雲谿友議四引郭泗濱圓詩，當是泗州刺史也。　益州名畫錄下：胡氏亭畫記，檢校尚書司（空）（門）員外郎、賜緋魚袋郭圓撰。會昌五年五月三日。　圖畫見聞誌五胡氏寶墨亭，司門外郎郭圓作記。

張琮 新表始興張氏：渝子琮。不詳歷官。

郭囿 無考。

李詠 新表趙郡李氏東祖房：迪子詠。不詳歷官。　又安德丞兼金子詠。不詳歷官。

梁肅德州安德縣丞李君夫人梁氏墓誌：孝子詠等。文苑英華九百六十六。

李蠙見左中、度外、倉中。

魏鑢無考。

裴思猷　新表東眷裴氏：道護後大理少卿坰子思猷，字獻臣，工部尚書。

褚鷹無考。

席鴻　元和姓纂二十二昔：中書舍人席夔見吏外。生鴻，襄陽人。不詳歷官。

李洮無考。

張斯干無考。

皇甫燱無考。又主外。

盧肇　摭言二：盧吉州肇，開成中，就江西解試，爲試官不送。又三：會昌三年，王起再主文柄，門生一榜二十二人，和周墀詩第一人盧肇字子發。又云：肇袁州宜春人，與同郡黄頗齊名。幼貧乏，狀元及第。盧肇進海潮賦狀：臣於會昌三年應進士舉，故山南節度使、同中書門下平章事王起擢臣爲進士狀頭。筮仕之初，故鄂岳節度使盧商自中書出鎮，辟臣爲從事。自後故江陵節度使，贈太尉裴休、故太原節度使，贈左僕射盧簡求，皆將相重臣，知臣苦心，謂臣有立，全無親黨，不自吹噓，悉賞微才，奏署門吏。臣前年二月，蒙恩自潼關防禦判官除祕書省著作郎。其年八月，又蒙恩除倉部員外郎，充集賢院直學士。去年五月，又蒙恩除歙州刺史。臣謹行陛下法令，常懼愆違。理郡周星，未有政績。潛被百姓詣闕，以臣粗能緝理，求欲留臣。奉七月二十二日勑，又蒙聖恩賜臣金紫。狀前題朝散大夫、持節歙州諸軍事、守歙州刺史、柱國、賜紫金魚袋臣盧肇。唐文粹五。摭言十：盧子發牧歙州，姚巖傑在婺源，先以著述寄肇。盧肇有被責連州詩。首云：黃絹外孫翻得罪。又謫連州書春牛榜子詩。萬首唐人絶句七十三。林韞撥鐙序：韞，咸通末爲州刑掾，時廬陵盧肇罷南浦太守，歸宜春。公之文翰故海內知名，韞竊慕小學，因師於盧公子弟安期。書苑菁華十六。新書藝文志丁部集錄別集類：盧肇海潮賦一卷。又通屈賦一卷。注林絢大統賦二卷。原注：字子發，袁州人。咸通歙州刺史。陸游跋唐盧肇集云：子發嘗謫春州，而集中誤作青州。蓋字之誤也。題清遠峽觀音院詩作「青州遠峽」，則又因州名而妄竄定也。

劉允章見户中。重修承旨學士壁記：劉允章，咸通五年十一月二十七日自倉部員外郎守本官再入，六年正月九日加户部郎中、知制誥。翰苑羣書上。

令狐纁見金中。

李磵見户中、金中。

樊驤見倉中。

張温士　新表始興張氏：監察御史、廣州節度判官仲孚子温士，刑部郎中。

呂熀無考。見金中。

杜真符見左外，又勳外附存。

李殊　元稹唐故朝議郎侍御史河陰留後元君墓誌銘：次女適李殊。元微之文集五十七。元和十四年。

竇璠又度中。新表竇氏三祖房：汾州長史靈運子璠。不詳歷官。時代不合。

鄭綮見左中補、吏外補、户外、金中補。舊傳：歷監察、殿中，倉、户二員外郎，金、刑、右司三郎中。新傳：歷監察御史，擢累左司郎中。舊僖宗紀：乾符二年六月，以倉部員外郎鄭綮爲户部員外郎。

王鐐見左中，又主外補。舊僖宗紀：乾符二年六月，以主客員外郎王鐐爲倉部員外郎。

柳告　新表柳氏：柳州刺史宗元見禮外補。子告，字用益。摭言十四：咸通四年，蕭倣與浙東鄭商當作「裔」綽大夫狀：柳告是柳州之子，鳳毛殊有，而名字陸沈。案，蕭倣于咸通四年知貢舉，則告當即是年進士也。

崔嚴　新表南祖崔氏：林慮主簿悦子嚴，倉部員外郎。又清河小房崔氏：憲宗相羣子嚴，同州參軍。

李鉅 玉泉子：韋保衡秀才嘗訪同人，有李鉅新及第，亦繼至。鉅新成事，甚自得。洎保衡尚主爲相，李蠙鎮岐下。鉅下衍「新」字，依廣記二百七十三刪。方自山北舊從事辟焉。新表趙郡李氏東祖房：司農卿逢年見祠中。子鉅，綿竹丞。時代不合。又潞州司倉參軍延安子鉅，新息尉。

陳義範無考。

盧朋龜 新表盧氏：左補闕告見左外。子朋龜，字子益。

韋蘊微二本無。未確，疑「趙蘊」。

張□

【補遺】

韋璲見吏外、倉中。 舊韋安石傳：叔璲，倉部員外郎。

于素見倉中補。 新表于氏：德基子素，倉部員外郎。姓纂作「郎中」。

韋虛心見左外補、户中。案，倉外石刻有「韋壽心」，疑是。 孫逖東都留守韋公神道碑：司會之府，允釐庶績。命公作倉部、左司二員外，户部、兵部、右司三郎中。文苑英華九百十八。

王紹見户中。舊傳：貞元中自包佶租庸鹽鐵判官爲倉部員外郎。時屬兵革旱蝗之後，令户部收闕官俸，兼税茶及諸色無名之錢，以爲水旱之備。紹自拜倉部，便準詔主判，遷户部、兵部郎中，皆獨司其務。新傳畧同。李絳兵部尚書王紹神道碑：自倉部員外郎遷户部、兵部郎中，專判户部事。文苑英華八百九十七。

韋武見户中，又禮外補。呂温韋公神道碑銘：户部元侍郎琇董司漕運，懼不克濟，奏授公倉部員外郎充水陸轉運判官。得公之謀，而不能用。稱疾杜門，數月而元果敗。尋轉禮部員外郎。呂衡州文集六。新傳：户部侍郎元琇爲水陸轉運使，表武以倉部員外郎充判官。謀不用，杜門數月而琇敗。轉刑部員外郎。案，「刑部」當作「禮部」。

丘丹又祠外。元和姓纂十八尤：右常侍丘爲見勳中。弟丹，倉部員外，吴郡人。

高炅新表高氏：著作佐郎、崇賢館學士彪子炅，侍御史、倉部員外郎。

袁皓又禮外補。唐詩紀事七十七：袁皓，咸通進士。新李晟傳：僖宗狩蜀，倉部員外郎袁皓采李晟功烈，爲興元聖功録，徧賜諸將，表勵之。舊書禮儀志五：中和元年夏四月，有司請享太祖已下十一室於成都府。虞部員外郎袁皓等建議同異。唐會要十六同，「虞部」作「禮部」。新書藝文志丁部集録别集類：袁皓碧池書三十卷。原注：袁州宜春人。龍紀集賢殿圖書使，自稱碧池處士。

李稚州 新表隴西李氏姑臧大房：君昇子稚州，倉部員外郎。

李齊莊 新表趙郡李氏西祖房：道信子齊莊，倉部員外郎。

韋繪 元和姓纂八微：周安國公法保孫繪，唐倉部員外，京兆杜陵人。

郭士倫 元和姓纂十九鐸：後魏左僕射、東光文貞公郭祚曾孫士倫，唐倉部員外，贈深州刺史，太原陽曲人。

唐尚書省郎官石柱題名考卷十九

禮部郎中 補

唐六典：禮部尚書，其屬有郎中一人，從五品上。龍朔二年改爲司禮大夫，光宅、神龍隨曹改復。掌貳尚書、侍郎，舉其儀制，而辨其名數。

薛縚　賀若懷廓　封行高　韋元方　孔志約

周琮　薛稷　韓思復　崔融　薛曜

彭景直　張洽　崔宗之　□憲　高蓋

裴朏　姚子彥　崔國輔　段懷本　段同泰

裴遵慶　楊炎　顧少連　吴通微　楊憑

許孟容　韋德符　王沼　張仲素　庾敬休
李翺　薛用弱　劉禹錫　蔣係　徐商
李訥　宇文臨　裴處權　李淳儒　楊知温
牛蔚　鄭言　李景温　高湜　魏簹
司空圖　杜讓能　趙光逢　趙光裔　顔蕘
吴融　張茂樞　李綽　程浩　楊發

【附存】

唐次　楊凝　相里造　元稹

薛紹　新表薛氏西祖房瑊子紹，禮部郎中。新書太子瑛傳：開元十六年，以太常少卿薛紹女爲妃。皇子納妃制：薛紹第六女，可皇太子妃。大詔令。

賀若懷廓　元和姓纂三十八箇：隋陽州隋書「吴州」。總管宋公賀若弼生懷廓，唐禮部郎中，河南洛陽人。原本誤入賀蘭氏注，今正。陳子良爲蜀道安撫壽光公王季卿與王仁壽書：將軍外氏宋國公子懷廓，今任光禄大夫、相府禮曹參軍。爲王爪牙，早樹勳績，已雪冤耻，彌暘昊天。文苑英華六百八十六。新高祖紀：武德六年七月丙子，沙州別駕竇伏明反，殺其總管賀若懷廓。通鑑唐紀六作「瓜州總管賀若懷廣」，下文作「賀拔」。胡三省云：當從上作「賀若」。

格案：明本考異作「賀若」。

封行高　新表封氏：青城令德潤子行高，禮部郎中。

韋元方　新表韋氏逍遥公房：（隋）〔後周〕營州總管、魏興懷公藝孫，彧子元方，禮部郎中。姓纂同。會要六十五：貞觀十四年，司門員外郎韋元方不過所給使，見左右僕射而去。給使奏之。上大怒，出元方爲華陰令。特進魏徵言曰：「帝王震怒動若雷霆，何可妄發，爲前給使一言，夜出勅書，事似軍機，外人誰不驚駭。但宦省之徒古來難近，輕爲言語，易生患害。獨行遠使，深非事宜。漸不可長，所宜深慎。」上納之，遂停貶黜。

孔志約　孔氏祖庭廣記六：志約三十三代，禮部郎中。

周琮又祠外。　元和姓纂十八尤：禮部郎中周琮，河間人。楊烱庭菊賦序：天子幸於東都，皇儲監守於武德之殿。學士周琮以儒術進。文苑英華一百四十九。

薛稷又祠外。　新表薛氏西祖房：仁偉子稷，相中、睿。新傳：字嗣通，擢進士第。累遷禮部郎中、中書舍人。景龍末，爲諫議大夫。蘇頲授薛稷諫議大夫制，稱中散大夫、行尚書禮部郎中、修文館直學士、河東縣開國男薛稷。文苑英華三百八十一。

韓思復　新傳：字紹出，京兆長安人。舉秀才高第，襲祖封長山縣男。姚崇爲夏官侍郎，擢司禮博士。五遷禮部郎中。建昌王武攸寧母亡，請鼓吹，思復持不可而止。坐爲王同皎所薦，貶始州長史。遷滁州刺史，徙襄州。入拜給事中。舊傳：自司禮博士，景龍中，累遷給事中。會要六十六：太僕寺少卿，景雲元年八月，加一員，韓思復爲之。

崔融又户外有崔融，時代不合。　新表南祖崔氏：宜君丞縣解子融，字文成，新傳「安成」。清河文公。舊傳：應八科舉擢第。自右史，聖曆二年，除著作郎，仍兼右史內供奉。四年，遷鳳閣舍人。久視元年，忤張昌宗意，左授婺州長史。頃之，怒解，又請召爲春官郎中，知制誥。長安二年，再遷鳳閣舍人。新傳：遷右史，進鳳閣舍人。

薛曜　新表薛氏西祖房：高宗相振子耀，字昇華，給事中，襲汾陰男。石刻武三思大周封祀壇碑：朝散大夫、守春官郎缺。河南登封。寶刻類編二：周封祀壇碑，薛曜正書。萬歲登封元年十二月。

彭景直　唐會要七十六：永昌元年正月，蓄文藻之思科彭景直及第。緯略同。新書儒學傳中：景直，瀛州河間人。中宗景龍末，爲太常博士。後歷禮部郎中，卒。蘇頲授彭景直禮部郎中制：黄門正議大夫、檢校尚書禮部郎中、上柱國彭景直，通理內融，含暉外靜。文尚典雅，學窮精博。故能容臺是則，仙闈咸推，俾即真於滿歲，更惟允于卿月。可行尚書禮部郎中，散官、勳如故。主者施行。文苑英華三百八十九。開元釋教録九：睿宗嗣曆，沙門菩提流志譯大寶積經，禮部郎中彭景直等潤色。舊書方伎僧一行傳：開元五年，玄宗令其族叔禮部郎中洽齎勅書就荆州强起一行。

張洽　吳興志：張洽，大足元年，自濮州刺史授遷魏州刺史。統紀云：開元三年。新韋湊傳：開元中洛陽主簿王鈞以賕抵死，詔曰：「兩臺御史、河南尹縱吏侵漁，春秋重責帥，其出河南尹韋湊曹州刺史，侍御史張洽通州司馬。」

崔宗之又禮外補。新表博陵第三房崔氏：睿宗、玄宗相日用見吏外。子宗之，右司郎中。崔祐甫齊昭公崔府君集序嗣子宗之，學通古訓，詞高典册。才氣聲華，邁時獨步。仕於開元中，爲起居郎，再爲尚書禮部員外郎，遷本司郎中，時文國禮。十年三月終于右司郎中。年位不充，海内歎惜。文苑英華七百二。新崔日用傳：子宗之，襲封齊國公。亦好學，寬博有風檢，與李白、杜甫以文相知。新韓朝宗傳：喜識拔後進，嘗薦崔宗之、嚴武於朝，當時士咸歸重之。李陽冰草堂集序：與崔宗之等自爲八仙之遊。李太白文集一。

□憲見吏外補、考中補。

高蓋又戶外。新表：高蓋，禮部郎中。

裴朏又禮外補，又御史臺監察題名。新表洗馬裴氏：登州刺史重皎子朏，禮部郎中。獨孤及唐故朝議大夫高平郡別駕權公徹神道碑銘：開元十八年，考校書判甲乙丙丁科，詔公與徐安貞、王敬從、吴鞏、見監察。裴朏、李宙、見殿中。張烜見左側。等十學士參焉。毘陵集八。詳勳外王敬從注。石刻大唐故朝議郎行尚書祠部員外郎裴君稹墓誌銘，族叔禮部員外郎朏撰兼書。開元廿八年。西安府。會要七十四：天寶元年冬選，六十四人判入等，時御史中丞張倚見左外。男奭判入高等。有下第者，嘗爲薊令，以白安禄山，遂奏之。來年正月二十一日，遂於勤政樓下，上親自重試，惟二十人比類稍優，餘並下第。張奭不措一詞，時人謂之「曳白」。吏部侍郎宋遥見勳外。貶武當太守，苗晉卿見吏中。貶安康太守，考官禮部郎中裴朏、起居舍人張烜、監察御史宋昱、左拾遺孟國朝見左外。並貶官。孟浩然有聞裴侍御史朏自襄州司户除豫州司户因以投寄詩。校宋本孟浩然詩集下。王士源孟浩然詩集序：尚書侍郎河東裴朏等與浩然爲忘形之交。校宋本。新書藝文志乙部史録雜傳記類：裴朏續文士傳十卷。原注：開元中懷州司馬。

姚子彦又禮外補，又御史臺殿中，又右側侍御兼殿中題名。册府元龜六百四十三：開元二十六年八月甲申，親試文辭雅麗舉人姚子彦等二十四人升第，皆量資授官。詳封外郭納注。獨孤及唐故祕書監贈禮部尚書姚公墓誌銘：公諱子産，英華「子彦」，是。字伯英，其先馮翊蓮勺人也，徙家河東。舉進士，又舉詞藻，皆升甲科。南宮章奏，典司禮文，英華「樂」，尤精其選，非盛名莫居。由是遷公殿中侍御史、禮部員外郎、禮部郎中、知制誥、中書舍人、太常少卿。毗陵集十一。唐語林八：開元二十四年，命禮部侍郎爲主司，後有中書舍人姚子彦等雜主之。又八：累爲主司者姚子彦再，乾元三年、上元二年。舊玄宗紀下：開元二十九年九月壬申，御興慶門，試明四子人姚子産「彦」誤。等。

崔國輔又禮外補。

段懷本　新表河南段氏：宣州長史珪子懷本，禮部郎中。元和姓纂：洛州太守、禮部郎中。元稹唐左千牛韋珮母段氏墓誌銘：曾祖宣州長史諱弘珪，生大父鄜州刺史諱懷本。元微之文集五十八。

段同泰　元和姓纂二十九換：蘇州刺史段同泰「泰」原脱。居滎陽中牟。晁説之宋故朝散大夫管勾舒州靈仙觀騎都尉段公與言墓誌銘：唐禮部郎中、蘇州太守同泰，始爲滎陽中牟人。景迂生集十九。

裴遵慶見吏外、勳外。　舊傳：自大理寺丞遷司門員外、吏部員外郎，專判南曹。天寶末，楊國忠出不附己者，出爲郡守。肅宗即位，徵拜給事中。賈至授裴遵慶給事中制：勑：禮部郎中裴遵慶，清正介直，公才雅望；智能利物，行可檢人。今東夏務殷，宰臣任重，是資髦士，以佐輶軒。宜居駮議之職，仍領銓衡之務。可給事中。文苑英華三百八十一。

楊炎 見勳外。舊傳：自起居舍人丁憂，服闋，起爲司勳員外郎，改兵部，轉禮部郎中、知制誥。遷中書舍人。新傳同。常袞授庾準楊炎知制誥制：敕：中大夫、行尚書吏部郎中、上柱國庾準，檢校尚書兵部郎中、充山南集作「劍」。副元帥判官、賜緋魚袋楊炎等，詔令之重，潤色攸難，其文流則失正，其詞質則不麗。固守酌風雅之變，參漢魏之作，發揮綸旨，其在茲乎！爾各以茂才實學，敏識純行，俾其對掌，可謂得人。仍轉郎位，式光朝選。準可行尚書職方郎中、知制誥，散官、勳如故。炎可守尚書禮部郎中、知制誥，賜如故。文苑英華三百八十二。

顧少連 新傳：字夷仲，蘇州吳人。舉進士上第。德宗幸奉天，自監察御史徒步詣謁，授水部員外郎、翰林學士，再遷中書舍人。閱十年，歷吏部侍郎。舊德宗紀上：興元元年六月，水部員外郎顧少連爲禮部郎中，依前充翰林學士。韋執誼翰林院故事：貞元已後，顧少連水外充、禮中充。又中人充，出爲户侍。丁居晦重修承旨學士壁記：顧少連，建中四年自水部員外郎充；貞元四年二月加知制誥；七年遷中書舍人；八年四月改户部侍郎，賜紫金魚袋，出院。「貞元」上有脱文。翰苑羣書上。

吴通微見金外。　舊文苑下吴通玄傳：貞元七年，通微自職方郎中、翰林學士、知制誥，改禮部郎中，尋轉中書舍人。

楊憑見左外。　舊傳：累遷起居舍人、左司員外郎、禮部兵部郎中、太常少卿。

許孟容又禮外補。　舊傳：字公範，京兆長安人。舉進士甲科，復究王氏易，登科。貞元中自濠州刺史徵爲禮部員外郎，遷本曹郎中。德宗降誕日，御麟德殿，命孟容等登座，與釋、老之徒講論。十四年，轉兵部郎中。未滿歲，遷給事中。

韋德符　權德輿唐故使持節歙州諸軍事守歙州刺史賜緋魚袋陸君墓誌銘：常與今禮部郎中京兆韋德符友善。權載之文集二十四。德符疑韋字，陸參見祠外。

王沼　新表烏丸王氏：温州刺史晃見禮外補。子沼，禮部郎中。　舊楊炎傳：道州録事參軍王沼有微恩於楊炎，德宗時舉沼爲監察御史。　舊張鎰傳：建中末，李楚琳殺張鎰，判官王沼等被殺。新傳同。

張仲素見封中、勳外。　丁居晦重修承旨學士壁記：張仲素，元和十一年八月十五日自禮部郎中充；十三年正月十二日加司封郎中、知制誥。翰林院故事：張仲素禮部員外充。翰苑羣書上。

庾敬休見左中補，又禮外補。　白居易韋顗可給事中庾敬休可兵部郎中知制誥同制：朝散大夫、苑有「守」字。尚書禮部郎中、上柱國庾敬休，温裕端明，飾以辭藻，可使書誥命，而專右席。苑作「而立西序」。可尚書兵部郎中、知制誥，散官、勳如故。白氏文集四十八。

李翺見考外補。舊傳：元和十五年七月，自考功員外郎出爲朗州刺史。俄入爲禮部郎中。以未知制誥，入中書面數李逢吉之過失，逢吉不之校。翺心不自安，請告。滿百日，有司準例停官，〔逢吉〕奏授（逢吉）廬州刺史。舊敬宗紀：寶曆元年二月辛卯，以前禮部郎中李翺爲廬州刺史，以求知制誥，面數宰相李逢吉過故也。李翺兵部武侍郎墓誌：長慶四年，公之先塋，召其友禮部郎中李翺執紼以別。李文公集十五。

薛用弱三水小牘下：大和初，薛用弱自儀曹郎出守弋陽郡，爲政嚴而不殘。案，黑水將軍稱用弱爲郎中。新書藝文志丙部子録小説家類：薛用弱集異記三卷。字中勝，長慶光州刺史。

劉禹錫又主中補。舊傳：字夢得，彭城人。貞元九年擢進士第，又登宏辭科。大和中自主客郎中累轉禮部郎中、集賢院學士。裴度罷知政事，求分司東都。六月，授蘇州刺史。

蔣係又膳外補。新表蔣氏：祕書監乂勳外有武。子係，檢校左僕射、淮陽公。新傳：大和二年，拜右拾遺、史館修撰，轉右補闕。歷膳部員外，工、禮、兵三部郎中，皆兼史職。開成末，轉諫議大夫。

徐商又禮外補。

新表北祖上房徐氏：大理評事宰子商，字義聲，相懿宗。舊彦若傳：「曾祖宰，祖陶，父商。」表脱陶一代。

舊徐彦若傳：父商，字義聲，大中十三年及第，釋褐祕書省校書郎。累遷侍御史，改禮部員外郎。尋知制誥，轉郎中，召充翰林學士，拜中書舍人。重修承旨學士壁記：徐商，會昌三年六月一日自禮部員外郎充；四年八月七日加禮部郎中、知制誥；其年九月四日，遷兵部郎中，並依前充。翰苑羣書上。

李隲徐襄州碑：字秋卿，文宗五年春，考登上第。文苑英華八百七十。

李訥見吏外。

崔嘏授李訥中書舍人言大理少卿制，稱禮部郎中、知制誥李訥等。文苑英華三百八十二。

宇文臨又禮外補。

舊宇文籍傳：子臨，大中初，登進士第。

重修承旨學士壁記：宇文臨，大中元年閏三月七日自禮部員外郎充，其年四月守本官出院。又大中元年十二月八日自禮部郎中充；其月二十八日加知制誥；二年正月二日思政殿召對，賜緋；其年六月七日特恩遷中書舍人，並依前充；三年九月十四日責授復州刺史。翰苑羣書上。

崔嘏授宇文臨翰林學士制：勑：吾方以文化天下，期於大和。故左右侍從之臣，詞林宥密之地，必求其性識弘茂，文藻遒麗，以備顧問，以參周旋。聞爾清直無徒，雅厚自處，富有天爵，蔚爲詞人。是用輟自儀曹，置於翰苑。惟端静可以承渥澤，惟敬慎可以期遠圖。資爾令猷，副我殊選。可守本官，充翰林學士。文苑英華三百八十四。又制：勑：禮部郎中宇文臨，吾外有輔臣，以敦一作「匡」大化；中有股肱，一作「心腹」。以揔一作「專。」樞機。而發揮絲綸，參侍顧問；司我耳目，廣予腹心。惟是柬求，擢居近密。以爾詞賦清才，珪璋雅韻，抱孤貞以適姓，竦端介以操持。處衆流之中，不爲自異；居慎獨之際，克念無私。由是選自文昌，升於翰苑。爾宜一心以奉職，勤百慮以省躬。勿怠疏遠，副吾恩顧。可守本官，充翰林學士。同上。

裴處權見封中、户外。杜牧有裴處權除禮部郎中等制。樊川文集十七。新表洗馬裴氏：處權字晦之，禮部郎中。

李淳儒一作「汶」，又禮外補。唐詩紀事五十三：汶儒，登大和五年進士第。重修承旨學士壁記：李淳儒，大中六年七月十五日自禮部員外郎充，七年十二月五日加禮部郎中、知制誥；九年十月十二日拜中書舍人，依前充；十年十月十六日三殿召對，賜紫；十一年正月五日守本官，出院。翰苑羣書上。寶慶四明志一：大和三年，明州刺史李文孺通志「文儒」。修得橋，見曾從龍所撰浮橋記。

楊知温見左外。舊楊汝士傳：子知温，累官至禮部郎中、知制誥，入爲翰林學士、户部侍郎。新傳失載。重修承旨學士壁記：楊知温，大中十一年九月八日自禮部郎中充；

十二月十九日加知制誥，十二年五月十二日三殿召對，賜緋；十月十一日拜中書舍人，依前充。翰苑羣書上。舊宣宗紀：大中十一年九月，以禮部郎中楊知温充翰林學士。十二月，禮部郎中楊知温本官知制誥，充翰林學士。

牛蔚見吏中。舊傳：宣宗時自司門員外郎出爲金州刺史，入拜禮、吏二郎中。新傳失載。

鄭言 東觀奏記中：以左拾遺鄭言爲太常寺鈔本有。博士。鄭朗自御史大夫命相。朗先爲浙西觀察使，言實居幕中。朗建議以諫官論時政得失，動關宰輔。鄭言必括囊形迹，請移爲博士。新鄭朗傳：右拾遺鄭言者，故在鄭朗幕府，朗以諫臣與輔相争得失，不論則廢職，奏徙他官。唐才子傳七：會昌二年，鄭言榜進士趙嘏。舊宣宗紀：大中七年十月，弘文館大學士崔鉉進續會要四十卷，修撰官鄭言等賜物有差。會要同。新書藝文志丙部子録類書類：續會要四十卷。鄭言等撰。重修承旨學士壁記：鄭言，咸通六年正月十日自駕部員外郎入；四月十日加禮部郎中、知制誥，依前充；其月十九日中謝賜紫；八年十一月四日遷工部侍郎、知制誥，並依前充。九年六月十八日守户部侍郎，出院。翰苑羣書上。新書藝文志乙部史録雜史類：鄭言平剡録一卷。原注：裘甫事。言字垂之，浙西觀察使王式從事，咸通翰林學士、户部侍郎。玉泉子：鄭公述平剡録一何曲筆，雖驟歷清顯，而卒以喪明，不復起焉。可不慎哉！資治通鑑考異二十三。

李景溫見户外。

高湜見勳外。吴興志：高湜，咸通五年十二月，自司勳員外郎拜禮部郎中、史館修撰。統紀作「遷刑部」。

魏篗見勳中。「篗」誤「管」。

司空圖又禮外補。舊文苑傳下：圖字表聖，本臨(淄)〔淮〕人。父輿。見户中補。圖咸通十年登進士第，自光禄寺主簿分司東都，召爲禮部員外郎，賜緋魚袋，遷本司郎中。其年冬，巢賊犯京師，從天子不及，退還河中。數年，故相王徽鎮潞，表爲副使。徽不赴鎮而止。僖宗自蜀還，次鳳翔，召知制誥，尋正拜中書舍人。新卓行傳畧同。

杜讓能又禮外補。新表杜氏：宣宗、懿宗相審權見吏外。子讓能，字羣懿，相昭宗。舊傳：咸通十四年登進士第。黄巢犯京師，奔赴行在，自兵部員外郎拜禮部郎中、史館修撰。尋以本官知制誥，正拜中書舍人。

趙光逢見吏外補，勳外補，又禮外補、祠中補。舊傳：僖宗還京，授太常博士，歷禮部、司勳、吏部三員外郎，集賢殿學士，轉禮部郎中。景福中，以祠部郎中知制誥。

趙光裔見勳中補，又禮外補、膳中補。雲臺編中有寄同年禮部趙郎中詩。詩有「小儀澄澹轉中儀」之句。

顏蕘

舊昭宗紀：光化三年八月丁卯，以朝請大夫、虞部郎中、知制誥、上柱國、賜紫金魚袋顏蕘爲中書舍人。舊柳璨傳：魯國顏蕘深重柳璨。蕘爲中書舍人，判史館，引爲直學士。唐摭言十二：天復中，薛昭緯自臺丞累貶澄州司馬，中書舍人顏蕘當制。舊五代史唐書四十四崔沂傳：昭宗時，員外郎、知制誥崔沂嘗與同舍顏蕘、錢珝俱秉筆，見蕘、珝贍速，草制數十，無妨譚笑。錢珝授前合州刺史顏蕘禮部郎中殿中侍御史李德璘右補闕監察御史鄭渥右補闕等制：勑：具官顏蕘等，昔太師魯公，拘在寇廷，渠魁有危一作「潛」。迫之問，對以諸侯朝覲之禮。奮全文「發」。於直言不屈，端凝守正而歿。理命之戒，家廟爲先。賢哉鉅人，可謂忠而知禮矣。今蕘行高學茂，洪緒有承。因太師之所爲，遂以禮曹郎命爾。用昭遺德，且勉令修。德璘合矩中規，擅髦彥之稱。渥端居慎守，積監視之勞。擢爲諫臣，實就近列。使吾聞過，擊爾當官。無或面從，以墜其職。可依前件。文苑英華三百八十三。顏蕘顏上人集序：余景福中爲尚書郎，故相國陸希聲爲給事中。後數載余罷，自合江沿峽流而下至荆。又云：余繼忝清華，薦兼史任。末署光化三年孟夏序。文苑英華七百十四。宋史文苑朱昂傳：梁祖篡唐，唐舊臣顏蕘、李濤、朱葆光數輩，挈家南渡，寓潭州。每正旦夕至，必序立南嶽祠前，北望號慟，殆二十年。唐詩紀事六十四：顏萱，中書舍人蕘之弟。

吴融　新書文藝下傳：融字子華，越州山陰人。龍紀初，及進士第。自侍御史坐累去官，流浪荆南，依成汭。久之，召爲左補闕，以禮部郎中爲翰林學士，拜中書舍人。

張茂樞見勳外補，又祠中補。新傳失載。　舊昭宗紀：天祐元年七月丁丑，制以司勳員外郎張茂樞爲禮部郎中。

李綽又膳中補。　新表趙郡李氏南祖房：吏部侍郎紓見封外補。曾孫、寬中子綽，字肩孟。　舊昭宗紀：龍紀元年十一月己丑朔，將有事於圜丘。辛亥，上宿齋於武德殿，宰相百僚朝服於位。時兩軍中尉楊復恭及兩樞密皆朝服侍上，太常博士錢珝、李綽等奏論之，至晚不報。　石刻升僊廟興功記，尚書禮部郎中、賜緋魚袋李綽撰。乾寧四年正月。

錢氏大昕跋曰：陳直齋題唐膳部郎中。按禮、祠、客、膳雖云同署，而禮部爲頭司，餘爲子司，資望不等。綽於乾寧四年已官禮中，更閱十有餘歲，至開平二年，何以轉題「膳部」，恐直齋誤記，抑或中遭罷斥，而更敍復乎。

新書藝文志丙部子録農家類：李綽秦中歲時記一卷。　直齋書録解題：秦中歲時記一卷，唐膳部郎中趙郡李綽撰。綽別未見，此據中興書目云爾。其序曰：「緬思庚子之歲，洊周戊辰之年。」庚子，唐廣明元年。戊辰，梁開平二年也。又曰「偶記昔年皇居舊事，絶筆自歎，横襟出涕」。然則唐之舊臣，國亡之後傷感疇昔，而爲此書也。按朱藏一紺珠集、曾端伯類説載此書，有杏園探花使、端午扇市、歲除儺公儺母及太和八年無名子詩數事。今皆無之，豈別一書乎？

程浩 集古録目：唐昭義節度薛嵩神道碑，禮部郎中程浩撰。梁州都督府長史、翰林待詔韓秀寔八分書。碑大曆八年立。在夏縣寶刻叢編十。又唐贈司徒馬璘新廟碑，禮部郎中程浩撰，吏部尚書顏真卿書，太子中允、翰林待詔韓秀寔〔八〕分書題額。大曆十四年七月立。寶刻叢編七。

楊發見左中補，勳中、勳外。

【附存】

唐次見吏中補，又禮外補。 新傳：憲宗立，自夔州刺史召還，授禮部郎中、知制誥，終中書舍人。

楊凝見左中補、吏外補、封外，又封中附存。 柳宗元亡妻弘農楊氏誌：醴泉縣尉諱某成名。生今禮部郎中凝。原注：「凝」當作「凴」。凴嘗爲禮部郎中，集有祭楊詹事文可見。今作「凝」，恐非。河東先生集十三。

相里造見户中補。

元稹見祠中、膳外補。

唐尚书省郎官石柱題名考卷二十

禮部員外郎 補

唐六典：禮部尚書，其屬有員外郎一人，從六品上。龍朔二年改爲司禮員外郎。咸亨、光宅、神龍並隨曹改復。掌同郎中。

孔楨	楊志誠	斑思簡	馬懷素	尹知章
褚璆	張九齡	袁暉	王仲丘	李孟犨
崔國輔	崔宗之	王敬從	楊仲昌	裴朏
姚子彥	陶翰	王晃	李華	韓擇木

常無名
獨孤及
崔元翰
王仲舒
張賈
崔韶
庾敬休
李珏
崔嶼
王凝
劉崇龜
李系
王溥
趙光裔

陳讜言
于益
韋武
韓羣
韋貫之
李宗閔
張元夫
韋温
徐商
孔緯
杜讓能
袁皓
韋序
衛中行

李華
崔令欽
唐次
裴垍
崔備
林蘊
楊虞卿
袁郁
宇文臨
崔澹
司空圖
趙光胤
韋郊
崔明允

薛邕
王定
張弘靖
令狐楚
王源中
牛僧孺
鄭錫
孔温業
李淳儒
李燭
崔祐甫
徐彥樞
王駕
徐安貞

于可封
沈既濟
許孟容
柳宗元
韋處厚
楊嗣復
宋申錫
張次宗
孔温裕
蕭遘
趙光逢
薛貽矩
薛昭緯

孔楨 元和姓纂一董：唐中書舍人孔紹安生楨，禮部員外，會稽山陰人。舊書文苑傳上：楨，高宗時爲蘇州長史。累遷絳州刺史，封武昌縣子。卒，謚曰温。新傳畧同。赤城志八：麟德二年、乾封元年，台州刺史孔。原注：仁廟嫌諱。

楊志誠見吏外補。張説贈太州刺史楊君神道碑：自國子監丞，高宗封岱岳，除禮部員外郎，轉吏部員外郎。張燕公集十六。

班思簡 舊班宏傳：祖思簡，春官員外郎，衞州汲人。

馬懷素見考外。舊傳：自左臺監察御史，長安中，累轉禮部員外郎，充十道黜陟使。還，遷考功員外郎。新傳同。石刻故銀青光禄大夫祕書監兼昭文館學士侍讀上柱國常山縣開國公贈潤州刺史馬公墓誌銘：改左臺監察御史，歷殿中，彈糺不避强禦。加朝散大夫、轉詹尹丞，朝論稱屈，遷禮部員外郎。與范陽盧懷慎、隴西李傑俱以清白嚴明分爲十道按察。轉授考功員外郎。

尹知章 元和姓纂十七準：禮部員外尹知章，絳州翼城人。

褚璆見吏中、吏外作「諸璆」。户中。新傳：先天中遷侍御史，拜禮部員外郎。而氣象凝挺，不減在臺時。

張九齡見勳外。石刻徐浩唐尚書右丞相中書令張公碑：自左拾遺特拜左補闕。尋除禮部、司勳二員外郎，加朝散大夫。廣東曲江。舊傳：自（左）〔右〕拾遺，開元十年，三遷司勳員外郎。張九齡轉司勳員外郎敕：通直郎、判尚書禮部員外郎張九齡，可守尚書司勳員外郎，散官如故。唐丞相曲江張先生文集附録。詳勳外。開元八年四月七日。

袁暉

元和姓纂二十二元：袁公玘生暉，中書舍人，京兆人。會要七十六：景雲二年，文以經國科袁暉及第。緯略同。舊魏知古傳：先天二年，知吏部尚書事，魏知古擢用左補闕袁暉等，後咸累居清要。新傳：所薦左補闕袁暉等，後有聞於時。新馬懷素傳：開元初，詔祕書監馬懷素續王儉七志，召邢州司户參軍袁暉等分部撰次。舊韋述傳：中書令張説重詞學之士，袁暉等常遊其門。張九齡轉司勳員外郎敕：朝議郎、河南府法曹參軍袁暉，可行尚書禮部員外郎，散官如故。開元八年四月七日。唐丞相曲江張先生文集附録。詳勳外張九齡注。

王仲丘

新書儒學傳下：仲邱，沂州琅邪人。祖師順。見倉外。開元中歷左補闕内供奉、集賢修撰、起居舍人。遷禮部員外郎。卒，贈祕書少監。

李孟犨

新表上大鄭王房：襲膠西郡公、南州司馬璬子泗州刺史孟犨，字公悦。李軫泗州刺史李君神道碑：自鄧州司馬、兼陸門堰稻田使，宗司舉以郎署，擢授禮部員外，屬東封扈蹕。轉虞部員外郎，出牧泗州。清明簡肅，治行第一。而地接吴楚，氣候卑濕，因之痁癘，辭以疾歸。開元十九年十一月十九日，終于大梁旅館，享年五十有五。文苑英華九百二十三。

崔國輔見禮中補。新表崔氏清河青州房：海、沂等州司馬惟怦李君碑作「惟明」。子國輔，禮部員外郎。李軫泗州刺史李君神道碑：今夫人清河崔氏，弟國輔秀才擢第，制舉登科，歷補闕、起居、禮部員外郎。文苑英華九百二十三。

崔宗之見禮中補。崔祐甫齊昭公崔府君集序：嗣子宗之，開元中爲起居郎，再爲尚書禮部員外郎。遷本司郎中。文苑英華七百二。舊書禮儀志六：開元二十七年，太常議禘祫二禮，禮部員外郎崔宗之駁下太常，令更詳議。

王敬從見勳外從敬，考中。孫逖太子右庶子王公神道碑：歷尚書禮部、司勳員外、考功郎中、給事中，拜中書舍人。文苑英華九百二。

楊仲昌見左外、吏中、吏外。席豫唐故朝請大夫吏部郎中上柱國高都公楊府君碑銘：自河南鞏縣令尋遷禮部員外郎。歷左司員外郎。唐文粹五十八。二傳失載。舊書孝友崔沔傳：開元二十(三)〔四〕年，制令禮官議加籩豆之數與服制之紀。崔沔建議依舊，時禮部員外郎楊仲昌議與相符。

裴朏見禮中補。石刻大唐故朝議郎行尚書祠部員外郎裴君稹墓誌銘，族叔禮部員外郎朏撰兼書。開元二十八年。

姚子彦見禮中補。獨孤及唐故祕書監贈禮部尚書姚公墓誌銘：遷公殿中侍御史、禮部員外郎，禮部郎中、知制誥。毘陵集十一。

陶翰唐會要七十六：開元十九年，博學宏詞科陶翰及第。緯略同。唐才子傳二：陶翰，潤州人。開元十八年崔明允下進士及第。次年中博學宏辭，與鄭昉同時。官至禮部員外郎。太平廣記二百十七：九月，禮部員外陶翰病，請假。敕除補闕王晃。顧況禮部員外郎陶氏集序：開元十八年進士上第。天寶文明載登宏詞、拔萃兩科。累陟太常博士、禮部員外。文苑英華七百二。

王晃新表烏丸王氏：青州司馬祚子晃，温州刺史。新王涯傳：父晃，歷左補闕、温州刺史。涯見吏外。劉禹錫代郡開國公王氏先廟碑：第四室曰温州刺史、贈太尉府君諱晃。年十有五，賁然從秋賦。明年春，升名於司徒。又一年，玄宗御層樓發德音，懸文詞政術科以置髦士，府君策最高，授太常寺大祝。未幾，復以能通道德、南華、沖虚三真經，進盩厔尉。天寶中，歷右拾遺、左補闕，禮部司、駕二外郎。屬幽陵亂華，遣兵南服，因佐閩粵，改檢校比部郎中、行軍司馬。時中原甫寧，江南爲吉地，二千石多用名德，乃以府君牧温州。劉賓客文集二。太平廣記二百十七：九月，禮部員外陶翰病，請假。敕除補闕王晃禮部員外，後貶温州司倉。與碑不合。

李華 見吏外補、封外補、金中。 舊文苑傳下：天寶中，登朝爲監察御史。累轉侍御史，禮部、吏部二員外郎。 新書文藝傳失載。

韓擇木 舊書刑法志：肅宗載收兩京，置三司使，以刑部侍郎兼御史中丞韓擇木等五人爲之。崔器、呂諲多希旨深刻，擇木無所是非，李峴獨力爭之。 舊肅宗紀：上元元年閏月壬午，以右散騎常侍韓擇木爲禮部尚書。 二年九月壬辰，以太子賓客、集賢院學士、昌黎伯韓擇木爲禮部尚書。 寶應元年建辰月，以禮部尚書韓擇木爲太子太保。 舊李峴傳：乾元二年，李峴以理崔伯陽等出爲蜀州刺史。時右散騎常侍韓擇木入對，上曰：「峴欲專權耶？乃云任毛若虛是無御史臺耶？令貶蜀州刺史，朕自覺用法太寬。」對曰：「峴言直，非專權。陛下寬之，祇益聖德爾。」新傳同。 石刻崔尚唐天台山桐柏觀頌，缺四字。書，翰林院學士、慶王府屬韓擇木書。天寶元年三月二日。 金薤琳琅十五。

常無名 新表新豐常氏：雍王府文學楚珪子無名，禮部員外郎。 唐才子傳一：張子容，開元元年常無名榜進士。 又王灣，開元十一年常無名榜進士。大典本作「元年」。 摭言十三：無名子移書劉公先翰，有常無名判云：「衞侯之政由甯氏，魯侯之令出季孫。」豈以經對史耶！

陳讜言 元和姓纂十七真：禮部員外郎陳讜言，京兆人。李華三賢論：潁川陳讜言士然淡摭言「讀」。而不厭，重劉迅者也。文苑英華七百四十四。文粹三十八。唐摭言七。王昌齡有秋山寄陳讜言詩。唐文粹十五下。文苑英華五百十六有陳讜言對祭地判。全文四百六作「儻言字士龍，玄宗時擢書判拔萃科」。

李華 賈至授李華禮部員外郎制：敕：九隴令李華，學行薰茂，藻思清新，譽流京劇，政洽巴庸。會府章奏之殷，春官典禮之要，任難其選，才可當人。可試禮部員外郎。文苑英華三百九十一。

薛邕 見吏中、吏外、勳中。唐摭言十四：至德二年，駕臨岐山，右補闕兼禮部員外薛邕下二十一人。

于可封 新表于氏：祕書監汪子可封，國子司業。丁居晦重修承旨學士壁記：至德後于可封補闕充；遷禮部員外郎、知制誥；除國子司業，出院。韋執誼翰林院故事：至德已後，于可封自補闕充，出爲司業。翰苑羣書上。

獨孤及 見吏外。新傳：代宗時自太常博士遷禮部員外郎，歷濠、舒二州刺史。梁肅常州刺史獨孤及行狀：自太常博士拜尚書禮部員外郎，遷吏部，除濠州刺史。文苑英華九百七十二。崔祐甫常州刺史獨孤及神道碑：自太常博士遷尚書禮部員外郎，受詔考第吏部選人詞翰，旌別淑慝，朝野稱正。爲濠刺史。又九百二十四不云遷吏部。毗陵集「禮部」作「吏部」。案，是時及以禮部考吏部選人，非爲吏部也。集似誤。

于益 新表于氏：工部尚書、東海元公休烈子益，諫議大夫。舊于休烈傳：嗣子益，次子肅，見考中補。相繼爲翰林學士。新傳同。新傳又云：益，天寶初及進士第。石刻大唐故左武衛大將軍贈太子賓客白公道生神道碑銘，朝議郎、行尚書禮部員外郎、翰林學士、賜緋魚袋于益奉勅撰。永泰元年。正定。韋執誼翰林院故事：寶應已後，于益自駕部員外充，大諫又充，卒。重修承旨學士壁記：寶應後六人，載于益名。翰苑羣書上。

崔令欽 李華潤州天鄉寺故大德雲禪師碑：禮部員外郎崔令欽常爲丹徒，宗仰不怠。文苑英華八百六十一。劉隨州文集三有寄萬州崔使君令欽詩。教坊記序：開元中，余爲左金吾倉曹。又云：今中原有事，漂寓江表。新表博陵二房崔氏：挺後合州刺史(班)〔珽〕子令欽，國子司業。李華潤州鶴林寺故徑山太師碑銘，稱菩薩戒弟子禮部員外郎崔令欽。文苑英華百六十二。新書藝文志甲部經録樂類：崔令欽教坊記一卷。又丁部集録總集類：崔令欽注庾信哀江南賦一卷。

王定 見吏中補、吏外、考中補。權德輿唐故太子右庶子集賢院學士贈左散騎常侍王公神道碑銘：拜起居舍人，尋加理匭使。歷禮部、吏部二員外，遷考功郎中。權載之文集十四。

沈既濟　元和姓纂四十七寑：婺州武義主簿沈朝宗生既濟，進士，唐翰林學士。吴興武康縣人。舊沈傳師傳：父既濟，建中初，楊炎薦才堪史任，召拜左拾遺、史館修撰。炎譴逐，貶處州司户。後復入朝，位終禮部員外郎。陸贄奉天薦袁高等狀：何士幹、姚南仲、陸淳、沈既濟。已上曾任補闕、拾遺。陸宣公集十四。詳吏中崔造注。

崔元翰　舊傳：元翰，博陵人。進士擢第，登博學宏詞科，又應賢良方正直言極諫科，三舉皆升甲第。自太原馬燧掌書記入朝爲太常博士、禮部員外郎。竇參輔政，用爲知制誥，詔令温雅，合於典謨。然性太剛褊簡傲，不能取容於時，每發言論，略無阿徇，忤執政意，故掌誥二年，而官不遷。竟罷，守比部郎中。

韋武見户中、倉外補。吕温韋公神道碑銘：自倉部員外郎充水陸轉運判官。尋轉禮部員外郎。上方以戡復之慶，親告郊廟。大兵僅解，百度各缺，執事憂惑，悉咨于公。公以變通之識，酌于宜。元缺一字。備物約用，禮成掌中，羣司遵行，罔或愆素。屬邦畿艱食，朝議敦本。選羣閣之通理術者十人，分宰大邑，公與故相國鄭公珣瑜等同被推擇，遂檢校本官，兼昭應縣令。新傳：自倉部員外郎充水陸轉運使判官。轉刑部員外郎。是時，帝以反正告郊廟，大兵後，典章苟完，執事者時時咨武。武酌宜約用，得禮之衷，羣司奉焉。後爲絳州刺史。案，「轉刑部」，當依碑作「禮部」。陸贄優卹畿內百姓并除十縣令詔：韋武可檢校禮部員外郎，兼昭應縣令。陸宣公集四。詳勳外竇申注。

唐次見吏中補、禮中附存。新傳：德宗時歷侍御史。竇參數薦之，改禮部員外郎。參貶，出爲開州刺史，積十年不遷。改夔州刺史。文苑英華九百七十二梁肅常州刺史獨孤及行狀：藝文之士，遭公發揚，集作「揮」。盛名比肩于朝廷，則有禮部員外郎北海唐次。

張弘靖見吏外。舊傳：德宗時擢授監察御史。轉殿中侍御史、禮部員外郎，遷兵部郎中、知制誥。

許孟容見禮中補。舊傳：自濠州刺史，德宗知其才，徵爲禮部員外郎。有公主之子，請補弘文、崇文館諸生，孟容舉令式不許。主訴於上，命中使問狀。孟容執奏竟得。遷本曹郎中。

王仲舒見吏外、考外。新傳：自左拾遺改右補闕，遷禮部、考功員外郎。舊文苑傳：自右拾遺累轉尚書郎。權載之文集三十一吏部員外郎南曹廳壁記：太原王仲舒，貞元十年冬，由諸侯部從事、賢良對策，歷左右諫列、儀曹、考功郎。十八年，實受斯命。韓愈唐故江南西道觀察使中大夫洪州刺史兼御史中丞上柱國賜紫金魚袋贈左散騎常侍太原王公神道碑銘：貞元初，射策拜左拾遺，特改右補闕。遷禮部、考功、吏部三員外郎，在禮部奏議詳雅，省中伏其能。昌黎先生集三十一。又江南西道觀察使贈左散騎常侍太原王公墓誌銘：貞元十年，以賢良方正拜左拾遺，改右補闕，禮部、考功、吏部三員外郎。昌黎先生集三十三。

韓羣見考外補。　新表昌黎韓氏：羣，禮部員外郎。

裴垍見考中補、考外。　舊傳：自監察御史轉殿中侍御史，尚書禮部、考功二員外郎。新傳失載。

令狐楚　新表令狐氏：太原府功曹參軍承簡子楚，字殼士，相憲宗。　舊傳：貞元七年登進士第。德宗時拜右拾遺，改太常博士、禮部員外郎。母憂去官。服闋，以刑部員外郎徵，轉職方員外郎、知制誥。新傳失載。

柳宗元　新表柳氏：侍御史鎮子宗元，字子厚，柳州刺史。　舊傳：登進士第，應舉宏辭。順宗即位，自監察御史轉尚書禮部員外郎。王叔文敗，貶邵州刺史，在道，再貶永州司馬。　舊憲宗紀：永貞元年九月己卯，禮部員外郎柳宗元貶邵州刺史。

張賈見吏中、户外。　吕温故太子少保贈尚書左僕射京兆韋府君夏卿神道碑銘：分正東郊，開府辟士，則有今禮部員外郎清河張賈吕衡州文集六。元和元年。

韋貫之見吏外。　舊傳：元和中自右補闕轉禮部員外郎。新羅人金忠義以機巧進，至少府監，蔭其子爲兩館生，貫之持其籍不與，曰：「工商之子不當仕。」忠義以藝通權倖，爲請者非一，貫之持之愈堅。既而疏陳忠義不宜污朝籍，詞理懇切，竟罷去之。改吏部員外郎。新傳畧同。　會要三十九：元和二年七月，詔禮部員外郎韋貫之等刪定開元格後勅。

崔備　新表崔氏許州鄢陵房：左丞、黃門侍郎、工部尚書泰之孫備，工部郎中。　唐詩紀事四十五：崔備登建中進士第。　舊鄭餘慶傳：元和六年，禮部員外郎崔備以不詳覆給元義方、盧坦門戟，罰俸。　憲宗罰盧坦元義方立戟違式俸料勅：禮部員外郎崔備以禮許人，此於申請其過尤深，罰一季俸料。大詔令。　會要三十二在元和六年十二月。

羊士諤詩集有酬禮部崔員外備獨永寧里弊居見寄詩。　歲時雜詠二十九有崔備奉和相公錦樓玩月詩。　唐詩紀事：時爲武元衡西川度支判官。　唐會要八十有工部郎中崔備駁贈工部尚書馬暢謚敬議。　崔備壁書飛白蕭字記：余與李君太常議，約寓家南徐，鄰而友善，獲覩妙跡。法書要録三。　李約壁書飛白蕭字贊：書之故實，事之本末，中書舍人張公、崔監察備撰記詳焉。　高平公蕭齋記：其遇之之由，則君之贊序與崔監察備論之詳矣。同上。

王源中見考外、戶中。　唐會要八十：太常博士馮定請謚贈太師范希朝「忠武」，禮部員外郎王源中駁請下太常重定。　太常請如前謚「忠武」，王源中重駁。　博士王塾改謚「宣武」，未經會議聞奏，故不載其文。　案，舊希朝傳：元和九年卒。

韋處厚見考外補、户中、考中附存、户外附存。舊傳：元和中轉左補闕，禮部、考功二員外郎。宰相韋貫之出官，出爲開州刺史。新傳失載。

崔韶見户外。舊憲宗紀下：元和十一年九月辛巳，貶禮部員外郎崔韶果州刺史，言與韋貫之朋黨故也。

李宗閔見吏外。舊傳：元和七年，爲監察御史，累遷禮部員外郎。十二年，裴度奏爲彰義軍觀察判官。賊平，遷駕部郎中、知制誥。新傳同。舊憲宗紀：元和十二年七月，以禮部員外郎李宗閔兼侍御史，充彰義軍判官。舊裴度傳同。

林藴元和姓纂二十一侵：江州判官、兼監察林藴，東晉通直郎林景後。新書儒學下列傳：藴字復夢，泉州莆田人。滄景程權辟掌書記，遷禮部員外郎。刑部侍郎劉伯芻薦之於朝，出爲邵州刺史。莆陽文獻列傳：貞元四年，明經及第，應賢良方正科，不見取。「復夢」誤「夢復」。

牛僧孺見考外補。舊傳：釋褐，伊闕尉，遷監察御史，轉殿中，歷禮部員外郎。元和中改都官，知臺雜，尋換考功員外郎，充集賢直學士。新傳畧同。杜牧唐故太子少師奇章郡開國公贈太尉牛公墓誌銘：除河南尉，拜監察御史。丁母夫人憂，制終，復拜監察御史，轉殿中侍御史，遷禮部員外郎、都官員外郎、兼侍御史知雜事。改考功員外郎、集賢殿學士。樊川文集七。

楊嗣復見吏中補、吏外。舊傳：自太常博士，元和十年，累遷至刑部員外郎。鄭餘慶爲詳定禮儀使，奏爲判官，改禮部員外郎。時父於陵爲户部侍郎，嗣復上言與父同省非便，請換他官。詔曰：「應同司官有大功已下親者，但非連判及勾檢之官并官長，則不在迴避之限。如官署同，職同異，雖父子兄弟無所避嫌。」再遷兵部郎中。新傳畧同。

庾敬休見左中補、禮中補。舊鄭餘慶傳：元和十三年，詳定使鄭餘慶奏禮部員外郎庾敬休充詳定判官。重修承旨學士壁記：庾敬休，元和十五年閏正月十三日自禮部員外郎充，二月一日賜緋；二十一日加左司郎中。翰苑羣書上。舊穆宗紀：元和十五年閏月，以禮部員外郎庾敬休守本官，充翰林學士。

張元夫舊書張正甫傳：兄式見左外。子元夫登科。大和初兵部郎中、知制誥，遷中書舍人，出爲汝州刺史。唐摭言七：大和中蘇景胤、見封中。張元夫爲翰林主人。新李宗閔傳：大和中李德裕爲相，帝曰：「衆以張元夫等爲黨魁。」德裕因請皆出爲刺史，帝然之。卽以元夫爲汝州。白居易張元夫可禮部員外郎制：勅：殿中侍御史張元夫，官有秩清而選妙者，其儀曹員外郎之謂乎！凡殿內御史雖文才秀出，功課高等者，滿歲而授，猶曰美遷。有如元夫連膺二選，歷彼踐此，僉以爲宜。況怒飛青冥，翔集禁陞，由並去者十八九焉。汝知之乎？思有以稱。可尚書禮部員外郎。白氏文集四十九。

舊文宗紀下：大和七年三月庚戌，出中書舍人張元夫爲汝州刺史。

楊虞卿見左中補、吏外。 舊傳：穆宗初，自侍御史再轉禮部員外郎、史館修撰。長慶四年八月，改吏部員外郎。新傳畧同。

鄭錫 唐詩紀事二十八：錫登寶應進士第。寶曆間爲禮部員外郎。 李翺故歙州長史隴西李府君則墓誌銘：長女壻禮部員外鄭錫。寶曆三年。 李文公集十五。

宋申錫見户中。 重修承旨學士壁記：宋申錫，寶曆元年九月二十四日自禮部員外郎充侍講學士；十一月二十八日賜紫，十二月十九日改充學士；三年正月八日遷户部郎中、知制誥。翰苑羣書上。 新傳：遷起居舍人，以禮部員外郎爲翰林學士。敬宗時，拜侍講學士。文宗即位，再轉中書舍人。

李珏見吏外、勳外補、度中附存。 新傳：穆宗時自右拾遺以數諫不得留，出爲下邽令。武昌牛僧孺辟署掌書記。還，爲殿中侍御史。宰相韋處厚除禮部員外郎。僧孺還相，以司勳員外郎知制誥。舊傳失載。 東觀奏記上：自右拾遺左遷下邽令。丁母憂，授殿中侍御史内供奉，武昌掌書記。徵歸御史府，韋處厚秉政，擢拜禮部員外，改吏部員外。李宗閔爲相，擢掌書命，改司勳員外。

韋溫見考外補。　舊傳：大和中李德裕作相，自侍御史遷禮部員外郎。鄭注鎮鳳翔，請爲副使，溫拒之。注誅，轉考功員外郎。　杜牧唐故宣州觀察使御史大夫韋公墓誌銘：文宗時改侍御史、尚書禮部、考功員外郎。樊川文集八。「禮部」，集本作「吏部」，依英華改。

袁郁

重修承旨學士壁記：袁郁，大和九年十二月二十七日自禮部員外郎、集賢院直學士充；開成元年正月十四日轉庫部員外郎，二年三月十一日丁憂。翰苑羣書上。

孔溫業見吏外。　舊鄭覃傳：開成初太學勒石經，覃奏禮部員外郎孔溫業等校定九經文字。

張次宗見考外。　舊傳：開成中，爲起居舍人，改禮部員外郎，以兄文規爲韋溫不放入省出官，次宗堅辭省秩，改國子博士兼史館修撰。新傳畧同。

崔璵見左中、勳外、考中補、户中。　舊傳：開成末，累遷至禮部員外郎。會昌初，以考功郎中知制誥。新傳不載。

徐商見禮中補。　舊傳：自侍御史改禮部員外郎。尋知制誥，轉郎中，召充翰林學士。

重修承旨學士壁記：徐商，會昌三年六月一日自禮部員外郎充；四年八月七日加禮部郎中、知制誥。翰苑羣書上。　李騭徐襄州碑：嘗任殿中侍御史，丞入中書白事，執政因問：「徐殿中果何如人？」丞曰：「今之賢人也。」執政曰：「然，禮部員外郎缺，諸公見言其人，所言者或一再來詣某，有三至者，徐殿中亦在薦中，足未嘗及其門，殆真賢人歟！子言是也。」卒以禮部與公。文苑英華八百七十。

宇文臨 見禮中補。重修承旨學士壁記：宇文臨，大中元年閏三月七日自禮部員外郎充，其年四月守本官出院。翰苑羣書上。崔嘏授宇文臨禮部員外郎制：敕：凡在南宮，必資望實，而儀曹之選，益難其人。以爾松篁清韻，瓌璧貞姿，以學文爲積行之基，用規檢爲修身之具。飾外以舉其衆能，居中自持其謙益。佐雲幕而鬱有佳聲，處霜臺而介然獨立。玉墀之下，益振金相；載筆之間，共推直史。是宜遷于粉署，光彼文昌。勉膺起草之求，無忝握蘭之美。可依前件。文苑英華三百九十一。

李淳儒 一作「汶」。見禮中補。舊宣宗紀：大中三年九月，以禮部員外郎李（淳）〔文〕儒充翰林學士。重修承旨學士壁記：李淳儒，大中六年七月十五日自禮部員外郎充；七年十二月五日加禮部郎中、知制誥。翰苑羣書上。樊川文集十七庾道蔚守起居舍人李汶儒守禮部員外郎充翰林學士等制敕：天下爲公，選賢與能也。況乎（伎）〔拔〕出流輩，超侍帷幄。豈唯獨以文學，止於代言，亦乃密參機要，得執所見。若非賢彥，豈膺選擢。將仕郎、守起居舍人庾道蔚，善行必備，重價無對，嘗自侯府，升爲諫臣，每直言而盡誠，不違忠而偶意。朝議郎、行尚書禮部員外郎、上柱國、賜緋魚袋李汶儒，才行冠時，名聲華衆，揚歷臺閣，宣昭職業，無入而不得其道，守正而莫混其源。並爲儒者之英，咸蘊賢人之操，久遊安在，相見何晚。英華校正云一作「何相見晚」禮曰：「君子稱人之美，則必爵之。」我既言矣，亦能縶維。宜盡忠讜，以酬寵遇。並可守本官，充翰林學士。餘各如故。

孔温裕見封外補、勳中。重修承旨學士壁記：孔温裕，大中九年二月二十九日自禮部員外郎、集賢院直學士充；其年三月三日加司封員外郎、知制誥。翰苑羣書上。東觀奏記中：孔温裕，自禮部員外改司封員外，入内廷。

王凝見封中、考中補、考外補。舊傳：自起居郎歷禮部、兵部、考功三員外郎。司空圖唐宣州王公行狀：徵拜左史，遷禮部員外。宣宗朝嘗待制，獨被顧問，正色讜言，不附權戚。及内署進擬，竟爲所擠，歷兵部、考功員外。司空表聖文集七。

孔緯見考中補、考外補。舊傳：自監察御史轉禮部員外郎。宰相徐商奏兼集賢直學士，改考功員外郎。

崔澹見封中。舊傳：大中十三年進士，累遷禮部員外郎。新傳同。舊懿宗紀：咸通十一年二月，以考官禮部員外郎崔澹等考試宏詞選人。

李燭見左中、户中。舊僖宗紀：乾符二年四月，以殿中侍御史李燭爲禮部員外郎。

蕭遘見考外補、户中補、户外補。

舊僖宗紀：乾符二年十月，以禮部員外郎蕭遘爲考功員外郎。　舊傳：韋保衡作相，自起居舍人貶播州司馬。保衡誅，以禮部員外郎徵還，轉考功員外郎。

劉崇龜又主外補。

新表河南劉氏：蔡州刺史符子崇龜，字子長，清海節度使。　舊傳：咸通六年進士擢第，累遷起居舍人，禮部、兵部二員外郎。丁母憂免。　舊僖宗紀：乾符二年十一月，以起居郎劉崇龜爲禮部員外郎。　金華子雜編上：南海端揆爲主客員外時，有除翰林學士之命。既還省，吏忽報除目下，員外徐彦若除翰林學士，端揆遂不復還省。

杜讓能見禮中補。

舊傳：自右補闕歷侍御史、起居郎、禮部兵部員外郎。　蕭遘領度支，以本官判度支案。

司空圖見禮中。

舊書文苑列傳下：乾符六年，自光禄寺主簿分司東都。召爲禮部員外郎，賜緋魚袋，遷本司郎中。新傳略同。

崔祐甫

唐會要四十五：乾符六年十月，勑修築故尚父子儀廟，仍令所司明年仲春以太牢祭于廟。時禮部員外郎崔祐甫與諫官俱稱過當。章疏屢上。

趙光逢見吏外補、勳外補、禮中補、祠中補。

舊傳：僖宗還京，授太常博士，歷禮部、司勳、吏部三員外郎。

李系 摭言十二薛昭緯常任禮部員外，時李系任小儀，王蕘任小賓。

袁皓見倉外補。 唐會要十六：中和元年夏四月，有司請享太祖已下十一室於成都，詔公卿議之。禮部員外郎袁皓等建議同異。舊書禮儀志五作「虞部」。

趙光胤 新表新安趙氏：懿宗、僖宗相隱子、膳部郎中光裔弟光胤，字垂裕，駕部郎中。舊傳：大順二年進士登第。天祐初，累官至駕部郎中。唐詩紀事六十六：大順二年侍郎裴贄下登第。 摭言三：大順中趙光胤自補袞拜小儀。詳考外王涣注。 唐詩紀事同。新趙隱傳：子光胤，歷臺省華劇。

徐彥樞見户外補。 薛廷珪授徐彥樞禮部員外郎制：勅：具官徐彥樞，文昌列曹，代稱清署。宗伯之重，時難厥官。其在外郎，選擢尤重，率多虛位，以待當才。聞爾澹以立身，謙而履道。情田萬頃，瑤林將玉樹森羅；文律九成，調露以承雲交奏。動必由禮，人無問言。克承德行之規，不染脂膏之態。介然自立，無愧前修。是用聽彼羣情，懋茲劇選。斯文重振，資爾之嘉謀；時政有疑，佇爾之讜論。勉臨厥職，紹乃家風。敬蹈氷泉，以成踐履。可。文苑英華三百九十一。 又禮部員外郎徐彥樞改授户部員外郎制。同上。

薛貽矩見勳中補。

舊五代史梁書十八：自起居舍人召拜翰林學士，加禮部員外郎、知制誥。

轉司勳郎中，其職如故。

王溥

新表太原王氏：聰子溥，字德潤，相昭宗。舊五代史唐書八：同光二年六月庚寅，故工部尚書王溥贈右僕射。新傳：溥，失其何所人。第進士，擢累禮部員外郎、史館修撰。崔胤鎮武安，表署觀察府判官。胤不赴鎮，溥留充集賢殿直學士。御史中丞趙光逢奏爲刑部郎中，知雜事。昭宗蒙難東内，溥與胤説衞軍執劉季述等殺之。帝反正，驟拜翰林學士、户部侍郎。案，宰相表崔胤鎮武安在乾寧三年。舊趙光逢傳：乾寧三年拜御史中丞。舊昭宗紀：光化三年十月辛酉，以前清海軍節度副使、朝散大夫、檢校左散騎常侍、御史大夫、上柱國王溥守左散騎常侍，充鹽鐵副使。錢珝授禮部員外郎集賢院直學士賜紫金魚袋王搏刑部郎中兼侍御史知雜事制：勅：御史中丞光逢，以望執憲，搢紳間咸觀其初，故選薦府僚，審而後定。以爾學文惟博，藏器則深。正道甚夷，有進不競。其守則峻，其用必通。斯可正秋曹郎，率白簡吏。貳綱紀之服，執而整隨矣。古皇之庭，實生屈軼，安得今之服冕，不若其古者之爲草乎。官有舊章。爾當明舉。可依前件。文苑英華三百九十四。案，依新傳，「搏」當作「溥」。

韋序

舊韋澣傳：子序，登進士第，官至尚書郎。雲臺編中：弔故禮部韋員外序詩。

韋郊 舊韋滌傳：子郊登進士第。文學尤高，累歷清顯。自禮部員外郎知制誥，正拜中書舍人。昭宗末，召充翰林學士，累官户部侍郎、學士承旨，卒。

王駕 唐才子傳九：字大用，蒲中人。自號守素先生。大順元年，楊贊禹榜登第，授校書郎，仕至禮部員外郎。棄官，嘉遁于别業。與鄭谷、司空圖爲詩友，才名籍甚。唐詩紀事畧同。

司空圖喜王駕小儀重陽相訪詩。唐詩紀事六十三。紀事：僖宗幸蜀，駕下第，還蒲中，鄭谷以詩送之。雲臺編中有次和韻王駕校書結綬見寄之什，又有送進士王駕下第歸蒲中詩。新書藝文志丁部集録别集類：王駕詩集六卷。

薛昭緯 又祠外補。新表薛氏西祖房：司農卿保遜子昭緯，字紀化，御史中丞。舊薛廷老傳：孫昭緯，乾寧中禮部侍郎，貢舉得人，文章秀麗。爲崔胤所惡，出爲磎州刺史，卒。

舊書禮儀志五：僖宗自興元還京，夏四月，將行禘祭，禮部員外薛昭緯奏依禮院議，廢興聖等四室。

錢珝授前兵部侍郎薛昭緯御史中丞制略云：出典誥而理勝辭豐，第甲乙而以文兼行。且屬多梗，使于列藩，與諸侯言，繫安危事。自肺腸而到社稷，激意氣而誘公忠。選無虚褒，一作「選無重裝」。言有清論，皆入吾耳，盡知乃心。宜正衣冠，立爲繩準。文苑英華三百九十三。

舊昭宗紀：乾寧三年十月戊申朔，以中書舍人、權知禮部貢舉薛昭緯爲禮部侍郎。又光化二年六月丁亥，制以户部侍郎薛昭緯爲兵部侍郎。唐詩紀事六十七：昭緯以侍郎掌貢舉，試未明求衣賦，王贊圖爲榜首，有華州榜寄諸門生詩。摭言十二：薛昭緯頗有父保遜風，常任祠部員外。天復中自臺丞累貶澄州。廣紀「澄州」，紀事「磉州」誤。司馬中書舍人顏蕘當制，畧云：陵轢諸父，代嗣其凶。稽神録三：尚平王鍾傳在江西，有衙門吏孔知讓新治第，書有一星隕於庭中，知讓方甚惡之，求典外戎，以空其第。歲餘，御史中丞薛昭緯貶官至豫章，傳取此第以居之，後遂卒於是。

趙光裔 見勳中補、禮中補，又膳中補。雲臺編中有春夕伴同年禮部趙員外省直詩。

衞中行 元和姓纂十三祭：御史中丞、循王傅衞晏子中行，今禮部員外，安邑人。吕温故太子少保贈尚書左僕射京兆韋府君夏卿神道碑銘：分正東郊，開府辟士，則有中山衞中行等。吕衡州文集六。元和元年。大唐傳載：韋獻公辟吏八人，衞大夫中行等皆至顯官。語林三作「仲行」，誤。昌黎先生文集集注：中行字大受，貞元九年進士。五百家注音辨昌黎先生文集十七。韓愈唐故殿中侍御史李君虛中墓誌銘：其友衞中行大受。昌黎先生集二十八。元和八年。韓愈有飲城南道邊古墓上逢中丞過贈禮部衞員外少室張道士詩。朱文公校昌黎先生集遺文。會稽掇英總集四有衞中行登石傘峯詩。元和九年。案，陳諫序楊公率僚佐賓旅同遊賦詩。唐太守題名記，永貞元年至元和二年，楊於陵觀察浙東，中行當在其府。序「九年」疑是「元年」。

與余善。元和十年十二月。昌黎先生集三十。韓愈唐故監察御史衞府君之玄墓誌銘：弟中行爲尚書兵部郎，號名人，而考異曰：「部郎」下或有「中」字。案，五百家注本作「郎中」。

酉陽雜俎云：衞中行爲中書舍人。

舊憲宗紀下：元和十四年三月乙未，以中書舍人衞中行爲華州刺史、潼關防禦、鎮國軍等使。

舊穆宗紀：元和十五年十一月，以華州刺史衞中行爲陝州長史、陝虢觀察使。

元稹授衞中行陝州觀察使制：朝請大夫，守華州刺史、兼御史中丞衞中行，始以詞賦有名，甲乙符昇，逮其書命，出補近郡。可守陝州大都督府長史、兼御史大夫，充陝虢等州都防禦觀察處置等使。文苑英華四百

八。集無。又長慶二年十二月乙卯，以前陝虢觀察使衞中行爲尚書右丞。

劉賓客文集二十八：送張盥赴舉詩引：尚書右丞衞大受，當時偉人，咸萬夫之望，足以訂

十朋之多也。舊敬宗紀：寶曆二年正月甲午，以國子祭酒衞中行爲福建觀察使。

舊文宗紀：大和三年八月，播州流人衞中行卒。南部新書庚：衞中行自福察

有贓，流于（潘）〔播〕州，會赦北還，死于（潘）〔播〕之館，置于臼塘中。南人送死無棺槨之

具，稻熟時理米，鑿木若小舟，以爲臼。土人呼爲「臼塘」。

崔明允 新表博陵大房崔氏：刑部郎中誠孫明允，禮部員外郎。唐會要七十六：天寶

元年，文辭秀逸科崔明允及第。緯畧「崔尢」，誤。石刻大唐平陽郡龍角山慶唐觀大

聖祖玄元皇帝宮金籙齋頌，朝議郎、左拾遺內供奉博陵崔明允蓍。山西浮山。天寶二年十月。文有「嘗佐汾邑」之語。唐才子傳二：陶翰，開元十八年，崔明允下進士及第。案，疑是「崔明允榜進士」。

徐安貞　舊書文苑席豫傳：安貞，信安龍丘人。應制舉，一歲三擢甲科。開元中爲中書舍人、集賢院學士。新書儒學下褚無量傳：開元初無量整比秘籍，表武陟尉徐楚璧分部讎定。楚璧初應制舉，三登甲科，開元時爲中書舍人、集賢院學士，後更名安貞。新書儒學中馬懷素傳：開元初，秘書監馬懷素請續王儉七志，武〔陵〕〔陟〕尉徐楚璧是正文字。會要三十六：開元十九年二月，禮部員外郎徐安貞等撰文府二十卷上之。

唐尚書省郎官石柱題名考卷二十一

祠部郎中

舊蒙上作「度支郎中」，今以有可考者析出，餘仍其舊。

唐六典：禮部尚書，其屬有祠部郎中一人，從五品上。龍朔二年改爲司禋大夫，咸亨元年復故。掌祠祀、享祭、天文、漏刻、國忌、廟諱、卜筮、醫藥、道佛之事。舊書、新書同。

【石刻】

袁朗　史令卿　高履行　王仁表　鄭文表

裴公緯　李太沖　劉慶道　温瑜　蘇瓌

周悰　魏詢　劉穆之　高嵊　馮元淑

王易從　孔立言　李少康　崔尚　王佶
董晉　周渭　徐復　錢徽　李纘
鄭羣　段文昌　元稹　王龜　張禓
曹鄴

【補遺】

柳言思　尹奭　薛繪　高遷　盧鉉
裴冕　王璵　庾光烈　王遘　裴延齡
袁滋　韓泰　李逢吉　盧瀜　張士階
吕述　劉潼　陸扆　趙光逢　張文蔚
王鉅　盧汝弼　張茂樞　崔有鄰　李丹
裴植　崔輪王　薛懷操　鄭元胄

袁朗　新表袁氏：陳僕射樞子朗，給事中、汝南男。舊文苑傳上：朗，雍州長安人。武德初，授齊王文學、祠部郎中，封汝南縣男，再轉給事中。貞觀初卒官。新文藝傳畧同。

史令卿 元和姓纂六止建康史氏：史雲生令卿，唐祠部郎中、杭州刺史。

高履行 新表渤海高氏：太宗相宗儉子文敏，字履行，户部尚書、駙馬都尉。舊傳：貞觀初歷祠部郎中。丁母憂，服闋，累遷滑州刺史。新傳：由户部尚書爲益州大都督府長史。會要六十七：貞觀二十三年七月三日，改雍州別駕爲長史，領州事，以高履行爲之。

王仁表 新表太原第二房王氏：孝倫子仁表，祠部郎中。舊書良吏上王方翼傳：父仁表，貞觀中爲岐州刺史。

鄭文表 新表鄭氏南祖房：隋閬州刺史士則子文表，蓬州刺史。新書東夷列傳：貞觀十五年，百濟王扶餘璋死，命祠部郎中鄭文表册其子義慈爲柱國，紹王。太宗贈百濟王扶餘璋光禄大夫，仍令嫡子義慈襲封。詔使祠部郎中鄭文表持節備禮册命。

裴公緯見吏外。 新表南來吴裴氏：令寶後隋魏郡丞羅子公緯，祠部郎中。

李太沖見金外。 新文藝下李華傳：曾祖太沖，太宗時，擢祠部郎中。

劉慶道見户外。 新表廣平劉氏：林甫見吏中子慶道，祠部郎中。

温瑜 新表温氏：中書侍郎、清源敬公彦將子瑜，祠部郎中。姓纂：祠部郎中、汴州刺史。

蘇瓌　新表蘇氏：台州刺史亶子舊瓌傳「亶兄勖子」，誤。瓌，字庭碩，庭碩，瓌子。頲字表誤。舊瓌傳：字昌容。碑同。相中宗、睿宗。元和姓纂：瓌，侍中左僕射、許文貞公。盧藏用太子少傅蘇瓌神道碑序：年十八進士高第。自相王府録事，石刻有「參軍」二字。王石刻止改封豫，俄官亦隨府。上卽帝位，拜朝散大夫、尚書水部員外郎。未幾，兼侍御史、淮南廉按，俄轉夏官員外郎、兼宮尹丞，歷水部、祠部郎中，兼判司禮事。以親聯出爲朗州刺史，轉歙州刺史。石刻有「并州」二字。武興令、檢校冀州刺史，累遷汾、鼎、同、汴、揚、陝。文苑英華八百八十三。石刻在陝西武功。舊傳：累授豫王府録事參軍。長安中，累遷揚州大都督府長史。新傳：擢豫王府録事參軍，歷朗、歙二州刺史。轉揚州大都督府長史。

唐會要七十六：乾封元年，幽素科蘇瓌及第。緯畧、通考同。

周悰　舊書禮儀志五：垂拱四年，則天令所司議立崇先廟室數，司禮博士、崇文館學士周悰希旨，請立崇先廟爲七室，其皇室太廟減爲五室。春官侍郎賈大隱奏：「周悰別引浮議，廣述異文，直崇臨朝權儀，不依國家常度，實乖古儀。」則天由是且止。新書儒學上張士衡傳：垂拱中，博士周悰請武氏廟爲七室，唐廟爲五，下比諸侯。中書舍人賈大隱奏：「悰損國廟數，悖大義，不可以訓」。武后不獲已，僞聽之。大隱見考外。

魏詢　元和姓纂八未：魏氏東祖後刑部侍郎嵩德生洵，祠部郎中、睦州刺史，鉅鹿人。嚴州重修圖經刺史題名有「魏駒」，當中、睿二朝時，疑即「魏詢」之誤。廣異記：魏恂，左庶子尚德之子，持金剛經。神功初爲監門衛大將軍。太平廣記百五。

劉穆之 見户外。

元和姓纂十八尤：祠部郎中劉穆之，邢州沙河人。

高嵊

新表高氏：左驍衛將軍真行子嵊，祠部郎中。

馮元淑

元和姓纂一東：馮捷生元「元」原脱淑，祠部郎中，長樂信都人。舊良吏上馮元常傳：從父弟元淑，則天時爲清漳令，歷浚儀、始平二縣令。中宗時，降璽書勞勉，卒於祠部郎中。新傳同。

王昜從 見封中、考中、户外。

蘇頲揚州大都督府長史王公神道碑：遷殿中侍御史。無何，拜尚書户部員外郎，轉祠部、主爵、考功三郎中，拜給事中。文苑英華九百二十六。

孔立言

新表下博孔氏：惠元見上子立言，祠部郎中。孔氏祖庭廣記六世系別録：立言三十五代，禮部郎中。唐會要五十八：開元五年四月九日，勅尚書省案牘稽滯、祠部郎中孔立言一道。詳吏外褚璆注。

李少康

新表畢王房：畢國公景淑子楚州刺史仲康見主中弟少康，睢陽郡太守。舊李涵傳：父少康，宋州刺史。獨孤及唐故睢陽郡太守贈祕書監李公神道碑銘：由朝邑縣尉凡七徙官至尚書祠部郎中，以大府上佐授潞州司馬。毘陵集八。

崔尚 新表南祖崔氏：谷神子尚，祠部郎中。唐詩紀事十四：崔尚登久視六年進士第，官至祠部郎中，有恩賜樂遊園宴詩。石刻唐天台山桐柏觀頌，守太中大夫、尚書祠部郎中、上柱國、清河崔尚造。天寶元年三月二日。金薤琳琅十五。杜甫壯遊詩：斯文崔魏徒。崔鄭州尚、魏豫州啟心。杜工部集七。

王佶 見户外，又主中補。 新表太原第二房王氏：邈子佶，祠部郎中。

董晉 見勳中，又主外。 舊傳：遷侍御史、主客員外郎、祠部郎中。大曆中，拜司勳郎中。韓愈贈太傅董公行狀：自侍御史入尚書省爲主客員外郎、祠部郎中、司勳郎中。昌黎先生集三十七。陸贄論朝官闕員及刺史等改轉倫序狀：董晉於大曆中曾任祠部、司勳二郎中，各經六考。陸宣公集二十一。

周渭 又膳外補、膳中附存「周謂」。 元和姓纂十八尤：膳部郎中周謂，淮陰人。權德輿唐故朝散大夫守祕書少監致仕周君墓誌銘：君諱渭，字兆師。大曆末，與弟渤聯中正鵠，是歲孝文帝嗣大統，又以貞師伐謀對有明法，自殿中侍御史遷膳部員外郎、祠部郎中，十年不徙官。上皇踐阼，感疾請老，有詔授祕書少監，以優遂之。權載之文集二十三。唐會要七十六：建中元年，軍謀越衆科周渭及第。緯略誤「周謂」。

徐復 元和姓纂九魚：洛疑州刺史徐濟生復，祠部郎中，居范陽。舊路隨傳：憲宗命祠部郎中徐復報聘吐蕃。新傳同。

錢徽見封中，又祠外。八年，改司封郎中。舊傳：元和六年，自祠部員外郎、翰林學士，轉祠部郎中、知制誥。新傳：以祠部員外郎爲翰林學士，三遷中書舍人，加承旨。重修承旨學士壁記：錢徽，元和六年四月二十五日自祠部員外郎加本司郎中。八年五月九日轉司封郎中、知制誥。翰苑羣書上。白居易授錢徽司封郎中知制誥制，稱祠部郎中、翰林學士錢徽。白氏文集五十五。

李纘 新表小鄭王房：德宗相勉子纘，不詳歷官。歷代名畫記一：大父高平公與愛弟主客員外郎，彥遠叔祖名諗。及汧公愛子纘，祠部郎中。纘弟約，兵部員外郎，字存博。更敍通舊大門，請纘爲判官，約與主客皆高謝榮宦。

鄭羣 樊汝霖韓集譜注：貞元四年，鄭羣登進士第。五百家注音辯昌黎先生集三十二。韓愈唐故朝散大夫尚書庫部郎中鄭君墓誌銘：君諱羣，字弘之，世爲滎陽人。以進士選吏部考功所試判爲上等。自復州刺史遷祠部郎中，會衢州無刺史，方選人，君願行，宰相即以君應詔。治衢五年，復入爲庫部郎中。昌黎先生集三十二。白居易衢州刺史鄭羣可庫部郎中齊州刺史張士階見封中可祠部郎中同制略云：久典名郡，謹身化下，有循吏之風。會課陟明，宜當是選。白氏文集五十一。詳祠中補張士階注。裴度劉府君太真神道碑銘：門生之在藩牧者，復州刺史鄭羣。全唐文五百三十八。案碑元和中立。

段文昌又祠外。新表段氏：榮州刺史諤子文昌字墨卿，新傳：一字景初。相穆宗。舊傳：自左補闕改祠部員外郎。元和十一年，充翰林學士。轉祠部郎中，賜緋，依前充職。十四年，加知制誥。十五年，正拜中書舍人。新傳：自左補闕，憲宗時爲翰林學士，遷中書舍人。重修承旨學士壁記：段文昌，元和十三年正月十二日自祠部員外郎、翰林學士加本司郎中，二月十八日賜緋。十四年四月加知制誥，十五年正月二十三日遷中書舍人。並翰苑羣書上。李肇翰林志：元和十四年，祠部郎中、知制誥段文昌等在翰林。

元稹又膳外補。新表元氏：比部郎中寬見度外子稹字微之，相穆宗。姓纂：槇，監察御史。舊傳：十五歲兩經擢第。元和十四年，自虢州長史徵還，爲膳部員外郎。長慶初，轉祠部郎中、知制誥。無何，召入翰林爲中書舍人、承旨學士。新傳畧同。重修承旨學士壁記：元稹，長慶元年二月十六日自祠部郎中、知制誥，充翰林學士、仍賜紫。十七日拜中書舍人。元稹承旨學士院記：元稹，長慶元年二月十六日，自祠部郎中、知制誥，行中書舍人、翰林學士、仍賜紫金魚袋。並翰苑羣書上。白居易元稹除中書舍人翰林學士賜紫金魚袋制：朝散大夫、守尚書祠部郎中、知制誥、上柱國、賜緋魚袋元稹，去年夏，拔自祠曹員外，試知制誥。白氏文集五十。文苑英華三百八十四有「朝散大夫守」五字，「上柱國」三字。白居易唐故武昌軍節度處置等使正議大夫檢校户部尚書鄂州刺史兼御史大夫賜紫金魚袋贈尚書右僕射河南元公墓誌銘：自虢州長史，長慶初穆宗嗣位，舊聞公名，以膳部員外郎徵用。既至，轉祠部郎中、賜緋魚袋、知制誥。時謂得人，上嘉之，數召與語，擢授中書舍人、賜紫金魚袋、翰林學士承旨。白氏文集七十。

王龜 見户中。舊傳：大中末，爲宣歙團練觀察副使，賜緋。入爲祠部郎中、史館修撰。又爲河中崔璵副使。新傳：咸通中知制誥。

張裼 又勳外附存。新表河間張氏：正字君卿子裼，字公表，天平節度使。舊傳：會昌四年，進士擢第。于琮登宰輔，判度支。召裼爲司勳員外郎、判度支，尋用爲翰林學士，轉郎中、知制誥，拜中書舍人。重修承旨學士壁記：張裼，咸通九年六月十三日自刑部員外郎入。十五日加祠部郎中充。九月十七日知制誥、依前充，十月十六日召對賜紫。十年七月十日遷中書舍人，依前充。傳云「勳外」，疑誤。

曹鄴 見吏中補，又主外。唐詩紀事六十：曹鄴，唐末，以祠部郎中知洋州。雲臺編上有送祠部曹郎中鄴出守洋州詩。

【補遺】

柳言思見封外，又祠外。新表柳氏：侍價孫言思，祠部郎中。元和姓纂同。

尹奭 元和姓纂十七準：中書舍人、給事中尹文憲見金外生奭，祠部郎中、給事中，樂城人。

薛繪 新表薛氏西祖房：少府少監寶胤子繪，祠部郎中。劉禹錫唐故福建等州都團練觀察處置使福州刺史兼御史中丞贈左散騎常侍薛公謇神道碑：王父繪英華作「會」有儁才，刺三郡金、密、滁，皆以治聞。累績至銀青光禄大夫，封龍門侯。劉賓客文集三。

高遷又祠外。新表高氏：瑾子遷，祠部郎中。

盧鉉又祠外，又御史臺右側題名。新表盧氏：文壽玄孫鉉、祠部郎中。舊酷吏下吉温傳：盧鉉初爲御史，作韋堅判官。天寶六載，吉温按楊慎矜，以侍御史同其事，又爲王鉷閑廐判官，貶廬江長史，卒。新王鉷傳同。

裴冕 新表東眷裴氏：道護後長安丞紀子冕，字章甫，相代宗。舊傳：天寶初，以門蔭，自殿中侍御史，河西節度使哥舒翰表爲行軍司馬，累遷員外郎中。授御史中丞，詔赴朝廷。舊書方伎金梁鳳傳：天寶十三載，河西節度使哥舒翰詔入京師，裴冕爲祠部郎中，知留後。翰東守潼關，累月，奏冕爲御史中丞，追赴京。會要八十：贈太尉、冀國公裴冕謚獻穆。

王璵見勳外。　賈至授王璵祠部郎中制：勑：知上黨司馬事王璵，藏器於身，策名清列。多才多藝，知微知章。歷兹艱難，屢有籌畫。宜兼臺省之任，仍揔師戎之役。可祠部郎中、兼侍御史、充招召權宜處置使。文苑英華三百八十九。　舊傳：開元末，遷太常博士、侍御史，充祠祭使。肅宗卽位，累遷太常卿。新傳同。

庾光烈　元和姓纂七麌：開元徵士庾齊人，新野人。又家秦陵，生光烈，職疑脱「方」字祠部郎中、大理少卿。　舊忠義傳下：庾敬休見左中補祖光烈，與仲弟光先，見吏外。祿山迫以爲官，皆潛伏奔竄。　光烈爲大理少卿。　姓纂：齊人生光烈。似「光先」是「光烈」兄。

王遘又金中。　杼山集十有五言冬日建安寺西院喜晝公自吳興至聯句一首，有祠部郎中、兼侍御史王遘。

裴延齡又膳外補。　新表中眷裴氏：和州刺史旭子延齡，户部侍郎。　舊傳：自太常博士，盧杞爲相，擢爲膳部員外郎、集賢院直學士，改祠部郎中。崔造作相，改易度支之務，令知度支東都院。韓滉領度支，召赴京，守本官，延齡不待詔命，遽入集賢院視事。宰相延賞惡其輕率，出爲昭應令。新傳畧同。

袁滋　新表袁氏：咸寧令曄子滋，字德深，相憲宗。　舊良吏傳下：滋以處士薦，貞元十四年，以工部員外郎、兼御史中丞，持節充入南詔使。未行，遷祠部郎中，使如故。來年夏，使還，擢爲諫議大夫。新傳略同。舊德宗紀下：貞元十年六月癸丑，以祠部郎中袁滋兼御史中丞，爲册南詔使。舊南詔蠻傳同。權德輿送袁中丞持節册迴鶻序：天子詔工部郎袁君，加中憲之重，被命服之貴，將行，又拜祠部郎中。有司具儀法，持節册命，所以新其號而厚其禮也。權載之文集三十六。

韓泰見度中補，又户中附存。新表赭陽韓氏：韓泰字安平，祠部郎中。姓纂同。

李逢吉見封外。舊傳：元和四年，自工部員外郎充入南詔副使。還，拜祠部郎中，轉右司。新傳失載。

盧瀜新表盧氏大房：深州司馬眺子瀜，祠部郎中。李翺故河南府司録參軍盧君士瓊墓誌銘：祠部郎中融之長子。李文公集十五。

張士階見封中。白居易衢州刺史鄭羣可庫部郎中齊州刺史張士階可祠部郎中同制：勑：某官鄭羣等，今之正郎，班望頗重，中外要職，多由是遷。故其所選，不得不慎，必循名實，而後命之。羣與士階久典名郡，謹身化下，有循吏之風。會課陟明，宜當是選。國之大事，在祀與英華「及」戎，一掌祠曹，一司武庫，各領英華「須」其要，爾宜敬之。羣可庫部郎中，士階可祠部郎中。白氏文集五十一。

吕述 又御史臺右稜題名。 嚴州重修圖經一：吕述，開成二年，祠部郎中拜。 唐會要七十六：長慶元年十二月，賢良方正能直言極諫科吕述及第。緯畧同。通考選舉亦同。 新牛僧孺傳：會昌四年，河南少尹吕述言：「牛僧孺聞劉稹誅，恨歎之」。 李德裕黠戛斯朝貢圖傳序：詔太子詹事韋宗卿見户外、祕書少監吕述往蕃賓館，以展私覿，稽合同異，覼縷闕遺。又云：臣軏因韋宗卿、吕述所紀異聞，飾以繪事。 新書藝文志乙部史録地理類：吕述黠戛斯朝貢圖傳一卷。原注：字修業，會昌祕書少監，商州刺史。又丁部集録別集類：吕述東平小集三卷。 穆宗處分賢良方正等科舉人制：賢良方正能直言極諫第三次等人吕術，疑「述」。委中書門下優與處分。大詔令。

劉潼 見金中，又主外。 新傳：杜悰判度支，表爲巡官，累遷祠部郎中。大中初，討黨項，爲供軍使。

陸扆 新表陸氏侍郎枝：青州從事、監察御史墠舊傳「鄯」子扆，字祥文，相昭宗。 舊傳：本名允迪，吴郡人，徙家於陜，光啟二年登進士第。景福元年，自翰林學士、屯田員外郎，加祠部郎中、知制誥。二年元日朝賀，面賜金紫之服。五月，拜中書舍人。 舊昭宗紀：景福二年六月，以祠部郎中、知制誥陸扆爲中書舍人，依前翰林學士。 舊五代史唐書八：同光二年六月庚寅，故吏部尚書陸扆贈右僕射。

趙光逢見吏外補、勳外補、禮中補、禮外補。舊傳：景福中，以祠部郎中、知制誥，尋召充翰林學士，正拜中書舍人。

張文蔚見吏外補、勳中補、勳外補。舊傳：乾寧中，以祠部郎中知制誥，正拜中書舍人。舊五代史：自司勳、吏部員外郎拜司勳郎中、知制誥，歲滿，授中書舍人。失載祠中。劉崇望有祠部郎中知制誥張文蔚母扶風郡太夫人蘇氏封馮翊郡太夫人等制。文苑英華四百十九。錢珝授祠部郎中知制誥賜緋王鉅守中書舍人制。文苑英華三百八十二。

王鉅見考外補。

盧汝弼又祠外補。新表盧氏：河東節度使簡求見吏中補：子汝弼，字子諧，祠部郎中、知制誥。舊五代史唐書三十六：景福中，擢進士第，歷臺省。昭宗自秦遷洛，爲祠部郎中、知制誥。時梁祖淩弱唐室，殄滅衣冠。懼禍渡河，由上黨歸于晉陽。舊傳：累遷祠部員外郎、知制誥，從昭宗遷洛。屬柳璨黨附賊臣，誣陷士族，汝弼懼，移疾退居，客遊上黨。遇潞府爲太原所攻，節度使丁會歸降，從會至太原，李克用奏爲節度副使。

張茂樞見勳外補、禮中補。新傳：天祐中累遷祠部郎中、知制誥。坐柳璨事，貶博昌尉。舊哀帝本紀：天祐二年十二月，勅祠部郎中、知制誥張茂樞等，隨册禮使柳璨魏國行事。癸丑，勅祠部郎中、知制誥張茂樞等，與蔣玄暉、柳璨、張廷範常同聚會，固共包藏，可青州博昌尉、員外置。甲寅，勅張茂樞等除名，委於御史臺所在賜自盡。

崔有鄰 新表南祖崔氏：周恕見封外補子有鄰，字朋善，祠部郎中。舊崔胤傳：子有鄰。不詳歷官。

李丹見户中。 莆陽比事三：李丹，蔡王蔚八代孫，以朝議郎、祠部郎中爲虢州刺史。貶泉州莆田令，卒於官。州刺史王審珪銘其墓，子孫因家于後埭。

裴植 新表中眷裴氏：鄧州刺史參元子植，祠部郎中。又中眷裴氏：左金吾將軍敬吏外作「儆」子植，字靖之，祕書監。

崔輪王 新表博陵二房崔氏：挺後隋恒農太守宣度孫、公業子輪王，祠部郎中、安平公。

薛懷操 新表薛氏西祖房：德祖子懷操，祠部郎中。

鄭元胄 石刻陳京大唐同州澄城縣令鄭公楚相德政碑銘：高祖元胄，皇朝散大夫、祠部郎中。陝西澄城。

唐尚書省郎官石柱題名考卷二十二

祠部員外郎

唐六典：禮部尚書，其屬有祠部員外郎一人，從六品上。龍朔、咸亨，隨曹改復。掌祠祀、享祭、天文、漏刻、國祭、廟諱、卜筮、醫藥、道佛之事。舊書、新書同。

【石刻】

李叔良　盧文洽　裴宣機　尔朱義深　蕭仁思
張宏濟　李思遠　柳言思　梁寶意　李思諒
許偉　陳義方　魏叔琬　楊守訥　李範丘

鄭元敞　王守真　高梁客　袁利貞　元令臣
周琮　閻叔子　薛穎　陳昭景　薛稷
裴懷古　韋翼　楊降禮　劉守悌　鄭休遠
李顒　康庭芝　李恒　李察　崔沔
杜咸　陳惠滿　蕭暠　張袓　姚奕
鄭長裕　竇從之　梁昇卿　裴眺　鄭巖
馬光淑　趙賓　高遷　裴春卿　張楚
盧僎　裴積　陳光　李舒　司馬垂
李成式　盧鉉　張允　盧霸　豆盧友
楊日休　元載　韋少遊　樊晃　徐儀
辛昇之　韓浞　薛據　陸易　岑參
張鎰　王統　田南□　趙薰　褚長孺
韋斂　錢起　元仲武　王後已　庾何
房由　房説　陸贄　竇申　趙計
李聽希　于公異　崔漑　李鄘　丘丹

薛展　韋成季　陸參　裴泰　田灣
周仲孫　穆賞　辛祕　裴汶　徐放
錢徽　劉公輿　李諒　段文昌　尉遲汾
豆盧署　班肅　李虞仲　王彥威　馮定
張又新　吴思　蕭睦　嚴澗　李衢
蘇滌　錢可復　陸洿　韋諶　庾簡休
薛元龜　張周物　封敖　張忱　竇洵直
路綰　崔瑶　李騭　杜宣猷　韋尚敬
崔鈞　任憲　薛泝　張彥遠　趙璘
高綽　宇文鐐　崔芻言　令狐緘　劉頊
薛廷傑・　楊知退　崔鄘　盧□　蘇粹
張顏　馮巖　楊範　陳翬　薛洿
崔潼　韋顏　韋璉　蕭廩　崔道紀
李峭　鄭頎　盧蘊　王愔　鄭峻

【補遺】
弓嗣宗　柳光庭　韋長裕　唐貞泰　徐鸞
宋昇　趙昂　鄭恕　陸潤　薛昭緯
盧汝弼　張璪

【附存】
白居易

李叔良　新表郇王房：陳留太守、長平郡公、追封郇王禕子叔良，長平王，謚肅。舊傳：高祖從父弟。義寧中授左光禄大夫，封長平郡公。武德元年，拜刑部侍郎，進爵爲王。

盧文洽無考。

裴宣機　新表西眷裴氏：高祖相世矩子宣機，禮部侍郎。舊裴矩傳：子宣機，高宗時官至銀青光禄大夫、太子左中護。

尒朱義深無考。

蕭仁思　石刻唐益州學館廟堂記碑陰有導江縣令、朝議郎蘭陵蕭思仁。四川華陽。永徽元年二月。　通志誤「蒲思仁」。

張宏濟無考。　見度中。

李思遠無考。　見封外。

柳言思見封外、祠中補。

梁寶意無考。

李思諒見金中補、倉中。

許偉　元和姓纂八語：祠部員外許偉，太原人。新唐臨傳：高宗時，來濟謫台州，李義府謫普州，吏部尚書唐臨奏許褘爲江南巡察使，張倫劍南巡察使。褘與濟善，而倫與義府有隙。武后嘗右義府，察知之，謂臨遣所私督其過，坐免官。

陳義方見吏中、封外。

魏叔琬　新表館陶魏氏：太宗相徵第三子叔琬。不詳歷官。二書徵傳俱云「第二子」，不詳歷官。張説唐故豫州刺史魏君叔瑜神道碑：同生璘、琬，知名當代。張燕公集十八。新王方翼傳：善書，與魏叔琬齊名。張燕公集十五唐故夏州都督太原王公神道碑同。

楊守訥見倉中補。

李範丘無考。見封外、勳中。

鄭元敞 薛稷唐故洛州洛陽縣令鄭府君碑：公諱敞，字仲高，滎陽開封人。貞觀七年，制策高第，自益州新繁令加朝散大夫，入爲司禋員外郎，轉駕部郎中，檢校洛陽令。金薤琳琅九。

王守真見倉中，有「□守貞」。

高粱客無考。

袁利貞 新表袁氏：隋内史舍人元友子利貞，祠部員外郎。舊文苑上袁朗傳：從祖弟利貞，高宗時爲太常博士、周王侍讀。永隆二年，遷祠部員外郎，卒。新書文藝傳同。朗見祠中。

元令臣無考。

周琮見禮中補。

閻叔子 新表閻氏：高宗相立本見封中孫、克儉子叔子，同州刺史。

薛穎無考。

陳昭景無考。

薛稷見禮中補。　二傳失載。

裴懷古見封中。舊良吏下傳：聖曆中，閻知微充使往突厥，以監察御史監其軍。不從默啜僞職，奔竄以歸，拜祠部員外郎。授姚州都督。新傳同。

韋翼　新表韋氏勛公房：太子詹事、武陽貞侯琨子翼，字從善，太府卿、武陽平公。

楊降禮見吏中、吏外。

劉守悌　新表彭城劉氏：滁州刺史德智子守悌，刑部侍郎。舊岑羲傳：守悌稱爲清德，爲巡察使所薦，授畿縣令。長安中，緣坐近親，相次入省，自登封令爲司門員外郎，後至陜州刺史。

鄭休遠　新書后妃傳上上官昭容傳：母鄭，太常少卿休遠之姊。唐會稽太守題名記：鄭休遠，開元十一年，自汾州刺史授。十五年，有犯去官。會稽掇英總集十八。嘉泰志同。吴興志：鄭休遠，垂拱元年自金州刺史授，遷越州都督。統紀云：景雲元年太常少卿授，遷滑州刺史。

李顒見左外，又主中。

康庭芝　唐摭言一：光宅元年閏七月二十四日，劉廷奇見考外補。重試一十六人，内康庭芝一人鄉貢。文苑英華百五十二：沈佺期有和洛州司士康士曹庭芝望月有懷詩。

國秀集中載河陰令康庭芝詠月詩，卽此詩。英華又有杜審言和康五望月有懷詩。又五百四競渡賭錢判、五百十求鄰壁光判作「康廷之」。又五百三十三對京令問喘牛判、五百三十四縣令有惠化判、縣令辭疾判。作「康庭芝」。

李恒 新宗室表蔡王房：冬官尚書沖玄孫恒，祠部員外郎。又宰相表李氏姑臧大房：義璡子恒，殿中侍御史。

李寮 見户中。

崔沔 又御史臺殿中題名。新表博陵二房崔氏：安平公皓子沔，字若沖，新傳「善沖」。陋室銘記同。集序同。太子賓客、清河孝公。舊傳：父皚，庫部員外郎、汝州長史。李華集序：安平公愷少子。舊祐甫傳：祖晊，懷州長史。舊孝友傳：應制舉，對策高第，爲天下第一。岑羲薦爲左補闕，累遷祠部員外郎。睿宗時，徵拜中書舍人。新傳失載。李華贈禮部尚書孝公崔沔集序：進士登第，舉賢良方正對策第一，擢左補闕，除殿中侍御史。遷起居舍人，學該典禮，拜尚書祠部員外郎。遷給事中，改中書舍人。唐文粹九十二。顏真卿通議大夫守太子賓客東都副留守雲騎尉贈尚書左僕射博陵崔孝公宅陋室銘記：擢拜左補闕，遷殿中侍御史，尋遷起居舍人。睿宗時，遷祠部員外郎。倖僧有請度人者，公拒不奉詔，遷給事中。遷中書舍人。

杜咸又御史臺殿中監察題名。　新表洹水杜氏：懷州(刺)〔長〕史僑子咸，涼州都督。　新杜正倫傳：從孫咸擢進士第。累遷右臺監察御史。遷侍御史，出爲汾州長史。開元中，爲河北按察使。坐用法深，貶睦州司馬。

陳惠滿見倉中補、倉外二見。　蘇頲授陳惠滿倉部員外郎等制，稱朝議大夫、行尚書祠部員外郎、兼判倉部員外郎、上柱國陳惠滿。文苑英華三百九十一。　詳倉外。

蕭暠鉞案：「暠」疑「嵩」之誤。嵩見勳外。　蘇頲授陳惠滿倉部員外郎等制：朝請大夫、前行太子舍人、上柱國蕭嵩，可行尚書祠部員外郎，散官、勳如故。文苑英華三百九十一。詳倉外陳惠滿注。　舊傳失載。

張昶見吏中。

姚奕見封中。　二傳失載。

鄭長裕見金外、倉中。

竇從之見左中。

梁昇卿見户中。

裴眺見金中、祠中。

鄭巖見户外。

馬光淑見左中補、吏外。　又御史臺監察題名井左側(二見)。

趙賓無考。

高遷見祠中補。

裴春卿見勳外。

張楚見户外。

盧僎見吏外二見、勳外。

裴稹見勳外附存。　新表中眷裴氏：玄宗相光庭子稹，司勳員外郎，襲正平縣子。　新傳：以蔭仕，累遷起居郎。開元末，授祠部員外郎，卒。　石刻大唐故朝議郎行尚書祠部員外郎裴君墓誌銘：稹字道安。開元初，舉孝廉高第，自起居郎俄遷尚書祠部郎，視事累日，以開元廿八年十二月十九日，終于長安光德里私第。春秋卌。　獨孤及唐故尚書祠部員外郎贈陝州刺史裴公行狀：　自起居郎尋除尚書祠部員外郎。開元二十九年某月日，薨。元年春建辰月，贈諫議大夫。八月，贈使持節陝州刺史。　權德輿唐尚書度支郎中贈尚書左僕射正平節公裴公神道碑銘：皇尚書祠部員外郎，贈太子賓客稹，公之烈考也。　柳宗元唐故萬年令裴府君墋墓碣：刑部員外郎府君諱稹，實祖。

陳光又膳中補。　元和姓纂十七真：左拾遺陳子昂生光，祠部員外，廣漢射洪人。　石刻大唐大温國寺故大德進法師塔銘、太子司議郎陳光撰。開元廿五年七月。陝西長安。　新陳子昂傳：子光，與趙少微相善，俱以文稱。終商州刺史。　趙儋右拾遺陳公旌德碑：有子二人，並進士及第。長曰光，官至膳部郎中、商州刺史。陳伯玉文集。　新書藝文志丁部集録別集類：陳光詩一卷。

李舒見度中。

司馬垂見户外、度中。

李成式見左外。

盧鉉見祠中補。

張允無考。

盧霸見封中補。

豆盧友又御史題名陰下層。　新表豆盧氏：光禄少卿欽爽孫友，萬年令。　舊韋堅傳：天寶二年四月，以水陸轉運判官豆盧友除監察御史。五載十月，監察御史豆盧友坐韋堅連累，貶富水尉。

楊日休又御史臺碑陰下層，又右側侍御兼殿中題名。　新書逆臣上安禄山傳：至德二載，阿史那承慶等十餘人送密欵，詔以楊日休爲洋州刺史。　石刻權倕左輔頓僚西嶽廟中刻石記有左馮翊功掾楊日休。陝西華陰　開元二十四年。

元載見度中補。　舊傳：肅宗即位，蘇州刺史、江東採訪使李希言表載爲副，自大理司直拜祠部員外郎，遷洪州刺史。新傳畧同。

韋少遊見吏中、吏外、封外。　賈至授韋少遊祠部員外郎等制敕：左補闕、直弘文館韋少遊修詞懿文，終温且惠。守右監門衞胄曹參軍許登，振藻揚采，穆如春風。並藏器於身，陳力就列。南宮郎位，是登柱史一作「題柱」之才；左禁諫臣，方求折檻之直。少遊可檢校祠部員外郎，登可右拾遺。文苑英華三百九十一。許登見勳外。

樊晃見度外。

徐儀　新表北祖上房徐氏：許州司馬，襲枝江男詡子儀，字行甫，祠部員外郎。元和姓纂同。

辛昇之見勳外。

韓滉見吏中、吏外、考外補。　舊傳：自殿中侍御史累遷至祠部、考功、吏部三員外郎。新傳失載。　顧況左僕射韓滉行狀：詔除殿中侍御史，累遷祠部、考功、吏部三員外。文苑英華九百七十三。

薛據　新表薛氏西祖房：什邡令元暉子據，禮部侍郎。疑作「郎中」。封氏聞見記三：開元中，河東薛據，自恃才名，於吏部參選，請授萬年縣。録事吏曹不敢注，以諮執政，將許之，諸流外共見宰相訴之，遂罷。唐摭言十二畧同。　韓愈國子助教河東薛君墓誌銘：父尚書禮部侍郎播，命君後兄據，據爲尚書水部郎中，贈給事中。昌黎先生集二十四。　考異「據」或作「授」，「五百家注音辯本作「授」，云石本作「據」。「水部」，石本作「禮部」。　常衮制南節度判官崔君汪墓誌銘：夫人河東薛氏，故水部郎中據之女也。文苑英華九百五十六。　文獻通考三十三：天寶六年，風雅古調緯畧「詞」。科薛據及第。會要、緯畧誤「薛璩」。

陸易　新表陸氏太尉枝：屯田郎中景獻子易，徐州刺史。

岑參見考外補。　杜確岑嘉州集序：自關西節度判官入爲祠部、考功二員外郎。仿宋本。

張鎰見勳外。　舊傳：自洪吉觀察判官奏授殿中侍御史。遷屯田員外郎，轉祠部、右司二員外郎。母憂，免喪，除司勳員外郎。新傳失載。

王統鈹案：疑是「王紞」。　見勳中。

田南□

趙薫　元和姓纂三十小：中書舍人趙良器見倉外。二字原本脱生薫，原本上文誤「董」，後脱，依英華補。河南少尹，河東人。　石刻邵説唐故同州河西縣丞贈虢州刺史太常卿天水趙公叡沖神道碑：今聖踐極，嗣孫薰等咸擅才業，宦成三署。大曆四年。虞鄉。闕名爲趙侍郎乞歸河中侍兄表：兄薰，頃任河中少尹，光因風痺成疾，手足不理，于今累年。中間迎到上都，類表作「京」。臣自躬親方藥，兄以枌榆松檟盡在河東，懷土之心暫來輒去，近從數月，頗益沉綿。云云。文苑英華六百八　格案：「侍郎」當即趙縱。縱見吏中。

褚長孺見勳外補、度中。　常衮授褚長孺祠部員外郎等制：勑：朝議郎、行起居郎、集賢殿直學士褚長孺等，國之才人，一作「俊乂」。拔乎羣萃。精力於學，五經之大儒；覃思於文，三變而合雅。繫年秉直，及霤盡規。侍從之勞，著於厥服。含香載筆，允茲並命。可依前件。文苑英華三百九十一。

韋𢿌見金外補、倉外。　常衮授崔夷甫金部員外郎等制：朝散大夫、行尚書祠部員外郎、上柱國韋𢿌，疑作「轂」。可行尚書倉部員外郎，散官、勳如故。文苑英華三百九十一。詳金外補。

錢起見勳外、考中補。

元仲武　元和姓纂二十二元：元載見度中補、又見上。生仲武，祠部員外，扶風人。舊元載傳：大曆十二年三月，次子仲武祠部員外郎等，並賜死。新傳同。

王後已無考。又主中。

庾何見左中補、左外。

房由見户外、度中。

房説見左外。

陸贄見考中補。舊傳：自監察御史，德宗召爲翰林學士，轉祠部員外郎。建中四年，轉考功郎中，依前充職。新傳失載。

陸贄爲考功郎中，翰林學士如故。舊德宗本紀上：建中四年十二月乙丑，以祠部員外郎重修承旨學士壁記：陸贄，建中四年三月自祠部員外郎充，其年十一月轉考功郎中。翰苑羣書上。

陸贄祠外充，考中又充。同上。權德輿陸宣公翰苑集敍：爲翰林學士，由祠部員外

轉考功郎中。唐陸宣公集。韋執誼翰林院故事：貞元已後，

竇申見勳外。二傳失載。

趙計見金外。

李聽希新表趙郡李氏東祖房：南梁州司功參軍銛(南)子聽希，屯田郎中。

于公異舊傳：吴人。登進士第。貞元中爲祠部員外郎。陸贄爲宰相，奏公異無素行，

詔放歸田里。

崔溉見吏中、户外。

李鄘見吏中、吏外。二傳失載。

丘丹見倉外補。

薛展　唐才子傳四：建中四年，薛展榜進士武元衡。

韋成季見左中、左外、封中。

陸參　李翺陸歙州述：公佐生于世五十有七年，由侍御史入爲祠部員外郎。二年出刺歙州，卒于道。貞元十八年四月二十八日也。李文公集十三。　權德輿送歙州陸使君員外赴任序：十六年，以尚書祠部徵公佐於越，月未再朞，麾幢在門。權載之文集三十六。　摭言八：貞元十八年，權德輿主文，陸傪員外通榜帖，韓文公薦十人於傪。　昌黎先生集十七有與祠部陸員外書。　權德輿太常博士舉人自代狀：舉自代官浙江東道義勝軍副使、殿中侍御史內供奉、賜緋魚袋陸參。貞元八年正月十七日。　權載之文集四十六。唐故使持節歙州諸軍事守歙州刺史賜緋魚袋陸君墓誌銘：君諱參，字公佐，吴郡人。貞元十六年，自殿中侍御史內供奉佐浙東，徵拜祠部員外郎。居二年，拜歙州刺史。又二十四　又二酬陸三十二參浙東見寄詩。

裴泰　新表東眷裴氏：武后相居道見度外。曾孫、右驍衞將軍融孫泰，安南都護。　舊王鍔傳：嗣曹王皋爲荆南節度使，欲列王鍔於賓位。馬彝、裴泰鄙鍔，請去，乃復以爲都虞侯。　舊德宗紀下：貞元十八年五月庚辰，以祠部員外郎裴泰爲檢校兵部郎中，充安南都護、本管經略使。十九年二月己亥，安南經略使裴泰爲州將王季元所逐。舊趙昌傳：貞元十八年，以檢校兵部郎中裴泰代爲安南都護，爲首領所逐。舊文宗紀下：大和九年七月，以吉州刺史裴泰爲邕管經略使。按大和九年止距貞元十九年共三十三年，不應即是其人。考新表洗馬裴氏：裴恭字肅夫，邕管經略使。則文紀「泰」字或係「恭」字之誤。

田灣見户外。

周仲孫又主中。

穆賞見户外。

辛秘見左中補。

舊傳：自太常博士遷祠部兵部員外郎，仍兼博士。元和初，拜湖州刺史。新傳失載。文苑英華九百十五牛僧孺昭義軍節度使辛公神道碑：自太常博士訖六年再爲祠部、兵部員外，博士猶如故。元和元年出爲湖州。

裴汶見左外。

徐放

元和姓纂九魚：檢校員外徐揖生放，屯田員外，台州刺史，世居柳城。赤城志八：元和六年，台州刺史徐放。案，志永貞元年乙酉，台州刺史徐裕。注云：永貞盡元年。壁記作「二年」，又引劉禹錫贈詩。案，「徐裕」疑「徐放」之訛。原注以朝散大夫來守。見佛隴智者碑，壁記不載。石刻台州隋故智者大師修禪道場碑銘題朝散大夫、台州刺史、上柱國、高平徐放書。末署元和六年十一月十二日。在浙江天台縣大慈寺，「六」字已泐。據寶刻類編補。韓愈衢州徐偃王廟碑：元和九年，徐氏放復爲衢州刺史。放字達夫。前碑所謂「今户部侍郎」，其大父也。春行視農，至于龍丘，有事于廟。昌黎先生集二十七。劉賓客文集二十四有衢州徐員外使君遺以縞紵兼竹書箱因成一篇用答佳貺詩。原注：按此郡本自婺州析置，徐自台州遷。歲時雜詠二十九有徐放奉和相公錦樓玩月詩。唐詩紀事四十五。放，武元衡西川從事。

錢徽 見封中、祠中。

舊傳：元和初自戎幕從事入朝，三遷祠部員外郎，召充翰林學士。六年，轉祠部郎中。新傳：自辟宣歙崔衍府入，拜左補闕，以祠部員外郎爲翰林學士，三遷中書舍人，加承旨。翰林院故事：錢徽左補闕充，祠外又充。重修承旨學士壁記：錢徽，元和三年八月二十六日自祠部員外郎充，六年四月二十五日加本司郎中。並翰苑羣書上。

劉公輿 新表尉氏劉氏：京兆少尹昂見左外。孫、子之子公輿，祠部員外郎。姓纂脱「公輿」二字。

李諒 見度中、倉中。

段文昌 見祠中。舊傳：自左補闕改祠部員外郎。元和十一年，守本官，充翰林學士，轉祠部郎中。翰林院故事：段文昌，元和已後祠部員外充。重修承旨學士壁記：

段文昌，元和十一年八月十五日自祠部員外郎充翰林學士，十三年正月十二日加本司郎中。並翰苑羣書上。

尉遲汾　韓愈洛北惠林寺題名：韓愈、李景興、侯喜、尉遲汾，貞元十七年七月二十二日魚于温洛，宿此而歸。昌黎韓愈書。韓文遺集。昌黎先生文集補注：貞元十八年，汾中進士第。五百家註音辯本十七。韓愈與祠部陸參員外薦上書：有尉遲汾等，或文或行，皆出羣之材也。摭言八：貞元十八年，權德輿主文，陸傪員外通榜帖，韓文公薦十人於傪，其次六人有尉遲汾。權公凡三榜，共放六人。舊張仲方傳：憲宗時，李吉甫卒。博士尉遲汾請謚爲敬憲。新傳同。會要八十太常博士柳應規謚杜佑忠簡，博士尉遲汾請謚爲安簡。案，杜佑元和七年十一月薨。石刻尉遲汾詩，題云府尹王侍郎准制拜嶽因狀嵩高靈勝寄呈三十韻，朝散大夫、守衞尉少卿尉遲汾。河南登封。大和三年。

豆盧署見左中、户中。

班肅見封外、倉中。　元稹班肅授尚書司封員外郎制，略云：朝議郎、前坊州刺史、賜緋魚袋班肅，聞爾爲祠部員外郎，值吾黜姦之日，唯爾私分不渝，進退有素，搢紳之論，有以多之。復爾中臺，以厚吾俗。元微之文集四十七。新皇甫鎛傳：穆宗始聽政，貶皇甫鎛。前坊州刺史班肅以嘗僚，獨餞於野，朝廷義之，擢爲司封員外郎。據此制，時肅官祠部員外郎，後始出爲坊州刺史。新傳微誤。

李虞仲見勳中。

舊傳：自太常博士遷兵部員外郎、司勳郎中。

白居易論重考科目人狀，末署元和十五年十二月十三日，重考定科目官將仕郎、守尚書祠部員外郎、上護軍臣李虞仲。白氏文集六十。

王彥威見封中、户中，又封外附存。

劉禹錫唐故監察御史贈尚書右僕射王公𠊳神道碑：季子彥威，歷太常博士、祠部員外郎，遷屯田郎中，轉户部司封。劉賓客外集九。二傳失載。

馮定

元和姓纂一東：虞部員外郎馮宿弟定，長樂人，後徙東陽。舊馮宿傳：弟定，字介夫，貞元中舉進士上第，登朝爲太常博士，轉祠部員外郎。寶曆二年，出爲鄧州刺史。

張又新見左中補，又主中。

新傳：自左右補闕，敬宗時轉祠部員外郎。嘗買婢遷約爲牙儈搜索陵突，御史劾舉，李逢吉庇之，事不窮治。逢吉罷相，表爲山南東道行軍司馬。舊傳失載。

吴思見左外。

蕭睦

唐會要七十六：元和二年四月，達於吏治可使從政科蕭睦及第。緯署「三年」。元積授蕭睦鳳州周載渝州刺史制：勑：前劍南三川榷鹽判官、殿中侍御史、内供奉蕭睦。文苑英華四百十。李虞仲授蕭睦祠部員外郎制：勑：朝散大夫、使持節袁州諸軍事、守州刺史、上柱國蕭睦，中臺惣天下之務，分以郎吏，各有司存，前代用人，率爲愼選。以爾克茂才實，嘗擢科名，操尚端貞，職業修舉，累登使局，頃綰郡章。一作「仍領郡符」。去常見思，居不自伐。是宜陟以郎署，竚其彌綸。能稽舊章，則無敗事。可行尚書祠部員外郎，散官、勳如故。文苑英華三百九十一。石刻大唐故中大夫行内侍省内給事員外置同正員上柱國賜緋魚袋王公文幹墓誌銘，通直郎、試大理評事趙造撰。鄉貢進士蕭睦書。會昌四年十月。陝西長安。

嚴澗見金中，又主中。

李衢舊文宗紀下：開成三年四月癸丑，屯田郎中李衢、汭王府長史林贇等進所修皇唐玉牒一百五十卷。新書藝文志乙部史録譜牒類：皇唐玉牒一百一十卷。開成二年，李衢、林寶撰。唐皇室維城録一卷，又李衢大唐皇室新譜一卷。直齋書録解題八：李氏皇室維城録一卷，屯田郎中李衢、汭王長史林贇修，止於僖宗。蓋昭宗時所録也。

蘇滌見考中補。舊文宗紀下：大和六年七月甲午，以祠部員外郎蘇滌等充史館修撰。

錢可復舊錢徽傳見封中：子可復登進士第，累官至禮部郎中。大和九年，檢校兵部郎中、兼御史中丞，充鳳翔節度副使。

陸洿見勳中。

韋諶 新表韋氏南皮公房：庫部郎中頌見户外。子損，初名諶。

庾簡休見勳外。

薛元龜 新書循吏薛元賞傳：會昌中，李德裕當國，用元賞弟元龜爲京兆少尹，知府事。宣宗立，坐貶崖州司户參軍。

張周物見度外。

封敖見左外。 舊傳：大和中，入朝爲右拾遺。會昌初，以員外郎知制誥，召入翰林爲學士。

張忱無考。

竇洵直見户中。

路綰無考。 見左中、户中、户外。

崔瑶見吏外、勳中、倉外。

李騭 新表趙郡李氏東祖房：吏部員外郎華見吏外補。子騭。不詳歷官。 李騭題惠山寺詩序：大和五年四月，予自江東將西歸涔陽，路出錫邑，因肄業於惠山寺，居三歲。崔嘏授李騭總目作「韋陟」祠部員外郎等制：勑：由憲府而入文昌，自藩方而昇粉署，既爲佳選，亦舉滯才。爾等皆以文藻發身，馨香馳譽，早茂閨門之行，久從賓幕之遊。或賜告經時，頗積退藏之美；或綱丞上請，雅膺選擢之科。祠膳清曹，省闥右地。勉思起草，無念應星。鷺可祠部員外郎，特可膳部員外郎。文苑英華三百九十一。李鷺徐襄州碑：咸通六年二月，襄之父老請詞於公之舊軍副使、一作「史」。太常少卿、弘文館學士李鷺。文苑英華八百七十。重修承旨學士壁記：李鷺咸通七年三月二十四日自太常少卿、弘文館直學士入。二十七日加知制誥，七月遷中書舍人，十月二十五日三殿召對，賜紫。九年五月十六日除江西觀察使。翰苑羣書上。題惠山寺詩序，末署咸通十年二月一日江南西道都團練觀察處置等使、中散大夫、檢校左散騎常侍、使持節都督洪州諸軍事、兼洪州刺史、御史中丞、上柱國、賜紫金魚袋李鷺題記。序有云：去公蒙恩，自禁職出鎮鍾陵。黃璞王郎中棨傳：李公鷺，時擅重名，自內翰林出爲江西觀察使，辟爲團練判官。麟角集。

杜宣猷見金中。

韋尚敬　新表韋氏小逍遥公房：給事中貞伯子尚敬，字執勇。

崔鈞見勳外。

任憲見勳中、户中。

薛泝無考。　一本「洴」。

張彥遠又主外。　新表河東張氏：桂管觀察使文規見吏外。子彥遠，祠部員外郎。　舊傳：大中初，由左補闕爲祠部員外郎。

趙璘見金中、祠中。　東觀奏記上：大中十年，鄭顥知舉，後表委當行祠部員外趙璘採訪諸家科目記，撰成十三卷。

高綽無考。

宇文鐐無考。

崔鉶言見左外、吏中附存、户中。

令狐緘見吏外。

劉項　新表尉氏劉氏：雅州刺史煟子、宣宗相瑑見封中。弟項，字昭愿。　舊劉瑑(中)傳：弟項，亦登進士第。

薛廷傑　新表薛氏西祖房：衛尉卿存規子庭傑，右拾遺。　杜牧有薛廷傑除桂管支使等制。樊川文集十九。　舊宣宗紀：大中十一年九月，右拾遺薛廷傑等上疏諫遣中使往羅浮山迎軒轅先生。

楊知退見户中，又主中。

崔鄘　新表清河小房崔氏：御史中丞陲子、鄲見勳外。弟鄘，字德章。

盧杞

蘇粹見勳外。

張顏見戶外。

馮巖見戶中。

楊範見金外。

陳翬又主中。　黃璞王郎中棨傳：咸通三年，鄭侍郎脫「從」字。讜下進士及第，與同年陳郎中翬有要約就陳氏。

薛湾　新表薛氏西祖房：大理評事鐧子、賁見封外補。弟湾，字德符，婺州刺史。

崔潼、　新表博陵二房崔氏：武宗相珙見主中子、御史大夫涓見封外。弟潼，字爲中。　舊僖宗紀：乾符三年六月，以右司員外郎崔潼爲歙州刺史。

韋顏見勳外、戶外。

韋璉　新表韋氏鄖公房：昭義節度判官承素子、璉，字禮卿。　元和姓纂八徽韋氏大雍州房：思正生璉，深州刺史，京兆杜陵人。　時代不合。

蕭廩　新表蕭氏齊梁房：僖宗相倣子廩，字富侯，給事中。　舊傳：咸通三年進士擢第，累遷尚書郎。乾符中(以)〔免〕官，侍父鎮南海。中和中，徵爲中書舍人，再遷京兆尹。

新傳：遷尚書郎。父倣領南海，解官往侍。廣明初，以諫議大夫知制誥，俄遷京兆尹。案，倣鎮南海當依新傳在宣宗時。舊傳誤。

崔道紀 新表博陵安平崔氏：嶺南節度副使表子道紀，字玄風，處州刺史。

李峭 見户中。

鄭頎 新表鄭氏南祖房：兵部尚書祗德子頎，禮部侍郎。又祗德從弟憲子頎，字延美。沈炳震云：當有一譌。

盧蘊 新表盧氏：懿見吏中補。子蘊，字積中。舊五代史唐書四十三盧程傳：祖懿，父蘊，歷仕通顯。舊僖宗紀：乾符六年三月，試宏辭選人，以駕部郎中盧蘊爲考官。

王愔 新表太原第二房王氏：鎡子愔，字韶之。又琅邪王氏：羅川令續子愔。時代不合。舊書經籍志甲部經録小學類：文字志三卷。原注：王愔撰。新書藝文志同。

鄭峻 疑卽「鄭唆」。

【補遺】

弓嗣宗 元和姓纂一東：陳州刺史弓志弘生嗣宗，祠部員外郎，太原人。

柳光庭 新表柳氏：隴州刺史胤孫光庭，祠部員外郎。姓纂同。

韋長裕又膳外補。　新表韋氏小逍遥公房：武后相承慶子、常州刺史晉見勳外。弟長裕，祠部員外郎。姓纂同。　舊韋承慶傳：子長裕，膳部員外郎。

唐貞泰　新表唐氏：相州別駕爽子貞泰，祠部員外郎。

徐鸞　新表北祖上房徐氏：水部員外郎漢子鸞，祠部員外郎。

宋昇　新表宋氏：玄宗相璟見吏外。子昇，太僕少卿。新傳同。　元和姓纂：祠部員外、太僕少卿。　舊宋璟傳：子昇，天寶初太僕少卿。顔魯公文集四宋開府碑：昇爲司徒、太僕少卿。

趙昂見封中。　韋執誼翰林院故事：至德已後，趙昂自太傅充，祠外又充，卒於駕外。重修承旨學士壁記失載。　翰苑羣書上。

鄭恕　新表鄭氏北祖房：曹州司兵參軍嚮子恕。不詳歷官。　歐陽詹弔九江驛材文：予旅游江州，税於兹驛，祠部員外郎鄭恕同之。鄭與州將嚴士良共爲予説。歐陽行周文集七。

陸潤又主外，又左外補有「陸潤」。　元和姓纂一屋：試秘書少監陸齊望生潤，祠部員外，嘉興人。
案，表：「秘書監齊望子潤，左司員外郎」。疑即「潤」之誤。

薛昭緯見禮外補。　摭言十二：薛昭緯常任祠部員外，時李系任小儀，王蕘任小賓。

盧汝弼見祠中補。　舊傳：累遷祠部員外郎、知制誥，從昭宗遷洛。

張璪　集古録目：唐復鄠縣記，唐中書舍人于邵撰。祠部員外郎、侍御史張璪八分書並篆額。代宗之初，吐蕃數寇京輔，李抱玉屯兵備之。其裨將何德願以陳、鄭兵屯鄠縣，長吏寄寓佛寺。德宗卽位，詔德願移屯鳳翔，復鄠縣如故。碑以建中二年立。寶刻叢編八。京兆府中鄠縣。

【附存】

白居易　白居易論重考科目人狀，末署元和十五年十二月十三日，重考定科目官將仕郎、守尚書祠部員外郎臣白居易等狀奏。白氏文集六十。按，舊穆宗紀、二書本傳、李商隱墓碑、元稹制，皆作「司門」。此陟下文李虞仲官階致誤。

唐尚书省郎官石柱題名考卷二十三

膳部郎中補

唐六典：禮部尚書，其屬有膳部郎中，從五品上。龍朔二年爲司膳大夫，咸亨元年復故。掌邦之牲豆、酒膳，辨其品數。

高正表　楊孝怡　長孫師禮　孔昌寓　裴希仁
盧文勵　王弘義　蕭瑗　鄭博雅　陳光
魏季隨　薛植　顏允南　張孚　歸崇敬
杜寂　趙驊　林琨　裴會　元季方
柳登　崔倰　袁同直　白行簡　李昌符

錢珝　趙光裔　杜曉　李綽　獨孤修德

【附存】

周謂

高正表　高祖平竇建德大赦詔：仍令太子左庶子鄭善果爲山東道撫慰大使，考功郎中李覲玉、膳部郎中高正表爲副。大詔令。　資治通鑑唐紀五：武德四年五月乙丑，以太子左庶子鄭善果爲山東道撫慰大使。

楊孝怡　新表楊氏越公房：隋荆州總管、楊山恭公文紀子孝怡，膳部郎中、太僕卿。

長孫師禮　元和姓纂。

孔昌寓　金石録目録五第八百二十九：周都官郎中孔昌寓碑，盧藏用撰并八分書。長安三年二月。

裴希仁見吏外　新表東眷裴氏：之爽子希仁，膳部郎中。

盧文勵　新表盧氏第三房：監察御史、昌平縣侯萬石見金中。子文勵，膳部郎中。冥報記載唐西京東市筆行趙氏女事，云盧文勵傳向唐臨説。法苑珠林七十四。

王弘義　新表琅邪王氏：弘義，(子)〔字〕(延)〔林〕宗，膳部郎中。

蕭瑗　徐季鷂屯留令薛僅善政碑：紫薇令姚公、黄門監盧公特奏有學有文身材拔萃起家，授洪洞尉。刺史蕭瑗許以公輔之器。案，地理志，洪洞屬晉州。定命録：則天既貴，皇后王氏破滅。蕭璿是其外姻，舉家流竄，兄弟六人配向嶺南，唯璿與弟瑗配遼東。無何，有處置流移使，出嶺南者俱死，唯遼東者獲全，兄弟二人因亡命十餘年，至神龍初方蒙洗滌。太平廣記二百二十二。詳吏中蕭璿注。睿宗遺宣勞使誥：朕恭己無爲，留神玄默。俯順歷數，僉謀公卿，式命元子，祗膺寶位。今庶政逌新，光華肇啟，但恐天下至廣，未達朕心，故臨遣使臣，宣揚朝典。宜以膳部郎中蕭瑗爲河南道宣勞使。

鄭博雅　張説大唐中散大夫行淄州司馬鄭府君神道碑：次子博雅。張燕公集十八。神龍二年。蘇頲授鄭博雅膳部郎中制：黄門中大夫、檢校太子洗馬鄭博雅，志業融暢，襟靈閑遠，備聞前言，嘗習故事。來遊博望，既增清道之華；入奏明光，宜副丹墀之寵。可行尚書膳部郎中，散官如故，主者施行。文苑英華三百八十九。

陳光　見祠外。趙儋右拾遺陳公子昂旌德碑：子長曰光，官至膳部郎中、商州刺史。陳伯玉文集。

魏季隨　又主外、又御史臺監察題名。新表魏氏東祖後：武后相玄同見吏中、孫、著作郎愔子季隨，膳部郎中。元和姓纂同。

薛植 新表薛氏西祖房：興州刺史玄嘉子植，膳部郎中。 睿宗遺宣勞使誥：宜以贊善大夫薛植爲淮南道宣勞使。詳上蕭瑗注。 張說之文集三有送薛植入京詩。

顏允南見封中。 鮮于氏離堆記：兄允南以司膳、司封二郎中，偕與叔明首末聯事。顏魯公文集十三。 石刻顏真卿顏氏家廟之碑：允南歷殿中、膳部、司封郎中、司業、金鄉男。陝西西安。 顏真卿正議大夫行國子司業上柱國金鄉縣開國男顏府君神道碑銘：恩詔召拜尚書屯田員外郎，加朝散大夫，遷司膳郎中。 真卿至自河北，玄宗給君驛至鳳翔，令相見從肅宗入西京，遷司封。

張孚 賈至授張孚給事中制：司膳郎中張孚，文以藻身，屢得詞場之儁；公而持操，更推吏道之能。譽洽禮闈，風清憲簡。可給事中。文苑英華三百八十一。 石刻□唐故金紫光禄大夫左金吾衛將軍□□州大都督臧府君希晏神道碑銘，銀青光禄大夫、行兵□侍郎、上柱國、清河郡□□□張孚撰。陝西三原。 諸道石刻録：唐贈楊州都督臧希晏碑，大曆五年立。 會要七十九：贈禮部尚書張孚謚烈。

歸崇敬見倉中，又主外。 舊傳：以潤州長史，玄宗、肅宗二帝山陵參掌禮儀，遷主客員外郎。又兼史館修撰，改膳部郎中。 大曆初，授倉部郎中。新傳失載。

杜寂見度中補。　常衮授杜集作源下同寂職方郎中制：久於膳部，頗有美才。文苑英華三百九十。

趙驊見倉中，又膳外補。　舊忠義傳下：自福建觀察判官，試司議郎、兼殿中侍御史，入爲膳部、比部二員外，膳部、倉部二郎中，祕書少監。

林琨見左中、封中。　元和姓纂二十一侵：林琨，司駕員外、知制誥，生禮，膳部左司郎中、諫議大夫、中都男，贈兵部侍郎、工部尚書。

裴會　新表中眷裴氏：代宗相遵慶見吏外。子會，都官郎中。　權德輿唐故正議大夫衛尉少卿聞喜縣開國伯賜紫金魚袋裴君墓誌銘：貞元五年，自河東戎左檢校吏部郎中，從北平王朝京師，真拜膳部郎中。八年，轉衛尉少卿。權載之文集二十三。

元季方見度外、金中。　新書文藝列傳上：兵部尚書王紹表爲度支員外郎，遷金、膳二部郎中，號能職。　王叔文用事，憚季方不爲用，以兵部郎中使新羅。

柳登　新表柳氏：右司郎中、集賢學士芳子登，字成伯，大理少卿。　舊傳：年六十餘，方從宦遊，累遷至膳部郎中。　元和初，爲大理少卿。

崔倰　新表博陵第二房崔氏：大理丞儀甫子倰，字德長，户部尚書、安平肅公。　舊傳：以門蔭，自侍御史尋改膳部員外，充轉運判官。　入爲膳部郎中，充荆襄十道兩税使，賜金紫。遷蘇州刺史。新傳僅云蘇州刺史。

袁同直 元和姓纂二十二元：袁氏有膳部郎中同直。文苑英華三有袁同直寅賓出日賦。登科記：大曆十四年，第五人。

白行簡又主中補、主外、度中附存。新表太原白氏：襄州別駕季庚子、刑部尚書居易見主中。弟行簡，字退之，膳部郎中。舊傳：字知退。新書、紀事同。又云：小字阿怜。白氏文集七十一醉吟先生墓誌銘：弟行簡，皇尚書膳部郎中。卷六十九祭弟文稱「二十三郎知退」。舊傳：貞元末，登進士第。元和十五年，授左拾遺，累遷司門員外郎、主客郎中。寶曆二年冬病卒。新傳：授左拾遺，累遷主客員外郎，進郎中。寶曆二年卒。唐詩紀事：元和二年登第。

李昌符又膳外補。新表大鄭王房：武寧軍節度使、檢校工部尚書廓孫、濟子昌符，字巖夢。雲臺編上有寄膳部李郎中昌符詩。直齋書錄解題十九：李昌符集一卷，唐膳部員外郎李昌符撰。咸通四年進士。

錢珝 新錢徽見封中傳：子方義。見倉中。孫珝，字瑞文，善文辭，宰相王摶薦知制誥，進中書舍人。摶得罪，珝貶撫州司馬。薛廷珪授前京兆府參軍錢珝藍田縣尉充集賢校理鄉貢進士崔昭緯祕書省祕書郎充集賢校理制。文苑英華四百。薛廷珪授膳部郎中知制誥錢珝守中書舍人制：爾掌綸誥，時推得人。觀其書詞，復絶塵滓。襃貶盡春秋之要旨，歸結決訓誥之源流。傳聞四方，平視三代。而秉守甚正，韜藏有程。介然獨行，卓爾清峙閲爾之能事多矣，聆爾之嘉猷藹然。俾卽真秩，斯爲舊章。英華三百八十二。錢珝舟中録序：乙卯歲案，乾寧二年。冬十一月，余以尚書郎得掌誥命。庚申歲案，光化三年。夏六月，以舍人獲譴，佐撫州，馳暑道病。秋八月，自襄陽浮而下，舟行無事，因解束書，視所爲辭藁，蒻蒻冗碎，可存者得五百四十篇，丞相表奏百篇，區別編聯爲二十卷。又云：余冒居六年，見考無績，用所編聯，不敢以集稱，理諸舟中，遂曰舟中録。是年九月，錢珝自序於沔陽之南。文苑英華七百七。新書藝文志丁部集録別集類：錢珝舟中録二十卷。

趙光裔見勳中補、禮中補、禮外補。新表新安趙氏：光裔字焕業，膳部郎中、知制誥。舊傳：乾寧中，累遷司勳郎中、弘文館學士，改膳部郎中、知制誥，賜金紫之服。與兄光逢對掌内外制命，時人榮之。劉季述廢立之後，旅遊江表以避患。

杜曉又膳外補。新表杜氏：昭宗相讓能見禮中補。子曉，字明遠，膳部郎中、翰林學士。舊杜讓能傳：子曉，以父賜死枉横，不求聞達。入梁，位亦至宰輔。舊五代史梁書十八：昭宗東遷，宰相崔遠判户部，奏爲巡官、兼殿中丞。未幾，拜左拾遺，尋召爲翰林學士，轉膳部員外郎，依前充職。崔遠得罪，出守本官。居數月，以本官知制誥。俄又召爲學士，遷郎中，充職。太祖受禪，拜中書舍人，職如故。新史附見唐六臣傳：崔遠判户部，辟巡官，累遷膳部郎中、翰林學士。

李綽見禮中補。　直齋書録解題六時令類：秦中歲時記一卷，唐膳部郎中趙郡李綽撰。

獨孤修德　元和姓纂一屋：獨孤機生修德，膳部郎中、同州刺史、滕公，河南洛陽人。新書王世充傳：武德四年，徙王世充于蜀。將行，爲羽林將軍獨孤修德所殺。初，修德父機嘗仕越王侗，世充既篡，謀歸唐，爲所屠。高祖免修德官。

【附存】

周謂見祠中、膳外補。　元和姓纂十八尤：膳部郎中周謂，淮陰人。權載之文集二十三祕書少監周君墓誌銘：自殿中侍御史遷膳部員外郎、祠部郎中。姓纂誤「謂」，當作「渭」。

唐尚書省郎官石柱題名考卷二十四

膳部員外郎補

唐六典：禮部尚書，其屬有膳部員外郎一人，從六品上。隋爲承務郎，皇朝復爲膳部員外郎。龍朔、咸亨隨曹改復。掌同郎中。

王知敬　韋安石　杜審言　蘇味玄　王上客
韋長裕　崔藏之　蔣岑　李玄成　沈東美
房宗偃　盧象　盧杞　趙曄　韋襄
王濡　裴延齡　徐岱　楊於陵　陳京

劉全白　段平仲　竇羣　周渭　嚴休復

元稹　丘紓　崔玄亮　李德修　王敦史

蔣係　杜牧　□特　李昌符　張策

杜曉　張蠙

【附存】

魏萬成　楊思昭　李自勖

王知敬　舊書隱逸王友貞傳：父知敬懷州河内人。則天時麟臺少監，以工書知名。集古録目：唐司衛卿尉遲寶琳碑唐侍中、中書令、行右相許敬宗撰。膳部員外郎、直弘文館王知敬書。碑以咸亨元年正月立。京兆府醴泉。寶刻叢編九。石刻大唐天后御製詩書碑，永淳二年九月二十五日，司門郎中、太孫諮議王知敬書。河南登封少林寺。石刻金剛般若波羅密經，大唐咸亨三□□□十月戊午朔三日庚申，校書郎、少府監丞、城門郎、膳部員外郎、守冀王友、直弘文館王知敬奉勑書。河南登封。

韋安石　新表鄖公房：成州刺史琬子安石，相武后、中、睿。舊傳：應明經舉，永昌元年，三遷雍州司兵，文昌左相蘇良嗣特薦于則天，擢拜膳部員外郎、永昌令、并州司馬。新傳：永昌元年，遷雍州司兵參軍，蘇良嗣薦于武后，擢膳部員外郎，遷并州司馬。

杜審言　新崔融傳：神龍二年，崔融卒。膳部員外郎杜審言爲所奬引，爲服緦麻。

蘇味玄　舊傳：與弟太子洗馬味玄甚相友愛，味玄請託不諧，輒面相凌折，味道對之怡然，不以爲忤，論者稱焉。沈佺期有同蘇員外味玄夏晚寓直省中詩。文苑英華一百九十。

王上客又主外，又御史臺侍御監察題名。　劉禹錫唐故監察御史贈尚書右僕射王公俊神道碑：大父上客，高宗封嶽，進士及第，歷侍御史、主客、兵部員外郎，累遷兵疑誤。右金吾衛將軍、冀州刺史、靈州都督、朔方道總管，見職官儀及衣。疑誤。劉賓客外集九。兩京新記：先天中，王上客爲侍御史，自以才望清雅，妙當入省，常望前行，忽除膳部員外郎，微有悵惋。膳部在省中最東北隅。太平廣記二百五十。南部新書丁同。上客作「主敬」。蘇頲命姚崇等北伐制：兵部員外郎王上客等可行軍判官。開元二年三月二十八日。文苑英華四百五十九。

韋長裕見祠外補。　舊韋承慶傳：子長裕，膳部員外郎。

崔藏之 新儒學中馬懷素傳：開元八年，元行沖知麗正院，又奏進士崔藏之等入校麗正書，終膳部員外郎。

蔣岑 又御史臺監察題名。 古今姓氏書辯證二十七：唐蒲州刺史蔣儼再從姪岑，膳部員外、司農少卿，義興陽羨縣人。 舊宇文融傳：開元中，司農少卿蔣岑舉奏宇文融在汴州迴造船脚，隱没巨萬，給事中馮紹烈見金外。又深文案其事實。 齊光義後漢山亭鄉侯蔣澄碑：司農岑之盡力王室，克著休勳。遭彼敗言，遠從播黜。雖清明昭洗，而舊位不躋。以誣盛德，豈其若是。 文苑英華二百六十七。張説有南中送集三作別蔣五岑「岑」，集無。 向青州詩。

李玄成 見考中補。 獨孤及唐故朝散大夫中書舍人秘書少監頓丘李公墓誌：由太平尉爲金吾曹、監察御史、河南司録、美原令、膳部員外郎。天寶元年，考功郎中、知制誥、修國史。 毘陵集十一。

沈東美 見勳外。 杜甫有沈八丈東美除膳部員外詩。 原注：西京府掾，四人同日拜郎。 杜工部集九。

房宗偃 見吏中。 常衮授房宗偃膳部員外郎制：勑：朝議郎、侍御史内供奉、充山南西道節度管内支度營田副使、賜緋魚袋房宗偃，孝謹之風，克傳素業；賢良之器，早負清才。

頊主方書，兼吡戎政。澹雅高潔，在公著美。臺郎之妙，盛選當人。處以彌綸，並謂稱職。可行尚書膳部員外郎，散官、賜如故。文苑英華三百九十一。

盧象見勳外，又主外。

盧杞見吏中、金中。

趙曄見倉中、膳中補。比部二員外。舊忠義傳下：自福建觀察判官、試司議郎、兼殿中侍御史，入爲膳部、比部二員外郎。

韋襄新宗儒傳：自左補闕遷累尚書比部員外郎。新表韋氏鄖公房：臨汝太守斌子襄。不詳歷官。權德輿右僕射李公巽墓誌銘：凡三合姓，次京兆韋氏膳部員外郎襄之女。權載之文集二十二。

王濡新表琅邪王氏：定州刺史脩子濡，膳部員外郎、黄州刺史。

裴延齡見祠中補。舊傳：自太常博士盧杞爲相，擢爲膳部員外郎、集賢院直學士，改祠部郎中。新傳同。

徐岱見封中。舊儒學傳下：自太常博士從幸奉天、興元，改膳部員外郎兼博士。貞元初，遷水部郎中，充皇太子及舒王已下侍讀。新傳略同。

楊於陵見吏中、吏外、考外補。舊傳：貞元八年，自前江西從事入朝爲膳部員外郎，歷考功、吏部員外郎。新傳同。權德輿起居舍人舉人自代狀：准制舉自代官，儒林郎、守尚書膳部員外郎、賜緋魚袋楊於陵。貞元十年八月二十四日。權載之文集四十六。李翱右僕射楊公墓誌：自江西使府除，屏居建昌，不至京師。貞元八年，徵拜膳部員外郎，轉考功，知別頭舉。轉吏部員外郎及判南曹。李文公集十四。

陳京見封中、考外補。柳宗元唐故祕書少監陳公行狀：爲左補闕，尚書膳部、考功員外郎，司封郎中。河東先生集八。新儒學傳下：德宗時擢左補闕、考功員外郎。

劉全白 元和姓纂十八尤：膳部員外郎劉瓘，見上。京兆人，生全白，湖州刺史。唐故翰林學士李君碣記，前題尚書膳部員外郎劉全白撰。李太白文集一。貞元六年記，畧云：全白幼則以詩爲君所知，及此投弔，荒墳將毀，追想音容，悲不能止。吳興志：劉全白，貞元十年自池州刺史授，遷祕書監致仕。統紀作「七年」。顧況湖州刺史廳壁記：其鴻名大德，國朝則劉員外全白文翰也。文苑英華八百一。文粹七十三。顏真卿湖州烏程縣杼山妙喜寺碑：評事劉全白往來登歷。顏魯公文集四。大曆癸丑。

段平仲見金中。舊傳貞元十四年，自監察御史坐廢七年。後除屯田、膳部二員外郎，東都留守判官，累拜右司郎中。元和初，遷諫議大夫。

竇羣見吏中。舊傳：初以處士，韋夏卿薦，徵拜左拾遺，遷侍御史。憲宗卽位，轉膳部員外郎，兼侍御史知雜，出爲唐州刺史。節度使于頔奏留充山南東道節度副使、檢校兵部郎中、兼御史中丞，賜紫金魚袋。召入爲吏部郎中。新傳略同。褚藏言竇府君詩序：自侍御史俄兼領雜務。德宗晏駕，改膳部員外郎，出爲唐州刺史。司空于公鎮漢南，奏公爲節度副使。竇氏聯珠集。

周渭見祠中，膳中附存周謂。權德輿唐故朝散大夫守祕書少監致仕周君墓誌銘：孝文帝時，自殿中侍御史遷膳部員外郎、祠部郎中，十年不徙官。權載之文集二十三。

嚴休復見吏中、封中。元和姓纂二十八嚴：嚴休復，膳部員外郎，吳郡人。

元稹見祠中。舊傳：元和十四年，自虢州長史徵還爲膳部員外郎。長慶初，轉祠部郎中、知制誥。新傳同。元稹敍奏：自江陵掾後十年始爲膳部員外郎。穆宗初，宰相更相「相」依本傳增。用事，丞相段公一日獨得對，因請亟用兵部郎中薛存慶、見封中。考功員外郎牛僧孺，予亦在請中，上然之。不十數日，次用爲給、舍。元微之文集三十二。白居易河南元公墓誌銘：自虢州長史，長慶初穆宗嗣位，舊聞公名，以膳部員外郎徵用，既至，轉祠部郎中、賜緋魚袋、知制誥。白氏文集七十。

丘紓見金中。元稹授丘紓陳鴻員外郎制：勑：朝議郎、行左補闕、上柱國丘紓，諫諍之臣，入言于密勿之際，羣下莫得而知，然而政有汙崇，由爾之得失也。朝議郎、行太常博士、上柱國陳鴻，禮秩之官，草儀于朝廷之內，四方之所觀聽，是以察其事，爲見爾之能否矣。以爾紓久於侍從，可以序遷，以爾鴻堅於討論，可以事舉。並命省闥，足謂恩榮。愼乃攸司，無違夙夜。紓可膳部員外郎，鴻可虞部員外郎。文苑英華三百九十二。

崔玄亮 新表博陵第三房崔氏：揚（州）〔府〕司馬、兼通事舍人、將作少監抗子玄亮，字晦叔，虢州刺史。白居易唐故虢州刺史贈禮部尚書崔公墓誌銘：解褐補祕書省校書郎，宣越二府奏授協律郎、大理評事，徵授監察，轉殿中。歷侍御史，膳部、駕部員外郎。洛陽令、密州刺史，換歙州，徵拜刑部郎中，謝病不就。俄改湖州刺史，入爲祕書少監，改曹州刺史、兼御史中丞，謝病不就。白氏文集七十。舊傳：玄亮，山東磁州人。貞元十一年登進士第，從事諸侯府。不樂趨競，久遊江湖。元和初，入朝，再遷監察御史，轉侍御史。出爲密、湖、曹三郡刺史。

李德修 新表趙郡李氏西祖房：憲宗相吉甫見考中補。子德修，楚州刺史。新李吉甫傳：子德修，寶曆中爲膳部員外郎。張仲方入爲諫議大夫，以嘗非吉甫謚，德修不欲同朝，出爲舒、湖、楚三州刺史，卒。白居易李德循苑作修下同除膳部員外郎制：勅：尚書左士郎苑作「曹」，自奏議彌綸外，凡邦之牲豆之品，醴膳之數，實糾理之。命文昌長，佐春宮卿。以朝散大夫、守祕書丞、上柱國李德循，籍訓于台庭，業官于書府。揆才考第，得補爲郎，司膳缺員，爾宜專掌。可尚書膳部員外郎，餘如故。白氏文集四十九。

吳興志：李德修，大和四年五月十日，自淮南節度行軍司馬授，後遷楚州刺史。東觀奏記：上加贈故楚州刺史、尚書工部侍郎李德修禮部尚書。時吉甫少子德裕任荊南節度使、檢校司徒平章事。上卽位，普恩德裕，當追贈祖父，乞迴贈其兄，故有是命。

王敦史　唐會要五十八：寶曆元年八月，膳部員外郎王敦史有論中外官僚請迴授祖父母封贈奏。

蔣係見禮中補。　新傳：大和二年，拜右拾遺、史館修撰，轉右補闕。歷膳部員外，工、禮、兵三部郎中。　舊傳：大和二年，拜右拾遺、史館修撰，轉尚書工部員外郎，遷本司郎中。

杜牧見吏外、勳外、考中補。　舊傳：自左補闕、史館修撰，轉膳部、比部員外郎，並兼史職。出牧黃、池、睦三郡。　新傳：累遷左補闕、史館修撰，改膳部員外郎。會昌中，歷黃、池、睦三州刺史。

持特　崔嘏授李騭祠部員外郎等制：特可膳部員外郎。文苑英華三百九十一。詳祠外。

李昌符見膳中補。　直齋書錄解題十九：李昌符集一卷，唐膳部員外郎李昌符撰。咸通四年進士。

張策　舊五代史梁書十八：張策字少逸，燉煌人。自王行瑜邠州觀察支使，行瑜死，太祖奏爲鄭滑支使。尋以內憂去職。制闋，除國子博士，遷膳部員外郎。不一歲，華帥韓建辟爲判官；建領許州，又爲掌記。新傳同。父同見户外。

杜曉見膳中補。舊五代史梁書十八：昭宗東遷後，自左拾遺尋召爲翰林學士，轉膳部員外郎充職。宰相崔遠得罪，出守本官。數日，以本官知制誥，俄又召爲學士。遷郎中充職。舊哀帝紀：天祐二年十二月，敕膳部員外郎、知制誥杜曉等，隨册禮使柳璨魏國行事。

張蠙 王荆公唐百家詩選十九：蠙字象文，昭宗時爲尚書膳部員外郎。

【附存】

魏萬成 柳宗元唐故尚書户部郎中魏府君弘簡墓誌：太常主簿諱緄生尚書膳部員外郎、兼江陵少尹諱萬成。河東先生集九。案，元和姓纂八未：「魏氏西祖後萬年尉緄生萬成，檢校員外，鉅鹿人。」蓋是使府官也。

楊思昭 新表楊氏觀王房：都水使者續子潞州刺史思止見封中。弟思昭，膳部員外郎。

李自勖 新表趙郡李氏西祖房：右司郎中公淹見左中補。子自勖，膳部員外郎。

唐尚書省郎官石柱題名考卷二十五

主客郎中

唐六典：禮部尚書，其屬有主客郎中一人，從五品上。龍朔二年改爲司蕃大夫，咸亨元年復故。掌二王後及諸蕃朝聘之事。舊書、新書同。

裴世清　賀若孝義　唐奉義　韋福英　蘇會昌
李方義　費弘規　李鳳起　韋慶基　裴弘獻
李友益　盧承基　獨孤元愷　杜續　郝處俊
蘇良嗣　張振　王文濟　盧外師　高純行

劉玄象 唐之奇 魏叔麟 獨孤元同 雲弘暕
王叔偲 于復業 郭元振 李頲 李光進
魏昭 李顒 郭奇 韋弼 張宗潔
薛紘 賀遂陟 李仲康 鄭懷隱 徐立之
崔璔 張冽 李植 呂向 皇甫彬
雍維良 楊休烈 薛羽 獨孤允 張巡
姚沛 庾準 崔令欽 丘爲 薛⿱代心
趙漣 王後已 高郢 任侗 閻濟美
周仲孫 裴莔 盧汀 陸灃 吳士矩
白居易 崔珙 張藉 鄭復 張又新
嚴澗 高少逸 楊倞 蕭儹 張嗣慶
柳仲郢 王績 韋博 崔象 鄭⿰氵業
鄭茂休 張鐸 張濳 楊知退 任繕
薛能 楊思立 蘇蘊 崔福 王慥
張譙 周承矩 陳翬

【補遺】

李儼　元將茂　王佶　房琯　源休

鄭膺甫　陳鴻　白行簡　劉禹錫　蔣偕

蕭蘧　李讓

【附存】

鄭誠

裴世清以下二本誤作「倉中」。

新表中眷裴氏：著子世清，江州刺史。

賀若孝義

元和姓纂三十八箇：萬原誤周，依北史改。榮公賀若柬原誤「東」。生孝義，唐尚書左丞，河南洛陽人。原本誤入賀蘭氏注，今校正。

唐奉義

新表唐氏：隋郃亳二州（刺史）〔守〕、安樂公遐顯子奉義，靈州總管。舊太宗紀上：貞觀二年七月戊申，詔：「廣州都督府長史唐奉義等協契宇文化及，構成弑逆。宜除名配流嶺表。」又下：七年正月戊子，詔：「唐奉義等子孫並宜禁錮，勿令齒敘。」

詳吏中牛方裕注。舊李靖傳：貞觀九年，利州刺史高甑生與廣州都督府長史唐奉義告靖謀反。太宗命法官按其事，甑生等竟以誣罔得罪。

韋福英無考。

蘇會昌元和姓纂十一模：隋兵部尚書、安「安」原脱據隋書增。平公蘇孝慈生會昌，比部郎中，河南人。

李方義重見。無考。

費弘規元和姓纂八未：晉江夏相、魚復侯費恬七代孫弘規，唐主客郎中、合肥男，江夏人。

李鳳起資治通鑑唐紀六：武德七年四月庚申，通事舍人李鳳起擊萬州反獠，平之。

韋慶基新表韋氏彭城公房：綿州刺史澄子魏王府長史慶植見倉中補弟慶餘，初名慶基，兵部郎中。元和姓纂同。

裴弘獻新表洗馬裴氏：慶升曾孫弘獻，刑部郎中、潁州刺史，初以蜀王府法曹參軍删改律令。長孫無忌進律疏表：制朝請大夫、使持節潁州諸軍事、守潁州刺史、輕車都尉裴弘獻等撰律疏三十卷。故唐律疏議。舊書刑法志、新書藝文志失載。永徽四年十一月十九日。舊刑法志：太宗時，蜀王法曹參軍裴弘獻又駁律令不便於時者四十餘事，太宗令參掌刪改之。新志畧同。新書藝文志：貞觀律十二卷、又令二十七卷、格十八卷、留司格一卷、式三十三卷，蜀王府法曹參軍裴弘獻等奉詔撰定。

李友益見封外、户外。

盧承基　新表盧氏：太子率更令、范陽郡公赤松子承基，主客郎中。唐會要六十三：貞觀二十年閏三月四日，詔更撰晉書，主客郎中盧承基等分功撰録。

獨孤元愷見吏中。

杜續見度外補。　新表襄陽杜氏：乾佑子續，主客郎中。顏真卿東川節度使杜公濟碑：皇度支員外、主客郎中續之曾孫。顏魯公文集八。又卷十杜公誌：皇主客郎中續之曾孫。

郝處俊　新表郝氏：滁州刺史相貴子處俊，相高宗。舊傳：貞觀中，本州進士舉，授著作佐郎，襲爵甑山縣公。再轉滕王友，棄官歸。召拜太子司議郎，五遷吏部侍郎。新傳同。

蘇良嗣見封中。　二傳失載。

張振無考。

王文濟見吏外補、金中。

盧外師無考。

高純行 新表渤海高氏：太宗相宗儉第二子文敏見祠中 弟質行，主客郎中。舊士廉傳：第三子。純行。不詳歷官。表作「質行」，蓋避憲宗諱追改。

劉玄象 新表河南劉氏：邢襄公政會子玄象，主客郎中。

唐之奇 新表唐氏：尚書左丞皎子不占見金外 弟之奇，字知子，給事中。舊唐皎傳：子之奇，調露中爲給事中。新傳同。

魏叔麟案「麟」疑「璘」字之誤。 新表館陶魏氏：太宗相徵四子，叔琬見祠外弟叔璘不詳歷官。舊魏徵傳：第三子叔璘，禮部侍郎。則天時爲酷吏所殺。張説唐故豫州刺史魏君叔瑜神道碑：同生璘、琬，知名當代。張燕公集十八。

獨孤元同 元和姓纂一屋：左衛將軍考城公獨孤開徹生元同，主客郎中，昌、淄州刺史。河南洛陽人。原本誤入古今姓氏書辨證三十五，今正。

雲弘暕 元和姓纂二十文：右威有脱字將軍雲師德生宏善見封外、弘暕，主客郎中，河南人。石刻大唐八都壇神君之實録，稱趙州司馬雲暕。垂拱元年。直隸元氏。沈氏濤曰：碑稱「雲暕」，亦避孝敬諱。

王叔偲無考。

于復業 李嶠授于復業太子中允制：新除朝議大夫、守隨州刺史于復業，既罷臺閣，方驅節傳。文苑英華四百四。

郭元振　新表昌樂郭氏：濟州刺史善愛舊元振傳無「善」字子元振，相睿宗。舊傳：舉進士，則天時以右武衛鎧曹聘吐蕃，以參預破吐蕃功拜主客郎中。大足元年，遷涼州都督。新傳：郭震字元振，以字顯。

李頲見金外。

李光進按唐有兩李光進，俱武官，又與此時代不合。一附見新書百三十六李光弼傳，字太應，初爲房琯裨將，代宗卽位，拜檢校太子太保，封梁國公。一見百七十一，自有傳，其先河曲諸部，姓阿跌氏，歷前後軍牙門將、兼御史大夫、代州刺史。舊書略同。惟一百六十一李光進傳誤合兩人爲一爾。

魏昭　高適信安王幕府詩序：開元二十年，國家有事林胡，詔禮部尚書信安王總戎大舉。時考功郎中王公、司勳郎中劉公、主客郎中魏公、侍御史李公、監察御史崔公咸在幕府，詩以頌美，數公見于詞。高常侍集六。案詩亦不詳魏公名，按其時代疑卽是人。

李顒見左外、祠外。　崔湜故吏部侍郎元公希聲碑序：夫人李氏，今主客郎中顒之從父妹也。文苑英華八百九十八。景龍三年。

郭奇　元和姓纂十九鐸：主客郎中郭奇，洛陽人。

韋弼見户外。　吕温韋府君夏卿神道碑銘：大王父諱某，皇朝主客郎中，萊、濟、商三州刺史。呂衡州文集六。

張宗潔無考。

薛紘見金中、倉中。

賀遂陟見户外。

李仲康 新表畢王房：畢國公景淑子仲康，楚州刺史。獨孤及唐故睢陽郡太守贈祕書監李公少康神道碑銘：畢公有才子三人，仲曰仲康，由尚書主客郎中剖符楚州。毘陵集八。唐萬年縣尉崔肅冽故妻李氏墓誌銘：祖仲康，開元中，爲尚書主客郎中，楚州刺史。又十二。文苑英華八百五十九：李邕楚州淮陰縣娑羅樹碑，稱州牧宗子名仲康。江蘇淮安府治有明隆慶重刊石本，末題開元十一年十月二日建。梁肅衢州司士參軍李君濤夫人河南獨孤氏墓誌：故楚州刺史仲康之子。文苑英華九百六十六。少康見祠中。

鄭懷隱又主外。新表鄭氏北祖房：泗州刺史言思子懷隱，齊州刺史。

徐立之鉞案：「立之」疑是「玄之」之誤。「玄之」見吏中、吏外、勳外、考外補。

崔璆 新表博陵大房崔氏：武后、中宗相玄暐見吏中補子汾、相等州刺史珪見主外弟璆，主客郎中。集古録目：崔慎碑，紫微侍郎蘇頲撰，慎孫太常博士璆八分書，開元三年立。博州。寶刻叢編六。此與左中之崔璆，別一人。

張洌又御史臺監察題名，又殿中有張洌。玄宗分遣蔣欽緒等往十道疏決囚徒宣慰百姓制：仍令主客郎中張烈往江南東道。詳左中補孫濟注，時開元十三年。文苑英華五百三十七有張洌對嗣足不良判。

李植又主外，與封外、户中之李植别一人。徐季鷂屯留令薛僅善政碑：長史李植以異能上。又云：長史李公又考其孤清耿介，冰碧在懷。案地理志，屯留屬潞州。開元二十七年。

呂向　新書文藝傳中：向字子回，亡其世貫，或曰涇州人。開元中，自起居舍人遷主客郎中，專侍皇太子。父卒，終喪，再遷中書舍人。舊書突厥毗伽可汗傳：開元二十年，可汗弟闕特勤死，詔都官郎中呂向等齎璽書入蕃弔祭，并爲立碑。儲光羲集五有貽主客呂郎中詩，又洛陽道五首獻呂四郎中。疑即「呂向」。

皇甫彬　元和姓纂十一唐：户部尚書、滑國公皇甫無逸三從弟彬，有脱字郎中、祕書少監，安定朝那縣人。獨孤及唐故左補闕安定皇甫公冉集序：伯父祕書少監彬，尤器之。毘陵集十三。新肅宗紀：開元中，玄宗遣皇甫彬等侍讀左右。嘉定鎮江志十九：朝散大夫、饒州樂平縣令皇甫价子彬，官祕書少監、集賢院修撰。新書藝文志丁部集録别集類：皇甫冉，潤州丹陽人，祕書少監、集賢院修撰林姪。「林」疑「彬」。

雍維良又主外，又御史臺侍御(二見)、殿中監察題名。元和姓纂三鍾：唐主客郎中雍維良，信都棗强人。文苑英華四百七十九有雍維良對文可以經邦國策一道。景雲二年。

楊休烈 石刻大唐濟度寺故大德比丘尼惠源和上神空誌銘，京兆府倉曹參軍楊休烈撰。開元廿五年。陝西咸寧。

薛羽 新表薛氏西祖房：華州刺史紘見金中子羽，新平太守。舊肅宗紀：天寶十五載六月己亥，斬新平太守薛羽，以其棄郡也。新紀：新平郡太守薛羽聞賊且至，棄城走。己亥，太子次保定，捕得羽，斬之。

獨孤允又主外。元和姓纂一屋：獨孤元同見上孫允，主客郎中、陳州刺史，河南洛陽人。原本誤入古今姓氏書辨證，今正。新書逆臣上安祿山傳：至德二載，阿史那承慶等十餘人送密款，詔以獨孤允爲陳州刺史。

張巡 舊忠義傳下：舉進士，三以書判拔萃入等。天寶中，爲真源令。至德二年，玄宗授巡主客郎中、兼御史中丞。新傳畧同。

姚沛見金外。釋皎然唐湖州大雲寺故禪師瑀公碑銘：主客郎中姚沛，禀龜溪之靈，鵜山之英。門多才傑，世著匡佐，而瑀公善焉。杼山集九。

庾凖見左外、吏中、勳中。二傳失載。

崔令欽見禮外補。

丘爲見勳中。

薛怤　新表薛氏西祖房：紀子怤，主客郎中。

趙漣膳中補有「趙連」，疑卽「趙漣」之誤。

王後已無考。　見祠外。

高郢又主外補。　新表京兆高氏：右拾遺伯祥子郢，字公楚，相德宗、順宗。　舊傳：擧進士第，德宗時自馬燧掌書記徵拜主客員外，遷刑部郎中，改中書舍人。　新傳畧同。

任侗見户外。

閻濟美見倉外。　舊良吏傳下：累歷臺省，有長者之譽。

周仲孫無考。　見祠外。

裴茝見勳外。

盧汀　孟郊有送盧汀侍御歸天德幕詩。　又有送盧郎中汀詩。孟東野詩集八。

陸灃見户中。　新表陸氏侍郎枝：祕書監齊望子灃，主客郎中。

吳士矩又主外。　新吳湊傳：兄漵子士矩，開成初，爲江西觀察使。

白居易又祠外附存。　新表太原白氏：襄州別駕季庚子居易，字樂天，刑部尚書。　白居易擧人自代狀，末署長慶元年正月四日，新授朝議郎、守尚書主客郎中、知制誥臣白居易狀奏。又重考試進士事宜狀，末署長慶元年四月十日，結銜同。白氏文集六十。

舊傳：貞元十四年，擢進士甲科。元和十四年冬，自忠州刺史召拜司門員外郎。明年，轉主客郎中、知制誥，加朝散大夫。長慶元年十月，轉中書舍人。新傳同。舊穆宗紀：元和十五年十二月丙申，以司門員外郎白居易爲主客郎中、知制誥。長慶元年十月壬午，以主客郎中、知制誥白居易爲中書舍人。李商隱唐刑部尚書致仕贈尚書右僕射太原白公墓碑銘：自忠州刺史，穆宗用爲司門員外，四月，知制誥，加秩主客，真守中書舍人。唐文粹五十八。元稹白居易授尚書主客郎中知制誥制：勑：先帝付朕四海九州之重，尚賴威靈。天下甫定，思獲論議文章之臣，以自左右俾之詳考今古，周知物情。而朝議郎、行尚書司門員外郎白居易，州里舉進士，有司升甲科。元和初，對詔稱旨，翱翔翰林，藹然直聲，留在人口。朕嘗視其詞賦，甚喜與相如並處一時。由是召自南賓，序補郎位。會牛僧孺以御史丞解制誥職，嗣掌書命，人推爾先。予亦飽其風猷，爾宜副兹超異。可守尚書主客郎中、知制誥，餘如故。元微之文集四十五。

崔珙

新表博陵第二房崔氏：同州刺史頲子刑部尚書璪見吏中補。珙傳：璪兄弟珙，相武宗。

舊傳：以書判拔萃高等。大和初，累官泗州刺史，入爲太府卿。新傳：累擢至泗州刺史、太府卿。

張藉　舊傳：貞元中登進士第。累授國子博士、水部員外郎，轉水部郎中，卒。

鄭復　舊崔元略傳：敬宗時元略爲橋道使，造東渭橋，被判官鄭復虛長物價，率斂工匠，罰一月俸料。　舊裴度傳：開成四年三月，詔京兆尹鄭復監護裴度喪事。新傳同。　舊文宗紀下：開成四年九月甲辰，以京兆尹鄭復爲劍南東川節度使。　新表鄭氏北祖房：太廟令迪子復，靈昌尉。　石刻華嶽題名：河東縣尉鄭復、臨晉縣令鄭損、隴州參軍鄭孚、鄉貢進士盧璥。大中四年九月五日紀。陝西華陰。

張又新見左中補、祠外。　二傳失載。

嚴澗見金中、祠外。

高少逸見左中、勳中。　二傳失載。

楊倞　石刻唐故銀青光祿大夫使持節蔚州諸軍事行蔚州刺史兼御史中丞馬公紓墓誌銘，朝請大夫、使持節汾州諸軍事、守汾州刺史楊倞撰。古刻叢鈔。　會要三十九：長慶三年正月，刑部又請奏大理司直楊倞等詳正勑格。會昌四年。　沈亞之送韓北渚赴江西序：北渚賓仕於江西府，其友相與訊其將處者而誰歟？曰：「有引農生倞耳！」夫引農慎行，其道不欺者也。北渚之往，吾無虞其類之患。沈下賢文集九。　新書藝文志丙部子録儒家類：楊倞注荀子二十卷。原注：汝士子，大理評事。此書今存，結銜登仕郎、守大理評事。序末題：「時歲在戊戌大唐睿聖文武皇帝元和十三年十二月。」案汝士見封外，倞新表失載。郝懿行疑撰馬紓墓誌者別一楊倞，汪喜孫疑有兩楊汝士，二說似俱非。

蕭儹 韓愈唐故朝散大夫尚書庫部郎中鄭君羣墓誌銘：次女嫁蘭陵蕭儹。昌黎先生集三十二。考異曰：「儹」或作「讚」。

張嗣慶 新表河東張氏：憲宗相宏靖見吏外子嗣慶，河南少尹。舊宏靖傳同。拓本漢西嶽華山碑，額右題名劍南西川節度使、檢校兵部尚書、成都尹、兼御史大夫李德裕、觀察支使、兼監察御史張嗣慶。大和四年十一月一日。瀛州筆談十二。

柳仲郢見吏中、户外。 舊傳：自侍御史，會昌中三遷吏部郎中。新傳同。

王績又主外。 裴夷直有送王績詩。又病中知皇子陂荷花盛發寄王績詩。萬首唐人絶句三十八。 舊李德裕傳：開成二年，補闕王績等，聞人本「績」，沈本「續」。連章論李德裕妄奏錢帛，以傾牛僧孺。

韋博見左中、勳中、金中。 新傳：自河東判官進主客郎中。時詔毁佛祠，悉浮屠隸主客。博言令太暴，宜近中，李德裕惡之。以爲靈武節度副使，擢右諫議大夫。

崔象見户中。

鄭涑 杜牧皇甫鉟除右司員外郎鄭涑除侍御史内供奉等制：朝議大夫、前守河南縣令、上柱國鄭滌，生於清族，克肖素風，凡守郡邑，皆著理行。可侍御史內供奉，散官、封勳如故。樊川文集十七。皇甫鉟見吏外。

鄭茂休見吏中補、封中。舊傳：四遷太常博士、兵部員外郎、吏部郎中。

張鐸見左中。

張濬見勳中。

楊知退見户中、祠外。

任繕見金中。

薛能見吏中附存、度中補。唐詩紀事六十：咸通中攝嘉州刺史，歸朝遷主客、度支、刑部郎中。

楊思立無考。見户外。

蘇蘊見勳中，又主外。

崔福新表博陵大房崔氏：兖海觀察使戎見吏中子福，字昌遠，員外郎。舊懿宗紀：咸通十年八月，貶比部員外郎崔福昭州司户，崔雍之親黨也。舊僖宗紀：乾符三年六月，以主客郎中崔福爲汾州刺史。

王慥見金中，又户中附存。舊僖宗紀：乾符三年六月，以荆南節度副使王慥爲主客郎中。七月，以金部郎中王慥爲户部郎中。當云主客郎中王慥爲金部郎中。説見户中附存注。

張譙見金外。　舊僖宗紀：乾符三年七月，以金部員外郎張譙爲主客郎中。

周承矩見勳外。

陳疊見祠外。

【補遺】

李儼　石刻大唐故翻經大德益州多寶寺道因法師碑文，中臺司藩大夫、隴西李儼字仲思製文。龍朔三年十月。陝西西安府學。　法苑珠林序，結銜題朝散大夫、蘭臺侍郎、隴西李儼仲思撰。重刊釋藏本。總章元年三月。

元將茂　元和姓纂二十二元：周納言元子端玄孫將茂，主客郎中，河南洛陽縣人。　會要八十五：開元九年正月，監察御史宇文融奏河南府法曹元將茂充勸農判官。詳監察宇文融注。

王佶見户外、祠中。　舊玄宗紀下：開元二十七年十月，遣主客郎中王佶往東都及諸州宣慰百姓。舊書五行志同。「十月」作「八月」。

房琯又主外，又御史臺監察題名。　新表河南房氏：武后相融子琯，字次律，相肅宗。　舊傳：少以門蔭，天寶元年自濟源縣令拜主客員外郎。三載，遷試主客郎中。五載正月，擢試給事中。

源休見祠中。　舊傳：自虞部員外郎出爲潭州刺史，入爲主客郎中，遷給事中。

鄭膺甫見度中，又主外。　舊鄭餘慶傳：弟膺甫，官至主客員外、郎中、楚懷鄭三州刺史。

陳鴻　新書藝文志丙部子録小説類：陳鴻開元升平源一卷。原注：字大亮，貞元主客郎中。　元積授丘紓陳鴻員外郎制：朝議郎、行太常博士、上柱國陳鴻，堅於討論，可以事舉。可虞部員外郎。文苑英華三百九十二。詳膳外補丘紓注。

白行簡見膳中補，又主外、度中附存。　舊傳：元和十五年，授左拾遺，累遷司門員外郎、主客郎中。寶曆二年冬病卒。新傳同。　唐詩紀事四十：行簡恩賜章服，樂天以詩寄之：「吾年五十加朝散，爾亦今年賜服章。齒髮恰同知命歲，官銜俱是客曹郎。」自注：予兄弟年五十賜緋，俱是主客都「郎」誤官。

劉禹錫見禮中補。　舊傳：大和二年，自和州刺史徵還，拜主客郎中。累轉禮部郎中、集賢院學士。

蔣偕見勳中，又主外。　新傳：歷右拾遺、史館修撰，轉補闕、主客郎中。舊傳失載。

蕭蘧　舊蕭遘傳：襄王立，蕭遘移疾，滿百日，退居河中之永樂。弟蘧，時爲永樂令。新表齊梁房失載。　舊哀帝紀：天祐二年十二月，敕主客郎中蕭蘧等，隨册禮使柳璨魏國行事。

李讓　新表〔七十〕上蜀王房：四會令宏略子讓，主客郎中。

【附存】

鄭誠見户中、金中。　舊僖宗紀：乾符三年七月，以主客郎中鄭誠爲金部郎中。案當云金部郎中鄭誠爲户部郎中。説見户中附存王慥注。

唐尚書省郎官石柱題名考卷二十六

主客員外郎

唐六典：禮部尚書，其屬有主客員外郎一人，從六品上。隋爲承務郎，皇朝爲主客員外郎。龍朔、咸亨，隨曹改復。掌二王後及諸蕃朝聘之事。舊書、新書同。

楊弘業　于貴寧　辛世良　趙德言　韓瑗

温無隱　李安期　崔行功　于敏同　崔知悌

薛元撝　崔萬石　韋正己　韓處約　韋志仁

崔崇業　元知默　盧獻　李思一　祖元穎

崔敬仲 王思善 王玄覽 李居士 獨孤守忠
周子敬 沈務本 孫佺 陳思齊 元希聲
孟温禮 姜晞 韋抗 韋元旦 崔璿
賀蘭務温 蘇晉 崔安儼 王上客 赫連欽若
崔珪 鄭懷隱 鄭溥 張季瑀 韋陟
李詢甫 魏季隨 張介 雍維良 王璿
鄭昉 甘暉 韋仇兼瓊 韓休 柳元寂
李植 房琯 趙廣微 韋幼成 李玥
敬諲 賀蘭進明 任瑗 楊宗 獨孤允
吴豸之 崔同 李逢年 竇彦金 裴薦
王佐 李承義 趙惎 楊頔 崔漪
盧象 歸崇敬 董晉 陸海 蔣將明
鄭晧 王遂 褚望 袁高 崔徹
李蕚 沈房 蕭遇 李崟 韓佾
裴佶 李彝 夏侯審 崔邠 仲子陵

陳歸　劉伯芻　李藩　馬宇　李絳
陸澗　張諗　李正辭　韓衢　吳士矩
元藇　裴墉　韋公素　白行簡　權璩
韋曾　韋力仁　崔周　裴識　王迺
蕭傑　張正謩　劉三復　顏從覽　王續
崔渠　李權　劉潼　張毅夫　李當
胡德章　韓賓　裴緘　崔珦　蔣偕
宋球　裴紳　張彥遠　韓乂　張道符
薛廷望　夏侯曈　皇甫煒　庾崇　崔鋋
高錫望　曹鄴　韋岫　蘇蘊　李延嗣
賈倚　蕭説　崔衡　鄭蕘　李紃
盧自牧　裴顗　韋承貽　趙龜

【補遺】

崔濬　高郢　鄭膺甫　王鐐　劉崇龜

裴贇　王堯　楊㚚　杜荀鶴

楊弘業　新表楊氏越公房：孝湛子弘業，主客員外郎。舊孝友劉君良傳：武德七年，深州別駕楊弘業造君良。新傳同。舊楊炎傳：子弘業不肖，多犯禁，受賂請託。新傳：弘業賕賂狼藉。新表失載。

于貴寧　元和姓纂十虞：于亮生貴寧，主客員外郎、平昌公，京兆長安人。會要七十九：洪州都督、平昌縣侯于貴寧謚曰簡。

辛世良　新表辛氏：興子良，禮部侍郎。元和姓纂同。案，「良」疑卽「世良」，蓋避太宗諱省「世」字。復齋碑録：唐司禮少常伯辛良碑，唐李儼撰，蕭權正書，龍朔三年歲次癸亥二月己酉朔立。寶刻叢編八。京兆府萬年縣。

趙德言　新表南陽趙氏：隋庫部侍郎榮子德言，主客員外郎。元和姓纂同。舊忠義下趙曄傳：貞觀中，主客員外郎德言曾孫。新書突厥列傳：頡利得華士趙德言，才其人，委信之，稍專國。

韓瑗　新表赫陽韓氏：户部尚書、潁川公仲良子瑗，字伯玉，相高宗。舊傳：貞觀中，累至兵部侍郎，襲父潁川公。新傳同。

温無隱見吏中。

李安期二本誤「斯」。見度中。舊傳：貞觀初，累轉符璽郎，預修晉書，成，除主客員外郎。永徽中，遷中書舍人。新傳同。唐會要六十三：貞觀二十年閏三月四日，詔更撰晉書，主客員外郎李安期等，詳其條例，量加考正。

崔行功見左中、吏中、吏外、户中。唐會要六十三：貞觀二十年閏三月四日，詔更撰晉書，主客員外郎崔行功等，分功撰録。二傳失載。

于敏同見吏中、吏外。

崔知悌見户外。二傳失載。

薛元撝無考。

崔萬石新表博陵第二房崔氏：芮州刺史奕子萬石，中書舍人。

韋正己新表韋氏（平齊）〔彭城公〕房：太子家令、襲彭城公慶嗣子正己，工部員外郎。又南皮公房：衛尉少卿俛子正己，不詳歷官。時代不合。

韓處約元和姓纂二十五寒：環州刺史韓劌東生處約，主客員外，昌黎棘成縣人。

韋志仁無考。見吏外。

崔崇業新表博陵二房崔氏：挺後元瑒子同業見封中補。弟崇業，主客員外郎。

元知默 元和姓纂二十二元：唐兵部郎中元務整生知敬，見吏中。知默，主客員外，河南洛陽縣人。

盧獻 新表盧氏：常州刺史幼孫子獻，鸞臺侍郎。舊書列女崔繪妻盧氏傳：父獻，有美名，則天時歷鸞臺侍郎、文昌左丞，天授中爲酷吏來俊臣所陷，左遷西鄉令而卒。舊酷吏來俊臣傳：如意元年，文昌左丞盧獻等六人，爲其羅告。

李思一 新表雍王房：務該子思一不詳歷官。「思一」，舊李漢傳單作「思」，云無名位。

祖元穎 元和姓纂十姥：祖大通次子孝紀生穎，主客員外。原本誤入杜氏注，今校正。

崔敬仲無考。

王思善 楊烱詹事府宮寮祭郝少保文，稱府司直王思善等。文苑英華九百七十八。

王玄覽無考。

李居士 新表上蔡王房：襲襄武郡公儉裔孫太常卿居士。

獨孤守忠 元和姓纂一屋：獨孤僧達生守忠，唐右金吾大將軍，京兆人。原本誤入古今姓氏書辨證三十五，今正。朝野僉載：唐杭州參軍獨孤守忠領租船赴都。太平廣記二百六十。諸道石刻録：獨孤守忠碑，韋承慶撰，柳濟物書。寶刻叢編六。

周子敬 元和姓纂十八尤：周元式生子敬，主客員外，河東汾陰人。

沈務本 元和姓纂四十七寑：給事中、薛王傅沈務本，吴興武康縣人。復齋碑録：烏程令韋承慶德政碑，唐沈務本撰，沈仲昌正書。至德二年二月立。寶刻叢編。吴興志：沈務本，官至給事中。子利賓，利賓子志，志子達，四世進士及第。

孫佺見祠中補。

陳思齊 元和姓纂十七真：唐揚州長史陳敬之生思齊，主客員外、婺州刺史，京兆長安人。

元希聲見考外補。 崔湜故吏部侍郎元公碑序：自司禮博士，三教珠英書成，遷太子文學，主客、考功二員外，賞勤也。皇帝纘膺大業，擢中書舍人。文苑英華八百九十八。

孟温禮又御史臺侍御題名，封中「孟知禮」，似是温禮。 唐會要七十六：神功元年九月，絶倫科孟兼禮及第。緯畧作「孟温禮」。 張説鄎國長公主神道碑：開元十三年二月，詔光禄卿孟温禮監護喪葬，京兆少尹能據英華、石刻補。延休副焉。張燕公集二十一。「延休」見倉外。長安志九唐京城三：朱雀街西第二街興化坊，京兆尹孟温禮宅。又十：唐京城四：朱雀街脱「西」字。之第三街光德坊東南隅京兆府廨。開元元年，孟温禮爲京兆尹，因奏請以賦贖錢修繕。會要七十九：禮部尚書孟温禮謚曰肅。舊良吏潘好禮傳：少與鄉人孟温禮爲莫逆之友。案，好禮，貝州宗城人。

姜晞見金中。

韋抗見吏中、吏外補。蘇頲刑部尚書韋抗神道碑：自左臺殿中侍御史，轉尚書主客、吏部二員外，吏部郎中。文苑英華八百九十六　二傳失載。

韋元旦見左外。新書文藝列傳中：自左臺監察御史貶感義尉。召爲主客員外郎，遷中書舍人。

崔璿無考。主外補有崔濬，按其時代正相合，唯偏旁小異耳。

賀蘭務温見度中。

蘇晉又户中附存。元和姓纂十一模：刑部尚書蘇珦，藍田人，生晉。不詳歷官。舊蘇珦傳：子晉弱冠舉進士，又應大禮舉，皆居上第。先天中，累遷中書舍人。新傳同。開元釋教録九：睿宗嗣曆，沙門菩提流志譯大寶積經，中書舍人野王男蘇瑨等潤色。

崔安儼又御史殿中題名。新表博陵大房崔氏：仲哲後，行範子安儼，主客員外郎。

王上客見膳外補。劉禹錫唐故監察御史贈尚書右僕射王公俊神道碑：大父上客，歷侍御史、主客、兵部員外郎。劉夢得外集九。

赫連欽若無考。

崔珪新表南祖崔氏：司刑卿、魏縣子神慶子、太子少保琳見户中。弟珪，懷州刺史。舊崔神慶傳：開元中，子琳與弟太子詹事珪、光禄卿瑶俱列棨戟，時號「三戟崔家」。新傳同。　孫逖授崔珪太子左庶子制：門下：太子右庶子崔珪，和氣由衷，通才應物。衣冠貴其雅道，筆札資於利用。宮坊効職，聲實攸歸。曾是遷一作「爰」。遷，宜從後命。可太子左庶子，散官、勳如故。文苑英華四百四。　新表博陵大房崔氏：武后、中宗相玄暐子、禮部侍郎璩見吏中。弟珪，汾、相等州刺史。　舊宋璟傳：子恕爲劍南採訪判官，貶表兄雒縣令崔珪。

鄭懷隱見主中。

鄭溥又御史殿中監察題名。（二見）。　新表鄭氏北祖房：河南少尹璿子溥，左庶子。　石刻陳齊之唐故右内率府兵曹鄭君準墓誌銘：　王父溥，尚書右部郎中，歷青、邢、相、衞、兗、幽、懷七州刺史，入爲左庶子。古刻叢鈔。　蘇頲授鄭溥殿中侍御史等制，稱奉議郎、行監察御史鄭溥等。文苑英華三百九十五。　詳殿中。

張季瑀見户中。

韋陟見吏中、封中。　二傳失載。

李詢甫　新表隴西李氏姑臧大房：高宗相義琰孫起子詢甫，主客員外郎。

魏季隨見膳中補。

張齐　新表清河東武城張氏：揚州長史濳勳中有濳。　子齐，杭州刺史。

雍維良見主中。

王璿又御史臺監察，又左側題名。三見。新表琅邪王氏：御史中丞、歸仁縣男德儉子璿，字希琢，相武后。舊李義府傳：長安元年，賜中書舍人王德儉子殿中監璿實封二百五十户，景雲元年停實封。新武后紀：如意元年即長壽元年。八月戊寅，營繕大匠王璿爲夏官尚書，同鳳閣鸞臺平章事。宰相表在八月辛巳，舊紀失載。九月癸丑，流王璿于嶺南。宰相表同，舊紀失載。石刻石龜阿彌陁像銘，稱金紫光禄大夫、行殿中監、兼檢校奉宸令、琅邪縣開國子王璿。長安三年。陝西西安。長安志七唐京城：朱雀街東第二街永樂坊東門之南，夏官尚書王璿宅。廣異記：唐宋州刺史王璿爲狐所媚。後璿職高，乃不至。太平廣記四百五十一。廣異記：王籍者，太常璿之族子也。乾元中，客居會稽，死。廣記三百四。太平廣記二百十五：大理卿王璿問，滿師云「某月當改官」。後果改爲金吾將軍，常侍玉階。案，此與廣異記之王璿疑是一人。石刻易州刺史張孝忠山亭再葺記，易州司士參軍王璿撰。建中二年。直隸易州。

鄭昉見吏中、户中、倉外。

甘暉孫逖授甘暉太子贊善大夫等制，稱主客員外郎甘暉。文苑英華四百四。新書藝文志丙部子録道家類：甘暉、魏包注莊子。卷亡。開元末奉詔注。

章仇兼瓊又御史臺左稜題名。

舊書吐蕃傳：開元二十七年，詔以主客員外郎章仇兼瓊爲益州司馬、防禦副使，俄令知益州長史事。二十八年春，取安戎城。舊玄宗紀：開元二十七年十二月，以益州司馬章仇兼瓊權劍南節度等使。二十八年三月壬子，權判益州長史章仇兼瓊拔吐蕃安戎城，分兵鎮守之。唐會要七十八：開元二十七年，劍南節度使章仇兼瓊又兼山南西道採訪使。四川成都志十一：開元二十七年，章仇兼瓊自眉州司馬、御史中丞，遷御史大夫、劍南節度、蜀郡大都督府長史、兼山南西道採訪營田制置使。舊忠義下許遠傳：章仇兼瓊鎮劍南，貶爲從事。新楊國忠傳：劍南節度使章仇兼瓊與宰相李林甫不平，聞楊氏新有寵，思結納之，表國忠爲推官，使部春貢長安。得蜀貨百萬，至京師，見羣女弟，致贈遺。諸楊日爲兼瓊譽，兼瓊入爲户部尚書兼御史大夫，用其力也。又開元廿九載七月，詔稱益州大都督府長史、兼御史中丞、持節劍南節度□使營田副大使、本道兼山南西道採訪處置使、□□□瓊。又天寶三載九月，詔蜀郡大都督府長史、兼御史大夫章仇兼瓊。山左金石志。天寶七載。顏真卿鮮于少保碑：開元二十七年，長史張宥方謀拔安戎，獨與公計畫，幕中之事一以咨公。司馬章仇兼瓊惡之，及代宥節度，乃移郡，收公月餘，仍釋之。俄令攝判使事，監越嶲兵馬，復奏充採訪支使。盡護功南軍事。又云：充山南西道採訪支使，頃之，雲南鑾動，瓊請公往，以便宜從事。又云：瓊以兩道採訪節度使務悉以委公。五載，户部侍郎、兼御史大夫郭公虚己代瓊節制。顔魯公文集六。資治通鑑唐紀三十一：天寶五載五月乙亥，以劍南節度使章仇兼瓊爲户部尚書，諸楊引之也。古今姓氏書辯證十陽：天寶劍南東川節度、户部尚書章仇兼瓊，代居兗州，生湛。長安志七唐京城一：朱雀街東第一街安仁門，户部尚書、兼殿中監章仇兼瓊宅。孫逖授章仇兼瓊主客員外郎制：勑：殿中侍御史章仇兼瓊，雅有堅操，嘗懷遠圖。義不辭營，忠能盡節。頃逾沙磧，能正糾繩，興國利於懸車，振朝威於絶漠。甄其績用，宜遷禮閤之榮；寄以澄清，仍受憲臣之任。可尚書主客員外郎，餘如故。文苑英華三百九十一。韋□大唐贈東平郡太守章仇府君玄素神道之碑：嗣子銀青光禄大夫、户部尚書、兼殿中監、内外閑廐等使兼瓊，匪躬是徇，爲國藎臣。拔自郎缺九字。董戎。驅輶軒而按俗，自褒斜之外，邛笮之内，萬里澄清，人安訟息。間者□戎負德，蟻聚□山，職貢不供，兵車屢駕。稟聖皇之英算，震大國之威靈，一舉而缺四字。再缺三字。其噍類，罷柝置吏，班師舍爵。天子議以殊賞，酬其懋勛，洒推錫類，缺三字。追遠□寵。集古録目：唐户部尚書章仇兼瓊碑，唐檢校倉部郎中馮用之撰，左衞率府兵曹參軍、集賢院待制蔡有鄰八分書。兼瓊字兼瓊，魯郡任城人，官至户部尚書、殿中監。謚曰忠。碑以天寶十年立。寶刻叢編七。

京兆府長安縣。

韓休見封外。　二傳失載。

柳元寂　新表柳氏：融孫元寂，主客員外郎。元和姓纂同。

李植見主中。

房琯見主中補。　舊傳：天寶元年，自濟源縣令拜主客員外郎。三載，遷試主客郎中。新傳失載。

趙廣微又御史臺碑右稜陰、左稜陰右稜題名。　元和姓纂三十小：唐宜祿尉、昭夷子趙貞固生廣原脫今補微，主客員外，汲郡人。

韋幼成案，勳外「多成」疑即「幼成」之誤。　新表韋氏南皮公房：縝子幼成，山南採訪使。元和姓纂：幼成，武部郎中、漢中太守、山南採訪使。　獨孤及唐故朝議大夫申王府司馬上柱國贈太常卿韋公縝神道碑銘：孟子幼成，天寶十年，自尚書兵部郎出守漢中、兼山南西道採訪處置使，移典河內，河內人至今頌之。毘陵集卷八。

李珝户外。

敬譓　新表敬氏：中宗相暉見倉中。子譓，主客員外郎。

賀蘭進明又御史臺殿中題名。　唐詩紀事十七：進明登開元十六年進士第。　新玄宗紀：天

寶十五載四月乙酉，北海郡太守賀蘭進明以兵救平原。 舊玄宗紀下：天寶十五載
六月，北海太守賀蘭進明收信都。新紀同。 舊第五琦傳：琦爲(西)〔須〕江丞，太守賀
蘭進明甚重之。安禄山反，進明遷北海太守，奏琦爲録事參軍。禄山已陷河間、信都等
五郡，進明未有戰功，玄宗大怒，遣中使封刀促之，曰：「收地不得，即斬首。」進明惶懼，
莫知所出，琦勸令厚以財帛募勇敢士，出奇力戰，遂收所陷之郡。新傳畧同。 嘉靖衢
州府志七：天寶□□年，信安太守賀蘭進明以朝請大夫任。 新顏真卿傳：安禄山
反，平原城守。詔北海太守賀蘭進明率精鋭五千濟河爲助。 又云：史思明圍饒陽，
遣游奕兵絶平原救軍，真卿懼不敵，以書(詔)〔招〕賀蘭進明，以河北招討使讓之。進明
敗於信都。 舊高適傳：與賀蘭進明書，令疾救梁、宋，以親諸軍。新傳同。 舊房琯
傳：北海太守賀蘭進明自河南至，詔授南海太守，攝御史大夫，充嶺南節度使。中謝，詔
以爲河南節度、兼御史大夫。新傳同。 舊忠義下許遠傳：賀蘭進明與房琯素不相叶。
琯爲宰相，進明時爲御史大夫。琯奏爲彭城太守、河南節度使、兼御史大夫，代嗣虢
王巨。 張巡傳：賀蘭進明以重兵守臨淮，無出師援睢陽意。新傳同 唐會要七十八：
至德二載正月，賀蘭進明除嶺南五府經畧、兼節度使，自此始有「節度」之號。 舊
肅宗紀：乾元二年十一月，御史大夫賀蘭進明貶溱州司馬。 李華衢州刺史廳壁

記：開元、天寶中，始以尚書郎超拜名郡，賀蘭大夫爲之。逆胡悖天地之慈，賀蘭起北海之師。文苑英華八百。

任瑗見左外。

楊宗見户外。

獨孤允見主中。

吴豸之又御史臺右側侍御兼殿中有「吴□之」。舊韋陟傳：天寶十二載，楊國忠引河東人吴豸之謂曰：「子能使人告韋陟，吾以子爲御史。」豸之曰：「能。」乃告陟與御史中丞吉温結託，欲謀陷朝廷。新傳略同。玄宗賜蒲州童子勅：蒲州童子吴豸之，蒲綴小篇兼記古事，不稍優異，無申獎勸。宜賜其父絹十匹，令更習學，便有成就。大詔令。

崔同見祠中。

李逢年見祠中。

竇彦金無考。

裴薦　新表洗馬裴氏：裔子薦，主客員外郎。賈至授裴薦攝主客員外郎制勅：左拾遺裴薦，正直而温，洵美且惠。有紛綸之詞藻，懷耿介之志氣。自居近侍，屢獻讜言。中原未寧，鄰國是協。俾領攝於郎署，爲專對之使人。一作「者」。可攝主客員外郎。文苑英華三百九十一。舊來瑱傳：寶應元年五月，裴莪與來瑱戰大敗，莪及弟薦脱身北走。不言何官。杜甫爲遺補薦岑參狀，末署至德二載六月十二日，左拾遺内供奉臣裴薦。杜工部集二十。

王佐 見吏外、考外。

李承義 新表蔣王房：越州兵曹參軍鼐子承義，吏部常選。又曹王房：塘子承義，不詳歷官。

趙甚 石刻唐故朔方河東河西隴右節度御史大夫贈兵部尚書太子太師清源公王府君忠嗣神道碑銘，前列太中大夫、行少府少監、集賢殿學士趙甚篆額。案，碑大曆十年立。舊常衮傳：大曆中，常衮奏加百官俸料，衮厚薄由己。時少列各定月俸爲三十五千，衮惡少詹事趙甚，遂給二十五千。新傳畧同。

楊頔 新表楊氏越公房：考功郎中守拙見考中補。曾孫頔，職方郎中。

崔漪 見吏中作「猗」、度中。

盧象 見勳外、膳外補。劉禹錫唐故尚書主客員外郎盧公集紀：大盜起幽陵，入洛師東夏，公墮脇從伍中。自膳部員外郎初謫果州長史，又貶永州司户，移吉州長史。朝廷思用宿舊，徵拜主客員外郎，道病留武昌，遂不起。劉賓客文集十九。新書藝文志：自膳部員外郎，授安禄山僞官，貶永州司户參軍，起爲主客員外郎。

歸崇敬見倉中、膳中補。　舊傳：以潤州長史參掌玄宗、肅宗山陵禮儀，遷主客員外郎。又兼史館修撰，改膳部郎中。　大曆初，授倉部郎中。新傳畧同。　舊韋陟傳：永泰元年，太常謚韋陟爲忠孝。　刑部尚書顔真卿以爲不合二行殊高，以成沈炳震云：當有闕誤。「忠孝。」主客員外郎歸崇敬又駁之。新書同。

董晉見勳中、祠中。　舊傳：自殿中侍御史遷侍御史、主客員外郎、祠部郎中。　韓愈贈太傅董公行狀：拜殿中侍御史内供奉、侍御史，入尚書省爲主客員外郎、祠部郎中。昌黎先生集三十七。

陸海　新表陸氏太尉枝：汾州刺史璪子海，湖州刺史。吴興志郡守題名失載。　舊書列女奉天縣竇氏二女傳：永泰中京兆(尹)〔户〕曹陸海著賦以美二女。　常袞授陸海主客員外郎制敕：朝議郎、侍御史内供奉、賜緋魚袋陸海，儒流貫穿，詞韻清麗。貞以自檢，峻而能通。執法允歸於詳當，閑邪不畏於彊禦。雖近遷柱史，未終滿歲之勞；而高選星郎，實在一時之俊。俾參奏議，期有損益。可行尚書主客員外郎，散官、賜如故。文苑英華三百九十一。

蔣將明見左中、勳外。

鄭晧

王遂 新表烏丸王氏：給事中肅見吏中。子遂，大理少卿。又琅邪王氏：膳部員外郎、黃州刺史濡子遂，沂海觀察使。舊傳：累遷至鄧州刺史，入爲太府卿。新傳同。

褚望

袁高見金外。二傳失載。

崔儆 新表博陵大房崔氏：仲哲後、渾之子儆，尚書右丞。舊崔元畧傳：父儆，貞元中，官至尚書左丞。新書誤「敬」。 權德輿奏獻懿二祖遷廟奏議：貞元八年屬當會議，時與崔儆劉執經同狀。權載之文集二十九。 舊趙憬傳：建中中，趙憬廉察湖南，崔儆爲巡屬刺史，久在朝列，所爲或虧法令，每以正道制之。儆等密毀之於朝。及爲相，擢儆自大理卿爲尚書右丞。新傳畧同。 會要七十九：贈太師崔儆謚曰昭。

李蕚 舊顏真卿傳：安祿山反，清河客李蕚，年二十餘，與郡人來乞師。新傳：李蕚毛本「萼」勸真卿收景城鹽，使諸郡相輸，用度遂不乏。 新卓行元德秀傳：門弟子李崿字伯高，趙人。擢制科，遷南華令。安祿山亂，崿客清河，爲乞師平原太守顏真卿，一郡獲全。歷廬州刺史。名最著。 顏真卿湖州烏程縣杼山妙喜寺碑：大曆壬子歲，真卿叨刺于湖，公務之隙，乃與前殿中侍御史李崿，以季夏於州學及放生池，日相討論韻海鏡源，至冬，徙于玆山東偏。來年春，遂終其事。顏魯公文集四。

殷亮顏魯公行狀：公之密親懿友，採其謀猷，分以休戚者，今吉州刺史李公粤。

令狐峘顏魯公神道碑銘：故吏廬州刺史李粤乃刊石建碑，旌於不朽。顏魯公文集。

李華三賢論：趙郡李粤伯高，含大雅之素，是慕於元者也。文苑英華七百四十四。文粹三十八。

柳宗元岳州聖安寺無姓和尚碑陰記：趙郡李粤，辯博人也。爲岳州，盛氣欲屈其道，聞一言，服爲弟子。河東先生集六。廣異記：殿中侍御史李萼左遷泉州晉江尉。太平廣記一百三十二。

沈房 元和姓纂四十七寑：秘書少監震見金外。生房，右金吾大將軍，吴興武康縣人。舊后妃睿真皇后沈氏傳：德宗用太后族子房爲金吾將軍，主沈氏之祀。舊董晉傳：貞元中金吾衛將軍沈房有弟喪，公除，衣慘服入閣。舊吐蕃傳下：興元元年四月，命太常少卿、兼御史中丞沈房入蕃計會及安西、北庭宣慰使。陸贄慰問四鎮北庭將吏敕書：今故遣太常少卿、兼御史大夫沈房及中使韓朝彩等往彼宣諭，仍便與西蕃交割。陸宣公集十。沈亞之沈參軍故室李氏墓誌銘：從祖諱房，德宗即位，追尊皇太后，其子姪皆蒙寵蔭，遂以房爲將軍執金吾。沈下賢文集十一。

蕭遇 見封中。

李崟 新表蔡王房：和州刺史士英子崟。不詳歷官。 文苑英華五百四有李崟對懸政象法判。又五百二十七有對稅千畝竹判。

韓佾 元和姓纂二十五寒：拾遺韓翊生佾，果州刺史，昌黎人。

裴信見吏外。二傳失載。

李彝 唐會要七十六：貞元四年四月，賢良方正能直言極諫科李彝及第。緯略同。 石刻張濛大唐鎮國軍隴西節度使右僕射李公懋功昭德頌，朝散大夫、守宗正寺丞李彝篆額。貞元五年十月。 陝西華州。

夏侯審見度中。

崔邠見封中。 二傳失載。

仲子陵 新書儒學下啖助傳：仲子陵，蜀人，好古學，舍峨眉山。舉賢良方正，擢太常博士。久之，典黔中選補，終司門員外郎。 又云：大曆時，仲子陵以禮自名其學，最卓異。 權德輿唐故尚書司門員外郎仲君墓誌銘：君諱子陵，字某。大曆十三年，舉進士甲科。貞元十年，舉賢良方正，拜太常博士，轉主客、司門二員外郎。十八年乙巳，寢疾，歿于靖恭里第，享年五十九。又云：爲郎三歲，受詔典黔中選補。賦祿清平，南人悦焉。道於故里，里中人以爲榮觀。復命踰年，稍進郎位。權載之文集二十四。

又三十六送主客員外充黔中選補使序：詔以諸曹郎分命南轅，調其仕次，有黔江辰溪十五郡，五十餘城。賦其吏員，便其習俗，主客郎仲君實司之。君始以岷峨諸生，獻賦京師，自解巾校文，三四遷至博士、尚書郎。又云：君道劍門抵左緜，歸自涪陵，出於南荆。新書藝文志乙部史録儀注類：仲子陵五服圖十卷。貞元九年上。

陳歸見考外補。

劉伯芻見考中補、考外補。舊傳：自右補闕遷主客員外郎，以過從友人飲噱，爲韋執誼密奏，貶虔州掾曹。新傳同。

李藩見左外、吏中、吏外誤「蕃」。舊傳：德宗時，除秘書郎，遷主客員外郎。尋換右司。新傳失載。

馬宇　順宗實録二：永貞元年二月，命兵部郎中、兼中丞元季方告哀於新羅，且册立嗣王。主客員外郎、兼殿中監馬于「宇」誤。爲副。昌黎先生外集七。李翺秘書少監史館修撰馬君墓誌：公諱某，字靈符。爲太子左贊善大夫，遷主客員外郎，使于海東。復命，授興元少尹，入爲將作少監，改國子司業。遷秘書少監，又加史館修撰。元和十三年十一月己酉，寢疾卒。文苑英華九百四十六。案，李文公集十五有目無文。新書藝文志乙部史録職官類：馬宇鳳池録五十卷。雜傳記類：馬宇段公別傳二卷。原注：秀實。宇，元和秘書少監，史館修撰。會要三十六：元和十三年十二月，秘書少監、史館修撰馬宇撰鳳池録五十卷成，上之。

李絳見勳中、勳外。　舊傳：元和二年，以監察御史充翰林學士。未幾，改尚書主客員外郎。踰年，轉司勳員外郎。新傳失載。　劉禹錫唐故相國李公集紀：以監察御史充翰林學士，居中，轉尚書主客員外郎。歷司勳郎中、知制誥。劉賓客文集十九。　重修承旨學士壁記：李絳，元和二年四月八日自監察御史充翰林學士，加主客員外郎。四年四月十七日加司勳員外郎、知制誥。　元稹承旨學士院記：李絳，元和四年四月十七日自主客員外郎、翰林學士拜司勳員外郎、知制誥，充承旨。並翰苑羣書上。

陸潤見祠外補，又左外補有陸潤。

張諗　新表河東張氏：德宗相延賞子、憲宗相弘靖見吏外。弟諗，主客員外郎。　石刻故贈太保張公延賞神道碑陰：上闕至右補闕、主客員外郎。有高文至性，不幸下闕。案，碑陰字殘泐殊甚，故字句不甚接續。案上文云拜殿中侍御史，四遷□中書舍人，歷工部。下缺大夫□云云。以舊書張弘靖傳及英華張弘靖拜相制證之，是敘弘靖歷官。則此云云是敘諗所歷官矣。

李正辭見左外。

韓衢　摭言四：范陽盧東美少與韓衢爲友，江淮間號曰「四夔」。東美見考外補。　劉禹錫唐故監察御史贈尚書右僕射王公倰一作「俊」神道碑：季子彥威娶潁川韓氏主客員外郎衢之女。劉夢得外集九。

吴士矩見主中。

元蕆　元和姓纂二十二元：荆州刺史元欽玄孫蕆，河南洛陽縣人。不詳歷官。　白居易冷泉亭記：領郡者，右司郎中河南元蕆，最後作此亭。白氏文集四十三。　元稹元蕆英華作「輿」杭州刺史等制：勅：朝散大夫、守五字英華有。饒州刺史元蕆等，理課甄明，云云。元微之文集四十八。

裴墉　新表東眷裴氏：道護後、高陵令昱子墉，壽州刺史。

韋公素　新表韋氏逍遥公房：兵部郎中晊子公素，字復禮。　李翺唐故金紫光禄大夫尚書右僕射致仕上柱國弘農郡開國公食邑二千户贈司空楊公於陵墓誌銘：女適右司郎中韋公素。李文公集十四。大和五年。

白行簡見膳中補、主中補、度中附存。　新傳：授左拾遺，累遷主客員外郎，代韋詞判度支案，進郎中。舊傳失載。　唐會要五十九：長慶三年十二月，度支奏主客員外郎判度支案白行簡，前以當司判案郎官刑部郎中韋詞，近差使京西勾當和糴，遂請白行簡判案。今韋詞却回，其白行簡合歸本司。伏以判案郎官，比有六人，近或止四員。伏請更置郎官一員判案，留白行簡充勅旨依奏。

權璩見勳中、考外補。二傳失載。

韋曾 見勳外，時代不合。

韋力仁 見户中。

崔周 無考。

裴識 見勳外、户中。二傳失載。

王迺 新表琅邪王氏：洋州刺史澄子迺，淄州刺史。權德輿唐故朝議大夫洋州刺史王君夫人博陵縣君崔氏祔葬墓誌銘：夫人生子三人，長曰迺，修詞與計偕。權載之文集二十七。 貞元二十年。

蕭傑 舊蕭俛見封外傳：弟傑，字豪士。元和十二年登進士第。累官侍御史，遷主客員外郎。大和九年十月，檢校工部郎中，充鳳翔隴觀察判官。舊文宗紀下：大和九年十月，主客員外郎蕭傑等授鳳翔使府判官，從鄭注奏請也。新表齊梁房失載。

張正謩 沈亞之祭胡同年文，稱長慶元年十一月二十六日，同年張正謨等。沈下賢文集十二。 案：亞之，元和十年進士，則正謨亦即十年進士。元稹獻滎陽公詩五十韻注：張秀才正謩，滎陽公首薦登第。元微之文集十六。

劉三復 新表丹陽劉氏：世居句容。三復，刑部侍郎。舊劉鄴傳：父三復，大和中，李德裕輔政，用爲員外郎。無何，復從德裕鎮浙西，累遷御史中丞。新傳：李德裕表爲掌書記。德裕三領浙西及劍南、淮南，未嘗不從。會昌時，擢刑部侍郎、弘文館學士。

顏從覽　元和姓纂二十七刪：右庶子顏證生縱覽，瑯琊臨沂人。不詳歷官。舊顏眞卿傳：文宗詔曰：「從覽，眞卿之孫，考績已深於宦途。」命列於中臺，云云。

王績見主中。

崔渠　唐會要七十六：大和二年閏三月，賢良方正能直言極諫科崔渠及第。文宗委中書門下處分制科及第人詔：賢良方正能直言極諫科舉人第四次等崔渠，中書門下即與處分。唐大詔令。

李權　新表大鄭王房：泗州刺史孟犨子權，金州刺史。李𣏌泗州刺史李君神道碑：天寶末，夫人隨子權赴陝郡司馬，屬狂賊犯闕，中原鼎沸。權負板輿自弘農、藍田，值潼關失守，朝野震驚，扶長攜幼，潛避山谷。又曰子長曰權，故金州刺史。文苑英華九百二十三。

劉潼見金中、祠中補。新傳失載。

張毅夫　舊張正甫傳：子毅夫，登進士第，位至戶部侍郎、弘文館學士，判院事。正甫見左外。舊宣宗紀：大中十一年四月，以江西觀察使、洪州刺史、御史中丞、上柱國、賜紫金魚袋張毅夫爲京兆尹。　又十二年正月，以中大夫、守京兆尹、上柱國、賜紫金魚袋張毅夫爲鄂州刺史、御史大夫、鄂岳蘄黃申都團練觀察使。　黃璞王郎中棨傳：初就府薦，馮涯爲試官，爲涯所知，欲顯滯遺明，設科第以宋言爲解頭，公爲第二。時毅夫中丞尹京兆，怒涯不取旨，撝命收榜，扱破名第申省。其年等第雖破，公道益彰。麟角集　雲谿友議八：大中十一年，京兆尹張大夫毅夫以馮參軍涯解送舉人有私，奏譴澧州司户。再試，退解頭宋言爲第六十五人。

李當見左外。

胡德章無考。　見倉中。

韓賓見户中。

裴諴新表東眷裴氏：道護後，度見封中。第六子、諴見勳外。弟誠。不詳歷官。舊度傳無諴名。　舊文苑下温庭筠傳：公卿家無賴子弟裴誠之徒，相與蒱飲，酣醉終日。新傳：與貴胄裴誠等蒲飲狎昵。　東觀奏記下：夏侯孜爲右丞相，以職方郎中裴誠聲績不立，談諧取容，改太子中允。案，「相」字衍，孜爲尚書右丞，見舊孜傳，大中十一年。

崔珦見户外。

蔣偕見勳中、主中補。　二傳失載。

宋球 新表廣平宋氏：文宗相申錫子球。不詳歷官。

裴紳見勳中。

張彦遠見祠外。

韓乂 新表昌黎韓氏：洛陽令承訓子乂，定遠令。杜牧唐故平盧軍節度巡官隴西李府君戡墓誌銘：某事故吏部沈公於鍾陵、宣城爲幕吏，兩府凡五年間。同舍生京兆韓乂。又云：秀人韓乂皆趨君交之，後皆得進士第，有名聲官職。君尚爲布衣，然於君不敢稍怠。樊川文集九。

張道符見封中、户中。

薛廷望見左中、勳外。

夏侯疃 李商隱爲濮陽公陳許奏韓琮等四人充判官狀：夏侯疃臣任切循良，集作「拊循」。務繁稽勾，思留仙尉，以重賓階。伏請依資改授一官，充臣節度巡官。文苑英華六百三十九。杜牧夏侯疃除忠武軍節度副使薛途除涇陽尉充集賢校理等制，稱前昭義軍節度判官、朝議郎、殿中侍御史内供奉夏侯疃等，疃以科名辭學，開敏多才，久遊諸侯，常蘊令聞，周知吏理，兼能潔身。樊川文集十九。薛途見勳中。資治通鑑唐紀六十八：咸通十一年四月，詔徐州觀察使夏侯疃招諭徐賊餘黨。

皇甫煒無考。　見倉外。

庾崇二本「庾崇□」，誤。　見户中。

崔鋋　舊僖宗紀：廣明元年四月，以招討判官崔鋋充制置副使。　舊昭宗紀：乾寧二年十月，詔邠州行營都統曰：「邠州節度副使崔鋋，破賊之時，勿令漏網。鋋與昭緯去年朋黨，交結行瑜，構合禍胎，原由此賊。付四面行營知委」。一作「悉」。　圖畫見聞志五：崔鋋郎中文集有王氏筆管記，體類韓退之記畫。

高錫望　新表渤海高氏：允誠子錫望，字叶中。　舊懿宗紀：咸通九年十一月，龐勛將張行簡陷滁州，執刺史高錫望，手刃之。　又十年八月，詔曰：「錫望守城而死，已有追榮。」　新康承訓傳：光、蔡鉅賊陷滁州，殺刺史高錫望應賊。　新紀：九年十二月，龐勛陷滁州，刺史高錫望死之。

曹鄴見吏中補、度中。

韋岫見倉中。　新良吏韋丹傳失載。

蘇蘊見勳中、主中。

李延嗣　新表趙郡李氏東祖房：櫟陽令仁濟子延嗣。不詳歷官。　又：薦子延嗣，字耀卿。

賈脩 摭言十：賈泳父脩，有義聲。

蕭說 新表蕭氏齊梁房：嶰子說，字僧弼。益州名畫録上：常重胤於中和院寫僖宗皇帝幸蜀隨駕文武臣寮真，有右諫議大夫蕭說。

崔衡無考。

鄭蕘 新表鄭氏北祖房：魯子蕘，字堯臣。舊僖宗紀：乾符三年十一月，以司門員外郎鄭蕘爲池州刺史。

李紃無考。

盧自牧無考。又户外。

裴顗 新表中眷裴氏：訢後謨子顗，字敦士。

韋承貽見户外。

格案：石刻主外與初刻封外同一面，故封外題名尚有未盡磨泐者，有崔餘慶、第一行。王德貞、二行。郭待舉、三行。盧揖、四行。朱前疑、五行。□嵩六行。六人姓名。二本俱缺。

趙龜

【補遺】

崔濬 新表博陵二房崔氏：挺後隋虞部侍郎、固安縣公叔重曾孫濬，主客員外郎。石刻有崔璿，疑即是。

高郢見主中。 舊傳：德宗時自馬燧掌書記徵拜主客員外，遷刑部郎中，政中書舍人。新傳：馬燧奏管書記，召拜主客員外郎，遷中書舍人。

鄭膺甫見度中、主中補。 舊鄭餘慶傳：弟膺甫，官至主客員外、郎中。

王鐐見左中、倉外。 舊僖宗紀：乾符二年六月，以主客員外郎王鐐爲倉部員外郎。

劉崇龜見禮外補。 舊傳：累遷起居舍人，禮部、兵部二員外郎。丁母憂免。 金華子雜編上：故事，南曹郎既聞除目，如偶然忽變改授他人，縱未領命，亦不復還省矣。南海端揆爲主客員外，時有除翰林學士之命。既還，省吏忽報：「除目下，員外徐彥若除翰林學士」。端揆以己未承旨，乃駡而將復治故廳。至省，門子前曰：「員外已受報出省，不可更入。」南曹例舉不敢避，遂退。彥若，公相之子，能馳譽清顯。中尉楊復恭善之，故能變致中授耳。

裴贄見勳外補。 摭言十：昭宗幸蜀，三榜裴公時爲前主客員外，客遊晉州。

王蕘　新表太原王氏：浙東觀察使龜見户中。子蕘，右司員外郎。舊傳：季父鐸作相，避嫌不就科試。蕭遘作相，奏授藍田尉，直史館，遷左拾遺、右補闕，中丞盧涯疑「渥」。奏爲侍御史。從僖宗幸山南，拜右司員外郎，卒。舊五代史晉書十八王權傳：父蕘右司員外郎。摭言十二：薛昭緯常任祠部員外，時李系任小儀，王蕘任小賓。

楊叚見户外補。

杜荀鶴　舊傳：昭宗時，自太常博士歷主客、户部二員外郎。新傳失載。舊五代史梁書二十四：荀鶴，池州人，擢第。田頵在宣州，陰令以箋問。至頵遇禍，太祖表其才，尋授翰林學士、主客員外郎。恃勢，凡搢紳間己所不悦者，日屈指怒數，將謀盡殺之。丁重疾，旬日而卒。唐才子傳九：字彦之，牧之微子也。大順二年，裴贄侍郎下第八人登科。宣州田頵甚重之，常致箋問。梁王立，薦爲翰林學士，遷主客員外郎。頗恃勢侮慢縉紳。爲文多主箴刺。衆怒，欲殺之，未得。天祐元年卒。北夢瑣言：梁受禪後，拜翰林學士，五日而卒。

附録一

唐尚書省郎官石記，蕭良董書。大曆四年 諸道石刻録。 寶刻叢編七。

唐尚書省郎官題名石記，唐許孟容撰。後序劉寬夫隸書。貞元十五年。寶刻叢編七。

尚書省廳石記，陳九言撰。序張旭楷字，精勁嚴整。開元二十九年。寶刻類編三。

尚書省郎官題名石柱記二。一許孟容撰，後序起居郎劉寬夫隸書。貞元十五年。一陳九言撰，寬夫書。大和四年。京兆。 寶刻類編四。

金石録目録六第一千一百七十七：唐尚書省郎官廳石記，陳九言撰。張旭正書。開元二十九年十月。 第一千一百七十八：唐郎官題名上。第一千一百七十九：唐郎官題名下。

按唐制二十四司以尚書左右丞領之，左右司馬爲之副，此皆左丞之屬也。題名不及左丞者，自五品以下也。十二司，司各百餘人。後題大中十二年十一月書。鐫上石柱，故自唐初迄宣宗諸名臣多在焉。唐諸司官名，或改、或復、或省、或復置，今不書所改者，從舊制也。書者不知爲何人，筆法出歐陽率更，兼永興河南，雖骨力不逮，而法度森然。石墨鐫華。今在西安府儒學。按宋張舜民畫墁録曰：「長安今府宇即唐尚書省也。府院即吏部也。府録廳前石幢，即郎官題名石也。」不知何年移此。金石文字記。

唐尚書省郎官石柱題名，吴郡張長史旭撰記，京兆許左丞孟容撰後序。記出旭，正書。後序，劉補闕寬夫隸書也。二篇別勒於碑，而題名録於柱。自貞元後則令使續書，故工拙大小不齊焉。唐制，尚書省都堂居中，東有吏部、户部、禮部三行，行四司，左司統之。西有兵部、刑部、工部三行，行四司，右司統之。各掌十二司事，舉正稽違，省署符目，定其程限。吏，分設司封、司勳、考功；户，分設度支、金部、倉部；禮，分設祠部、膳部、主客；兵，分設職方、駕部、庫部；刑，分設都官、比部、司門；工，分設屯田、虞部、水部。諸司均有壁記，詳其改充遷轉之歲月，而石柱第注姓名而已。康熙戊子，予始購得郎官題名三紙，字已漫漶，眼昏莫辨。會桐城方生來自京師，訪予梅會里，坐曝書亭，鎮以界尺，審視之，姓名可識察者，三千一百餘人，别録諸格紙。而同里曹生復以所搨本贈予，因言柱在西安府儒學孔子廟庭之右上，有古柏覆之。竊思六部既分左右，則當時立石必東西各一，今右司暨兵、刑、工三部所屬郎官題名無一人者，是左存而右已失也。若禮部四司闕郎中，考功、膳部闕員外郎，殆由椎拓者遺失爾。曝書亭集。

右郎官題名石柱，八面，如幢式。自左司訖膳部，皆先郡中，次員外郎姓名。按唐、宋之制，六部皆隸尚書，有吏、户、禮居左，兵、刑、工居右。其敍遷則以吏、兵爲前行，户、刑爲中行，禮、工爲後行。每部各領四司，司名與部同者爲頭司，餘爲子司。二十四司之外，别有左右司，各置郎中、員外郎，皆稱郎官。此柱所刻，則左司及左十二曹也。歐、趙所載張長史書石柱記，有文無題名，蓋别是一碑，久已不存。此柱雖有殘闕，亦僅十之一二，合之御史臺題名，一代清流姓名略備，未必非考史之一助也。潛研堂金石文跋尾。

郎官石柱題名，石柱七面，高一丈二寸，周圍廣九尺三寸。每面各四截，每截十行至二十一行止，字數三十餘至四十餘不等。正書在西安府學。按郎官石刻有前記、有後序、有題名。前記爲陳九言撰，張旭正書。曝書亭集誤爲「張旭撰書」。後序爲許孟容撰，劉寬夫隸書。皆别勒於碑。題名不著書人，刻於石柱。記、序立於都省廳壁。題名石柱立於左右丞東廡。記、序碑石久亡。戲鴻堂帖但得舊搨前記，重摹上石。董跋已云世無别本，惟王奉常家有之。則搨本之存亦廑矣。今所存題名祇左丞一柱，搨亦不全。存者只七面，内多泐字。計其姓名可見者，凡三千一百九十二人。除去姓名不全者二百七十七人，其全者有二千九百十五人。内姓名再見者五百四十七人，三見者一百四十人，四見者二十六人，五見者六人，通共重見者七百十九人。蓋一人兼歷别司，則前後複出，亦有在本司再任而複載者。其姓名之在新、舊兩唐書有傳者，攷其歷官與碑合否，又參以唐書宰相世系表及全唐詩小傳，補兩書所未備，凡有可考者，得五百七十六人，餘一千六百廿四人則無考矣。大率兩傳語畧，多書其人最後之官，故碑載歷官往往不見於傳。然亦有傳載歷某郎部，而碑反不見者。亦有傳載官某司，而碑反在别司者。又有傳載官郎中，而碑反在員外者。諸如此類，或皆傳有紀載之訛也。今悉詳註於姓名之下，無可考者闕之。所存搨本七面，綜其官名若郎中、員外全者，曰吏部、曰司封、曰司勳、曰度支、曰倉部、曰户部、曰金部、曰左司。若考功、主客，但有郎中而無員外。若祠部但有員外，而無郎中。若司封、左司郎中皆兩見，參錯若此。碑立於大中十二年。所題姓名亦當終於是時。溯其始則有在武德、貞觀年者。亦有起於高宗則天時者。其各書所載人數，多寡不齊，其中最多者户部，員外有三百十二人，郎中亦二百六十四人，其次則吏部郎中、員外俱二百餘人，其餘率不過百餘人。計自唐初以至大中，立柱幾及二百四十年，而各司姓名衹此，可知當時亦未全載也。據前記，斷自開元廿九年，始往者不可及，來者不可遺。今題名則開元以前皆已追書，當由大中立柱之年追考開元以前之有姓名可紀者裒集之，故與前記之語不合，所謂别是一碑者確矣。考諸司遷擢之制，在京或由侍御史，在外或由縣令、或由掌書記，内擢先員外而後郎中。其由郎中升遷，或給事中、或中書舍人、知制誥，或外任刺史。此遷轉之大凡也。唐之設官，以郎官爲清要，一代名卿賢相未有不薦歷郎官者。此所考雖衹五百餘人，而已可得其概矣。檢全唐詩有鄭谷者，袁州人。光啓三年擢第，歷都官郎中，嘗作中臺五題詩，其一石柱，即謂此題名也。詩云：「暴亂免遺折，森羅賢達名。末郎何所取，叨繼外門榮。」自注云：「外祖在南宫七轉名曹，鐫記皆在。」谷之爲都官郎中當在昭宗時，距立柱已四十年，其時正當四方兵戈俶擾之時，而石柱無恙。其都官鐫記皆在，是其亡在唐以後矣。今此碑著録，家不多見，即著録者皆不加詳考，則但存其姓名，殊無裨于考訂之用也。茲編雖未能詳備，然可以廣史傳所不載，而稽其異同，則亦未爲無補云。前記雖不與石柱同列，然爲題名之緣起，因附録其文。陳九言，兩者無傳，張旭則兩傳但稱其善草書。此記正書，徑寸餘。歐公稱其真楷可愛，而歷代名畫記又言其小楷樂毅、虞、褚之流，則其工書非沾沾一體者矣。傳不言其歷官，是無官位者，故記但署其貫吳郡。金石萃編。

附録二

郎官石柱題名

錢塘趙魏洛生手録

石在西安府學中，凡七面，面各四層，正書。

吏部郎中

鄭元敏　牛方裕　釗材□　李廿規　張鋭
甘神苻　温彦博　胡演　趙宏智　楊纂
薛述　李孝元　宇文節　長孫祥　劉祥道
蕭孝頲　于立政　陸敦信　趙仁本　裴明禮
王儼　崔行功　獨孤元愷　温無隱　于敏同
裴晧　韋憬　□□□　魏元同　楊宏武
鄭元毅　李德頴　張希乘　陳義方　王元壽
韋萬石　秦相如　劉應道　劉齊禮　元知敬

顏敬仲
□□□
路元□
張詢故
□
李瑨
顧琮
□□□
楊降禮
韋□
崔□
崔璩
鄭齊嬰
褚璆
袁仁敬

崔文仲
□□□
王遺恕
王方慶
□
李志遠
□
□
鄭納言
□
□□□
張敬忠
靳□
杜暹
徐元之

□□
王友方
張行禕
□仲
□
紀先知
□
□
韋播
韋抗
裴藏曜
慕容珣
楊□
楊範□
陳希列

□□□
梁元爽
孟元忠
□
高元思
皇甫知常
□
盧懷慎
辛廣嗣
沈□□
李朝隱
趙昇卿
薛兼金
蕭識
張涚

□□□
高光復
董敬元
□
□□敬
孫彥高
崔□□
岑羲
蕭璿
李問政
馮□
李元□
張祀
員嘉靜
崔□

鄭少微　崔希逸　皇甫翼　盧旬　元彥沖
張□　裴敦復　劉日政　李彭年　宋詢
李憕　苗晉卿　斑景倩　韋陟　徐惲
李朝□　孫逖　李昂　韋述　張季明
趙安貞　鄭昉　楊仲昌　王燾　李麟
楊慎餘　李暐　源洧　鄭審　李伉
王維　韋之晉　李□　崔奇　韋侗
崔灌　李季卿　蔣渙　薛邕　畢宏
閻伯璵　韋覇　蕭直　崔翰　盧允
張重光　賀若察　崔器　庾準　韋少遊
王延昌　韓滉　趙縱　韋元曾　韋諤
裴綜　房宗偃　杜亞　盧杞　李承
齊貢　李竦　盧翰　趙贊　劉從一
郭雄　崔造　殷亮　苗丕　韋夏卿
柳冕　李玗　趙宗儒　劉執經　楊於陵

崔漑
房式
崔芃
盧公憲
韋宏景
陳仲師
殷台
□
崔□
張諷
盧宏宣
□
柳仲□下六行漫漶

崔仲儒
杜兼
張惟素
韋乾度
崔植
盧元輔
崔琯
孔敏行
王袞
薛膺
趙□齡
□

韋執誼
竇羣
皇甫鎛
韋顗
陳諷
嚴公衡
裴□
崔戎
李石
崔□
□□
崔球

李□鄘
柳公綽
張賈
盧士玫
崔□
嚴休復
□□
高銖
孫蕑
薛□□
崔□□
盧龜

鄭利用
李藩
李建
盧逢
干敖
高允□
韋□
□□□
盧鈞
□
□
崔□

吏部員外郎

裴元本
甘神符
韋叔謙
于立政
姜□
于敏同
劉祥道
梁仁義
裴思義
蘇味道
劉夷道
杜承志
杜承志
岑羲
蘇詵

王約
宇文節
長孫祥
蕭孝顗
元懷簡
梁行儀
李同福
李同福
韋萬石
韋志仁
章希業
蕭志忠
杜知謙
李傑
鄧茂林

潘求仁
李公淹
裴孝源
裴雅珪
裴公緯
王德真
裴大方
姜杲
姜元昇
辛希業
樂思晦
崔湜
李崇基
畢搆
盧懷慎

趙宏智
封良容
裴希仁
辛茂將
趙仁本
魏元同
胡元範
裴大方
劉虔約
高光復
李至道
張栖貞
宋璟
麴先沖
李希仲

裴希仁
韋璲
崔元靚
崔行功
韓同慶
姜元乂
房正則
張仁禕
張詢古
李志遠
裴咸
司馬鍠
皇甫知常
李尚隱
崔日用

盧從愿
崔元同
張庭珪
諸謬
朱渭輔
劉宅相
源元緯
楊仲昌
斐遵慶
李洧
盧僎
元特
賀若察
王崟
王定

楊滔
陳希烈
裴漼
柳澤
楊降禮
韋洽
馬光淑
李麟
蔣渙
崔倫
薛邕
王崟
韋元曾
元挹
鄭叔則

房光庭
張鈞
倪若水
杜暹
徐惲
元彥沖
苗晉卿
李栖筠
庾光先
崔翰
韋少遊
韓滉
畢宏
崔祐甫
崔儒

崔湜
宋鼎
崔位
楊執臣
源洧
李憕
盧怡
鄭審
崔寓
鄭炅之
裴霸
王佐
杜亞
令狐峘
劉灣

裴涖
李朝隱
魏恬
徐元之
席建侯
李彭年
張秀明
盧僎
李廙
韋之晉
崔禕
盧虛舟
裴儆
韋元
蔣鍊

殷亮　李舟　劉太真　王鋗　苗丕
裴綜　鄭珣瑜　于結　吕渭　盧挺
于結　盧邁　劉執經　柳冕　李元素
韋夏卿　裴佶　楊於陵　鄭儋　李鄘
奚陟　王仲舒　張宏靖　裴次元　劉公濟
常仲儒　李蕃　柳公綽　孟簡　韋貫之
皇甫鎛　韋緟　李建　崔從　韋宏景
王涯　崔鄾　陳中師　楊嗣復　席夔
盧士玫　李宗閔　殷台　崔琯　王璠
鄭肅　羅讓　崔戎　王申伯　楊虞卿
李續　宇文鼎　敬昕　李珏　高元裕
劉寬夫　陳夷行　崔龜從　裴衮　劉端夫
李欵　崔璪　柳璟　裴鐇　孔温業
張文規　崔璜　周敬復　崔球　韋行貫
李行方　陳湘　韋絢　韋慤　李訥

盧蔄求　崔眈　崔慎由　錢知進　崔瑤
盧罕　杜牧　馮圖　杜審□　趙櫓
鄭路　皇甫鉟　李朋　皇甫珪　獨孤雲
鄭從讜　裴衡　盧緘　崔琭　于德晦
楊□收　路嶔　楊嚴　穆仁裕　崔安潛
侯備　令狐□　□□　薛□　高湘
于瓌　楊真　崔瑾　崔厚　崔瀆
以下皆漫漶

司封郎中

楊思謙
豆盧欽望
徐堅　李彥□
姚弈　蔣挺
程休　韋之□

令狐峘　張戭
韓日華　裴次元
鄭涵　羅讓
裴譔　張鷺
盧匡
盧告　馮顓
崔澹　徐仁嗣

度支員外郎

崔□□　李□□　韋萬石　崔神基　裴□□
路元□　皇甫文亮　崔□□　李元同　楊□
杜從□　張慶　崔□　唐紹　唐□
鄭勉　魏景倩　崔　崔　夏侯銛
苗晉卿　韋恒　楊　王崟　樊晃
袁□盈　王延昌　李猗　嚴郢　□

蘇端
楊偁
房署
王□□
陸

包
李衡
元□□
□

斑
張
李□
高重

崔
李
李素
李續

韋少華
張季□
董溪
盧貞

司勳郎中

狄孝紹
薛述
鄧素
鄭元毅
謝祐
岑曼倩
李至遠
祝欽明

獨孤珉
竇孝鼎
郎知年
韋同慶
王廞
歐陽通
張敬之
楊承裕

裴□□
宇文節
王儼
張松壽
劉應道
裴思義
樊忱
趙誼

楊纂
杜文□
王仁瞻
李崇德
路元叡
李元慶
楊元政
田貞松

辛諝
薛述
鄭植
元和敬
李範丘
□懷敬
戴師倩
李元恭

楊祏本　張循憲　□嶠　崔日用　劉聞一
韋瑗　傅黄中　李元瓘　李崇敏　齊處仲
張敬忠　吕炯　唐曉　王瑨　辛替否
劉晃　吉渾　韋朝宗　盧翹　張珣
劉日政　蕭華　李知柔　盧重元　尢元禕
姜昂　韋虛舟　張寂　郭愼徽　裴士淹
韋咸　崔圓　蔡希寂　盧允　薛邕
盧游　劉單　李收　韋鍔　庾準
邵說　王紞　董晉　丘爲　韋禎
劉滋　韓章　路季登　鄭南史　崔彧
嚴霆　權德輿　李直方　李紃　崔恭
盧公憲　韋顗　陳諷　李正封　沈傳師
路隋　崔護　李虞仲　侯繼　孔敏行
王衮　高鍇　權璩　韋瓘　唐狀
崔龜從　崔蠡　高少逸　陸洿　紇干㬚

盧懿　敬暐　劉濛　韋博　周復
崔黯　崔瑶　楊發　尔朱抗　李潘
蔣偕　薛蒙　孔温裕　王溉　任憲
裴紳　鄭洎　孟球　杜蔚　張復珪
趙隱　牛叢　吉鄘　侯備　崔朗
薛途　張濳　崔厚　嚴郜　□□
□範　趙蒙　李輝　蘇藴　李迢
魏管　盧紹　崔庾　盧望　鄭軌
李輝　鄭□　杜庭堅　□
李　□
何敬之　□　薛　□
李　□
許敬□　□

司勳員外郎

杜懿□　楊□本　郭知□　齊景日　王德志
劉祥道　王儼　王仁瞻　楊□　王□旦
李問政　韓瞻　李日高　許圍師　李乂
麻察　衛幾道　張敬忠　韓同慶　李□昌
崔行成　齊澣　魏元同　鮑承慶　劉應道
薛自勸　李訥　源行守　袁仁敬　徐元之
裴大方　秦相如　斛律貽慶　鄭行實　王瓚
封崇正　薛侃侃　孟允忠　胡元範　王德志
裴瑾之　吉渾　李知柔　赫連梵　斑景倩
平貞昚　李擢　李彭年　鄭南金　王豫
韓大壽　李志遠　李承嘉　裴錫　蕭權
李元恭　李恒一　馮光嗣　元暕　盧萬碩
嚴杲　程鎮之　崔論　楊慎餘　張寂
鄭璲　周利貞　杜礭　吳道師　李堅
鄭審　王光輔　蔡希寂　王光大　薛兼金

王珙
田崇壁
韋肇
張九齡
王琇
盧象
楊獻
皇甫琳
畢炕
能季武
韋叔將
裴綜
楊炎
于頔
鄭叔矩

蘇瞻
蕭璿
韋曾
徐尚
元彥沖
鄭□
梁涉
朱巨川
劉滋
韋多成
沈東美
鮮于叔明
杜位
張鎰
李涑

蕭嵩
李謹度
崔希喬
崔祐甫
宋遥
李嘉佑
李岫
竇申
苗粲
源少良
陸據
楊綰
許登
錢起
劉太真

李畬
裴謂
韋晉
程昌締
盧僎
孫成
唐堯臣
李休珽
裴遵慶
崔圓
崔顥
辛昇之
韋冗
孔述睿
張惟素

裴元質
李行正
員嘉靜
蕭誠
王從敬
蔣將明
裴春卿
崔譚
韋元甫
李楫
李揆
裴儆
獨孤愐
殷亮
衛次公

李絳 裴樞 鄭利用 李元素 邢肅
裴茝 鄭絪 李程 張仲素 趙宗儒
薛存誠 盡公憲 李巨 盧士牧 蔣武
于敖 杜元穎 李正封 席夔 王起
路隋 李肇 趙元亮 李紳 崔鄲
王申伯 姚向 孫簡 馮葯 李宏慶
楊漢公 竇鞏 高元裕 盧簡辭 裴衮
崔龜從 裴識 韋磻 鄭涯 丁居晦
李中敏 黎埴 崔瓘 崔于 庾簡休
崔鉉 陳□ 崔璵 崔駢 韋琮
崔黯 周復 裴寅 杜審權 楊發
盧罕 杜牧 韋澳 趙櫓 趙滂
李遠 崔鈞 李潘 苗恪 庾道蔚
韋用晦 鄭樞 王沨 皇甫珪 裴衡
牛叢 楊□ 張復珪 楊知遠 杜蔚

穆仁裕　苗紳　源重　薛廷望　獨孤霖
高湜　鄭碣　崔殷夢　盧顗　趙蒙
崔厚　李嶽　楊希古　李昭　楊仁瞻
蘇粹　李輝　李渙　杜高休　盧渥
李瀆　路綱　李迢　鄭逸　薛邁
周承矩　韋顔　鄭就　鄭勤規　李滉
蔣□　崔昭符　崔序　姚荆　張禕
蔣泳　崔凝　鄭昌圖

考功郎中

皇甫异度　□　□　□　于孝□
□□　□□長　李　□　李洵
韋素立　趙宏□　崔知機　楊思謙　□
□　崔□起　韋□　李懷儼　王元壽
朱延度　武志元　李思諒　楊德裔　劉處約

高	□	房元基	韋敏	□守真
魏克己	裴琰之	崔神福	李晉容	敬暉
李嗣真	皇甫知常	□	□	李□□
竇珣	盧齊卿	崔琮	崔宣道	宋庭瑜
竇崇嘉	王齊休	房光庭	□	□家
崔希喬	鄭永	鄭浦	杜令昭	杜惟孝
蕭炅	李元祐	鄭長裕	崔翹	□
□	戴休延	薛江童	崔諒	李峘
馮用之	李粤	王□	裴從	盧簡金
房密	□	□	王□	□崇□
陸□	郭□	杜枚	趙□	孫成
□抗	趙聿	龐詧	李收	王仲□
□	□	□	陳諫	裴堪
董溪	鄭權	李諒	蘇弁	元宗簡
談峯	栢耆	韓臯	趙宗□	□

□宏度
鄭舫
李德裕
□邁
崔郢
□
□
高殷
□

李仍叔
崔瑝
□
□□□
錢方義
□
□
韋岫
李景□

奚敬元
崔瑁
□
畢誠
李蠙
□
康僚
孫奭

趙真齡
邢蒭
□
胡德章
盧言
□
皇甫鎬
崔璙

陸問禮
鄭涵
李
李俅
魏扶
□
樊驤
李蔚

倉部員外郎

王□□
王仁瞻
□
□□

□□□
□
薛志鳳
格輔元

李□□
□
蕭志遠
陳崇□

王□
□
謝祐
□

高□
□
夏□
□志遠

□□
王師順
韋紀
趙眘微
梁獻
能□□
裴藏暐
張瑄
鄭粤
斐從
杜良輔
皇甫衡
張惣
皇甫微
王武陵

李□
閻知微
宋庭□
張懷□
張景明
李朝弼
戴休琁
楊萬石
李儋
徐炅
孫宿
徐縯
盧安
蕭存
崔酆

□文顯
柳儒
何□
袁仁敬
劉彤
李昂
崔譚
鄭章
解賁
崔復
王縱
楊□
李速
李玗
孟簡

高□
馮光嗣
韋壽心
吳太元
李元祐
韋伯陽
趙良器
崔鎮
李喬聿
皇甫銛
梁乘
韋斂
崔供佚
王
崔清

吳道師
王齊□
陳惠滿
錢元敬
陳惠滿
鄭昉
郞元昌
張□
鄭炅之
鄭叔華
權自□
長孫鏄
趙玗
閻濟美
皇甫鏄

張寔　齊煚　陳諷　張士陵　張仲方
于敖　蘇宏　薛存慶　唐慶　李景儉
范季睦　崔鄯　李宗何　宇文鼎　盧鈞
韋瓘　王會　韓尋　裴充　崔瑤
李欵　韋充　韋損　趙從約　薛重
楊魯士　馬曙　李行恭　羅劭權　李遵
崔鞏　盧近思　郭圓　張琮　郭囿
李詠　李蠙　魏鐮　裴思猷　褚薦
□□　席鴻　李洮　張斯干　□
皇甫煒　盧肇　劉允章　令狐纁　李磵
樊驤　張温士　吕　杜真符　李殊
竇璠　鄭綮　王鐐　柳告　崔嚴
李鉅　陳義𥶡　盧朋龜　□□　張□

户部郎中

□□□
□
欒世□
□
□
□
王
□
路元叡
王智方
□
李嘉□
李綰
劉守□
韋虛心

□義惣
□
盧承慶
□
□
□
□
崔行功
劉國都
姚珽
□
張錫
封思業
□□
蔡秦客

□山甫
□
裴元本
□
□
□
□
□
韋泰真
王
□
申屠錫
裴惓
□□
梁務儉

□□□
崔
高季通
□
□
□
□
□
盧德師
□
張□容
劉如玉
温沓微
趙謙光
張大安

趙□□
鄭□□
封
□
□
梁行儀
□
袁異式
薛克構
□
唐從心
宇文敞
吴道師
李無言
張光輔

李同福
于思言
唐奉一
紀處訥
李琇
魏奉古
張如珪
張季瑀
鄭少微
裴令臣
梁涉
韋虛舟
楊玘
吉溫
劉暹一

鄧元挺
劉基
房穎叔
路恒
韋維
李察
褚璆
裴卓
李元祐
李朝弼
王壽
劉同昇
張震
王銲
呂延之

騫味道
段嗣元
韋瓊之
趙履溫
柳儒
李邕
王昱
郭潾
韋拯
陽伯成
鄭昉
李常
盧弈
陳潤
崔諷

韋□元
石暠
李思古
狄光嗣
崔琳
裴觀
獨孤册
梁昇卿
班景倩
劉彥回
魏方進
鄭昭
李伉
崔諷
張惟一

劉延祐
孫元亨
楊玉
張昭令
嚴方嶷
司馬銓
張敬輿
楊志先
徐惲
張奇
韋伯祥
王鉷
張傳濟
王翊
李齊運

李季卿　崔灌　李丹　崔浩　王延昌
來球　張參　杜濟　杜良輔　于傾
邵説　李洞清　李規　許登　崔鼎
徐演　王縝　平嵩　衛密　□□
崔縱　崔儒　謝良輔　蓋損　李巽
盧雲　竇彧　常魯　盧佋　王紹
崔從質　魏宏簡　韋武　張式　李元素
熊□錫　楊寧　于皋謩　潘孟陽　鄭敬
張正甫　崔清　李巨　陸湹　李應
崔植　武儒衡　陸亘　劉遵古　羊士諤
高允恭　豆盧署　高釴　韋處厚　崔護
王源中　王正雅　宋申錫　韋詞　王彥威
盧周仁　李固言　李石　盧貞　王質
李踐□　楊漢公　裴詡　楊敬之　竇宗直
裴識　韋力仁　姚合　韋紓　張鷺

鄭賞
趙朩□
杜憓
韋有異
温璋
趙滂
任憲
馮緘
崔芻言
竇紃
劉允章
高澥
韋蟾
李晦
盧紹

崔瑨
盧愨
李福
竇洵直
韓琮
韋宙
孟穆
鄭礭
牛叢
許瓘
韋條
盧深
楊希古
韋保乂
豆盧瑑

盧言
李敬方
崔璵
鄭薰
盧匡
崔象
蕭峴
侯恩
李植
楊輅
杜無逸
鄭畋
庾崇
楊希古
劉蛻

潘存實
李繼
路綰
苗愔
韓賓
李荀
曹汾
張道符
楊知至
崔璞
鄭碣
李礀
馮巖
張極
崔彥融

韋厚叔
崔駢
鄭冠
崔卓
趙格
楊假
孟俅
劉荀
王龜
裴璩
王緘
趙祕
柳陟
鄭慱
楊知退

李節　鄭誠　李碟　張裕　周慎辭
鄭殷　李燭　張旡逸　□□　杜廷堅
李峭　李邈　李凝庶　鄭項　李穀
崔鄰　孫緯

户部員外郎

趙義綱　皇甫昇度　封元素　劉翁勃　李友益
韋暕　元悰　李素立　原崐玉　劉燕客
王明　任行褒　許行本　樊元表　劉慶道
裴行儉　崔禮庭　鄭元毅　朱延慶　崔知悌
韋惲　姜元乂　劉道　辛義感　蕭志遠
宋之順　崔元敬　辛宗敏　劉尚客　元令表
張仁約　鄭仁恭　鄧元挺　魏克己　裴奂
張栖貞　張昌期　狄光嗣　薛克構　張光轉
杜元揆　董敬元　張巨源　孫尚客　鄭元敬

周元元　侯師仁　劉穆之　劉珽祐　房袓
裴琰之　劉守敬　張行則　王先輝　藺嗣忠
王遺恕　鄭訥言　韋維　張錫　薛昭旦
房光庭　孫彥高　鄭仙官　蘇詵　楊溫玉
裴友直　李邕　王易從　賀知章　劉希逸
周履慶　盧元裕　獨孤郁　長孫處仁　徐有功
辛元同　劉叔　賀遂陟　楊瑒　班景倩
鄭巖　沈萬石　張昭命　韓朝宗　嚴挺之
薛將茂　李羲仲　田幹之　韋利涉　楊伯成
宋之問　董琬　盧諭　王鉷　韋迴
李昂　韋弼　裴子餘　寇玭　王昌
王燾　嚴杲　呂太一　李巖　鄭永
張楚　崔懷嶷　張敬興　竇紹　楊宗
裴卓　楊玘　裴博濟　程烈　封希顏
司馬垂　吉溫　李彭年　裴系　李常

鄭平　杜昱　韓賞　呂延之　李進

邢宇　蕭隱之　徐鍔　王晦　王岳靈

張賞　李麟　路齊暉　高盖　宇文審

王佶　王光大　韋夏有　苗丕　房由

宋説　田灣　杜亞　何昌裕　李珝

盧執顔　楊晉　范倫　寇瑗　王惲

蔣鍊　李釴　李彦超　王翊　徐閑

穆賞　李融　鄧元挺　竇彧　裴陟

蕭直　穆寧　任侗　盧佋　劉迥

韋延安　崔稱　崔溉　袁澣　潘孟陽

孟逢　崔融　裴通　獨孤邁　田南鷗

韋光裔　呂温　張賈　王縝　裴澈

韋宗卿　盧常師　裴郁　竇公衡　裴損

李隨　李適　王潤　于頎　王崟

李胄　路士則　韋睦　韋頌　賈全

史牟
張正壹
竇楚
韋詞
王質
崔鑫
盧元中
裴鐇
周復
鄭薰
鄭顒
趙滂
權審
崔璙
崔瑄

裴向
張正甫
陳岵
姚向
張洪
李景信
房直溫
陳商
郭勤
邢羣
裴坦
崔珦
韋退之
崔隋
丁居立

崔鄲
盧逢
崔韶
崔戎
李石
姚合
李羣
韋行貫
李行方
盧簡求
畢誠
趙格
薛誠
鄭彥宏
崔蕘

盧坦
李宗衡
趙元亮
崔楠
馮審
杜忱
李元皋
潘存實
白敏中
路綰
溫璋
李元
李鄴
于德晦
楊知至

李夷簡
李應
楊潛
鄭逌
嚴謇
姚康
崔碬
柳仲郢
韋慤
崔慎由
趙櫓
裴處權
盧潘
李景溫
陽塾

崔彥昭 盧鉟 權愼微 張禹謨 楊戴
崔朗 杜無逸 王鍼 裴虔餘 任宇
李嶽 陳琉 薛遠 李韶 薛調
楊思立 張顔 鄭紹業 張同 崔寓
韋保乂 裴質 裴宏 蕭騫 鄭綦
鄭就 韋顔 盧莊 鄭綮 孔綸
韋昭度 張襓 盧頎 魏濳 盧自牧
獨孤損 李凝庶 王鸞 王深 陸威
韋承貽 崔汀

度支郎中

韋慶儉 皇甫文高 □ 竇德明 高祐
袁朗 士義惣 史令卿 裴思莊 高履行
王仁表 杜文紀 張知謇 王 鄭文表
裴孝源 裴公緯 楊宏文 崔思約 元大士

李太沖　田　裴昭　崔神基　蘇瓌　崔□嗣　董　王景　孔立言　劉昂　李融　張曉　崔同　褚長孺　夏侯審

張宏濟　鄭欽文　唐嘉會　錢元敬　周悰　鄭從簡　韋銑　杜元志　李撝　裴眺　呂周　崔芃　崔損　許鳴謙　周渭

李安期　高正業　李守一　宋　楊再思　薛會　劉穆之　王詢　杜佑　李少康　王佶　鄭　源休　王濋　鄭膺甫

虞袓　崔元譽　温瑜　尉大亮　張元觀　劉希逸　高嵊　賀蘭務温　房由　魏啓心　李舒　李逢年　崔漪　裴乾貞　徐復

孔仲思　劉慶道　閻元通　孔惠元　魏詢　源光譽　馮元淑　王易從　□　崔尚　司馬垂　李光烈　董晉　□　張正甫

錢徽　李纘　鄭羣　叚文昌　元稹
高宏簡　□　崔公信　王長文　斐詡
令狐定　王孟堅　杜寶苻　苗愔　李敬方
薛褒　蕭憲　□　杜陟　馮袞
崔罕　楊師復　張權　任憲　薛干
崔鐔　趙璘　王龜　李平　竇璠
陳　□　張裼　曹鄴　李近仁
林滋　高澣　張无逸　裴澈　李羽
歸仁紹　杜致美

祠部員外郎

李叔良　盧文洽　裴宣機　爾朱義深　蕭仁思
張宏濟　李思遠　柳言思　梁寶意　李思諒
許偉　陳義方　魏叔琬　楊守訥　李範丘
鄭元敞　王守真　高梁客　袁利貞　元令臣

周琮　閻叔子　薛穎　陳昭景　薛稷

裴懷古　韋翼　楊降禮　劉守悌　鄭休遠

李顒　康庭之　李恒　李察　崔沔

杜咸　陳惠滿　蕭嵩　張袒　姚弈

鄭長裕　竇從之　梁昇卿　裴朓　鄭巖

馬光淑　趙賓　高遷　裴春卿　張楚

盧僎　裴積　陳光　李舒　司馬垂

李成式　盧鉉　張允　盧霸　豆盧友

楊日休　元載　韋少遊　樊晃　徐儀

辛昇之　韓滉　薛據　陸易　岑參

張鎰　王紞　田南□　趙薰　褚長孺

韋斂　錢起　元仲武　王後己　庾何

房由　房説　陸贄　竇申　趙計

李聽希　于公異　崔漑　李鄘　丘丹

薛展　韋成季　陸參　裴泰　田灣

周仲孫 錢徽 豆盧署 張又新 蘇滌 薛元龜 路綰 崔鈞 高綽 薛廷傑 張顔 崔潼 李峭

穆賞 劉公輿 班肅 吴思 錢可復 張周物 崔瑶 任憲 宇文鐐 楊知退 馮巖 韋顔 鄭頎

辛祕 李諒 李虞仲 蕭睦 陸洿 封敖 李隲 薛沔 崔芻言 崔鄘 楊範 韋璉 盧藴

裴汶 段文昌 王彦威 嚴澗 韋諶 張忱 杜宣猷 張彦遠 令狐緘 盧□ 陳翬 蕭廩 王愔

徐放 尉遲汾 馮定 李衢 庾簡休 竇洵直 韋尚敬 趙璘 劉頊 蘇粹 薛洿 崔道紀 鄭峻

金部郎中

長孫操
李緯
李仲寂
李同福
路勵行
侯知一
杜從則
竇懷貞
姜晞
周敏道
韋□
鄭愿
郭慎微

牛方裕
王德表
劉公彥
獨孤璡
韋敏
傅神童
柳秀誠
韋嗣萬
程行諶
蔡秦客
蕭誡
鄭楚客
李彥允

袁異度
崔知機
竇暉
裴重暉
韋德恭
劉守敬
梁皓
侯令德
衡守直
薛曦
劉體微
姜虔
張萱

于孝辯
殷令名
韋師貫
蕭志遠
張統師
楊守節
盧萬石
韋奉先
薛紘
魏恬
鄭繇
劉繹
郭粤

唐曉
柳子房
王文濟
崔元敬
崔神基
盧師立
趙承恩
張思義
裴藏耀
陸景融
裴眺
李峘
第五琦

竇紹　盧允　李華　鄭璲　崔禕
鄭叔華　杜良輔　崔浩　裴季通　王邕
嚴郢　楊晉　崔夷甫　盧杞　柳建
杜黃裳　杜佑　樊澤　路季登　王遘
李上公　元季方　李玗　韋頌　韋顥
史牟　韓臯　裴通　盧元輔　段平仲
蕭曾　許季同　陳諷　韋審規　樊宗師
裴誼　楊潛　蘓宏　丘紓　蕭澥
張公儒　劉茂復　蕭淑　李續　鄭澥
趙真齡　嚴潤　紇干臮　盧宏止　李拭
王含　孫範　張固　陸紹　韋博
羅劭權　鄭漳　劉潼　高宏簡　崔荆
杜宣猷　李景素　韋退之　張傑夫　崔隋
穆栖梧　李緘　趙璘　崔惲　李湯
鄭畋　鄭繁　李磵　任結　令狐纁

羅洙　李涪　王葆

崔彥回　□亞

吕焜　□□

裴延魯　王慥

林滋　盧鄴

金部員外郎

鄭通諒　張珪　權知本　唐不占　徐昭　紀先知　魏嗣萬　紀全經　齊澣　袁仁敬

尹文憲　殷令名　李伯符　趙崇嗣　游祥　田貞松　李穎　衡守直　魏恬　宋珣

秦叔惲　李太沖　獨孤璡　夏侯亮　盧師丘　李幾道　趙金穀　劉庭璬　陸遺逸　杜令昭

杜超　裴行儉　房正則　齊璿　宇文有意　李仙童　崔先意　杜元志　陸景融　薛縑

王昕　韋惲　裴克諧　王宏之　楊博物　李元恭　何敬之　李守直　盧廙　鄭長裕

鄭少微
馮紹烈
李庭誨
孔眘言
姜昂

夏侯銛
馬元直
馮光嗣
張利貞
吕周

鄭昭
張珹
盧諭
陽潤
徐浩

王元瑾
馮用之
張漸
吴伋
邊承斐

盧允
沈震
盧簡金
姚沛
李澥

崔禕
裴皐
張之緒
裴霸
趙縱

裴冀
陳少遊
李昂
杜良輔
王孚

韋寂
屈無易
鄭岑
崔縱
崔審

韋士模
吴郁
王緯
袁高
李舟

高參
侯嶠
吴通微
竇參
獨孤良器

趙計
蕭存
韋顥
蕭曾
鄭敬

顔頫
陸則
許季同
崔從
元宗簡

張植
段鈞
崔琯
路異
路羣

段文通
蕭瀚
李孝嗣
史備
吕鏄

李顧行
崔元式
李武
陸暢
杜慥

趙柷　李貽孫　叚覺　于德晦　王氷　張乂思　楊範　李道彝

韓益　李宏休　李潘　盧潁　趙隱　裴德符　源蔚　杜致美

陳元錫　馬曙　張特　孟球　嚴都　敬湘　張无逸　周禹

李敬方　馮韜　馮緘　李俶　李蘧　趙祕　張譙

李播　韋同靖　陳翰　鄭延休　崔厚　羅洙　竇□

倉部郎中

杜超　賀若孝義　費宏規　裴宏獻　郝處俊

高季通　唐奉義　李鳳起　李友益　蘇良嗣

李行詮　韋福英　董敬元　盧承基　張振

□　蘇會昌　□言　獨狐元愷　薛紘

裴世清　李方義重書　韋慶基　杜續　李

王文濟 盧外師 高純行 劉元象 唐之奇
魏叔麟 獨孤元同 雲宏暕 王叔偲 李憕
徐峻 于復業 郭元振 李頲 李光進
魏昭 李顒 郭奇 韋弼 張宗潔
薛紘 姚黯 韋損 □右 賀遂陟
李仲康 鄭懷隱 徐立之 崔璔 張列
李植 呂向 皇甫彬 雍維良 苗粲
盧雲□ □ 楊休烈 薛羽 獨孤允
張巡 姚沛 庾準 崔令欽 丘爲
薛忿 趙漣 王後己 班肅 崔蒑
□何 高郢 任侗 閻濟美 周仲孫
裴莒 盧汀 陸滙 吳士矩 白居易
崔珙 張藉 姚宏慶 蕭□ 鄭復
張又新 嚴潤 高少逸 楊倞 蕭儹
張嗣慶 柳仲郢 王續 韋博 崔象

盧頲　裴思□　鄭溓　鄭虔休　張鐸
張濳　楊知退　任繕　薛能　楊思立
蘇蘊　崔福　王慥　張譙　裴穀
鄭□　周承矩　陳鞏

主客員外郎

楊宏業　丁貴寧　辛世良　趙德言　韓瑗
温無隱　郭義　□謙　李安斯　崔行功
于敏同　崔知悌　薛元搗　崔萬石　韋正己
韓處約　韋志仁　崔崇業　元知默　盧獻
李思一　祖元穎　崔敬仲　王思善　王元覽
李居士　獨孤守忠　周子敬　沈務本　孫佺
陳思齊　元希聲　孟温禮　姜晞　韋抗
韋元旦　崔璿　賀蘭務温　蘇晉　崔安儼
路愉　王上客　赫連欽若　崔珪　鄭懷隱

鄭溥　張季瑀　韋陟　李詢甫　魏季隨
張岕　雍惟良　王璿　鄭昉　甘暉
章仇兼瓊　韓休　柳元寂　李植　房琯
趙廣微　韋幼成　李珝　敬諲　賀蘭進明
任瑗　楊宗　獨孤允　吴豸之　崔同
李逢年　竇彦金　裴薦　王佐　李承義
趙惎　楊頔　崔漪　盧象　歸崇敬
董晉　陸海　蔣將明　鄭皓　王遂
褚望　袁高　崔儆　李蕚　沈房
蕭遇　李岦　韓佾　裴佶　李彝
夏侯審　崔邠　仲子陵　陳歸　劉伯芻
李藩　馬宇　李絳　陸潤　張諗
李正辭　韓衢　吴士矩　元輿　裴墉
韋公素　白行簡　權璩　韋曾　韋力仁
崔周　裴識　王迺　蕭傑　張正謩

劉三復　顏從覽　王續　崔渠　李權
劉潼　張毅夫　李當　胡德章　韓賓
裴諴　崔珦　蔣偕　宋球　裴紳
張彥遠　韓乂　張道符　薛延望　夏侯曈
皇甫煒　庾崇□　崔鋋　高錫望　曹鄴
韋岫　蘇蘊　李延嗣　賈脩　蕭說
崔蘅　鄭蕘　李紃　□　盧自牧
裴顗　韋承貽　趙龜

左司郎中

□　裴方産　叚機　劉翁勃　王儼
□　李守約　李守一　崔行功　崔承福
李思順　□　侯味虛　張知泰　李守敬
徐有功　房祀　趙詣　陸餘慶　□
閻晉止　夏侯崐　韋珍　孔仲思　馮思邕

唐紹　張敬輿　韋伯詳　韋虛舟　楊恂　林琨　□　宇文邈　崔鄘　豆盧署　鄭居中　高少逸　崔璵　裴寅　孟穆

魏奉古　夏侯宜　□　張具瞻　鄭璲　韋寂　呂頌　李元素　劉遵古　獨孤朗　李讓夷　崔瑨　薛廷範　盧眈　薛廷望

李誠　韋叔昂　劉彥回　崔譚　裴從　張齊明　李巽　韋成季　韋審規　鄭肅　何眈　韋充　路綰　韋退之　李緘

李□□　高昇　韋元素　陳澍　姚喬栁　蔣將明　奚陟　苗粲　樊宗師　趙元亮　李師稷　鄭亞　韋博　李蠙　崔瑑

竇從之　鄭倩之　楊慎餘　蕭晉用　裴謂　盧惎　陸淳　呂元膺　殷台　高元裕　崔復本　崔駢　柳喜　鄭彥宏　張鐸

李琨　李晦　李繪　李贍　李嶽
崔寓　孫徽　王鐐　李燭　張旡逸
夏侯□

左司員外郎

顧琮　侯味虛　唐奉一　戴師倩　宇文全志
元紹　鄭從簡　桓彥範　殷祚　楊元叔
韋元□　李乂　李行言　張思義　元懷景
李顒　魏奉古　裴藏曜　黃守禮　薛晞
柳渙　王旭　柳澤　宋宣遠　張説
韋□　張均　劉昂　高庭芝　杜損
斑景倩　李朝弼　韋洽　韋恒　張倚
姜昂　趙安貞　楊仲昌　李知止　張震
畢炕　李成式　程休　祁順之　崔渙
李審　任瑗　孟匡朝　盧播　趙良弼

韋有方
庾準
蔣鍊
房説
盧從
李藩
李正辭
李行脩
李道樞
劉端夫
李行方
李當
楊知温
鄭礭
孫瑝

王□
成賁
庾何
姚南仲
薛貢
韋彭壽
韋審規
李宏慶
劉寛夫
李欵
封敖
裴坦
李慤
盧告
崔朗

姚喬栵
鄭賓
王蕭
鄭餘慶
楊憑
斐汶
殷台
孔敏行
鄭居中
裴夷直
蔣伸
鄭路
崔璙
崔芻言
鄭繁

盧虛舟
李仲雲
崔造
張式
韋成季
張正甫
崔琯
宇文鼎
何眈
趙柷
鄭泳
崔巖
皇甫煥
張黯
裴瓚

王崟
崔寬
趙匡
盧羣
李直方
韋纁
獨孤朗
吴思
姚康
薛褒
柳喜
韋旭
盧緘
盧鋞
李琨

劉承雍　盧望　李繪　杜真符　鄭綦

杜廷堅　唐嶠　畢□　張裕　裴墠

鄭項　孫緯　狄歸昌　此下六行漫漶可識者祇四人

趙匡

張倚

張説

元懷景

司封郎中

□　崔寶德　韋挺　元務真　韋季武

劉本立　榮九思　閻立本　蕭孝顗　□

□恒　李崇□　楊思正　賈敦實　郭應宇

韋萬石　蘇良嗣　李思□　□　□壽

胡元範　盧楷　劉奇　王美暢　李嶠

苗神福　張元一　趙誼　趙宏敏　裴懷古

□　□伯琦　田幹之　李湛　孟知禮
李猷　崔元童　王丘　慕容珣　王易從
鄭温琦　□　朱□輔　張均　韋陟
宋詢　裴系　徐鍔　陳振露　李和
鄭昭　劉光謙　楊元章　□　李□
顔允南　張楚金　裴儆　崔浩　林琨
趙昂　竇林　王圓　郭昭　王縝
□　杜黄裳　韋孚　李叔度　徐岱
盧侶　蕭遇　陳京　韋丹　崔□
韋成季　□　孟簡　張惟素　斐度
錢□　徐晦　張仲素　李訥　薛存慶
陳中師　嚴休復　張士階　□　王申伯
王彦威　蘇景□　盧載　敬昕　盧商
楊漢公　裴乾貞　裴泰章　丁居晦　□
□□　張述　崔鉉　□晦　張□□

李□
□
□
張□符
崔安□
□
□

裴訁□
□
□
王
李昌嗣
鄭□業
王

崔劭權
□
皇甫□
□
崔殷彥
□
□

□□
□
鄭茂休
□
□
□

裴寅
□
張復珪
□
□
□

司封員外郎

蕭⿱山此
崔璲
李思遠
陳義方
杜易簡
盧楈

李壽德
楊思謙
王德真
獨孤道節
柳行滿
張詢古

竇孝鼎
王崇基
路勵言
李範丘
崔懸黎
雲宏善

李友益
韋義元
楊思正
郭待舉
司馬希象
樂思誨

崔餘慶
柳言忠
李同福
崔同業
裴思義
王遺恕

張同和　孫元享　盧光乘　朱前疑　張元一
沈介福　王仙齡　韋瓊之　于季子　徐堅
張彥超　楊嶠　皇甫伯瓊　岑獻　韋玢
韋瑗　蕭元嘉　劉令植　高豫　慕容珣
韓休　鄭温琦　王執言　崔琮　崔翹
楊□羽　□　□□□　徐峻　韋利涉
裴令臣　宋渾　蕭諒　李知正　薛江童
蔣洌　郭納　裴士淹　□　□
左寓　寇□　程休　裴衮　閻伯輿
韋少遊　元持　劉孺之　韋元曾　李國鈞
李昂　邢□　李□　薛願　元挹
李洞清　□□卿　王翺　李浮　殷亮
蔣鎮　崔縱　謝良輔　鄭南史　□
□　□　鄭儋　鄭元　李衆
韋況　陸震　封亮　呂温　李逢吉

張正甫　裴度　蕭□　武　□
□　劉師老　班肅　蔣防　楊汝士
柳公權　王會　陳夷行　崔復本　裴泰章
□　□　□　□　盧
韋絢　魏扶　崔眈　馮韜　錢知進
裴寅　韓琮　鄭裔綽　蔣　□
□　□　□　□　楊嚴
李植　趙隱　李璋　高湘　□□□
崔　□　□　□　□
□　□　張讀　鄭訦　徐仁嗣
□徜征　鄭殷　鄭瑴　盧□　蕭□

左司郎中

□　□復　王遺恕　李元素　□
韋□　楊□昭　□　王□　李辿

□	杜元志	高召	王	□
韋洽	□	□	□	□
□	□	□	王儼	□
元大士	孫處約	□	王方慶	□
賈大隱	□文偉	□	于	□
李逈	□	皇甫瑾	□銳	□
邵	□	王光庭	王丘	楊□
□	裴敬□	李彭年	□	□衮
王□	李□	褚□□	王收	□
王仲□	□	裴均	□	李褒
張次宗	裴	□	王□	鄭延休
馮顓	□	蘇沖	趙匡	

大中十二年十一月十二日書□□石柱記。左司郎中唐技。

（據讀畫齋叢書）

附録三

郎官石柱題名　　王昶

柱七面，高一丈二寸，周圍廣九尺三寸，每面各四截，每截十行，至二十一行止，字數三十餘至四十餘不等，正書，在西安府學。

吏部郎中

鄭元敏　牛方裕　劉□□　李廿規　張鋭□
甘神符　温彦博　胡演　趙宏智　楊纂
薛述　李孝元　宇文節　長孫祥　劉祥道
蕭孝顗　于立政　陸敦信　趙仁本　裴明禮
王儼　崔行功　獨孤元愷　温無隱　于敏同
裴皓　韋愫　□□□　魏元同　楊宏武
鄭元毅　李德穎　張希□　陳□方　王元壽

韋萬石
顏敬仲
□□□
王遺恕
王方慶
□
李志遠
□
□
鄭納言
□
□□□
張敬忠
靳□
杜暹

秦相如
崔文仲
王友方
張行褘
□仲
□
紀先知
□
□
韋播
韋抗
裴藏曜
慕容珣
楊□
楊□□

劉應道
□□
□□
孟元忠
□
高□思
皇甫知常
□
盧懷慎
辛廣嗣
沈□□
李朝隱
趙昇卿
薛兼金
蕭識

劉齊禮
□□□
高光□
董敬元
□
□□□
孫彥高
崔□□
岑羲
蕭璿
李問政
馮□
李元□
張袒
員嘉靜

元知敬
□□
路元□
張詢故
□
李琯
顧琮
□□□
楊降禮
韋□
崔□
崔璩
鄭齊嬰
褚璆
袁仁敬

徐元之 崔希逸 裴敦復 苗晉卿 孫逖 鄭昉 李暐 韋之晉 李季卿 韋霸 賀若察 韓滉 房□偃 李竦 崔造

陳希烈 皇甫翼 劉日政 斑景倩 李昂 楊仲昌 源洧 李□ 蔣渙 蕭直 崔器 融縱 杜亞 盧翰 殷亮

張涚 盧旬 李彭年 韋陟 韋述 王燾 鄭審 崔奇 薛邕 崔翰 庾準 韋元曾 盧杞 趙贊 苗丕

崔□ 元彥冲 宋詢 徐惲 張季明 李麟 李伉 韋侗 畢宏 盧允 韋少遊 韋諤 李承 劉從一 韋夏卿

鄭少微 張□ 李憕 李朝□ 趙安貞 楊慎餘 王維 崔灌 閻伯璵 張重光 王延昌 裴綜 齊貢 郭雄 柳冕

李玕　崔仲儒　杜兼　張惟素　韋□□　崔植　盧元輔　崔　崔戎　李石　崔□　□□　崔球

趙宗儒　韋執誼　竇羣　皇甫鎛　□□　陳諷　嚴公衡　□　高銖　孫簡　薛□　崔□□　盧龜

劉執經　李□□　柳公綽　張賈　盧□　崔□　嚴休復　□　□□□　盧鈞　□　□　崔□

楊□□　鄭利用　李藩　李□　盧逢　于敖　高允□　□　□□　張諷　□宏宣　□　柳仲□

崔溉　房式　崔芃　□公□　韋宏景　陳仲師　殷台　孔敏行　王衮　薛膺　趙□齡　□

吏部員外郎

裴元本　甘神符　韋叔謙　于立政　姜□　于敏同　劉祥道　梁仁義　裴思義　蘇味道　劉夷道　杜承志　杜承志　岑義　蘇詵

王約　宇文節　長孫祥　蕭孝顗　元懷簡　梁行儀　李同福　李同福　韋萬石　韋志仁　章希業　蕭志忠　杜知謙　李傑　鄭茂林

潘求仁　李公淹　裴孝源　裴雅珪　裴公緯　王德真　裴大方　姜杲　姜元昇　辛希業　樂思晦　崔滺　李崇基　畢搆　盧懷慎

趙宏智　封良客　裴希仁　辛茂將　趙仁本　魏元同　胡元範　裴大方　劉處約　高光復　李至道　張栖貞　宋璟　麴先冲　李希仲

裴希仁　韋璲　崔元靚　崔行功　韋同慶　姜元乂　房正則　張仁禕　張詢古　李志遠　裴咸　司馬鍠　皇甫知常　李尚隱　崔日用

盧從愿
崔元同
張庭珪
褚璆
朱渭輔
劉宅相
源元緯
楊仲昌
裴遵慶
李淯
盧僎
元特
賀若察
王崟
王定

楊滔
陳希烈
裴漼
柳澤
楊降禮
韋洽
馬光淑
李麟
蔣渙
崔倫
薛邕
王崟
韋元曾
元挹
鄭叔則

房光庭
張鈞
倪若水
杜暹
徐惲
元彥冲
苗晉卿
李栖筠
庚光先
崔翰
韋少遊
韓滉
畢宏
崔祐甫
崔儒

崔湜
宋鼎
崔位
楊執臣
源洧
李憕
盧怡
鄭審
崔寓
鄭炅之
裴霸
王佐
杜亞
令狐峘
劉灣

裴涖
李朝隱
魏恬
徐元之
席建侯
李彭年
張秀明
盧僎
李廙
韋之晉
崔禕
盧虛舟
裴儆
韋元
蔣鍊

殷亮　李舟　劉太真　王鋗　苗丕
裴綜　鄭珣瑜　于結　呂渭　盧挺
于□　盧邁　劉執經　柳冕　李元素
韋夏卿　裴佶　楊於陵　鄭儋　李鄘
奚陟　王仲舒　張宏靖　裴次元　劉公濟
常仲儒　李蕃　柳公綽　孟簡　韋貫之
皇甫鏄　韋纁　李建　崔從　韋宏景
王涯　崔鄘　陳仲師　楊嗣復　席夔
盧士玫　李宗閔　殷台　崔琯　王璠
鄭肅　羅讓　崔戎　王申伯　楊虞卿
李續　宇文鼎　敬昕　李珏　高元裕
劉寬夫　陳夷行　崔龜從　裴袞　劉端夫
李欵　崔璪　柳璟　裴鐇　孔温業
張文規　崔□　周敬復　崔球　韋行貫
李行方　陳湘　韋絢　韋愨　李訥

盧簡求　崔眈　崔慎由　錢知進　崔□

盧罕　杜牧　馮圖　杜審□　趙櫓

鄭路　皇甫□　李朋　皇甫珪　獨孤雲

鄭從讜　裴衡　盧緘　崔瑑　于德晦

□□□　□□□　□仁裕　崔□□　□備人

□□　□□　薛□　高湘　于瓌

楊真　崔瑾　崔厚　崔瀆

司封郎中

楊思謙

豆盧欽望

徐堅　李彥□

姚弈　蔣挺

程休　韋之□

令狐峘　張蒧

韓日華　裴次元
鄭涵　羅讓
裴譔　張鷟
盧匡
盧告　馮顓
崔澹　徐仁嗣

度支員外郎

崔□□　李□□　韋萬石　崔神基　裴□□
路元□　皇甫文亮　崔□□　李元同　楊□
杜從□　張慶　崔□　唐紹　唐□
鄭勉　魏景倩　崔　崔　夏侯銛
苗晉卿　韋恒　楊　王崟　樊晃
袁□盈　王延昌　李猗　嚴郢　□
蘇端　包　斑　崔　韋少華

楊偁
房署
王□□
陸
李衡
元□□
□
張
李□
高重
李
李素
李續
張季□
董溪
盧貞

司勳郎中

狄孝□
薛述
鄧素
鄭元□
謝祐
岑曼倩
李至遠
祝欽明
楊袥本
獨孤珉
竇孝鼎
郎知年
韋同慶
王廞
歐陽通
張敬之
楊承裕
張循憲
裴□□
宇文節
王儼
張松壽
劉應道
裴思義
樊忱
趙諠
□嶠
楊纂
杜文□
王仁□
李崇德
路元叡
李元慶
楊元政
田貞松
崔日用
辛諝
薛述
鄭植
元知敬
李範丘
□懷敬
戴師倩
李元恭
劉聞一

韋瑗 傅黃中 李元璀 李崇敏 齊處仲
張敬忠 呂炯 唐曉 王瑨 辛替否
劉晃 吉渾 韓朝宗 盧翹 張珦
劉日政 蕭華 李知柔 盧重元 元元禕
姜昂 韋虛舟 張寂 郭愼徽 裴士淹
韋咸 崔圓 蔡希寂 盧允 薛邕
盧游 劉單 李收 韋鍔 庾準
邵說 王紞 董晉 丘爲 韋禎
劉滋 韓章 路季登 鄭南史 崔彧
嚴霆 權德輿 李直方 李□ 崔恭
盧公憲 韋顗 陳諷 李正封 沈傳師
路隋 崔護 李虞仲 侯繼 孔敏行
王袞 高鍇 權璩 韋瓘 唐扶
崔龜從 崔日□ 高少逸 陸洿 紇干臮
盧懿 敬皡 劉濛 韋博 周復

崔黯　崔瑶　楊發　尒朱抗　李潘
蔣□　薛蒙　孔温裕　王瀰　任憲
裴紳　鄭洎　孟球　杜蔚　張復珪
趙隱　牛叢　吉鄘　侯備　崔朗
薛途　張濬　崔厚　嚴郜　□□
□範　趙蒙　李輝　蘇蘊　季迢
魏管　盧紹　崔庚　盧望　鄭軌
李輝　缺　杜庭堅　缺
李　缺
何敬之　缺　薛　缺
李　缺
許敬□　缺

司勳員外郎

杜□□　楊□本　郭知□　齊景日　王德志

劉祥道　王儼　王仁瞻　楊□　王□旦
李問政　韓瞻　李日高　許圉師　李乂
麻察　衛幾道　張敬忠　韓同慶　李□□
崔行成　齊澣　魏元同　鮑承慶　劉應道
薛自勸　李訥　源行守　袁仁敬　徐元之
裴大方　秦相如　斛律貽慶　鄭行實　王瑨
封崇正　薛侃侃　孟允忠　胡元範　王德志
裴瑾之　吉渾　李知柔　赫連梵　班景倩
平貞眘　李擢　李彭年　鄭南金　王豫
韓大壽　李志遠　李承嘉　裴錫　蕭櫂
李元恭　李恒一　馮光嗣　元陳　盧萬碩
嚴杲　程鎮之　崔論　楊愼餘　張寂
鄭璲　周利貞　杜確　吳道師　李堅
鄭審　王光輔　蔡希寂　王光大　薛兼金
王璵　蘇瞻　蕭嵩　李畬　裴元質

田崇璧
韋肇
張九齡
王琇
盧象
楊獻
皇甫琳
畢炕
能季武
韋叔將
裴綜
楊炎
于頔
鄭叔矩
李絳

蕭璿
韋曾
徐尚
元彥冲
鄭□
梁涉
朱巨川
劉滋
韋多成
沈東美
鮮于叔明
杜位
張鎰
李竦
裴樞

李謹度
崔希喬
崔祐甫
宋遙
李嘉佑
李岫
竇申
苗粲
源少良
陸據
楊綰
許登
錢起
劉太真
鄭利用

裴諝
韋晉
程昌締
盧僎
孫成
唐堯臣
李休□
裴遵慶
崔圓
崔顥
辛昇之
韋冗
孔述睿
張惟素
李元素

李行正
員嘉靜
蕭誠
王從敬
蔣將明
裴春卿
崔譚
韋元甫
李楫
李揆
裴儆
獨孤愐
殷亮
衛次公
邢肅

裴莵 鄭絪 李程 張仲素 趙宗儒
薛存誠 盧公憲 李□ 盧士牧 蔣武
于敖 杜元穎 李正封 席夔 王起
路隋 李肇 趙元亮 李紳 崔郾
王申伯 姚向 孫簡 馮葯 李宏慶
楊漢公 竇鞏 高元裕 盧簡辭 裴衮
崔龜從 裴識 韋磻 鄭涯 丁居晦
李中敏 黎埴 崔瓘 崔干 庾簡休
崔鉉 陳□ 崔璵 崔駢 韋琮
崔黯 周復 裴寅 杜審權 楊發
盧罕 杜牧 韋澳 趙櫓 趙滂
李遠 崔鈞 李潘 苗愔 庾道蔚
韋用晦 鄭樞 王渢 皇甫珪 裴衡
牛叢 楊□ 張復珪 楊知遠 杜蔚
穆仁裕 苗紳 源重 薛廷望 獨孤霖

高湜
崔厚
蘇粹
李瀆
周承矩
蔣□
蔣□

鄭碣
李嶽
李□
路綱
韋□
崔昭苻
崔凝

崔殷夢
楊希古
李渙
李迢
鄭就
崔序
鄭昌圖

盧顗
李昭
杜高休
鄭逸
鄭勤規
姚荆

趙蒙
楊仁瞻
盧渥
薛邁
李晃
張□

考功郎中

皇甫異度
□□
韋素立
□
朱延度
高

缺
□□長
趙宏□
崔起
武志元
缺

□
□
崔知機
韋□
李思諒
房元基

□
□
楊思謙
李懷□
楊德裔
韋敏

于孝□
□
缺
王元壽
劉處約
□守真

魏克己　裴炎之　崔神福　李晉容　敬暉
李嗣真　皇甫知常　缺　□　□
竇珣　盧齊卿　崔琮　崔宣道　宋庭瑜
竇崇嘉　王齊休　房光庭　缺　□
崔希喬　鄭泳　鄭浦　杜令昭　杜惟孝
蕭炅　李元祐　鄭長裕　崔翹　缺
□　戴休延　薛□□　崔諒　李岠
馮用之　李粤　王□　裴從　盧簡金
房密　缺　□　王□　□崇□
陸□　郭□　杜牧　趙□　孫成
□抗　趙聿　龐詧　李收　王□
缺　□　□　陳謙　裴甚
董□　鄭權　李諒　□弁　元宗簡
談峯　栢耆　韓臯　趙宗□　缺
□宏度　李仍叔　奚敬元　趙真齡　陸問禮

鄭魴　李德裕　□邁　崔郢　缺　□　高殷　缺

崔瑝　缺　□□□　錢方義　□　□　韋岫　李景□

崔瑨　□　畢諴　李蠙　□　康僚　孫奭

邢藹　□　胡德章　盧言　□　皇甫鎬　崔璙

鄭涵　李　李俅　魏扶　□　樊驤　李蔚

倉部員外郎

王□□　王仁瞻　□　□□　□□

□□□　□　薛志鳳　格輔元　李□

李□□　□　蕭志遠　陳崇□　□文顯

王□　□　謝祐　□　高□

高□　□　夏□　□志遠　吳道師

王師順　閻知微　柳儒　馮光嗣　王齊□
韋紀　宋庭□　何□　韋□心　陳思滿
趙昚徵　張懷□　袁仁敬　吳太元　錢元敬
梁獻　張景明　劉彤　李元祐　陳惠滿
能□□　李□□　李昂　韋伯陽　鄭昉
裴藏暐　戴休珽　崔譚　趙良器　鄔元昌
張瑄　楊萬石　鄭章　崔鎮　張□
鄭嶴　李憺　解賁　李喬聿　鄭炅之
裴從　徐炅　崔復　皇甫銛　鄭叔華
杜良輔　孫宿　□□　梁乘　權自□
皇甫衡　徐縯　楊□　韋□　長孫鏄
張惣　盧安　李速　崔供佚　趙玗
皇甫□　蕭存　李玗　王　閻濟美
王武陵　崔酆　孟簡　崔清　皇甫鏄
張寔　齊㛹　陳諷　張士陵　張□方

于□　范季睦　韋瓘　李欵　楊魯士　崔翬　李詠　□□　皇甫煒　樊□　竇璠　李鉅

蘇宏　崔鄯　王會　韋充　馬曙　盧近思　李蠙　席鴻　盧肇　張温士　鄭縈　陳義範

薛存慶　李宗何　韓尋　韋損　李行恭　郭圓　魏鐮　李洮　劉允章　吕□　王鐐　盧朋龜

曹慶　宇文鼎　裴充　趙從約　羅劭權　張琮　裴思猷　張斯干　令狐纁　杜□符　柳告　□□

李景儉　盧鈞　崔瑶　薛重　李遵　郭囿　褚薦□　□　李磵　李殊　崔嚴　張□

户部郎中

□□□　□義惣　□山甫　□□□　□□□

□
欒世□
□
□
□
□
□
路□□
王智方
□
李嘉□
李綰
劉守□
韋虔心
李同福

□
盧承慶
□
□
□
□
□
劉國□
姚珽
□
□錫
封思業
□□
蔡秦客
鄧元挺

□
裴元本
□
□
□
□
□
韋泰真
□
□
申屠錫
裴惓
□□
梁務儉
騫味道

崔
高季通
□
□
□
□
□
盧德師
□
□
劉如玉
温眘微
趙□□
張大安
韋□元

鄭□□
封
□
□
梁行儀
□
□
薛克搆
□
唐從心
宇文敞
吴道師
李無言
張光輔
劉延祐

于思言　唐奉一　紀處訥　李琇　魏奉古　張如珪　張季瑀　鄭少微　裴令臣　梁涉　韋處舟　楊玘　吉温　劉暹　李季卿

劉基　房穎叔　路恒　韋維　李察　褚璆　裴卓　李元祐　李朝弼　王壽　劉同昇　張震　王銲　呂延之　崔□

段嗣元　韋瓊之　趙履温　柳儒　李邕　王昱　郭潾　韋拯　陽伯成　鄭昉　李常　盧弈　陳澗　崔諷　李□

石晷　李思古　狄光嗣　崔琳　裴觀　獨孤册　梁昇卿　斑景倩　劉彥回　魏方進　鄭昭　李伉　崔諷　張惟一　崔浩

孫元亨　楊玉　張昭令　嚴方嶷　司馬銓　張敬與　楊志先　徐惲　張奇　韋伯祥　王鉷　張傳濟　王翊　李齊運　王延昌

來球　邵説　徐演　□　盧雲　崔從質　□□　張正甫　崔植　□　崔護　王彥威　王質　竇宗直　張鷺

張絫　李洞清　王縝　□　竇彧　魏宏簡　□□　崔清　武儒衡　□　王源中　盧周仁　□　裴識　鄭賞

杜濟　李規　平鬲　□良輔　常魯　韋武　于臯謩　李巨　陸亘　□　王正雅　李固言　楊漢公　韋力仁　崔瑨

杜良輔　許登　衛密　蓋損　盧佋　張式　潘孟陽　陸湹　劉遵古　□　宋申錫　李石　裴訥　姚合　盧言

于傾　崔鼎　□　李巽　王紹　李元素　鄭敬　李應　羊士諤　韋處厚　韋詞　盧貞　楊敬之　韋紓　潘存實

韋厚叔
崔駢
鄭冠
崔卓
趙格
楊假
孟球
□□
王龜
裴瓌
王緘
□秘
柳陟
□□
楊知退

趙
杜憓
韋有異
溫璋
趙滂
任憲
馮緘
崔□□
竇紃
劉允章
高□
韋蟾
李晦
盧紹
李節

盧
李福
竇洵直
韓□
韋宙
孟穆
鄭確
牛叢
許瓘
韋條
盧深
楊希古
韋保乂
豆盧瑑
鄭誠

李敬方
崔璵
鄭薰
盧□
崔象
蕭峴
侯恩
李植
楊輅
杜無逸
鄭□
庾崇
楊希古
劉蛻
李磎
⋮

李繼
路綰
苗愔
□賓
李荀
曹汾
張道符
楊知至
崔璞
鄭碣
李磵
馮巖
□□
崔彥融
張裕

周慎辭　鄭殷　李燭　張無逸　□□
□□　□□□　李峭　李邈　李□□
鄭瑱　李穀　崔鄴　孫緯

户部員外郎

趙義綱　皇甫昇度　封元素　劉翁勃　李友益
韋暕　元悰　李素立　原崐玉　劉燕客
王明　任行褒　許行本　樊元□　劉慶道
裴行儉　崔禮庭　鄭元毅　朱延慶　崔知悌
韋惲　姜元乂　劉道　辛義感　蕭志遠
邢順　崔元敬　辛宗敏　劉尚客　元令表
張約　鄭仁恭　鄧元挺　魏克己　裴奐
王貞　張昌期　狄光嗣　薛克備　張光轉
宋揆　董敬元　張巨源　孫尚客　鄭元敬
盧執元　侯師仁　劉穆之　劉珽祐　房昶

蔣之 穆恕 蕭庭 韋延直 孟慶 韋光同 韋宗巖 李茂 李問 史昂 張正肅 竇楚 韋卓 王垂 崔平

劉守敬 鄭訥言 孫彥高 李邕 盧元裕 劉叔 沈萬石 李羲仲 董琬 韋弼 嚴杲 崔懷嶷 楊玘 吉溫 杜昱

張行則 韋維 鄭仙官 王易從 獨孤郇 賀遂陟 張昭命 田幹之 盧諭 裴子餘 呂太一 張敬興 裴博濟 李彭年 韓賞

王先輝 張錫 蘇詵 賀知章 長孫處仁 楊瑒 韓朝宗 韋利涉 王鉷 寇玭 李巖 竇紹 程烈 裴系 呂延之

藺嗣忠 薛昭旦 楊溫玉 劉希逸 徐有功 班景倩 嚴挺之 楊伯成 韋迴 王昌 鄭永 楊宗 封希顏 李常 李進

宋之宇　蕭隱之　徐鍔　王晦　王岳靈
張仁賞　李麟　路齊暉　高蓋　宇文審
張栖佶　王光大　韋夏有　苗丕　房由
杜元説　田灣　杜亞　何昌裕　李珝
周允顔　楊晉　范惀　寇鍰　王渾
裴炎鍊　李鉽　李彦超　王翊　徐閑
王遺賞　李融　鄧元挺　竇彧　裴陟
房光直　穆寧　任侗　盧侶　劉迥
裴友安　崔稱　崔漑　袁滸　潘孟陽
周履逢　崔融　裴通　獨孤邁　田南鷴
辛元裔　吕温　張賈　王縝　裴澈
鄭卿　盧常師　裴郁　竇公衡　裴損
薛將隨　李適　王潤　于頎　王崟
宋之冑　路士則　韋睦　韋頌　賈全
李牟　裴向　崔酆　盧坦　李夷簡

王壹
張楚
裴詞
司馬質
鄭谿
盧元中
裴鐇
周復
鄭薰
鄭禺
趙滂
權審
崔璙
崔瑄
崔彥昭

張正甫
陳岵
姚向
張洪
李景信
房直温
陳商
郭勤
邢羣
裴坦
崔珦
韋退之
崔隋
丁居立
盧鉟

盧逢
崔韶
崔戎
李石
姚合
李羣
韋行貫
李行方
盧簡求
畢諴
趙格
薛諴
鄭彥宏
崔蕘
權慎微

李宗衡
趙元亮
崔栯
馮審
杜忱
李元皐
潘存實
白敏中
路綰
温璋
李元
李鄴
于德晦
楊知至
張禹謨

李應
楊潛
鄭逌
嚴謇
姚康
崔鍜
韋慤
柳仲郢
崔慎由
趙櫓
裴處權
盧潘
李景温
陽墊
楊戴

崔朗　杜無逸　王緘　裴虔餘　任宇
李嶽　陳琉　薛遠　李韶　薛調
楊思立　張顔　鄭紹業　張同　崔寓
韋保乂　裴質　裴宏　蕭騫　鄭綦
鄭就　韋顔　盧莊　鄭綮　孔綸□
韋昭度　張禥　盧頎　魏潛　盧自牧
獨孤損　李凝庶　王鸞　王深　陸威
韋承貽　崔汀

度支郎中

韋慶儉　皇甫文高　□　竇德明　高祐
袁朗　士義惣　史令卿　裴思莊　高履行
王仁表　杜文紀　張知謇　王　鄭文表
裴孝源　裴公緯　楊宏文　崔思約　元大士
李太冲　張宏濟　李安期　虞昶　孔仲思

田
裴昭
崔神基
蘇瓌
崔□嗣
董
王景
孔立言
劉昂
李融
張曉
崔同
褚長孺
夏侯審
錢徽

鄭欽文
唐嘉會
錢元敬
周悰
鄭從簡
韋銑
杜元志
李撝
裴眺
呂周
崔芃
韋損
許鳴謙
周渭
李纘

高正業
李守一
宋
楊再思
薛會
劉穆之
王詢
杜佑
李少康
王佶
鄭
源休
王濋
鄭膺甫
鄭羣

崔元譽
温瑜
尉大亮
張元觀
劉希逸
高嵊
賀蘭務温
房由
魏啓心
李舒
李逢年
崔漪
裴乾貞
徐復
段文昌

劉慶道
閻元通
孔惠元
魏詢
源光譽
馮元淑
王易從
□
崔尚
司馬垂
李光烈
董晉
□
張正甫
元稹

高宏簡　□　崔公信　王長文　裴詡
令狐定　王孟堅　杜寶符　苗愔　李敬方
薛褒　蕭憲　□　杜陟　馮衮
崔罕　楊師復　張權　任憲　薛干
崔鐔　趙璘　王龜　李平　竇璠
陳　□　張裼　曹鄴　李近仁
林滋　高濬　張无逸　裴徹　李羽
歸仁紹　杜致美

祠部員外郎

李叔良　盧文洽　裴宣機　爾朱義深　蕭仁思
張宏濟　李思遠　柳言思　梁寶意　李思諒
許偉　陳義方　魏叔琬　楊守訥　李範丘
鄭元敞　王守真　高梁客　袁利貞　元令臣
周琮　閻叔子　薛穎　陳昭景　薛稷

裴懷古
李顒
杜咸
鄭長裕
馬光淑
盧僎
李成式
楊日休
辛昇之
張鎰
韋斂
房由
李聽希
薛展
周仲孫

韋翼
康庭之
陳惠滿
竇從之
趙賓
裴稹
盧鉉
元載
韓滉
王紞
錢起
房説
王公異
韋成季
穆賞

楊降禮
李恒
蕭暠
梁昇卿
高遷
陳光
張允
韋少遊
薛據
田南□
元仲武
陸贄
崔漑
陸叅
辛秘

劉守悌
李察
張袒
裴眺
裴春卿
李舒
盧霸
樊晃
陸易
趙薰
王後己
竇申
李鄘
裴泰
裴汶

鄭休遠
崔沔
姚弈
鄭巖
張楚
司馬垂
豆盧友
徐儀
岑叅
褚長孺
庾何
趙計
丘丹
田灣
徐放

錢徽　劉公輿　李諒　段文昌　尉遲汾
豆盧署　斑肅　李虞仲　王彦威　馮定
張又新　吴思　蕭睦　嚴澗　李衢
蘇滌　錢可復　陸洿　韋諶　庾簡休
薛元龜　張□物　封敖　張忱　竇洵直
路綰　崔瑶　李隲　杜宣猷　韋尚敬
崔鈞　任憲　薛汧　張彦遠　趙璘
高綽　宇文鐐　崔芻言　令狐緘　劉頊
薛廷傑　楊知退　崔鄘　盧□　蘇粹
張顔　馮巖　楊範　陳翬　薛洿
崔潼　韋顔　韋璉　蕭廩　崔道紀
李峭　鄭頎　盧藴　王愔　鄭峻

金部郎中

長孫操　牛方裕　袁異度　于孝辯　唐曉

李緯
李仲寂
李同福
路勵行
侯知一
杜從則
竇懷貞
姜晞
周敏道
韋□
鄭愿
郭慎微
竇紹
鄭叔華
嚴郢

王德表
劉公彥
獨孤璡
韋敏
傅神童
柳秀誠
韋嗣萬
程行諶
蔡秦客
蕭讖
鄭楚客
李彥允
盧允
杜良輔
楊晉

崔知機
竇暉
裴重暉
韋德恭
劉守敬
梁皓
侯令德
衡守直
薛曦
劉體微
姜虔
張萱
李華
崔浩
崔夷甫

殷令名
韋師貫
蕭志遠
張統師
楊守節
盧萬石
韋奉先
薛紘
魏恬
鄭繇
劉繹
郭粵
鄭璲
裴季通
盧杞

柳子房
王文濟
崔元敬
崔神基
盧師立
趙承恩
張思義
裴藏耀
陸景融
裴眺
李峘
第五琦
崔禕
王邕
柳建

杜黃裳　李上公　史牟　蕭曾　裴誼　張公儒　趙真齡　王含　羅劭權　杜宣猷　穆栖梧　鄭畋　羅洙　李涪　王葆

杜佑　元季方　韓皐　許季同　楊潛　劉茂復　嚴澗　孫範　鄭漳　李景素　李□　鄭繁　崔彥回　□亞

樊澤　李玕　裴通　陳諷　蘇宏　蕭俶　紇干泉　張固　劉潼　韋退之　趙璘　李禰　呂焜　□□

路季登　韋頌　盧元輔　韋審規　丘紓　李續　盧宏止　陸紹　高宏簡　張傑夫　崔惲　任結　裴延魯　王慥

王遘　韋顥　段平仲　樊宗師　蕭澥　鄭澥　李拭　韋博　崔荆　崔隋　李湯　令狐纁　林滋　盧鄴

金部員外郎

鄭通諒　尹文憲　秦叔惲　杜超　王昕
張珪　殷令名　李太冲　裴行儉　韋惲
權知本　李伯符　獨孤璡　房正則　裴克諧
唐不占　趙崇嗣　夏侯亮　齊璿　王宏之
徐昭　游祥　盧師丘　宇文有意　楊博物
紀先知　田貞松　李幾道　李仙意　李元恭
魏嗣萬　李穎　趙金轂　崔先意　何敬之
紀全經　衡守直　劉庭璥　杜元志　李守直
齊澣　魏恬　陸遺逸　陸景融　盧廙
袁仁敬　宋珣　杜令昭　薛縑　鄭長裕
鄭少微　馮紹烈　李庭誨　孔昚言　姜昂
夏侯銛　馬元直　馮光嗣　張利貞　呂周
鄭昭　張琡　盧諭　陽潤　徐浩

王元瑾
盧允
崔禕
裴冀
韋寂
韋士模
高絫
趙計
顔頫
張植
段文通
李顧行
趙柷
李貽孫
段覺

馮用之
沈震
裴皐
陳少遊
屈無易
吴郁
侯嶠
蕭存
陸則
段鈞
蕭澥
崔元式
韓益
李宏休
李潘

張漸
盧簡金
張之緒
李昂
鄭岑
王緯
吴通微
韋顥
許季同
崔瑄
李孝嗣
李武
陳元錫
馬曙
張特

吴伋
姚沛
裴霸
杜良輔
崔縱
袁高
竇絫
蕭曾
崔從
路異
史備
陸暢
李敬方
馮韜
馮緘

邊承斐
李澥
趙縱
王孚
崔審
李舟
獨孤良器
鄭敬
元宗簡
路羣
呂鏄
杜慥
李播
韋同靖
陳翰

于德晦　盧顓　孟球　李俶　鄭延休
王氷　趙隱　嚴都　李蘧　崔厚
張乂思　裴德符　敬相　趙秘　羅洙
楊範　源蔚　張无逸　張譙　竇□
李□彝　杜致美　周禹

倉部郎中

杜超　高季通　李行詮　□　裴世清
賀若孝義　唐奉義　韋福英　蘇會昌　李方義重書
費宏規　李鳳起　董敬元　□言　韋慶基
裴宏獻　李友益　盧承基　獨孤元愷　杜續
郝處俊　蘇良嗣　張振　薛紘　李
王文濟　盧外師　高純行　劉元象　唐之奇
魏叔麟　獨孤元同　雲宏暕　王叔偲　李憕
徐峻　□□　于復業　郭元振　李頫

李光進
張宗潔
賀遂陟
張列
苗粲
獨孤允
丘爲
崔甗
周仲孫
白居易
鄭復
蕭儹
崔象
張鐸
楊思立

魏昭
薛紘
李仲康
李植
盧雲
張巡
薛岱
□何
裴茝
崔珙
張又新
張嗣慶
盧頲
張潛
蘇蘊

李䎱
姚黯
鄭懷隱
吕向
□
姚沛
趙漣
高郢
盧汀
張藉
嚴澗
柳仲郢
裴思□
楊知退
崔福

郭奇
韋損
徐立之
皇甫彬
楊休烈
庾準
王後己
任侗
陸湮
姚宏慶
高少逸
王績
鄭滌
任繕
王慥

韋弼
□右
崔璔
雍維良
薛羽
崔令欽
斑肅
閻濟美
吴士矩
蕭□
楊倞
韋博
鄭茂休
薛能
張譙

裴瑴　鄭□　周承矩　陳翬

主客員外郎

楊宏業　丁貴寧　辛世良　趙德言　韓瑗
溫無隱　郭義　□謙　李安斯　崔行功
于敏同　崔知悌　薛元撝　崔萬石　韋正己
韓處約　韋志仁　崔崇業　元知默　盧獻
李思一　祖元頴　崔敬仲　王思善　王元覽
李居士　獨孤守忠　周子敬　沈務本　孫佺
陳思齊　元希聲　孟溫禮　姜晞　韋抗
韋元旦　崔璿　賀蘭務溫　蘇晉　崔安儼
路愉　王上客　赫連欽若　崔珪　鄭懷隱
鄭溥　張季瑀　韋陟　李詢甫　魏季隨
張夼　雍惟良　王璿　鄭昉　甘暉
章仇兼瓊　韓休　柳元寂　李植　房琯

趙廣微　韋幼成　李珝　敬諲　賀蘭進明
任瑗　楊宗　獨孤允　吳豸之　崔同
李逢年　竇彥金　裴薦　王佐　李承義
趙惎　楊頔　崔漪　盧象　歸崇敬
董晉　陸海　蔣將明　鄭皓　王遂
褚望　袁高　崔儆　李蕚　沈房
蕭遇　李崟　韓佾　裴佶　李彝
夏侯審　崔邠　仲子陵　陳歸　劉伯芻
李藩　馬宇　李絳　陸潤　張諗
李正辭　韓衢　吳士矩　元稹　裴墉
韋公素　白行簡　權璩　韋曾　韋力仁
崔周　裴識　王迺　蕭傑　張正謩
劉三復　顏從覽　王績　崔渠　李權
劉潼　張毅夫　李當　胡德章　韓賓
裴諴　崔珦　蔣偕　宋球　裴紳

張彥遠　韓乂　張道符　薛廷望　夏侯曈
皇甫煒　庾崇□　崔鋋　高錫望　曹鄴
韋岫　蘇蘊　李延嗣　賈裔　蕭説
崔衡　鄭蕘　李紃　□　盧自牧
裴顗　韋承貽　趙龜此下一面皆無可辨識

左司郎中

缺　裴方産　段機　劉翁勃　王儼
缺　李守約　李守一　崔行功　崔承福
李思順　缺　侯味虛　張知泰　李守敬
徐有功　房昶　趙諠　陸餘慶　缺
閻晉止　夏侯崐　韋珍　孔仲思　馮思邕
唐紹　魏奉古　李誠　□　竇從之
張敬輿　夏侯宜　韋叔昂　高昇　鄭倩之
韋伯詳　□　劉彥回　韋元素　楊慎餘

韋虛舟
揚恂
林琨
□
宇文邈
□
豆盧署
鄭居中
高少逸
崔璵
裴寅
□□
張鐸
李嶽
張无逸

張具瞻
鄭□
韋寂
呂頌
李元素
劉遵古
獨孤朗
李讓夷
崔瑨
薛廷□
盧眈
鄭彥宏
李□
崔寓
夏侯□

崔譚
裴□
張齊明
李巽
韋成季
韋審規
鄭肅
何眈
□□
路綰
□□之
陸廷望
李晦
孫徽

陳□
姚□□
蔣將明
奚陟
苗粲
樊宗師
趙元亮
李師稷
鄭亞
韋博
李蠙
李緘
李繪
王鐐

蕭晉用
裴諝
盧惎
陸淳
呂元膺
殷台
□□裕
崔復本
崔駢
柳□
鄭彥宏
崔瑑
李瞻
李燭

左司員外郎

顧琮　侯味虛　唐奉一　戴師倩　宇文全志
元紹　鄭從簡　桓彥範　殷祚　楊元叔
韋元□　李乂　李行言　張思義　元懷景
李𨳌　魏奉古　裴藏曜　黃守禮　薛晞
柳渙　王旭　柳澤　宋宣遠　張說
韋□　張均　劉昂　高庭芝　杜損
斑景倩　李朝弼　韋洽　韋恒　張倚
姜昂　趙安貞　楊仲昌　李知止　張震
畢炕　李成式　程休　祁順之　崔渙
李審　任瑗　孟匡朝　盧播　趙良弼
韋有方　王□　姚喬栵　盧虛舟　王崟
庾準　成賁　鄭寶　李仲雲　崔寬
蔣鍊　庾何　王蕭　崔造　趙匡

房說　姚南仲　鄭餘慶　張式　盧羣
盧從　薛貢　楊憑　韋成季　李直方
李藩　韋彭壽　裴汶　張正甫　韋纁
李正辭　韋審規　殷台　崔琯　獨孤朗
李行脩　李宏慶　孔敏行　宇文鼎　吳思
李道樞　劉寬夫　鄭居中　何眈　姚康
劉端夫　李欵　裴夷直　趙柷　薛褒
李行方　封敖　蔣伸　鄭泳　柳喜
于當　裴坦　鄭路　崔巖　韋旭
楊知溫　李愨　崔璙　皇甫煥　盧緘
鄭確　盧告　崔芻言　張黯　盧鉟
孫瑝　崔朗　鄭緐　裴瓚　李琨
劉承雍　盧望　李繪　杜真符　鄭綦
杜廷堅　唐嶠　□□　張裕　裴墠
鄭珦　孫緯　狄歸昌此下六行磨滅莫辨，祇就末四人可識者書之。

趙匡
張倚
張說
元懷景

司封郎中

缺
劉本立
□恒
韋萬石
胡元範
苗神福
缺
李猷
鄭温琦

崔寶德
榮九思
李崇□
蘇良嗣
盧楷
張元一
□□□
崔元童
缺

韋挺
閻立本
楊思正
李思□
劉奇
趙誼
田幹之
王丘
朱□

元務真
蕭孝顗
賈敦實
缺
王美暢
趙宏敏
李湛
慕容珣
張均

韋季武
缺
郭應宇
□壽
李嶠
裴懷古
孟知禮
□□從
韋陟

宋詢	裴系	徐鍔	陳振露	李□
鄭昭	劉光謙	楊元章	缺	李□
顔允□	張楚金	裴儆	崔浩	林琨
趙昂	竇林	王圓	郭□	王縝
缺	□□	韋孚	李叔度	徐岱
盧偘	蕭遇	陳京	韋丹	崔□
韋成季	缺	□□	張惟素	裴度
錢□	徐晦	張仲素	李汭	薛存慶
陳中師	嚴休復	張士階	缺	王申伯
王彦威	蘇景□	盧載	敬昕	盧商
楊漢公	裴乾貞	裴泰章	丁居□	缺
□□	張述	崔鉉	□晦	張□□
李□	裴□	羅劭權	□□	裴寅
□	缺	□	□	□
□	缺	□	皇甫□	鄭茂休

張復珪　張□符　王　□　缺
□　崔□□　李昌嗣　崔　缺
□　□　鄭□業　□　缺
□　王□　缺

司封員外郎

蕭岴　李壽德　竇孝鼎　李友益　崔餘慶
崔璲　楊思謙　王崇基　韋義元　柳言忠
李思遠　王德真　路勵言　楊思正　李同福
陳義方　獨孤道節　李範丘　郭待舉　崔同業
杜易簡　柳行滿　崔懸黎　司馬希象　裴思義
盧搢　張詢古　雲宏善　樂思誨　王遺恕
張同和　孫元亨　盧光乘　朱前疑　張元一
沈介福　王仙齡　韋瓊之　于季子　徐堅
張彥超　楊嶠　皇甫□瓊　岑獻　韋玢

韋瑗　蕭元嘉　劉令植　高豫　慕容珣
韓休　鄭温琦　王執言　崔琮　崔翹
楊　□　□　徐峻　韋利涉
裴令臣　宋渾　蕭諒　李知正　薛江童
蔣冽　郭納　裴士淹　□　□
□　□　程休　裴衮　閻伯輿
韋少遊　元持　劉孺之　韋元曾　李國鈞
李昂　邢□　李□　薛頎　元挹
李洞清　□□卿　王翺　李浖　殷高
蔣鎮　崔縱　謝良輔　鄭南史　□
□　□　鄭儋　鄭元　李衆
韋況　陸震　封亮　吕温　李逢吉
張正甫　裴度　蕭□　武　□
□　劉　□　蔣防　楊汝士
柳公權　王會　陳夷行　崔復本　裴泰章

□
韋絢
裴寅
□
李植
崔
□
□□征

□
魏扶
韓□
□
趙隱
□
□
鄭殷

□
崔眈
鄭裔□
□
李漳
□
張讀□
鄭穀此下無可辨識

□
馮韜
蔣
□
高湘
□
鄭就

盧
錢知進
□
楊嚴
□□□
□
徐仁嗣

左司郎中

缺
韋□
缺
韋洽
缺

□復
楊□昭
杜元志
王儼

王遺恕
缺
高召
缺

李元素
王□
王
元大士

缺
李辿
孫處約

缺　王方慶　缺　賈大隱　□文偉
缺　于　缺　李迥　缺
皇甫瑾　□鋭　缺　邵　缺
王光庭　王丘　楊□　缺　裴敬□
李彭年　缺　□袞　王□　李□
褚□□　王收　缺　王仲□　缺
裴均　缺　李褒　張次宗　裴
缺　王□　鄭延休　馮顓　缺
蘇冲　趙匡　缺

大中十二年十一月十二日書□□石柱記。左司郎中唐技。

（金石萃編卷一一五）

郎官石柱題名考人名索引

凡　例

一、本索引收録趙鉞、勞格《唐尚書郎官石柱題名考》及岑仲勉《郎官石柱題名新著録》(《金石論叢》1981年11月上海古籍出版社出版)、《郎官石柱題名新考訂》(1984年5月上海古籍出版社出版)三書著録的諸曹郎官姓名。

二、由於石刻原有訛誤及拓本漫漶，諸家辨認不一，同一姓名，著録不同，今以一姓名爲主目，其他著録之名爲參見條目。

三、凡人名因避清諱(玄改元、胤改允、弘改宏)者，今一律改回,原避諱之名仍作爲參見條目。

四、凡同姓名人物,用六角括號注明其時代,以資區別。

五、人名漫漶不易辨認之字，用□表示，並排列在同姓人物之最後。

六、凡同姓名者或僅存某姓，用六角括號注明其特徵或所在曹及行數。

七、人名下所列數字，前者爲本書卷數，後者爲頁數。《郎官石柱題名新著録》簡稱“録”，《郎官石柱題名新考訂》簡稱“訂”，其下列數字爲以上兩書頁碼。

八、本索引按四角號碼順序排列，後附筆畫檢字與四角號碼對照表，以便用不同方法檢索。

0023_2 康

0023_7 庚

0040_6 章

0060_1 言

0071_4 雍

0128_6 顔

0460_0 謝

1010_8 豆

1021_4 霍

1022_7 爾

1024_7 夏

1123_2 張

1241。孔

2835_1 鮮

2891_7 紇

3021_4 寇

3022_7 房

3032_7 騫

3040_1 宇

3080₁ 定

3080₆ 竇

3090₄ 宋

3112₇ 馮

3119₆ 源

3128_6 顧

3216_9 潘

3390_4 梁

4050_6 韋

4060_0 右

4060_1 吉

4073_2 袁

4090_8 來

4191_6 桓

4212_2 彭

4241_3 姚

4410_4 董

4410_7 蓋

4411_2 范

4422_7 第

蕭

藺

4424_7 蔣

4433₁ 赫

4433₃ 慕

4439₄ 蘇

4443₀ 樊

4445₆ 韓

4452_1 蘄

4460_0 苗

4474_1 薛

4491₄ 權

4796₄ 格

4864₀ 敬

5000₆ 史

申

5090₄ 秦

5090₆ 東

5320₀ 成

5560₆ 曹

7129_6 原

7132_7 馬

7173_2 長

7210₁ 丘

7420₀ 尉

7622, 陽

7712, 邱

7722₀ 周

陶

8742_7 鄭

8762₇ 舒

8822₇ 第

9022₇ 常

9990₄ 榮

筆畫檢字與四角號碼對照表

本檢字表爲便利習慣於使用筆畫順序檢字者查檢本索引之用。凡索引中的第一字，依筆畫順序排列，同筆畫的，再依點起、横起、直起、撇起排列，每字後注明四角號碼，讀者可憑此以檢索引字頭。

二畫

横起

丁 1020$_0$

三畫

横起

于 1040$_0$
弓 1720$_7$
士 4010$_0$

四畫

横起

王 1010$_4$
元 1021$_1$
孔 1241$_0$
尹 1750$_7$

撇起

牛 2500$_0$

五畫

横起

平 1040$_9$
石 1060$_0$
司 1762$_0$
右 4060$_0$

直起

甘 4477$_0$
史 5000$_6$
申 5000$_6$
田 6040$_0$

撇起

白 2600$_0$
包 2771$_2$
丘 7210$_1$
令 8030$_7$
佘 8090$_0$

六畫

點起

字 3040$_1$
羊 8050$_1$

横起

吉 4060$_1$

撇起

任 2221$_4$
仲 2520$_0$
宋 2590$_0$

七畫

點起

辛 0040$_1$
言 0060$_1$
宋 3090$_4$
沈 3411$_2$

横起

豆 1010$_8$
邢 1742$_7$
李 4040$_7$
杜 4491$_0$
成 5320$_0$

直起

岑 2220$_7$
吴 6043$_0$
吕 6060$_0$

撇起

何 2122$_0$
狄 4928$_0$

八畫

點起

房 3022$_7$
定 3080$_1$
祁 3722$_7$

横起

武 1314$_0$
孟 1710$_7$
邵 1762$_7$
來 4090$_8$
林 4499$_0$
東 5090$_6$
長 7173$_2$
屈 7727$_2$

撇起

采 2090$_4$

邱 7712_7
周 7722_0
邸 7772_7

九畫

點起

帝 0022_7
康 0023_2
姜 8040_4

橫起

韋 4050_6
封 4410_0
苐 4422_7
苗 4460_0
相 4690_0
柏 4690_0
柳 4792_0
胡 4762_0

撇起

皇 2610_4
紀 2791_7
紇 2891_7
姚 4241_3
段 7744_7

十畫

點起

席 0022_7
高 0022_7
唐 0026_7
祝 3621_0
祖 3721_0
郎 3772_7

橫起

夏 1024_7
班 1111_4
孫 1249_3
袁 4073_2
桓 4191_6
郝 4732_7
格 4796_4
秦 5090_4
原 7129_6
馬 7132_7

直起

員 6080_6

撇起

奚 2043_0
能 2121_1
倪 2721_7
俟 2723_4
殷 2724_7
徐 2829_4
郗 4722_7
釗 8210_0

十一畫

點起

麻 0029_4
章 0040_6
郭 0742_7
許 0864_0
寇 3021_4
梁 3390_4

橫起

張 1123_2
曹 5560_6
尉 7420_0
陸 7421_4
陳 7529_6
陶 7722_0

直起

崔 2221_4
畢 6050_4
常 9022_7

撇起

斛 2420_0
魚 2733_6
第 8822_7

十二畫

點起

庾 0023_7
馮 3112_7
温 3611_7
渾 3715_6
游 3814_7

橫起

雲 1073_1
斑 1111_4
彭 4212_2
黃 4480_6
賀 4680_6
朝 4742_0
費 5580_6
陽 7622_7

撇起

喬 2022_7
傅 2324_2
程 2691_4
舒 8762_7

十三畫

點起

意 0033_6
雍 0071_4
源 3119_6

橫起

賈 1080_6
靳 4252_1
董 4410_4
楊 4692_7
敬 4864_0

直起

虞 2123_4
睦 6401_4
路 6716_4

撇起

解 2725_2
鄔 2732_7
逯 2730_3

十四畫

點起

齊 0022_3
褚 3426_0
滎 9990_4

橫起

爾 1022_7
裴 1173_2
蓋 4410_7
赫 4433_1
趙 4980_2

撇起

熊 2133_1

十五畫

點起

諸 0466_0
談 0968_9
潘 3216_0
鄭 8742_7

橫起

鄧 1712$_7$
鞏 1750$_6$
蔣 4424$_7$
慕 4433$_3$
樊 4443$_0$
蔡 4490$_1$
歐 7778$_2$

撇起

樂 2290$_4$
黎 2713$_2$
劉 7210$_0$

十六畫

橫起

霍 1021$_4$
蕭 4422$_7$
閻 7777$_7$

直起

盧 2121$_7$

撇起

衛 2122$_7$
衡 2143$_0$
穆 2692$_2$
鮑 2731$_2$
獨 4622$_7$
錢 8315$_3$

十七畫

點起

謝 0460$_0$

橫起

戴 4385$_0$
韓 4445$_6$
薛 4474$_1$
鞠 4752$_0$

撇起

鮮 2835$_1$

十八畫

點起

顏 0128$_6$

撇起

魏 2641$_3$
歸 2712$_7$

十九畫

點起

龐 0021$_1$

橫起

麴 4722$_7$

直起

羅 6091$_4$

撇起

邊 3630$_2$

二十畫

點起

騫 3032$_7$
竇 3080$_6$

橫起

藺 4422$_7$
蘇 4439$_4$
蘄 4452$_1$

直起

嚴 6624$_8$

二十一畫

點起

顧 3128$_6$

二十二畫

橫起

權 4491$_4$

二十三畫

點起

欒 2290$_4$